**라이브러리로 다양한
실제 데이터 분석**

Pa

데이터
분석 실습

2/e

장기식 · 김경환 · 노용환 옮김
스테파니 몰린 지음

¡!¡
에이콘

에이콘출판의 기틀을 마련하신 故 정완재 선생님 (1935-2004)

Pandas를 이용한

데이터

분석 실습

2/e

초판을 성공적으로 만든 모든 분께

교육자들은 학생들이 가장 잘 배울 수 있는 매체를 사용해 가르치려고 한다. 개인적으로 경력을 시작할 즈음의 나는 비디오 콘텐츠에 매료됐다. 온라인 콘텐츠를 제작하면서 자주 듣는 질문 중 하나는 놀랍게도 '데이터 과학을 시작하는 사람들에게 추천할 만한 책이 있나요?'라는 질문이었다.

온라인에 좋은 자료가 많이 있는데 책을 찾는 것에 당황했으나 이 책을 읽은 후에는 데이터 과학 학습을 위한 책에 대한 내 인식이 바뀌었다.

이 책에서 가장 마음에 들었던 것은 책의 구성이었다. 적절한 양의 정보를 제때에 제공해 여러분이 자연스럽게 진도를 나갈 수 있도록 하고 있다. 이 책을 통해 통계와 관련 개념에 관한 기초 지식부터 시작해 실습을 바탕으로 이론을 배울 수 있을 것이다.

기초를 배우고 나서 이 책의 핵심인 pandas를 만나게 된다. 저자는 (이 전에 여러분들이 사용했던 것과 같은 오래된 데이터가 아닌) 최신 실제 데이터를 사용해 모듈^{module}에 생명을 불어넣는다. 나 역시 이 책을 통해 몇 가지 기술을 배웠다.

저자는 소프트웨어 엔지니어로서 좋은 문서가 얼마나 중요한지 알고 있다. 그녀는 잘 정돈된 깃허브^{GitHub}에 모든 데이터와 예제 등을 저장해 뒀으며, 이런 예제들 때문에 이 책의 제목에 '실습^{Hands-On}'이라는 이름이 들어가게 된 것이다.

이 책의 후반부에서는 pandas의 강력한 기능을 바탕으로 무엇을 할 수 있는지 배운다. 저자는 머신러닝의 고급 개념도 자세히 소개하지만 지나치게 기술적인 전문 용어를 사용하지 않으면서 진도를 나가는 데 필요한 정보를 충분히 제공한다.

나는 저자와 대화하면서 이 책에 대한 그녀의 자부심을 느낄 수 있었다. 이 책은 데이터 과학의 도구를 배우려는 사람들에게 좋은 자료이자 저자의 지식을 확고히 하면서 본인의 영역을 확장할 수 있는 방법이기도 하다. 여러분은 커뮤니티뿐만 아니라 자신의 학습을 위해 창조하는 사람들로부터 배우고 싶을 것이다. 내재적 동기를 가진 사람들은 추가 수정을 하거나 표현을 정확하게 하고자 더 많은 노력을 한다.

여러분도 나처럼 이 책에서 많은 것을 배울 수 있길 바란다. 위에서 내게 '데이터 과학을 시작하는 사람들에게 추천할 만한 책이 있나요?'라는 질문을 한 분들에 대한 대답은 바로 이 책이다.

켄 지^{Ken Jee}
유튜버이자 스카우트 컨설팅 그룹^{Scouts Consulting Group}의 데이터 과학 책임자
호놀룰루, 2021년 3월 9일

1판 추천사

컴퓨터와 인공지능의 발달로 인해 우리가 세상을 이해하는 방식이 완전히 바뀌었다. 데이터를 기록하고 분석하는 우리의 현재 능력은 이미 산업을 변화시키고 사회에 큰 변화를 불러일으켰다.

이 책은 데이터 분석이나 파이썬의 pandas 라이브러리에 대한 소개를 넘어서 독자가 이런 변화에 동참할 수 있도록 도와주는 가이드 역할을 하고 있다. 여러분에게 데이터 수집부터 분석에 이르기까지 기본 원리를 이해할 수 있도록 파이썬을 이용해 가르쳐 줄 뿐만 아니라 성공에 필요한 중요 소프트웨어 엔지니어링, 통계학, 머신러닝 개념까지도 다룬다. 이런 기술을 실제 데이터에 적용해 데이터에서 값을 추출하는 방법을 배울 수 있다. 이 과정에서 시뮬레이션을 포함해 여러분만의 파이썬 패키지 작성과 API를 통한 데이터 수집 등 중요한 소프트웨어 개발 기술도 배운다.

저자는 이 과정에 대한 독보적인 기술을 갖고 있다. 그녀는 전문 데이터 과학자이자 실력 있는 소프트웨어 엔지니어로서 데이터 분석 작업의 복잡한 과정뿐만 아니라 파이썬에서 이 과정을 정확하고 효율적으로 구현하는 방법에 대해서도 확고하게 말할 수 있다.

데이터 분석을 더 배우려는 파이썬 프로그래머이든 파이썬 작업 방법을 배우려는 데이터 과학자든 이 책은 빠른 속도로 학습을 할 수 있도록 도와줄 것이므로 여러분만의 데이터 분석 프로젝트를 바로 시작할 수 있을 것이다.

펠리페 모레노 Felipe Moreno

2019년 6월 10일, 뉴욕

펠리페 모레노는 지난 20년 동안 정보보호 분야에 종사했다. 펠리페는 현재 블룸버그 LP의 정보 보호 최고 책임자CISO, Chief Information Security Officer로서 보안 데이터 과학팀을 이끌고 있으며 보안 문제에 통계와 머신러닝을 적용하는 데 중점을 두고 있다.

| 옮긴이 소개 |

장기식(honors@nate.com)

경희대학교에서 대수학을 전공했으며, 고려대학교 정보보호대학원에서 박사학위를 취득했다. 이후 약 10년간 경찰청 사이버안전국 디지털포렌식센터에서 디지털 포렌식 업무를 담당했다. 경찰대학 치안정책연구소에서 데이터 분석을 접한 이후 데이터 분석을 기반으로 한 머신러닝 기술을 연구했으며, 이 경험을 바탕으로 현재 쏘마SOMMA에서 고도화된 보안 위협 대응을 위한 사이버 위협 헌팅 플랫폼 MONSTER와 APT 공격 시뮬레이터 CHEIRON 개발 및 연구를 책임지고 있다. 번역서로는 『보안을 위한 효율적인 방법 PKI』(인포북, 2003), 『EnCase 컴퓨터 포렌식』(에이콘, 2015), 『인텔리전스 기반 사고 대응』(에이콘, 2019), 『적대적 머신러닝』(에이콘, 2020), 『사이버 보안을 위한 머신러닝 쿡북』(에이콘, 2021), 『양자 암호 시스템의 시작』(에이콘, 2021), 『스크래치로 배워보자! 머신러닝』(에이콘, 2022), 『Pandas를 이용한 데이터 분석 실습 2/e』(에이콘, 2022)이 있다.

김경환(likebnb@hanyang.ac.kr)

 강산이 세 번 바뀌는 동안 꾸준하게 개발자의 길을 걸어왔다. 코딩 자체를 좋아하지만 다양한 전문 분야의 요구 사항을 분석하면서 새로운 지식을 습득하고 체계화하는 것을 즐긴다. 첫 직장에서 경험한 데이터베이스를 시작으로 데이터웨어하우스, 검색엔진, 빅데이터, 머신러닝에 이르는 여정에서 얻게 된 '살아 숨 쉬는 지혜'를 DIKW 이론을 빌어 주변에 설파하고 있다.

'배운 것 남 주자'를 실천하기 위해 한양대학교 대학원 산업공학과 겸임교수, 서울과학종합대학원 AI · 빅데이터 MBA 객원교수로 자료구조와 알고리듬, DIKW와 Spark 강의도 하는 '주경야독러'다. 현재 쏘마에서 '보안 위협, 그 너머로'를 목표로 고도화된 보안 위협 대응을 위한 사이버 위협 헌팅 플랫폼 MONSTER와 APT 공격 시뮬레이터 CHEIRON를 구현하는 데 매진하고 있다. 번역서로는 『Pandas를 이용한 데이터 분석 실습 2/e』(에이콘, 2022)이 있다.

노용환(somma@somma.kr)

군 전역 후 전공을 포기하고 컴퓨터공학을 독학으로 공부한 이후 1999년 오픈소스 소프트웨어 경진대회에서 정보통신부장관상을 수상한 이후로 보안 소프트웨어 개발에 눈을 뜨게 되어 2015년에는 '올해의 안랩인상'을 받았다. 다양한 사이버보안 회사에서 게임 보안 및 정부기관의 주요 보안 프로젝트를 수행하면서 개발자이자 화이트해커로의 명성을 얻은 후 Microsoft MVP를 역임했다. 2016년 쏘마를 창업해 고도화된 보안 위협 대응을 위한 사이버 위협 헌팅 플랫폼 MONSTER와 APT 공격 시뮬레이터 CHEIRON를 개발해 서비스하고 있으며, BoB 보안 인재 양성 프로그램의 멘토이며 Kimchicon 보안컨퍼런스 리뷰어 reviewer로도 활동하고 있다. 저서로는 『해킹과 보안 내가 최고』(영진닷컴, 2000)가 있고, 번역서로는 『Pandas를 이용한 데이터 분석 실습 2/e』(에이콘, 2022)이 있다.

이 책을 번역하면서 데이터 분석을 처음 공부했을 때가 생각났다. 학교에서 배웠던 기본 통계학을 다시 공부하면서 관련 내용을 코드로 구현하고, 그 과정 및 결과를 그래프로 시각화하면서 개념을 다시 잡으면서 고생했었다.

이런 책이 있었더라면 많은 사람이 역자처럼 고생하지 않고 쉽게 데이터 분석에 입문하지 않을까 생각하면서 번역을 시작했다. 그러나 번역을 다 끝내고 편집된 원고를 다시 읽어 보면서 이 책에 담겨 있는 많은 내용을 제대로 번역하지 못한 것 같아 다소 아쉬운 생각이 든다. 기본적인 내용이 많이 담겨 있지만, 더 필요한 통계학과 코딩 기본 지식을 더 보충했더라면 더 좋은 책이 되었을 것으로 생각한다. 하지만 이는 번역서로의 범위를 넘어설 뿐만 아니라 데이터 분석 입문을 위한 이 책의 목적에도 부합하지 않는다.

원저자도 강조했듯이 역자들 또한 데이터 분석에서 가장 중요하다고 생각하는 것은 '왜 데이터 분석해야 하는가?'다. 많은 데이터 분석 관련 정보는 데이터를 읽고, 시각화를 위해 전처리하고 시각화를 하는 과정에만 집중하고 있다. 그러나 데이터 분석은 데이터를 시각화하는 것이 목적이 아니라는 것을 재차 강조하고 싶다. 데이터 분석은 데이터 분석가를 위한 것이 아니라 기업 활동에서 의사결정권자에게 필요한 정보를 데이터 분석가가 데이터를 가공해 전달하기 위한 도구라는 것을 명심해야 한다. 단순히 데이터를 시각화하는 것에 사로잡히지 말고, 우리가 하려는 '목적'을 정확히 알고, 목적 달성에 필요한 데이터를 수집해야 하며, '목적'을 위해 데이터를 어떻게 가공하고 시각화해야만 의사결정권자가 필요한 정보를 한눈에 알아보고 이해할 수 있는가는 고민해야 한다. 이것이 역자들이 생각하는 데이터 분석의 목적이다.

이 책을 읽고 실습하면서 필요한 배경 지식은 이 책에 각 장의 참고 자료 외에 통계학 등의 관련 서적이나 MOOC 등의 강의를 통해 습득하길 바란다. 또한 데이터 시각화를 위해서는 동적으로 시각화를 할 수 있도록 Tableau나 Plotly 등의 오픈소스 시각화 도구를 활용하는 방법을 추가로 익히길 바란다.

이 책을 번역하는 동안 옆에서 마음고생하면서 많은 격려와 지지해 준 가족에게 항상 사랑하고 고맙다고 말하고 싶다. 또한 회사의 발전을 위해 불철주야 노력을 아끼지 않는 쏘마 임직원분들께도 항상 감사를 전하고 싶다. 이 책이 출간될 수 있도록 해주신 에이콘출판의 권성준 대표님과 편집에 많은 고생을 하신 배규호 편집자님께도 감사의 인사를 드린다.

스테파니 몰린 Stefanie Molin

뉴욕 블룸버그 LP의 데이터 과학자이자 소프트웨어 엔지니어로서 정보보호 분야에서 이상 탐지anomaly detection와 데이터 수집을 위한 도구 개발, 지식 공유와 같이 어려운 문제를 담당하고 있다. AdTech와 FinTech 산업에서 데이터 과학, 이상 탐지 솔루션 설계, 머신러닝에 R과 파이썬을 활용하는 데 많은 경험이 있으며, 컬럼비아 대학의 후 재단 공과 및 응용과학 대학Fu Foundation School of Engineering and Applied Science에서 운용 연구OR, Operations Research로 석사학위를 받았으며 경제학과 기업가 정신 및 혁신entrepreneurship and innovation을 부전공했다. 세계를 여행하고, 새로운 요리법을 개발하며, 사람과 컴퓨터 간에 사용되는 새로운 언어를 배우는 것을 즐긴다.

이 책을 쓰는 것은 엄청난 양의 작업이었지만 나는 작가로서, 기술자로서, 사람으로서 이 경험을 통해 많이 성장했다. 내 친구들, 가족, 동료들의 도움이 없었다면 이 작업은 불가능했을 것이다. 나는 이 모든 분께 감사드린다. 특히 알리키 마브로무스타키Aliki Mavromoustaki, 펠리페 모레노Felipe Moreno, 수파니 시바코론Suphannee Sivakorn, 루시 하오Lucy Hao, 자본 톰슨Javon Thompson, 켄 지Ken Jee에게 감사하고 싶다(내 감사의 말 전체는 코드 저장소에서 찾아볼 수 있다. 링크의 서문을 참고하기 바란다).

| 기술 감수자 소개 |

알리키 마브로무스타키 Aliki Mavromoustaki

타스만 분석Tasman Analytics의 수석 데이터 과학자로 도매 기업과 협력해 확장 가능한 기반 시설infrastructure을 제공하며 이벤트 주도 분석event-driven analytics을 구현하고 있다. AdTech 기업인 Criteo에서 디지털 상거래 기업이 가치 있는 고객을 목표로 하는 것을 돕고자 머신러닝을 적용했다. 또한 Criteo 제품을 비교하기 위한 통계 실험을 설계하고 마케팅 캠페인을 최적화하는 업무도 수행했다. 런던 임페리얼 대학Imperial College London에서 유체역학으로 박사학위를 받았으며 UCLA에서 응용수학 조교수로 재직했다.

| 차례 |

1부 — pandas 시작하기

1장   데이터 분석 소개   037

5장   pandas와 matplotlib를 사용한 데이터 시각화   323

8장   규칙 기반 비정상 행위 탐지 · 551

4부 — scikit-learn을 이용한 머신러닝 소개

9장   파이썬에서 머신러닝 시작하기   613

5부 — 추가 자료

12장   나아갈 길   815

| 들어가며 |

데이터 과학data science은 종종 프로그래밍 기술, 통계적 기법statistical know-how, 특정 분야의 지식domain knowledge이 서로 어우러지는 학제간 분야로 묘사된다. 데이터 과학은 빠르게 우리 사회에서 가장 주목받는 분야 중의 하나가 됐으며, 데이터로 작업하는 방법을 아는 것은 오늘날의 직장생활에서 꼭 필요한 것이 됐다. 산업이나 역할 또는 프로젝트에 상관없이 데이터 기술은 수요가 많으며 데이터 분석을 배우는 것이 영향력을 행사할 수 있는 중요한 요소다. 데이터 과학 분야는 영역 전반에 걸쳐 다른 많은 측면을 다룬다. 데이터 분석가data analyst는 비즈니스 인사이트business insight를 도출하는 데 더 중점을 두지만, 데이터 과학자data scientist는 기업의 문제에 머신러닝 기술을 적용하는 데 더 중점을 둔다. 데이터 엔지니어data engineer는 데이터 분석가와 데이터 과학자가 사용하는 데이터 파이프라인 설계, 구축, 유지 관리에 집중한다. 머신러닝은 데이터 엔지니어와 마찬가지로 데이터 과학자의 많은 기술을 사용하는 능숙한 소프트웨어 엔지니어다. 데이터 과학은 많은 분야를 아우르지만 모든 분야에 있어서 데이터 분석은 기본 구성 요소fundamental building block다. 이 책은 여러분이 어느 분야에서든 시작할 수 있는 기술을 제공한다.

데이터 과학의 전통적인 기술은 데이터베이스나 API와 같이 다양한 출처에서 데이터를 수집하고 처리하는 방법을 포함한다. 파이썬은 데이터를 수집하고 처리할 뿐만 아니라 데이터 제품의 생산 품질을 구축할 수 있는 수단을 제공해 데이터 과학 분야에서 인기 있는 언어 중의 하나다. 또한 오픈 소스로 다른 사람이 작성한 라이브러리를 활용해 일반적인 데이터 작업이나 문제를 해결하기 위한 데이터 과학을 시작하는 데 적합하다.

pandas는 파이썬에서 데이터 과학을 위한 강력하고 인기 있는 라이브러리다. 이 책은 주식 시장, 모의 해킹 시도, 기상 동향, 지진, 와인, 천문학 데이터 등 실제 데이터에 pandas를 이용한 데이터 분석 실습을 제공한다. pandas는 표 형식의 데이터를 효율적으로 다룰 수 있는 기능을 제공해 데이터 랭글링data wrangling[1]과 시각화를 쉽게 할 수 있다.

데이터 분석 방법을 배운 다음에 다양한 응용 프로그램을 살펴본다. 파이썬 패키지를 구축한 다음, 데이터 시각화, 데이터 랭글링, 머신러닝을 위해 널리 사용되는 `matplotlib`와 `seaborn`, `NumPy`, `scikit-learn`과 같은 추가 라이브러리를 사용해 주가 분석, 이상 탐지, 회귀, 군집화, 분류 문제에 도전한다. 이 책을 읽고 나면 파이썬으로 여러분만의 데이터 과학 프로젝트를 수행할 준비가 돼 있을 것이다.

⫶ 이 책의 대상 독자

이 책은 데이터 과학을 프로젝트에 적용하고 데이터 과학자와 협업하거나 소프트웨어 엔지니어와 함께 머신러닝 제품 코드 작업을 진행하고자 파이썬으로 데이터 과학을 배우려는 다양한 수준의 경험을 가진 사람들을 대상으로 한다. 다음과 같은 경험이 있다면 이 책을 최대로 활용할 수 있을 것이다.

- R이나 SAS 또는 MATLAB와 같은 다른 언어로 데이터 과학을 경험하고, 여러분의 작업을 파이썬으로 전환하고자 `pandas`를 배우려는 사람
- 파이썬 경험이 있으며 파이썬을 사용해 데이터 과학을 배우려는 사람

---

1 데이터 먼징(data munging)이라고도 하며 원자료(raw data)를 또 다른 형태로 수작업으로 전환하거나 매핑하는 과정이다. 이를 통해서 반자동화 도구의 도움으로 데이터를 좀 더 편리하게 소비한다. 데이터 랭글링에는 먼징(munging), 데이터 시각화, 데이터 집합, 통계 모형 학습뿐만 아니라 많은 다른 잠재적 용도도 포함된다. 일반적으로 데이터 먼징은 일반적인 단계를 따르는데 데이터 원천(data source)으로부터 원래 최초 형태로 자료를 추출하는 것으로 시작한다. 알고리듬(예로, 정렬)을 사용해서 원자료를 '먼징'하거나 사전 정의된 자료 구조로 데이터를 파싱(parsing)한다. 그러고 나서 마지막으로 저장이나 미래 사용을 위해서 작업 완료한 콘텐츠를 데이터 싱크(data sink)에 놓아둔다. 인터넷의 급격한 확산으로 이러한 기술이 가용한 데이터 양이 증가하고 있는 기관에서는 점점 중요해지고 있다(출처: 위키백과). – 옮긴이

이 책에서 다루는 내용

1장, 데이터 분석 소개 데이터 분석과 통계학의 기초를 다루며 파이썬에서의 데이터 작업과 주피터 노트북^{Jupyter Notebook} 사용을 위한 환경 설정 과정을 안내한다.

2장, pandas DataFrame으로 작업하기 pandas 라이브러리를 소개하고 DataFrame으로 작업하기 위한 기본 지식을 설명한다.

3장, pandas로 데이터 랭글링하기 데이터 조작^{data manipulation} 과정을 설명하고 API를 사용하는 데이터 수집 방법을 소개하며 pandas로 데이터 정제^{data cleaning}와 재구성^{reshaping}하는 방법을 소개한다.

4장, pandas로 DataFrame 집계하기 DataFrame에 질의^{query}하고 병합하는 방법과 DataFrame에서 이동 평균과 집계를 포함해 복잡한 계산을 하는 방법, 시계열 데이터를 효율적으로 다루는 방법을 다룬다.

5장, pandas와 matplotlib로 데이터 시각화하기 파이썬에서 matplotlib 라이브러리를 사용해 데이터를 시각화하는 방법과 pandas 객체에서 직접 시각화하는 방법을 소개한다.

6장, seaborn과 사용자 정의 기술로 그림 그리기 seaborn 라이브러리를 사용해 긴 형식의 데이터를 시각화하는 방법과 발표에 사용할 수 있도록 시각화를 사용자에게 맞게 수정할 수 있는 도구를 소개하면서 데이터 시각화에 관해 설명을 이어간다.

7장, 금융 분석 – 비트코인과 주식시장 주가 분석을 위한 파이썬 패키지를 만들고자 1장부터 6장까지 배운 모든 내용을 다룬다.

8장, 규칙 기반 이상 탐지 데이터를 시뮬레이션한 다음, 이상 탐지를 위한 규칙 기반 전략을 사용해서 웹사이트에 인증을 시도하려는 해커를 잡고자 1장부터 6장까지 배운 모든 내용을 다룬다.

9장, 파이썬으로 머신러닝 시작하기 머신러닝과 scikit-learn 라이브러리를 사용해 머신러닝 모델을 구축하는 방법을 소개한다.

10장, 예측 더 잘하기 – 모델 최적화 머신러닝 모델의 성능을 조정하고 개선하기 위한 전략을 소개한다.

11장, 머신러닝 이상 탐지 머신러닝 기술을 사용해 로그인 시도 데이터에서 이상 탐지 방법을 다시 살펴보면서 실제 작업 과정에 대해 알아본다.

12장, 앞으로의 길 여러분의 기술을 한 단계 높이는 데 필요한 자료를 소개한다.

⠿ 이 책을 최대한 활용하려면

파이썬, 특히 파이썬3 이상의 버전에 익숙해야 한다. 또한 파이썬으로 함수와 기본적인 스크립트를 작성할 수 있어야 하며, 변수와 데이터 유형, 제어 흐름(if~else, for/while 순환)과 같은 표준 프로그래밍 개념을 이해하고 파이썬을 함수형 프로그래밍 언어로 사용할 수 있어야 한다. 객체 지향 프로그래밍에 대한 기본 지식이 도움이 될 수는 있겠지만 꼭 필요한 것은 아니다. 파이썬 실력이 아직 부족하다면 파이썬을 빠르게 익히는 데 도움이 되는 튜토리얼인 파이썬 공식 문서(https://docs.python.org/3/tutorial/index.html)를 참고하길 바란다.

이 책의 코드는 깃허브(https://github.com/stefmolin/Hands-On-Data-Analysis-with-Pandas-2nd-edition)에서 찾아볼 수 있다. 이 책을 최대한 활용하려면 책의 내용을 읽으면서 해당 주피터 노트북Jupyter Notebook의 코드를 실행해 봐야 한다. '1장, 데이터 분석 소개'에서 환경을 설정하고 코드를 가져오는 방법을 다룬다. 필요하다면 빠르게 파이썬 기초(Python 101)를 배울 수 있는 주피터 노트북 파일(https://github.com/stefmolin/Hands-On-Data-Analysis-with-Pandas-2nd-edition/blob/master/ch_01/python_101.ipynb)을 참고한다.

마지막으로, 각 장의 마지막에 있는 연습 문제를 꼭 풀어 봐야 한다. 일부 문제는 다소 어려울 수 있지만 이런 문제들이 여러분의 실력을 높여 줄 것이다. 각 장의 연습 문제는 이 URL(https://github.com/stefmolin/Hands-On-Data-Analysis-with-Pandas-2nd-edition/tree/master/solutions)에 있다.

컬러 이미지 다운로드

이 책에 사용된 스크린 샷 및 다이어그램의 컬러 이미지가 포함된 PDF 파일은 https://static.packt-cdn.com/downloads/9781800563452_ColorImages.pdf에서 내려받을 수 있다. 또한 에이콘출판사 도서정보 페이지 http://www.acornpub.co.kr/book/data-analysis-pandas에서도 찾아볼 수 있다.

편집 규약

이 책 전체에서는 많은 텍스트 규칙을 사용했다.

문장 안에서의 코드 폰트: 텍스트, 데이터베이스 테이블 이름, 폴더 이름, 파일 이름, 파일 확장자, 경로 이름, 더미 URL, 사용자 입력의 코드 단어를 코드 글꼴로 표시한다. 예를 들면 아래와 같다.

'pip를 사용해 requirements.txt 파일에 있는 패키지를 설치한다.'

코드 블록은 다음과 같다. 행은 >>>로 시작하며 해당 행이 계속되면 ...으로 시작한다.

```
>>> df = pd.read_csv(
... 'data/fb_2018.csv', index_col='date', parse_dates=True
... )
>>> df.head()
```

>>>이나 ...이 없는 코드는 실행하는 코드가 아니라 참조를 위한 코드다.

```
try:
    del df['ones']
except KeyError:
    pass # 여기서 에러를 처리
```

코드 블록의 특정 부분을 강조할 때는 해당 행이나 항목을 진하게 표시한다.

```
>>> df.price.plot(
... title='Price over Time', ylim=(0, None)
```

```
... )
```

코드 실행 결과는 행 앞에 아무것도 없는 상태로 표시한다.

```
>>> pd.Series(np.random.rand(2), name='random')
0 0.235793
1 0.257935
Name: random, dtype: float64
```

명령줄 입력이나 출력은 다음과 같이 표시한다.

```
# 윈도우
C:\path\of\your\choosing> mkdir pandas_exercises

# 리눅스, 맥, 약어
$ mkdir pandas_exercises
```

볼드체: 새로운 용어나 중요한 단어 또는 화면에 나타나는 단어를 진하게 표시한다. 예를 들어 메뉴나 대화 상자의 단어를 진하게 표시한다. 예를 들면 다음과 같다.

"**파일 브라우저**File Browser 창을 사용해 설정을 검증하는 데 사용할 주피터 노트북이 들어 있는 **ch_01** 폴더를 더블 클릭한다."

TIP

참고 사항이나 요령은 이와 같이 표기한다.

NOTE

주의해야 하거나 중요한 내용은 이와 같이 표기한다.

문의

독자의 의견은 언제나 환영한다.

문의: 이 책의 내용에 관해 궁금한 점이 있으면 메일 제목에 책 제목을 적고 customercare @packtpub.com으로 이메일을 보내 주길 바란다. 한국어판에 관한 질문은 에이콘출판 사 편집 팀(editor@acornpub.co.kr)이나 옮긴이의 이메일로 문의해 주길 바란다.

정오표: 책 내용의 정확성을 보장하고자 모든 주의를 기울였지만, 실수는 일어나게 돼 있다. 이 책에서 실수를 발견했을 때 우리에게 알려 준다면 감사할 것이다. www.packt. com/submit-errata를 방문하여 책을 선택하고, 정오표 제출 양식Errata Submission Form 링크를 클릭한 다음 세부 정보를 입력하기 바란다. 한국어판의 정오표는 에이콘출판사 도서정보 페이지 http://www.acornpub.co.kr/book/data-analysis-pandas에서 볼 수 있다.

저작권 침해: 인터넷에서 어떤 형식이든 불법 복제물을 발견한 경우 URL 주소나 웹사이 트 이름을 알려 주길 바란다. 자료에 대한 링크를 copyright@packt.com으로 보내 주길 바란다.

1부

pandas 시작하기

우리의 여정은 이 책 전체에 걸쳐 다루는 개념의 기본 토대가 되는 데이터 분석과 통계학을 소개하는 것으로 시작한다. 그리고 나서 예제를 실행하는 데 필요한 모든 것이 포함된 데이터 과학용 파이썬^{Python} 가상 환경을 설정하고 pandas 기초를 배운다.

1부는 다음과 같은 장으로 구성된다.

- 1장, 데이터 분석 소개
- 2장, pandas DataFrame으로 작업하기

01

데이터 분석 소개

pandas를 활용하는 데이터 분석 실습을 소개하기 전에 데이터 분석의 기초를 배워야한다. 소프트웨어 라이브러리 문서를 본 적 있는 사람은 찾고 있는 것에 대한 단서가 없는 경우가 얼마나 어려운 일인지 알고 있을 것이다. 따라서 코딩과 아울러 데이터 분석에 필요한 과정process과 작업 흐름workflow에 익숙해져야 하며, 이는 향후 우리의 실력을 키우는 데 가장 유용한 일이다.

과학적인 방법과 마찬가지로 데이터 과학에도 데이터를 분석하고 분석 결과를 제시해야 할 때 따라야 할 몇 가지 일반적인 작업 흐름이 있다. 이 과정에서 핵심은 **통계학**statistics이다. 통계학은 데이터를 설명하고 예측하며, 이에 대한 결론을 도출하는 방법을 제공한다. 통계학에 관한 사전 지식은 전제 조건이 아니므로 1장에서는 이 책에서 사용할 통계 개념과 추가 연구에 필요한 내용을 다룬다.

기본적인 내용을 다룬 후에 이 책에서 사용할 파이썬Python 환경을 설정한다. 파이썬은 강력한 언어로 데이터 과학 외에도 웹 응용 프로그램이나 웹 스크래핑web scraping 등 다양한 소프트웨어를 만드는 데도 사용된다. 여러 프로젝트에서 효과적으로 작업하려면 각 프로젝트에 종속되지 않도록 **가상 환경**virtual environment을 구축하는 방법도 배워야 한다. 마지막으로, 본문의 내용을 확인하고자 주피터노트북^{Jupyter Notebook}으로 실습하는 방법도 배운다.

1장에서는 다음과 같은 내용을 다룬다.

- 데이터 분석 기초
- 통계학 기초
- 가상 환경 설정

⠿ 1장 교재

이 책의 모든 파일은 깃허브^{GitHub}(https://github.com/stefmolin/Hands-On-Data-Analysis-with-Pandas-2nd-edition)에 있다. 이 책의 내용을 따라 하는 데 깃허브 계정이 필요하지는 않지만, 데이터/코딩 프로젝트의 포트폴리오 역할을 하므로 계정을 만드는 것이 좋다. 또한 깃^{Git}은 버전 관리 시스템을 제공할 뿐만 아니라 협업을 쉽게 해준다.

> **TIP**
>
> 깃을 배우려면 10분 안에 깃 기초 배우기(Learn the Basics of Git in Under 10 Minutes)(https://www.freecodecamp.org/news/learn-the-basics-of-git-in-under-10-minutes-da548267cc91/)를 참고한다.

깃허브의 파일을 복사하기 위한 몇 가지 옵션(덜 유용한 것부터 가장 유용한 것 순서로)이 있다.

- **ZIP** 파일을 내려받아 **PC**에 압축을 푼다.
- 포크^{fork}하지 않고 저장소^{repository}를 복제^{clone}한다.
- 저장소를 포크한 다음 복제한다.

모든 장에는 연습 문제가 있다. 따라서 깃허브의 원래 내용과 함께 연습 문제 해답의 사본^{copy}을 보관하려면 저장소를 **포크**하고, 포크한 버전을 **복제**하는 것이 좋다. 저장소를 포크하면 깃허브는 원본의 최신 버전으로 우리 프로필에 저장소를 만든다. 그런 다음 버전을 변경할 때마다 변경된 내용을 푸시^{push}할 수 있다. 단순히 복제만 한다면 이런 이점을 활용할 수 없다.

아래 그림 1.1에 이 과정을 시작하기 위한 관련 버튼을 동그라미 쳐 놓았다.

그림 1.1 따라하기를 위한 코드의 사본 얻기

NOTE

> 복제 작업은 현재 작업 디렉터리의 Hands-On-Data-Analysis-with-Pandas-2ndedition 폴더에 파일을 복사한다. 이 저장소를 저장할 폴더를 만들고자 mkdir my_folder && cd my_folder 명령어를 사용할 수 있다. 이 명령어는 my_folder라는 새로운 디렉터리(폴더)를 만든 다음 현재 디렉터리를 my_folder 폴더로 이동한다. 이후 저장소를 복제할 수 있다. 2개의 명령어(그 이상의 명령어) 사이에 &&을 추가하면 두 명령어를 연결할 수 있다. 이 문자열은 첫 번째 명령어를 수행한 다음 두 번째 명령어를 실행하라는 뜻으로 생각할 수 있다.

저장소에는 각 장에 해당하는 폴더가 있다. 1장의 자료는 깃허브(https://github.com/stefmolin/Hands-On-Data-Analysis-with-Pandas-2nd-edition/tree/master/ch_01)에서 다운로드할 수 있다. 1장에서는 코딩을 하지 않지만 1장 마지막에서 환경을 설정할 때까지 깃허브 웹사이트에 있는 introduction_to_data_analysis.ipynb 노트북 파일의 내용을 따라가길 바란다. 그런 다음 주피터 노트북에 익숙해지면서 모든 설정이 제대로 됐는지 확인하고자 check_your_environment.ipynb 노트북을 사용한다.

노트북의 내용을 만드는 데 사용한 코드가 1장의 주된 내용이 아니므로 코드 대부분은 개념 설명을 위한 시각적 자료를 만드는 데 사용한 visual_aids 패키지와 check_environment.py 파일로 나뉜다. 이 파일들의 내용을 확인했더라도 너무 걱정할 필요는 없다. 데이터 과학과 관련된 모든 것을 이 책에서 다룰 것이기 때문이다.

1장에서만 일부 초기 데이터 생성을 위한 코드가 있는 exercises.ipynb 노트북이 있다. 이 연습 문제를 풀려면 파이썬 기초 지식이 필요하다. 파이썬 기초 지식을 빠르게 복습하려면 1장 자료에 포함된 python_101.ipynb 노트북 파일을 실행한다. 공식 파이썬 튜토리얼tutorial(https://docs.python.org/3/tutorial/index.html)은 파이썬을 정식으로 배우기에 좋은 곳이다.

데이터 분석 기초

데이터 분석은 수집collection, 준비preparation 또는 랭글링wrangling, **탐색적 데이터 분석**EDA, Exploratory Data Analysis 그리고 결론 도출을 포함하는 매우 반복적인 과정이다. 분석하는 동안 이런 단계들을 자주 반복할 것이다. 다음 다이어그램은 일반화된 작업 흐름을 보여 준다.

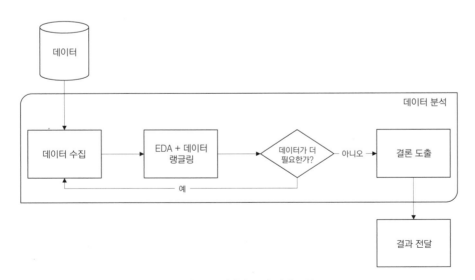

그림 1.2 데이터 분석 작업 흐름

다음 몇 개의 절에서 데이터 수집을 시작으로 각 단계에 관한 내용을 살펴본다. 실제로 데이터 분석 과정은 데이터 준비가 대부분이다. 설문 조사에 따르면 데이터 과학자들은 자신들의 업무에서 데이터 준비 과정을 좋아하지 않지만, 데이터 준비가 작업의 80%를 차지한다(https://www.forbes.com/sites/gilpress/2016/03/23/data-preparation-most-time-consuming-least-enjoyable-data-science-task-survey-says/?sh=290a28216f63). 이 데이터 준비 단계에서 pandas가 정말로 중요한 역할을 한다.

데이터 수집

데이터 수집data collection은 모든 데이터 분석data analysis에서 첫 번째 단계다. 없는 데이터를 분석할 수는 없다. 실제로 데이터를 확보하기 전에 분석할 수는 없다. 데이터를 조사하거나 분석하고자 할 때 분석에 유용할 데이터가 어떤 것인지 생각해야 한다. 데이터는 어디서든 얻을 수 있지만 이 책에서는 다음과 같은 방법으로 데이터를 얻을 것이다.

- **웹 스크래핑**web scraping: 주로 selenium, requests, scrapy, beautifulsoup과 같은 파이썬 패키지를 사용해 웹사이트 HTML에서 데이터를 추출

- **응용 프로그램 인터페이스**APIs, Application Programming Interfaces: URL이나 파이썬 requests 패키지를 사용해 HTTP 요청(request)으로 데이터를 수집할 수 있는 웹 서비스

- **데이터베이스**: SQL이나 다른 데이터베이스 질의 언어로 데이터를 추출할 수 있다.

- 정부 웹사이트나 야후 금융Yahoo! Finance과 같이 다운로드로 데이터를 제공하는 인터넷 사이트

- 로그log 파일

NOTE

2장에서는 위에서 언급한 데이터 출처로부터 데이터를 수집하는 데 필요한 기술을 다룬다. 12장에서는 데이터 출처를 찾는 데 필요한 다양한 방법을 소개한다.

우리 주변에는 수많은 데이터가 있어 수집할 수 있는 데이터 역시 무궁무진하다. 그러나 결론을 도출하는 데 도움이 될 데이터를 수집하고 있는지 확인하는 것이 중요하다. 예를 들어 온도가 낮을 때 핫 초콜릿hot chocolate의 판매량이 많은지 알아보려면 매일 핫 초콜릿의 판매량과 온도에 관한 데이터를 수집해야 한다. 사람들이 핫 초콜릿을 사려고 얼마나 멀리 이동했는지 알아보는 것은 흥미로울지 모르겠지만 이런 데이터는 우리의 분석과는 관련이 없다.

분석을 시작하기 전부터 완벽한 데이터를 찾아야 한다는 것에 너무 걱정할 필요가 없다. 초기 데이터셋에 추가/제거하거나 형식을 바꾸거나, 다른 데이터와 병합하거나, 다른 방식으로 변환하고 싶은 것들이 항상 있을 가능성이 있다. 이로 인해 데이터 랭글링이 필요하다.

데이터 랭글링

데이터 랭글링data wrangling은 데이터를 준비하고 데이터를 분석에 사용할 수 있는 형식 format으로 바꾸는 과정이다. 불행한 현실은 데이터가 종종 더럽다dirty는 것인데 이는 데이터를 사용하기 전에 정제cleaning(준비preparation)가 필요하다는 것을 뜻한다. 다음은 우리가 데이터를 접하면서 발생할 수 있는 몇 가지 문제다.

- **인적 오류**human error: 1000 대신 100을 입력하거나 오타 등 데이터를 잘못 기록하거나 수집한다. 또한 사람에 따라 뉴욕시를 New York City나 NYC 또는 nyc와 같이 같은 내용을 다른 방식으로 저장할 수도 있다.

- **컴퓨터 오류**computer error: 아마도 한동안 데이터를 기록하지 않아 데이터가 저장되지 않았을 것이다(데이터 손실).

- **예상치 못한 값**unexpected value: 데이터를 기록 중인 사람이 수치 열numeric column에 결측값missing value 대신 물음표(?)를 사용하기로 했다면 해당 열의 모든 데이터는 수치 numeric value 대신 텍스트text 형식으로 처리된다.

- **불완전한 정보**incomplete information: 선택적 질문이 있는 설문 조사를 생각해 보자. 모든 사람이 모든 질문에 대답하지 않을 것이므로 우리는 결측값이 있는 데이터를 얻지만, 이는 컴퓨터 오류나 인적 오류로 인한 것이 아니다.

- **해상도**resolution: 데이터는 초당 수집됐을 수도 있지만, 분석에는 시간당 데이터가 필요할 수도 있다.

- **필드**field**의 관련성**: 데이터는 종종 분석을 위한 목적으로 수집되는 것이 아니라 어떤 과정의 결과로 수집되거나 만들어진다. 데이터를 사용할 수 있는 상태로 만들려면 정제를 해야 한다.

- **데이터 형식**: 데이터는 분석에 도움이 되지 않는 형식으로 기록될 수 있으므로 데이터를 재구성reshape해야 한다.

- **데이터 기록 과정에서 잘못된 구성**misconfiguration: 잘못 구성된 트래커tracker나 웹훅webhook[1]과 같은 출처에서 나온 데이터는 필드가 빠지거나 잘못된 순서로 전달될 수 있다.

이와 같은 데이터 품질 문제 대부분은 해결할 수 있다. 그러나 데이터가 일 단위로 수집된다면 시간당 데이터가 필요한 경우에는 해결할 수 없다. 우리에게는 분석이 왜곡되지 않도록 데이터를 차분히 조사하고 모든 문제를 다룰 책임이 있다. 이 과정에 대해서는 3장과 4장에서 자세히 설명한다.

데이터에 대한 초기 정제가 끝나면 탐색적 데이터 분석을 수행할 준비가 된 것이다. 탐색적 데이터 분석을 하면서 데이터 랭글링을 더 해야 할 수도 있다. 이 두 단계는 서로 얽혀 있다.

---

1   특정 이벤트가 발생했을 때 다른 서비스나 응용 프로그램으로 알림을 보내는 기능 – 옮긴이

탐색적 데이터 분석

데이터를 더 잘 이해하고자 탐색적 데이터 분석을 하는 동안에 시각화와 요약통계 summary statistic를 사용한다. 사람의 뇌는 시각적 패턴을 잘 분간할 수 있으므로 모든 분석에서 데이터 시각화는 필수적이다. 실제로 데이터의 일부 특성characteristic은 그림plot을 통해서만 관찰할 수 있다. 데이터에 따라 관심 변수가 시간의 흐름에 따라 어떻게 변하는지 이해하거나, 각 범주category에 속하는 관측observation을 비교하거나, 특이값outlier을 찾거나, 연속변수continuous variable와 이산변수discrete variable의 분포를 살펴보고자 그림을 그려볼 수 있다. 5장과 6장에서 탐색적 데이터 분석과 발표를 위해 그림 그리는 방법을 알아본다.

> **NOTE**
>
> 데이터 시각화는 매우 강력한 도구지만 안타깝게도 종종 오해의 소지가 있다. 한 가지 일반적인 문제는 y축의 척도(scale)로 인해 발생하는데, 이는 대부분의 시각화 도구가 기본적으로 패턴을 가까이서 보여 주려고 그림을 확대하기 때문이다. 소프트웨어는 가능한 모든 그림에 대해 적절한 축 한계(axis limit)를 알기 어려우므로 결과를 제시하기 전에 우리가 축을 적절하게 조정해야 한다. 그림이 오해를 불러일으키는 몇 가지 사례에 관한 내용은 이 URL(https://venngage.com/blog/misleading-graphs/)에서 확인할 수 있다.

그림 1.2 작업 흐름 다이어그램에서 탐색적 데이터 분석과 데이터 랭글링은 같은 사각형 안에 있다. 그 이유는 이 두 작업이 서로 밀접하게 연결돼 있기 때문이다.

- 데이터는 탐색적 데이터 분석을 하기 전에 준비돼야 한다.

- 탐색적 데이터 분석을 하는 동안에 만들어진 시각화로 인해 추가적인 데이터 정제 작업을 수행해야 할 수도 있다.

- 데이터 랭글링은 요약통계를 사용해 잠재적인 데이터 문제를 찾지만 탐색적 데이터 분석은 데이터를 이해하는 데 사용한다. 데이터 정제가 잘못되면 탐색적 데이터 분석을 수행할 때 결과가 왜곡될 수 있다. 또한 데이터 랭글링 기술을 사용해 데이터의 부분집합에 대한 요약통계를 계산한다.

요약통계를 계산할 때는 수집한 데이터의 유형을 염두에 둬야 한다. 데이터는 (양을 측정할 수 있는) **양적**quantitative이거나 (설명이나 그룹 또는 범주인) **범주형**categorical일 수 있다. 이런 데이터 클래스class에 적용할 수 있는 연산들이 있다.

예를 들어 범주형 데이터categorical data는 **명목형**nominal이 될 수 있는데 on=1/off=0와 같이 범주의 각 수준에 숫자를 부여할 수 있다. on과 off 상태를 나타낼 수 있는 숫자를 임의로 선택하는 것이므로 on이 off보다 크다는 사실은 아무런 의미가 없다. 범주에 순위를 매길 수 있다면 수준에 순서를 매길 수 있다는 것이므로 데이터는 순서형ordinal이다. 예를 들어 낮음low < 중간medium < 높음high으로 순서를 매길 수 있다.

정량적 데이터는 **구간척도**interval scale나 **비척도**ratio scale를 사용할 수 있다. 구간척도는 온도 같은 것들이 포함된다. 섭씨온도 측정을 통해 두 도시의 온도를 비교할 수 있지만 어떤 도시가 다른 도시보다 두 배 더 덥다고 말하는 것은 아무런 의미가 없다. 따라서 구간척도 값은 덧셈/나눗셈이 아니라 덧셈/뺄셈을 사용하는 것이 의미 있는 비교가 된다. 그렇다면 비척도는 곱셈과 나눗셈을 사용해야 의미 있게 비를 비교할 수 있다. 비척도의 예로는 가격, 크기, 개수가 있다.

탐색적 데이터 분석이 끝나면 다음 단계에서 결론을 도출할 수 있다.

결론 도출

분석을 위해 데이터를 수집하고, 정제하고, 탐색적 데이터 분석을 했으므로 결론을 도출할 때가 됐다. 이 단계에서 탐색적 데이터 분석을 통해 얻은 결과를 요약하고 다음 단계를 결정한다.

- 데이터를 시각화할 때 어떤 패턴이나 관계를 발견했는가?
- 데이터에서 정확한 예측을 할 수 있을 것 같은가? 데이터를 모델링하는 것이 합리적인가?
- 결측 데이터missing data를 처리해야 하는가? 어떻게?
- 데이터는 어떤 분포인가?

- 데이터가 질문에 답하거나 조사하고 있는 문제에 대한 통찰력을 얻는 데 도움이 되는가?

- 데이터를 새로 수집하거나 추가로 수집해야 하는가?

데이터를 모델링하기로 결정했다면 모델링은 머신러닝과 통계학의 영역이다. 데이터 모델링은 기술적으로 데이터 분석이 아니지만, 일반적으로 모델링은 다음 단계로 9장과 10장에서 설명한다. 11장에서는 이 모든 과정이 어떻게 진행되는지 살펴본다. 참고로 데이터 분석에서 머신러닝에 이르기까지의 모든 과정을 묘사하는 작업 흐름 다이어그램이 머신러닝 작업 흐름 절에 있다. 7장과 8장에서는 모델을 만드는 것보다 데이터 분석을 통해 결론을 도출하는 데 중점을 둔다. 다음 절에서는 통계학을 살펴본다. 통계학에 관한 지식을 가진 사람들은 가상 환경 설정하기 절로 건너뛰어도 좋다.

⠿ 통계 기초

분석하고 있는 데이터를 관측하고자 할 때 항상 그렇지는 않지만, 종종 어떤 식으로는 통계에 의존한다. **모집단**population 또는 그 부분집합에서 관찰된 데이터를 **표본**sample이라고 한다. 통계학은 크게 **기술통계학**descriptive statistics과 **추론통계학**inferential statistics 두 범주로 나뉜다. 이름에서 알 수 있듯이 기술통계학은 표본을 설명하려고 한다. 추론통계학은 표본통계량sample statistics을 사용해 분포와 같이 모집단에 관한 정보를 추론한다.

NOTE

> 표본통계량은 모수(또는 모집단 매개변수(population parameter))의 추정량(estimator)으로 사용되는데, 이는 편향(bias)과 분산(variance)을 정량화해야 한다는 것을 뜻한다. 이를 위한 많은 방법이 있다. 일부는 분포(distribution)의 형태를 가정하지만(모수적(parametric)), 다른 것들은 그렇지 않다(비모수적(non-parametric)). 이는 이 책의 범위를 훨씬 넘어서지만 관련 내용을 알아두는 것이 좋다.

종종 분석의 목표는 데이터에 관한 이야기story를 만드는 것이지만, 불행히도 통계는 매우 쉽게 오용할 수 있다. 이는 유명한 인용문의 주제다.

> "세 가지 거짓말이 있다. 거짓말, 빌어먹을 거짓말 그리고 통계다."
>
> – 벤자민 디즈레일리Benjamin Disraeli

이 인용문은 특히 연구 결과의 중요성을 보여 주고자 많은 과학 연구와 논문에서 사용되는 추론통계에 대해 맞는 말이다. 이는 좀 더 나아간 주제이나 이 책은 통계학 책이 아니므로 추론통계학의 이면에 있는 몇 가지 도구와 이론을 간략히 설명한다. 여기서는 분석 중인 데이터를 설명하는 데 도움이 되는 기술통계에 초점을 맞춘다.

표본 추출

분석을 하기 전에 명심해야 할 중요한 사항은 표본이 반드시 모집단을 대표하는 **임의표본** 또는 **확률표본**random sample이어야 한다는 것이다. 이는 데이터가 편향 없이 표본추출돼야 하며(예를 들어 사람들에게 특정 스포츠팀을 좋아하는지를 묻는다면 해당 팀의 팬에게만 물어 보면 안 된다), 표본에는 (이상적으로) 모집단에서 서로 다른 집단group의 구성원들이 있어야 한다(스포츠팀의 예에서 남자들에게만 물어 볼 수는 없다)는 것을 뜻한다.

9장에서는 먼저 표본이 돼야 할 데이터를 표본추출한다. 이를 **재표집** 또는 **재표본추출** resampling이라고 한다. 데이터에 따라 다른 표본추출 방법을 사용해야 한다. 일반적으로 가장 좋은 방법은 **단순임의표본** 또는 **단순확률표본**simple random sample이다. 우리는 무작위 또는 확률적으로 행을 선택하기 위해 난수발생기random number generator를 사용한다. 데이터에 서로 다른 집단이 있는 경우 데이터에서 집단의 비율을 유지하고자 표본은 **층화임의표본**stratified random sample이 돼야 한다. 어떤 경우에는 앞서 언급한 표본추출 전략에 대한 데이터가 충분하지 않으므로 임의복원표집 또는 임의복원추출random sampling with replacement해야 한다(붓스트래핑bootstraping). 이를 **붓스트랩표본**bootstrap sample이라고 한다. 표본이 임의표본이 아니라면 추정량의 편향을 증가시킬 위험이 있다(데이터가 편의표본 convenience sample이라면 데이터에 특정 행이 더 많이 있으므로 해당 행들이 더 많이 선택되는 반면에 실제 모집단에서는 이런 행들이 많지 않을 것이다). 8장에서 붓스트래핑의 예를 살펴본다.

표본추출 방법들의 장점과 단점에 관한 더 자세한 내용은 이 URL(https://www.khana
cademy.org/math/statistics-probability/designing-studies/sampling-methods-stats/a/
sampling-methods-review)에서 확인할 수 있다.

기술통계학

일변량 통계univariate statistics로 기술통계에 대한 설명을 시작한다. 일변량은 단순히 **하나**
uni의 변수variable로 통계량을 계산한다는 것을 뜻한다. 이 절의 모든 내용은 전체 데이터
셋으로 확장할 수 있지만 통계는 기록 중인 변수에 대해서만 계산된다. 예를 들어 속력
과 거리 쌍에 대해 100개의 관측값이 있다면 데이터셋 전체의 평균을 구할 수 있으므로
평균 속력과 평균 거리 통계량을 계산할 수 있다.

기술통계학은 작업 중인 데이터를 설명하거나 요약하는 데 사용된다. 데이터의 중심이
어디에 있는지 설명하는 **중심경향성**central tendency 측도measure와 값들이 얼마나 퍼져 있
는지를 나타내는 **산포**spread 또는 dispersion 측도로 데이터 요약에 대한 설명을 시작한다.

중심경향성 측도

중심경향성 측도는 데이터 분포의 중심center을 설명한다. 중심 측도로 사용되는 일반적
인 통계량으로는 평균mean, 중위수median, 최빈값mode이 있다. 각각의 통계량은 작업하
고 있는 데이터에 따라 나름대로 장점이 있다.

평균

데이터를 요약하는 데 가장 많이 사용되는 통계량은 아마도 **평균**average 또는 mean일 것
이다. 모평균population mean은 μ로, 표본평균sample mean은 $\bar{x}$로 표기한다. 표본평균은 모
든 값을 더한 다음 값의 개수로 나눠 계산한다. 예를 들어 숫자 0, 1, 1, 2, 9의 평균은

2.6((0 + 1 + 1 + 2 + 9)/5)이다.

$$\bar{x} = \frac{\sum_{i=1}^{n} x_i}{n}$$

변수 X의 i번째 관측을 x_i로 나타낸다. 이제 전체 데이터를 나타내는 변수는 대문자로 표기하고 특정 관측은 소문자로 표기하는 것에 유의한다. Σ(그리스 문자 시그마sigma)는 합을 나타내며, 평균 계산식에서는 관측의 개수인 1에서 n까지의 합이다.

평균에서 주의해야 할 한 가지 중요한 것은 평균이 **특이값**(분포와는 다른 과정으로 생성된 값)에 매우 민감하다는 것이다. 위의 예에서는 5개의 숫자만 사용했는데 9는 다른 나머지 4개 숫자와 비교해 상당히 크며, 평균이 9를 제외한 모든 숫자보다 크다. 데이터에 특이값이 있는 것으로 의심되는 경우 중심경향성 측도를 중위수를 평균 대신 사용할 수 있다.

중위수

평균과 달리 **중위수**(중앙값 또는 **중간값**)median는 특이값에 강건robust하다. 미국의 소득을 생각해 보자. 소득 상위 1%는 나머지 인구보다 소득이 훨씬 많기 때문에 소득 상위 1%가 평균을 더 높게 왜곡하므로 평균 소득에 대한 인식도 왜곡된다. 하지만 소득의 중위수는 데이터의 50번째 백분위수percentile이므로 평균 소득을 더 잘 대표할 수 있다. 이는 값의 50%가 중위수보다 크고, 나머지 50%는 중위수보다 작다는 것을 뜻한다.

TIP

> i번째 백분위수는 관측의 i%가 i번째 백분위수보다 작다는 것을 뜻하므로 X에서 99번째 백분위수 x는 X의 99%가 x보다 작은 값이다.

중위수는 크기로 정렬한 값들 중에서 가장 중간에 있는 값으로 계산한다. 값의 개수가 짝수인 경우에는 값들의 중앙에 있는 두 값의 평균으로 계산한다. 예를 들어 0, 1, 1, 2, 9에서 중위수는 1이다. 이 데이터셋에서 평균과 중위수가 다르다는 것에 주목해야 한다. 데이터의 분포에 따라 평균과 중위수가 같을 수 있다.

최빈값

최빈값mode은 데이터에서 가장 많이 관측된 값이다. 예를 들어 0, 1, 1, 2, 9에서 최빈값은 1이다. 실제로 가장 많이 관측된 값이 2개 이상인 분포에 대해 '분포가 (단봉분포 unimodal와는 반대로) 이봉분포bimodal distribution 또는 다봉분포multimodal distribution다'라는 말을 자주 들을 수 있다. 이는 많이 관측된 값들의 개수가 같다는 것을 의미하지는 않지만 이 값들은 오히려 다른 값들보다 상당히 많이 관측됐다는 것을 뜻한다. 그림 1.3에서 보듯이 단봉분포는 최빈값이 1개(0), 이봉분포는 최빈값이 2개(-2와 3), 다봉분포는 최빈값이 3개(-2, 0.4, 3)다.

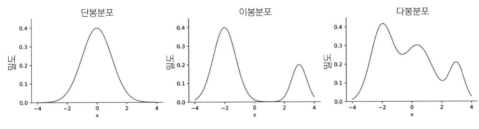

그림 1.3 연속 데이터의 최빈값 시각화

최빈값의 개념을 이해하면 연속 분포continuous distribution를 설명할 때 도움이 된다. 하지만 우리는 연속 데이터를 설명할 때 대부분의 경우 평균이나 중위수를 중심경향성 측도로 사용한다. 반면에 범주형 데이터로 작업할 때에는 일반적으로 최빈값을 사용한다.

산포 측도

분포의 중심이 어디에 있는지 알면 데이터의 분포를 부분적으로만 요약할 수 있다. 하지만 우리는 값들이 중심 주위에 어떻게 흩어져 있는지 그리고 얼마나 떨어져 있는지 알아야 한다. 산포 측도measure of spread는 데이터가 어떻게 퍼져 있는지를 알려 주는 지표다. 산포 측도는 데이터의 분포가 좁거나 넓은 것을 나타낸다. 중심경향성 측도와 마찬가지로 분포에 관한 산포를 여러 방법으로 설명할 수 있으며, 어떤 산포를 사용할 것인지는 상황이나 데이터에 따라 달라진다.

범위

범위range는 가장 작은 값(최소값)과 가장 큰 값(최대값)과의 거리distance다. 범위의 단위는 데이터의 단위와 같다. 따라서 데이터의 두 분포가 같은 단위를 사용해 같은 것을 측정하지 않으면 범위를 비교할 수 없으며 어떤 분포가 다른 분포보다 더 퍼져 있다고 말할 수 없다.

$$범위 = \max(X) - \min(X)$$

범위의 정의에 따라 범위가 데이터의 산포를 측정하는 가장 좋은 방법이 아니라는 것을 알 수 있다. 범위는 데이터의 상계upper bound와 하계lower bound를 알려 주지만 데이터에 특이값이 있으면 범위는 무용지물이 된다.

범위와 관련된 또 다른 문제는 데이터가 중심을 주변으로 어떻게 퍼져 있는지 알 수 없다는 것이다. 범위만으로는 단지 전체 데이터가 어떻게 산포돼 있는지만 알 수 있다. 이로 인해 분산variance을 계산해야 한다.

분산

분산variance은 σ^2으로 표시하며, 표본분산sample variance은 s^2을 사용한다. 평균과의 거리 제곱에 대한 평균으로 계산한다. 평균 아래쪽으로의 거리(음)와 평균 위쪽과의 거리(양)가 상쇄되지 않도록 거리는 제곱으로 계산해야 한다.

표본분산이 모분산population variance의 비편향추정량unbiased estimator이 되도록 모평균 대신 표본평균을 사용하는 것을 설명하고자 n 대신 $n - 1$로 나눠야 한다. 이를 베셀 보정 Bessel's correction(https://bit.ly/3j3ubpf)[2]이라고 한다. 전체 모집단에 대한 데이터를 구하는 것이 매우 어렵기 때문에 통계 도구 대부분 기본적으로 표본분산을 사용한다.

$$s^2 = \frac{\sum_{i=1}^{n}(x_i - \bar{x})^2}{n - 1}$$

분산은 제곱 단위를 사용하는 통계량이다. 소득 데이터를 미국 달러($)를 사용했다면 분

---

2 자세한 내용은 위키백과(https://ko.wikipedia.org/wiki/%EB%B2%A0%EC%85%80_%EB%B3%B4%EC%A0%95) 참고 – 옮긴이

산의 단위는 달러의 제곱($²$)이 된다. 이런 단위는 데이터를 설명하는 데 도움이 되지 않는다. 그러므로 데이터가 얼마나 퍼져 있는지 살펴보고자 **크기**^{magnitude} 자체를 사용할 수 있지만(분산이 크면 널리 퍼져 있다), 데이터와 같은 단위를 사용하는 산포 측도를 사용해야 한다. 이를 위해 표준편차를 사용한다.

표준편차

표준편차^{standard deviation}를 사용하면 데이터가 평균으로부터 얼마나 떨어져 있는지 알 수 있다. 표준편차가 작다는 것은 값들이 평균 가까이에 있다는 것을 뜻하며, 표준편차가 크다는 것은 값들이 더 넓게 퍼져 있다는 것을 뜻한다. 표준편차는 분포 곡선의 모양과 관련이 있다. 표준편차가 작을수록($\sigma = 0.5$) 곡선의 정상^{peak}이 좁아지고, 표준편차가 클수록($\sigma = 2$) 곡선의 정상이 넓어진다.

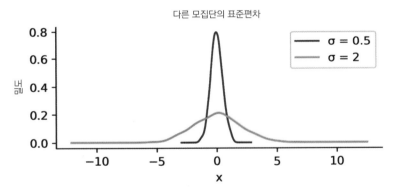

그림 1.4 분포의 산포를 정량화하고자 표준편차를 사용

표준편차는 단순히 분산의 제곱근^{square root}이다. 분산에 제곱근을 취하면 우리가 이해할 수 있는 원래의 단위(위의 소득 예에서는 $로 된 통계량을 얻게 된다.

$$s = \sqrt{\frac{\sum_{i=1}^{n}(x_i - \bar{x})^2}{n - 1}} = \sqrt{s^2}$$

모표준편차^{population standard deviation}는 σ로 표기하고, 표본표준편차^{sample standard deviation}는 s로 표기한다.

변동계수

우리가 이해할 수 있는 단위를 얻고자 분산에서 표준편차를 계산했다. 하지만 어떤 데이터의 산포 수준을 다른 데이터의 산포 수준과 비교하려면 다시 두 데이터의 단위를 같게 해야만 한다. 이런 문제를 해결하기 위한 한 가지 방법이 단위가 없는 **변동계수**(또는 변이계수)CV, Coefficient of Variation를 사용하는 것이다. CV는 표준편차를 평균으로 나눈 값이다.

$$\text{변동계수(CV)} = \frac{s}{\bar{x}}$$

7장에서 이 계량metric을 사용한다. CV는 단위가 없으므로 다른 자산의 변동성volatility을 비교할 수 있다.

사분위범위

지금까지 범위 외에 평균에 기반한 산포 측도를 설명했다. 지금부터는 중심경향성 측도로 중위수를 사용해 산포를 설명하는 방법을 살펴본다. 앞에서 언급한 바와 같이 중위수는 제50 백분위수50th percentile 또는 **제2 사분위수**2nd quartile(Q_2)다. 백분위수와 사분위수는 모두 **분위수**quantile다. 분위수는 데이터를 전체 데이터를 같은 백분율의 데이터가 포함되도록 각 그룹을 똑같이 나누는 값이다. 백분위수는 데이터를 100개로 나누지만 사분위수는 4개(25%, 50%, 75%, 100%)로 나눈다.

분위수는 데이터를 깔끔하게 구분하고 각 분위에 있는 데이터의 양을 알 수 있으므로 데이터의 산포를 정량화하는 데 도움이 되는 적절한 통계량 후보 중의 하나다. 데이터 산포에 관한 일반적인 측도는 **사분위범위** 또는 **사분위간범위**IQR, InterQuartile Range다.

$$\text{사분위범위(IQR)} = Q_3 - Q_1$$

IQR은 중위수를 중심으로 산포한 데이터를 알려 주고 분포의 가운데 50%에 얼마나 많은 데이터가 퍼져 있는지 정량화한다. IQR은 8장에서 설명할 데이터의 특이값을 확인할 때도 유용하다. 또한 IQR을 사용해 다음에 설명할 단위가 없는 산포 측도를 계산할 수 있다.

사분위 산포계수

중심경향성 측도로 평균을 사용할 때 변동계수를 사용했던 것처럼 중심 측도로 중위수를 사용할 때에는 **사분위 산포계수**quartile coefficient of dispersion를 사용한다. 이 통계량도 단위가 없으므로 데이터셋 비교에 사용할 수 있다. 사분위 산포계수는 **준사분위범위**semi-quartile range(IQR의 반)를 제1 사분위와 제3 사분위의 평균인 **중간경첩**midhinge으로 나눈 값이다.

$$\text{사분위 산포계수(QCD)} = \frac{\frac{Q_3 - Q_1}{2}}{\frac{Q_1 + Q_3}{2}} = \frac{Q_3 - Q_1}{Q_3 + Q_1}$$

7장에서 주식의 변동성volatility을 평가할 때 이 계량을 사용한다. 지금은 중심경향성과 산포 측도를 사용해 데이터를 요약해 본다.

데이터 요약하기

지금까지 데이터의 중심과 산포로 데이터를 요약하는 사용할 수 있는 기술통계학의 많은 예를 살펴봤다. 실제로 **다섯숫자요약** 또는 **다섯수치요약**5-number summary을 보고 분포를 시각화하는 것은 앞에서 설명한 여러 계량의 일부를 살펴보기 전에 유용하게 사용할 수 있는 첫 번째 단계인 것으로 입증됐다. 다섯숫자요약은 이름에서 알 수 있듯이 데이터를 요약한 5개의 기술통계량이다.

사분위수	통계량	백분위수
1. Q_0	최소값	제0 백분위수
2. Q_1	N/A	제25 백분위수
3. Q_2	중위수	제50 백분위수
4. Q_3	N/A	제75 백분위수
5. Q_4	최대값	제100 백분위수

그림 1.5 다섯숫자요약

상자 그림box plot 또는 상자수염그림box and whisker plot은 다섯숫자요약을 시각적으로 표현한 그림(그림 1.5)이다. 중위수는 상자에서 굵은 선으로 표시된다. 상자의 가장 윗부분은 제3 사분위수 Q3이고, 가장 아랫부분은 제1 사분위수 Q1이다. 선(수염)은 상자 경계의 양쪽에서 최소값과 최대값까지 연결된다. 그러나 그리기 도구plotting tool에서 사용하는 관례에 따라 이 선은 특정 통계량까지만 연결된다. 이 통계량을 넘어서는 모든 값은 특이값(선으로 연결하지 않고 점으로 표시)이라고 한다. 이 책에서 수염의 하계는 $Q_1 - 1.5 * IQR$이고 상계는 $Q_3 + 1.5 * IQR$이다. 이 상자 그림을 **튜키 상자 그림**Tukey box plot이라고 한다.

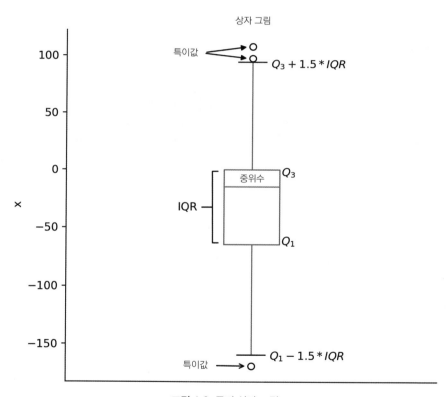

그림 1.6 튜키 상자 그림

상자 그림은 처음에 분포를 이해하는 데 도움이 되는 좋은 도구이지만 각 사분위수 안에 데이터가 어떻게 분포돼 있는지는 알 수가 없다. 데이터의 분포를 알기 위해서 **이산**

변수discrete variable(예: 인원 수 또는 책 수)에 대한 **히스토그램**histogram과 **연속변수**continuous variable(예: 키 또는 시간)에 대한 **핵밀도추정**KDE, Kernel Density Estimation3을 사용한다. 이산변수에 대해서도 KDE를 사용할 수는 있지만 사람들이 혼동하기 쉽다. 히스토그램은 이산변수와 연속변수 모두에 사용할 수 있지만, 두 경우 모두 데이터를 나누는 구간(계급, 간격)(bin 또는 bucket)의 수가 분포의 모양을 쉽게 변경할 수 있다는 것을 명심해야 한다.

히스토그램을 만들려면 일정한 간격으로 구간을 만든 다음, 각 구간 안에 있는 값들의 개수를 높이로 하는 막대를 그리면 된다. 그림 1.7은 그림 1.6의 상자 그림에 사용된 데이터를 사용해 10개의 구간이 있는 히스토그램을 그린 것으로 3개의 중심경향성이 있는 것을 보여 준다.

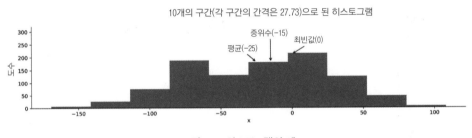

그림 1.7 히스토그램의 예

NOTE

실제로 가장 좋은 값을 찾기 위해 구간의 개수 또는 구간 수를 조정해야 한다. 그러나 이런 작업이 분포의 모양을 제대로 표현하지 못할 수 있으므로 주의해야 한다.

KDE는 데이터에 대한 구간을 만드는 것이 아니라 분포의 **확률밀도함수**PDF, Probability Density Function 추정값인 평활곡선 또는 매끄러운 곡선smooth curve을 그린다는 것을 제외하고는 히스토그램과 비슷하다. PDF는 연속변수에 대한 함수로 확률이 값에 대해 어떻게 분포하는지 알려 준다. PDF의 값이 높다는 것은 더 높은 가능도likelihood를 나타낸다.

---

3 핵밀도추정에 대한 개념은 다크 프로그래머 블로그(https://darkpgmr.tistory.com/147)를 참고하기 바란다. – 옮긴이

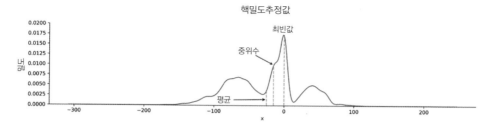

그림 1.8 중심측도가 표시된 핵밀도추정값

분포의 한쪽으로 긴 꼬리가 만들어지면 중심의 평균측도가 그쪽으로 이동한다. 대칭이 아닌 분포는 한쪽으로 기울어져 있다. 이처럼 분포가 얼마나 비대칭인지 나타내는 정도를 **왜도**skewness(기움 또는 비대칭도)라고 한다. **왼쪽(음의 방향)으로 기운 분포**left(negative) skewed distribution는 왼쪽으로 긴 꼬리를 가진다. **오른쪽(양의 방향)으로 기운 분포**right(positive) skewed distribution는 오른쪽으로 긴 꼬리를 가진다. 분포가 음의 방향으로 기울어졌다면 negative skew 평균은 중위수보다 작으며(그림 1.9(왼쪽)), 분포가 양의 방향으로 기울어졌다면 평균은 중위수보다 크다(그림 1.9(오른쪽)). 치우침이 없다면 평균과 중위수는 같다(그림 1.9(가운데)).

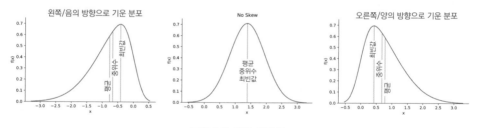

그림 1.9 왜도 시각화

NOTE

첨도(뾰족한 정도나 뾰족함)(kurtosis)는 분포의 중심 밀도를 꼬리에서의 밀도에 비교하는 통계량으로 꼬리 부분의 길이와 중심 부분의 뾰족함에 대한 정도를 나타낸다. 왜도와 첨도는 모두 사이파이(SciPy) 패키지로 계산할 수 있다.

데이터의 각 열은 **확률변수**random variable다. 그 이유는 데이터를 관찰할 때마다 모집단의 분포에 따라 얻어진 값이기 때문이다. 정적인 값이 아니다. x 이하의 값을 얻을 확률에 관심이 있을 때에는 PDF의 적분(곡선 아래 부분의 면적)인 **누적분포함수**CDF, Cumulative Distribution Function를 사용한다.

$$CDF = F(x) = \int_{-\infty}^{x} f(t)dt$$

여기서 $f(t)$는 PDF이며 $\int_{-\infty}^{\infty} f(t)dt = 1$이다.

확률변수 X가 어떤 값 x보다 작거나 같을 확률을 $P(X \leq x)$로 표기한다. 다음 식과 같이 x에서 x까지의 PDF 적분은 0이기 때문에 연속변수가 정확히 x가 될 확률은 0이다.

$$P(X = x) = \int_{x}^{x} f(t)dt = 0$$

이를 시각화하고자 표본에서 CDF의 추정값을 계산할 수 있는데, 이를 **경험적 누적분포함수**ECDF, Empirical Cumulative Distribution Function(또는 표본 누적분포함수)라고 한다. 이 값은 누적된 값이므로 x축의 값이 x인 점에서의 y의 값은 $P(X \leq x)$이다. 예를 들어 **P(X ≤ 50)**, **P(X = 50)**, **P(X > 50)**을 시각화하면 그림 1.10과 같다.

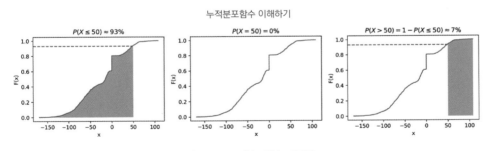

그림 1.10 누적분포함수 시각화

데이터의 분포를 조사하는 것 외에 (8장에서 설명할) 모의시행(또는 모의실험)simulation이나 (추리통계(또는 추론통계)inferential statistics 절에서 설명할) 가설검정hypothesis testing을 위해 확률분포를 활용할 수 있다. 우리가 접할 수 있는 몇 가지 분포를 살펴보자.

일반적인 분포

특정 목적으로 사용되는 확률분포가 많이 있지만 우리가 자주 접하는 확률분포도 있다. 종 모양처럼 생긴 **가우스 분포**Gaussian distribution 또는 **정규분포**normal distribution는 평균(μ)과 표준편차(σ)를 매개변수로 갖는다. **표준정규분포**standard normal distribution(Z)는 평균이 0이고, 표준편차가 1이다. 키와 같이 자연의 많은 것이 정규분포를 따르는 경우가 많다. 분포가 정규분포인지 여부를 검사하는 것은 쉬운 일이 아니다. 이에 대한 자세한 내용은 '참고 자료' 절에서 설명한다.

포아송 분포 Poisson distribution은 단위 시간 안에 어떤 사건이 얼마나 많이 발생하는지(예를 들어 1시간 내에 커피숍에 얼마나 많은 사람이 오는지)를 모델링하는 데 주로 사용되는 이산분포discrete distribution다. 도착과 도착 사이의 시간은 **지수분포**exponential distribution로 모델링할 수 있다. 포아송 분포와 지수분포 모두 평균(λ)으로 표현된다. **균등분포**(또는 균일분포) uniform distribution는 일정 구간 안의 값들이 나타날 확률이 같은 분포로 난수 발생기random number generator에 자주 사용된다. 난수를 사용해 성공이나 실패 두 가지 결과가 나오는 모의실험을 **베르누이 시행**Bernoulli trial이라고 한다. 이 시행은 성공 확률(p)로 표현할 수 있다. 같은 실험experiment을 여러 번(n) 했을 때 성공이 나온 전체 횟수를 **이항확률변수** binomial random variable라고 한다. 베르누이 분포와 이항분포는 모두 이산분포다.

이산분포와 연속분포 모두 시각화할 수 있지만 이산분포는 PDF 대신에 **확률질량함수** PMF, Probability Mass Function를 사용한다.

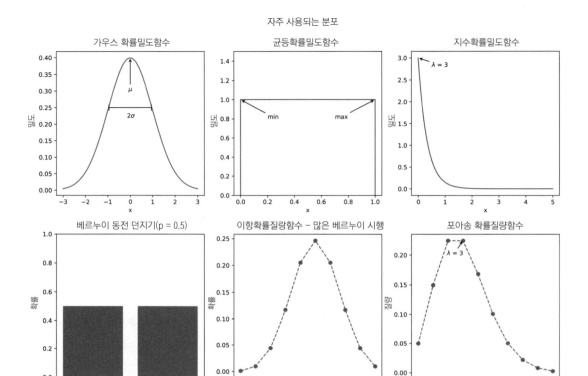

그림 1.11 일반적으로 사용되는 분포들의 시각화

8장에서 이상탐지를 위해 로그인 시도 데이터를 모의 실험할 때 이런 분포를 사용한다.

데이터 척도화

다른 분포의 변수를 비교하려면 **최소-최대 척도화**^{min-max scaling}를 사용해 범위를 비교할 수 있도록 데이터를 **척도화**^{scaling}해야 한다. 다음 식과 같이 각 데이터에서 데이터셋의 최소값을 뺀 다음 범위로 나누면 데이터를 **정규화**^{normalize}(범위를 [0,1]로 척도화)할 수 있다.

$$x_{scaled} = \frac{x - \min(X)}{range(X)}$$

데이터를 척도화하는 방법으로는 여러 방법이 있으며 평균과 표준편차를 이용할 수도 있다. 이 경우 다음 식과 같이 각 관측값에서 평균을 뺀 다음 표준편차로 나눠 데이터를 **표준화한다**standardize. 이 값을 **Z-점수**score라고 한다.

$$z_i = \frac{x_i - \bar{x}}{s}$$

데이터를 표준화하면 평균이 0이고 표준편차(그리고 분산)가 1인 정규분포normalized distribution가 된다. Z-점수는 각 관측값이 평균으로부터 몇 표준편차만큼 떨어져 있는가를 나타낸다. 평균의 Z-점수는 0이며 평균 밑으로 0.5 표준편차만큼 떨어져 있는 관측값의 Z-점수는 -0.5다.

데이터를 척도화하는 다른 방법이 더 있지만 데이터의 종류와 데이터로 어떤 작업을 할 것인지에 따라 척도화 방법을 선택해야 한다. 중심경향성 측도와 산포 측도를 기억해 둔다면 여러분이 접하게 될 모든 방법에서 어떻게 데이터를 척도화하는지 알 수 있을 것이다.

변수 간 관계 정량화하기

지금까지는 단변량 통계량univariate statistics을 다뤘기에 우리가 보고 있는 변수에 대해서만 설명할 수 있었다. 다변량 통계량multivariate statistics을 사용하면 변수 간의 관계를 정량화하고 미래의 행동을 예측할 수 있다.

공분산covariance(또는 결합분산joint variance)은 어떤 변수가 다른 변수에 대해서 어떻게 변하는지를 보여 줌으로써 변수 간의 관계를 정량화하는 통계량이다.

$$cov(X, Y) = E[(X - E[X])(Y - E[Y])]$$

NOTE

> $E[X]$는 새로운 기호로 X의 기대값(expected value) 또는 X의 기대(expectation)이라고 하며 X의 가능한 모든 값에 각각의 확률을 곱하고, 모든 값의 합으로 계산한다. X의 장기간 평균(long-run average)이다.
>
> $$E[X] = \sum xP(x)$$

공분산의 크기(또는 양)magnitude을 해석하는 것이 쉽지는 않지만 값의 부호sign로 양의 관계인지 음의 관계인지 알 수 있다. 하지만 변수 간에 얼마나 강한 관계가 있는지 정량화하려면 상관correlation을 사용한다. **상관**은 변수들이 (같은 또는 반대) 방향과 크기(관계의 강도)를 함께 어떻게 변화시키는지 알려 준다. 상관은 **피어슨 상관계수**Pearson correlation coefficient ρ를 사용하며 다음 식과 같이 공분산을 변수들의 표준편차를 곱한 값으로 나눈 값이다.

$$\rho_{X,Y} = \frac{cov(X,Y)}{s_X s_Y}$$

피어슨 상관계수는 공분산을 정규화해 −1과 1 사이의 값으로 만든 통계량으로 상관의 방향(부호)과 강도(크기)를 모두 쉽게 설명할 수 있다. 1의 상관은 완벽한 양(선형)의 관계, −1의 상관은 완벽한 음의 관계라고 한다. 0에 가까운 값은 상관이 없는 것이다. 상관계수correlation coefficient가 절댓값 1에 가까우면 변수들이 강하게 상관됐다고 하며, 0.5에 가까우면 약하게 상관됐다고 한다.

몇 가지 예를 산점도scatter plot를 사용해 살펴보자. 그림 1.12에서 가장 왼쪽에 있는 그림 ($\rho = 0.11$)은 상관이 없다는 것을 알 수 있으며, 데이터는 아무런 패턴이 없는 임의잡음 random noise처럼 보인다. $\rho = -0.52$인 그다음 그림은 약한 음의 상관을 가진다. x 변수가 증가하면 y 변수가 감소하는 것처럼 변수들이 함께 움직이는 것처럼 보이지만 약간의 임의성(또는 확률성)randomness이 있다. 세 번째 그림($\rho = 0.87$)은 강한 양의 상관을 가진다. x와 y가 함께 증가한다. $\rho = -0.99$인 가장 오른쪽 그림은 거의 완벽에 가까운 음의 상관을 가진다. x가 증가하면 y가 감소한다. 또한 점들이 직선처럼 보인다는 것을 알수 있다.

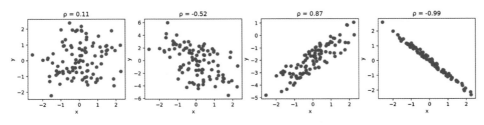

그림 1.12 상관계수 비교

몇 가지 이유로 인해 두 변수 관계의 강도와 방향을 빠르게 확인하고자 정확한 상관계수를 계산하지 않고 산점도를 주로 이용한다.

- 시각화를 통해 패턴을 찾는 것은 쉽지만 숫자와 표를 보면서 같은 결론에 도달하려면 더 많은 작업이 필요하다.

- 변수들이 관련돼 있다는 것을 알 수 있지만 선형적으로 관련되지 않을 수 있다. 시각적으로 표현된 것을 보면 데이터가 실제로 2차함수나 지수함수, 로그함수 또는 다른 비선형 함수 관계인지 쉽게 알 수 있다.

그림 1.13의 두 그림은 강한 양의 상관을 갖지만 산점도를 보면 선형이 아니라는 것을 쉽게 알 수 있다. 왼쪽 그림은 로그함수 상관인 반면에 오른쪽 그림은 지수함수 상관이다.

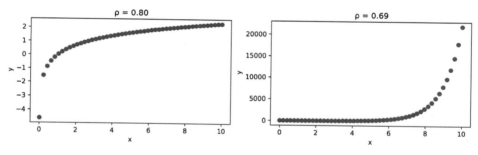

그림 1.13 상관계수는 오해를 불러일으킬 수 있다

X와 Y의 상관을 찾을 수 있지만, X가 Y의 원인이거나 Y가 X의 원인이라는 것을 의미하지는 않다는 것을 아는 것이 매우 중요하다. 실제로 두 변수의 원인이 되는 Z가 있을 수 있다. 아마도 X가 Y라는 결과가 나오도록 하는 중개 사건intermediary event을 유발하거나 실제로 우연의 일치일 수도 있다. 인과관계를 입증할 충분한 정보를 갖는 경우가 많지 않다는 것을 명심해야 한다. 즉 상관이 인과관계를 의미하지는 않는다.

TIP

> 몇 가지 흥미로운 상관에 대해 더 알아보려면 타일러 비겐(Tyler Vigen)의 Spurious Correlation(그 럴싸한 상관) 블로그(https://www.tylervigen.com/spurious-correlations)를 확인한다.

요약통계의 함정

요약통계summary statistic와 상관계수만을 사용해 데이터를 설명하는 경우 얼마나 주의해야 하는지를 보여 주는 매우 재미있는 데이터셋이 있다. 또한 그림을 그려 보는 것도 선택 사항이 아니라는 것을 보여 준다. **앤스컴의 4종류 데이터**Anscombe's quartet는 같은 요약통계와 상관계수를 갖는 4개의 서로 다른 데이터셋이지만 그림을 그려 보면 서로 비슷하지 않다는 것을 명확히 알 수 있다.

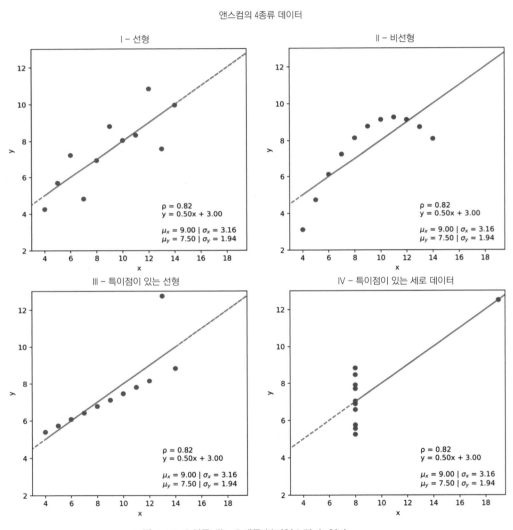

그림 1.14 요약통계는 오해를 불러일으킬 수 있다

그림 1.14의 각 그림은 직선의 방정식 y = 0.50x + 3.00에 적합돼 있다. 다음 절에서 이 직선이 어떻게 만들어지고 무엇을 의미하는지 자세히 알아본다.

예측

가장 좋아하는 아이스크림 가게가 특정한 날에 아이스크림이 얼마나 팔릴지 예측하는 일을 도와 달라는 부탁을 했다고 해보자. 아이스크림 가게는 외부 온도가 매출에 큰 영향을 미친다고 확신해 온도에 따른 아이스크림 판매량 데이터를 수집했다. 우리는 아이스크림 가게를 돕기로 했고, 가장 먼저 한 일은 수집된 데이터의 산점도(그림 1.15)를 그려 보는 것이다.

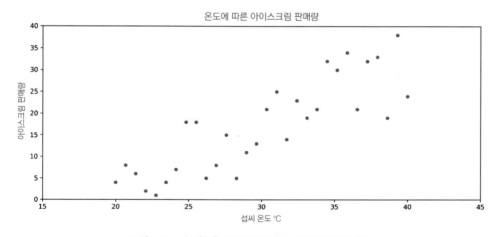

그림 1.15 다양한 온도에서의 아이스크림 판매량 관측값

산점도를 통해 상향 추세^{upward trend}가 있는 것을 확인할 수 있다. 높은 온도에서 더 많은 아이스크림이 팔렸다. 그러나 아이스크림 가게를 돕기 위해 이 데이터에서 예측할 수

있는 방법을 찾아야만 한다. **회귀**regression라는 기술을 사용해 온도와 아이스크림 판매량과의 관계를 방정식으로 모델링할 수 있다. 이 방정식을 사용해 주어진 온도에서의 아이스크림 판매량을 **예측**predict할 수 있다.

NOTE

상관이 인과관계를 의미하지 않는다는 것을 기억해야 한다. 사람들은 날이 더워지면 아이스크림을 살 수 있지만 높은 온도 때문에 사람들이 반드시 아이스크림을 사는 것은 아니다.

9장에서 회귀에 대해 더 자세히 알아보도록 한다. (이 예에서 사용하는) 선형linear 또는 로지스틱logistic 방정식과 같이 다양한 유형의 방정식을 사용하는 회귀 방법이 있다. 첫 번째 단계는 우리가 예측하려는 양quantity인 종속변수dependent variable와 예측에 사용하는 변수인 독립변수independent variable를 알아내는 것이다. 독립변수가 많을 수 있지만 아이스크림 판매 예에서는 독립변수가 온도 1개다. 따라서 관계는 간단한 선형회귀를 사용해 그림 1.16과 같이 직선으로 모델링할 수 있다.

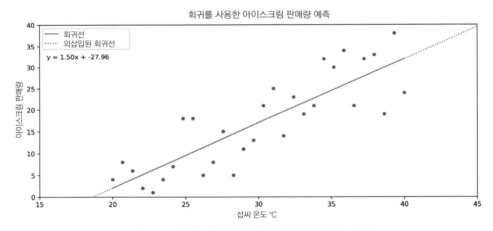

그림 1.16 아이스크림 판매량 데이터를 직선으로 적합하기

그림 1.16에서 산점도에 대한 회귀선regression line은 다음 방정식으로 표현할 수 있다.

$$아이스크림\ 판매량 = 1.50 \times 온도 - 27.96$$

온도가 35℃라고 가정하고 이 값을 방정식의 온도에 대입해 보자. 그 결과로 아이스크림 가게는 24.54개의 아이스크림을 판매할 것이라고 예측한다. 이 예측은 그림 1.16의 빨간색 직선을 따른다. 아이스크림 가게는 실제로 이만큼의 아이스크림을 팔 수는 없다.

이 모델을 아이스크림 가게에 넘겨주기 전에 점선과 우리가 얻은 실선으로 된 회귀선과의 차이를 설명하는 것이 중요하다. 선의 실선 부분을 사용해 예측할 때 **보간법**interpolation을 사용한다. 즉 온도에 대해 회귀가 만들어 낸 판매량으로 예측을 하게 된다. 반면에 45℃에서의 판매량을 예측할 때에는 회귀를 수행할 때 이렇게 높은 온도가 없었기 때문에 **외삽법**extrapolation(선의 점선 부분)을 이용한다. 많은 추세trend가 무한정 지속되지 않으므로 외삽법은 매우 위험할 수 있다. 날씨가 너무 더우면 사람들이 집을 나서지 않을 수 있다. 이는 예측된 39.54개의 아이스크림을 파는 것이 아니라 아예 단 한 개도 팔지 못한다는 것을 뜻한다.

시계열을 다룰 때에는 약간 다른 용어를 사용한다. 과거 데이터를 기반으로 미래의 값을 **예측한다**forecast. 시계열에 대한 예측은 영어로 forecasting이라고 한다. 그러나 시계열을 모델링하기 전에 **시계열 분해**time series decomposition라는 과정process을 사용해 시계열을 성분component으로 분할split한다. 성분은 가법additive이나 승법multiplicative으로 결합될 수 있으며 모델의 일부로 사용될 수 있다.

추세trend 성분은 계절이나 주기적 효과를 고려하지 않고 **장기**long term로 시계열의 행동을 설명한다. 추세를 사용하면 지구의 인구가 증가하거나 주가가 정체되는 것과 같이 시계열을 장기간에 걸쳐 광범위하게 설명할 수 있다. **계절성**seasonality 성분은 시계열의 대칭적인 연간 움직임을 설명한다. 예를 들어 뉴욕 거리의 아이스크림 트럭의 수는 여름에 많지만, 겨울에는 아예 없다. 이런 패턴은 매년 반복된다. 마지막으로, **순환**cyclical 성분은 시계열로 설명할 수 없거나 불규칙한 다른 것을 설명한다. 이는 허리케인과 같은 것으로 허리케인이 오면 밖에 있으면 안전하지 않기 때문에 **단기**short term로 아이스크림 트럭의 수가 줄어들 수 있다. 이 성분은 예상치 못한 특성으로 인해 예측하기 어렵다.

파이썬을 사용해 시계열을 추세, 계절성, **잡음**이나 **잔차**residual로 **분해**할 수 있다. 순환 성분은 잡음(임의적이고 예측할 수 없는 데이터)에서 찾을 수 있으며, 이후 시계열에서 추세와 계절성을 제거하고 남은 것이 잔차다.

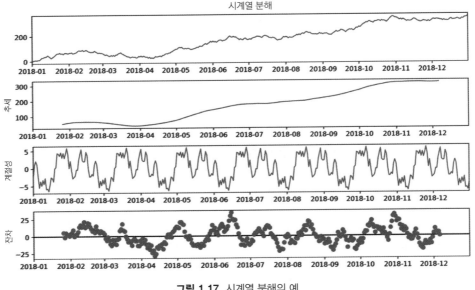

그림 1.17 시계열 분해의 예

시계열 예측을 위한 모델을 만들 때 지수평활$^{\text{exponential smoothing}}$과 ARIMA-계열의 모델을 포함한 몇 가지 일반적인 방법이 있다. **ARIMA**는 **자기회귀**$^{\text{AR, Autoregressive}}$, **누적**$^{\text{I, Integrated}}$, **이동평균**$^{\text{MA, Moving Average}}$을 뜻한다. 자동회귀 모델은 시간 t에서의 관측값이 이전 관측, 예를 들어 시간 $t-1$에서의 관측과 상관을 갖는다는 사실을 이용한다. 5장에서 시계열이 자동회귀인지 여부를 확인하는 몇 가지 기술을 살펴본다. 모든 시계열이 자동회귀는 아니다. **누적** 성분은 **차분**^{differenced} 데이터 또는 어떤 시간에서 다른 시간으로의 데이터 변화와 관련이 있다. 예를 들어 시간 간의 거리인 **시차**^{lag}가 1인 경우 차분 데이터는 시간 t의 값에서 시간 $t-1$의 값을 뺀 값이다. 마지막으로, 이동평균 성분은 슬라이딩 윈도$^{\text{sliding window}}$를 사용해 마지막 x개 관측값의 평균이다. 여기서 x는 슬라이딩 윈도의 길이다. 예를 들어 3-기간 이동평균인 경우 5개 시간의 데이터에서 이동평균 계산은 6번째 시간을 예측하고자 마지막 3, 4, 5 기간의 시간 데이터를 사용한다. 7장에서 **ARIMA** 모델을 만든다.

이동평균은 계산과 관련된 과거의 각 기간에 같은 가중값을 적용하지만, 그러나 실제 데이터에 같은 가중값을 적용하는 일은 거의 없다. 때로는 과거의 모든 값이 중요하지만 과거 데이터가 미래 데이터에 미치는 영향은 다르다. 이런 경우 **지수평활**을 사용하면 예측하려는 것과 관련해 최근 값에 더 많은 가중값을 부여하고, 더 먼 값에 더 작은 가중값을 부여할 수 있다.

예측은 숫자에만 국한되지 않는다. 실제로 데이터에 따라 범주형으로 예측할 수도 있다. 예를 들면 특정한 날에 가장 많이 팔리는 아이스크림의 맛이나 이메일의 스팸 여부를 결정하는 것이다. 9장에서 이런 유형의 예측을 설명한다.

추론통계학

앞에서 언급한 것처럼 추론통계학은 전체 모집단을 설명하고자 표본 데이터에서 어떤 것을 추론하거나 도출하는 것을 다룬다. 결론을 말할 때, **관측연구**observational study를 통해 얻은 결론인지 실험experiment을 통해 얻은 결론인지를 명심해야 한다. 관측연구에서 독립변수는 연구자가 제어control할 수 없으므로 우리는 연구에 참여하는 대상을 관측하게 된다. 예를 들어 흡연에 관한 연구에서 우리는 사람들에게 흡연을 강요할 수가 없다. 독립변수를 제어할 수 없다는 것은 인과관계를 단정지을 수 없다는 것을 뜻한다. 이것에 대한 이상적인 설정은 이중눈가림이중맹검. double-blind인데, 이 경우 치료를 관리하는 연구자들은 어떤 치료가 위약인지 모르고 어떤 과목이 어떤 그룹에 속하는지 모른다.

실험에서는 독립변수에 직접 영향을 줄 수 있으며 A/B 검정test과 같이 대상을 대조군 control group과 실험군test group을 임의로 만들 수 있다. 대조군에는 아무런 조치treatment도 하지 않으며, (연구 목적에 따라) 대조군은 위약(또는 가짜약)을 받을 수 있다. A/B 검정에 대한 이상적인 설정은 **이중눈가림** 방법으로 조치를 관리하는 연구자들은 어떤 조치가 위약인지 모를 뿐만 아니라 어떤 대상이 어느 군에 속하는지도 모른다.

추론통계학은 표본데이터에 대한 이해를 모집단에 대한 설명으로 변환하는 도구를 제공한다. 앞에서 설명한 것처럼 표본통계량은 모수의 추정량estimator이다. 추정량에는 점추정값point estimate과 추정량에 대한 오차 한계margin of error를 제공하는 **신뢰구간**confidence interval이 필요하다. 신뢰구간은 특정 **신뢰수준**confidence level으로 참모수true population parameter가 들어 있는 범위다. 95% 신뢰수준에서 참모수는 모집단에서의 임의표본으로 계산한 신뢰구간의 95% 안에 들어 있다. 통계학에서 신뢰수준과 다른 목적으로 95%가 자주 사용되지만 90%와 99%도 자주 사용된다. 신뢰수준이 높을수록 구간도 넓어진다.

가설검정hypothesis test을 통해 참모수가 (α라고 하는) 특정 신뢰수준에서 어떤 값보다 작거나 크거나 또는 같지 않은지 여부를 검증할 수 있다. 가설검정을 수행하는 과정은 초기가정 또는 **귀무가설**(또는 **영가설**)null hypothesis로 시작한다. 예를 들어 참모평균은 0이다. 일반적으로 통계적 유의수준significance level을 5%로 선택하는데 이는 귀무가설이 참일 때 귀무가설을 기각reject할 확률이다. 그런 다음, 검정통계량test statistic에 대한 임계값(또는 기각값)critical value을 계산한다. 임계값은 데이터의 양과 검증하고 있는 통계의 유형(예: 어떤 모집단의 평균이나 어떤 후보에 대한 투표율)에 따라 달라진다. 데이터의 검정통계량과 임계값을 비교한 다음, 그 결과에 따라 귀무가설을 기각하거나 기각하지 않는다. 가설검정은 신뢰구간과 밀접한 관련이 있다. 유의수준은 1에서 신뢰구간 값을 뺀 값이다. 이는 귀무가설 값이 신뢰구간 안에 있지 않다면 결과가 통계적으로 유의하다는 것을 뜻한다.

이제 통계와 데이터 분석에 관한 개략적인 내용을 알아봤으므로 파이썬을 시작할 준비가 됐다. 가상 환경을 설정하는 것부터 시작한다.

⁝⁝ 가상 환경 설정하기

이 책의 내용은 파이썬3.7.3을 사용해 작성됐지만 코드는 거의 모든 운영체제에서 사용할 수 있는 파이썬3.7.1 이상의 버전에서 작동한다. 이 절에서는 이 책의 코드를 실행하기 위한 가상 환경을 설정하는 방법을 알아본다. 파이썬을 아직 설치하지 않았다면 가상 환경에 관한 내용을 읽어 본 후 파이썬까지 설치할 수 있는 아나콘다^{Anaconda}를 설치할 것인지 결정하길 바란다. 아나콘다를 사용하지 않고 파이썬을 설치하려면 이 URL(https://www.python.org/downloads/)에서 파이썬을 내려 받은 후 **conda** 절이 아닌 **venv** 절의 내용을 따르면 된다.

NOTE

> 이미 설치된 파이썬의 버전을 확인하려면 윈도우(Windows) 콘솔창에서 `where python3`을 실행하거나 리눅스(Linux)/맥OS(macOS)의 터미널에서 `which python3`을 실행한다. 이 명령어를 실행해도 아무런 결과나 나오지 않으면 `python3` 대신 `python`으로 실행한다. 파이썬이 설치돼 있다면 `python3 --version` 명령어로 버전을 확인할 수 있다. `python3` 명령어가 작동하면 이 책 전체에서 `python3` 명령어를 사용해야 한다. 반대로 `python3` 명령어가 작동하지 않으면 `python` 명령어를 사용해야 한다.

가상 환경

소프트웨어를 설치할 때 대부분 해당 소프트웨어만 다운로드하면 되지만, 패키지가 지속적으로 업데이트되고 특정 버전의 패키지를 사용해야만 하는 프로그래밍 언어의 경우 문제가 발생할 수 있다. 특정 버전의 파이썬 패키지(예: 0.9.1)를 사용하는 프로젝트를 하루 동안은 실행할 수 있지만, 그다음 날에는 최신 기능을 사용하고자 같은 패키지의 최신 버전(예: 1.1.0)을 사용해 분석을 해야 할 수도 있다. 이런 경우 별 문제가 없을까? 이 업데이트가 첫 번째 프로젝트나 이 패키지를 사용해야 하는 프로젝트의 다른 패키지가 크게 변경되면 어떻게 될까? 이는 이런 문제가 발생하지 않도록 하는 솔루션(가상 환경)이 이미 나와 있을 정도로 매우 일반적인 문제다.

가상 환경을 사용하면 각 프로젝트마다 별도의 환경을 만들 수 있다. 각 환경에는 필요한 패키지만 설치할 수 있다. 가상 환경을 사용하면 다른 사람들과 환경을 쉽게 공유할 수 있으며, 프로젝트마다 같은 패키지의 여러 버전을 설치해 업데이트하거나 다른 패키지에 종속된 패키지를 설치해 예상치 못한 문제가 발생하는 것을 막을 수 있다. 모든 프로젝트마다 가상 환경을 구축하는 것이 좋다.

이 책에서는 가상 환경을 설정하는 두 가지 일반적인 방법을 설명하는데, 둘 중에서 여러분에게 가장 적합한 방식을 선택하면 된다. 이 절의 모든 코드는 터미널에서 실행해야 한다.

venv

파이썬3은 우리가 선택한 위치에 가상 환경을 만들 수 있는 venv 모듈이 포함돼 있다. 파이썬을 설치한 후 가상 환경을 설정하고 개발 환경을 사용하는 과정은 다음과 같다.

1. 프로젝트 폴더(또는 디렉터리)를 만든다.

2. 이 폴더에서 venv를 사용해 가상 환경을 만든다.

3. 가상 환경을 활성화한다.

4. 이 환경에서 pip 명령어를 사용해 파이썬 패키지를 설치한다.

5. 작업이 끝나면 환경을 비활성화한다.

실제로 프로젝트마다 환경을 만들 것이므로 모든 프로젝트 파일에 대한 첫 번째 단계는 디렉터리를 만드는 것이다. 디렉터리를 만드는 명령어는 mkdir이다. 디렉터리를 만들고 나면 cd 명령어를 사용해 현재 디렉터리를 새로 만든 디렉터리로 변경한다. (1장 코드 자료에) 프로젝트 파일이 있으므로 다음은 참고용이다. 다음 명령어를 사용하면 새로운 디렉터리를 만들고 해당 디렉터리로 이동할 수 있다.

```
$ mkdir my_project && cd my_project
```

TIP

> cd <path> 명령어는 현재 디렉터리를 <path>로 지정한 경로로 변경한다. 이 경로는 절대(전체) 경로이거나 상대(현재 디렉터리에서 이동하는) 경로일 수 있다.

이동하기 전에 cd 명령어를 사용해 이 책의 저장소가 있는 디렉터리로 이동한다. 경로는 복제/다운로드한 위치에 따라 다르다.

```
$ cd path/to/Hands-On-Data-Analysis-with-Pandas-2nd-edition
```

이후의 단계는 운영체제마다 약간씩 다르므로 윈도우와 리눅스/맥OS 운영체제로 나눠 설명한다. 파이썬2와 파이썬3를 모두 사용한다면 이후 명령어에서는 python이 아니라 python3를 사용해야 한다.

윈도우

이 책의 가상 환경을 만들고자 표준 라이브러리의 venv 모듈을 사용한다. 가상 환경의 이름을 (book_env)로 한다. 윈도우 설정에서 파이썬 프로그램이 파이썬3라면 다음 명령어에서 python3 대신 python을 사용해야 한다.

```
C:\...> python3 -m venv book_env
```

이제 앞에서 복제/다운로드한 저장소 폴더에 book_env라는 가상 환경 폴더가 생겼다. 이 가상 환경을 사용하려면 해당 환경을 활성화해야 한다.

```
C:\...> %cd%\book_env\Scripts\activate.bat
```

TIP

> 윈도우는 %cd% 명령어를 현재 디렉터리도 대치한다. 이는 book_env 부분까지 전체 경로를 입력하지 않아도 된다.

가상 환경을 활성화하면 터미널의 프롬프트 앞에 (book_env)가 있는 것을 볼 수 있다. 이는 우리가 book_env 가상 환경 안에 있다는 것을 알려 준다.

```
(book_env) C:\...>
```

가상 환경을 끝내려면 가상 환경을 비활성화하면 된다.

```
(book_env) C:\...> deactivate
```

가상 환경 안에 설치된 모든 패키지는 해당 환경 밖에 존재하지 않는다. 가상 환경을 끝내면 프롬프트 앞에 있던 (book_env)가 더 이상 표시되지 않는다. venv에 관한 더 자세한 내용은 이 URL(https://docs.python.org/3/library/venv.html)에서 확인할 수 있다.

이제 가상 환경을 만들었으므로 가상 환경을 활성화하고 나서 다음 단계로 필요한 '필수 파이썬 패키지 설치하기' 절로 이동한다.

리눅스/맥OS

이 책의 가상 환경을 만들고자 표준 라이브러리의 venv 모듈을 사용한다. 가상 환경의 이름을 (book_env)로 한다.

```
$ python3 -m venv book_env
```

이제 앞에서 복제/다운로드한 저장소 폴더에 book_env라는 가상 환경 폴더가 생겼다. 이 가상 환경을 사용하려면 해당 환경을 활성화해야 한다.

```
$ source book_env/bin/activate
```

가상 환경을 활성화하면 터미널의 프롬프트 앞에 (book_env)가 있는 것을 볼 수 있다. 이는 우리가 book_env 가상 환경 안에 있다는 것을 알려 준다.

```
(book_env) $
```

가상 환경을 끝내려면 가상 환경을 비활성화하면 된다.

```
(book_env) $ deactivate
```

가상 환경 안에 설치된 모든 패키지는 해당 환경 밖에 존재하지 않는다. 가상 환경을 끝내면 프롬프트 앞에 있던 (book_env)가 더 이상 표시되지 않는다. 파이썬 문서(https://docs.python.org/3/library/venv.html)에서 venv에 관한 더 자세한 내용을 확인할 수 있다.

이제 가상 환경을 만들었으므로 가상 환경을 활성화하고 나서 다음 단계인 '필수 파이썬 패키지 설치하기' 절로 이동한다.

콘다

아나콘다는 데이터 과학을 위해 특별한 파이썬 환경 설정 방법을 제공한다. 아나콘다는 이 책에서 사용할 패키지와 더불어 이 책에서 다루지 않는 작업에 필요한 다른 패키지 일부도 제공한다. 또한 다른 방법으로 설치하기 어려운 파이썬 외부 패키지도 설치할 수 있다. 아나콘다는 pip 대신 conda를 가상 환경 및 패키지 관리자로 사용하지만, 아나콘다로 설치한 pip를 사용하면 pip를 사용해 패키지를 설치할 수 있다. 일부 패키지는 conda로 설치할 수 없으며 이런 경우 pip로 설치해야 한다. conda, pip, venv에서 사용할 수 있는 명령어들은 콘다 문서(https://conda.io/projects/conda/en/latest/commands.html#conda-vs-pip-vs-virtualenv-commands)에 잘 비교 정리돼 있다.

NOTE

> 아나콘다는 설치에 많은 용량이 필요하다. 반면에 미니콘다(Miniconda)는 더 적은 용량을 사용한다. 데이터 과학 이외의 목적으로 파이썬을 사용하는 사람들은 설치되는 것들을 통제할 수 있도록 앞에서 설명한 venv를 더 선호하기도 한다.

아나콘다는 뒤에서 설명할 스파이더Spyder **통합 개발 환경**IDE, Integrated Development Environment과 주피터 노트북Jupyter Notebook에서 사용할 수 있다. 주피터는 venv에서도 사용할 수 있다.

아나콘다에 관한 정보와 설치 방법은 다음 공식 홈페이지 문서에서 확인할 수 있다.

- 윈도우: https://docs.anaconda.com/anaconda/install/windows/

- 맥OS: https://docs.anaconda.com/anaconda/install/mac-os/

- 리눅스: https://docs.anaconda.com/anaconda/install/linux/

아나콘다나 미니콘다를 설치했다면 터미널 창에서 conda -V 명령어를 실행해 제대로 설치됐는지 확인한다. 윈도우에서 모든 conda 명령어는 **명령어 프롬프트**가 아니라 **아나콘다 프롬프트**에서 실행해야 한다.

다음과 같은 명령어를 사용해 이 책에서 사용할 새로운 conda 가상 환경(book_env)을 만든다.

```
(base) $ conda create --name book_env
```

conda env list 명령어를 실행하면 book_env를 포함해 시스템에 구축된 모든 conda 가상 환경을 확인할 수 있다. 현재 활성화된 환경 이름 옆에는 별표(*)가 표시된다. 다른 환경을 활성화하지 않는 한 base 환경이 기본적으로 활성화된다.

```
(base) $ conda env list
# conda environments:
#
base * /miniconda3
book_env /miniconda3/envs/book_env
```

다음 명령어를 사용해 book_env 환경을 활성화한다.

```
(base) $ conda activate book_env
```

가상 환경을 활성화하면 명령줄command line 앞에 (book_env)가 있는 것을 볼 수 있는데, 이는 해당 환경에 있다는 것을 알려 준다.

```
(book_env) $
```

환경 사용을 끝내려면 가상 환경을 비활성화하면 된다.

```
(book_env) $ conda deactivate
```

환경 안에서 설치된 모든 패키지는 환경 밖에서는 존재하지 않는다. 환경이 비활성화되면 명령줄 앞의 (book_env)가 더 이상 표시되지 않는다. 가상 환경 관리를 위해 conda를 사용하는 방법은 이 URL(https://www.freecodecamp.org/news/why-you-need-python-environments-and-how-to-manage-them-with-conda-85f155f4353c/)에서 확인할 수 있다.

다음 절에서는 이 책을 따라하는 데 필요한 파이썬 패키지를 설치해야 하므로 지금 가상 환경을 활성화해야 한다.

필수 파이썬 패키지 설치하기

파이썬 표준 라이브러리로 많은 것을 할 수 있지만 기능을 확장하고자 외부 패키지를 설치하고 사용해야 할 경우가 많다. 저장소에 있는 requirements.txt 파일에는 이 책의 내용을 따라하는 데 필요한 모든 패키지의 목록이 들어 있다. 현재 디렉터리에도 해당 파일이 있지만 깃허브(https://github.com/stefmolin/Hands-On-Data-Analysis-with-Pandas-2nd-edition/blob/master/requirements.txt)에서 해당 파일을 구할 수 있다. pip3 install 명령어에 -r 플래그를 사용하면 여러 패키지를 한 번에 모두 설치할 수 있으며 해당 파일을 쉽게 공유할 수 있다.

설치하기 전에 venv나 conda로 만든 가상 환경을 활성화해야 한다. 가상 환경을 활성화하지 않고 다음 명령어를 실행하면 가상 환경 밖에 패키지가 설치된다.

```
(book_env) $ pip3 install -r requirements.txt
```

왜 pandas인가?

파이썬을 사용하는 거의 모든 데이터 과학에서 pandas 라이브러리가 사용된다. pandas는 NumPy 라이브러리 위에 만들어졌으며, 단정도 유형single-type 데이터 배열의 수학 연산을 효율적으로 할 수 있다. pandas는 이 배열을 데이터 테이블과 같은 DataFrame으로 확장한다. 2장에서 DataFrame을 자세히 설명한다.

효율적인 연산 외에도 pandas는 matplotlib 그림 그리기plotting 라이브러리를 사용할 수 있도록 **래퍼**wrappter[4]를 제공해 여러 줄의 matplotlib 코드를 작성하지 않고도 다양한 그림을 쉽게 그릴 수 있다. matplotlib를 사용해 그림을 조정할 수 있지만 pandas에서는 단 한 줄의 코드로 빠르게 데이터를 시각화할 수 있다. 5장과 6장에서 이 기능을 자세히 설명한다.

NOTE

래퍼 함수는 다른 라이브러리의 코드를 둘러싸 코드의 복잡성을 일부 숨겨 해당 기능을 반복할 수 있도록 간단한 인터페이스를 제공한다. 이는 추상화(abstraction)라고 하는 객체 지향 프로그래밍(OOP, Object-Oriented Programming)의 핵심 원리로 복잡성과 코드의 중복성을 줄여 준다. 이 책 전체에서 우리만의 래퍼 함수를 만들어 사용한다.

이 책에서는 pandas 외에도 주피터 노트북을 사용한다. 주피터 노트북을 사용하지 않아도 되지만 데이터 분석에 널리 사용되므로 주피터 노트북에 익숙해지는 것이 좋다. 주피터 노트북에 익숙해지도록 다음 절에서 주피터 노트북을 사용해 설정을 검증한다.

---

4 활동 범위를 설정하고 좀 더 중요한 다른 프로그램의 실행을 가능하게 하는 프로그램이나 스크립트를 말한다(출처: 정보통신용어사전) - 옮긴이

주피터 노트북

각 장에는 내용을 따라할 수 있는 주피터 노트북이 포함돼 있다. 주피터 노트북을 사용하면 프로그램을 작성하는 것보다 더 많은 환경에서 코드를 작성하고 검증하기 쉬우므로 파이썬 데이터 과학에서 널리 사용되고 있다. 한 번에 하나의 코드 블록을 실행할 수 있으므로 코드 바로 밑의 노트북에 결과를 출력할 수 있다. 이 외에도 작업에 대한 텍스트 설명을 추가하고자 **마크다운**markdown을 사용할 수도 있다. 주피터 노트북은 쉽게 패키지로 만들어 공유할 수 있다. 주피터 노트북을 깃허브에 푸시push하거나, HTML이나 PDF로 변환하거나, 누군가에게 보내거나 발표에 사용할 수도 있다.

주피터랩 실행하기

주피터랩JupyterLab은 로컬 컴퓨터에서 깔끔한 웹 인터페이스의 주피터 노트북을 사용해 파이썬 스크립트를 만들고, 터미널과 상호작용하며, 텍스트 문서를 만들고, 문서를 참조하는 등 많은 일을 할 수 있는 통합개발환경IDE, Integrated Development Environment이다. 실제로 파워 유저가 되고자 익혀야 할 많은 단축키가 있지만 인터페이스는 매우 직관적이다. 환경을 만들 때 주피터랩을 실행하는 데 필요한 모든 것을 설치했으므로 IDE를 빠르게 살펴보고 환경이 제대로 설정됐는지 확인한다. 먼저, 가상 환경을 활성화한 다음, 주피터랩을 실행한다.

```
(book_env) $ jupyter lab
```

이 명령어는 윈도우의 기본 브라우저로 주피터랩을 실행한다. 왼쪽에 **런처**Launcher와 **파일 브라우저**File Browser 창이 나타난다.

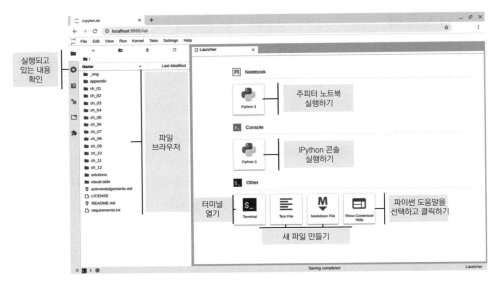

그림 1.18 주피터랩 실행 화면

파일 브라우저^{File Browser} 창에서 **ch_01** 폴더를 더블 클릭한다. 이 폴더에는 설정을 검증하는 데 사용할 주피터 노트북이 들어 있다.

가상 환경 검증하기

ch_01 폴더에서 checking_your_setup.ipynb 노트북을 열면 그림 1.19와 같은 화면이 나타난다.

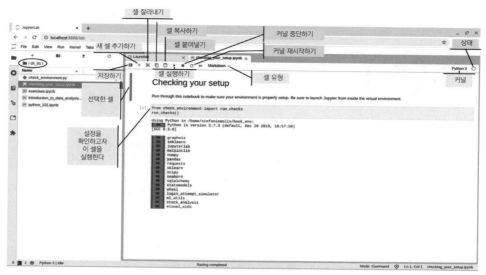

그림 1.19 가상 환경 설정 검증하기

커널(kernel)은 주피터 노트북에서 코드를 실행하고 검사하는 프로세스(process)다. 파이썬만 실행할 수 있는 것이 아니라 R이나 Julia, Scala, 그리고 다른 언어의 커널도 실행할 수 있다. 기본값으로 IPython(Interactive Python)을 사용해 파이썬을 실행한다. 이 책에서는 IPython에 대해 간략히 설명한다.

그림 1.19에 표시한 코드 셀을 클릭한 다음 실행 버튼(▶)을 클릭해 해당 셀을 실행한다. 실행 결과 모든 항목이 초록색으로 나타나면 환경은 모두 설정된 것이다. 그러나 모든 항목이 초록색이 아니라면 가상 환경에서 다음 명령어를 실행해 주피터와 함께 사용할 book_env 가상 환경의 특수 커널을 설치한다.

```
(book_env) $ ipython kernel install --user --name=book_env
```

위 명령어는 **런처**^{Launcher} 탭에 추가 옵션이 추가돼 주피터 노트북에서 book_env 커널로 전환할 수 있다.

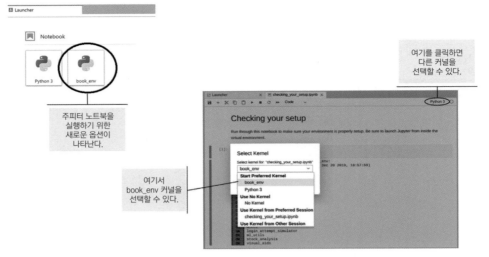

그림 1.20 다른 커널 선택하기

주피터 노트북은 커널이 실행되는 동안 변수에 할당된 값을 유지하고 파일을 저장할 때 **Out[#]** 셀에 있는 결과를 셀에 저장한다. 파일을 닫아도 커널은 멈추지 않으며 브라우저에서 주피터랩 탭도 닫히지 않는다.

주피터랩 종료하기

주피터랩의 브라우저를 닫아도 실행 중인 주피터랩이나 커널은 종료되지 않으며, 다시 터미널로 되돌아가지 않는다. 주피터랩을 완전히 종료하려면 터미널에서 (주피터를 완전히 종료하고 싶다는 것을 알려 주는 키보드 인터럽트 신호인) **Ctrl + C**를 두어 번 눌러 프롬프트가 다시 뜨게 해야 한다.

```
...
[I 2021-10-24 10:19:25.970 ServerApp] Interrupted...
[IPKernelApp] WARNING | Parent appears to have exited, shutting down.
(book_env) $
```

튜토리얼을 포함해 주피터에 관한 내용은 홈페이지(http://jupyter.org/)에서 확인할 수 있으며, 주피터랩에 관한 내용은 이 페이지(https://jupyterlab.readthedocs.io/en/stable/)에서 확인할 수 있다.

∷ 요약

1장에서는 데이터 분석의 주요 과정인 데이터 수집, 데이터 랭글링, EDA, 결론 도출에 관해 알아봤다. 기술통계에 관한 개요를 설명하고 데이터 중심경향성과 산포를 이해하는 방법과 다섯숫자요약, 상자 그림, 히스토그램, 핵밀도추정을 사용해 데이터를 숫자와 함께 시각적으로 요약하는 방법도 알아봤다.

예측과 시계열 분석 방법도 소개했다. 그리고 나서 이 책의 내용을 배운 후에 시도해 볼 수 있는 추론통계의 몇 가지 핵심 주제도 간략히 다뤘다. 1장의 모든 예제의 변수는 1~2개이나 실제 데이터는 거의 모두 고차원이다. 10장에서는 고차원 문제를 해결하기 위한 몇 가지 방법을 소개한다. 마지막으로, 이 책을 따라하는 데 필요한 가상 환경을 설정하고 주피터 노트북으로 작업하는 방법을 배웠다.

이제 모든 준비를 마쳤으므로 2장에서는 파이썬으로 데이터를 다루도록 한다.

∷ 연습 문제

1장의 내용을 복습하고자 introduction_to_data_analysis.ipynb 노트북을 실행하고 (필요하다면) python_101.ipynb 노트북을 살펴본다. 그리고 나서 주피터랩으로 작업하고 파이썬으로 요약통계를 계산하는 방법을 연습하고자 다음 연습 문제를 풀어 본다.

1. 주피터랩 인터페이스와 사용할 수 단축키를 숙지한다. 인터페이스와 단축키를 모두 외울 필요는 없으며 점차 익숙해져 작업 시간이 줄어들 것이므로 지금은 단지 주피터 노트북을 사용하는 데 익숙해지기만 하면 된다.

2. 모든 데이터가 정규분포를 따르는가? 그 이유를 설명하라.

3. 언제 중심 측도로 평균 대신 중위수를 사용해야 하는가?

4. exercises.ipynb 노트북의 첫 번째 셀의 코드를 실행한다. 1장의 나머지 연습 문제에서 사용할 100개 값의 리스트를 만든다. 이 값을 모집단의 표본으로 사용한다.

5. 연습 문제 4의 데이터를 사용해 표준 라이브러리의 통계 모듈(https://docs.python.org/3/library/statistics.html)을 사용하지 않고 다음 통계량을 계산한 다음, statistics 모듈을 사용했을 때의 값과 비교한다.

   a) 평균

   b) 중위수

   c) 최빈값(힌트: 표준 라이브러리 collections 모듈의 Counter 클래스에 관한 내용은 이 URL(https://docs.python.org/3/library/collections.html#collections.Counter)에서 확인할 수 있다.

   d) 표본분산

   e) 표본표준편차

6. 연습 문제 4의 데이터를 사용해 statistics 모듈로 다음 통계량을 계산한다.

   a) 범위

   b) 변동계수

   c) 사분위범위

   d) 사분위 산포계수

7. 연습 문제 4의 데이터를 다음 방법으로 척도화한다.

   a) 최소-최대 척도화(정규화)

   b) 표준화

8. 연습 문제 7의 데이터를 사용해 다음을 계산한다.

   a) 표준화 데이터와 정규화 데이터의 공분산

   b) 표준화 데이터와 정규화 데이터의 피어슨 상관계수(실제로 이 값은 1이지만, 반올림으로 인해 1보다 약간 작은 값이 된다.)

⫶ 참고 자료

주피터에 익숙해지는 데 도움이 되는 자료는 다음과 같다.

- **주피터 노트북 기초**: https://nbviewer.org/github/ipython/ipython/blob/6.x/examples/IPython%20Kernel/Index.ipynb

- **주피터랩 입문**: https://blog.jupyter.org/jupyterlab-isready-for-users-5a6f039b8906

- **주피터 노트북 발표 자료 작성을 위한 마크다운 배우기**: https://medium.com/ibm-data-science-experience/markdown-forjupyter-notebooks-cheatsheet-386c05aeebed

- **28가지 주피터 노트북 사용법과 단축기**: https://www.dataquest.io/blog/jupyter-notebook-tips-tricks-shortcuts/

이 책에서 다루지 않은 통계 이론 학습과 적용 방법에 대한 자료는 다음과 같다.

- **파이썬을 사용한 정규화 테스트 입문**: https://machinelearningmastery.com/a-gentle-introduction-to-normality-tests-in-python/

- **가설검정은 어떻게 이뤄지는가? – 신뢰구간과 신뢰수준**: https://statisticsbyjim.com/hypothesis-testing/hypothesis-tests-confidence-intervals-levels/

- **Udacity의 추론통계학 입문(데이터로 예측하기) 강좌**: https://www.udacity.com/course/intro-to-inferential-statistics--ud201

- **(펜스테이트 기초 통계학) 4강: 신뢰 구간**: https://online.stat.psu.edu/stat200/lesson/4

- **눈으로 이론 익히기: 확률과 통계 시각적 입문**: https://seeing-theory.brown.edu/index.html

- 『**당신이 몰랐던 통계 오류 – 데이터 과학 및 분석을 위한 통찰**』(비제이퍼블릭, 2015): https://www.aladin.co.kr/shop/wproduct.aspx?ItemId=64707803

- **표본조사방법**: https://stattrek.com/survey-research/sampling-methods.aspx

02

pandas DataFrame으로
작업하기

이제 pandas를 사용해 볼 때가 됐다. 2장에서는 pandas로 데이터 분석을 할 때 사용할 수 있는 기본적이지만 강력한 연산에 익숙해지도록 한다.

pandas로 작업할 때 필요한 주요 **데이터 구조**^{data structure}를 먼저 소개한다. 데이터 구조는 데이터를 구성하고 관리하며 저장하기 위한 형식이다. pandas 데이터 구조를 이해하면 문제 해결이나 데이터 연산 방법을 찾을 때 매우 도움이 된다. 이런 데이터 구조는 특정 분석 작업을 위해 만들어진 것이므로 표준 파이썬 데이터 구조와는 다르다. 주어진 방법은 특정 데이터 구조에서만 작동할 수 있으므로 해결해야 할 문제에 가장 적합한 구조를 알아야만 한다.

다음으로, 첫 번째 데이터셋^{dataset}을 파이썬으로 읽는다. API를 통해 데이터를 수집하고, 파이썬의 다른 데이터 구조에서 `DataFrame` 객체를 만들며, 파일에서 데이터를 읽고, 다른 데이터베이스와 상호작용하는 방법을 배운다. 먼저, 다른 파이썬 데이터 구조를 `DataFrame` 객체로 만들어야 하는 이유가 궁금할 수도 있다. 그러나 무언가를 빠르게 테스트해 보거나, 여러분만의 데이터를 만들거나, API를 통해 데이터를 가져오거나 또는 다른 프로젝트에서 파이썬 코드를 재사용하려면 이런 지식을 익혀야만 한다는 것을 알

게 될 것이다. 마지막으로, 데이터를 조사하고 설명하며 필터링하고 요약하는 방법을
익힌다.

2장에서는 다음과 같은 내용을 다룬다.

- pandas 데이터 구조

- 파일과 API 요청^{request}, SQL 질의, 다른 파이썬 객체에서 DataFrame 객체 만들기

- DataFrame 객체 조사 및 요약 통계량 계산

- 선택, 슬라이싱, 인덱싱, 필터링을 통해 데이터의 부분집합 가져오기

- 데이터 추가 및 삭제

⠿ 2장 교재

2장의 자료는 이 깃허브 페이지(https://jupyterlab.readthedocs.io/en/stable/)에서 다운로드
할 수 있다. data/ 디렉터리에 있는 USGS API와 CSV 파일을 사용해 **미국 지질조사국**
US Geological Survey, USGS의 지구 지진 데이터를 사용한다.

data/ 디렉터리에는 4개의 CSV 파일과 1개의 SQLite 데이터베이스 파일이 있는데, 2
장에서 모든 파일을 사용한다. earthquakes.csv 파일에는 USGS API에서 가져온 2018
년 9월 18일부터 10월 13일까지의 지진 데이터가 들어 있다. earthquakes.csv 파일의 5
개의 행과 1개 열의 데이터가 들어 있는 example_data.csv 파일을 사용해 데이터 구조를
설명한다. tsunamis.csv 파일에는 위에서 언급한 기간에 쓰나미가 동반된 모든 지진 데
이터가 들어 있으며, earthquakes.csv 데이터의 부분집합이다. quakes.db 파일은 쓰나미
데이터가 한 테이블로 저장된 SQLite 데이터베이스다. 이 데이터베이스를 이용해
pandas로 데이터베이스의 데이터를 읽고 쓰는 방법을 익힌다. 마지막으로, parsed.csv
파일은 2장의 연습 문제에서 사용하며, 2장을 진행하면서 이 파일을 만들어 본다.

2장의 코드는 6개의 주피터 노트북으로 구성돼 있으며, 사용할 순서대로 번호가 매겨져 있다. 6개의 노트북에는 2장에서 실행할 코드 스니펫[code snippet][1]과 실행 결과가 들어 있다.

1-pandas_data_structures.ipynb 노트북을 사용해 주요 pandas 데이터 구조를 알아보는 것으로 시작한다. 그런 다음 2-creating_dataframes.ipynb 노트북을 사용해 DataFrame 객체를 만드는 여러 가지 방법을 설명한다. 3-making_dataframes_from_api_requests. ipynb 노트북에서도 DataFrame 객체를 만드는 방법을 계속 설명하는데 여기서는 USGS API를 사용해 DataFrame을 만든다. 데이터 수집 방법을 익힌 다음, 4-inspecting_ dataframes.ipynb 노트북을 사용해 **탐색적 데이터 분석**[EDA, Exploratory Data Analysis] 방법을 배운다. 그런 다음, 5-subsetting_data.ipynb에서 데이터를 선택하고 필터링하는 다양한 방법을 설명한다. 마지막으로, 6-adding_and_removing_data.ipynb 노트북에서 데이터를 추가하고 삭제하는 방법을 배운다.

⠿ pandas 데이터 구조

파이썬에는 이미 튜플[tuple], 리스트[list], 딕셔너리[dictionary]와 같은 여러 데이터 구조가 있다. pandas에도 데이터 작업을 쉽게 할 수 있도록 Series와 DataFrame의 두 가지 데이터 구조가 있다. Series와 DataFrame 데이터 구조에는 우리가 또 알아야 할 다른 pandas 데이터 구조인 Index가 있다. 그러나 이런 데이터 구조를 이해하려면 pandas의 토대가 된 n-차원 배열을 제공하는 NumPy(https://numpy.org/doc/stable/)를 먼저 이해해야 한다.

앞서 언급한 데이터 구조는 파이썬 **클래스**[class]로 구현됐으며, 실제로 클래스를 하나 만들면 그 클래스를 **객체**[object] 또는 **인스턴스**[instance]라고 한다. 우리가 보겠지만 어떤 작업은 객체 그 자체(메서드[method])를 사용해서 할 수 있는 반면에 다른 작업은 객체를 어떤 **함수**[function]의 인수[argument]로 전달해야 하므로 이 개념의 차이는 매우 중요하다. 파이썬에서 클래스 이름은 관례로 첫 글자를 대문자로(CapWords) 하며, 객체의 이름은 밑줄을 사용

---

1   재사용할 수 있는 소스 코드의 작은 부분을 의미하는 프로그래밍 용어 - 옮긴이

(snake_case)[2]한다. 파이썬의 작명 규칙^{naming convention}은 이 URL(https://www.python.org/dev/peps/pep-0008/)에서 확인할 수 있다.

pandas 함수를 사용해 CSV 파일을 DataFrame 클래스의 객체로 읽어 들이지만 DataFrame 객체의 메서드를 사용해 열을 삭제하거나 요약 통계를 계산하는 등 여러 작업을 수행한다. pandas를 사용하면 작업 중인 객체의 **속성**^{attribute}을 확인할 수 있다. 이는 메서드나 함수처럼 동작하지 않으며, 차원^{dimension}이나 열 이름, 데이터 유형, 또는 데이터가 비어 있는지 등 pandas 객체에 관한 정보를 얻을 수 있다.

> **NOTE**
>
> 이후부터 클래스 자체를 언급하지 않는 한 데이터프레임(dataframe) 객체를 DataFrame으로, 시리즈(series) 객체를 Series로, 인덱스(index) 객체를 Index로 표기한다.

이 절은 1-pandas_data_structures.ipynb 노트북으로 진행한다. 먼저, numpy를 임포트^{import}한 다음, numpy를 사용해 example_data.csv 파일을 numpy.array 객체로 읽어 들인다. 이 데이터는 USGS API(https://Earth quake.usgs.gov/fdsnws/event/1/)에서 얻은 지구 지진 데이터다. 이때만 NumPy를 사용해 파일에서 데이터를 읽으며, 예시적인 목적으로만 사용한다. 중요한 것은 데이터가 NumPy 형식으로 어떻게 표현되는지 아는 것이다.

```
>>> import numpy as np

>>> data = np.genfromtxt(
...     'data/example_data.csv', delimiter=';',
...     names=True, dtype=None, encoding='UTF'
... )
>>> data
array([('2018-10-13 11:10:23.560',
        '262km NW of Ozernovskiy, Russia', 'mww', 6.7, 'green', 1),
       ('2018-10-13 04:34:15.580',
        '25km E of Bitung, Indonesia', 'mww', 5.2, 'green', 0),
       ('2018-10-13 00:13:46.220', '42km WNW of Sola, Vanuatu',
        'mww', 5.7, 'green', 0),
```

---

2   작명 규칙의 이름에 관한 내용은 ege1001 블로그의 [ETC] 코딩 스타칠: 네이밍 문법(CamelCase, snake_case(https://bit.ly/3EelYpc) 참조 – 옮긴이

```
      ('2018-10-12 21:09:49.240',
       '13km E of Nueva Concepcion, Guatemala', 'mww', 5.7, 'green', 0),
      ('2018-10-12 02:52:03.620',
       '128km SE of Kimbe, Papua New Guinea', 'mww', 5.6, 'green', 1)],
      dtype=[('time', '<U23'), ('place', '<U37'),
             ('magType', '<U3'), ('mag', '<f8'),
             ('alert', '<U5'), ('tsunami', '<i8')])
```

NumPy 배열로 된 데이터를 얻었으므로 shape과 dtype 속성을 사용해 배열의 차원과 데이터 유형에 관한 정보를 얻을 수 있다.

```
>>> data.shape
(5,)
>>> data.dtype
dtype([('time', '<U23'), ('place', '<U37'), ('magType', '<U3'),
       ('mag', '<f8'), ('alert', '<U5'), ('tsunami', '<i8')])
```

배열의 각 항목entry은 CSV 파일의 행이다. NumPy 배열은 여러 유형을 허용하는 리스트와는 달리 한 가지 유형의 데이터를 갖고 있어 빠른 벡터 연산이 가능하다. 데이터를 읽을 때 다양한 유형의 데이터를 저장하는 데 사용되는 numpy.void 객체 배열이 만들어졌다. 이는 NumPy가 행마다 다른 유형의 데이터(4개의 문자열과 1개의 실수형float 숫자와 1개의 정수형integer 숫자)를 저장해야 하기 때문이다. 이는 불행하게도 NumPy가 단일 데이터 유형 객체에 제공하는 성능 향상의 이점을 사용할 수 없다는 것을 뜻한다.

최대 진도maximum magnitude를 찾는다고 해보자. **리스트 컴프리헨션**list comprehension(https://www.python.org/dev/peps/pep-0202/)을 사용해 각 행의 3번째 인덱스[3]를 사용할 수 있다. 리스트 컴프리헨션의 결과인 리스트에 대해 max() 함수를 사용해 최대값을 찾을 수 있다는 것을 뜻한다. IPython의 **%%timeit 매직 커맨드**magic command(앞에 %가 붙은 특수 명령어)를 사용하면 이 계산이 얼마나 걸리는지 알 수 있다(실행 시간은 시스템에 따라 다르다).

---

3   0번째 인덱스는 지진 발생 시간(time)이며, 1번째 인덱스는 지진 발생 장소(place), 2번째 인덱스는 지진 측정 방법에 따른 진도 단위(magType), 3번째 인덱스는 진도(mag), 4번째 인덱스는 경보 수준(alert), 마지막으로 5번째 인덱스는 쓰나미 여부(tsunami)다. 따라서 최대 규모의 지진을 찾으려면 진도가 가장 큰 행을 찾아야 한다. – 옮긴이

```
>>> %%timeit
>>> max([row[3] for row in data])
9.74 µs ± 177 ns per loop (mean ± std. dev. of 7 runs, 100000 loops each)
```

단 한 줄로 for 문을 작성하거나 일부 초기 리스트의 원소에 대해 연산을 할 때마다 리스트 컴프리헨션을 사용해야 한다. 위 예제는 조금 단순한 리스트 컴프리헨션이지만 if...else 문을 추가해 더 복잡한 리스트 컴프리헨션을 만들 수도 있다. 리스트 컴프리헨션은 우리가 사용할 수 있는 매우 강력한 도구다. 더 자세한 내용은 파이썬 문서 (https://docs.python.org/3/tutorial/datastructures.html#listcomprehensions)에서 찾아볼 수 있다.

TIP

IPython(https://ipython.readthedocs.io/en/stable/index.html)은 파이썬용 상호작용 셀을 제공한다. 주피터 노트북은 IPython을 기반으로 만들어졌다. 이 책에서는 IPython에 대한 지식이 필요하지 않지만 IPython의 기능 중 일부를 사용할 수 있다면 도움이 된다. IPython의 튜토리얼을 포함한 문서는 이 URL(https://ipython.readthedocs.io/en/stable/interactive/)에서 확인할 수 있다.

각 열에 대해 NumPy 배열을 만들면 위의 연산을 훨씬 더 쉽게(그리고 더 효율적으로) 할 수 있다. **딕셔너리 컴프리헨션**dictionary comprehension(https://www.python.org/dev/peps/pep-0274/)을 사용하면 열의 이름column name이 키key가 되고, 데이터의 NumPy 배열이 값value이 되는 딕셔너리를 만들 수 있다. 다시 말하지만 여기서 중요한 것은 NumPy를 사용했을 때 데이터가 표현되는 방식이다.

```
>>> array_dict = {
...     col: np.array([row[i] for row in data])
...     for i, col in enumerate(data.dtype.names)
... }
>>> array_dict
{'time': array(['2018-10-13 11:10:23.560', '2018-10-13 04:34:15.580',
        '2018-10-13 00:13:46.220', '2018-10-12 21:09:49.240',
        '2018-10-12 02:52:03.620'], dtype='<U23'),
 'place': array(['262km NW of Ozernovskiy, Russia',
        '25km E of Bitung, Indonesia',
        '42km WNW of Sola, Vanuatu',
        '13km E of Nueva Concepcion, Guatemala',
```

```
              '128km SE of Kimbe, Papua New Guinea'], dtype='<U37'),
     'magType': array(['mww', 'mww', 'mww', 'mww', 'mww'],
           dtype='<U3'),
      'mag': array([6.7, 5.2, 5.7, 5.7, 5.6]),
    'alert': array(['green', 'green', 'green', 'green', 'green'],
           dtype='<U5'),
    'tsunami': array([1, 0, 0, 0, 1])}
```

이제 최대 규모의 지진을 찾는 문제는 mag 키를 선택해 NumPy 배열에 max() 메서드를 적용하면 되는 단순한 문제가 된다. 이는 단지 5개의 항목에 대해 리스트 컴프리헨션을 구현했을 때보다 거의 두 배 정도로 빠르지만 데이터가 많아지면 첫 번째 리스트 컴프리헨션의 성능은 더더욱 나쁠 것이다.

```
>>> %%timeit
>>> array_dict['mag'].max()
5.22 µs ± 100 ns per loop (mean ± std. dev. of 7 runs, 100000 loops each)
```

그러나 이런 표현representation에는 다른 문제가 있다. 최대 규모의 지구 지진에 대한 모든 정보를 얻고 싶을 때 데이터를 어떻게 다뤄야 할까? 최대값의 인덱스를 찾고 나서 딕셔너리의 각 키에 대해 해당 인덱스의 값을 찾아야 한다. 이제 그 결과는 (수치형 데이터가 변환된) 문자열로 된 NumPy 배열로 앞에서 봤던 형식이다.

```
>>> np.array([
...     value[array_dict['mag'].argmax()]
...     for key, value in array_dict.items()
... ])
array(['2018-10-13 11:10:23.560', '262km NW of Ozernovskiy, Russia',
       'mww', '6.7', 'green', '1'], dtype='<U31')
```

진도를 최소값에서 최대값의 순으로 데이터를 분류하는 문제를 생각해 보자. 리스트 컴프리헨션을 사용하는 경우 3번째 인덱스(mag)를 사용해 행을 정렬해야 한다. 딕셔너리 컴프리헨션을 사용하는 경우 mag 열의 인덱스 순서를 결정한 다음, 인덱스 순서대로 다른 배열을 모두 정렬해야 한다. 다양한 유형의 데이터가 포함된 여러 NumPy 배열을 한 번에 작업하는 것은 다소 번거롭지만 NumPy 배열을 기반으로 만들어진 pandas를 사용하면

쉽게 작업할 수 있다. Series 데이터 구조를 살펴보면서 pandas를 자세히 알아보도록
한다.

시리즈

Series 클래스는 NumPy 배열과 마찬가지로 단일 유형의 배열을 위한 데이터 구조이지만
몇 가지 추가적인 기능이 있다. 시리즈의 1차원 표현은 스프레드시트의 열로 생각할 수
있다. 열에는 이름이 있으며 데이터는 같은 변수를 측정한 것이므로 모두 같은 유형의
데이터다.

```
>>> import pandas as pd

>>> place = pd.Series(array_dict['place'], name='place')
>>> place
0              262km NW of Ozernovskiy, Russia
1                  25km E of Bitung, Indonesia
2                   42km WNW of Sola, Vanuatu
3       13km E of Nueva Concepcion, Guatemala
4        128km SE of Kimbe, Papua New Guinea
Name: place, dtype: object
```

결과의 왼쪽에 있는 숫자를 확인한다. 이 숫자는 원래 데이터셋의 행 번호에 해당한다
(파이썬에서는 0부터 시작해 1씩 증가한다). 이 행 번호는 다음 절에 설명할 인덱스다. 행 번
호 다음의 값은 행의 실제 값으로 위의 예에서는 지진이 발생한 곳을 나타내는 문자열
이다. Series 객체 이름(place) 옆에 dtype: object이 있는데 이는 place의 데이터 유형이
object라는 것을 뜻한다. pandas에서 문자열은 object로 분류된다.

Series 객체의 속성을 확인할 때는 <object>.<attribute_name>의 형식의 속성 표기법
attribute notation을 사용한다. 그림 2.1은 사용할 수 있는 몇 가지 일반적인 속성이다. NumPy
배열과 마찬가지로 dtype과 shape을 사용할 수 있다.

속성	결과값
name	Series 객체의 이름
dtype	Series 객체의 데이터 유형
shape	(행의 수,) 형식의 튜플로 된 Series 객체의 차원
index	Series 객체의 일부인 Index 객체
values	Series 객체의 데이터

그림 2.1 자주 사용되는 시리즈의 속성

NOTE

pandas 객체 대부분은 NumPy 배열을 사용해 내부 데이터를 표현한다. 그러나 일부 데이터 유형의 경우 pandas는 NumPy를 기반으로 한 pandas 배열(pandas array)을 생성한다(https://pandas. pydata.org/pandas-docs/stable/reference/arrays.html). 이런 이유로 데이터 유형에 따라 결과 값은 pandas.array나 numpy.array 객체가 될 수 있다. 따라서 특정 유형의 값을 얻으려면 values 대신 array 속성이나 to_numpy() 메서드를 사용하는 것이 좋다.

나중에 참고할 수 있도록 pandas.Series 문서(https://pandas.pydata.org/pandas-docs/stable/reference/arrays.html)를 북마크해 두길 바란다. 이 문서에는 Series 객체를 만드는 방법과 사용할 수 있는 모든 속성과 메서드에 관한 전체 목록 외에 소스 코드에 대한 링크 등 많은 정보가 담겨 있다. Series 클래스에 관한 개괄적으로 소개했으므로 Index 클래스를 설명한다.

인덱스

Index 클래스를 추가하면 Series 클래스는 NumPy 배열보다 더 강력한 기능을 갖게 된다. Index 클래스에서는 행 레이블row label을 통해 행을 선택할 수 있다. 데이터 유형에 따라 행 번호나 날짜 또는 문자열을 통해 행을 선택할 수 있다. 이 책 전체에서 보게 되겠지만 Index 클래스는 데이터에서 항목을 식별하는 데 중요한 역할을 하며 pandas에서 다양한 작업에 사용된다. index 속성을 통해서도 인덱스를 확인할 수 있다.

```
>>> place_index = place.index
>>> place_index
RangeIndex(start=0, stop=5, step=1)
```

이번에는 RangeIndex 객체에 대해 알아보자. RangeIndex 객체의 값은 0에서 시작해 4에서 끝난다. step=1은 인덱스가 모두 1씩 차이가 난다는 것을 나타내며, 이 범위의 값이 모두 정수라는 것을 뜻한다. 기본^{default} 인덱스 클래스는 RangeIndex지만, 3장에서 설명하겠지만 인덱스를 바꿀 수 있다. 앞으로는 행 번호나 날짜(시간)로 된 이 Index 객체로 자주 작업할 것이다.

Series 객체와 마찬가지로 values 속성을 통해 실제 데이터를 확인할 수 있다. Index 객체는 NumPy 배열을 기반으로 만들어졌다.

```
>>> place_index.values
array([0, 1, 2, 3, 4], dtype=int64)
```

유용하게 사용할 수 있는 Index 객체는 그림 2.2와 같다.

속성	결과값
name	Index 객체의 이름
dtype	Index 객체의 데이터 유형
shape	Index 객체의 차원
values	Index 객체의 데이터
is_unique	Index 객체의 모든 값이 고유(unique)한지 확인

그림 2.2 자주 사용되는 인덱스의 속성

NumPy와 pandas 모두 산술 연산을 지원하므로 원소별^{element-wise} 연산을 할 수 있다. NumPy는 원소별 연산을 위해 배열의 위치를 사용한다.

```
>>> np.array([1, 1, 1]) + np.array([-1, 0, 1])
array([0, 1, 2])
```

pandas에서는 인덱스 값에 대해 원소별 연산을 한다. Series 객체에 인덱스를 0부터 4까지 추가해 x에 저장하고, 인덱스 1부터 5까지 추가한 것을 y에 저장한 다음, x + y 연산을 수행하면 1부터 4까지의 인덱스에 대해서만 연산을 한다. 3장에서 인덱스를 바꾸고 정렬해 데이터를 잃지 않고 연산하는 방법을 설명한다.

```
>>> numbers = np.linspace(0, 10, num=5) # [0, 2.5, 5, 7.5, 10]
>>> x = pd.Series(numbers) # 인덱스는 [0, 1, 2, 3, 4] 다.
>>> y = pd.Series(numbers, index=pd.Index([1, 2, 3, 4, 5]))
>>> x + y
0     NaN
1     2.5
2     7.5
3    12.5
4    17.5
5     NaN
dtype: float64
```

이제 Series와 Index 클래스에 대한 알아봤으므로 DataFrame 클래스를 살펴보자. Index 클래스에 관한 자세한 내용은 이 URL(https://pandas.pydata.org/pandasdocs/stable/reference/api/pandas.Index.html)에서 확인할 수 있다.

DataFrame

Series 클래스의 경우 스프레드시트의 열과 같이 데이터가 모두 같은 유형이다. DataFrame 클래스는 Series 클래스를 기반으로 만들어져 여러 열의 데이터로 구성된 스프레트시트라고 생각할 수 있다. 예제 데이터로 만든 NumPy 표현을 DataFrame 객체로 바꿀 수 있다.

```
>>> df = pd.DataFrame(array_dict)
>>> df
```

위의 코드는 6개의 시리즈로 구성된 DataFrame을 만든다. time 열 앞의 열은 행 번호의 Index 객체다. pandas는 DataFrame 객체를 만들 때 모든 시리즈를 같은 인덱스에 맞춘다. 이 경우 인덱스는 단순히 행 번호일 뿐이지만 time 열을 사용하면 4장에서 설명할 몇 가지 추가 pandas 기능을 사용할 수 있다.

	time	place	magType	mag	alert	tsunami
0	2018-10-13 11:10:23.560	262km NW of Ozernovskiy, Russia	mww	6.7	green	1
1	2018-10-13 04:34:15.580	25km E of Bitung, Indonesia	mww	5.2	green	0
2	2018-10-13 00:13:46.220	42km WNW of Sola, Vanuatu	mww	5.7	green	0
3	2018-10-12 21:09:49.240	13km E of Nueva Concepcion, Guatemala	mww	5.7	green	0
4	2018-10-12 02:52:03.620	128km SE of Kimbe, Papua New Guinea	mww	5.6	green	1

그림 2.3 첫 번째 DataFrame

각 열은 하나의 데이터 유형으로 구성되며, 모든 열의 데이터 유형이 같을 필요는 없다.

```
>>> df.dtypes
time        object
place       object
magType     object
mag         float64
alert       object
tsunami     int64
dtype: object
```

DataFrame의 values는 처음에 봤던 NumPy 표현과 비슷하다.

```
>>> df.values
array([['2018-10-13 11:10:23.560', '262km NW of Ozernovskiy, Russia',
        'mww', 6.7, 'green', 1],
       ['2018-10-13 04:34:15.580', '25km E of Bitung, Indonesia', 'mww',
        5.2, 'green', 0],
       ['2018-10-13 00:13:46.220', '42km WNW of Sola, Vanuatu', 'mww',
        5.7, 'green', 0],
       ['2018-10-12 21:09:49.240',
        '13km E of Nueva Concepcion, Guatemala', 'mww', 5.7, 'green', 0],
       ['2018-10-12 02:52:03.620', '128km SE of Kimbe, Papua New Guinea',
        'mww', 5.6, 'green', 1]], dtype=object)
```

columns 속성을 통해 열 이름을 확인할 수 있다. 실제로 이 값은 Index 객체에도 저장된다.

```
>>> df.columns
Index(['time', 'place', 'magType', 'mag', 'alert', 'tsunami'],
      dtype='object')
```

자주 사용되는 DataFrame의 속성은 그림 2.4와 같다.

속성	결과값
dtypes	각 열의 데이터 유형
shape	(행의 수, 열의 수) 형식의 튜플로 된 DataFrame 객체의 차원
index	DataFrame 객체의 행에 대한 Index 객체
columns	Index 객체로 된 열 이름
values	DataFrame 객체의 데이터
empty	DataFrame 객체가 비어(empty) 있는지 확인

그림 2.4 자주 사용되는 DataFrame의 속성

DataFrame에 대해서도 산술 연산을 할 수 있다. 예를 들어 df를 거듭해서 더하면 숫자열은 서로 더하고 문자열은 문자를 서로 연접concatenate한다.

```
>>> df + df
```

pandas는 인덱스와 열의 수가 일치할 때만 연산을 할 수 있다. 여기서 pandas는 time, place, magType, alert와 같은 DataFrame의 문자열 데이터를 연접한다. mag, tsunami와 같은 숫자열은 합산된다.

	time	place	magType	mag	alert	tsunami
0	2018-10-13 11:10:23.5602018-10-13 11:10:23.560	262km NW of Ozernovskiy, Russia262km NW of Oze...	mwwmww	13.4	greengreen	2
1	2018-10-13 04:34:15.5802018-10-13 04:34:15.580	25km E of Bitung, Indonesia25km E of Bitung, I...	mwwmww	10.4	greengreen	0
2	2018-10-13 00:13:46.2202018-10-13 00:13:46.220	42km WNW of Sola, Vanuatu42km WNW of Sola, Van...	mwwmww	11.4	greengreen	0
3	2018-10-12 21:09:49.2402018-10-12 21:09:49.240	13km E of Nueva Concepcion, Guatemala13km E of...	mwwmww	11.4	greengreen	0
4	2018-10-12 02:52:03.6202018-10-12 02:52:03.620	128km SE of Kimbe, Papua New Guinea128km SE of...	mwwmww	11.2	greengreen	2

그림 2.5 DataFrame을 더한 데이터

DataFrame 객체와 연산에 관한 자세한 내용은 이 페이지(https://pandas.pydata.org/pandas-docs/ stable/reference/api/pandas.DataFrame.html)에서 확인할 수 있다.

⠿ pandas DataFrame 만들기

pandas DataFrame 데이터 구조를 익혔으므로 DataFrame을 만들 수 있는 여러 가지 방법에 대해 알아보도록 한다. 하지만 코드를 작성하기 전에 파이썬에서 직접 도움을 받을 수 있는 방법을 익히는 것이 중요하다. 파이썬에서 무언가를 사용하는 방법을 알 수 없는 경우에는 파이썬에 내장된 help() 함수를 활용할 수 있다. 문서가 필요한 패키지나 모듈, 클래스, 객체, 메서드 또는 함수를 인자로 help()를 실행하면 된다. 물론 인터넷에서도 문서를 찾아볼 수 있지만, 많은 경우 help()를 실행한 결과인 **문서 주석**(또는 독스트링docstring)(코드로 작성된 문서)이 문서를 만드는 데 사용되므로 내용은 서로 같다.

먼저, import pandas as pd를 실행했다면 pandas 패키지에 관한 정보를 보기 위해서는 help(pd)를, 모든 메서드에 관한 정보를 보기 위해서는 help(pd.DataFrame)를, DataFrame 객체의 속성에 관한 정보를 보기 위해서는 DataFrame 객체 대신 속성을 입력하면 된다. 예를 들어 파이썬으로 CSV 파일을 읽기 위한 pandas 함수에 관한 정보와 사용법을 알기 위해서는 help(pd.read_csv)를 실행한다. dir() 함수와 __dict__ 속성을 사용할 수도 있는데, 사용할 수 있는 리스트나 딕셔너리 정보를 알 수 있지만 help() 함수만큼 유용한 정보를 제공하지는 않는다.

또한 주피터 노트북을 매우 강력하게 만든 IPython에서 ?와 ??을 사용해 도움말을 얻을 수 있다. help() 함수와는 달리, 예를 들어 pd.read_csv?와 pd.read_csv??처럼 파이썬에게 질문하듯이 우리가 더 알고 싶은 대상 뒤에 물음표를 사용하면 된다. 이 세 가지 도움말 제공 결과는 약간 다르다. help() 함수는 문서 주석을 제공하며, ?는 질문하는 것에 따라 문서 주석과 추가 정보를 제공한다. 그리고 ??는 더 많은 정보와 가능하다면 소스 코드까지도 제공한다.

이제 두 번째 노트북 2-creating_dataframes.ipynb에서 다음 예제에 필요한 패키지를 가져오자. 이 예제에서는 파이썬 표준 라이브러리의 datetime, numpy, pandas를 사용한다.

```
>>> import datetime as dt
>>> import numpy as np
>>> import pandas as pd
```

NOTE

임포트(import)하는 패키지에 별명(alias)을 붙였다. 이를 통해 우리가 별명으로 붙인 pd로 pandas 패키지를 참조할 수 있는데, 패키지를 임포트할 때 가장 널리 사용되는 방법이다. 사실 pd로만 참조할 수 있는데, 이는 임포트한 것이 이름공간(namespace)에 저장되기 때문이다. 패키지를 먼저 임포트해야만 사용할 수 있다. 패키지 설치(installation)는 필요한 파일을 컴퓨터에 저장하지만, 메모리 문제로 인해 파이썬은 저장된 패키지 파일을 모두 로딩하지 않고, 우리가 명시하는 것만 로딩한다.

이제 pandas를 사용할 준비가 끝났다. 먼저, 다른 파이썬 객체로 pandas 객체를 만드는 방법을 알아본다. 그런 다음, 일반 파일flat file, 데이터베이스의 테이블, API 요청에 대한 응답으로부터 pandas 객체를 만드는 방법도 살펴본다.

파이썬 객체로 DataFrame 만들기

파이썬 객체로 DataFrame 객체를 만들 수 있는 모든 방법을 살펴보기 전에 Series 객체를 만드는 방법부터 알아야 한다. Series 객체는 본질적으로 DataFrame 객체의 한 열이므로 이 사실을 알고 기억한다면 DataFrame 객체를 쉽게 만들 수 있다. 0과 1 사이의 난수 5개를 만든다고 해보자. NumPy를 사용해 난수를 배열로 저장한 다음 시리즈로 만들 수 있다.

NumPy를 사용하면 수치형 데이터를 쉽게 만들 수 있다. 난수를 만드는 것 외에도 `np.linspace()` 함수로 지정한 범위 내에서 일정한 간격의 숫자를 만들 수 있고, `np.arange()` 함수로 지정한 범위 안의 정수를 만들 수 있으며, `np.random.normal()` 함수로 표준정규분포를 따르는 표본을 얻을 수 도 있다. `np.zeros()` 함수와 `np.ones()` 함수로는 모든 값이 각각 0이거나 1인 배열을 만들 수 있다. 이 책 전반에 걸쳐 NumPy를 사용한다.

결과를 재현할 수 있도록 여기서는 **시드**seed[4]를 설정한다. 시드는 유사난수pseudorandom number가 만들어지는 시작점을 결정한다. 모든 난수 생성 알고리듬은 실제로 진짜 난수를 만들 수 없다. 이 알고리듬들은 결정론적 알고리듬deterministic algorithm[5]이므로 시드를 설정하면 코드를 실행할 때마다 같은 숫자가 만들어진다. 이 방법은 실험할 때는 좋지만 (임의성randomness이나 확률성, 또는 우연성이 필요한) 시뮬레이션에는 좋지 않다. 이와 관련해서는 8장에서 살펴보도록 한다. 이런 방식으로 (NumPy 배열과 같은) 모든 리스트 형식의 구조로 Series 객체를 만들 수 있다.

```
>>> np.random.seed(0) # 재현을 위해 시드를 설정
>>> pd.Series(np.random.rand(5), name='random')
0    0.548814
1    0.715189
2    0.602763
3    0.544883
4    0.423655
Name: random, dtype: float64
```

DataFrame 객체를 만드는 것은 Series 객체를 만드는 과정과 비슷하다. 이 과정은 1개 이상의 시리즈를 만드는 과정으로 각각은 서로 다른 이름을 갖는다. 이는 파이썬의 딕셔너리와 같은 구조를 갖는다. 즉 키는 열 이름이고, 값은 열의 내용content이다. Series 객체를 DataFrame 객체로 변환할 때는 `to_frame()` 메서드를 사용할 수도 있다.

---

[4] 난수발생기 초기화를 위해 사용하는 비밀값 – 옮긴이

[5] 같은 입력에 대해 항상 같은 값을 출력하는 특성을 가진 알고리듬 – 옮긴이

> 컴퓨터 과학에서 생성자(constructor)는 클래스의 새 인스턴스(instance)를 초기하고 사용할 수 있
> 도록 준비하는 코드다. 파이썬 클래스는 이 과정을 __init__() 메서드로 구현한다. pd.Series()
> 를 실행하면 파이썬은 pd.Series.__init__()를 호출하는데, 이 메서드에는 새로운 Series 객체
> 를 인스턴스화하는 명령어(instruction)가 포함돼 있다. 7장에서 __init()__ 메서드에 관해 자세히
> 알아본다.

열의 데이터 유형은 모두 다를 수 있는데 이 예제로 더 자세히 알아보도록 한다. 이제 각
각 5개의 관측값이 있는 3개의 열로 DataFrame 객체를 만든다.

- random: 0과 1 사이의 5개 난수로 구성된 NumPy 배열

- text: 5개의 문자열이나 None으로 구성된 리스트

- truth: 5개의 임의의 부울 값^{Boolean}으로 구성된 리스트

pd.date_range() 함수로 DatetimeIndex 객체도 만든다. 인덱스는 5개의 날짜(periods=5)로
구성돼 있으며, 간격은 모두 1일(freq='1D')로 2019년 4월 21일에 끝나며(end), 인덱스의
이름은 date다. pd.date_range() 함수에 설정할 수 있는 날짜 간격에 관한 자세한 내용은
이 페이지(https://pandas.pydata.org/pandas-docs/stable/user_guide/timeseries.html#offset-
aliases)에서 확인할 수 있다.

이 과정에서 열 이름을 키로 사용해 딕셔너리로 만든 다음, pd.DataFrame() 생성자를 호
출할 때 이 딕셔너리를 전달하기만 하면 된다. 이때 인덱스가 index 인수로 전달된다.

```
>>> np.random.seed(0) # 재현을 위해 시드를 설정
>>> pd.DataFrame(
...     {
...         'random': np.random.rand(5),
...         'text': ['hot', 'warm', 'cool', 'cold', None],
...         'truth': [np.random.choice([True, False])
...                   for _ in range(5)]
...     },
...     index=pd.date_range(
...         end=dt.date(2019, 4, 21),
...         freq='1D', periods=5, name='date'
```

```
...       )
... )
```

NOTE

관례에 따라 의미 없는 반복문(loop)에서 변수를 _로 사용한다. 여기서 range()는 계수기(conuter)로 값은 중요하지 않다. 파이썬에서 _의 역할에 관한 자세한 내용은 이 페이지(https://hackernoon.com/understanding-the-underscore-of-python-309d1a029edc)에서 확인할 수 있다.

날짜를 인덱스로 사용하면 날짜(또는 날짜 범위)로 항목을 선택할 수 있다. 이와 관련해서는 3장에서 설명한다.

date	random	text	truth
2019-04-17	0.548814	hot	False
2019-04-18	0.715189	warm	True
2019-04-19	0.602763	cool	True
2019-04-20	0.544883	cold	False
2019-04-21	0.423655	None	True

그림 2.6 딕셔너리로 만든 DataFrame

데이터가 딕셔너리가 아니라 딕셔너리의 리스트인 경우에도 pd.DataFrame을 사용할 수 있다. API에서 데이터를 가져올 때 이런 형식의 데이터가 생길 수 있다. 리스트의 각 항목은 딕셔너리로 딕셔너리의 키가 열 이름이 되며, 딕셔너리의 값은 해당 인덱스의 해당 열에 대한 값이다.

```
>>> pd.DataFrame([
...     {'mag': 5.2, 'place': 'California'},
...     {'mag': 1.2, 'place': 'Alaska'},
...     {'mag': 0.2, 'place': 'California'},
... ])
```

위 예제의 코드를 실행하면 그림 2.7과 같이 3개의 행(각 행은 리스트의 항목)과 2개의 열
(각 열은 딕셔너리의 키)로 된 DataFrame이 만들어진다.

	mag	place
0	5.2	California
1	1.2	Alaska
2	0.2	California

그림 2.7 딕셔너리의 리스트로 만든 DataFrame

실제로 튜플의 리스트에도 pd.DataFrame()를 사용할 수 있다. columns 인수를 사용하면
열 이름을 리스트로 전달할 수 있다.

```
>>> list_of_tuples = [(n, n**2, n**3) for n in range(5)]
>>> list_of_tuples
[(0, 0, 0), (1, 1, 1), (2, 4, 8), (3, 9, 27), (4, 16, 64)]

>>> pd.DataFrame(
...     list_of_tuples,
...     columns=['n', 'n_squared', 'n_cubed']
... )
```

각 튜플은 레코드로 처리되며 DataFrame에서 행이 된다.

	n	n_squared	n_cubed
0	0	0	0
1	1	1	1
2	2	4	8
3	3	9	27
4	4	16	64

그림 2.8 튜플의 리스트로 만든 DataFrame

NumPy 배열에도 pd.DataFrame()를 사용할 수 있다.

```
>>> pd.DataFrame(
...     np.array([
...         [0, 0, 0],
...         [1, 1, 1],
...         [2, 4, 8],
...         [3, 9, 27],
...         [4, 16, 64]
...     ]), columns=['n', 'n_squared', 'n_cubed']
... )
```

위의 코드는 배열의 각 항목을 DataFrame의 행으로 쌓아 그림 2.8과 같은 결과를 제공한다.

파일로 DataFrame 만들기

분석해야 할 데이터 대부분은 파이썬 외부에서 가져와야 한다. 많은 경우 데이터베이스나 웹사이트에서 **데이터 덤프**data dump를 얻은 다음, 파이썬으로 가져와 데이터 덤프를 가공할 수 있다. 데이터 덤프에는 (아마도 매우 세분된 수준으로) 많은 양의 데이터가 들어있으며, 처음에는 어떤 데이터도 구분하지 않아 데이터 덤프라는 이름을 사용하며, 이런 이유로 다루기 어려울 수 있다.

종종 이런 데이터 덤프는 텍스트 파일(.txt)이나 CSV 파일(.csv)의 형태로 제공된다. pandas는 다양한 유형의 파일을 읽을 수 있도록 많은 방법을 제공하므로 파일 형식과 일치하는 방법을 찾기만 하면 된다. 이 예제의 지진 데이터는 CSV 파일이므로 해당 파일을 읽는 데 pd.read_csv() 함수를 사용한다. 그러나 파일을 읽기 전에는 항상 대상 파일을 먼저 검사해야 한다. 그 이유는 파일에 헤더 행이 없을 때 열 이름을 지정하기 위한 이름이나 구분 문자delimiter를 지정하고자 sep를 추가 인수로 전달해야 할 수 있기 때문이다.

NOTE

윈도우 사용자: 설정에 따라 다음 몇 줄의 코드 블록 명령어가 작동하지 않을 수 있다. 이 노트북에는 이런 문제에 대처할 수 있는 방안이 포함돼 있다.

주피터 노트북에서 명령어 앞에 !를 붙이면 셀 명령어를 바로 실행할 수 있다. 파일이 얼마나 큰지 바이트 크기와 줄의 수로 확인한다. (단어 계산) 유틸리티인 wc에 -1 플래그를 사용해 파일이 몇 줄인지 계산한다. 파일은 9,333행이다.

```
>>> !wc -l data/Earth quakes.csv
9333 data/Earth quakes.csv
```

이제 파일의 크기를 알아보자. 이를 위해 데이터 디렉터리에서 ls 명령어를 사용한다. 이 명령어는 해당 디렉터리의 파일 목록을 보여 준다. -lh 플래그를 추가하면 사람이 읽을 수 있는 형식으로 파일 정보를 제공한다. 마지막으로, 이 결과를 grep 유틸리티로 전달해 우리가 원하는 파일만 표시하도록 한다. 그 결과 Earth quakes.csv 파일의 크기는 3.4MB다.

```
>>> !ls -lh data | grep Earth quakes.csv
-rw-r--r-- 1 stefanie stefanie 3.4M ... Earth quakes.csv
```

IPython을 사용하면 명령어 실행 결과를 파이썬 변수로 저장할 수 있으므로 파이프(|)나 grep 명령어에 익숙하지 않으면 다음 코드를 사용할 수도 있다.

```
>>> files = !ls -lh data
>>> [file for file in files if 'Earth quake' in file]
['-rw-r--r-- 1 stefanie stefanie 3.4M ... Earth quakes.csv']
```

이제 파일의 맨 위 몇 개의 줄을 살펴보고 헤더가 있는지 확인해 보자. head 유틸리티를 사용하며, -n 플래그를 사용해 출력할 행의 수를 명시한다. 이 명령어를 사용하면 데이터의 첫 번째 행에 헤더가 포함돼 있는지 그리고 데이터가 쉼표로 구분돼 있는지 확인할 수 있다. .csv 확장자를 가진 파일이 모두 쉼표로 구분돼 있지는 않다.

```
>>> !head -n 2 data/Earth quakes.csv
alert,cdi,code,detail,dmin,felt,gap,ids,mag,magType,mmi,
net,nst,place,rms,sig,sources,status,time,title,tsunami,
type,types,tz,updated,url
,,37389218,https://Earth quake.usgs.gov/[...],0.008693,,85.0,",
```

```
ci37389218,",1.35,ml,,ci,26.0,"9km NE of Aguanga,
CA",0.19,28,",ci,",automatic,1539475168010,"M 1.4 -
9km NE of Aguanga, CA",0,Earth quake,",geoserve,nearbycities,
origin,phase-data,",-480.0,1539475395144,
https://Earth quake.usgs.gov/Earth quakes/eventpage/ci37389218
```

tail 유틸리티를 사용해 무시해도 될 만큼 관계없는 데이터가 있는지도 확인해야 한다. 예제 파일은 괜찮으므로 여기서는 결과를 표시하지 않지만, 노트북에서는 결과를 확인할 수 있다.

마지막으로, 데이터의 열 개수를 알아보자. head 유틸리티를 사용해 첫 번째 행의 필드 field 수를 셀 수 있지만, (패턴 검색과 처리를 위한) awk 유틸리티를 사용해 열의 개수를 셀 수 있다. -F 플래그를 사용하면 구분자(이 예제의 경우 쉼표)를 지정할 수 있다. 그런 다음 파일의 각 레코드에 수행할 작업을 지정한다. 여기서는 현재 레코드의 필드 수로 미리 정의된 변수인 NF를 출력한다. 출력이 끝나면 코드 실행을 종료한다. 코드가 약간 복잡해 보일 수 있지만 외울 필요는 없다.

```
>>> !awk -F',' '{print NF; exit}' data/Earth quakes.csv
26
```

첫 번째 줄에 헤더가 있고, 파일이 쉼표로 분리돼 있다는 것을 알았으므로 헤더 정보를 얻고자 head를 사용하고 헤더를 정보를 파싱하고자 파이썬을 사용해 열의 개수를 계산할 수 있다.

```
>>> headers = !head -n 1 data/Earth quakes.csv
>>> len(headers[0].split(','))
26
```

NOTE

> 주피터 노트북에서 셀 명령어를 직접 실행할 수 있으면 작업 속도(workflow)를 크게 개선할 수 있다. 그러나 터미널에서 명령어를 사용한 경험이 없다면 이런 명령어를 배우는 것이 조금 복잡할 수 있다. IPython에서 셀 명령어를 실행하는 데 도움이 되는 정보는 이 URL(https://ipython.readthedocs. io/en/stable/interactive/reference.html#system-shell-access)에서 찾아볼 수 있다.

요약하자면 파일의 크기는 3.4MB이고, 26열과 9,333행의 데이터가 쉼표로 구분돼 있으며, 첫 번째 행은 헤더다. 이는 pd.read_csv() 함수를 기본으로 사용할 수 있다는 것을 뜻한다.

```
>>> df = pd.read_csv('Earth quakes.csv')
```

pd.read_csv() 함수로 로컬 컴퓨터의 파일 외에도 URL 경로의 파일도 읽을 수 있다. 예를 들어 깃허브GitHub의 같은 CSV 파일을 다음과 같이 읽을 수 있다.

```
>>> df = pd.read_csv(
...     'https://github.com/stefmolin/'
...     'Hands-On-Data-Analysis-with -Pandas-2nd-edition'
...     '/blob/master/ch_02/data/Earth quakes.csv?raw=True'
... )
```

pandas는 일반적으로 입력 데이터에 따라 사용해야 할 옵션을 잘 알고 있으므로 pd.read_csv() 함수를 호출할 때 인수를 추가해야 할 경우는 많지 않다. 그러나 그림 2.9 와 같이 필요한 경우 사용할 수 있는 옵션이 많다.

매개변수	목적
sep	구분자를 지정
header	열 이름이 있는 행 번호, 기본 옵션은 pandas가 열 이름이 있는 여부를 추론함
names	헤더로 사용할 열 이름의 리스트를 지정
index_col	인덱스로 사용할 열을 지정
usecols	읽을 열을 지정
dtype	열 데이터의 유형을 지정
converters	특정 열의 데이터를 변환하는 함수를 지정
skiprows	건너뛸 열을 지정
nrows	한 번에 읽을 행의 수(파일을 비트 단위로 읽으려면 skiprows와 함께 사용)
parse_dates	날짜가 있는 열을 자동으로 datetime 객체로 파싱
chunksize	파일을 읽을 청크(chunk) 단위를 지정
compression	압축을 풀지 않고 압축 파일을 읽음
encoding	파일 인코딩을 지정

그림 2.9 파일에서 데이터를 읽을 때 유용한 매개변수

이 책에서는 CSV 파일을 사용하지만 엑셀 파일에는 read_excel() 함수를 사용할 수 있고, **JSON(JavaScript Object Notation)** 파일에는 read_json() 함수를 사용할 수 있으며, 탭(\t)과 같은 다른 구분자에 대해서는 read_csv() 함수에 구분자delimeter와 같은 sep 인수를 사용하면 된다.

DataFrame을 다른 사람들과 공유할 수 있도록 DataFrame을 파일로 저장하는 방법도 알아보자. DataFrame을 CSV 파일로 만들려면 to_csv() 메서드를 사용하면 된다. 이때 조심해야 한다. DataFrame의 인덱스가 단순히 행 번호라면 (데이터 사용자에게는 큰 의미가 없는) 이 행 번호를 파일에 저장하는 것을 원치 않을 수 있지만 기본으로 저장된다. 이때 index=false 옵션을 사용하면 인덱스를 저장하지 않는다.

```
>>> df.to_csv('output.csv', index=False)
```

파일을 읽을 때와 마찬가지로 Series와 DataFrame 객체는 메서드를 사용해 데이터를 엑셀(to_excel())과 JSON(to_json()) 파일로 저장할 수 있다. pandas의 함수를 사용해 데이터를 읽을 수 있지만, 데이터를 저장하기 위해서는 메서드를 사용해야 한다. 읽기 함수는 작업하려는 pandas 객체를 생성하지만, 쓰기 함수는 pandas 객체를 사용한다.

TIP

앞에서 데이터를 읽고 쓰기 위한 파일 경로는 현재 디렉터리로 코드를 실행하고 있는 디렉터리를 뜻한다. 절대 경로는 파일에 대한 전체 경로다. 예를 들어 작업하려는 파일의 절대 경로가 /home/myuser/learning/hands_on_pandas/data.csv이고 현재 디렉터리가 /home/myuser/learning/hands_on_pandas라면 data.csv 파일의 상대 경로를 파일 경로로 사용할 수 있다.

pandas는 다음에 설명할 데이터베이스, (직렬화된 파이썬 객체(더 자세한 내용은 '참고 자료' 참조)가 포함된) 피클pickle 파일, HTML 페이지를 포함해 다양한 많은 데이터 소스source에서 데이터를 읽고 쓰는 기능을 제공한다. 전체 기능 목록은 pandas 문서(https://pandas.pydata.org/pandas-docs/stable/user_guide/io.html)에서 확인할 수 있다.

데이터베이스로 DataFrame 만들기

pandas는 다른 추가 패키지를 설치하지 않아도 SQLite 데이터베이스와 상호작용할 수 있다. 하지만 SQLAlchemy 패키지를 설치하면 다른 데이터베이스와 상호작용할 수 있다. SQLite 데이터베이스와의 상호작용은 파이썬 표준 라이브러리의 sqlite3 모듈을 사용해 데이터베이스와 연결한 다음, pd.read_sql() 함수를 사용해 데이터베이스에 질의하거나 DataFrame 객체에 to_sql() 메서드를 사용해 DataFrame 객체를 데이터베이스에 저장할 수 있다.

데이터베이스에서 데이터를 읽기 전에 데이터베이스에 데이터를 써보자. DataFrame에서 to_sql()을 호출하면 어떤 테이블에 쓸지, 어떤 데이터베이스 연결을 사용할지, 테이블이 이미 존재한다면 어떻게 처리할 것인지 알려 줘야 한다. 이 책 깃허브 저장소의 2장 폴더에는 이미 SQLite 데이터베이스(data/quakes.db)가 있다. 새 데이터베이스를 만들고자 data/quakes.db를 새 데이터베이스 파일의 경로로 변경할 수 있다. data/tsunamis.csv 파일의 쓰나미 데이터를 tsunamis 데이터베이스 테이블에 저장해 보자. tsunamis 데이터베이스가 이미 존재한다면 덮어쓴다.

```
>>> import sqlite3

>>> with sqlite3.connect('data/quakes.db') as connection:
...     pd.read_csv('data/tsunamis.csv').to_sql(
...         'tsunamis', connection, index=False,
...         if_exists='replace'
...     )
```

데이터베이스에 질의하는 것은 데이터베이스에 저장하는 것만큼 쉽지만 **구조화된 질의 언어**SQL, Structured Query Language에 대한 지식이 있어야 한다. 이 책에서 필수 사항은 아니지만 몇몇 개념을 설명하고자 간단한 SQL을 사용한다. pandas와 SQL의 차이점에 대해서는 '참고 자료'를 참고하고 SQL 문과 관련된 pandas 작업은 4장을 참고한다.

전체 쓰나미 테이블에 대해 데이터베이스에 질의해 보자. SQL 질의어를 작성할 때 먼저 선택하려면 열을 지정해야 하는데, 여기서는 모든 열을 선택할 것이므로 "SELECT *"라고 작성한다. 다음으로 데이터를 선택할 테이블을 지정해야 하는데, 여기서는 tsunami

이므로 "FROM tsunamis"를 추가한다. 이제 이것이 전체 질의어다(물론 질의어는 이보다 더 복잡해질 수 있다). 실제로 데이터베이스에 질의하고자 pd.read_sql()을 사용해 질의어와 데이터베이스 연결을 전달한다

```
>>> import sqlite3

>>> with sqlite3.connect('data/quakes.db') as connection:
...     tsunamis = \
...         pd.read_sql('SELECT * FROM tsunamis', connection)

>>> tsunamis.head()
```

이제 쓰나미 데이터를 DataFrame으로 얻었다.

	alert	type	title	place	magType	mag	time
0	None	earthquake	M 5.0 - 165km NNW of Flying Fish Cove, Christm...	165km NNW of Flying Fish Cove, Christmas Island	mww	5.0	1539459504090
1	green	earthquake	M 6.7 - 262km NW of Ozernovskiy, Russia	262km NW of Ozernovskiy, Russia	mww	6.7	1539429023560
2	green	earthquake	M 5.6 - 128km SE of Kimbe, Papua New Guinea	128km SE of Kimbe, Papua New Guinea	mww	5.6	1539312723620
3	green	earthquake	M 6.5 - 148km S of Severo-Kuril'sk, Russia	148km S of Severo-Kuril'sk, Russia	mww	6.5	1539213362130
4	green	earthquake	M 6.2 - 94km SW of Kokopo, Papua New Guinea	94km SW of Kokopo, Papua New Guinea	mww	6.2	1539208835130

그림 2.10 데이터베이스에서 읽은 데이터

NOTE

위 2개의 코드 블록에서 만든 connection 객체는 문맥 관리자(context manager)로 문장과 함께 사용하면 블록의 코드를 실행한 다음에 자동으로 정리(cleanup)한다. 위 예제에서는 연결을 끊는다. 이렇게 하면 깔끔하게 정리를 할 수 있으며 마무리도 느슨해지지 않는다. 문장과 문맥 관리자를 사용하는 유틸리티를 위한 표준 라이브러리에서 contextlib를 확인해 보길 바란다. 문서는 이 URL(https://docs.python.org/3/library/contextlib.html)에서 확인할 수 있다.

API에서 DataFrame 만들기

이제 파이썬의 데이터나 파일의 데이터를 Series와 DataFrame로 쉽게 만들 수 있게 됐지만, API와 같이 인터넷에 공개된 데이터는 어떻게 얻을 수 있을까? 데이터 출처마다 데이터의 형식이 모두 같을 수는 없기에 유연한 방식으로 접근할 수 있어야 하며, 데이터를 조사해 접근할 수 있는 방법을 찾아야 한다. 이 절에서는 USGS API에서 지진 데이터를 요청하고 그 결과를 DataFrame으로 만드는 방법을 알아본다. 3장에서는 다른 API 방식을 사용해 기상 데이터를 수집한다.

이 절에서는 3-making_dataframes_from_api_requests.ipynb 노트북을 사용하므로 필요한 패키지를 한 번 더 임포트해야 한다. 이전 노트북과 마찬가지로 pandas와 datetime 패키지가 필요하지만, API 요청을 하는 데 requests 패키지도 필요하다.

```
>>> import datetime as dt
>>> import pandas as pd
>>> import requests
```

다음으로 geojson 형식을 지정해 JSON 페이로드payload(요청request이나 응답response과 함께 전송되는 데이터를 포함하는 딕셔너리 형태의 응답)에 대해 USGS API에 GET 요청을 한다. 여기서는 지난 30일간의 지진 데이터를 요청한다. 여기서 datetime 객체에 산술 연산을 할 수 있도록 dt.timedelta를 사용할 수 있다. API에는 오늘 날짜의 정보가 아직 기록되지 않았기 때문에 날짜 범위의 끝을 yesterday로 지정했다.

```
>>> yesterday = dt.date.today() - dt.timedelta(days=1)
>>> api = 'https://Earth quake.usgs.gov/fdsnws/event/1/query'
>>> payload = {
...     'format': 'geojson',
...     'starttime': yesterday - dt.timedelta(days=30),
...     'endtime': yesterday
... }
>>> response = requests.get(api, params=payload)
```

GET은 HTTP 메서드다. 이 메서드는 서버에게 데이터를 읽으려 한다고 알려 준다. 다른 API는 데이터를 읽는 데 다른 방법을 사용해야 할 수도 있다. 몇몇 메서드는 서버에 인증하고자 POST 요청을 해야 할 수도 있다. API 요청과 HTTP 메서드에 관한 내용은 이 URL(https://nordicapis.com/ultimate-guide-to-all-9-standard-http-methods/)에서 확인할 수 있다.

API 데이터를 DataFrame으로 만들기 전에 요청이 성공했는지 확인해야 한다. 성공 여부는 response 객체의 status_code 속성으로 확인할 수 있다. 상태 코드^{status code} 목록과 그 의미는 이 URL(https://en.wikipedia.org/wiki/List_of_HTTP_status_codes)에서 확인할 수 있다. 응답이 200이면 모든 것이 정상이라는 것을 뜻한다.

```
>>> response.status_code
200
```

요청이 성공했다면 데이터가 어떻게 생겼는지 확인한다. (딕셔너리 형태인) JSON 페이로드에 대한 API를 요청했으므로 JSON 구조에 대한 정보를 얻는 데 딕셔너리 메서드를 사용할 수 있다. 이 정보에 대한 데이터가 많으므로 정보를 조사하려고 화면에 출력하지는 않는다. (response 변수에 저장된) HTTP 응답에서 JSON 페이로드만 분리한 다음 결과 데이터의 주요 부분만 확인하고자 키 값만 살펴본다.

```
>>> earth quake_json = response.json()
>>> earth quake_json.keys()
dict_keys(['type', 'metadata', 'features', 'bbox'])
```

각 키에 대한 값이 어떤 종류의 데이터인지 확인할 수 있다. 이 데이터 중 하나가 우리가 찾고 있는 데이터일 것이다. metadata 부분은 우리의 요청에 대한 일부 정보를 갖고 있다. 이 정보가 유용할 수 있지만 지금 우리가 찾는 것은 아니다.

```
>>> earth quake_json['metadata']
{'generated': 1604267813000,
 'url': 'https://Earth quake.usgs.gov/fdsnws/event/1/query?
format=geojson&starttime=2020-10-01&endtime=2020-10-31',
 'title': 'USGS Earth quakes',
```

```
  'status': 200,
  'api': '1.10.3',
  'count': 13706}
```

features 키가 우리가 찾는 데이터로 보인다. 이 키의 값이 정말로 우리가 찾는 데이터라면 화면에 모든 데이터를 출력하지 않도록 어떤 유형의 데이터인지 확인해야 한다.

```
>>> type(Earth quake_json['features'])
list
```

features 키는 리스트로 된 값을 갖고 있으므로 이 데이터가 우리가 원하는 데이터인지 알아보고자 첫 번째 항목을 살펴본다. 지진에 관한 더 많은 정보가 밝혀짐에 따라 과거 날짜의 USGS 데이터가 수정되거나 추가됐을 수도 있다. 이는 같은 날짜 범위에 대해 질의를 하더라도 나중에는 결과가 다를 수 있다는 것을 뜻한다. 이런 이유로 아래 결과는 첫 번째 항목이 어떤 형태인지 보여 준다.

```
>>> earth quake_json['features'][0]
{'type': 'Feature',
 'properties': {'mag': 1,
  'place': '50 km ENE of Susitna North, Alaska',
  'time': 1604102395919,
  'updated': 1604103325550,
  'tz': None,
  'url': 'https://earthquake.usgs.gov/earthquakes/eventpage/ak020dz5f85a',
  'detail': 'https://earthquake.usgs.gov/fdsnws/event/1/
query?eventid=ak020dz5f85a&format=geojson',
  'felt': None,
  'cdi': None,
  'mmi': None,
  'alert': None,
  'status': 'reviewed',
  'tsunami': 0,
  'sig': 15,
  'net': 'ak',
  'code': '020dz5f85a',
  'ids': ',ak020dz5f85a,',
  'sources': ',ak,',
  'types': ',origin,phase-data,',
```

```
 'nst': None,
 'dmin': None,
 'rms': 1.36,
 'gap': None,
 'magType': 'ml',
 'type': 'earthquake',
 'title': 'M 1.0 - 50 km ENE of Susitna North, Alaska'},
 'geometry': {'type': 'Point', 'coordinates': [-148.9807,
62.3533, 5]},
 'id': 'ak020dz5f85a'}
```

확실히 이 데이터가 우리가 원하는 데이터지만 전부 다 필요할까? 자세히 살펴보니 우리가 원하는 것은 properties 딕셔너리의 데이터다. 이제 또 다른 문제에 직면했다. 딕셔너리 안에 딕셔너리의 리스트가 있기 때문이다. DataFrame을 만들고자 이 정보를 어떻게 가져와야 할까? features 리스트의 각 딕셔너리에서 properties 부분만 빼내기 위해 리스트 컴프리헨션을 사용할 수 있다.

```
>>> earth quake_properties_data = [
...     quake['properties']
...     for quake in earth quake_json['features']
... ]
```

드디어 DataFrame을 만들 준비가 끝났다. pandas는 이미 이 형식(딕셔너리의 리스트)의 데이터를 처리하는 방법을 알고 있으므로 pd.DataFrame()을 호출할 때 데이터를 전달하기만 하면 된다.

```
>>> df = pd.DataFrame(earth quake_properties_data)
```

이제 여러 출처의 데이터를 DataFrame으로 만드는 방법을 알았으므로 DataFrame으로 작업하는 방법을 배울 때가 됐다.

DataFrame 객체 확인하기

데이터를 읽을 때 가장 먼저 해야 할 일은 데이터를 살펴보는 것이다. DataFrame이 비어 있지 않고 행이 예상대로 보이는지 확인해야 한다. 우리의 주된 목표는 데이터가 제대로 읽혔는지 그리고 모든 데이터가 들어 있는지를 확인하는 것이지만 초기 검사를 통해 데이터 랭글링을 어떻게 진행해야 할 것인지에 대한 아이디어를 얻는 것이다. 이 절에서는 4-inspecting_dataframes.ipynb 노트북을 사용한다.

이 노트북은 새로운 노트북이므로 설정을 다시 해야 한다. 이번에는 pandas와 numpy를 임포트하고 지진 데이터가 있는 CSV 파일을 읽어야 한다.

```
>>> import numpy as np
>>> import pandas as pd

>>> df = pd.read_csv('data/earth quakes.csv')
```

데이터 검사하기

먼저, DataFrame에 데이터가 들어 있는지 확인해야 한다. empty 속성으로 확인할 수 있다.

```
>>> df.empty
False
```

지금까지는 괜찮다. 데이터가 들어 있다. 다음으로 데이터가 얼마나 들어 있는지 확인해야 한다. shape 속성을 사용해 관측값^{row} 수와 변수^{columns}의 개수를 확인한다. 지진 데이터는 26개의 변수를 가진 9,332개의 관측값으로 이는 파일에 대해 처음 살펴본 값과 일치한다.

```
>>> df.shape
(9332, 26)
```

이제 columns 속성을 사용해 데이터셋의 열 이름을 알아본다.

```
>>> df.columns
Index(['alert', 'cdi', 'code', 'detail', 'dmin', 'felt', 'gap',
       'ids', 'mag', 'magType', 'mmi', 'net', 'nst', 'place',
       'rms', 'sig', 'sources', 'status', 'time', 'title',
       'tsunami', 'type', 'types', 'tz', 'updated', 'url'],
      dtype='object')
```

NOTE

> 열 이름에 대한 리스트를 갖고 있다고 해서 열 이름이 모두 무엇을 의미하는지 알 수는 없다. 특히 인터넷에서 데이터를 가져왔을 때는 어떤 결론을 도출하기 전에 열이 무엇을 의미하는지 확인해야 한다. JSON 페이로드의 각 필드를 포함한 geojson 형식의 필드에 대한 정보는 USGS 웹사이트(https://earthquake.usgs.gov/earthquakes/feed/v1.0/geojson.php)에서 확인할 수 있다.

데이터의 차원을 알게 됐지만 데이터가 실제로는 어떻게 생겼을까? head()와 tail() 메서드를 사용하면 데이터의 처음 몇 줄과 마지막 몇 줄을 살펴볼 수 있어 데이터의 전체적인 모습을 알 수 있다. 기본값은 5개 행이지만 메서드에 다른 값을 전달하면 이 값을 변경할 수 있다. 데이터의 처음 몇 줄을 살펴보자.

```
>>> df.head()
```

그림 2.11은 head()를 사용해 얻은 처음 다섯 줄의 데이터다.

	alert	...	dmin	felt	...	mag	magType	...	place	...	time		title	tsunami	...	updated	url
0	NaN	...	0.008693	NaN	...	1.35	ml	...	9km NE of Aguanga, CA	...	1539475168010		M 1.4 - 9km NE of Aguanga, CA	0	...	1539475395144	https...
1	NaN	...	0.020030	NaN	...	1.29	ml	...	9km NE of Aguanga, CA	...	1539475129610		M 1.3 - 9km NE of Aguanga, CA	0	...	1539475253925	https...
2	NaN	...	0.021370	28.0	...	3.42	ml	...	8km NE of Aguanga, CA	...	1539475062610		M 3.4 - 8km NE of Aguanga, CA	0	...	1539536756176	https...
3	NaN	...	0.026180	NaN	...	0.44	ml	...	9km NE of Aguanga, CA	...	1539474978070		M 0.4 - 9km NE of Aguanga, CA	0	...	1539475196167	https...
4	NaN	...	0.077990	NaN	...	2.16	md	...	10km NW of Avenal, CA	...	1539474716050		M 2.2 - 10km NW of Avenal, CA	0	...	1539477547926	https...

그림 2.11 DataFrame의 처음 다섯 줄 데이터

마지막 두 줄의 데이터를 확인하고자 tail() 메서드를 사용하고 행의 개수인 2를 전달한다.

```
>>> df.tail(2)
```

결과는 그림 2.12와 같다.

	alert	...	dmin	felt	...	mag	magType	...	place	...	time	title	tsunami	...	updated	url
9330	NaN	...	0.01865	NaN	...	1.10	ml	...	9km NE of Aguanga, CA	...	1537229545350	M 1.1 - 9km NE of Aguanga, CA	0	...	1537230211640	https...
9331	NaN	...	0.01698	NaN	...	0.66	ml	...	9km NE of Aguanga, CA	...	1537228864470	M 0.7 - 9km NE of Aguanga, CA	0	...	1537305830770	https...

그림 2.12 DataFrame의 마지막 두 줄 데이터

TIP

기본적으로 주피터 노트북에서 열이 많은 DataFrame을 출력하면 일부만 표시된다. pandas에는 표시되는 열의 개수에 제한이 있기 때문이다. pd.set_option('display.max_columns', <new_value>)를 사용하면 표시될 열의 개수를 변경할 수 있다. 이와 관련된 정보는 이 URL(https://pandas.pydata.org/pandas-docs/stable/user_guide/options.html)에서 확인할 수 있다. 노트북에도 몇 가지 예제 명령어가 포함돼 있다.

dtypes 속성을 사용하면 열의 데이터 유형을 확인할 수 있으므로 열 데이터가 잘못된 유형으로 저장됐는지 쉽게 확인할 수 있다(문자열은 object로 저장된다는 것을 기억해야 한다). 그림 2.12의 time 열은 정수로 저장돼 있는데 3장에서 이 값을 변환하는 방법을 다룬다.

```
>>> df.dtypes
alert        object
...
mag          float64
magType      object
...
time         int64
title        object
tsunami      int64
...
tz           float64
updated      int64
url          object
dtype: object
```

마지막으로, info() 메서드를 사용하면 각 열에 비어 있지 않은 항목의 개수와 인덱스에 관한 정보를 얻을 수 있다. **null** 값은 결측값$^{missing value}$ 또는 분실값으로 pandas에서는 일반적으로 객체에 대해서는 None으로, float이나 integer 열에 대해서는 숫자가 아닌 값$^{non-numeric value}$인 NaN(Not a Number)으로 표시된다.

```
>>> df.info()
<class 'pandas.core.frame.DataFrame'>
RangeIndex: 9332 entries, 0 to 9331
Data columns (total 26 columns):
 #    Column       Non-Null Count   Dtype
---   ------       --------------   -----
 0    alert        59 non-null      object
...
 8    mag          9331 non-null    float64
 9    magType      9331 non-null    object
...
 17   status       9332 non-null    object
 18   time         9332 non-null    int64
 19   title        9332 non-null    object
...
 23   tz           9331 non-null    float64
 24   updated      9332 non-null    int64
 25   url          9332 non-null    object
dtypes: float64(9), int64(4), object(13)
memory usage: 1.9+ MB
```

이렇게 데이터를 초기 검사하면 데이터의 구조에 대해 많은 것을 알 수 있으므로 데이터를 이해하기 위한 작업을 시작할 수 있다.

데이터 설명 및 요약하기

지금까지는 지진 데이터로 만든 DataFrame 객체의 구조를 알아보고 몇 줄의 데이터가 어떻게 생겼지만 알아봤지만 그 외에는 아는 것이 없다. 이제 다음 단계로 데이터에 대해 더 많은 정보를 알려 주는 요약통계$^{summary statistic}$를 계산한다. pandas는 많은 방법으로 요약통계 정보를 제공한다. 요약통계에 사용할 수 있는 메서드 중 하나가 특정 열에 대한 요약통계를 제공하는 describe()로 Series 객체에 대해서도 동작한다. 데이터에서 수치형 열에 대한 요약통계를 계산해 보자.

```
>>> df.describe()
```

위 코드는 수치형 열 데이터의 수^{count}, 평균, 표준편차를 포함한 5개의 요약통계^{5-number summmary}를 계산해 보여 준다.

	cdi	dmin	felt	gap	mag	...	sig	time	tsunami	tz	updated
count	329.000000	6139.000000	329.000000	6164.000000	9331.000000	...	9332.000000	9.332000e+03	9332.000000	9331.000000	9.332000e+03
mean	2.754711	0.544925	12.310030	121.506588	1.497345	...	56.899914	1.538284e+12	0.006537	-451.990140	1.538537e+12
std	1.010637	2.214305	48.954944	72.962363	1.203347	...	91.872163	6.080306e+08	0.080589	231.752571	6.564135e+08
min	0.000000	0.000648	0.000000	12.000000	-1.260000	...	0.000000	1.537229e+12	0.000000	-720.000000	1.537230e+12
25%	2.000000	0.020425	1.000000	66.142500	0.720000	...	8.000000	1.537793e+12	0.000000	-540.000000	1.537996e+12
50%	2.700000	0.059050	2.000000	105.000000	1.300000	...	26.000000	1.538245e+12	0.000000	-480.000000	1.538621e+12
75%	3.300000	0.177250	5.000000	159.000000	1.900000	...	56.000000	1.538766e+12	0.000000	-480.000000	1.539110e+12
max	8.400000	53.737000	580.000000	355.910000	7.500000	...	2015.000000	1.539475e+12	1.000000	720.000000	1.539537e+12

그림 2.13 요약통계

TIP

> percentiles 인자를 사용하면 다른 백분위수를 계산할 수 있다. 예를 들어 5번째 백분위수와 95번째 백분위수를 알아보고 싶다면 df.describe(percentiles=[0.05, 0.95])를 실행하면 된다. 50번째 백분위수는 중위수라는 것에 유의한다.

describe()는 기본적으로 object 유형의 열에 대한 정보는 제공하지 않지만, include='all' 인자를 사용하거나 np.object 유형의 데이터에 대해 개별적으로 describe()를 실행할 수 있다.

```
>>> df.describe(include=np.object)
```

수치형 데이터가 아닌 데이터의 요약통계를 계산하는 경우에도 null이 아닌 데이터의 수(count)를 계산하지만 다른 요약통계 대신 유일값^{unique value}의 개수(unique), 최빈값 (top), 최빈값이 관측된 횟수(freq)를 계산할 수 있다.

	alert	code	detail	ids	magType	net	place	sources	status	title	type	types	url
count	59	9332	9332	9332	9331	9332	9332	9332	9332	9332	9332	9332	9332
unique	2	9332	9332	9332	10	14	5433	52	2	7807	5	42	9332
top	green	70628507	https://ear...	,pr201827...	ml	ak	10km NE of Aguanga, CA	,ak,	reviewed	M 0.4 - 10km NE of Aguanga, CA	earthquake	,geoserve, origin, phase-data,	https://ear...
freq	58	1	1	1	6803	3166	306	2981	7797	55	9081	5301	1

그림 2.14 범주형 열에 대한 요약통계

NOTE

describe() 메서드는 null이 아닌 값에 대해서만 요약통계를 계산한다. 즉 100개의 행에서 이 중 절반이 null이라면 평균은 null이 아닌 50개 행의 값을 더한 다음 50으로 나눈 값이다.

---

describe() 메서드를 사용해 데이터의 요약통계를 알아볼 수 있지만 때로는 특정 열이나 모든 열에 대한 특정 통계량만 계산해야 할 수도 있다. pandas를 이용하면 이런 통계량도 쉽게 계산할 수 있다. Series와 DataFrame 객체에 사용할 수 있는 메서드를 그림 2.15에 나타냈다.

메서드	설명	데이터 유형
count()	null이 아닌 관측값의 개수	모두
nunique()	고유값의 개수	모두
sum()	총합	수치형 또는 부울
mean()	평균	수치형 또는 부울
median()	중위수	수치형
min()	최소값	수치형
idxmin()	최소값의 인덱스	수치형
max()	최대값	수치형
idxmax()	최대값의 인덱스	수치형
abs()	데이터의 절대값	수치형
std()	표준편차	수치형
var()	분산	수치형
cov()	두 Series 간의 공분산 또는 DataFrame에서 모든 열 조합에 대한 공분산행렬	수치형
corr()	두 Series 간의 공분산 또는 DataFrame에서 모든 열 조합에 대한 상관행렬	수치형
quantile()	특정 사분위수	수치형
cumsum()	누적합	수치형 또는 부울
cummin()	누적최소값	수치형
cummax()	누적최대값	수치형

그림 2.15 시리즈와 DataFrame에서 사용할 수 있는 유용한 계산 메서드

TIP

파이썬에서는 True인 것의 개수를 쉽게 계산할 수 있다. 내부적으로 True는 1로, False는 0으로 처리한다. 따라서 부울(Boolean) 시리즈에 대해 sum() 메서드를 실행하면 True의 개수를 얻을 수 있다.

Series 객체에 대해서는 몇 가지 추가 메서드를 사용할 수 있다.

- unique(): 열에서 서로 구별되는 값을 반환한다.

- value_counts(): 열에서 서로 구별되는 값들에 대한 도수표^{frequency table}를 반환한다. normalize=True 인자를 사용하면 서로 구별되는 값들에 대한 백분율을 반환한다.

- mode(): 열의 최빈값을 반환한다.

USGS API 문서(https://earthquake.usgs.gov/data/comcat/data-eventterms.php#alert)에 따르면 alert 필드는 'green', 'yellow', 'orange', 'red' 값 중 하나가 될 수 있는데, 이 값들은 **대응을 위한 지구 지진 신속 평가**^{PAGER, Prompt Assessment of Global Earth quakes for Response} 지진 영향 척도^{impact scale}의 경보 수준이다. USGS(https://earthquake.usgs.gov/data/pager/)에 따르면 **PAGER** 시스템은 전 세계적으로 큰 규모의 지진으로 인한 사망자와 경제적 손실 영향 추정값을 제공한다. 데이터 초기 검사에서 alert 열에는 2개의 유일값 문자열이 있으며(그림 2.14 참조), 최빈값은 'green'이고 많은 null 값이 있다는 것을 알 수 있었다. 다른 유일값은 무엇일까?

```
>>> df.alert.unique()
array([nan, 'green', 'red'], dtype=object)
```

이제 alert 필드의 의미와 값을 이해했으므로 'red'보다 'green'이 더 많이 있을 것으로 예상할 수 있다. value_counts()를 사용하면 빈도표로 우리의 예상이 맞는지 확인할 수 있다. null이 아닌 항목에 대해서만 개수를 셀 수 있다는 점에 유의한다.

```
>>> df.alert.value_counts()
green    58
red       1
Name: alert, dtype: int64
```

Index 객체에도 데이터를 설명하고 요약하는 데 도움이 되는 몇 가지 메서드가 있다.

메서드	설명
argmax()/argmin()	index에서 최대값/최소값의 위치(인덱스)를 찾는다.
equals()	두 DataFrame이 같은지(동일성(equality)) 확인하고자 인덱스를 다른 Index 객체와 비교한다.
isin()	인덱스의 값이 리스트에 있는지 확인하고 부울 배열로 반환한다.
max()/min()	인덱스에서 최대값/최소값을 찾는다.
nunuque()	인덱스에서 유일값의 개수를 반환한다.
to_series()	인덱스에서 Series 객체를 만든다.
unique()	인덱스의 유일값을 찾는다.
value_counts()	인덱스에서 유일값에 대한 빈도표를 만든다.

그림 2.16 인덱스에 유용한 메서드

unique()와 value_counts()를 사용하면 데이터의 부분집합을 선택하는 방법에 대한 미리보기preview를 볼 수 있었다. 이제 선택selection, 슬라이싱slicing, 인덱싱indexing, 필터링filtering에 대해 더 자세히 알아보자.

데이터의 부분집합 선택하기

지금까지 데이터 전체를 요약하고 작업하는 방법을 알아봤지만, 데이터의 부분집합에 대해 연산하고 분석해야 할 수도 있다. 데이터에서 특정 열이나 행만 선택하거나 특정 조건을 만족하는 부분만 선택하는 등 여러 유형으로 데이터의 부분집합을 선택할 수 있다. 데이터의 부분집합을 선택하려면 선택, 슬라이싱, 인덱싱, 필터링에 익숙해져야 한다.

이 절에서는 5-subsetting_data.ipynb 노트북을 사용한다. 설정은 다음과 같다.

```
>>> import pandas as pd

>>> df = pd.read_csv('data/Earth quakes.csv')
```

열 선택하기

앞 절에서는 alert 열에서 유일값을 조사할 때 열을 선택하는 예를 살펴봤다. DataFrame
에서 속성으로 열에 접근했다. 열은 Series 객체이므로, 예를 들어 지진 데이터에서 mag
열을 선택하면 진도 데이터를 Series 객체로 얻을 수 있다.

```
>>> df.mag
0        1.35
1        1.29
2        3.42
3        0.44
4        2.16
         ...
9327     0.62
9328     1.00
9329     2.40
9330     1.10
9331     0.66
Name: mag, Length: 9332, dtype: float64
```

pandas에서는 여러 가지 방법으로 열을 선택할 수 있다. 속성 표기법attribute notation을 사
용하면 딕셔너리와 같은 표기법으로 열을 선택할 수 있다.

```
>>> df['mag']
0        1.35
1        1.29
2        3.42
3        0.44
4        2.16
         ...
9327     0.62
9328     1.00
9329     2.40
9330     1.10
9331     0.66
Name: mag, Length: 9332, dtype: float64
```

get() 메서드를 사용해 열을 선택할 수도 있다. 이 방법은 열이 없더라도 에러가 발생하지 않으며 백업값(backup value)으로 채워진다. 기본값은 None이다. 예를 들어 df.get('event', False) 를 실행했을 때 event 열이 없으면 False를 반환한다.

열을 선택할 때는 한 번에 여러 열을 선택할 수 있다. 리스트를 딕셔너리 룩업^{dictionary} ^{lookup}으로 전달하면 여러 열을 선택할 수 있으며 원래 DataFrame의 부분집합인 DataFrame 객체가 만들어진다.

```
>>> df[['mag', 'title']]
```

위 코드는 원래 DataFrame에서 mag와 title 열만 반환한다.

	mag	title
0	1.35	M 1.4 - 9km NE of Aguanga, CA
1	1.29	M 1.3 - 9km NE of Aguanga, CA
2	3.42	M 3.4 - 8km NE of Aguanga, CA
3	0.44	M 0.4 - 9km NE of Aguanga, CA
4	2.16	M 2.2 - 10km NW of Avenal, CA
...	...	...
9327	0.62	M 0.6 - 9km ENE of Mammoth Lakes, CA
9328	1.00	M 1.0 - 3km W of Julian, CA
9329	2.40	M 2.4 - 35km NNE of Hatillo, Puerto Rico
9330	1.10	M 1.1 - 9km NE of Aguanga, CA
9331	0.66	M 0.7 - 9km NE of Aguanga, CA

그림 2.17 DataFrame의 여러 열을 선택한 결과

스트링 메서드^{string method}는 열을 선택하는 매우 강력한 방법이다. 예를 들어 title과 time 열과 함께 mag로 시작하는 모든 열을 선택하려면 다음 코드를 실행하면 된다.

```
>>> df[
...     ['title', 'time']
...     + [col for col in df.columns if col.startswith('mag')]
... ]
```

우리 기준과 일치하는 4개의 열로 구성된 DataFrame이 반환된다. DataFrame의 열은 원래의 순서가 아니라 우리가 요청한 순서다. 즉 열을 다시 정렬하려면 표시하려는 순서대로 열을 선택하면 된다.

	title	time	mag	magType
0	M 1.4 - 9km NE of Aguanga, CA	1539475168010	1.35	ml
1	M 1.3 - 9km NE of Aguanga, CA	1539475129610	1.29	ml
2	M 3.4 - 8km NE of Aguanga, CA	1539475062610	3.42	ml
3	M 0.4 - 9km NE of Aguanga, CA	1539474978070	0.44	ml
4	M 2.2 - 10km NW of Avenal, CA	1539474716050	2.16	md
...	...	...	...	...
9327	M 0.6 - 9km ENE of Mammoth Lakes, CA	1537230228060	0.62	md
9328	M 1.0 - 3km W of Julian, CA	1537230135130	1.00	ml
9329	M 2.4 - 35km NNE of Hatillo, Puerto Rico	1537229908180	2.40	md
9330	M 1.1 - 9km NE of Aguanga, CA	1537229545350	1.10	ml
9331	M 0.7 - 9km NE of Aguanga, CA	1537228864470	0.66	ml

그림 2.18 이름을 기준으로 열을 선택한 결과

위 코드를 자세히 살펴보자. DataFrame에서 각 열의 이름을 살펴보고자 리스트 컴프리헨션을 사용해 mag으로 시작하는 이름의 열만 선택한다.

```
>>> [col for col in df.columns if col.startswith('mag')]
['mag', 'magType']
```

그런 다음 이 결과를 다른 2개의 열(title과 time)에 추가한다.

```
>>> ['title', 'time'] \
... + [col for col in df.columns if col.startswith ('mag')]
['title', 'time', 'mag', 'magType']
```

마지막으로, 이 리스트를 사용해 DataFrame에서 실제 열을 선택할 수 있으며, 그 결과는 그림 2.18의 DataFrame이다.

```
>>> df[
...     ['title', 'time']
...     + [col for col in df.columns if col.startswith ('mag')]
... ]
```

TIP

스트링 메서드의 모든 목록은 파이썬3 문서(https://docs.python.org/3/library/stdtypes. html#string-methods)에서 확인할 수 있다.

슬라이싱

DataFrame에서 특정 행(슬라이스slice)을 선택할 때 **슬라이싱**slicing을 사용한다. DataFrame 슬라이싱은 리스트와 튜플과 같은 다른 파이썬 객체의 슬라이싱과 비슷하다. 첫 번째 인덱스는 포함되지만, 마지막 인덱스는 포함되지 않는다.

```
>>> df[100:103]
```

슬라이스를 100:103이라고 지정하면 100, 101, 102번째 3개 행의 DataFrame이 만들어진다.

	alert	...	dmin	felt	...	mag	magType	...	place	...	time	title	tsunami	...	updated	url
100	NaN	...	NaN	NaN	...	1.20	ml	...	25km NW of Ester, Alaska	...	1539435449480	M 1.2 - 25km NW of Ester, Alaska	0	...	1539443551010	https...
101	NaN	...	0.01355	NaN	...	0.59	md	...	8km ESE of Mammoth Lakes, CA	...	1539435391320	M 0.6 - 8km ESE of Mammoth Lakes, CA	0	...	1539439802162	https...
102	NaN	...	0.02987	NaN	...	1.33	ml	...	8km ENE of Aguanga, CA	...	1539435293090	M 1.3 - 8km ENE of Aguanga, CA	0	...	1539435940470	https...

그림 2.19 특정 행을 선택하기 위한 DataFrame을 슬라이싱한 결과

체이닝chaining(연쇄적 처리)이라고 알려진 방법을 사용하면 행과 열을 조합해 선택할 수 있다.

```
>>> df[['title', 'time']][100:103]
```

먼저, 모든 행에 대해 title과 time 열을 선택한 다음, 인덱스가 100, 101, 102인 행의 데이터만 선택한다.

	title	time
100	M 1.2 - 25km NW of Ester, Alaska	1539435449480
101	M 0.6 - 8km ESE of Mammoth Lakes, CA	1539435391320
102	M 1.3 - 8km ENE of Aguanga, CA	1539435293090

그림 2.20 체이닝으로 특정 행과 열 선택한 결과

위의 예에서 열을 선택한 다음, 행에 대해 슬라이싱했지만 이 작업 순서는 중요하지 않다.

```
>>> df[100:103][['title', 'time']].equals(
...     df[['title', 'time']][100:103]
... )
True
```

TIP

인덱스에 있는 것은 무엇이든 슬라이싱할 수 있지만, 마지막 인덱스 이후의 문자열이나 날짜를 결정하는 것이 어려우므로 pandas에서는 날짜와 문자열 슬라이싱이 숫자 슬라이싱과는 달리 양쪽 끝부분을 모두 포함한다. 날짜 슬라이싱은 datetime 객체로 파싱할 수만 있다면 작동한다. 3장에서 이런 예제를 살펴보고 인덱스로 사용할 수 있는 항목을 바꿔 이런 유형의 슬라이싱을 하는 방법도 알아본다.

체이닝을 사용해 데이터의 값을 업데이트하려 하면 pandas는 경고 메시지를 출력한다. 그 이유는 데이터를 순차적으로 선택한 결과가 우리가 예상과는 다를 수 있다는 것을 경고하기 위함이다. 더 자세한 내용은 이 URL(https://pandas.pydata.org/pandas-docs/stable/user_guide/indexing.html#returning-a-view-versus-a-copy)에서 확인할 수 있다.

위 내용을 더 잘 이해할 수 있도록 경고가 나타나도록 해보자. 일부 지진에 대해 title 열의 항목을 소문자로 업데이트해 보자.

```
>>> df[110:113]['title'] = df[110:113]['title'].str.lower()
/.../book_env/lib/python3.7/[...]:1: SettingWithCopyWarning:
A value is trying to be set on a copy of a slice from a DataFrame.
Try using .loc[row_indexer,col_indexer] = value instead

See the caveats in the documentation: https://pandas.pydata.
org/pandas-docs/stable/user_guide/indexing.html#returning-a-view-
versus-a-copy
  """Entry point for launching an IPython kernel.
```

경고에서 알 수 있듯이 강력한 pandas 사용자가 되려면 선택과 슬라이싱만 알아서는 안되며, **인덱싱**indexing도 알아야 한다. 이는 단지 경고이므로 값은 제대로 업데이트되지만 항상 동작하지는 않는다.

```
>>> df[110:113]['title']
110             m 1.1 - 35km s of ester, alaska
111     m 1.9 - 93km wnw of arctic village, alaska
112      m 0.9 - 20km wsw of smith valley, nevada
Name: title, dtype: object
```

이제 인덱싱을 사용해 값을 제대로 설정하는 방법을 알아보자.

인덱싱

pandas 인덱싱 연산은 행과 열을 모두 선택하는 한 가지 방법이다. loc[]와 iloc[]를 사용하면 각각 레이블-기반 또는 정보-기반 룩업을 사용해 DataFrame의 부분집합을 선택할 수 있다. 두 방법의 차이를 기억하는 좋은 방법은 **위치**^location 대 **정수 위치**^integer location 로 생각하는 것이다. 아래 코드처럼 모든 인덱싱 메서드에 대해 행 인덱서^indexer와 열 인덱서의 순으로 쉼표로 구분해 전달한다.

```
df.loc[row_indexer, column_indexer]
```

경고 메시지에서 표시된 것처럼 loc[]를 사용하면 이 연산에 대해서는 pandas가 더는 경고하지 않는다. loc[]는 마지막 인덱스를 포함하기 때문에 마지막 인덱스를 113에서 112로 바꿨다.

```
>>> df.loc[110:112, 'title'] = df.loc[110:112, 'title'].str.lower()
>>>     df.loc[110:112, 'title']
110             m 1.1 - 35km s of ester, alaska
111      m 1.9 - 93km wnw of arctic village, alaska
112        m 0.9 - 20km wsw of smith valley, nevada
Name: title, dtype: object
```

일반적인 파이썬 슬라이싱처럼 :를 행(열) 인덱서로 사용하면 모든 행(열)을 선택할 수 있다. loc[]로 title 열의 모든 행을 선택해 보자.

```
>>> df.loc[:,'title']
0                  M 1.4 - 9km NE of Aguanga, CA
1                  M 1.3 - 9km NE of Aguanga, CA
2                  M 3.4 - 8km NE of Aguanga, CA
3                  M 0.4 - 9km NE of Aguanga, CA
4                  M 2.2 - 10km NW of Avenal, CA
                            ...
9327          M 0.6 - 9km ENE of Mammoth Lakes, CA
9328                 M 1.0 - 3km W of Julian, CA
9329      M 2.4 - 35km NNE of Hatillo, Puerto Rico
9330               M 1.1 - 9km NE of Aguanga, CA
9331               M 0.7 - 9km NE of Aguanga, CA
```

```
Name: title, Length: 9332, dtype: object
```

loc[]로 여러 행과 열을 동시에 선택할 수도 있다.

```
>>> df.loc[10:15, ['title', 'mag']]
```

위 코드는 title과 mag 열의 10~15행 DataFrame을 반환한다.

	title	mag
10	M 0.5 - 10km NE of Aguanga, CA	0.50
11	M 2.8 - 53km SE of Punta Cana, Dominican Republic	2.77
12	M 0.5 - 9km NE of Aguanga, CA	0.50
13	M 4.5 - 120km SSW of Banda Aceh, Indonesia	4.50
14	M 2.1 - 14km NW of Parkfield, CA	2.13
15	M 2.0 - 156km WNW of Haines Junction, Canada	2.00

그림 2.21 인덱싱으로 특정 행과 열을 선택한 결과

지금까지 살펴본 것처럼 loc[]를 사용하면 마지막 인덱스가 포함되지만 iloc[]는 마지막 인덱스를 포함하지 않는다.

```
>>> df.iloc[10:15, [19, 8]]
```

같은 열을 선택하려면 정수 리스트를 사용해야 한다. 리스트 안의 정수는 (0부터 시작하는) 열 번호다. iloc[]를 사용하면 인덱스 15의 행은 포함되지 않는다. 그 이유는 iloc[]는 파이썬 슬라이싱 구문처럼 마지막 인덱스를 포함하지 않는 정수 슬라이싱이기 때문이다.

	title	mag
10	M 0.5 - 10km NE of Aguanga, CA	0.50
11	M 2.8 - 53km SE of Punta Cana, Dominican Republic	2.77
12	M 0.5 - 9km NE of Aguanga, CA	0.50
13	M 4.5 - 120km SSW of Banda Aceh, Indonesia	4.50
14	M 2.1 - 14km NW of Parkfield, CA	2.13

그림 2.22 위치로 특정 행과 열을 선택한 결과

슬라이싱 구문은 행에만 국한되지 않고 열에 대해서도 사용할 수 있다.

```
>>> df.iloc[10:15, 6:10]
```

슬라이싱을 사용하면 그림 2.23과 같이 인접한 행과 열을 쉽게 선택할 수 있다.

	gap	ids	mag	magType
10	57.0	,ci37389162,	0.50	ml
11	186.0	,pr2018286010,	2.77	md
12	76.0	,ci37389146,	0.50	ml
13	157.0	,us1000hbti,	4.50	mb
14	71.0	,nc73096921,	2.13	md

그림 2.23 위치로 인접한 행과 열 범위를 선택한 결과

loc[]를 사용할 때 슬라이싱은 열 이름에 대해서도 사용할 수 있다. 이로 인해 같은 결과를 얻고자 많은 방법을 사용할 수 있다.

```
>>> df.iloc[10:15, 6:10].equals(df.loc[10:14, 'gap':'magType'])
True
```

스칼라scalar 값을 찾기 위해 더 빠른 at[]와 iat[]를 사용할 수 있다. 인덱스 10의 행에 기록된 진도(mag 열)를 선택해 보자.

```
>>> df.at[10, 'mag']
0.5
```

진도(mag) 열은 열 인덱스가 8이므로 iat[]로 진도를 찾을 수도 있다.

```
>>> df.iat[10, 8]
0.5
```

지금까지 행/열 이름과 범위를 사용해 데이터의 부분집합을 선택하는 방법을 살펴봤지만, 특정 조건을 만족하는 데이터는 어떻게 선택할 수 있을까? 이를 위해서는 데이터를 필터링해야 한다.

필터링

pandas는 **부울 마스크**Boolean mask와 몇 가지 특수한 메서드를 포함해 데이터를 필터링할 수 있는 몇 가지 옵션을 제공한다. 부울 마스크를 사용하면 데이터의 일부 값에 대해 테스트해 True/False로 채워진 같은 차원의 구조를 얻을 수 있다. pandas의 필터링을 사용해 적절한 행/열을 선택할 수 있다. 각 행에 대해 부울 값을 반환하는 몇 줄의 코드로만 가능한 모든 부울 마스크를 만들 수 있다. 예를 들어 mag 열의 어떤 값이 2보다 큰지 알 수 있다.

```
>>> df.mag > 2
0       False
1       False
2        True
3       False
4        True
       ...
9327    False
9328    False
9329     True
```

```
9330    False
9331    False
Name: mag, Length: 9332, dtype: bool
```

전체 DataFrame에 위 코드를 실행할 수는 있지만, 다양한 유형의 데이터가 있는 예제의 지진 데이터에는 그리 유용하지 않다. 그러나 이 방법을 사용하면 진도가 7 이상인 데이터의 부분집합을 선택할 수 있다.

```
>>> df[df.mag >= 7.0]
```

위 코드를 실행하면 그림 2.24와 같이 2개의 행만 있는 DataFrame을 얻을 수 있다.

	alert	...	dmin	felt	...	mag	magType	...	place	...	time	title	tsunami	...	updated	url
837	green	...	1.763	3.0	...	7.0	mww	...	117km E of Kimbe, Papua New Guinea	...	1539204500290	M 7.0 - 117km E of Kimbe, Papua New Guinea	1	...	1539378744253	https...
5263	red	...	1.589	18.0	...	7.5	mww	...	78km N of Palu, Indonesia	...	1538128963480	M 7.5 - 78km N of Palu, Indonesia	1	...	1539123134531	https...

그림 2.24 부울 마스크로 필터링한 결과

하지만 결과에는 필요 없는 많은 열이 포함돼 있다. 위 코드의 마지막 부분에 열 선택을 위한 체이닝 방법을 추가할 수도 있지만 loc[]에도 부울 마스크를 사용할 수 있다.

```
>>> df.loc[
...     df.mag >= 7.0,
...     ['alert', 'mag', 'magType', 'title', 'tsunami', 'type']
... ]
```

위 코드를 실행하면 그림 2.25와 같이 지정한 열만 있는 DataFrame을 얻을 수 있다.

	alert	mag	magType	title	tsunami	type
837	green	7.0	mww	M 7.0 - 117km E of Kimbe, Papua New Guinea	1	earthquake
5263	red	7.5	mww	M 7.5 - 78km N of Palu, Indonesia	1	earthquake

그림 2.25 부울 마스크로 인덱싱한 결과

한 가지 조건만 사용할 수 있는 것은 아니다. 적생 경보^{red alert}와 쓰나미가 발생한 지진을 찾아보자. 마스크를 결합하려면 각 조건을 괄호로 묶고 각 조건이 모두 참인 것만 선택하도록 논리 연산자^{logical operator}인 **비트별 논리곱 연산자**^{bitwise AND operator}(&)를 사용해야 한다.

```
>>> df.loc[
...     (df.tsunami == 1) & (df.alert == 'red'),
...     ['alert', 'mag', 'magType', 'title', 'tsunami', 'type']
... ]
```

두 조건에 부합하는 데이터는 그림 2.26과 같이 단 한 건의 지진만 있다.

	alert	mag	magType	title	tsunami	type
5263	red	7.5	mww	M 7.5 - 78km N of Palu, Indonesia	1	earthquake

그림 2.26 논리곱 연산자로 필터를 결합한 결과

조건 중 하나 이상만 만족하는 데이터를 찾으려면 **비트별 논리합 연산자**^{bitwise OR operator}(|)를 사용하면 된다.

```
>>> df.loc[
...     (df.tsunami == 1) | (df.alert == 'red'),
...     ['alert', 'mag', 'magType', 'title', 'tsunami', 'type']
... ]
```

위 코드는 두 조건이 모두 참일 수 있지만 둘 중의 하나만 참인 데이터를 선택하는 논리합 연산이므로 논리곱 연산에 비해 훨씬 덜 제한적이다.

	alert	mag	magType	title	tsunami	type
36	NaN	5.0	mww	M 5.0 - 165km NNW of Flying Fish Cove, Christm...	1	earthquake
118	green	6.7	mww	M 6.7 - 262km NW of Ozernovskiy, Russia	1	earthquake
501	green	5.6	mww	M 5.6 - 128km SE of Kimbe, Papua New Guinea	1	earthquake
799	green	6.5	mww	M 6.5 - 148km S of Severo-Kuril'sk, Russia	1	earthquake
816	green	6.2	mww	M 6.2 - 94km SW of Kokopo, Papua New Guinea	1	earthquake
...	...	...	...	...	...	...
8561	NaN	5.4	mb	M 5.4 - 228km S of Taron, Papua New Guinea	1	earthquake
8624	NaN	5.1	mb	M 5.1 - 278km SE of Pondaguitan, Philippines	1	earthquake
9133	green	5.1	ml	M 5.1 - 64km SSW of Kaktovik, Alaska	1	earthquake
9175	NaN	5.2	mb	M 5.2 - 126km N of Dili, East Timor	1	earthquake
9304	NaN	5.1	mb	M 5.1 - 34km NW of Finschhafen, Papua New Guinea	1	earthquake

그림 2.27 논리합 연산자로 필터를 결합한 결과

NOTE

부울 마스크를 만들 때는 논리 연산자(and, or, not) 대신에 비트별 연산자(&, |, ~)를 사용해야 한다. 이를 기억하는 좋은 방법은 테스트하고 있는 시리즈 전체에 대한 부울 값을 원하는 것이 아니라 시리즈의 각 항목에 대한 부울 값을 원한다는 것을 기억하는 것이다. 예를 들어 예제의 지진 데이터에서 진도가 1.5보다 큰 행을 선택하려면 이 조건에 부합하는 행을 선택하고자 각 행에 대해 하나의 부울 값이 필요하다. (데이터를 요약하고자) 데이터에 대한 단일 값이 필요한 경우에는 논리 연산자와 함께 사용할 수 있는 any()/all()을 사용해 부울 시리즈(Boolean series)를 단일 부울 값으로 계산할 수 있다. 4장에서 any()와 all() 메서드를 사용하는 방법을 알아본다.

위 두 예제에서는 조건에 등식equality을 사용했지만 다른 방법도 사용할 수 있다. alert 열에 대해 null이 아닌 알래스카Alaska의 모든 지진을 선택해 보자.

```
>>> df.loc[
...     (df.place.str.contains('Alaska'))
...     & (df.alert.notnull()),
...     ['alert', 'mag', 'magType', 'title', 'tsunami', 'type']
... ]
```

그림 2.28과 같이 alert의 값이 있는 알래스카의 모든 지진은 green이며, 일부 지진은 쓰나미를 동반했으며, 지진의 최대 규모는 5.1이다.

	alert	mag	magType	title	tsunami	type
1015	green	5.0	ml	M 5.0 - 61km SSW of Chignik Lake, Alaska	1	earthquake
1273	green	4.0	ml	M 4.0 - 71km SW of Kaktovik, Alaska	1	earthquake
1795	green	4.0	ml	M 4.0 - 60km WNW of Valdez, Alaska	1	earthquake
2752	green	4.0	ml	M 4.0 - 67km SSW of Kaktovik, Alaska	1	earthquake
3260	green	3.9	ml	M 3.9 - 44km N of North Nenana, Alaska	0	earthquake
4101	green	4.2	ml	M 4.2 - 131km NNW of Arctic Village, Alaska	0	earthquake
6897	green	3.8	ml	M 3.8 - 80km SSW of Kaktovik, Alaska	0	earthquake
8524	green	3.8	ml	M 3.8 - 69km SSW of Kaktovik, Alaska	0	earthquake
9133	green	5.1	ml	M 5.1 - 64km SSW of Kaktovik, Alaska	1	earthquake

그림 2.28 수치형 데이터가 아닌 열에 부울 마스크를 적용한 결과

위 코드를 자세히 살펴보자. Series 객체는 str 속성으로 접근할 수 있는 몇 가지 스트링 메서드를 제공한다. 이 메서드를 사용하면 place 열에 Alaska 단어가 들어 있는 모든 행에 대해 부울 마스크를 만들 수 있다.

```
df.place.str.contains('Alaska')
```

alert 열에서 null이 아닌 모든 행을 선택하고자 Series 객체의 notnull() 메서드(이 메서드는 DataFrame 객체에도 사용할 수 있다)를 사용해 alert 열에서 null이 아닌 모든 행의 부울 마스크를 만든다.

```
df.alert.notnull()
```

TIP

NOT이라고 하는 비트별 논리부정 연산자(bitwise negation operator)(~)를 사용해 모든 부울 값의 논리부정 값을 얻을 수 있다. 논리부정 연산자는 True를 False로, False를 True로 바꾼다. 따라서 df.alert.notnull()과 ~df.alert.isnull()은 동치다.

그런 다음, 이전에 했던 것처럼 두 조건을 & 연산자로 연결해 마스크를 완성한다.

```
(df.place.str.contains('Alaska')) & (df.alert.notnull())
```

각 행에 텍스트가 포함돼 있는지 확인하는 것 이외에 정규표현식도 사용할 수 있다. 정규식regex이라고도 하는 **정규표현식**regular expression은 우리가 찾으려는 정확한 내용이 아니라 검색 패턴을 정의할 수 있어 매우 강력하다. 즉 검색 대상이 되는 모든 단어나 숫자를 알지 못해도 (또는 한 번에 한 문자씩 살펴보지 않고도) 문자열에 있는 모든 단어나 숫자를 찾을 수 있다는 것을 뜻한다. 정규표현식을 사용하려면 따옴표 앞에 r을 붙이면 된다. 이 표시는 파이썬에게 해당 문자열이 **원시 문자열**raw string이라는 것을 알려 주는 표시로, (\n이 문자 n이 아니라 줄바꿈 문자라는 것을 의미하는 것과 같이) 백슬래시 바로 뒤에 오는 문자를 우리가 제어한다고 파이썬이 생각하지 못하도록 문자열에 백슬래시(\) 문자를 포함할 수 있다. 따라서 이는 정규표현식과 함께 사용하기에 완벽한 방법이다. 파이썬 표준 라이브러리의 re 모듈(https://docs.python.org/3/library/re.html)은 정규표현식 연산을 처리하지만 pandas에서는 정규표현식을 바로 사용할 수 있다.

정규표현식을 사용해 캘리포니아California에서 진도가 3.8보다 큰 지진을 선택해 보자. 데이터가 일관성이 없으므로 place 열에서 CA나 California로 끝나는 항목을 선택해야 한다(다음 절에서 일관성consistency이 없는 데이터를 수정하는 방법을 설명한다). $ 문자는 끝end을, 'CA$'는 CA로 끝나는 항목을 의미하므로 'CA|California$'를 사용하면 CA나 California로 끝나는 항목을 선택할 수 있다.

```
>>> df.loc[
...     (df.place.str.contains(r'CA|California$'))
...     & (df.mag > 3.8),
...     ['alert', 'mag', 'magType', 'title', 'tsunami', 'type']
... ]
```

우리가 조사하고 있는 기간 동안 캘리포니아에서 규모가 3.8보다 큰 지진은 두 번 있었다.

	alert	mag	magType	title	tsunami	type
1465	green	3.83	mw	M 3.8 - 109km WNW of Trinidad, CA	0	earthquake
2414	green	3.83	mw	M 3.8 - 5km SW of Tres Pinos, CA	1	earthquake

그림 2.29 정규표현식으로 필터링한 결과

TIP

정규표현식은 매우 강력하지만 불행하게도 제대로 이해하기 어렵다. 정규표현식의 구문 분석(parse)을 위해 정규표현식 예문을 웹사이트(https://regex101.com/)에서 테스트하는 것이 도움이 된다. 정규표현식은 여러 언어에서 사용되므로 파이썬의 정규표현식을 사용해야 한다. 이 웹사이트는 파이썬용 정규표현식을 지원하며 바로 옆에는 참고할 수 있는 치트시트(cheat sheet)도 제공한다.

진도가 6.5에서 7.5 사이인 모든 지진을 찾으려면 어떻게 해야 할까? 2개의 부울 마스크를 사용하면 된다. 하나는 진도가 6.5 이상인지 확인하고, 다른 하나는 7.5 이하인지 확인하는 것이다. 그런 다음 & 연산자를 사용해 두 조건을 결합하면 된다. 고맙게도 pandas는 between() 메서드를 제공해 이런 마스크를 쉽게 만들 수 있다.

```
>>> df.loc[
...     df.mag.between(6.5, 7.5),
...     ['alert', 'mag', 'magType', 'title', 'tsunami', 'type']
... ]
```

위 코드의 결과는 그림 2.30과 같이 진도가 [6.5, 7.5] 범위 안에 있는 모든 지진을 포함한다. 기본적으로 양끝의 값을 포함하지만 inclusive=False 옵션을 사용하면 이 값을 바꿀 수 있다.

	alert	mag	magType	title	tsunami	type
118	green	6.7	mww	M 6.7 - 262km NW of Ozernovskiy, Russia	1	earthquake
799	green	6.5	mww	M 6.5 - 148km S of Severo-Kuril'sk, Russia	1	earthquake
837	green	7.0	mww	M 7.0 - 117km E of Kimbe, Papua New Guinea	1	earthquake
4363	green	6.7	mww	M 6.7 - 263km NNE of Ndoi Island, Fiji	1	earthquake
5263	red	7.5	mww	M 7.5 - 78km N of Palu, Indonesia	1	earthquake

그림 2.30 값의 범위를 사용해 필터링한 결과

isin() 메서드를 사용하면 리스트에 있는 값 중 하나와 일치하는 값에 대한 부울 마스크를 만들 수 있다. 이는 일치시켜야 할 각각의 값에 대해 하나의 마스크를 만들고 각각의 마스크를 결합하고자 |를 사용할 필요가 없다는 것을 뜻한다. 진도를 정량화하는 데 사용된 측정 단위를 나타내는 magType 열에 isin() 메서드를 사용해 필터링해 보자. mw나 mwb 단위로 측정된 지진을 살펴보자.

```
>>> df.loc[
...     df.magType.isin(['mw', 'mwb']),
...     ['alert', 'mag', 'magType', 'title', 'tsunami', 'type']
... ]
```

그림 2.31과 같이 mwb로 측정된 지진은 2건이며, mw로 측정된 지진은 4건이다.

	alert	mag	magType	title	tsunami	type
995	NaN	3.35	mw	M 3.4 - 9km WNW of Cobb, CA	0	earthquake
1465	green	3.83	mw	M 3.8 - 109km WNW of Trinidad, CA	0	earthquake
2414	green	3.83	mw	M 3.8 - 5km SW of Tres Pinos, CA	1	earthquake
4988	green	4.41	mw	M 4.4 - 1km SE of Delta, B.C., MX	1	earthquake
6307	green	5.80	mwb	M 5.8 - 297km NNE of Ndoi Island, Fiji	0	earthquake
8257	green	5.70	mwb	M 5.7 - 175km SSE of Lambasa, Fiji	0	earthquake

그림 2.31 리스트의 멤버십을 사용해 필터링한 결과

지금까지 특정 값을 필터링했지만, 이제 가장 작은 규모의 지진과 가장 큰 규모의 지진에 대한 모든 데이터를 찾아보자. 먼저, mag 열의 최소값과 최대값을 찾은 다음 부울 마스크를 만들지 않고, pandas에게 이런 값이 있는 인덱스를 제공하도록 요청하면 전체 행을 쉽게 필터링할 수 있다. idxmin()과 idxmax()를 사용하면 최소값과 최대값에 대한 인덱스를 찾을 수 있다. 이제 가장 작은 규모의 지진과 가장 큰 규모의 지진의 행을 찾아보자.

```
>>> [df.mag.idxmin(), df.mag.idxmax()]
[2409, 5263]
```

이 인덱스를 사용하면 해당 행의 데이터를 얻을 수 있다.

```
>>> df.loc[
...     [df.mag.idxmin(), df.mag.idxmax()],
...     ['alert', 'mag', 'magType', 'title', 'tsunami', 'type']
... ]
```

그림 2.32와 같이 최소 규모의 지진은 알래스카에서 발생했고, 최대 규모의 지진은 인도네시아Indonesia에서 발생했으며 쓰나미를 동반했다. 5장과 6장에서 인도네시아의 지진을 시각화하는 방법을 설명한다.

	alert	mag	magType		title	tsunami	type
2409	NaN	-1.26	ml	M -1.3 - 41km ENE of Adak, Alaska		0	earthquake
5263	red	7.50	mww	M 7.5 - 78km N of Palu, Indonesia		1	earthquake

그림 2.32 열에서 최소값과 최대값이 있는 행만 필터링한 결과

NOTE

filter() 메서드는 이 절에서 했던 것처럼 값에 따라 데이터를 필터링하지 않는다. 오히려 이름을 기반으로 행이나 열의 부분집합을 선택하는 데 사용된다. DataFrame과 Series 객체에 대한 예는 노트북 파일에서 찾아볼 수 있다.

⋮⋮ 데이터 추가하고 제거하기

앞 절에서는 주로 열의 부분집합을 선택했지만 열/행이 유용하지 않으면 해당 열/행은 제거해야 한다. mag 열의 값을 기준으로 데이터를 자주 선택했지만 나중에 선택하는 데 사용할 부울 값이 저장된 새로운 열을 만들었다면 마스크를 한 번만 계산하면 된다. 무언가를 추가하거나 제거하려는 곳에서 데이터를 얻는 경우는 거의 없다.

데이터를 추가하고 제거하기 전에, 대부분의 메서드는 새로운 DataFrame 객체를 반환하며 일부 메서드는 데이터를 그대로 두고 변경한다는 것을 이해하는 것이 중요하다. DataFrame을 전달하고 변경하는 함수를 작성하면 해당 함수는 원래의 DataFrame도 변경

된다. 원본 데이터를 변경하지 않고 수정된 데이터의 새 복사본을 얻고 싶은 경우에는 DataFrame을 변경하기 전에 DataFrame을 복사해 둬야 한다.

```
df_to_modify = df.copy()
```

NOTE

> 기본적으로 df.copy()는 DataFrame의 깊은 복사본(deep copy)를 만들어 복사본이나 원본에 영향을 미치지 않고 데이터를 변경할 수 있다. deep=False 옵션을 사용하면 얕은 복사본(shallow copy)을 얻게 돼 얕은 복사본을 변경하면 원본 데이터도 변경되며, 그 반대로 마찬가지다. 원본에 영향을 미치지 않고 데이터를 바꿀 수 있으므로 거의 항상 깊은 복사본을 사용한다. 자세한 내용은 이 URL(https://pandas.pydata.org/pandas-docs/stable/reference/api/pandas.DataFrame.copy.html)에서 확인할 수 있다.

이제 마지막 노트북 6-adding_and_removing_data.ipynb에 필요한 설정을 해보자. 다시 지진 데이터로 작업할 것이지만 이번에는 열의 부분집합만 읽어 들인다.

```
>>> import pandas as pd

>>> df = pd.read_csv(
...     'data/earthquakes.csv',
...     usecols=[
...         'time', 'title', 'place', 'magType',
...         'mag', 'alert', 'tsunami'
...     ]
... )
```

새로운 데이터 만들기

변수 할당과 같은 방식으로 새로운 열을 만들 수 있다. 예를 들어 데이터의 출처를 나타내는 source 열을 만들 수 있다. 모든 데이터가 같은 출처에서 얻은 것이므로 **브로드캐스트**broadcast를 사용해 이 열의 모든 행에 같은 값을 설정할 수 있다.

```
>>> df['source'] = 'USGS API'
>>> df.head()
```

새로운 source 열은 DataFrame의 가장 오른쪽 열에 추가되며 모든 행은 USGS API 값으로
채워진다.

	alert	mag	magType	place	time	title	tsunami	source
0	NaN	1.35	ml	9km NE of Aguanga, CA	1539475168010	M 1.4 - 9km NE of Aguanga, CA	0	USGS API
1	NaN	1.29	ml	9km NE of Aguanga, CA	1539475129610	M 1.3 - 9km NE of Aguanga, CA	0	USGS API
2	NaN	3.42	ml	8km NE of Aguanga, CA	1539475062610	M 3.4 - 8km NE of Aguanga, CA	0	USGS API
3	NaN	0.44	ml	9km NE of Aguanga, CA	1539474978070	M 0.4 - 9km NE of Aguanga, CA	0	USGS API
4	NaN	2.16	md	10km NW of Avenal, CA	1539474716050	M 2.2 - 10km NW of Avenal, CA	0	USGS API

그림 2.33 새로운 열을 추가한 결과

전체 열에 하나의 값을 브로드캐스팅하는 것 외에 부울 논리나 수학 방정식의 결과를
저장할 수도 있다. 예를 들어 거리와 시간 데이터가 있다면 거리 열을 시간 열로 나눈 결
과인 속력speed 열을 만들 수 있다. 지진 데이터로 진도가 음수인 열을 만들어 보자.

```
>>> df['mag_negative'] = df.mag < 0
>>> df.head()
```

그림 2.34와 같이 새로운 열이 오른쪽에 추가됐다.

	alert	mag	magType	place	time	title	tsunami	source	mag_negative
0	NaN	1.35	ml	9km NE of Aguanga, CA	1539475168010	M 1.4 - 9km NE of Aguanga, CA	0	USGS API	False
1	NaN	1.29	ml	9km NE of Aguanga, CA	1539475129610	M 1.3 - 9km NE of Aguanga, CA	0	USGS API	False
2	NaN	3.42	ml	8km NE of Aguanga, CA	1539475062610	M 3.4 - 8km NE of Aguanga, CA	0	USGS API	False
3	NaN	0.44	ml	9km NE of Aguanga, CA	1539474978070	M 0.4 - 9km NE of Aguanga, CA	0	USGS API	False
4	NaN	2.16	md	10km NW of Avenal, CA	1539474716050	M 2.2 - 10km NW of Avenal, CA	0	USGS API	False

그림 2.34 새로운 열에 부울 마스크를 저장한 결과

앞 절에서 place 열에 데이터 일관성data consistency이 없다는 것을 확인했다. 즉 같은 개
체entity에 대해 여러 개의 이름이 존재한다. 캘리포니아에서 발생한 지진에 대해 CA 또는

California로 표시돼 있다. 이렇게 일관성이 없는 데이터는 말할 필요도 없이 혼란스러우며 미리 주의 깊게 조사하지 않으면 쉽게 문제를 일으킬 수 있다. 예를 들어 CA를 선택하면 California로 표시된 124개의 지진 데이터를 놓치게 된다. 문제가 있는 곳은 이곳뿐만이 아니다. Nevada와 NV인 경우에도 해당한다. 정규표현식을 사용하면 쉼표 뒤에 있는 place 열에 있는 모든 항목을 추출해 이런 문제를 직접 확인할 수 있다.

```
>>> df.place.str.extract(r', (.*$)')[0].sort_values().unique()
array(['Afghanistan', 'Alaska', 'Argentina', 'Arizona', 'Arkansas',
       'Australia', 'Azerbaijan', 'B.C., MX', 'Barbuda', 'Bolivia',
       'Bonaire, Saint Eustatius and Saba ', 'British Virgin Islands',
       'Burma', 'CA', 'California', 'Canada', 'Chile', 'China',
       'Christmas Island', 'Colombia', 'Colorado', 'Costa Rica',
       'Dominican Republic', 'East Timor', 'Ecuador', 'Ecuador region',
       'El Salvador', 'Fiji', 'Greece', 'Greenland', 'Guam', 'Guatemala',
       'Haiti', 'Hawaii', 'Honduras', 'Idaho', 'Illinois', 'India',
       'Indonesia', 'Iran', 'Iraq', 'Italy', 'Jamaica', 'Japan', 'Kansas',
       'Kentucky', 'Kyrgyzstan', 'Martinique', 'Mauritius', 'Mayotte',
       'Mexico', 'Missouri', 'Montana', 'NV', 'Nevada', 'New Caledonia',
       'New Hampshire', 'New Mexico', 'New Zealand', 'Nicaragua',
       'North Carolina', 'Northern Mariana Islands', 'Oklahoma', 'Oregon',
       'Pakistan', 'Papua New Guinea', 'Peru', 'Philippines',
       'Puerto Rico', 'Romania', 'Russia', 'Saint Helena',
       'Solomon Islands', 'Somalia', 'South Africa', 'South Carolina',
       'South Georgia and the South Sandwich Islands',
       'South Sandwich Islands', 'Taiwan', 'Tajikistan', 'Tennessee',
       'Texas', 'Tonga', 'Turkey', 'U.S. Virgin Islands', 'Utah',
       'Uzbekistan', 'Vanuatu', 'Vermont', 'Washington', 'Wyoming',
       'Yemen', nan], dtype=object)
```

국가와 국가 주변의 모든 것(예, Ecuador와 Ecuador region)을 단일 개체로 취급하려면 추가 작업이 더 필요하다. 또한 쉼표 뒤의 정보를 보고 위치를 구문 분석하려는 시도는 실패한 것으로 드러났다. 왜냐하면 어떤 경우에는 쉼표가 없기 때문이다. 따라서 구문 분석에 대한 접근 방식을 바꿔야만 한다.

이것은 **개체 인식 문제**entity recognition problem로 해결하기 어려운 문제다. (df.place.unique()로 볼 수 있는) 비교적 작은 리스트의 유일 값을 사용하면 이런 이름들을 적절하게 일치시킬 방법을 간단히 살펴보고 추론할 수 있다. 그런 다음 replace() 메서드를 사용해 적합하다고 판단되는 place 열의 패턴을 대체할 수 있다.

```
>>> df['parsed_place'] = df.place.str.replace(
...     r'.* of ', '', regex=True
# 어떤 것의 어떤 것(<something> of <something>)이라고 하는 모든 것을 제거
... ).str.replace(
...     'the ', '' # "the " 제거
... ).str.replace(
...     r'CA$', 'California', regex=True # California 수정
... ).str.replace(
...     r'NV$', 'Nevada', regex=True # Nevada 수정
... ).str.replace(
...     r'MX$', 'Mexico', regex=True # Mexico 수정
... ).str.replace(
...     r' region$', '', regex=True # " region"으로 끝나는 부분 삭제
... ).str.replace(
...     'northern ', '' # "northern " 제거
... ).str.replace(
...     'Fiji Islands', 'Fiji' # "Fiji Islands"를 "Fiji"로 수정
... ).str.replace(
...     r'^.*, ', '', regex=True # 다른 모든 관계없는 것 삭제
... ).str.strip() # 여분의 모든 공백을 제거
```

이제 구문 분석된 장소들을 확인할 수 있다. South Georgia and South Sandwich Islands 그리고 South Sandwich Islands 등 여전히 해결해야 할 것이 더 많이 있다. replace()를 다시 적용해 이 문제를 해결할 수 있지만, 이는 개체 인식이 상당히 어려울 수 있다는 것을 보여 준다.

```
>>> df.parsed_place.sort_values().unique()
array([..., 'California', 'Canada', 'Carlsberg Ridge', ...,
       'Dominican Republic', 'East Timor', 'Ecuador',
       'El Salvador', 'Fiji', 'Greece', ...,
       'Mexico', 'Mid-Indian Ridge', 'Missouri', 'Montana',
       'Nevada', 'New Caledonia', ...,
       'South Georgia and South Sandwich Islands',
       'South Sandwich Islands', ..., 'Yemen'], dtype=object)
```

pandas는 하나의 메서드 호출로 한 번에 많은 새 열을 만드는 방법을 제공한다. assign() 메서드에서 인수는 만들고자 하는 (또는 덮어쓸) 열의 이름이고 값은 열의 데이터다. 2개의 새로운 열을 만들어 보자. 하나는 캘리포니아에서 지진이 발생했는지 그리고 다른 하나는 알래스카에서 발생했는지를 알려 준다. 처음 5개의 항목(모두 캘리포니아에서 발생한 지진 데이터)을 표시하는 것이 아니라 sample()을 사용해 임의로 5개의 행을 선택한다.

```
>>> df.assign(
...     in_ca=df.parsed_place.str.endswith ('California'),
...     in_alaska=df.parsed_place.str.endswith ('Alaska')
... ).sample(5, random_state=0)
```

assign()은 원래 DataFrame을 변경하지 않고, 두 열이 추가된 새로운 DataFrame 객체를 반환한다. 원래 DataFrame을 새로 만든 DataFrame으로 대체하려면 변수 할당을 사용해 assign()의 결과를 df에 저장한다(예: df = df.assign(...)).

	alert	mag	magType	place	time	title	tsunami	source	mag_negative	parsed_place	in_ca	in_alaska
7207	NaN	4.80	mwr	73km SSW of Masachapa, Nicaragua	1537749595210	M 4.8 - 73km SSW of Masachapa, Nicaragua	0	USGS API	False	Nicaragua	False	False
4755	NaN	1.09	ml	28km NNW of Packwood, Washington	1538227540460	M 1.1 - 28km NNW of Packwood, Washington	0	USGS API	False	Washington	False	False
4595	NaN	1.80	ml	77km SSW of Kaktovik, Alaska	1538259609862	M 1.8 - 77km SSW of Kaktovik, Alaska	0	USGS API	False	Alaska	False	True
3566	NaN	1.50	ml	102km NW of Arctic Village, Alaska	1538464751822	M 1.5 - 102km NW of Arctic Village, Alaska	0	USGS API	False	Alaska	False	True
2182	NaN	0.90	ml	26km ENE of Pine Valley, CA	1538801713880	M 0.9 - 26km ENE of Pine Valley, CA	0	USGS API	False	California	True	False

그림 2.35 한 번에 새로운 열을 많이 만든 결과

assign() 메서드에 **람다 함수**lambda function(일반적으로 한 번만 사용하고자 한 줄로 정의하는 익명 함수anonymous function)도 사용할 수 있다. assign()는 DataFrame을 lambda 함수에 x로 전달하므로 람다 함수에서 작업할 수 있다. 람다 함수를 사용하면 assign()에서 열을 사용해 계산하는 새로운 열을 만들 수 있다. 예를 들어 다시 in_ca와 in_alaska을 만들어 보자. 그러나 이번에는 in_ca와 in_alaska 모두 False이면 True 값을 갖는 새로운 neither 열도 만든다.

```
>>> df.assign(
...     in_ca=df.parsed_place == 'California',
...     in_alaska=df.parsed_place == 'Alaska',
...     neither=lambda x: ~x.in_ca & ~x.in_alaska
... ).sample(5, random_state=0)
```

~는 비트별 논리부정 연산자이므로 그림 2.36처럼 행마다 NOT in_ca AND NOT in_alaska의 결과를 갖는 열을 만든다.

	alert	mag	magType	place	time	title	tsunami	source	mag_negative	parsed_place	in_ca	in_alaska	neither
7207	NaN	4.80	mwr	73km SSW of Masachapa, Nicaragua	1537749595210	M 4.8 - 73km SSW of Masachapa, Nicaragua	0	USGS API	False	Nicaragua	False	False	True
4755	NaN	1.09	ml	28km NNW of Packwood, Washington	1538227540460	M 1.1 - 28km NNW of Packwood, Washington	0	USGS API	False	Washington	False	False	True
4595	NaN	1.80	ml	77km SSW of Kaktovik, Alaska	1538259609862	M 1.8 - 77km SSW of Kaktovik, Alaska	0	USGS API	False	Alaska	False	True	False
3566	NaN	1.50	ml	102km NW of Arctic Village, Alaska	1538464751822	M 1.5 - 102km NW of Arctic Village, Alaska	0	USGS API	False	Alaska	False	True	False
2182	NaN	0.90	ml	26km ENE of Pine Valley, CA	1538801713880	M 0.9 - 26km ENE of Pine Valley, CA	0	USGS API	False	California	True	False	False

그림 2.36 람다 함수로 한 번에 새로운 열을 많이 만든 결과

> lambda 함수는 많은 기능과 함께 사용할 수 있으며 코드의 품질과 가독성도 획기적으로 향상시킬 수 있으므로 pandas로 작업할 때 lambda 함수에 익숙해지는 것이 좋다. 이 책의 여러 곳에서 lambda 함수가 사용된 것을 볼 수 있다.

새로운 열을 추가하는 방법을 배웠으니 이제 새로운 행을 추가하는 방법을 알아보자. 2개의 DataFrame으로 작업하고 있다고 해보자. 하나는 쓰나미가 동반된 지진 데이터이며, 다른 하나는 쓰나미가 동반되지 않은 데이터다.

```
>>> tsunami = df[df.tsunami == 1]
>>> no_tsunami = df[df.tsunami == 0]

>>> tsunami.shape, no_tsunami.shape
((61, 10), (9271, 10))
```

전체 지진 데이터를 보고 싶다면 두 DataFrame을 하나의 DataFrame으로 연결concatenate해야 한다. pd.concat()나 append() 메서드를 사용하면 DataFrame 아래쪽으로 행을 추가할 수 있다. concat() 함수를 사용할 때는 연산을 수행할 기준이 되는 축axis을 지정해야 한다. axis=0은 DataFrame 아래에 행을 추가하는 것을 뜻하며, axis=1은 연결 리스트concatenation list에서 가장 왼쪽에 있는 pandas 객체의 오른쪽 마지막 열 다음에 추가하는 것을 뜻한다. 행에 대해 axis의 기본값이 0인 pd.concat()를 사용한다.

```
>>> pd.concat([tsunami, no_tsunami]).shape
(9332, 10) # 61 행 + 9271 행
```

위 결과는 DataFrame에 append() 메서드를 실행한 결과와 같다. 위 방법은 새로운 DataFrame 객체를 반환하지만 실제로 append()가 concat() 함수의 래퍼wrapper이므로 어느 축이어야 하는지 기억할 필요가 없다.

```
>>> tsunami.append(no_tsunami).shape
(9332, 10) # 61 행 + 9271 행
```

지금까지 CSV 파일에서 열의 부분집합으로 작업해 왔지만 데이터를 읽을 때 무시했던 열 중 일부로 작업해야 한다고 해보자. 노트북에 새 열을 추가했으므로 파일을 읽고 같은 작업을 반복하지 않으려 한다. 열을 따라 (axis=1) 연결해 빠뜨렸던 내용을 추가한다.

```
>>> additional_columns = pd.read_csv(
...     'data/Earth quakes.csv', usecols=['tz', 'felt', 'ids']
... )
>>> pd.concat([df.head(2), additional_columns.head(2)], axis=1)
```

DataFrame의 인덱스에 맞춰 추가되므로 추가되는 열은 그림 2.37과 같이 원래 열의 오른쪽에 추가된다.

	alert	mag	magType	place	time	title	tsunami	source	mag_negative	parsed_place	felt	ids	tz
0	NaN	1.35	ml	9km NE of Aguanga, CA	1539475168010	M 1.4 - 9km NE of Aguanga, CA	0	USGS API	False	California	NaN	,ci37389218,	-480.0
1	NaN	1.29	ml	9km NE of Aguanga, CA	1539475129610	M 1.3 - 9km NE of Aguanga, CA	0	USGS API	False	California	NaN	,ci37389202,	-480.0

그림 2.37 인덱스에 맞춰서 열을 연결한 결과

concat() 함수는 인덱스를 사용해 값을 연결하는 방법을 결정한다. 인덱스가 맞지 않으면 pandas는 데이터를 일치시키는 방법을 모르기 때문에 행을 추가한다. 원래 DataFrame의 행 번호가 인덱스인 것을 잊고서 time 열을 인덱스로 설정해 추가 열을 읽어 보자.

```
>>> additional_columns = pd.read_csv(
...     'data/Earth quakes.csv',
...     usecols=['tz', 'felt', 'ids', 'time'],
...     index_col='time'
... )
>>> pd.concat([df.head(2), additional_columns.head(2)], axis=1)
```

추가 열에 처음 두 행의 데이터가 들어 있지만 인덱스가 일치하지 않으므로 pandas는 추가 열의 데이터를 새로운 행으로 추가한다. 이 문제를 해결하고자 3장에서 인덱스를 재설정하고 인덱스를 설정하는 방법을 알아본다.

	alert	mag	magType	place	time	title	tsunami	source	mag_negative	parsed_place	felt	ids	tz
0	NaN	1.35	ml	9km NE of Aguanga, CA	1.539475e+12	M 1.4 - 9km NE of Aguanga, CA	0.0	USGS API	False	California	NaN	NaN	NaN
1	NaN	1.29	ml	9km NE of Aguanga, CA	1.539475e+12	M 1.3 - 9km NE of Aguanga, CA	0.0	USGS API	False	California	NaN	NaN	NaN
1539475129610	NaN	NaN	NaN	NaN	NaN	NaN	NaN	NaN	NaN	NaN	NaN	,ci37389202,	-480.0
1539475168010	NaN	NaN	NaN	NaN	NaN	NaN	NaN	NaN	NaN	NaN	NaN	,ci37389218,	-480.0

그림 2.38 인덱스가 일치하지 않는 열을 연결한 결과

NOTE

4장에서 DataFrame의 열을 늘릴 때 이런 문제를 해결할 수 있는 병합(merging)을 설명한다. 행을 추가할 때는 concat()이나 append()를 사용하지만 열을 추가할 때는 merge()나 join()을 사용한다.

tsunami와 no_tsunami DataFrame을 연결하려는데 no_tsunami DataFrame에는 type이라고 하는 새로운 열이 추가돼 있다고 해보자. join 매개변수parameter는 (아래에 추가할 때) 열 이름 또는 (오른쪽에 연결할 때) 행 이름의 중복을 처리하는 방법을 지정한다. 기본값은 outer로 모든 것을 유지하지만 inner를 사용하면 공통된 부분의 데이터만 남는다.

```
>>> pd.concat(
...     [
...         tsunami.head(2),
...         no_tsunami.head(2).assign(type='Earth quake')
...     ],
...     join='inner'
... )
```

그림 2.39와 같이 tsunami DataFrame에는 type 열이 없으므로 no_tsunami DataFrame의 type 열은 표시되지 않는다. 그러나 인덱스를 보면 tsunami와 no_tsunami로 나뉘기 전의 원래 DataFrame의 행 번호다.

	alert	mag	magType	place	time	title	tsunami	source	mag_negative	parsed_place
36	NaN	5.00	mww	165km NNW of Flying Fish Cove, Christmas Island	1539459504090	M 5.0 - 165km NNW of Flying Fish Cove, Christm...	1	USGS API	False	Christmas Island
118	green	6.70	mww	262km NW of Ozernovskiy, Russia	1539429023560	M 6.7 - 262km NW of Ozernovskiy, Russia	1	USGS API	False	Russia
0	NaN	1.35	ml	9km NE of Aguanga, CA	1539475168010	M 1.4 - 9km NE of Aguanga, CA	0	USGS API	False	California
1	NaN	1.29	ml	9km NE of Aguanga, CA	1539475129610	M 1.3 - 9km NE of Aguanga, CA	0	USGS API	False	California

그림 2.39 행 추가 및 공통 열만 유지한 결과

인덱스가 의미가 없는 경우 ignore_index 옵션을 사용하면 인덱스가 순차적인 값으로 매겨진다.

```
>>> pd.concat(
...     [
...         tsunami.head(2),
...         no_tsunami.head(2).assign(type='Earth quake')
...     ],
...     join='inner', ignore_index=True
... )
```

그림 2.40과 같이 인덱스가 순차적으로 새로 매겨졌으며, 인덱스가 원래 DataFrame과 일치하지 않는다.

	alert	mag	magType	place	time	title	tsunami	source	mag_negative	parsed_place
0	NaN	5.00	mww	165km NNW of Flying Fish Cove, Christmas Island	1539459504090	M 5.0 - 165km NNW of Flying Fish Cove, Christm...	1	USGS API	False	Christmas Island
1	green	6.70	mww	262km NW of Ozernovskiy, Russia	1539429023560	M 6.7 - 262km NW of Ozernovskiy, Russia	1	USGS API	False	Russia
2	NaN	1.35	ml	9km NE of Aguanga, CA	1539475168010	M 1.4 - 9km NE of Aguanga, CA	0	USGS API	False	California
3	NaN	1.29	ml	9km NE of Aguanga, CA	1539475129610	M 1.3 - 9km NE of Aguanga, CA	0	USGS API	False	California

그림 2.40 행 추가와 인덱스를 재설정한 결과

concat() 함수와 4장에서 설명할 데이터 결합 연산에 관한 내용은 pandas 문서(http://pandas.pydata.org/pandas-docs/stable/user_guide/merging.html#concatenating-objects)에서 확인할 수 있다.

원하지 않는 데이터 삭제하기

DataFrame에 데이터를 추가한 후, 원치 않는 데이터는 삭제해야 한다. 실수는 되돌리고 사용하지 않는 데이터는 삭제할 방법이 있어야 한다. 데이터 추가와 마찬가지로 딕셔너리에서 키를 삭제하는 것처럼 딕셔너리 구문을 사용해 원치 않는 열을 삭제할 수 있다. del df['<column_name>']와 df.pop('<column_name>') 두 방법 모두 해당 열 이름이 있다면 정상적으로 작동하며, 열 이름이 없다면 KeyError가 발생한다. 여기서 차이점은 del은 바로 삭제하며, pop()은 삭제하고 있는 열을 반환한다는 것이다. 이 두 연산 모두 원래 DataFrame을 변경하므로 주의해서 사용해야 한다.

딕셔너리 표기법을 사용해 source 열을 삭제해 보자. df.columns 결과에서 해당 열이 더는 표시되지 않는다.

```
>>> del df['source']
>>> df.columns
Index(['alert', 'mag', 'magType', 'place', 'time', 'title',
       'tsunami', 'mag_negative', 'parsed_place'],
      dtype='object')
```

열이 존재하는지 확실치 않은 경우 열 삭제 코드를 try...except 블록에 넣어야 한다.

```
try:
    del df['source']
except KeyError:
    pass # 여기서 에러를 처리
```

앞에서 DataFrame을 필터링하고자 mag_negative 열을 만들었지만, 이제는 DataFrame 일부로 이 열이 필요하지 않다. pop()을 사용해 mag_negative 열의 시리즈를 얻을 수 있으며, 나중에 DataFrame에 포함하지 않고 부울 마스크로 사용할 수 있다.

```
>>> mag_negative = df.pop('mag_negative')
>>> df.columns
Index(['alert', 'mag', 'magType', 'place', 'time', 'title',
       'tsunami', 'parsed_place'],
      dtype='object')
```

이제 df의 열이었던 mag_negative 변수에 부울 마스크가 생겼다.

```
>>> mag_negative.value_counts()
False    8841
True      491
Name: mag_negative, dtype: int64
```

pop()을 사용해 mag_negative를 삭제[delete]하지 않고 제거[remove]했으므로 mag_negative를 DataFrame 필터링에 사용할 수 있다.

```
>>> df[mag_negative].head()
```

위 코드는 음의 진도를 갖는 지진 데이터를 반환한다. head()를 호출했으므로 그림 2.41 과 같이 처음 5개의 지진 데이터가 표시된다.

	alert	mag	magType	place	time	title	tsunami	parsed_place
39	NaN	-0.10	ml	6km NW of Lemmon Valley, Nevada	1539458844506	M -0.1 - 6km NW of Lemmon Valley, Nevada	0	Nevada
49	NaN	-0.10	ml	6km NW of Lemmon Valley, Nevada	1539455017464	M -0.1 - 6km NW of Lemmon Valley, Nevada	0	Nevada
135	NaN	-0.40	ml	10km SSE of Beatty, Nevada	1539422175717	M -0.4 - 10km SSE of Beatty, Nevada	0	Nevada
161	NaN	-0.02	md	20km SSE of Ronan, Montana	1539412475360	M -0.0 - 20km SSE of Ronan, Montana	0	Montana
198	NaN	-0.20	ml	60km N of Pahrump, Nevada	1539398340822	M -0.2 - 60km N of Pahrump, Nevada	0	Nevada

그림 2.41 팝된 열(popped column)을 부울 마스크로 사용한 결과

DataFrame 객체는 여러 행이나 열을 제거[remove]할 때 재할당하지 않고 DataFrame을 덮어 쓰거나(대체[in-place]), 새로운 DataFrame 객체를 반환하는 drop() 메서드를 갖고 있다. 행을 제거하려면 인덱스의 리스트를 전달한다. 처음 2개 행을 제거해 보자.

```
>>> df.drop([0, 1]).head(2)
```

0과 1행이 제거됐으므로 그림 2.42와 같이 인덱스는 2부터 시작한다.

	alert	mag	magType	place	time	title	tsunami	parsed_place
2	NaN	3.42	ml	8km NE of Aguanga, CA	1539475062610	M 3.4 - 8km NE of Aguanga, CA	0	California
3	NaN	0.44	ml	9km NE of Aguanga, CA	1539474978070	M 0.4 - 9km NE of Aguanga, CA	0	California

그림 2.42 특정 행을 제거한 결과

기본적으로 drop()은 행(axis=0)을 삭제한다. 열을 삭제하려면 axis=1 옵션을 사용하거나 columns 인수를 사용해 열 이름 리스트를 지정해야 한다. 몇 개의 열을 더 삭제해 보자.

```
>>> cols_to_drop = [
...     col for col in df.columns
...     if col not in [
...         'alert', 'mag', 'title', 'time', 'tsunami'
...     ]
... ]
>>> df.drop(columns=cols_to_drop).head()
```

위 코드는 그림 2.43과 같이 남겨 두려고 한 열 이름 리스트에 있지 않은 모든 열을 삭제한다.

	alert	mag	time	title	tsunami
0	NaN	1.35	1539475168010	M 1.4 - 9km NE of Aguanga, CA	0
1	NaN	1.29	1539475129610	M 1.3 - 9km NE of Aguanga, CA	0
2	NaN	3.42	1539475062610	M 3.4 - 8km NE of Aguanga, CA	0
3	NaN	0.44	1539474978070	M 0.4 - 9km NE of Aguanga, CA	0
4	NaN	2.16	1539474716050	M 2.2 - 10km NW of Avenal, CA	0

그림 2.43 특정 열을 삭제한 결과

drop()에 axis=1 옵션을 사용하거나 columns 인자를 사용하거나 그 결과는 같다.

```
>>> df.drop(columns=cols_to_drop).equals(
...     df.drop(cols_to_drop, axis=1)
... )
True
```

drop()은 기본값으로 새로운 DataFrame 객체를 반환한다. 하지만 원래 DataFrame에서 데이터를 삭제하고자 inplace=True 옵션을 사용할 수 있는데, 결과를 DataFrame으로 다시 할당하지 않아도 된다. 결과는 그림 2.43과 같다.

```
>>> df.drop(columns=cols_to_drop, inplace=True)
>>> df.head()
```

값을 대체in-place하는 연산을 할 때는 주의해야 한다. 어떤 경우에는 실행을 취소할 수 있다. 그러나 다른 경우에는 처음부터 다시 시작해 DataFrame을 새로 만들어야 할 수도 있다.

요약

2장에서는 데이터 분석의 데이터 수집 부분에서 pandas를 사용하는 방법과 결론을 도출하는 단계에서 도움이 될 수 있도록 통계량으로 데이터를 설명하는 방법을 배웠다. pandas 라이브러리의 주요 데이터 구조와 이 데이터 구조에 수행할 수 있는 연산도 배웠다. 다음으로, 일반 파일과 API 요청을 포함해 다양한 출처에서 DataFrame 객체를 만드는 방법도 알아봤다. 지진 데이터를 이용해 데이터를 요약하고 데이터에서 통계량을 계산하는 방법도 설명했다. 그다음으로 데이터 선택, 슬라이싱, 인덱싱, 필터링을 통해 데이터 일부를 취하는 방법도 설명했다. 마지막으로, DataFrame에서 행과 열을 추가하고 삭제하는 방법도 연습했다.

이러한 작업은 pandas 작업의 중추이며, 뒤에서 설명할 데이터 랭글링, 집계, 데이터 시각화에서 다룰 새로운 주제의 기초가 된다. 계속하기 전에 다음 절의 연습을 마치도록 한다.

⠿ 연습 문제

여러분의 pandas 기술을 연습하고자 data/parsed.csv 파일과 2장의 자료를 사용해 다음 연습 문제를 풀어 본다.

1. mb 지진 규모 유형으로 사용해 일본 진도의 95번째 백분위수를 찾는다.

2. 인도네시아에서 쓰나미가 동반된 지진의 백분율을 구한다.

3. 네바다 지진에 대한 요약통계를 계산한다.

4. 지진이 불의 고리에 있는 국가나 미국 주에서 발생했는지를 나타내는 열을 추가한다. 알래스카Alaska, 남극 대륙Antarctica, Antarctic, 볼리비아Bolivia, 캘리포니아California, 캐나다Canada, 칠레Chile, 코스타리가Costa Rica, 에콰도르Ecuador, 피지Fiji, 과테말라Guatemala, 인도네시아Indonesia, 일본Japan, 케르마덱 제도Kermadec Inslands, 멕시코Mexico(뉴멕시코New Mexico를 선택하면 안 된다), 뉴질랜드New Zealand, 페루Peru, 필리핀Philippins, 러시아Rusia, 타이완Taiwan, 통가Tonga, 워싱턴Washington을 사용한다.

5. 불의 고리 위치에서 발생한 지진의 횟수와 그 외에서 발생한 지진의 횟수를 계산한다.

6. 불의 고리를 따라 발생한 쓰나미의 횟수를 계산한다.

⠿ 참고 자료

R과/또는 SQL에 대한 지식이 있는 사람은 pandas 구문과의 차이를 이해하는 데 도움이 되는 자료는 다음과 같다.

- **R/R 라이브러리와의 비교**: https://pandas.pydata.org/docs/getting_started/comparison/comparison_with_r.html

- **SQL과의 비교**: https://pandas.pydata.org/docs/getting_started/comparison/comparison_with_sql.html

직렬화된 데이터 작업에 관한 자료는 다음과 같다.

- **파이썬에서의 피클**[Pickle]**: 객체 직렬화**: https://www.datacamp.com/community/tutorials/pickle-python-tutorial
- **RData/RDS 파일을 pandas.DataFrmae 객체로 읽어들이기**[pyreader]: https://github.com/ofajardo/pyreadr

API 작업을 위한 추가 자료는 다음과 같다.

- **requests 패키지 문서**: https://requests.readthedocs.io/en/master/
- **HTTP 메서드**: https://restfulapi.net/http-methods/
- **HTTP 상태 코드**: https://restfulapi.net/http-status-codes/

정규표현식에 관한 더 많은 정보는 다음 자료를 참고한다.

- **『Mastering Python Regular Expressions』(Packt, 2014), 펠릭스 로페스**[Felix Lopez]**, 빅터 로메로**[Victor Romero]: https://www.packtpub.com/application-development/mastering-python-regular-expressions
- **정규표현식 튜토리얼 - 정규표현식 사용법 배우기**: https://www.regular-expressions.info/tutorial.html

2부

pandas로 데이터분석하기

이제 pandas 라이브러리에 다소 익숙해졌으며, 데이터 분석에서 어떤 것을 분석해야 하는지 이해했고, 다양한 데이터 수집 방법도 알게 됐다. 지금부터는 데이터 랭글링과 탐색적 데이터 분석에 필요한 기술에 초점을 맞춘다. 2부에서는 파이썬에서 데이터 조작, 재구성, 요약, 집계, 시각화에 필요한 도구를 살펴본다.

2부는 다음과 같은 장으로 구성된다.

- 3장, pandas로 데이터 랭글링하기

- 4장, pandas DataFrame 집계하기

- 5장, pandas와 matplotlib로 데이터 시각화하기

- 6장, seaborn과 사용자 정의 기술로 그림 그리기

03

pandas로
데이터 랭글링하기

2장에서는 pandas의 주요 데이터 구조와 수집한 데이터로 DataFrame을 만드는 방법 그리고 DataFrame 객체를 조사하고 요약하며, 필터링하고, 선택하는 다양한 방법을 설명했다. 이제 초기 데이터 수집과 조사 단계에 익숙해졌으므로 데이터 랭글링 단계로 넘어갈 수 있다.

1장에서 설명한 것처럼 분석을 위한 데이터 준비는 데이터로 작업하는 시간에서 가장 많은 부분을 차지할 뿐만 아니라 가장 지루한 작업이다. 긍정적으로 보자면 pandas에는 이런 작업을 쉽게 할 수 있는 기능이 있으며, 여기서 제시하는 기술을 익힌다면 빠르게 재미있는 부분으로 넘어갈 수 있을것이다.

데이터 랭글링은 데이터 분석에서 한 번만 수행하는 작업이 아니다. 데이터 랭글링을 한 후, 데이터 시각화와 같은 다른 분석 작업으로 넘어가면 추가적인 데이터 랭글링 작업이 필요하다는 것을 알게 될 가능성이 크다. 데이터에 익숙할수록 분석을 위한 데이터를 더 잘 준비할 수 있을 것이다. 데이터가 어떤 유형이어야 하는지, 보여 주고자 하는 것을 시각적으로 가장 잘 전달하기 위한 데이터 형식은 무엇인지, 분석을 위해 수집해야 할 데이터에 대한 직관을 갖는 것이 중요하다. 이런 능력은 경험에서 우러나오기 때문에 기회가 있을 때마다 3장의 기술을 연마해야 한다.

이는 매우 큰 주제이므로 데이터 랭글링의 범위를 3장과 4장으로 나눠 설명한다. 3장에서는 **미국 국립환경정보센터**^{NCEI, National Centers for Environmental Information}b API를 통해 기상 데이터를 살펴보고 `request` 라이브러리로 기상 데이터에서 온도 데이터를 수집하는 과정을 통해 데이터 랭글링의 개념을 이해한다. 그리고 나서 초기 분석과 (5장과 6장에서 배울) 시각화를 위해 데이터를 준비하는 데이터 랭글링 작업을 설명한다. 4장에서는 집계와 데이터셋 결합과 관련된 데이터 랭글링의 고급 기술을 설명한다.

3장에서는 다음과 같은 내용을 다룬다.

- 데이터 랭글링 이해하기

- 기온 데이터 검색과 수집을 위해 API 이용하기

- 데이터 정제하기

- 데이터 재구성하기

- 중복, 결측 또는 잘못된 데이터 처리하기

⁝⁝ 3장 교재

3장의 자료는 이 URL(https://github.com/stefmolin/Hands-On-Data-Analysis-with-Pandas-2nd-edition/tree/master/ch_03)에 있다. 3장의 코드는 5개의 노트북으로 구성돼 있으며 사용할 순서대로 번호가 매겨져 있으며, data/와 exercises/ 디렉터리에는 노트북과 연습 문제에서 사용할 모든 CSV 파일이 들어 있다. data/ 디렉터리에 들어 있는 파일은 다음과 같다.

파일	설명	출처
bitcoin.csv	2017년부터 2018년까지의 비트코인 거래량 및 시가총액과 함께 일일 고가, 저가, 종가 데이터	CoinMarketCap
dirty_data.csv	문제가 있는 데이터를 만들고자 조작한 2018년 뉴욕시 기상 데이터	NCEI API의 GHCND 데이터셋의 수정된 버전
long_data.csv	분튼(Boonton) 1 관측소에서 측정한 긴 형태(long format)의 2018년 10월 뉴욕시 일일 기온 데이터(관측 시점의 일일 기온과 최저 · 최고 기온)	NCEI API의 GHCND 데이터셋
nyc_temperatures.csv	라과디아 공항에서 측정한 2018년 10월 뉴욕시 기온 데이터(일일 최저 · 최고 · 평균 기온)	NCEI API의 GHCND 데이터셋
sp500.csv	2017년부터 2018년까지의 S&P 500 거래량 및 조정된 종가와 함께 S&P 500 주가지수의 일일 시가, 고가, 저가, 종가	stock_analysis 패키지(7장 참고)
wide_data.csv	분튼 1 관측소에서 측정한 넓은 형태(wide format)의 2018년 10월 뉴욕시 일일 기온 데이터(관측 시점의 일일 기온과 최저 · 최고 기온)	NCEI API의 GHCND 데이터셋

그림 3.1 3장에서 사용된 데이터셋 목록

1-wide_vs_long.ipynb 노트북에서는 넓은 형태와 긴 형태의 데이터를 설명한다. 그러고 나서 2-using_the_weather_api.ipynb에서 **NCEI API**(https://www.ncdc.noaa.gov/cdo-web/webservices/v2)에서 일일 기온 데이터를 수집한다. 우리가 사용할 **전 지구 기후 네트워크 – 일간**GHCND, Global Historical Climatology Network – Daily 데이터셋에 관한 문서는 이 **URL**(https://www1.ncdc.noaa.gov/pub/data/cdo/documentation/GHCND_documentation.pdf)에서 확인할 수 있다.

NOTE

> 미국 국립환경정보센터(NCEI)는 미국 해양대기청(NOAA, National Oceanic and Atmospheric Administration)에 소속돼 있다. API의 URL 주소에서 알 수 있듯이 이 출처는 NCEI가 국가기후자료센터(NCDC, National Climate Data Center)였을 때 만들어졌다. 나중에 이 출처의 URL이 변경돼 업데이트된 주소를 찾으려면 NCEI weather API로 검색해야 한다.

3-cleaning_data.ipynb 노트북에서는 기온 데이터와 7장에서 구축할 stock_analysis 패키지를 사용해 수집한 금융 데이터를 정제하는 방법을 배운다. 그런 다음, 4-reshaping_data.ipynb 노트북에서는 데이터를 재구성하는 방법을 알아본다. 마지막으로, 5-handling_data_issues.ipynb 노트북에서 지저분한 데이터가 들어 있는 data/dirty_data.csv 파일에서 중복되거나 결측 또는 잘못된 데이터를 처리하는 방법도 살펴본다.

데이터 랭글링 이해하기

다른 전문 분야와 마찬가지로 데이터 분석도 유행어를 많이 사용하고 있으며 이 분야를 처음 접하는 사람들은 용어를 이해하기 어려울 수도 있다. 3장의 주제도 예외는 아니다. **데이터 랭글링**data wrangling을 할 때는 원래 상태의 데이터를 입력 데이터로 사용하고, 입력 데이터에 대해 의미 있는 분석을 할 수 있는 형식으로 만든다. **데이터 조작**data manipulation은 데이터 랭글링을 지칭하는 다른 방법이다. 데이터 랭글링 과정은 정해진 방법이 없다. 유일한 목표는 처음의 데이터보다 랭글링한 데이터가 분석에 더 유용하게 만드는 것이다. 그러나 실제로 랭글링에는 다음과 같은 세 종류의 작업이 포함된다.

- 데이터 정제

- 데이터 변환

- 데이터 강화

데이터 랭글링 작업에는 순서가 없다는 점을 유의해야 한다. 그리고 데이터 랭글링 과정 전반에 걸쳐 위의 작업을 여러 번 수행해야 할 수도 있다. 이로 인해 다음과 같은 문제를 생각해 볼 수 있다. 분석을 위해 데이터 랭글링을 해야 하는 경우 데이터에게 무엇을 말해야 하는지 알려 주는 대신 우리가 데이터에게 말하는 방식으로 데이터를 랭글링할 수 있지 않을까?

> "데이터를 충분히 오랫동안 살펴본다면 원하는 것을 얻어낼 수 있을 것이다."
>
> – 로날드 코스Ronald Coase, 노벨 경제학상 수상자

데이터를 다루는 사람들은 데이터를 조작해 진실을 왜곡하기가 매우 쉽다는 것을 알게 될 것이다. 그러나 우리의 작업이 데이터의 무결성integrity에 미치는 영향을 염두에 두고서 분석 결과를 사용할 사람들에게 결론에 도달하기까지의 과정을 설명해 그들이 스스로 판단을 내릴 수 있도록 하는 것이 우리의 의무다.

데이터 정제

데이터를 수집하고 DataFrame 객체로 변환한 다음, 2장에서 설명한 기술을 사용해 데이터에 익숙해지면 데이터 일부를 정제clean해야 한다. 데이터 정제data cleaning의 초기 과정은 데이터를 탐색하는 데 필요한 최소한의 정보만 제공한다. 꼭 익혀야 할 필수 데이터 정제 작업의 일부는 다음과 같다.

- 이름 바꾸기

- 정렬과 재순서화

- 데이터 유형 변환

- 중복 데이터 처리

- 결측 데이터나 잘못된 데이터 처리

- 원하는 데이터 부분집합으로 필터링하기

올바른 데이터 유형과 참조하기 위한 이름으로 데이터를 저장하면 요약통계, 정렬, 필터링과 같이 탐색에 필요한 많은 방법을 사용할 수 있으므로 데이터 정제는 데이터 랭글링을 시작하기에 가장 좋은 방법이다. 2장에서 필터링을 설명했으므로 3장에서는 위에 나열한 다른 작업을 중심으로 설명한다.

데이터 변환

데이터를 정제한 다음 데이터 변환 단계로 넘어가는 경우가 대부분이지만 데이터셋이 현재의 모양으로 사용할 수 없는 경우가 대부분이므로 데이터 정제를 하기 전에 데이터 구조의 차원을 바꿔야 한다. **데이터 변환**data transformation에서는 후속 분석이 쉽도록 데이터의 차원을 변경하는 데 초점을 맞춘다. 데이터 변환은 일반적으로 데이터의 행과 열을 변경하는 작업이다.

우리가 찾아야 할 데이터 대부분은 **넓은 형태**^{wide format}이거나 **긴 형태**^{long format}다. 이런 형태의 데이터는 나름대로 장점이 있으므로 어떤 형태가 분석에 좋은지 알아야 한다. 사람들은 주로 넓은 형태로 데이터를 기록하고 제공하지만, 특정 시각화를 위해서는 긴 형태의 데이터가 필요하다.

그림 3.2 넓은 형태(좌)와 긴 형태(우)의 DataFrame

넓은 형태는 분석과 데이터베이스 설계에 주로 사용되지만, 긴 형태에서 각각의 열은 데이터 유형으로 고유한 의미가 있어야 하므로 나쁜 설계로 여겨진다. 그러나 관계형 데이터베이스에서 매번 모든 테이블을 수정하기보다는 새로운 필드를 추가하거나 오래된 필드를 삭제하는 경우 데이터베이스 관리자는 긴 형태를 사용할 수 있다. 이렇게 하면 데이터베이스 사용자에게 고정된 스키마^{schema}를 제공하면서 필요할 때마다 데이터를 업데이트할 수 있다. API를 만들 때 유연성이 요구되는 경우 긴 형태를 사용할 수 있다. 데이터베이스에서 다양한 테이블을 지원할 수 있도록 API는 일반적인 응답 형식(예: 날짜, 필드 이름, 필드 값)을 제공해야 한다. 이는 API가 사용하는 데이터베이스에 데이터를 저장하는 방식에 따라 응답을 쉽게 하는 것과 관련돼 있을 수 있다. 이 두 가지 형태 모두에서 데이터를 찾아야 하므로 두 형태로 작업하는 방법과 한 형태에서 다른 형태로 변경하는 방법을 알아야 한다.

이제 `1-wide_vs_long.ipynb` 노트북을 사용해 예제를 살펴보자. 먼저, (각 형식의 장단점을 설명하는 데 도움이 될) `pandas`와 `matplotlib`를 임포트^{import}하고 넓은 형식과 긴 형식의 데이터가 포함된 CSV 파일을 읽는다.

```
>>> import matplotlib.pyplot as plt
>>> import pandas as pd

>>> wide_df = \
...     pd.read_csv('data/wide_data.csv', parse_dates=['date'])
>>> long_df = pd.read_csv(
...     'data/long_data.csv',
...     usecols=['date', 'datatype', 'value'],
...     parse_dates=['date']
... )[['date', 'datatype', 'value']] # 열을 정렬한다
```

넓은 데이터 형태

넓은 형태의 데이터에서 각 열의 변수는 측정을 나타내며, 각 행은 이 변수의 관측값을
나타낸다. 따라서 관측값에 따라 변수를 비교하고, 요약통계를 계산하며, 연산을 수행
하고, 데이터를 제공하는 것이 수월하다. 그러나 어떤 시각화는 그림의 내용을 분할하
고, 크기를 조절하거나 색을 칠하고자 긴 형태의 데이터를 사용하므로 넓은 형태의 데
이터를 사용할 수 없을 때도 있다. wide_df에서 넓은 형태의 데이터에서 상위 6개의 관
측값을 살펴보자.

```
>>> wide_df.head(6)
```

각 열은 섭씨 온도로 된 일간 특정 클래스(최고 기온TMAX, MAXimum Temperature과 최저기온
TMIN, MINimum Temperature 그리고 관측 시의 기온TOBS, Temperature at the time of OBServation)의 기온
데이터 상위 6개 관측값으로 구성돼 있다.

	date	TMAX	TMIN	TOBS
0	2018-10-01	21.1	8.9	13.9
1	2018-10-02	23.9	13.9	17.2
2	2018-10-03	25.0	15.6	16.1
3	2018-10-04	22.8	11.7	11.7
4	2018-10-05	23.3	11.7	18.9
5	2018-10-06	20.0	13.3	16.1

그림 3.3 넓은 형태의 기온 데이터

넓은 형태의 데이터로 작업할 때 describe() 메서드를 사용하면 이 데이터에 관한 요약
통계량을 쉽게 얻을 수 있다. 이전 버전의 pandas는 datetimes를 범주형으로 처리했지만,
이제는 숫자^{numeric}로 취급하므로 datetime_is_numeric=True 인수를 사용하면 경고가 표
시되지 않는다.

```
>>> wide_df.describe(include='all', datetime_is_numeric=True)
```

크게 힘들이지 않아도 다음과 같이 날짜, 최고 기온, 최저기온, 관측 시 기온에 관한 요
약통계량을 얻을 수 있다.

	date	TMAX	TMIN	TOBS
count	31	31.000000	31.000000	31.000000
mean	2018-10-16 00:00:00	16.829032	7.561290	10.022581
min	2018-10-01 00:00:00	7.800000	-1.100000	-1.100000
25%	2018-10-08 12:00:00	12.750000	2.500000	5.550000
50%	2018-10-16 00:00:00	16.100000	6.700000	8.300000
75%	2018-10-23 12:00:00	21.950000	13.600000	16.100000
max	2018-10-31 00:00:00	26.700000	17.800000	21.700000
std	NaN	5.714962	6.513252	6.596550

그림 3.4 넓은 형태 기온 데이터의 요약통계

앞에서 설명한 것처럼 그림 3.4의 요약 데이터는 쉽게 얻을 수 있으며 유익한 정보를 제공한다. 넓은 형태의 데이터에 관해 다음과 같이 그리고 싶은 그림을 정확하게 명시하면 pandas로 쉽게 그림을 그릴 수 있다.

matplotlib에서 한글을 처리하려면 몇 가지 설정이 필요하다. 윈도우와 맥OS는 한글 폰트의 저장 경로가 다르다. 이후 matplotlib를 사용할 때 한글을 표시하려면 그림을 그리기 전에 아래 코드를 실행해야 한다.

```
# 그림에 한글을 표시할 수 있도록 폰트 적용하기
import matplotlib as mpl
import matplotlib.font_manager as fm

# 윈도우 한글 폰트 적용
path = 'C:/Windows/Fonts/Malgun.ttf'

# 맥OS 한글 폰트 적용
path ='/System/Library/Fonts/AppleSDGothicNeo.ttc'

font_name = fm.FontProperties(fname=path, size=50).get_name()
plt.rc('font', family=font_name)

# 그림에서 마이너스 폰트 깨지는 문제에 대한 대처
mpl.rcParams['axes.unicode_minus'] = False
```

```
# 그림에서 한글 처리를 위해 폰트 적용하기
>>> import matplotlib as mpl
>>> import matplotlib.font_manager as fm

# 윈도우 한글 폰트 적용
>>> path = 'C:/Windows/Fonts/Malgun.ttf'

# 맥OS 한글 폰트 적용
# path ='/System/Library/Fonts/AppleSDGothicNeo.ttc'
>>> font_name = fm.FontProperties(fname=path, size=50).get_name()
>>> plt.rc('font', family=font_name)

# 그림에서 마이너스 폰트 깨지는 문제에 대한 대처
>>> mpl.rcParams['axes.unicode_minus'] = False
```

```
>>> wide_df.plot(
...     x='date', y=['TMAX', 'TMIN', 'TOBS'],
...     figsize=(15, 5),
...     title='2018년 10월 뉴욕시 기온'
... ).set(xlabel='날짜', ylabel='섭씨 온도')
>>> plt.legend(['최고 기온', '최저기온', '관측값'])
>>> plt.show()
```

pandas는 그림 3.5와 같이 일일 최고 기온, 최저기온, 관측 시 기온을 꺾은 선 그래프를 그린다.

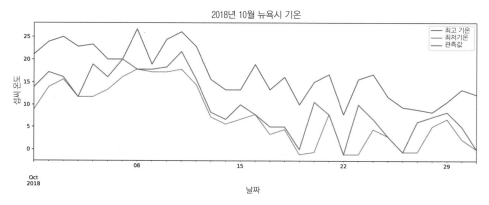

그림 3.5 넓은 형태 기온 데이터의 꺾은 선 그래프

NOTE

> 지금 당장 시각화 코드를 이해하지 못해도 괜찮다. 여기서는 단지 이런 형태의 데이터가 특정 작업을 더 쉽게 또는 더 어렵게 만들 수 있다는 것을 보여 주고자 사용한 것이다. `pandas`와 `matplotlib`를 사용한 시각화 방법은 5장에서 설명한다.

긴 데이터 형태

긴 형태의 데이터는 변수에 관한 각 관측값인 행 데이터로 구성돼 있다. 즉 매일 3개의 변수를 측정하는 경우 관측한 날마다 3개의 행 데이터가 만들어진다. 긴 형태는 변수 이름의 열을 하나의 열로 바꾸고, 데이터가 변수 이름인 경우에는 별도의 열에 변수의 값을 저장한다.

긴 형태의 데이터인 long_df의 처음 6행을 보면 넓은 형태 데이터와 긴 형태 데이터의
차이를 확인할 수 있다.

```
>>> long_df.head(6)
```

그림 3.6과 같이 날짜별로 3개의 항목이 있으며, **datatype** 열은 해당 행에서 **value** 열
의 값이 어떤 데이터인지 알려 준다.

	date	datatype	value
0	2018-10-01	TMAX	21.1
1	2018-10-01	TMIN	8.9
2	2018-10-01	TOBS	13.9
3	2018-10-02	TMAX	23.9
4	2018-10-02	TMIN	13.9
5	2018-10-02	TOBS	17.2

그림 3.6 긴 형태의 기온 데이터

넓은 형태의 데이터에서 했던 것처럼 긴 형태의 데이터에 대해 요약통계를 계산하면 넓
은 형태의 요약통계에 비해 크게 도움이 되지는 않는다.

```
>>> long_df.describe(include='all', datetime_is_numeric=True)
```

그림 3.7에서 **value** 열은 요약통계량을 보여 주지만 이 값은 일일 최고 기온, 최저기온,
관측 시 기온을 요약한 것이다. 최대값은 일일 최고 기온이며, 최소값은 일일 최저기온
이다. 이는 이 요약 데이터가 크게 도움이 되지 않는다는 것을 뜻한다.

	date	datatype	value
count	93	93	93.000000
unique	NaN	3	NaN
top	NaN	TOBS	NaN
freq	NaN	31	NaN
mean	2018-10-16 00:00:00	NaN	11.470968
min	2018-10-01 00:00:00	NaN	-1.100000
25%	2018-10-08 00:00:00	NaN	6.700000
50%	2018-10-16 00:00:00	NaN	11.700000
75%	2018-10-24 00:00:00	NaN	17.200000
max	2018-10-31 00:00:00	NaN	26.700000
std	NaN	NaN	7.362354

그림 3.7 긴 형태 기온 데이터의 요약통계

긴 형태의 데이터는 이용하기 어려우며 확실히 데이터를 제공하는 방법으로 사용해서는 안 된다. 하지만 그림을 그리는 라이브러리가 변수 이름으로 선의 색을 설정하고 특정 변수의 값으로 점의 크기를 조정하며, 면을 나누는 시각화는 쉽게 할 수 있다. pandas는 그림을 그리기 위한 데이터가 넓은 형태의 데이터라고 예상하므로 6장에서 다룰 다른 시각화 라이브러리인 seaborn을 사용해야 한다.

NOTE

seaborn에서 한글을 처리하려면 몇 가지 설정이 필요하다. 윈도우와 맥OS는 한글 폰트의 이름이 다르다. 이후 seaborn을 사용할 때 한글을 표시하려면 그림을 그리기 전에 seaborn의 설정값에 폰트 이름을 지정해야 한다.

```
# 윈도우 한글 폰트 적용
sns.set(font='Malgun Gothic', rc={'axes.unicode_minus':False})

# 맥OS 한글 폰트 적용
sns.set(font='AppleGothic', rc={'axes.unicode_minus':False})
```

```
>>> import seaborn as sns
>>> sns.set(font='Malgun Gothic',
```

```
>>>         rc={'axes.unicode_minus':False,
>>>             'figure.figsize': (15, 5)},
>>>         style='white')

>>> ax = sns.lineplot(
>>>     data=long_df, x='date', y='value', hue='datatype'
>>> )

>>> ax.set_ylabel('섭씨 온도')
>>> ax.set_xlabel('날짜')
>>> ax.legend(['최고 기온', '최저기온', '관측값'])
>>> ax.set_title('2018년 10월 뉴욕시 기온')

>>> plt.show()
```

seaborn은 datatype 열의 일일 최고 기온, 최저기온, 관측 시 기온 변수를 토대로 각 변수에 대한 꺾은 선 그래프를 그린다.

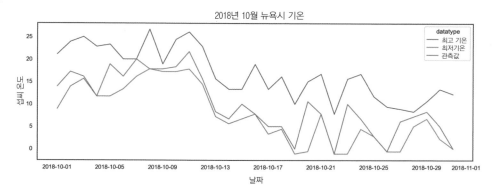

그림 3.8 긴 형태 기온 데이터의 꺾은 선 그래프

seaborn은 열의 항목에 대해 선의 색(hue)을 지정할 수 있는데 그림 3.8의 선은 기온 유형에 따라 색이 다르다. seaborn은 더 많은 기능을 제공하며 긴 형태의 데이터를 사용할 때도 쉽게 그림을 그릴 수 있다.

```
>>> sns.set(font='Malgun Gothic',
>>>         rc={'axes.unicode_minus':False,
>>>             'figure.figsize': (20, 10)},
```

```
>>>          style='white',
>>>          font_scale=2
>>> )

>>> g = sns.FacetGrid(long_df, col='datatype', height=10)
>>> g = g.map(plt.plot, 'date', 'value')
>>> g.set_titles(size=25)
>>> g.set_axis_labels('날짜', '온도')
>>> g.set_xticklabels(rotation=45)
>>> axes = g.axes.flatten()
>>> axes[0].set_title('최고 기온(TMAX)')
>>> axes[1].set_title('최저기온(TMIN)')
>>> axes[2].set_title('관측값(TOBS)')

>>> plt.show()
```

seaborn은 긴 형태의 데이터를 사용해 그림 3.9와 같이 datatype 열의 고유값에 대해 별도의 부그림^{subplot}을 그릴 수 있다.

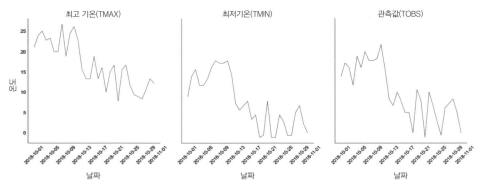

그림 3.9 긴 형태 기온 데이터에 대한 부그림 그리기

NOTE

pandas와 matplotlib로 그림 3.9와 같은 부그림(subplot)을 그릴 수 있지만 seaborn을 사용하면 더 복잡한 그림의 조합을 더 쉽게 그릴 수 있다. 6장에서 seaborn을 설명한다.

데이터 재구성 절에서는 멜팅melting[1]으로 넓은 형태의 데이터를 긴 형태의 데이터로 변환하는 방법과 피보팅pivoting으로 긴 형태의 데이터를 넓은 형태의 데이터로 변환하는 방법을 설명한다. 또한 데이터의 열과 행을 전환하는 데이터 변환 방법도 다룬다.

데이터 강화

분석에 필요한 형태로 데이터를 정제했다면 데이터를 조금 보강enrich해야 한다. **데이터 강화**data enrichment는 어떤 식으로든 데이터를 추가해 데이터의 품질을 개선하는 것이다. 이 과정은 모델링과 머신러닝에서 매우 중요한데 (10장에서 설명할) **특성 공학**feature engineering 과정의 한 부분을 구성한다.

데이터를 강화하려는 경우 원본 데이터에 새로운 데이터를 (행이나 열을 추가하는 방식으로) **병합**merge하거나 원본 데이터를 사용해 새로운 데이터를 만들 수 있다. 원본 데이터를 사용해 데이터를 강화하는 방법은 다음과 같다.

- **새로운 열 추가**: 기존 열의 데이터에 함수를 적용해 새로운 값을 만든다.
- **데이터 이산화**: 연속형 데이터나 구별되는 값이 많은 이산형 데이터를 구간[2]으로 변환해 열을 이산형으로 만드는 동시에 열에서 가능한 값의 개수를 조절할 수 있다.
- **집계**: 데이터를 모으고 요약한다.
- **재표본추출**: 시계열 데이터를 특정 간격으로 집계한다.

이제 데이터 랭글링에 대해 알아봤으므로 작업할 데이터를 수집해 보자. 3장에서는 데이터 정제와 변환을 다루고 데이터 강화는 4장에서 설명한다.

---

1 데이터의 여러 열을 하나의 열로 만들고 값을 따로 빼는 것을 멜팅(melting)이라고 한다. 그 반대로 값을 열로 만드는 것을 캐스팅(casting) 또는 피보팅(pivoting)이라고 한다. - 옮긴이

2 히스토그램에서 같은 간격의 구간을 몇 개로 잡을 것인지를 결정하는 요소로 데이터의 값을 토대로 데이터를 나누는 구간을 뜻하며 버킷(bucket)이나 빈(bin)이라고 한다. - 옮긴이

⚛️ 기온 데이터를 찾고 수집하고자 API 사용하기

2장에서는 데이터를 수집하고, 수집한 데이터를 초기 검사하고 필터링하는 방법을 살펴봤다. 이 과정은 일반적으로 분석을 더 진행하기 전에 해결해야 할 사항들에 관한 아이디어를 제공한다. 3장은 2장의 기술을 사용하므로 해당 기술들을 다시 연습할 수 있다. 먼저, NCEI에서 제공하는 기상 API를 살펴본다. 그리고 나서 다음 절에서는 이 API로 수집한 기온 데이터를 사용해 데이터 랭글링에 대해 알아본다.

NOTE

> NCEI API를 사용하려면 이 URL(https://www.ncdc.noaa.gov/cdo-web/token)에서 여러분의 이메일 주소로 토큰을 요청해야 한다.

이 절에서는 NCEI API로 기온 데이터를 요청하고자 2-using_the_weather_api.ipynb 노트북에서 작업한다. 2장에서 배운 것처럼 API로 연결하기 위해 requests 라이브러리를 사용한다. 다음 코드 블록에서는 requests 라이브러리를 임포트하고 특정 종단점 endpoint에 요청하고 토큰을 전송하는 편의 함수convenience function를 만든다. 이 함수를 사용하려면 굵은 글씨로 표시한 곳에 여러분의 토큰을 입력해야 한다.

```
>>> import requests

>>> def make_request(endpoint, payload=None):
...     """
...     헤더와 선택적 페이로드를 전달하는
...     기상 API의 특정 종단점에 요청한다.
...     매개변수(Parameters):
...         - 종단점(endpoint): GET 요청(request)을 하려는 API의 종단점
...         - 페이로드(payload): 요청과 함께 전달할 데이터의 딕셔너리
...
...     반환값(Returns):
...         응답(response) 객체
...     """
...     return requests.get(
...         'https://www.ncdc.noaa.gov/cdo-web/'
...         f'api/v2/{endpoint}',
...         headers={'token': '여기에 토큰을 입력한다'},
...         params=payload
...     )
```

TIP

이 함수는 파이썬3.6부터 도입된 f—스트링(strings)을 사용한다. f—스트링 f'api/v2/{endpoint}은 format() 메서드인 'api/v2/{}'.format(endpoint)에 비해 가독성이 높으면서도 코드가 간결하다.

make_request() 함수를 사용하려면 요청 형식을 알아야 한다. NCEI는 요청 형식을 알려 주는 웹페이지(https://www.ncdc.noaa.gov/cdo-web/webservices/v2#gettingStarted)를 제공한다. 페이지의 탭에서 질의^{query}에 어떤 필터를 사용해야 하는지 알아낼 수 있다. requests 라이브러리는 웹사이트의 예처럼 (payload로 전달되는) 검색 매개변수^{search parameter}의 딕셔너리를 URL의 끝에 추가하도록 **질의 문자열**^{query string}로 변환한다(예를 들어 2018-08-28을 start로 2019-04-15를 end로 전달하면 ?start=2018-08-28&end=2019-04-15의 문자열을 얻는다). 이 API는 제공되는 것을 탐색하고 실제 데이터셋에 대한 최종 요청을 만들고자 다양한 종단점을 제공한다. 데이터셋 종단점을 사용해 질의하려는 데이터셋의 ID(datasetid)를 알아내야 한다. 2018년 10월 1일부터 오늘 날짜까지의 범위 안에 있는 데이터셋은 다음 코드로 확인할 수 있다.

```
>>> response = \
...     make_request('datasets', {'startdate': '2018-10-01'})
```

요청이 성공했는지 확인하려면 status_code 속성을 확인해야 한다. 또 다른 방법으로는 모든 것이 예상대로 진행되면 ok 속성을 사용해 부울 표시자^{Boolean indicator}를 얻을 수 있다.

```
>>> response.status_code
200
>>> response.ok
True
```

TIP

API는 초당 5개의 요청과 1일 1만 건의 요청으로 제한된다. 이 제한을 초과하면 상태 코드(status code)가 (우리로 인해 발생한 에러라는 것을 의미하는) 클라이언트 에러를 표시한다. 클라이언트 에러의 상태 코드는 400번 대다. 예를 들어 404는 요청받은 자원(resource)를 찾을 수 없다는 것을 뜻하며, 400은 서버가 요청을 이해할 수 없거나 요청 처리를 거부했다는 것을 뜻한다. 때때로 서버는 요청을 처리할 때 서버 에러의 상태 코드는 500번 대다. 일반적인 상태 코드의 목록과 의미는 이 URL(https://restfulapi.net/http-status-codes/)에서 확인할 수 있다.

응답을 받으면 json() 메서드를 사용해 페이로드를 얻을 수 있다. 그리고 나서 딕셔너리 메서드를 사용해 보고 싶은 부분을 선택할 수 있다.

```
>>> payload = response.json()
>>> payload.keys()
dict_keys(['metadata', 'results'])
```

JSON 페이로드의 metadata는 결과에 관한 정보를 제공하며 실제 결과는 results에 있다. 결과를 인쇄[print]할 수 있는지 아니면 출력[output]을 제한해야 하는지 알고자 얼마나 많은 데이터를 받았는지 살펴보자.

```
>>> payload['metadata']
{'resultset': {'offset': 1, 'count': 11, 'limit': 25}}
```

결과에는 11개의 행이 있으므로 JSON 페이로드의 results에 어떤 필드가 있는지 살펴보자. results 키에는 딕셔너리 리스트가 있다. 첫 번째 리스트를 살펴보면 데이터가 들어 있는 필드의 키를 볼 수 있다. 필드의 키를 확인한 후 이 중에서 출력하고자 하는 필드로 줄일 수 있다.

```
>>> payload['results'][0].keys()
dict_keys(['uid', 'mindate', 'maxdate', 'name', 'datacoverage', 'id'])
```

우리의 목적에 맞게 ID와 데이터셋의 이름을 볼 수 있도록 이 항목에 대해서만 리스트 컴프리헨션을 적용한다.

```
>>> [(data['id'], data['name']) for data in payload['results']]
[('GHCND', 'Daily Summaries'),
 ('GSOM', 'Global Summary of the Month'),
 ('GSOY', 'Global Summary of the Year'),
 ('NEXRAD2', 'Weather Radar (Level II)'),
 ('NEXRAD3', 'Weather Radar (Level III)'),
 ('NORMAL_ANN', 'Normals Annual/Seasonal'),
 ('NORMAL_DLY', 'Normals Daily'),
 ('NORMAL_HLY', 'Normals Hourly'),
 ('NORMAL_MLY', 'Normals Monthly'),
 ('PRECIP_15', 'Precipitation 15 Minute'),
 ('PRECIP_HLY', 'Precipitation Hourly')]
```

결과의 첫 번째 항목이 우리가 찾고 있던 것이다. 이제 datasetid에 대한 값 GHCND을 얻었으므로 기온 데이터 요청에 필요한 datacategoryid에 대한 값을 식별해야 한다. 이를 위해 datacategories 종단점을 사용한다. 여기서는 JSON 페이로드가 그리 크지 않으므로(9개의 항목) JSON 페이로드를 인쇄할 수 있다.

```
>>> response = make_request(
...     'datacategories', payload={'datasetid': 'GHCND'}
... )

>>> response.status_code
200

>>> response.json()['results']
[{'name': 'Evaporation', 'id': 'EVAP'},
 {'name': 'Land', 'id': 'LAND'},
 {'name': 'Precipitation', 'id': 'PRCP'},
 {'name': 'Sky cover & clouds', 'id': 'SKY'},
 {'name': 'Sunshine', 'id': 'SUN'},
 {'name': 'Air Temperature', 'id': 'TEMP'},
 {'name': 'Water', 'id': 'WATER'},
 {'name': 'Wind', 'id': 'WIND'},
 {'name': 'Weather Type', 'id': 'WXTYPE'}]
```

위 결과에 따라 datacategoryid의 TEMP 값을 알아야 한다. 그다음 이 값을 datatypes 종단점으로 사용해 데이터 유형을 식별한다. 다시 리스트 컴프리헨션을 사용해 이름과

ID를 인쇄한다. 이 리스트는 크기 때문에 아래 코드 블록에는 첫 번째와 마지막 5개만
표시했다.

```
>>> response = make_request(
...      'datatypes',
...      payload={'datacategoryid': 'TEMP', 'limit': 100}
... )

>>> response.status_code
200

>>> [(datatype['id'], datatype['name'])
...   for datatype in response.json()['results']]
[('CDSD', 'Cooling Degree Days Season to Date'),
 ...,
 ('TAVG', 'Average Temperature.'),
 ('TMAX', 'Maximum temperature'),
 ('TMIN', 'Minimum temperature'),
 ('TOBS', 'Temperature at the time of observation')]
```

우리가 찾고 있는 것은 TAVG, TMAX, TMIN 데이터 유형이다. 모든 지역의 기온 데이터 요청
에 필요한 모든 것을 알게 됐으므로 특정 위치로 데이터의 범위를 좁혀 보자.
locationcategoryid의 값을 결정하려면 locationcategories 종단점을 사용해야 한다.

```
>>> response = make_request(
...      'locationcategories', payload={'datasetid': 'GHCND'}
... )

>>> response.status_code
200
```

파이썬 표준 라이브러리의 pprint(https://docs.python.org/3/library/pprint.html)를 사용해
JSON 페이로드를 읽기 쉬운 형태로 출력한다.

```
>>> import pprint
>>> pprint.pprint(response.json())
{'metadata': {'resultset': {'count': 12, 'limit': 25, 'offset': 1}},
 'results': [{'id': 'CITY', 'name': 'City'},
```

```
        {'id': 'CLIM_DIV', 'name': 'Climate Division'},
        {'id': 'CLIM_REG', 'name': 'Climate Region'},
        {'id': 'CNTRY', 'name': 'Country'},
        {'id': 'CNTY', 'name': 'County'},
        {'id': 'HYD_ACC', 'name': 'Hydrologic Accounting Unit'},
        {'id': 'HYD_CAT', 'name': 'Hydrologic Cataloging Unit'},
        {'id': 'HYD_REG', 'name': 'Hydrologic Region'},
        {'id': 'HYD_SUB', 'name': 'Hydrologic Subregion'},
        {'id': 'ST', 'name': 'State'},
        {'id': 'US_TERR', 'name': 'US Territory'},
        {'id': 'ZIP', 'name': 'Zip Code'}]}
```

뉴욕시를 찾고 있으므로 locationcategoryid 필터에는 CITY가 적절한 값이다. 현재 작업 중인 노트북에는 API에 대해 **이진 검색**binary search을 사용해 이름으로 필드를 검색하는 함수가 있다. 이진 검색은 정렬된 리스트를 더 효율적인 방식으로 검색한다. 필드를 알파벳순으로 정렬할 수 있으며 API가 요청에 대한 메타데이터를 제공하므로 요청한 필드에 대해 API에 얼마나 많은 항목이 있는지 그리고 찾고 있는 값을 제대로 전달했는지 알 수 있다.

이진 검색에서는 각 요청에 대해 중간 항목을 잡아 알파벳의 위치를 목표와 비교한다. 중간 항목의 위치가 목표보다 앞에 있다면 얻은 데이터의 절반 중에서 더 큰 쪽에서 다시 검색한다. 그렇지 않다면 더 작은 쪽에서 검색한다. 검색할 때마다 데이터를 반으로 나누기 때문에 중간 항목을 잡을 때마다 찾고 있는 값에 더 가까이 다가가게 된다(그림 3.10 참고).

```
>>> def get_item(name, what, endpoint, start=1, end=None):
...     """
...     이진 검색으로 JSON 페이로드 가져오기
...
...     매개변수:
...         - name: 찾고 있는 항목
...         - what: 'name' 항목이 무엇인지 지정하는 딕셔너리
...         - endpoint: 항목을 찾을 위치
...         - start: 시작 위치. 이 값을 수정할 필요는 없지만
...                  함수는 재귀적으로 이 값을 조작한다.
...         - end: 항목의 마지막 위치. 중간점을 찾는 데 사용되지만
...                'start'처럼 신경 쓰지 않아도 된다.
```

```
...         반환값: 항목을 찾았다면 항목 정보의 딕셔너리,
...                찾지 못했다면 빈 딕셔너리
...         """
...     # 매번 데이터를 절반으로 자르기 위한 중간점을 찾는다.
...     mid = (start + (end or 1)) // 2
...
...     # 대소문자를 구별하지 않도록 소문자로 변환한다.
...     name = name.lower()
...
...     # 각 요청에서 전송할 페이로드를 정의한다.
...     payload = {
...         'datasetid': 'GHCND', 'sortfield': 'name',
...         'offset': mid, # 매번 offset을 바꾼다.
...         'limit': 1 # 1개의 값만 받는다.
...     }
...
...     # 'what'에 추가 필터를 추가하도록 요청한다.
...     response = make_request(endpoint, {**payload, **what})
...
...     if response.ok:
...         payload = response.json()
...
...         # 응답이 ok인 경우 응답 메타데이터에서
...         # 마지막 인덱스를 가져온다.
...         end = end or \
...             payload['metadata']['resultset']['count']
...
...         # 현재 이름의 소문자 버전을 가져온다.
...         current_name = \
...             payload['results'][0]['name'].lower()
...
...         # 검색하고 있는 것이 현재 이름에 있다면
...         # 항목을 찾은 것이다.
...         if name in current_name:
...             # 찾은 항목을 반환한다.
...             return payload['results'][0]
...         else:
...             if start >= end:
...                 # 시작 인덱스가 마지막 인덱스보다 크거나 같으면
...                 # 항목을 찾을 수 없다.
...                 return {}
...             elif name < current_name:
...                 # 이름이 알파벳순으로 현재 이름보다 앞에 있으면
```

```
...          # => 데이터 절반의 왼쪽에서 검색한다.
...          return get_item(name, what, endpoint, start, mid - 1)
...      elif name > current_name:
...          # 이름이 알파벳순으로 현재 이름보다 앞에 있으면
...          # => 데이터 절반의 오른쪽에서 검색한다.
...          return get_item(name, what, endpoint, mid + 1, end)
...      else:
...          # 응답이 ok가 아니면 그 이유를 알고자 상태 코드를 출력한다.
...          print(f'Response not OK, status: {response.status_code}')
```

위 코드는 알고리듬의 **재귀적**recursive 구현으로 함수 내부에서 함수 자체를 다시 호출한다는 것을 뜻한다. 재귀 함수를 구현할 때는 함수가 무한루프에 빠지지 않고 멈출 수 있도록 **기본 조건**base condition을 잘 정의해야 한다. 알고리듬을 반복적으로 구현할 수 있다. 이진 검색과 **재귀**recursion에 관해서는 3장 마지막 부분의 '참고 자료'를 참고한다.

NOTE

> 전통적인 이진 검색 구현에서 검색 대상 리스트의 길이를 찾는 것은 간단하다. API로 리스트 원소의 개수를 알아내려면 요청을 한 번 해야 하므로 방향을 정하고자 첫 번째 항목(1의 오프셋)을 요청해야 한다. 즉 시작하기 전에 리스트의 위치 항목 개수를 알았을 때 필요한 것과 비교한다면 여기서는 추가 요청을 한 번 더 해야 한다는 것을 뜻한다.

이제 이진 검색 함수를 사용해 뉴욕시 ID를 검색한다. 이 ID는 이후 질의에서 locationid로 사용된다.

```
>>> nyc = get_item(
...     'New York', {'locationcategoryid': 'CITY'}, 'locations'
... )
>>> nyc
{'mindate': '1869-01-01',
 'maxdate': '2021-01-14',
 'name': 'New York, NY US',
 'datacoverage': 1,
 'id': 'CITY:US360019'}
```

여기서 이진 검색을 사용하면 **New York**이 1,983개의 항목 중 중간에 가깝게 있음에도 8번의 요청으로 뉴욕시를 찾을 수 있다. 선형 검색linear search을 사용했다면 1,254개의 항목을 살펴봐야 했을 것이다. 그림 3.10은 이진 검색이 검은색으로 전체 숫자 범위를

체계적으로 채워 가는 모습을 볼 수 있다. 남아 있는 흰색은 찾으려는 값이 해당 위치에 있을 가능성이 있다는 것을 뜻한다.

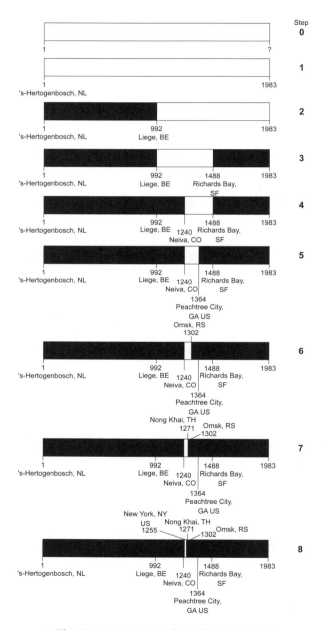

그림 3.10 New York, NY를 찾기 위한 이진 검색 과정

> NCEI API와 같은 몇몇 API는 특정 기간에 할 수 있는 요청 수를 제한하므로 현명하게 요청해야 한
> 다. 매우 길게 정렬된 리스트를 검색할 때 이진 검색을 고려해 보자.

선택적으로 데이터를 수집하려는 관측소^{station}의 ID로 드릴 다운^{drill down}[3]할 수 있다. 이
방법이 가장 세밀한 수준이다. 다시 이진 검색을 사용해 센트럴 파크^{Central Park} 관측소
의 관측소 ID를 얻을 수 있다.

```
>>> central_park = get_item(
...     'NY City Central Park',
...     {'locationid': nyc['id']}, 'stations'
... )
>>> central_park
{'elevation': 42.7,
 'mindate': '1869-01-01',
 'maxdate': '2020-01-13',
 'latitude': 40.77898,
 'name': 'NY CITY CENTRAL PARK, NY US',
 'datacoverage': 1,
 'id': 'GHCND:USW00094728',
 'elevationUnit': 'METERS',
 'longitude': -73.96925}
```

이제 2018년 10월 센트럴 파크에서 기록된 뉴욕시의 섭씨 기온을 요청해 보자. 이를 위
해 데이터의 종단점을 사용하며 API 탐색을 통해 수집한 모든 매개변수를 사용한다.

```
>>> response = make_request(
...     'data',
...     {'datasetid': 'GHCND',
...      'stationid': central_park['id'],
...      'locationid': nyc['id'],
...      'startdate': '2018-10-01',
...      'enddate': '2018-10-31',
...      'datatypeid': ['TAVG', 'TMAX', 'TMIN'],
...      'units': 'metric',
...      'limit': 1000}
```

---

3   더 많은 정보를 찾고자 관련 텍스트나 아이콘 등을 클릭해 마치 뚫고 들어가듯이 검색하는 방법 – 옮긴이

```
... )
>>> response.status_code
200
```

마지막으로, DataFrame 객체를 만든다. JSON 페이로드의 results 부분이 딕셔너리의
리스트이므로 results를 바로 pd.DataFrame()에 전달하면 된다.

```
>>> import pandas as pd
>>> df = pd.DataFrame(response.json()['results'])
>>> df.head()
```

위 코드를 실행하면 그림 3.11과 같이 긴 형태의 데이터를 얻게 된다. **datatype** 열은
측정 중인 기온 변수이며, **value** 열에는 측정된 기온이 들어간다.

	date	datatype	station	attributes	value
0	2018-10-01T00:00:00	TMAX	GHCND:USW00094728	,,W,2400	24.4
1	2018-10-01T00:00:00	TMIN	GHCND:USW00094728	,,W,2400	17.2
2	2018-10-02T00:00:00	TMAX	GHCND:USW00094728	,,W,2400	25.0
3	2018-10-02T00:00:00	TMIN	GHCND:USW00094728	,,W,2400	18.3
4	2018-10-03T00:00:00	TMAX	GHCND:USW00094728	,,W,2400	23.3

그림 3.11 NCEI API에서 얻은 데이터

TIP

> 위의 코드를 사용하면 이 절에서 작업한 모든 JSON 응답을 DataFrame 객체로 변환할 수 있다. 그
> 러나 API와 관련해 JSON 페이로드가 널리 사용되므로 JSON에 익숙해지는 것이 좋다(그리고 파이
> 썬 사용자라면 딕셔너리 같은 객체(dictionary-like object)에 익숙해져야 한다).

TAVG, TMAX, TMIN를 요청했지만 TAVG는 얻지 못했다. 그 이유는 센트럴 파크 관측소는 평
균 기온을 기록하지 않기 때문이다. 실제 데이터는 지저분[dirty]하다.

```
>>> df.datatype.unique()
array(['TMAX', 'TMIN'], dtype=object)

>>> if get_item(
...     'NY City Central Park',
```

```
...         {'locationid': nyc['id'], 'datatypeid': 'TAVG'},
...         'stations'
... ):
...         print('Found!')
Found!
```

다른 방법으로 센트럴 파크 관측소 대신 라과디아^{LaGuardia} 공항 관측소를 사용해 보자. 뉴욕시의 모든 관측소에 대한 데이터를 수집할 수 있었다. 그러나 이 경우 일부 기온 측정값이 하루에 여러 번 있을 수 있으므로 여기서는 그렇게 하지 않는다. 이런 데이터를 다루려면 4장에서 설명할 기술이 필요하다.

라과디아 공항 관측소의 기상 데이터를 수집하는 방법은 센트럴 파크 관측소의 데이터를 수집했던 방법과 같지만, 데이터 정제 절에서는 이 과정을 반복하지 않고 라과디아 데이터를 사용한다.

⠿ 데이터 정제

데이터 정제는 3-cleaning_data.ipynb 노트북으로 설명한다. 위에서 했던 것처럼 pandas 를 임포트해 데이터를 읽어 온다. 이 절에서는 2018년 10월 뉴욕시 라과디아 공항 관측소에서 측정한 일일 최고 기온(TMAX), 최소 기온(TMIN), 평균 기온(TAVG)이 저장된 nyc_temperatures.csv 파일을 사용한다.

```
>>> import pandas as pd
>>> df = pd.read_csv('data/nyc_temperatures.csv')
>>> df.head()
```

API에서 긴 형태의 데이터를 얻었다. 분석을 위해서는 넓은 형태의 데이터를 사용해야 하지만 이 문제는 'DataFrame 피보팅' 절에서 설명한다.

	date	datatype	station	attributes	value
0	2018-10-01T00:00:00	TAVG	GHCND:USW00014732	H,,S,	21.2
1	2018-10-01T00:00:00	TMAX	GHCND:USW00014732	,,W,2400	25.6
2	2018-10-01T00:00:00	TMIN	GHCND:USW00014732	,,W,2400	18.3
3	2018-10-02T00:00:00	TAVG	GHCND:USW00014732	H,,S,	22.7
4	2018-10-02T00:00:00	TMAX	GHCND:USW00014732	,,W,2400	26.1

그림 3.12 뉴욕시 기온 데이터

지금은 열 이름 변경과 각 열을 적절한 데이터 유형으로의 변환, 정렬, 인덱싱 다시하기 등과 같이 데이터를 더 사용하기 쉽도록 데이터를 약간 수정하는 데 중점을 두도록 한다. 일반적으로 지금은 데이터 필터링 단계이지만 이미 API에 데이터를 요청할 때 필터링을 했다. 필터링에 관해서는 2장을 참조하길 바란다.

열 이름 바꾸기

우리가 사용하는 API 종단점은 모든 단위와 범주의 데이터를 제공할 수 있으므로 열의 값을 호출해야 했다. 섭씨 기온 데이터면 가져왔으므로 모든 관측값은 단위가 같다. 이는 현재 어떤 데이터로 작업하고 있는지 명확히 알 수 있도록 value 열의 이름을 바꿀 수 있다는 것을 뜻한다.

```
>>> df.columns
Index(['date', 'datatype', 'station', 'attributes', 'value'],
      dtype='object')
```

DataFrame 클래스에는 기존 열 이름을 새 열 이름으로 딕셔너리 형태로 매핑해 주는 rename() 메서드가 있다. API 문서에 attribute 열에는 데이터 수집에 관한 정보 플래그가 있다고 언급돼 있으므로 다음과 같이 attributes 열 이름도 flags로 바꾼다.

```
>>> df.rename(
...     columns={'value': 'temp_C', 'attributes': 'flags'},
...     inplace=True
... )
```

대부분의 경우 pandas는 새 DataFrame 객체를 반환하지만 위 코드에서 inplace=True 인수를 사용했으므로 원 DataFrame이 새 DataFrame으로 업데이트된다. inplace 연산을 사용할 때는 원 데이터 복구가 어렵거나 불가능할 수 있으므로 주의해야 한다. 이제 새로운 열 이름을 갖게 됐다.

```
>>> df.columns
Index(['date', 'datatype', 'station', 'flags', 'temp_C'],
      dtype='object')
```

TIP

> Series와 Index 객체도 rename() 메서드를 사용해 이름을 바꿀 수 있다. 이 경우에는 새 이름만 전달하면 된다. 예를 들어 temperature라는 Series 객체의 이름을 temp_C로 바꾸려면 간단히 temperature.rename('temp_C')만 실행하면 된다. 변수는 여전히 temperature이지만 시리즈 자체의 데이터 이름은 이제 temp_C다.

rename()으로 열 이름을 변환할 수도 있다. 예를 들어 다음과 같이 모든 열 이름을 대문자로 바꿀 수 있다.

```
>>> df.rename(str.upper, axis='columns').columns
Index(['DATE', 'DATATYPE', 'STATION', 'FLAGS', 'TEMP_C'],
      dtype='object')
```

이 메서드로 인덱스 값의 이름을 바꿀 수도 있지만 현재의 인덱스는 단순히 숫자이므로 지금은 사용하지 않는다. 참고로, 위의 코드에서 axis='columns'를 axis='rows'로 바꾸기만 하면 된다.

유형 변환

이제 열 이름이 데이터의 내용을 나타내므로 해당 열의 데이터 유형을 확인할 수 있다. 앞에서 head() 메서드로 DataFrame을 조사할 때 처음 몇 행을 보고 데이터의 유형을 직관적으로 파악했어야 했다. 유형 변환type conversion은 현재 데이터 유형이 우리가 생각하는 유형과 일치시키는 것을 목표로 한다. 즉 데이터가 표현되는 방식을 변경한다.

날짜와 같이 특정 유형이어야 하는 데이터가 종종 문자열로 저장된다. 이는 데이터가 결측될 수 있는 매우 타당한 이유가 될 수 있다. 텍스트로 인코딩된 결측 데이터^{missing} ^{data}(예: ?나 N/A)의 경우 pandas는 결측 데이터를 읽을 때 결측 데이터를 허용하고자 문자 열로 저장한다. DataFrame에서 dtype 속성을 사용하면 object로 표시된다. 이 열을 변환 ^{convert}하거나 **캐스팅**^{cast}하려고 하면 에러가 발생하거나 우리가 원하는 결과를 얻을 수 없다. 예를 들어 열의 값이 소수 문자열일 때 정수로 바꾸면 파이썬은 정수가 아니라는 것을 알기 때문에 에러가 발생한다. 그러나 소수를 정수로 변환하면 소수점 이하의 정 보는 모두 사라진다.

이제 기온 데이터의 데이터 유형을 살펴보자. date 열이 실제로 datetime 형식으로 저장 되지 않았다.

```
>>> df.dtypes
date          object
datatype      object
station       object
flags         object
temp_C        float64
dtype: object
```

pd.to_datetime() 함수를 사용해 문자열을 datetime 형식으로 변환할 수 있다.

```
>>> df.loc[:,'date'] = pd.to_datetime(df.date)
>>> df.dtypes
date              datetime64[ns]
datatype                  object
station                   object
flags                     object
temp_C                    float64
dtype: object
```

데이터가 더 나아졌다. 이제 date 열을 요약할 때 더 유용한 정보를 얻을 수 있다.

```
>>> df.date.describe(datetime_is_numeric=True)
count                      93
mean     2018-10-16 00:00:00
```

```
min      2018-10-01 00:00:00
25%      2018-10-08 00:00:00
50%      2018-10-16 00:00:00
75%      2018-10-24 00:00:00
max      2018-10-31 00:00:00
Name: date, dtype: object
```

날짜 데이터는 다양한 형식과 시간대^{time zone}로 인해 다루기가 쉽지 않다. 다행히도 pandas는 datetime 객체를 변환하는 데 사용할 수 있는 많은 메서드를 제공한다. 예를 들어 DatetimeIndex 객체에서 시간대를 유지해야 하는 경우 tz_localize() 메서드를 사용해 datetime을 시간대와 연관시킬 수 있다.

```
>>> pd.date_range(start='2018-10-25', periods=2, freq='D')\
...     .tz_localize('EST')
DatetimeIndex(['2018-10-25 00:00:00-05:00',
               '2018-10-26 00:00:00-05:00'],
              dtype='datetime64[ns, EST]', freq=None)
```

이 방법은 DatetimeIndex 유형의 인덱스가 있는 Series와 DataFrame 객체에도 적용할 수 있다. CSV 파일을 다시 읽으면서 이번에는 date 열을 인덱스로 하고 CSV 파일의 모든 날짜를 datetime으로 파싱하라고 명시할 수 있다.

```
>>> eastern = pd.read_csv(
...     'data/nyc_temperatures.csv',
...     index_col='date', parse_dates=True
... ).tz_localize('EST')
>>> eastern.head()
```

위 예제에서는 파일을 다시 읽었는데 아직 데이터의 인덱스를 바꾸는 방법을 설명하지 않았기 때문이다. 인덱스를 바꾸는 방법은 '순서 변경, 재인덱싱, 데이터 정렬하기' 절에서 다룬다. 인덱스의 datetime을 동부 표준시 오프셋(UTC에서 −05:00)에 맞췄다.

date	datatype	station	attributes	value
2018-10-01 00:00:00-05:00	TAVG	GHCND:USW00014732	H,,S,	21.2
2018-10-01 00:00:00-05:00	TMAX	GHCND:USW00014732	,,W,2400	25.6
2018-10-01 00:00:00-05:00	TMIN	GHCND:USW00014732	,,W,2400	18.3
2018-10-02 00:00:00-05:00	TAVG	GHCND:USW00014732	H,,S,	22.7
2018-10-02 00:00:00-05:00	TMAX	GHCND:USW00014732	,,W,2400	26.1

그림 3.13 시간대가 추가된 날짜로 인덱스를 변경한 결과

tz_convert() 메서드를 사용하면 시간대를 다른 시간대로 변경할 수 있다. 동부 표준 시간대를 UTC로 변경해 보자.

```
>>> eastern.tz_convert('UTC').head()
```

이제 시간대의 오프셋은 그림 3.14와 같이 UTC (+00:00)가 됐고, 날짜 부분도 오전 5시가 됐다. 이 변환은 −05:00 오프셋을 고려했다.

date	datatype	station	attributes	value
2018-10-01 05:00:00+00:00	TAVG	GHCND:USW00014732	H,,S,	21.2
2018-10-01 05:00:00+00:00	TMAX	GHCND:USW00014732	,,W,2400	25.6
2018-10-01 05:00:00+00:00	TMIN	GHCND:USW00014732	,,W,2400	18.3
2018-10-02 05:00:00+00:00	TAVG	GHCND:USW00014732	H,,S,	22.7
2018-10-02 05:00:00+00:00	TMAX	GHCND:USW00014732	,,W,2400	26.1

그림 3.14 date 시간을 다른 시간대로 변경한 결과

전체 날짜에는 신경 쓸 필요가 없다면 to_period() 메서드를 사용해 datetime의 데이터를 잘라[truncate]낼 수 있다. 예를 들어 월 단위로 데이터를 집계하는 경우 시간 인덱스를 연, 월 단위까지만 잘라 낸 다음 집계하면 된다. 4장에서 집계에 관한 내용을 다룰 것이므로 여기서는 데이터를 자르기만 한다. PeriodArray 클래스에 시간대 정보가 없으면 pandas가 경고를 발생하므로 먼저 시간대 정보를 제거한다. 이는 PeriodIndex 객체의 기본 데이터가 PeriodArray 객체로 저장되기 때문이다.

```
>>> eastern.tz_localize(None).to_period('M').index
PeriodIndex(['2018-10', '2018-10', ..., '2018-10', '2018-10'],
            dtype='period[M]', name='date', freq='M')
```

`to_timestamp()` 메서드를 사용하면 PeriodIndex 객체를 DatetimeIndex 객체로 변환할 수 있지만 datetime이 모두 달의 첫째 날부터 시작한다.

```
>>> eastern.tz_localize(None)\
...     .to_period('M').to_timestamp().index
DatetimeIndex(['2018-10-01', '2018-10-01', '2018-10-01', ...,
               '2018-10-01', '2018-10-01', '2018-10-01'],
              dtype='datetime64[ns]', name='date', freq=None)
```

추가로 assign() 메서드를 사용해 열 이름을 매개변수로, 그리고 해당 인수에 대한 값을 새로운 값으로 전달하면 모든 유형을 변환할 수 있다. 실제로 한 번의 메서드 호출로 많은 작업을 할 수 있고, 해당 호출에서 추가 열을 계산할 수 있으므로 더 유용하다. 예를 들어 date 열을 datetime으로 캐스팅하고 화씨 온도의 새로운 열(temp_F)을 추가해 보자. assign() 메서드는 새로운 DataFrame 객체를 반환하므로 변수를 할당해야 한다. 여기서는 새로운 DataFrame을 만든다. 날짜 변환을 통해 열이 변경됐으므로 데이터를 다시 읽어 assign() 메서드 적용한다.

```
>>> df = pd.read_csv('data/nyc_temperatures.csv').rename(
...     columns={'value': 'temp_C', 'attributes': 'flags'}
... )

>>> new_df = df.assign(
...     date=pd.to_datetime(df.date),
...     temp_F=(df.temp_C * 9/5) + 32
... )

>>> new_df.dtypes
date          datetime64[ns]
datatype              object
station               object
flags                 object
temp_C               float64
```

```
temp_F                float64
dtype: object

>>> new_df.head()
```

이제 date 열이 datetime 형식이 됐고, 새로운 temp_F 열이 추가됐다.

	date	datatype	station	flags	temp_C	temp_F
0	2018-10-01	TAVG	GHCND:USW00014732	H,,S,	21.2	70.16
1	2018-10-01	TMAX	GHCND:USW00014732	,,W,2400	25.6	78.08
2	2018-10-01	TMIN	GHCND:USW00014732	,,W,2400	18.3	64.94
3	2018-10-02	TAVG	GHCND:USW00014732	H,,S,	22.7	72.86
4	2018-10-02	TMAX	GHCND:USW00014732	,,W,2400	26.1	78.98

그림 3.15 한 번에 유형 변환과 열을 추가한 결과

astype() 메서드를 사용하면 한 번에 한 열씩 변환할 수 있다. 예를 들어 모든 온도 값에서 소수점 이하의 값은 버리고 정수 부분만 사용하고 싶다고 해보자. 소수점 이하를 버림하기 위해 실수형 숫자를 정수형으로 캐스팅할 수 있다. 이번에는 (2장에서 소개한) 람다 함수를 사용해 temp_F 열에 접근해 assign()을 호출하기 전까지는 없었던 temp_F_whole 열을 만든다. assign() 메서드와 함께 람다 함수를 많이 사용해 매우 유용하다.

```
>>> df = df.assign(
...     date=lambda x: pd.to_datetime(x.date),
...     temp_C_whole=lambda x: x.temp_C.astype('int'),
...     temp_F=lambda x: (x.temp_C * 9/5) + 32,
...     temp_F_whole=lambda x: x.temp_F.astype('int')
... )
>>> df.head()
```

람다 함수를 사용하면 방금 만든 열을 참조할 수 있다. 열의 값을 실수형으로 변환할지 정수형으로 변환할지 알 필요가 없다는 점도 중요하다. pd.to_numeric()을 사용하면 데이터에 소수점이 있는 경우 실수형으로 변환한다. 모든 숫자가 정수라면 정수로 변환한다(전부 숫자가 아니라면 당연히 에러가 발생한다).

	date	datatype	station	flags	temp_C	temp_C_whole	temp_F	temp_F_whole
0	2018-10-01	TAVG	GHCND:USW00014732	H,,S,	21.2	21	70.16	70
1	2018-10-01	TMAX	GHCND:USW00014732	,,W,2400	25.6	25	78.08	78
2	2018-10-01	TMIN	GHCND:USW00014732	,,W,2400	18.3	18	64.94	64
3	2018-10-02	TAVG	GHCND:USW00014732	H,,S,	22.7	22	72.86	72
4	2018-10-02	TMAX	GHCND:USW00014732	,,W,2400	26.1	26	78.98	78

그림 3.16 람다 함수로 열을 만든 결과

마지막으로, 이 데이터셋에서 문자열로 저장된 2개의 열을 더 좋은 방식으로 표현할 수 있다. station과 datatype 열에는 고유한 값이 각각 1개와 3개가 있다. 문자열로 저장하기 때문에 메모리 사용이 효율적이지 않다. 더 나아가 분석에 있어 잠재적인 문제가 있을 수 있다. pandas에서는 열을 **범주형**categorical으로 정의할 수 있다. pandas와 다른 패키지를 사용하는 특정 통계 연산은 이 데이터를 처리해 의미 있는 통계량을 제공하므로 이를 적절하게 사용할 수 있다. 범주형 변수는 몇 가지 값 중 하나를 취할 수 있다. 예를 들어 혈액형은 범주형 변수다. 사람의 혈액형은 A, B, AB, O 중 하나다.

기온 데이터로 돌아가서, station 열의 값은 1개이며 datatype 열의 값은 3개(TAVG, TMAX, TMIN)다. atype() 메서드를 사용하면 3개의 값을 범주로 캐스팅해 요약통계를 얻을 수 있다.

```
>>> df_with _categories = df.assign(
...     station=df.station.astype('category'),
...     datatype=df.datatype.astype('category')
... )

>>> df_with _categories.dtypes
date             datetime64[ns]
datatype               category
station                category
flags                    object
temp_C                  float64
temp_C_whole              int64
temp_F                  float64
temp_F_whole              int64
dtype: object
```

```
>>> df_with _categories.describe(include='category')
```

범주에 대한 요약통계는 문자열에 대한 요약통계와 같다. 그림 3.17과 같이 빈값(null)이 아닌 항목의 개수(count)와 고유값의 개수(unique), 최빈값(top), 최빈값 발생 횟수(freq)를 확인할 수 있다.

	datatype	station
count	93	93
unique	3	1
top	TAVG	GHCND:USW00014732
freq	31	93

그림 3.17 범주 열 데이터에 대한 요약통계

방금 만든 범주 데이터에는 순서가 없지만 pandas는 순서를 지원한다.

```
>>> pd.Categorical(
...     ['med', 'med', 'low', 'high'],
...     categories=['low', 'med', 'high'],
...     ordered=True
... )
['med', 'med', 'low', 'high']
Categories (3, object): ['low' < 'med' < 'high']
```

DataFrame 열의 데이터가 적절한 형식으로 저장되면 통계량 계산, 데이터 집계, 값 정렬과 같이 데이터 탐색을 위한 추가적인 방법을 사용할 수 있다. 예를 들어 데이터 출처에 따라 숫자 데이터가 문자열로 표현될 수 있는데, 이 경우 값으로 정렬하면 그 결과는 1, 2, 10, 11이 아니라 1, 10, 11, 2가 될 수 있다. 마찬가지로 YYYY-MM-DD가 아닌 다른 형식의 문자열로 표시된 날짜를 정렬하면 시간순으로 정렬되지 않을 수 있다. 그러나 날짜 문자열을 pd.to_datetime()로 변환하면 모든 형식의 표현된 날짜를 시간순으로 정렬할 수 있다. 유형 변환을 통해 초기 문자열로 표현된 숫자 데이터와 날짜 데이터를 값에 따라 모두 재정렬reorder할 수 있다.

데이터 재정렬, 재인덱싱, 정렬

데이터를 하나 또는 여러 열을 기준으로 데이터를 정렬해야 할 때가 있다. 뉴욕시에서 2018년 10월 중 가장 높은 기온을 기록한 날을 찾고 싶다고 해보자. temp_C (또는 temp_F) 열의 값을 내림차순으로 정렬한 다음, 상위 몇 개의 데이터를 살펴보려고 head()를 사용하면 된다. 그러나 sort_values() 메서드를 사용하면 더 간단히 할 수 있다. 상위 10일간 기온을 살펴보자.

```
>>> df[df.datatype == 'TMAX']\
...     .sort_values(by='temp_C', ascending=False).head(10)
```

라과디아 관측소의 2018년 10월 최고 기온은 10월 7일과 10월 10일이다. 또한 10월 2일과 4일, 10월 1일과 9일, 10월 5일과 8일의 기온이 같다. 그러나 7일 다음에 10일이 오지만 4일이 2일 앞에 오는 것처럼 항상 정렬되지는 않는다.

	date	datatype	station	flags	temp_C	temp_C_whole	temp_F	temp_F_whole
19	2018-10-07	TMAX	GHCND:USW00014732	„W,2400	27.8	27	82.04	82
28	2018-10-10	TMAX	GHCND:USW00014732	„W,2400	27.8	27	82.04	82
31	2018-10-11	TMAX	GHCND:USW00014732	„W,2400	26.7	26	80.06	80
10	2018-10-04	TMAX	GHCND:USW00014732	„W,2400	26.1	26	78.98	78
4	2018-10-02	TMAX	GHCND:USW00014732	„W,2400	26.1	26	78.98	78
1	2018-10-01	TMAX	GHCND:USW00014732	„W,2400	25.6	25	78.08	78
25	2018-10-09	TMAX	GHCND:USW00014732	„W,2400	25.6	25	78.08	78
7	2018-10-03	TMAX	GHCND:USW00014732	„W,2400	25.0	25	77.00	77
13	2018-10-05	TMAX	GHCND:USW00014732	„W,2400	22.8	22	73.04	73
22	2018-10-08	TMAX	GHCND:USW00014732	„W,2400	22.8	22	73.04	73

그림 3.18 기온이 가장 높은 날을 찾으려고 정렬한 결과

sort_values() 메서드에 열 이름의 리스트를 사용하면 위와 같은 관계(tie)를 끊을 수 있다. 열의 순서에 따라 정렬 순서를 결정하므로 뒤에 나오는 열이 관계를 끊는 데 사용된다. 예를 들어 날짜를 오름차순으로 정렬해 보자.

```
>>> df[df.datatype == 'TMAX'].sort_values(
...     by=['temp_C', 'date'], ascending=[False, True]
... ).head(10)
```

날짜에 대해 오름차순으로 정렬했으므로 기온이 같으면 이른 날짜가 늦은 날짜보다 위에 있게 된다. 그림 3.19와 같이 10월 2일과 10월 4일의 기온은 같지만 10월 2일이 10월 4일보다 위에 있다.

	date	datatype	station	flags	temp_C	temp_C_whole	temp_F	temp_F_whole
19	2018-10-07	TMAX	GHCND:USW00014732	„W,2400	27.8	27	82.04	82
28	2018-10-10	TMAX	GHCND:USW00014732	„W,2400	27.8	27	82.04	82
31	2018-10-11	TMAX	GHCND:USW00014732	„W,2400	26.7	26	80.06	80
4	2018-10-02	TMAX	GHCND:USW00014732	„W,2400	26.1	26	78.98	78
10	2018-10-04	TMAX	GHCND:USW00014732	„W,2400	26.1	26	78.98	78
1	2018-10-01	TMAX	GHCND:USW00014732	„W,2400	25.6	25	78.08	78
25	2018-10-09	TMAX	GHCND:USW00014732	„W,2400	25.6	25	78.08	78
7	2018-10-03	TMAX	GHCND:USW00014732	„W,2400	25.0	25	77.00	77
13	2018-10-05	TMAX	GHCND:USW00014732	„W,2400	22.8	22	73.04	73
22	2018-10-08	TMAX	GHCND:USW00014732	„W,2400	22.8	22	73.04	73

그림 3.19 관계를 끊고자 여러 열로 정렬한 결과

TIP

pandas에서 인덱스는 행과 관계가 있다. 행을 삭제하거나 필터링 또는 행의 일부만 반환하는 작업을 하면 인덱스는 (위의 예에서 본 것처럼) 순서가 맞지 않을 수 있다. 현재 데이터에서 인덱스는 단순히 행 번호를 나타내므로 인덱스 0이 첫 번째 항목이 되도록 값을 바꿔야 한다. sort_values() 메서드에 ignore_index=True 인수를 전달하면 pandas가 알아서 첫 번째 항목을 행 번호 0으로 맞춰 준다.

pandas는 정렬된 값의 부분집합을 살펴보는 방법도 제공한다. 데이터를 미리 정렬하지 않고도 nlargest()를 사용하면 측정 기준에 따라 가장 큰 n개의 행을 선택할 수 있으며, nsmallest()를 사용하면 가장 작은 n개의 행을 선택할 수 있다. 두 메서드 모두 열 이름 리스트나 한 열에 대한 문자열을 사용한다. 이번에는 평균 기온 상위 10일을 선택해 보자.

```
>>> df[df.datatype == 'TAVG'].nlargest(n=10, columns='temp_C')
```

10월 중 평균 기온으로 가장 따뜻한 날은 그림 3.20과 같다.

	date	datatype	station	flags	temp_C	temp_C_whole	temp_F	temp_F_whole
27	2018-10-10	TAVG	GHCND:USW00014732	H,,S,	23.8	23	74.84	74
30	2018-10-11	TAVG	GHCND:USW00014732	H,,S,	23.4	23	74.12	74
18	2018-10-07	TAVG	GHCND:USW00014732	H,,S,	22.8	22	73.04	73
3	2018-10-02	TAVG	GHCND:USW00014732	H,,S,	22.7	22	72.86	72
6	2018-10-03	TAVG	GHCND:USW00014732	H,,S,	21.8	21	71.24	71
24	2018-10-09	TAVG	GHCND:USW00014732	H,,S,	21.8	21	71.24	71
9	2018-10-04	TAVG	GHCND:USW00014732	H,,S,	21.3	21	70.34	70
0	2018-10-01	TAVG	GHCND:USW00014732	H,,S,	21.2	21	70.16	70
21	2018-10-08	TAVG	GHCND:USW00014732	H,,S,	20.9	20	69.62	69
12	2018-10-05	TAVG	GHCND:USW00014732	H,,S,	20.3	20	68.54	68

그림 3.20 평균 기온으로 상위 10일을 찾고자 정렬한 결과

값만 정렬할 수 있는 것이 아니다. 원한다면 열을 알파벳순으로 순서를 배열하고 인덱스 값으로 행을 정렬할 수도 있다. 이런 작업을 위해 sort_index()를 사용할 수 있다. 기본적으로 sort_index()는 행을 대상으로 해서 인덱스를 섞은 연산을 한 다음에 인덱스의 순서를 지정하는 것과 같은 일을 할 수 있다. 예를 들어 sample()은 임의로 선택한 행을 반환해 인덱스가 띄엄띄엄 있게 되므로 나중에 이런 인덱스의 순서를 재지정하고자 sort_index()를 사용할 수 있다.

```
>>> df.sample(5, random_state=0).index
Int64Index([2, 30, 55, 16, 13], dtype='int64')
>>> df.sample(5, random_state=0).sort_index().index
Int64Index([2, 13, 16, 30, 55], dtype='int64')
```

TIP

sample()의 결과를 재현하고 싶다면 선택할 숫자를 설정하는 초기값(random_state 인수)을 사용하면 된다. 초기값은 유사난수 생성기를 초기화하므로 같은 초기값을 사용하면 결과는 항상 같다.

열을 대상으로 지정하려면 axis=1 인수를 전달해야 한다. 행(axis=0)이 기본값이다. 이 인수는 pandas의 많은 메서드와 (sample()을 포함한) 함수에 사용할 수 있으므로 이 인수가 의미하는 바를 이해하는 것이 중요하다. 이 내용을 바탕으로 DataFrame을 알파벳순으로 정렬해 보자.

```
>>> df.sort_index(axis=1).head()
```

알파벳순으로 열을 정렬하려면 비슷한 이름을 가진 열의 범위를 지정해야 하므로 loc[]를 사용하면 좋다. 예를 들어 df.loc[,'station ':'temp_F_whole']를 사용하면 관측소 이름과 함께 기온과 관련된 모든 열을 가져올 수 있다.

	datatype	date	flags	station	temp_C	temp_C_whole	temp_F	temp_F_whole
0	TAVG	2018-10-01	H,,S,	GHCND:USW00014732	21.2	21	70.16	70
1	TMAX	2018-10-01	,,W,2400	GHCND:USW00014732	25.6	25	78.08	78
2	TMIN	2018-10-01	,,W,2400	GHCND:USW00014732	18.3	18	64.94	64
3	TAVG	2018-10-02	H,,S,	GHCND:USW00014732	22.7	22	72.86	72
4	TMAX	2018-10-02	,,W,2400	GHCND:USW00014732	26.1	26	78.98	78

그림 3.21 이름으로 열을 정렬한 결과

NOTE

sort_index()와 sort_values()는 새로운 DateFrame 객체를 반환한다. inplace=True 인수를 사용하면 작업 중인 DataFrame을 업데이트할 수 있다.

sort_index() 메서드는 두 DataFrame이 같은지 검사하는 데도 사용할 수 있다. pandas는 행을 비교할 때 데이터가 같은지 비교할 뿐만 아니라 인덱스에 대해서도 값이 같은지 확인한다. DataFrame을 섭씨 온도로 정렬한 다음, 원 DataFrame과 같은지 비교하면 pandas는 같지 않다고 알려 준다. 두 DataFrame이 같은지 확인하려면 인덱스를 정렬해야 한다.

```
>>> df.equals(df.sort_values(by='temp_C'))
False
```

```
>>> df.equals(df.sort_values(by='temp_C').sort_index())
True
```

때로는 숫자 인덱스에 크게 신경 쓰지 않고 다른 열 중 하나 이상의 열을 인덱스로 사용해야 할 수도 있다. 이런 경우에 set_index() 메서드를 사용한다. date 열을 인덱스로 설정해 보자.

```
>>> df.set_index('date', inplace=True)
>>> df.head()
```

그림 3.22와 같이 숫자 인덱스가 사라지고 date 열이 인덱스가 위치했던 맨 왼쪽으로 옮겨졌다.

date	datatype	station	flags	temp_C	temp_C_whole	temp_F	temp_F_whole
2018-10-01	TAVG	GHCND:USW00014732	H,,S,	21.2	21	70.16	70
2018-10-01	TMAX	GHCND:USW00014732	,,W,2400	25.6	25	78.08	78
2018-10-01	TMIN	GHCND:USW00014732	,,W,2400	18.3	18	64.94	64
2018-10-02	TAVG	GHCND:USW00014732	H,,S,	22.7	22	72.86	72
2018-10-02	TMAX	GHCND:USW00014732	,,W,2400	26.1	26	78.98	78

그림 3.22 date 열을 인덱스로 설정한 결과

TIP

> 열의 리스트를 인덱스로 사용할 수 있다. 이렇게 하면 MultiIndex 객체가 만들어지는데, 여기서 리스트의 첫 번째 열이 최상위 단계가 되며, 마지막 열이 최하위 단계가 된다. 이와 관련된 내용은 'DataFrame 피보팅하기' 절에서 자세히 설명한다.

datetime을 인덱스로 설정하면 2장에서 간략히 설명한 datetime의 슬라이싱과 인덱싱을 활용할 수 있다. pandas가 이해하는 날짜 형식을 사용하면 데이터를 선택할 수 있다. 2018년 전체를 선택하려면 df.loc['2018']을 사용하면 되며, 2018년 4분기를 선택하려면 df.loc['2018-Q4']을 사용하면 된다. 2018년 10월을 선택하려면 df.loc['2018-10']을 사용하면 된다. 또한 이런 값들을 결합해 범위^{range}를 지정할 수 있다. 범위를 사용할

때 loc[]는 선택 사항이다.

```
>>> df['2018-10-11':'2018-10-12']
```

위 코드를 실행하면 그림 3.23과 같이 2018년 10월 11일부터 2019년 10월 12일(양끝 날짜 모두 포함)까지의 데이터를 반환한다.

date	datatype	station	flags	temp_C	temp_C_whole	temp_F	temp_F_whole
2018-10-11	TAVG	GHCND:USW00014732	H,,S,	23.4	23	74.12	74
2018-10-11	TMAX	GHCND:USW00014732	,,W,2400	26.7	26	80.06	80
2018-10-11	TMIN	GHCND:USW00014732	,,W,2400	21.7	21	71.06	71
2018-10-12	TAVG	GHCND:USW00014732	H,,S,	18.3	18	64.94	64
2018-10-12	TMAX	GHCND:USW00014732	,,W,2400	22.2	22	71.96	71
2018-10-12	TMIN	GHCND:USW00014732	,,W,2400	12.2	12	53.96	53

그림 3.23 날짜 범위로 선택한 결과

reset_index() 메서드를 사용하면 date 열을 되돌릴 수 있다.

```
>>> df['2018-10-11':'2018-10-12'].reset_index()
```

이제 색인은 0부터 시작하며 날짜는 이제 date 열에 있다. 이 방법은 날짜와 같이 인덱스에서 잃어버리면 안 되는 데이터가 있지만 인덱스에 없는 것처럼 작업해야 할 때 매우 유용하다.

	date	datatype	station	flags	temp_C	temp_C_whole	temp_F	temp_F_whole
0	2018-10-11	TAVG	GHCND:USW00014732	H,,S,	23.4	23	74.12	74
1	2018-10-11	TMAX	GHCND:USW00014732	,,W,2400	26.7	26	80.06	80
2	2018-10-11	TMIN	GHCND:USW00014732	,,W,2400	21.7	21	71.06	71
3	2018-10-12	TAVG	GHCND:USW00014732	H,,S,	18.3	18	64.94	64
4	2018-10-12	TMAX	GHCND:USW00014732	,,W,2400	22.2	22	71.96	71
5	2018-10-12	TMIN	GHCND:USW00014732	,,W,2400	12.2	12	53.96	53

그림 3.24 인덱스를 재설정한 결과

계속 사용해야 하는 인덱스도 있지만, 특정값에 따라 정렬해야 할 수도 있다. 이런 경우 reindex() 메서드를 사용한다. 데이터를 정렬할 수 있는 인덱스를 지정하면 인덱스에 따라 데이터를 조정한다. 이 새로운 인덱스는 데이터 일부가 아니라는 점에 유의한다. 인덱스가 있으면 데이터를 인덱스와 일치시켜 보자.

예를 들어 sp500.csv 파일의 S&P 500 주식 데이터를 살펴보자. 이 파일에는 2017년부터 2018년 말까지 S&P 500의 **일일 시가**^{opening}, **고가**^{high}, **저가**^{low}, **종가**^{closing}(OHLC라고도 함)와 함께 거래량 및 (우리가 사용하지 않을) 조정된 종가^{adjusted close} 데이터가 들어 있다. 이 데이터를 읽고 date 열을 인덱스로 설정한 다음 날짜로 파싱해 본다.

```
>>> sp = pd.read_csv(
...     'data/sp500.csv', index_col='date', parse_dates=True
... ).drop(columns=['adj_close']) # 이 열은 사용하지 않는다.
```

인덱스에 포함된 내용을 이해하고자 데이터가 어떻게 생겼는지 살펴보고 각 행의 요일을 표시해 보자. DatetimeIndex 유형의 인덱스에서 날짜 부분만 쉽게 떼어 낼 수 있다. 날짜만 떼어 낼 때 pandas는 우리가 찾고 있는 것에 대한 숫자 표현을 반환한다. 문자열 버전을 찾고 있다면 변환 함수를 만들기 전에 이미 메서드가 있는지 확인해야 한다. 날짜를 요일 문자열로 변환하는 메서드는 day_name()이다.

```
>>> sp.head(10)\
...     .assign(day_of_week=lambda x: x.index.day_name())
```

TIP

시리즈에서도 이 작업을 할 수 있지만, 먼저 dt 속성에 접근해야 한다. 예를 들어 sp DataFrame에 date 열이 있다면 sp.date.dt.month로 월 데이터를 선택할 수 있다. dt 속성으로 접근할 수 있는 전체 목록은 이 URL(https://pandas.pydata.org/pandas-docs/stable/reference/series.html#datetimelike-properties)에서 확인할 수 있다.

주식시장은 주말(과 공휴일)에 닫으므로 그림 3.25와 같이 주중 데이터만 있다.

	high	low	open	close	volume	day_of_week
date						
2017-01-03	2263.879883	2245.129883	2251.570068	2257.830078	3770530000	Tuesday
2017-01-04	2272.820068	2261.600098	2261.600098	2270.750000	3764890000	Wednesday
2017-01-05	2271.500000	2260.449951	2268.179932	2269.000000	3761820000	Thursday
2017-01-06	2282.100098	2264.060059	2271.139893	2276.979980	3339890000	Friday
2017-01-09	2275.489990	2268.899902	2273.590088	2268.899902	3217610000	Monday
2017-01-10	2279.270020	2265.270020	2269.719971	2268.899902	3638790000	Tuesday
2017-01-11	2275.320068	2260.830078	2268.600098	2275.320068	3620410000	Wednesday
2017-01-12	2271.780029	2254.250000	2271.139893	2270.439941	3462130000	Thursday
2017-01-13	2278.679932	2271.510010	2272.739990	2274.639893	3081270000	Friday
2017-01-17	2272.080078	2262.810059	2269.139893	2267.889893	3584990000	Tuesday

그림 3.25 S&P 500 OHLC 데이터

S&P 500과 비트코인처럼 주말에도 거래되는 것들이 포함된 포트폴리오 자산의 실적을 분석하려면 S&P 500에 대한 연간 일일 데이터가 있어야 한다. 그렇지 않으면 포트폴리오의 일 데이터를 볼 때 거래가 마감되면 매일 큰 하락을 보게 될 것이다. 이를 설명하고자 bitcoin.csv 파일에서 비트코인 데이터를 읽고 S&P 500 데이터와 비트코인 데이터를 포트폴리오에 합친다. 비트코인 데이터에도 OHLC 데이터와 거래량이 있지만, 우리에게는 필요 없는 market_cap 열이 있어서 제일 먼저 해당 열을 삭제해야 한다.

```
>>> bitcoin = pd.read_csv(
...     'data/bitcoin.csv', index_col='date', parse_dates=True
... ).drop(columns=['market_cap'])
```

포트폴리오를 분석하려면 데이터를 일 단위로 집계해야 한다. 집계는 4장의 주제이므로 집계가 어떻게 이루어지는지는 아직 신경 쓸 필요가 없다. 지금은 데이터를 매일 합산하는 것만 알면 된다. 예를 들어 매일 종가는 S&P 500의 종가와 비트코인의 종가의 합이 된다.

```
# 일일 종가 = S&P 500 종가 + 비트코인 종가
# (다른 계량에 대해서도 같다)
>>> portfolio = pd.concat([sp, bitcoin], sort=False)\
...     .groupby(level='date').sum()

>>> portfolio.head(10).assign(
...     day_of_week=lambda x: x.index.day_name()
... )
```

이제 포트폴리오를 확인해 보면 그림 3.26과 같이 일간 데이터가 있는 것을 볼 수 있다.
지금까지는 그런대로 잘 되고 있다.

date	high	low	open	close	volume	day_of_week
2017-01-01	1003.080000	958.700000	963.660000	998.330000	147775008	Sunday
2017-01-02	1031.390000	996.700000	998.620000	1021.750000	222184992	Monday
2017-01-03	3307.959883	3266.729883	3273.170068	3301.670078	3955698000	Tuesday
2017-01-04	3432.240068	3306.000098	3306.000098	3425.480000	4109835984	Wednesday
2017-01-05	3462.600000	3170.869951	3424.909932	3282.380000	4272019008	Thursday
2017-01-06	3328.910098	3148.000059	3285.379893	3179.179980	3691766000	Friday
2017-01-07	908.590000	823.560000	903.490000	908.590000	279550016	Saturday
2017-01-08	942.720000	887.250000	908.170000	911.200000	158715008	Sunday
2017-01-09	3189.179990	3148.709902	3186.830088	3171.729902	3359486992	Monday
2017-01-10	3194.140020	3166.330020	3172.159971	3176.579902	3754598000	Tuesday

그림 3.26 S&P 500과 비트코인의 포트폴리오

그러나 이런 접근 방식은 문제가 있으며, 데이터를 시각화하면 더 쉽게 이해할 수 있다.
그림을 그리는 방법은 5장과 6장에서 다룰 것이므로 자세한 내용은 지금 신경 쓸 필요
가 없다.

```
>>> import matplotlib.pyplot as plt # module for plotting
>>> from matplotlib.ticker import StrMethodFormatter
```

```
# 2017년 4분기부터 2018년 2분기까지의 종가를 그림으로 그리기
>>> ax = portfolio['2017-Q4':'2018-Q2'].plot(
...     y='close', figsize=(15, 5), legend=False,
...     title='다른 지수를 고려하지 않은 비트코인과 S&P 500 가격'
... )

# 축 이름 변경
>>> ax.set_ylabel('가격')
>>> ax.set_xlabel('날짜')
>>> ax.yaxis.set_major_formatter(StrMethodFormatter('${x:,.0f}'))
>>> for spine in ['top', 'right']:
...     ax.spines[spine].set_visible(False)

# 그림 표시하기
>>> plt.show()
```

그림 3.27에서 반복적인 패턴^{cyclical pattern}을 볼 수 있다. 집계는 해당 날짜에서 비트코인 데이터만 합산했으므로 시장은 마감될 때마다 매일 하락하고 있다.

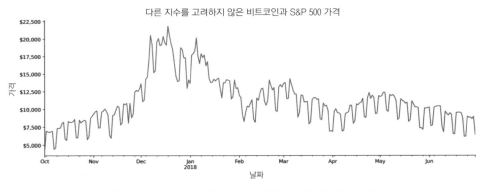

그림 3.27 주식시장 마감을 고려하지 않은 포트폴리오 종가 그래프

시장이 닫을 때마다 자산 값이 0으로 떨어지지 않는 것은 분명히 문제다. pandas가 결측된 값을 채우도록 하려면 다음 방법 중 하나를 매개변수로 하는 reindex() 메서드를 사용해 비트코인의 인덱스로 S&P 500 데이터를 재인덱싱해야 한다.

- 'ffill': 이 방법은 값을 앞으로^{forward} 전달한다. 위의 예에서 이 방법은 해당 날 이전에 열렸던 마지막 시장의 데이터로 시장이 닫힌 날의 데이터를 채운다.

- `'bfill'`: 이 방법은 값을 뒤로^{backward} 전달한다. 미래의 결과를 과거의 날짜의 데이터로 채우는 방법으로 여기서는 맞지 않는다.

- `'nearest'`: 이 방법은 결측된 행과 가장 가까운 행의 값으로 채운다. 위의 예에서 일요일의 데이터는 다음 날인 월요일 데이터로 채우고, 토요일 데이터는 전날인 금요일 데이터로 채운다.

순방향 채우기^{forward-filling}가 가장 좋은 방법인 것처럼 보이지만 확실하지 않으므로 몇 줄의 데이터를 먼저 살펴보면서 이 방법이 어떻게 동작하는지 알아보자.

```
>>> sp.reindex(bitcoin.index, method='ffill').head(10)\
...     .assign(day_of_week=lambda x: x.index.day_name())
```

여기에는 어떤 문제가 있을까? 그림 3.28과 같이 거래량^{volume traded}을 나타내는 volume 열에서 순방향으로 채운 날은 시장이 열렸던 날의 데이터처럼 보인다.

date	high	low	open	close	volume	day_of_week
2017-01-01	NaN	NaN	NaN	NaN	NaN	Sunday
2017-01-02	NaN	NaN	NaN	NaN	NaN	Monday
2017-01-03	2263.879883	2245.129883	2251.570068	2257.830078	3.770530e+09	Tuesday
2017-01-04	2272.820068	2261.600098	2261.600098	2270.750000	3.764890e+09	Wednesday
2017-01-05	2271.500000	2260.449951	2268.179932	2269.000000	3.761820e+09	Thursday
2017-01-06	2282.100098	2264.060059	2271.139893	2276.979980	3.339890e+09	Friday
2017-01-07	2282.100098	2264.060059	2271.139893	2276.979980	3.339890e+09	Saturday
2017-01-08	2282.100098	2264.060059	2271.139893	2276.979980	3.339890e+09	Sunday
2017-01-09	2275.489990	2268.899902	2273.590088	2268.899902	3.217610e+09	Monday
2017-01-10	2279.270020	2265.270020	2269.719971	2268.899902	3.638790e+09	Tuesday

그림 3.28 결측값을 순방향 방법으로 채운 데이터

compare() 메서드는 동일하게-레이블링(같은 인덱스와 열)된 DataFrame에 따라 다른 값을 보여준다. compare() 메서드를 사용하면 순방향 채우기를 했을 때 변화된 데이터만 분리할 수 있다. 이와 관련된 예는 노트북에서 확인할 수 있다.

이상적으로 주식시장이 마감됐을 때 주가를 유지하고 거래량은 0이 돼야 한다. 각 열에 대해 다른 방법으로 NaN 값을 처리하려면 assign() 메서드를 사용해야 한다. fillna() 메서드를 사용하면 volume 열의 모든 NaN 값을 0으로 채울 수 있으며, 자세한 내용은 '중복, 결측, 유효하지 않은 데이터 다루기' 절에서 설명한다. fillna() 메서드는 값 대신 메서드를 전달 수도 있기 때문에 위의 방법에서 유일하게 의미가 있던 열인 close 열을 순방향 채우기 방법에 사용할 수 있다. 마지막으로, 남아 있는 열에 대해 np.where() 함수를 사용해 벡터화된 if...else 문을 만들 수 있다. 다음과 같은 형식을 사용한다.

```
np.where(boolean condition, value if True, value if False)
```

벡터 연산vectorized operations은 한 번에 배열의 모든 원소에 대해 연산을 한다. 각 원소는 데이터 유형이 같으므로 벡터 연산을 빠르게 할 수 있다. 경험적으로 pandas에서는 더 나은 성능을 위해 가급적 벡터 연산에 반복문loop을 사용하지 않는다. NumPy 함수는 배열에 대해 작동하도록 설계됐으므로 고성능 pandas 코드에 반드시 필요하다. 벡터 연산을 사용하면 open, high, low 열의 모든 NaN 값을 같은 날 가장 가까운 열의 값으로 쉽게 설정할 수 있다. 이 값들은 close 열을 작업한 후에 나오므로 필요한 경우 다른 열에 사용할 수 있도록 close 열의 값이 순방향으로 값이 채워진다.

```
>>> import numpy as np

>>> sp_reindexed = sp.reindex(bitcoin.index).assign(
...     # 시장이 마감됐으면 거래량은 0
...     volume = lambda x: x.volume.fillna(0),
...     # 이 값을 순방향으로 전달한다.
...     close = lambda x: x.close.fillna(method='ffill'),
...     # 이 값을 사용할 수 없다면 종가를 사용한다.
...     open = lambda x: np.where(x.open.isnull(), x.close, x.open),
...     high = lambda x: np.where(x.high.isnull(), x.close, x.high),
```

```
...     low = lambda x: np.where(x.low.isnull(), x.close, x.low)
... )

>>> sp_reindexed.head(10).assign(
...     day_of_week=lambda x: x.index.day_name()
... )
```

1월 7일 토요일과 1월 8일 일요일 거래량은 0으로 채워졌다. OHLC 가격은 모두 6일 금요일 종가와 같다.

date	high	low	open	close	volume	day_of_week
2017-01-01	NaN	NaN	NaN	NaN	0.000000e+00	Sunday
2017-01-02	NaN	NaN	NaN	NaN	0.000000e+00	Monday
2017-01-03	2263.879883	2245.129883	2251.570068	2257.830078	3.770530e+09	Tuesday
2017-01-04	2272.820068	2261.600098	2261.600098	2270.750000	3.764890e+09	Wednesday
2017-01-05	2271.500000	2260.449951	2268.179932	2269.000000	3.761820e+09	Thursday
2017-01-06	2282.100098	2264.060059	2271.139893	2276.979980	3.339890e+09	Friday
2017-01-07	2276.979980	2276.979980	2276.979980	2276.979980	0.000000e+00	Saturday
2017-01-08	2276.979980	2276.979980	2276.979980	2276.979980	0.000000e+00	Sunday
2017-01-09	2275.489990	2268.899902	2273.590088	2268.899902	3.217610e+09	Monday
2017-01-10	2279.270020	2265.270020	2269.719971	2268.899902	3.638790e+09	Tuesday

그림 3.29 S&P 500 데이터를 열당 특정 전략으로 재인덱싱한 결과

TIP

여기서는 np.where()를 사용해 내부적으로 어떤 일이 일어나는지 알기 쉽도록 했지만, np.where(x.open.isnull(), x.close, x.open)는 combine_first() 메서드로 대체할 수 있다. 위 예제의 경우는 x.open.combine_first(x.close)와 같다. '중복, 결측, 유효하지 않은 데이터 다루기' 절에서는 combine_first() 메서드를 사용한다.

이제 재인덱싱한 S&P 500 데이터로 포트폴리오를 다시 만들고 시각화해 앞에서 했던 작업과 비교해 보자.

```
# 일일 종가 = 시장 마감 가격으로 조정된 S&P 500 종가 + 비트코인 종가
>>> fixed_portfolio = sp_reindexed + bitcoin

# 종가로 재인덱싱한 포트폴리오 그리기 (2017년 4분기 - 2018년 2분기)
>>> ax = fixed_portfolio['2017-Q4':'2018-Q2'].plot(
...     y='close', figsize=(15, 5), linewidth=2,
...     label='재인덱싱한 S&P 500과 Bitcoin 포트폴리오',
...     title='재인덱싱한 포트폴리오 대 인덱스가 일치하지 않는 포트폴리오'
... )

# 비교를 위해 원 포트폴리오 그림 추가
>>> portfolio['2017-Q4':'2018-Q2'].plot(
...     y='close', ax=ax, linestyle='--',
...     label='인덱싱하지 않은 S&P 500과 Bitcoin 포트폴리오'
... )

# 축 이름 변경
>>> ax.set_ylabel('가격')
>>> ax.set_xlabel('날짜')
>>> ax.yaxis.set_major_formatter(StrMethodFormatter('${x:,.0f}'))
>>> for spine in ['top', 'right']:
...     ax.spines[spine].set_visible(False)

# 그림 표시하기
>>> plt.show()
```

주황색 점선은 (재인덱싱하지 않은) 포트폴리오를 살펴보고자 처음 그렸던 그림이며, 파란색 실선은 재인덱싱을 통해 방금 만든 포트폴리오의 그림이다. 이 방법은 7장의 연습 문제에서도 사용된다.

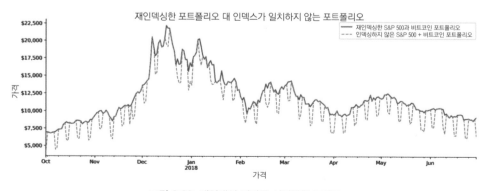

그림 3.30 재인덱싱 결과를 시각화한 그래프

이제 데이터 재구성reshape에 대해 알아보자. 먼저, 기온 데이터를 datatype 열을 기준으
로 필터링한 다음, 가장 기온이 높은 날을 찾고자 정렬해야 한다. 데이터를 재구성하면
이런 작업을 쉽게 할 수 있으며 데이터를 집계하고 요약할 수 있다.

⁑ 데이터 재구성하기

데이터는 항상 분석하기 좋게 제공되지 않는다. 따라서 분석 목적에 맞게 넓은 형태나
긴 형태로 데이터를 재구성할 수 있어야 한다. 여러 분석에서 요약통계를 쉽게 확인하
고 해당 형식으로 결과를 공유하려면 넓은 형태의 데이터가 좋다.

그러나 긴 형태에서 넓은 형태로 바꾸거나 그 반대로 바꾸는 것처럼 항상 흑백은 아
니다. 연습 문제에서 다룰 다음 데이터를 살펴보자.

	ticker	date	high	low	open	close	volume
0	AAPL	2018-01-02	43.075001	42.314999	42.540001	43.064999	102223600
0	AMZN	2018-01-02	1190.000000	1170.510010	1172.000000	1189.010010	2694500
0	FB	2018-01-02	181.580002	177.550003	177.679993	181.419998	18151900
0	GOOG	2018-01-02	1066.939941	1045.229980	1048.339966	1065.000000	1237600
0	NFLX	2018-01-02	201.649994	195.419998	196.100006	201.070007	10966900

그림 3.31 긴 형태와 넓은 형태의 열이 섞여 있는 데이터

데이터의 몇몇 열(open, high, low, close, volume)이 넓은 형태이며 다른 열(ticker)은 긴
형태일 수도 있다. 이 데이터에 describe()를 사용해 얻은 요약통계는 **ticker**에 대해 필
터링하지 않는 한 도움이 되지 않는다. 이 형태는 주식 비교가 쉽다. 그러나 위에서 긴
형태와 넓은 형태를 다룰 때 설명했듯이 pandas를 사용해 각 주식의 종가를 그리는 것이

쉽지 않았다. seaborn을 사용해야 한다. 시각화를 위해 데이터를 재구성해야 한다.

이제 데이터 재구성의 필요성을 알아봤으니 다음 4-reshaping_data.ipynb 노트북으로 넘어가자. pandas를 임포트하고 long_data.csv 파일을 읽는다. 화씨 온도 열(long_data. csv)을 추가하고, 위에서 배웠던 몇 가지 데이터 정제 작업도 수행한다.

```
>>> import pandas as pd

>>> long_df = pd.read_csv(
...     'data/long_data.csv',
...     usecols=['date', 'datatype', 'value']
... ).rename(columns={'value': 'temp_C'}).assign(
...     date=lambda x: pd.to_datetime(x.date),
...     temp_F=lambda x: (x.temp_C * 9/5) + 32
... )
```

긴 형태의 데이터는 그림 3.32와 같다.

	datatype	date	temp_C	temp_F
0	TMAX	2018-10-01	21.1	69.98
1	TMIN	2018-10-01	8.9	48.02
2	TOBS	2018-10-01	13.9	57.02
3	TMAX	2018-10-02	23.9	75.02
4	TMIN	2018-10-02	13.9	57.02

그림 3.32 긴 형태의 기온 데이터

이 절에서는 데이터 전치transposing, 피보팅pivoting, 멜팅melting을 설명한다. 데이터를 재구성하면 변경 사항이 있거나 이전에 쉽게 접근할 수 없었던 항목을 바꿀 필요가 있을 수도 있기 때문에 데이터 정제를 다시 해야 할 수도 있다. 예를 들어 모든 값이 긴 형태의 문자열로 변환된 경우 긴 형태에서 몇몇 열은 여전히 숫자다.

DataFrame 전치

긴 형태나 넓은 형태만으로도 작업을 할 수 있지만 pandas는 우리가 적합하다고 생각하는 대로 데이터를 재구성하는 방법을 제공한다. 여기에는 DataFrame의 일부를 출력할 때 표시할 수 있는 영역을 제대로 활용할 수 있도록 (열과 행을 바꾸는) **전치**^{transpose}하는 것을 포함한다.

```
>>> long_df.set_index('date').head(6).T
```

이제 그림 3.33과 같이 인덱스가 열에 있으며 열 이름이 인덱스가 됐다.

date	2018-10-01	2018-10-01	2018-10-01	2018-10-02	2018-10-02	2018-10-02
datatype	TMAX	TMIN	TOBS	TMAX	TMIN	TOBS
temp_C	21.10	8.90	13.90	23.90	13.90	17.20
temp_F	69.98	48.02	57.02	75.02	57.02	62.96

그림 3.33 전치한 기온 데이터

이 데이터가 얼마나 유용할지는 바로 알 수 없지만, 이 책에서는 이런 데이터를 자주 접하게 될 것이다. 예를 들어 7장에서 내용을 쉽게 표시하고 9장에서 머신러닝을 위한 시각화에 이런 형태의 데이터를 사용한다.

DataFrame 피보팅

긴 형태의 데이터를 대각선을 중심으로 회전시켜 넓은 형태의 데이터로 바꾸는 것을 **피봇**^{pivot}이라고 한다. pivot() 메서드는 DataFrame 객체의 구조를 바꾼다. pandas로 피보팅을 할 때는 열의 값이 될 열(values 인수로 지정)과 넓은 형태에서 열의 이름이 될 값을 가진 열(columns 인수로 지정)을 지정해야 한다. 선택적으로 새로운 인덱스를 (index 인수를 사용해) 지정할 수도 있다. 섭씨 온도로 측정한 값을 가진 열을 갖고 날짜를 인덱스로 사용하는 넓은 형태로 피봇해 보자.

```
>>> pivoted_df = long_df.pivot(
...     index='date', columns='datatype', values='temp_C'
... )
>>> pivoted_df.head()
```

긴 형태의 DataFrame에는 TMAX, TMIN, TOBS 문자열 값을 가진 datatype 열이 있다. 그림 3.34와 같이 위 코드에서 columns='datatype'라고 명시했으므로 TMAX, TMIN, TOBS는 넓은 형태 DataFrame의 열 이름이 된다. 또한 index='date'라고 명시했으므로 set_index()를 사용하지 않아도 date 열이 인덱스가 된다. 마지막으로, values='temp_C'라고 명시했으므로 date와 datatype의 각 조합의 값이 해당 섭씨 온도가 된다.

datatype	TMAX	TMIN	TOBS
date			
2018-10-01	21.1	8.9	13.9
2018-10-02	23.9	13.9	17.2
2018-10-03	25.0	15.6	16.1
2018-10-04	22.8	11.7	11.7
2018-10-05	23.3	11.7	18.9

그림 3.34 긴 형태의 기온 데이터를 넓은 형태로 피보팅한 결과

3장의 시작 부분에서 설명한 바와 같이 넓은 형태의 데이터에 describe() 메서드를 사용하면 의미 있는 요약통계를 쉽게 얻을 수 있다.

```
>>> pivoted_df.describe()
```

그림 3.35와 같이 세 종류의 온도 측정 방법에 대해 모두 31개의 관측값이 있으며, 10월의 기온 차가 크다(일 최고 기온은 26.7℃이며 일 최저기온은 −1.1℃)는 것을 알 수 있다.

datatype	TMAX	TMIN	TOBS
count	31.000000	31.000000	31.000000
mean	16.829032	7.561290	10.022581
std	5.714962	6.513252	6.596550
min	7.800000	-1.100000	-1.100000
25%	12.750000	2.500000	5.550000
50%	16.100000	6.700000	8.300000
75%	21.950000	13.600000	16.100000
max	26.700000	17.800000	21.700000

그림 3.35 피봇한 기온 데이터의 요약통계

그림 3.35에는 화씨 온도 데이터가 없다. 화씨 온도 데이터까지 유지하려면 values 인수에 여러 열을 지정하면 된다.

```
>>> pivoted_df = long_df.pivot(
...     index='date', columns='datatype',
...     values=['temp_C', 'temp_F']
... )
>>> pivoted_df.head()
```

그러나 그림 3.36과 같이 열 이름 위에 더 높은 단계의 열 이름이 존재한다. 이를 **다단계 인덱스**multi-level index라고 한다.

	temp_C			temp_F		
datatype	TMAX	TMIN	TOBS	TMAX	TMIN	TOBS
date						
2018-10-01	21.1	8.9	13.9	69.98	48.02	57.02
2018-10-02	23.9	13.9	17.2	75.02	57.02	62.96
2018-10-03	25.0	15.6	16.1	77.00	60.08	60.98
2018-10-04	22.8	11.7	11.7	73.04	53.06	53.06
2018-10-05	23.3	11.7	18.9	73.94	53.06	66.02

그림 3.36 여러 열을 사용해 피보팅한 결과

다단계 인덱스에서 화씨 온도의 TMIN을 선택하려면 먼저 temp_F를 선택한 다음 TMIN을
선택해야 한다.

```
>>> pivoted_df['temp_F']['TMIN'].head()
date
2018-10-01    48.02
2018-10-02    57.02
2018-10-03    60.08
2018-10-04    53.06
2018-10-05    53.06
Name: TMIN, dtype: float64
```

NOTE

피보팅한 후 집계할 때 인덱스가 중복되는 경우 4장에서 설명하는 방법을 사용하면 된다.

3장에서는 한 인덱스로 작업하지만 set_index()로 여러 열에 대해서도 인덱스를 만들
수 있다. 이로 인해 MultiIndex 유형의 인덱스가 존재하며, set_index()로 지정한 열 리
스트의 첫 번째 열이 최상위 단계가 된다.

```
>>> multi_index_df = long_df.set_index(['date', 'datatype'])

>>> multi_index_df.head().index
MultiIndex([('2018-10-01', 'TMAX'),
            ('2018-10-01', 'TMIN'),
            ('2018-10-01', 'TOBS'),
            ('2018-10-02', 'TMAX'),
            ('2018-10-02', 'TMIN')],
           names=['date', 'datatype'])

>>> multi_index_df.head()
```

그림 3.37과 같이 인덱스에 2개의 단계가 있으며, 최상위 단계는 date이며, 두 번째 단
계는 datatype이다.

		temp_C	temp_F
date	datatype		
2018-10-01	TMAX	21.1	69.98
	TMIN	8.9	48.02
	TOBS	13.9	57.02
2018-10-02	TMAX	23.9	75.02
	TMIN	13.9	57.02

그림 3.37 다단계 인덱스

pivot() 메서드는 인덱스로 설정할 열이 하나만 있을 것으로 예상한다. 다단계 인덱스가 있다면 unstack() 메서드를 사용해야 한다. multi_index_df에 unstack()을 사용하면 그림 3.36과 같은 결과를 얻을 수 있다. unstack()은 기본적으로 인덱스의 가장 안쪽(최하위) 단계를 열로 바꾸기 때문에 여기서는 순서가 중요하다. 이 경우 인덱스의 date 단계를 유지하고 datatype 단계를 열 이름으로 변환한다는 것을 뜻한다. 다단계 인덱스를 언스택unstack하려면 언스택하려는 단계의 인덱스를 인수(0은 가장 왼쪽(최상위 단계)이고 −1은 가장 오른쪽(최하위 단계) 또는 단계의 이름(단계가 하나인 경우))로 전달하면 된다. 예제에서는 기본값을 사용한다.

```
>>> unstacked_df = multi_index_df.unstack()
>>> unstacked_df.head()
```

multi_index_df의 가장 안쪽 단계의 인덱스가 datatype이므로 unstack()을 적용하면 그림 3.38과 같이 datatype의 인덱스 값이 열 이름이 된다. 이 경우에도 열에 다단계 인덱스가 만들어진다. 4장에서 다단계 인덱스를 한 단계의 열로 내리는 방법을 설명한다.

	temp_C			temp_F		
datatype	TMAX	TMIN	TOBS	TMAX	TMIN	TOBS
date						
2018-10-01	21.1	8.9	13.9	69.98	48.02	57.02
2018-10-02	23.9	13.9	17.2	75.02	57.02	62.96
2018-10-03	25.0	15.6	16.1	77.00	60.08	60.98
2018-10-04	22.8	11.7	11.7	73.04	53.06	53.06
2018-10-05	23.3	11.7	18.9	73.94	53.06	66.02

그림 3.38 데이터 피봇을 위해 다단계 인덱스를 해제한 결과

unstack() 메서드는 데이터를 재구성할 때 발생하는 결측값을 채우는 방법을 지정할 수 있다. 결측값을 채우려면 fill_value 매개변수를 사용해야 한다. 2018년 10월 1일에만 TAVG 데이터가 있다고 하자. long_df에 2018년 10월 1일 TAVG 값을 추가하고 앞에서 했던 것처럼 인덱스를 date와 datatype 열로 지정한다.

```
>>> extra_data = long_df.append([{
...     'datatype': 'TAVG',
...     'date': '2018-10-01',
...     'temp_C': 10,
...     'temp_F': 50
... }]).set_index(['date', 'datatype']).sort_index()

>>> extra_data['2018-10-01':'2018-10-02']
```

이제 그림 3.39와 같이 2018년 10월 1일에만 4개의 기온 측정값이 있으며, 다른 날에 는 3개의 측정값만 있다.

		temp_C	temp_F
date	datatype		
2018-10-01	TAVG	10.0	50.00
	TMAX	21.1	69.98
	TMIN	8.9	48.02
	TOBS	13.9	57.02
2018-10-02	TMAX	23.9	75.02
	TMIN	13.9	57.02
	TOBS	17.2	62.96

그림 3.39 데이터에 다른 기온 측정값을 추가한 결과

앞에서 했던 것처럼 unstack()를 사용하면 나머지 TAVG 데이터는 NaN 값으로 채워진다.

```
>>> extra_data.unstack().head()
```

인덱스의 단계를 언스택한 다음 TAVG 열은 그림 3.40과 같다.

	temp_C				temp_F			
datatype	TAVG	TMAX	TMIN	TOBS	TAVG	TMAX	TMIN	TOBS
date								
2018-10-01	10.0	21.1	8.9	13.9	50.0	69.98	48.02	57.02
2018-10-02	NaN	23.9	13.9	17.2	NaN	75.02	57.02	62.96
2018-10-03	NaN	25.0	15.6	16.1	NaN	77.00	60.08	60.98
2018-10-04	NaN	22.8	11.7	11.7	NaN	73.04	53.06	53.06
2018-10-05	NaN	23.3	11.7	18.9	NaN	73.94	53.06	66.02

그림 3.40 언스택하면 null로 채워진다

이 문제를 해결하고자 적절한 fill_value를 사용할 수 있다. 그러나 (재인덱싱에서 설명할 때 봤던 것처럼) 값을 전달하는 것이 제한돼 있으므로 이 예제의 경우 좋은 값이 없지만 설명을 위해 -40으로 채운다.

```
>>> extra_data.unstack(fill_value=-40).head()
```

그림 3.41과 같이 NaN 값은 -40.0으로 대체됐다. 그러나 temp_C와 temp_F의 TAVG 값이 같다. 사실 이렇게 된 이유는 fill_value를 -40.0으로 선택했기 때문이다. 화씨 온도와 섭씨 온도 모두 같은 온도이므로 같은 숫자일 때 헷갈리지 않을 것이다. 예를 들어 0인 경우 0℃ = 32℉이며 0℉ = -17.78℃다. 이 온도는 뉴욕시에서 측정된 온도보다 더 춥고 우리가 갖고 있는 모든 TMIN 데이터보다 낮으므로 0을 사용했을 때보다 데이터 입력에 오류가 발생했거나 데이터가 빠진 신호로 간주할 가능성이 크다. 이 값을 다른 사람들과 공유한다면 결측된 데이터라는 것을 명시하도록 NaN 값으로 놔두는 것이 좋다.

		temp_C				temp_F		
datatype	TAVG	TMAX	TMIN	TOBS	TAVG	TMAX	TMIN	TOBS
date								
2018-10-01	10.0	21.1	8.9	13.9	50.0	69.98	48.02	57.02
2018-10-02	-40.0	23.9	13.9	17.2	-40.0	75.02	57.02	62.96
2018-10-03	-40.0	25.0	15.6	16.1	-40.0	77.00	60.08	60.98
2018-10-04	-40.0	22.8	11.7	11.7	-40.0	73.04	53.06	53.06
2018-10-05	-40.0	23.3	11.7	18.9	-40.0	73.94	53.06	66.02

그림 3.41 결측값에 대해 기본값으로 단계를 해제한 결과

요약하자면 다단계 인덱스에 대해 하나 이상의 단계를 열로 바꿀 때 unstack() 메서드를 사용해야 한다. 그러나 한 인덱스에 사용하는 경우 어떤 데이터가 어디에서 끝나는지 명확히 알 수 있으므로 pivot() 메서드의 구문으로 정확하게 지정하기가 더 쉽다.

DataFrame 멜팅

넓은 형태의 데이터를 긴 형태로 되돌리려면 데이터를 **멜트**melt해야 한다. 멜팅melting은 피봇 작업을 되돌린다. 이 예에서는 wide_data.csv 파일의 데이터를 읽는다.

```
>>> wide_df = pd.read_csv('data/wide_data.csv')
>>> wide_df.head()
```

넓은 형태의 데이터에는 그림 3.42와 같이 date 열과 우리가 사용했던 각 기온 측정값에 대한 열 데이터가 들어 있다.

	date	TMAX	TMIN	TOBS
0	2018-10-01	21.1	8.9	13.9
1	2018-10-02	23.9	13.9	17.2
2	2018-10-03	25.0	15.6	16.1
3	2018-10-04	22.8	11.7	11.7
4	2018-10-05	23.3	11.7	18.9

그림 3.42 넓은 형태의 기온 데이터

melt() 메서드를 사용하면 유연하게 데이터를 재구성할 수 있는데 API를 통해 얻은 데이터와 비슷한 긴 형태의 데이터로 바꿀 수 있다. 멜팅에서는 다음과 같은 항목을 지정해야 한다.

- id_vars: 넓은 형태의 데이터에서 행을 고유하게 식별할 수 있는 열

- value_vars: 변수를 포함하는 열

선택적으로 긴 형태의 데이터에서 변수 이름이 들어 있는 열의 이름(var_name)과 그 값이 들어 있는 열의 이름(value_name)을 지정하는 방법을 명시할 수 있다. 기본적으로 이 값들은 각각 variable과 value가 된다.

이제 melt() 메서드를 사용해 넓은 형태의 데이터를 긴 형태의 데이터로 변환해 보자.

```
>>> melted_df = wide_df.melt(
...     id_vars='date', value_vars=['TMAX', 'TMIN', 'TOBS'],
...     value_name='temp_C', var_name='measurement'
... )
>>> melted_df.head()
```

date 열은 행의 식별자[identifier]이므로 id_vars로 사용한다. TMAX, TMIN, TOBS 열의 값을 온도의 단일 열(value_vars)로 변환하고, measurement 열의 값으로 사용한다(var_name='measurement'). 마지막으로, 값의 열을 temp_C로 지정한다(value_name='temp_C'). 이제 날짜(date), 섭씨 온도(temp_C), 해당 행 섭씨 온도로 구성된 데이터를 얻게 된다.

	date	measurement	temp_C
0	2018-10-01	TMAX	21.1
1	2018-10-02	TMAX	23.9
2	2018-10-03	TMAX	25.0
3	2018-10-04	TMAX	22.8
4	2018-10-05	TMAX	23.3

그림 3.43 긴 형태의 기온 데이터를 멜팅한 결과

unstack() 메서드를 사용해 데이터를 피보팅하는 다른 방법이 있었듯이 stack() 메서드로 데이터를 멜팅하는 방법도 있다. 이 메서드는 열을 인덱스의 가장 안쪽 단계로 피보팅하므로(결과적으로 MultiIndex 유형의 인덱스가 생성됨) 사용하기 전에 인덱스를 다시 확인해야 한다. 또한 데이터가 없는 행/열 조합을 삭제할 수도 있다. 다음 코드를 사용하면 melt() 메서드와 같은 결과를 얻을 수 있다.

```
>>> wide_df.set_index('date', inplace=True)
>>> stacked_series = wide_df.stack() # 인덱스에 datatype을 추가
>>> stacked_series.head()
date
2018-10-01 TMAX 21.1
           TMIN 8.9
           TOBS 13.9
2018-10-02 TMAX 23.9
           TMIN 13.9
dtype: float64
```

결과는 Series 객체이므로 한 번 더 DataFrame 객체로 만들어야 한다. to_frame() 메서드를 사용해 DataFrame의 열 이름을 지정할 수 있다.

```
>>> stacked_df = stacked_series.to_frame('values')
>>> stacked_df.head()
```

이제 그림 3.44와 같이 date와 datatype의 다단계 인덱스와 values 열만 있는 DataFrame을 얻었다. 하지만 인덱스의 date 부분만 이름이 있다.

		values
date		
2018-10-01	**TMAX**	21.1
	TMIN	8.9
	TOBS	13.9
2018-10-02	**TMAX**	23.9
	TMIN	13.9

그림 3.44 기온 데이터를 긴 형태로 멜팅하고자 스태킹한 결과

먼저, date 열을 멜트하지 않도록 date 열을 인덱스로 설정하고자 set_index()를 사용했는데 다단계 인덱스의 첫 번째 단계가 된다. 그리고 stack() 메서드는 TMAX, TMIN, TOBS 열을 인덱스의 두 번째 단계로 만든다. 하지만 이 두 번째 단계의 이름이 지정되지 않아 None으로 표시되지만, 이 단계는 datatype이 돼야 한다.

```
>>> stacked_df.head().index
MultiIndex([('2018-10-01', 'TMAX'),
            ('2018-10-01', 'TMIN'),
            ('2018-10-01', 'TOBS'),
            ('2018-10-02', 'TMAX'),
            ('2018-10-02', 'TMIN')],
           names=['date', None])
```

set_names() 메서드를 사용하면 이 문제를 해결할 수 있다.

```
>>> stacked_df.index.set_names(['date', 'datatype'], inplace=True)
>>> stacked_df.index.names
FrozenList(['date', 'datatype'])
```

이제 데이터 정제와 재구성에 대한 기본을 배웠으므로 다양한 문제가 포함된 데이터로 작업할 때 이런 기술을 적용하는 방법을 살펴보자.

⚡ 중복, 결측, 유효하지 않은 데이터 다루기

지금까지 데이터가 아무런 영향도 없이 표현되는 방식으로 바꿀 수 있는 방법을 설명했다. 그러나 데이터 정제의 중요한 부분인 중복되거나 유효하지 않거나 결측된 것으로 보이는 데이터를 처리하는 방법을 설명하지 않았다. 이 부분은 초기 데이터 정제를 수행한 다음 데이터를 재구성하고, 마지막으로 이런 잠재적인 문제를 처리하고자 살펴보려는 것이므로 데이터 정제와 따로 설명한다. 또한 이 주제는 다소 무거운 주제이기도 하다.

여기서는 5-handling_data_issues.ipynb 노트북과 dirty_data.csv 파일을 사용한다. pandas를 임포트하고 데이터를 읽는다.

```
>>> import pandas as pd
>>> df = pd.read_csv('data/dirty_data.csv')
```

dirty_data.csv 파일에는 실제로 접할 수 있는 많은 일반적인 데이터 문제를 소개하고자 수정된 기상 API에서 얻은 넓은 형태의 데이터가 포함돼 있다. 다음과 같은 필드가 있다.

- PRCP: 밀리미터 단위의 강수량

- SNOW: 밀리미터 단위의 강설량snowfall

- SNWD: 밀리미터 단위의 적설량snow depth

- TMAX: 일일 최고 섭씨 온도

- TMIN: 일일 최저 섭씨 온도

- TOBS: 관측 시의 섭씨 온도

- WESF: 밀리미터 단위의 눈에 해당하는 물의 양

이 절은 두 부분으로 구성된다. 첫 번째 부분에서는 데이터셋에서 문제를 발견하기 위한 몇 가지 방법을 설명하고, 두 번째 부분에서는 이 데이터셋의 문제를 해결하는 방법을 배운다.

문제가 있는 데이터 찾기

2장에서 데이터를 얻을 때 데이터 검사가 중요하다는 것을 배웠다. 데이터를 조사하는 많은 방법이 문제를 찾는 데 도움이 된다. 데이터를 조사하는 가장 좋은 첫 번째 단계는 head()와 tail()로 데이터를 살펴보는 것이다.

```
>>> df.head()
```

실제로 head()와 tail()은 이 절에서 설명할 다른 방법만큼 강건하지는 않지만, 여전히 이 방법으로 유용한 정보를 얻을 수 있다. 데이터는 넓은 형태로 몇 가지 문제가 있다는 것을 한눈에 알 수 있다. station 필드에는 ?와 관측소 ID가 섞여 있다. 적설량(SNWD)에는 음의 무한대 값(-inf)과 일일 최고 섭씨 온도(TMAX)에는 너무 큰 값이 있다. 마지막으로, 부울 값을 가진 것으로 보이는 inclement_weather(나쁜 날씨) 열을 포함해 몇몇 열에는 많은 NaN 값이 있는 것을 볼 수 있다.

	date	station	PRCP	SNOW	SNWD	TMAX	TMIN	TOBS	WESF	inclement_weather
0	2018-01-01T00:00:00	?	0.0	0.0	-inf	5505.0	-40.0	NaN	NaN	NaN
1	2018-01-01T00:00:00	?	0.0	0.0	-inf	5505.0	-40.0	NaN	NaN	NaN
2	2018-01-01T00:00:00	?	0.0	0.0	-inf	5505.0	-40.0	NaN	NaN	NaN
3	2018-01-02T00:00:00	GHCND:USC00280907	0.0	0.0	-inf	-8.3	-16.1	-12.2	NaN	False
4	2018-01-03T00:00:00	GHCND:USC00280907	0.0	0.0	-inf	-4.4	-13.9	-13.3	NaN	False

그림 3.45 지저분한 데이터

describe()를 사용하면 결측값이 있는지 확인하고 5개의 요약통계를 보고 잠재적인 문제가 있는지 살펴볼 수 있다.

```
>>> df.describe()
```

SNWD 열은 쓸모없는 것으로 보이며 TMAX 열은 신뢰할 수 없는 것 같다. 태양 광구의 온도가 약 5,505℃이므로 뉴욕시(또는 지구상의 어느 곳에서도)의 대기 온도가 그 정도가 된다고 볼 수는 없다. 이는 TMAX 열이 사용할 수 없을 정도로 터무니없이 큰 값으로 설정됐다는 것을 뜻한다. describe()로 얻은 요약통계를 사용하면 TMAX의 값이 그렇게 크다는 것을 식별하는 데 도움이 된다. 알 수 없는 값이 다른 값(예를 들어 40℃)으로 인코딩됐다면 그 값이 실제 데이터라고 확신할 수 없다.

	PRCP	SNOW	SNWD	TMAX	TMIN	TOBS	WESF
count	765.000000	577.000000	577.0	765.000000	765.000000	398.000000	11.000000
mean	5.360392	4.202773	NaN	2649.175294	-15.914379	8.632161	16.290909
std	10.002138	25.086077	NaN	2744.156281	24.242849	9.815054	9.489832
min	0.000000	0.000000	-inf	-11.700000	-40.000000	-16.100000	1.800000
25%	0.000000	0.000000	NaN	13.300000	-40.000000	0.150000	8.600000
50%	0.000000	0.000000	NaN	32.800000	-11.100000	8.300000	19.300000
75%	5.800000	0.000000	NaN	5505.000000	6.700000	18.300000	24.900000
max	61.700000	229.000000	inf	5505.000000	23.900000	26.100000	28.700000

그림 3.46 지저분한 데이터의 요약통계

228

info() 메서드를 사용하면 결측값이 있는지 알 수 있으며, 열의 데이터 유형이 예상한 유형인지 확인할 수 있다. info() 메서드를 사용한 결과 데이터에는 765개의 행이 있지만 5개의 열은 non-null 항목의 수가 더 적다. 이 결과는 inclement_weather 열의 이름에서 데이터 유형이 부울이라고 생각했지만 실제로는 부울이 아니라는 것을 보여 준다. head()를 사용했을 때 station 열에서 봤던 ? 값은 여기에 표시되지 않는다. 데이터를 다각도로 조사하는 것이 중요하다.

```
>>> df.info()
<class 'pandas.core.frame.DataFrame'>
RangeIndex: 765 entries, 0 to 764
Data columns (total 10 columns):
 #   Column             Non-Null Count Dtype
---  ------             -------------- -----
 0   date               765 non-null   object
 1   station            765 non-null   object
 2   PRCP               765 non-null   float64
 3   SNOW               577 non-null   float64
 4   SNWD               577 non-null   float64
 5   TMAX               765 non-null   float64
 6   TMIN               765 non-null   float64
 7   TOBS               398 non-null   float64
 8   WESF                11 non-null   float64
 9   inclement_weather  408 non-null   object
dtypes: float64(7), object(3)
memory usage: 59.9+ KB
```

이제 null 값을 추적해 보자. Series와 DataFrame 객체는 모두 null 값을 확인할 수 있도록 isnull()과 isna() 메서드를 지원한다. DataFrame 객체에 메서드를 사용하면 이 경우 우리가 원하는 것이 아닌 값이 null인 모든 행의 개수를 알려 준다. 여기서는 SNOW, SNWD, TOBS, WESF 또는 inclement_weather 열에 null 값이 있는 행을 확인한다. 이는 각 열을 | (또는 비트 단위bitwise OR) 연산자로 연결해야 한다는 것을 뜻한다.

```
>>> contain_nulls = df[
...     df.SNOW.isna() | df.SNWD.isna() | df.TOBS.isna()
...     | df.WESF.isna() | df.inclement_weather.isna()
... ]
```

```
>>> contain_nulls.shape[0]
765
>>> contain_nulls.head(10)
```

contain_nulls DataFrame의 shape 속성을 보면 모든 행에 null 데이터가 있다는 것을 알수 있다. 10개의 행을 살펴보면 각 행에 NaN 값이 있는 것을 알 수 있다.

	date	station	PRCP	SNOW	SNWD	TMAX	TMIN	TOBS	WESF	inclement_weather
0	2018-01-01T00:00:00	?	0.0	0.0	-inf	5505.0	-40.0	NaN	NaN	NaN
1	2018-01-01T00:00:00	?	0.0	0.0	-inf	5505.0	-40.0	NaN	NaN	NaN
2	2018-01-01T00:00:00	?	0.0	0.0	-inf	5505.0	-40.0	NaN	NaN	NaN
3	2018-01-02T00:00:00	GHCND:USC00280907	0.0	0.0	-inf	-8.3	-16.1	-12.2	NaN	False
4	2018-01-03T00:00:00	GHCND:USC00280907	0.0	0.0	-inf	-4.4	-13.9	-13.3	NaN	False
5	2018-01-03T00:00:00	GHCND:USC00280907	0.0	0.0	-inf	-4.4	-13.9	-13.3	NaN	False
6	2018-01-03T00:00:00	GHCND:USC00280907	0.0	0.0	-inf	-4.4	-13.9	-13.3	NaN	False
7	2018-01-04T00:00:00	?	20.6	229.0	inf	5505.0	-40.0	NaN	19.3	True
8	2018-01-04T00:00:00	?	20.6	229.0	inf	5505.0	-40.0	NaN	19.3	True
9	2018-01-05T00:00:00	?	0.3	NaN	NaN	5505.0	-40.0	NaN	NaN	NaN

그림 3.47 null 값이 있는 지저분한 데이터의 행 데이터

TIP

> 기본적으로 3장의 앞부분에서 설명한 sort_values() 메서드는 NaN 값을 마지막에 표시한다. 기본값을 변경하려면 (NaN 값을 처음에 넣기 위해) na_position='first'을 전달하면 된다. 이렇게 하면 정렬하는 열이 null 값을 갖는 경우 데이터의 패턴을 찾는 데 도움이 된다.

NaN은 어떤 값과도 같지 않기 때문에 열의 값이 NaN과 같은지 확인하는 것이 불가능하다.

```
>>> import numpy as np
>>> df[df.inclement_weather == 'NaN'].shape[0] # 동작하지 않는다.
0
>>> df[df.inclement_weather == np.nan].shape[0] # 동작하지 않는다.
0
```

앞에서 설명한 옵션(isna()/isnull())을 사용해야 한다.

```
>>> df[df.inclement_weather.isna()].shape[0] # 동작한다.
357
```

inf와 −inf는 실제로 np.inf와 −np.inf다. 따라서 다음과 같은 방법으로 inf와 −inf 값이 있는 행의 개수를 셀 수 있다.

```
>>> df[df.SNWD.isin([-np.inf, np.inf])].shape[0]
577
```

그러나 이 방법은 한 열에 대해서만 알려 주므로 다음과 같이 DataFrame에서 열당 무한대 값의 개수를 반환하도록 딕셔너리 컴프리헨션을 사용하는 함수를 만들 수 있다.

```
>>> def get_inf_count(df):
...     """열당 inf/-inf 값의 개수 찾기"""
...     return {
...         col: df[
...             df[col].isin([np.inf, -np.inf])
...         ].shape[0] for col in df.columns
...     }
```

위 함수를 사용하면 SNWD 열만 무한대 값을 가지며 열의 값 대부분이 무한대다.

```
>>> get_inf_count(df)
{'date': 0, 'station': 0, 'PRCP': 0, 'SNOW': 0, 'SNWD': 577,
 'TMAX': 0, 'TMIN': 0, 'TOBS': 0, 'WESF': 0,
 'inclement_weather': 0}
```

적설량의 무한대 값을 어떻게 처리할 것인지 결정하기 전에 적설량(SNWD)을 결정하는 데 큰 역할을 하는 강설량(SNOW)에 대한 요약통계를 살펴봐야 한다. 이를 위해 DataFrame을 2 개의 시리즈로 만들어야 한다. 여기서 한 시리즈에는 적설량이 np.inf일 때 강설량 열에 대한 요약통계를 저장하며, 다른 하나에는 적설량이 −np.inf일 때 강설량 열에 대한 요약통계를 저장한다. 게다가 데이터를 보기 쉽도록 전치하고자 T 속성을 사용한다.

```
>>> pd.DataFrame({
...     'np.inf Snow Depth':
...         df[df.SNWD == np.inf].SNOW.describe(),
...     '-np.inf Snow Depth':
...         df[df.SNWD == -np.inf].SNOW.describe()
... }).T
```

적설량은 눈이 내리지 않았을 때 음의 무한대로 기록됐다. 그렇지만 이 값이 단지 우연 때문만은 아니라고 확신할 수 없다. 고정된 날짜 범위에 대해 작업해야 하는 경우 눈이 오지 않았다면 적설량은 0이나 NaN으로 처리하는 것이 맞을 것이다. 안타깝게도 양의 무한대 값에 대해서는 어떤 가정도 할 수 없다. 이 값들은 확실히 양의 무한대일 수는 없지만 어떤 값이 돼야 하는지 결정할 수 없으므로 그대로 놔두거나 이 열을 사용하지 않는 것이 좋을 것이다.

	count	mean	std	min	25%	50%	75%	max
np.inf Snow Depth	24.0	101.041667	74.498018	13.0	25.0	120.5	152.0	229.0
-np.inf Snow Depth	553.0	0.000000	0.000000	0.0	0.0	0.0	0.0	0.0

그림 3.48 적설량이 무한대일 때 강설량에 대한 요약통계

1년 치 데이터로 작업하고 있지만, 어찌 된 일인지 765행의 데이터가 있으므로 그 이유를 확인해 봐야 한다. 아직 조사해 보지 못한 열은 date과 station 열이다. describe() 메서드를 사용해 이 열의 요약통계를 살펴보자.

```
>>> df.describe(include='object')
```

그림 3.49와 같이 765행의 데이터에서 date 열은 324개의 고유값만 있으며(일부 데이터는 결측됐다는 것을 뜻한다), 일부 날짜는 최대 8번(freq) 나타난다. station 열의 고유값은 2개밖에 없으며 가장 많은 값은 **GHCND:USC00280907**이다. 앞에서 head()를 사용했을 때 그림 3.45와 같이 관측소 ID에 ? 값이 있었으므로 ?가 다른 값이라는 것을 알 수 있다. unique()를 사용하면 모든 고유값을 볼 수 있다. 또한, ?는 367(=765 − 398)개가 있다는 것을 알 수 있으므로 value_counts()를 사용할 필요까지는 없다.

	date	station	inclement_weather
count	765	765	408
unique	324	2	2
top	2018-07-05T00:00:00	GHCND:USC00280907	False
freq	8	398	384

그림 3.49 지저분한 데이터에서 숫자가 아닌 열의 요약통계

실제로 관측소 ID가 왜 ?로 기록되는 일이 발생하는지 알지 못할 수도 있다. 관측소가 없다는 것을 보여 주도록 의도적으로 표시하거나, 기록 소프트웨어의 오류 또는 ?로 인코딩된 우발적인 누락일 수도 있다. 이런 문제를 어떻게 처리할 것인지는 다음 절에서 설명한다.

765행의 데이터와 관측소 ID에는 2개의 다른 값이 있다는 것을 알게 됐으므로 매일 2개의 항목(관측소당 1개)이 있다고 가정해도 될 것이다. 하지만 이런 가정은 730행의 데이터만 있으면 되므로 우리는 여전히 일부 날짜를 놓치고 있다는 것을 알 수 있다. 이를 설명할 수 있는 다른 중복 데이터를 찾아보자. duplicated() 메서드의 결과를 부울 마스크로 사용하면 중복된 행을 찾을 수 있다.

```
>>> df[df.duplicated()].shape[0]
284
```

우리가 하려는 것에 따라 중복 데이터를 여러 방법으로 처리할 수 있다. 결과로 반환되는 행은 keep 인수로 정할 수 있다. 기본값은 'first'로 한 번 이상 중복되는 각 행에 대해 (첫 번째 행 외에) 추가 행만 가져온다. 그러나 keep=False를 사용하면 한 번 이상 나타나는 모든 행을 가져온다.

```
>>> df[df.duplicated(keep=False)].shape[0]
482
```

또한 특정 열에만 적용할 수 있는 subset 인수(첫 번째 위치의 인수)도 있다. 이 방법으로 date과 station 열이 중복됐을 때 이전과 같은 결과를 얻을 수 있다. 그러나 실제로 이것

이 문제인지는 알 수 없다.

```
>>> df[df.duplicated(['date', 'station'])].shape[0]
284
```

이제 중복된 행을 살펴보자.

```
>>> df[df.duplicated()].head()
```

처음 다섯 행을 보는 것만으로 어떤 행은 적어도 세 번 반복된다는 것을 알 수 있다. duplicated()의 기본 동작은 첫 번째 발생은 보여 주지 않는다. 이는 **1**행과 **2**행의 데이터에서 다른 대응값$^{matching value}$을 갖는다는 것을 뜻한다(5행과 6행에 대해서도 같다).

	date	station	PRCP	SNOW	SNWD	TMAX	TMIN	TOBS	WESF	inclement_weather
1	2018-01-01T00:00:00	?	0.0	0.0	-inf	5505.0	-40.0	NaN	NaN	NaN
2	2018-01-01T00:00:00	?	0.0	0.0	-inf	5505.0	-40.0	NaN	NaN	NaN
5	2018-01-03T00:00:00	GHCND:USC00280907	0.0	0.0	-inf	-4.4	-13.9	-13.3	NaN	False
6	2018-01-03T00:00:00	GHCND:USC00280907	0.0	0.0	-inf	-4.4	-13.9	-13.3	NaN	False
8	2018-01-04T00:00:00	?	20.6	229.0	inf	5505.0	-40.0	NaN	19.3	True

그림 3.50 중복 데이터 검사

이제 데이터에 어떤 문제가 있는지 알아보는 방법을 배웠으므로 이를 해결할 방법을 알아보자. 모든 문제를 한 번에 해결할 만병통치약은 없으며, 작업 중인 데이터를 이해하고 처리 방법을 결정해야 한다.

문제 완화하기

현재 데이터가 만족스럽지 못한 상태이며 데이터를 개선하려고 노력할 수 있지만 어떤 방법이 가장 좋은지 알 수 없다. 이런 종류의 데이터 문제에 직면했을 때 할 수 있는 가장 좋은 방법은 중복된 행을 제거하는 것이다. 그러나 이런 결정이 데이터 분석에 미칠 수 있는 영향을 평가하는 것이 중요하다. 작업 중인 데이터가 추가 열이 있는 더 큰 데이터셋에서 수집해 모든 데이터가 구별되는 것처럼 보이더라도 이러한 열을 제거한 것이 남은 데이터가 중복된 이유인지 확신할 수 없다. 따라서 데이터 출처와 참조할 수 있는 모든 문서를 살펴봐야 한다.

2개의 관측소가 모두 뉴욕시에 있다는 것을 알고 있으므로 station 열을 삭제할 수도 있다. 두 관측소가 서로 다른 데이터를 수집했을 수도 있다. 그런 다음 date 열을 사용해 중복 행을 제거하고 ?이 아닌 관측소의 데이터를 남겨 둔다면 ? 관측소가 WESF 측정을 보고하는 유일한 관측소이므로 WESF 열의 모든 데이터를 잃게 될 것이다.

```
>>> df[df.WESF.notna()].station.unique()
array(['?'], dtype=object)
```

이 경우 한 가지 만족스러운 해결책은 다음과 같은 작업을 하는 것이다.

1. date 열에 대해 데이터 유형을 변환한다.

```
>>> df.date = pd.to_datetime(df.date)
```

2. WESF 열을 시리즈로 저장한다.

```
>>> station_qm_wesf = df[df.station == '?']\
...     .drop_duplicates('date').set_index('date').WESF
```

3. ID가 없는 관측소(?)가 마지막에 위치하도록 station 열을 기준으로 DataFrame을 내림차순으로 정렬한다.

```
>>> df.sort_values(
...     'station', ascending=False, inplace=True
... )
```

4. 날짜를 기준으로 station 열에서 (측정값이 있다면) ID가 있는 첫 번째 행은 놔두고 나머지 중복된 행을 제거한다. 작업이 복잡하다면 drop_duplicates()가 원 데이터를 대체in-place할 수 있으므로 대체하지 않도록 하는 것이 좋다.

```
>>> df_deduped = df.drop_duplicates('date')
```

5. station 열을 제거하고 (WESF 데이터와 대응하도록) date 열을 인덱스로 설정한다.

```
>>> df_deduped = df_deduped.drop(columns='station')\
...     .set_index('date').sort_index()
```

6. combine_first가 메서드를 사용해 WESF 열을 업데이트해 (SQL 백그라운드에 가져온 값에 대해 SQL로 하는 것처럼) 값이 null이 아닌 첫 번째 항목으로 병합한다. 즉 2개의 관측소에 데이터가 있다면 ID가 있는 관측소의 값을 가져오고 해당 관측소가 null이면 ID가 없는 관측소(?)의 값을 가져온다. df_deduped와 station_qm_wesf 모두 날짜를 인덱스로 사용하기 때문에 값은 적절한 날짜에 적절하게 대응된다.

```
>>> df_deduped = df_deduped.assign(WESF=
...     lambda x: x.WESF.combine_first(station_qm_wesf)
... )
```

이 과정이 약간 복잡하게 보일 수도 있지만, 이는 아직 집계에 대해 배우지 않았기 때문이다. 4장에서 이 문제를 해결하는 다른 방법을 다룬다. 위에서 설명한 구현 결과 살펴보자.

```
>>> df_deduped.shape
(324, 8)
>>> df_deduped.head()
```

이제 데이터의 날짜별로 하나의 데이터가 있는 324행이 남았다. WESF 열을 다른 관측소의 데이터와 함께 저장할 수 있다.

	PRCP	SNOW	SNWD	TMAX	TMIN	TOBS	WESF	inclement_weather
date								
2018-01-01	0.0	0.0	-inf	5505.0	-40.0	NaN	NaN	NaN
2018-01-02	0.0	0.0	-inf	-8.3	-16.1	-12.2	NaN	False
2018-01-03	0.0	0.0	-inf	-4.4	-13.9	-13.3	NaN	False
2018-01-04	20.6	229.0	inf	5505.0	-40.0	NaN	19.3	True
2018-01-05	14.2	127.0	inf	-4.4	-13.9	-13.9	NaN	True

그림 3.51 데이터 랭글링을 사용해 WESF 열의 정보를 유지한 결과

TIP

> duplicated()로 중복 데이터를 확인했을 때처럼 첫 번째 항목 대신 마지막 항목을 남기거나 모든 중복값을 삭제하도록 keep 인수를 설정할 수 있다. 중복 제거 작업에 대한 테스트 결과를 확인하는 데 duplicated() 메서드가 유용할 수 있다.

이제 null 데이터를 처리해 보자. null 데이터를 삭제하거나 임의의 값으로 바꾸거나 주변 데이터로 대치impute할 수 있다. 각 방법은 결과가 다르다. 데이터를 삭제하면 데이터 일부만 분석하게 된다. 행의 절반을 삭제한다면 분석에 큰 영향을 미칠 것이다. 데이터의 값을 변경할 때 분석 결과에 영향을 미칠 수 있다.

dropna() 메서드를 사용하면 null 데이터가 있는 모든 행을 삭제할 수 있다(행의 모든 열에 대해 참일 필요는 없으므로 주의해야 한다). 우리의 경우 이렇게 하면 4개의 행만 남게 된다.

```
>>> df_deduped.dropna().shape
(4, 8)
```

how 인수를 사용하면 모든 열이 null인 경우에만 행을 삭제할 수 있다. 이 경우를 제외하면 아무것도 제거하지 않는다.

```
>>> df_deduped.dropna(how='all').shape # 기본값은 '모두'다.
(324, 8)
```

고맙게도 삭제할 대상을 결정하고자 열의 부분집합을 사용할 수 있다. 눈 데이터를 살펴보고 싶다고 하자. 그러면 데이터가 SNOW, SNWD, inclement_weather에 관한 값이 있는지 확인해야 한다. 이 경우 subset 인수를 사용하면 된다.

```
>>> df_deduped.dropna(
...      how='all', subset=['inclement_weather', 'SNOW', 'SNWD']
... ).shape
(293, 8)
```

이 연산은 열에 대해 할 수도 있으며 thresh 인수를 사용해 데이터를 삭제하고자 관찰해야 할 null 값의 개수에 대한 임계값(threshold)을 지정할 수 있다. 예를 들어 적어도 75%의 행이 null일 때만 열을 삭제하도록 한다면 WESF 열을 삭제할 수 있다.

```
>>> df_deduped.dropna(
...      axis='columns',
...      thresh=df_deduped.shape[0] * .75 # 행의 75%
... ).columns
Index(['PRCP', 'SNOW', 'SNWD', 'TMAX', 'TMIN', 'TOBS',
       'inclement_weather'],
      dtype='object')
```

데이터에 null 값이 많으므로 이런 값을 남기고 더 나은 표현 방법을 찾아야 할 수도 있다. null 데이터를 대체한다면 어떤 값으로 채울 것인지 결정할 때 주의를 기울여야 한다. 갖고 있지 않은 모든 값을 다른 값으로 채우면 나중에 이상한 결과가 나올 수 있으므로 이 데이터를 어떻게 사용할 것인지 먼저 생각해야 한다.

fillna() 메서드를 사용해 null 값을 다른 값으로 채울 수 있는데, 이 메서드는 채우는 filling 방법에 대한 전략이나 값을 지정할 수 있는 옵션을 제공한다. 먼저, 한 가지 값으로 채우는 방법을 설명한다. WESF 열은 대부분이 null이지만 강설량에 해당하는 물이 없을 때 NaN으로 저장하는 밀리미터 단위의 측정이므로 null을 0으로 채울 수 있다. 원 데이터를 대체in-place할 수 있으므로 주의해야 한다(다시 말하지만 대체 연산을 할 때는 주의를 기울여야 한다).

```
>>> df_deduped.loc[:,'WESF'].fillna(0, inplace=True)
>>> df_deduped.head()
```

이제 WESF 열에 그림 3.52와 같이 더는 NaN 값이 없다.

date	PRCP	SNOW	SNWD	TMAX	TMIN	TOBS	WESF	inclement_weather
2018-01-01	0.0	0.0	-inf	5505.0	-40.0	NaN	0.0	NaN
2018-01-02	0.0	0.0	-inf	-8.3	-16.1	-12.2	0.0	False
2018-01-03	0.0	0.0	-inf	-4.4	-13.9	-13.3	0.0	False
2018-01-04	20.6	229.0	inf	5505.0	-40.0	NaN	19.3	True
2018-01-05	14.2	127.0	inf	-4.4	-13.9	-13.9	0.0	True

그림 3.52 WESF 열의 null 값을 채운 결과

이 시점에서 우리는 데이터를 왜곡하지 않고 우리가 할 수 있는 모든 것을 했다. 날짜가 결측된 것을 알았지만 재인덱싱을 했다면 NaN 값을 어떻게 채워야 할지 몰랐을 것이다. 기상 데이터로는 어느 날 눈이 내렸기 때문에 그다음 날도 눈이 내리거나 기온이 같을 것이라고 예상할 수는 없다. 이런 이유로 다음 예제는 단지 설명을 위한 것일 뿐 무언가를 할 수 있다고 해서 해야 한다는 것을 의미하지는 않는다. 해결해야 할 영역과 문제에 따라 좋은 해결책은 달라진다.

그렇지만 기온 데이터와 관련해 남아 있는 문제를 해결해 보자. TMAX가 태양의 온도일 때 측정값이 없었기 때문에 5505.0라는 값으로 기록됐을 것이므로 이 값을 NaN으로 대체한다. 또한 뉴욕시의 최저 온도는 1934년 2월 9일 $-15°F(-26.1℃)$(https://www.weather.gov/media/okx/Climate/CentralPark/extremes.pdf)였음에도 현재 $-40℃$를 사용하는 TMIN에 대해서도 같은 작업을 한다.

```
>>> df_deduped = df_deduped.assign(
...     TMAX=lambda x: x.TMAX.replace(5505, np.nan),
...     TMIN=lambda x: x.TMIN.replace(-40, np.nan)
... )
```

또한 기온이 날마다 크게 변하지 않을 것이라고 가정한다. 실제로 이는 큰 가정이지만 fillna() 메서드에 순방향으로 채우는 'ffill'과 역방향으로 채우는 'bfill' 매개변수를 사용할 때 어떻게 작동하는지 이해하는 데 도움이 된다. 재인덱싱할 때 사용했던 가장 좋았던 'nearest' 옵션은 사용할 수 없다. 그래서 이 옵션이 어떻게 작동하는지 알아보고자 순방향 채우기forward-filling를 사용한다.

```
>>> df_deduped.assign(
...     TMAX=lambda x: x.TMAX.fillna(method='ffill'),
...     TMIN=lambda x: x.TMIN.fillna(method='ffill')
... ).head()
```

TMAX와 TMIN 열의 1월 1일과 4일 데이터를 살펴보자. 1일에 값을 전달할 전날 데이터가 없어서 둘 다 NaN이다. 그러나 4일의 데이터는 3일 데이터와 같다.

date	PRCP	SNOW	SNWD	TMAX	TMIN	TOBS	WESF	inclement_weather
2018-01-01	0.0	0.0	-inf	NaN	NaN	NaN	0.0	NaN
2018-01-02	0.0	0.0	-inf	-8.3	-16.1	-12.2	0.0	False
2018-01-03	0.0	0.0	-inf	-4.4	-13.9	-13.3	0.0	False
2018-01-04	20.6	229.0	inf	-4.4	-13.9	NaN	19.3	True
2018-01-05	14.2	127.0	inf	-4.4	-13.9	-13.9	0.0	True

그림 3.53 null 값을 순방향으로 채운 결과

SNWD 열의 null과 무한대 값을 처리하려면 np.nan_to_num() 함수를 사용해야 한다. NaN을 0으로 inf/-inf를 매우 큰 양/음의 값으로 변환해야 9장에서 설명할 머신러닝 모델을 학습할 수 있다.

```
>>> df_deduped.assign(
...     SNWD=lambda x: np.nan_to_num(x.SNWD)
... ).head()
```

이렇게 하더라도 이 데이터는 사용 사례에는 적용할 수 없다. -np.inf의 경우 해당 날짜에 눈이 내리지 않았다는 것을 알고 있으므로 SNWD의 값을 0으로 설정할 수 있다. 그러나 np.inf의 경우 어떻게 해야 할지 아직 모르며, 큰 양의 값은 해석을 혼란스럽게만 한다.

	PRCP	SNOW	SNWD	TMAX	TMIN	TOBS	WESF	inclement_weather
date								
2018-01-01	0.0	0.0	-1.797693e+308	NaN	NaN	NaN	0.0	NaN
2018-01-02	0.0	0.0	-1.797693e+308	-8.3	-16.1	-12.2	0.0	False
2018-01-03	0.0	0.0	-1.797693e+308	-4.4	-13.9	-13.3	0.0	False
2018-01-04	20.6	229.0	1.797693e+308	NaN	NaN	NaN	19.3	True
2018-01-05	14.2	127.0	1.797693e+308	-4.4	-13.9	-13.9	0.0	True

그림 3.54 무한대 값을 대체한 결과

작업하고 있는 데이터에 따라 np.nan_to_num() 함수 대신 clip() 메서드를 사용할 수도 있다. clip() 메서드를 사용하면 특정 최소/최대 임계값으로 값을 제한할 수 있다. 적설량이 음의 값이 될 수 없으므로 clip()을 사용해 하한을 0으로 설정한다. 상한이 어떻게 작동하는지 알아보고자 강설량(SNOW)을 추정값^{estimate}으로 사용한다.

```
>>> df_deduped.assign(
...     SNWD=lambda x: x.SNWD.clip(0, x.SNOW)
... ).head()
```

1월 1일부터 3일까지 SNWD의 값은 이제 -inf 대신 0이 됐지만, 1월 4일과 5일의 값은 inf에서 해당 날짜의 SNOW 값으로 바뀌었다.

date	PRCP	SNOW	SNWD	TMAX	TMIN	TOBS	WESF	inclement_weather
2018-01-01	0.0	0.0	0.0	NaN	NaN	NaN	0.0	NaN
2018-01-02	0.0	0.0	0.0	-8.3	-16.1	-12.2	0.0	False
2018-01-03	0.0	0.0	0.0	-4.4	-13.9	-13.3	0.0	False
2018-01-04	20.6	229.0	229.0	NaN	NaN	NaN	19.3	True
2018-01-05	14.2	127.0	127.0	-4.4	-13.9	-13.9	0.0	True

그림 3.55 임계값으로 설정한 결과

마지막 전략은 대치다. 요약통계나 다른 관측값의 데이터를 사용해 데이터에서 파생된 새로운 값으로 대체하는 것을 **대치**imputation라고 한다. 예를 들어 온도를 평균으로 대치할 수 있다. 안타깝게도 10월 말에만 결측값이 있어 다른 달의 평균으로 대체한다면 이 경우 10월 초의 더 따뜻한 온도의 극단값으로 치우칠 가능성이 크다. 이 절에서 설명한 다른 모든 것과 마찬가지로 주의를 기울여야 하고 우리의 행위로 인한 잠재적인 결과나 부작용을 고려해야 한다.

대치 작업을 `fillna()` 메서드와 결합할 수 있다. 예를 들어 TMAX와 TMIN의 NaN 값을 중위수로, TOBS를 (대치한) TMIN와 TMAX의 평균으로 채울 수 있다.

```
>>> df_deduped.assign(
...     TMAX=lambda x: x.TMAX.fillna(x.TMAX.median()),
...     TMIN=lambda x: x.TMIN.fillna(x.TMIN.median()),
...     # TMAX와 TMIN의 평균
...     TOBS=lambda x: x.TOBS.fillna((x.TMAX + x.TMIN) / 2)
... ).head()
```

1월 1일과 4일의 최고온도와 최저온도는 각각 중위수인 14.4℃와 5.6℃로 변경됐다. 즉 데이터에 TMAX와 TMIN의 값이 없을 때 TOBS는 10℃로 대치된다는 것을 뜻한다.

	PRCP	SNOW	SNWD	TMAX	TMIN	TOBS	WESF	inclement_weather
date								
2018-01-01	0.0	0.0	-inf	14.4	5.6	10.0	0.0	NaN
2018-01-02	0.0	0.0	-inf	-8.3	-16.1	-12.2	0.0	False
2018-01-03	0.0	0.0	-inf	-4.4	-13.9	-13.3	0.0	False
2018-01-04	20.6	229.0	inf	14.4	5.6	10.0	19.3	True
2018-01-05	14.2	127.0	inf	-4.4	-13.9	-13.9	0.0	True

그림 3.56 요약통계로 결측값을 대치한 결과

모든 열에 대해 같은 계산을 하려면 assign() 대신 apply() 메서드를 사용해야 한다. apply()가 각 열에 대해 같은 계산을 하도록 코드를 중복해서 작성하지 않아도 되기 때문이다. 예를 들어 모든 결측값을 7일 이동 중위수^{rolling 7-day median}로 채우고 추가 null 값이 만들어지지 않도록 계산에 필요한 기간을 0으로 설정한다. 이동 계산과 apply()는 4장에서 다룰 것이므로 여기서는 간단히 살펴본다.

```
>>> df_deduped.apply(lambda x:
...     # (4장에서 다룰) 7일 이동 중위수
...     # 최소 기간(계산에 필요한 기간)을 0으로 설정해
...     # 항상 결과를 얻도록 한다.
...     x.fillna(x.rolling(7, min_periods=0).median())
... ).head(10)
```

기온이 매일 큰 폭으로 변할 수 있으므로 대치한 값이 어디에 있는지 구별하기 어렵다. 앞에서 1월 4일에 결측 데이터가 있다는 것을 알고 있다. 대치한 온도가 이 전략을 사용한 주변 온도보다 더 춥다. 실제로 그날(약 −3℃)은 조금 더 따뜻했다.

date	PRCP	SNOW	SNWD	TMAX	TMIN	TOBS	WESF	inclement_weather
2018-01-01	0.0	0.0	-inf	NaN	NaN	NaN	0.0	NaN
2018-01-02	0.0	0.0	-inf	-8.30	-16.1	-12.20	0.0	False
2018-01-03	0.0	0.0	-inf	-4.40	-13.9	-13.30	0.0	False
2018-01-04	20.6	229.0	inf	-6.35	-15.0	-12.75	19.3	True
2018-01-05	14.2	127.0	inf	-4.40	-13.9	-13.90	0.0	True
2018-01-06	0.0	0.0	-inf	-10.00	-15.6	-15.00	0.0	False
2018-01-07	0.0	0.0	-inf	-11.70	-17.2	-16.10	0.0	False
2018-01-08	0.0	0.0	-inf	-7.80	-16.7	-8.30	0.0	False
2018-01-10	0.0	0.0	-inf	5.00	-7.8	-7.80	0.0	False
2018-01-11	0.0	0.0	-inf	4.40	-7.8	1.10	0.0	False

그림 3.57 이동 중위수로 결측값을 대치한 결과

NOTE

대치할 때는 주의를 기울여야 한다. 데이터에 잘못된 전략을 적용하면 정말로 일을 망칠 수 있다.

결측 데이터를 대치하는 또 다른 방법은 pandas가 interpolate() 메서드로 대치할 값을 계산하도록 하는 것이다. 기본적으로 interpolate() 메서드는 모든 행이 일정한 간격을 가진다는 가정하에 선형보간법linear interpolation을 사용한다. 여기서 우리의 데이터가 일부 날짜의 데이터가 없는 일별 데이터이므로 먼저 재인덱싱을 해야 한다. 이 방법을 apply() 메서드와 결합해 모든 열을 한꺼번에 보간해 본다.

```
>>> df_deduped.reindex(
...     pd.date_range('2018-01-01', '2018-12-31', freq='D')
... ).apply(lambda x: x.interpolate()).head(10)
```

이 전에는 없었던 1월 9일 데이터가 생겼다. TMAX, TMIN, TOBS는 전날(1월 8일)과 다음날(1월 10일)의 평균이다.

	PRCP	SNOW	SNWD	TMAX	TMIN	TOBS	WESF	inclement_weather
2018-01-01	0.0	0.0	-inf	NaN	NaN	NaN	0.0	NaN
2018-01-02	0.0	0.0	-inf	-8.3	-16.10	-12.20	0.0	False
2018-01-03	0.0	0.0	-inf	-4.4	-13.90	-13.30	0.0	False
2018-01-04	20.6	229.0	inf	-4.4	-13.90	-13.60	19.3	True
2018-01-05	14.2	127.0	inf	-4.4	-13.90	-13.90	0.0	True
2018-01-06	0.0	0.0	-inf	-10.0	-15.60	-15.00	0.0	False
2018-01-07	0.0	0.0	-inf	-11.7	-17.20	-16.10	0.0	False
2018-01-08	0.0	0.0	-inf	-7.8	-16.70	-8.30	0.0	False
2018-01-09	0.0	0.0	-inf	-1.4	-12.25	-8.05	0.0	NaN
2018-01-10	0.0	0.0	-inf	5.0	-7.80	-7.80	0.0	False

그림 3.58 결측값을 보간한 결과

보간을 위한 다른 전략은 메서드의 인수로 지정할 수 있다. 사용할 수 있는 옵션은
interpolate() 메서드 문서를 참고한다.

요약

3장을 무사히 마친 것을 축하한다! 데이터 랭글링은 분석 작업에서 가장 재미있는 부분
이 아닐 수 있지만 데이터 랭글링에 많은 시간을 쓰게 될 것이므로 pandas가 제공하는
기능에 능숙해져야 한다.

3장에서는 (데이터 과학의 유행어를 제외하고) 데이터 랭글링에 더 많이 알게 됐으며 데이
터를 정제하고 재구성하는 것을 직접 경험했다. requests 라이브러리를 사용해 관심 데
이터를 추출하는 API 작업을 다시 또 연습했다. 그런 다음 pandas를 사용해 데이터 랭
글링 작업을 소개했는데 4장에서도 계속한다. 마지막으로 중복, 결측, 유효하지 않은 데
이터를 다양한 방법으로 처리하는 방법을 살펴보고 그 결과로 인한 영향을 설명했다.

4장에서는 이런 개념들을 바탕으로 DataFrame을 집계하고 시계열 데이터로 작업하는 방
법을 살펴본다. 계속하기 전에 다음 절의 연습을 마치도록 한다.

연습 문제

지금까지 이 책에서 배운 내용과 exercises/ 디렉터리의 파일을 사용해 다음 연습 문제를 풀어 본다.

1. 페이스북^{Facebook}, 애플^{Apple}, 아마존^{Amazon}, 넷플릭스^{Netflix}, 구글^{Google}(FAANG) 주식의 데이터를 보고 싶지만 (7장에서 만들 stock_analysis 패키지를 사용해 얻은) 각각 별도의 CSV 파일만 있다. 이 파일들을 하나의 파일로 결합하고 FAANG 데이터를 이후 연습 문제에 사용할 수 있도록 faang DataFrame으로 저장한다.

   a) aapl.csv, amzn.csv, fb.csv, goog.csv, nflx.csv 파일을 읽는다.

   b) 각 DataFrame에 티커 기호^{ticker symbol}를 나타내는 ticker(예: 애플은 APPL이다) 열을 추가한다. 티커로 주식을 찾을 수 있다. 연습 문제의 경우, 파일 이름이 티커가 된다.

   c) 각 DataFrame을 하나의 DataFrame에 추가한다.

   d) 결과를 faang.csv 파일로 저장한다.

2. faang에서 유형 변환을 사용해 date 열의 값을 datetimes 형식으로, volume 열의 값을 정수형으로 변환한다. 그런 다음 date와 ticker를 기준으로 정렬한다.

3. faang의 volume 열에서 가장 낮은 값 7개를 찾는다.

4. 이제 데이터는 긴 형태와 넓은 형태의 중간에 있다. melt()를 사용해 완전히 긴 형태로 바꾼다. 힌트: date와 ticker는 ID 변수다(이 값들은 각 행을 고유하게 식별할 수 있다). open, high, low, close, volume 열이 분리되지 않도록 나머지 부분도 멜팅해야 한다.

5. 2018년 7월 26일 데이터가 기록되는 방식에 결함이 있었다는 것을 알게 됐다고 하자. 이 문제를 어떻게 처리할 수 있을까? 이 문제는 코딩이 필요 없다.

6. 유럽 질병예방통제센터^{European Centre for Disease Prevention and Control, ECDC}는 전 세계 국가별 COVID-19 일일 신규 확진자 발생 보고 건수라고 하는 COVID-19 신규 확진자 수 데이터셋을 공개하고 있다(https://www.ecdc.europa.eu/en/publications-data/

download-todays-data-geographic-distribution-covid-19-cases-worldwide). 이 데이터 셋은 매일 업데이트되지만 2020년 1월 1일부터 2020년 9월 18일까지의 데이터가 포함된 데이터를 사용한다. 데이터를 정제하고 피보팅해 넓은 형태로 만든다.

a) covid19_cases.csv 파일을 읽는다.

b) dateRep 열의 데이터와 pd.to_datetime() 함수를 사용해 date 열을 만든다.

c) date 열을 인덱스로 설정하고 인덱스를 기준으로 정렬한다.

d) United_States_of_America와 United_Kingdom의 모든 항목을 각각 USA와 UK로 바꾼다. 힌트: replace() 메서드를 DataFrame 전체에 대해 실행한다.

e) countriesAndTerritories 열을 사용해 정제한 COVID-19 신규 확진자 수 데이터를 아르헨티나Argentina, 브라질Brazil, 중국China, 콜롬비아Colombia, 인도India, 이탈리아Italy, 멕시코Mexico, 페루Peru, 러시아Russia, 스페인Spain, 터키Turkey, 영국UK, 미국USA으로 필터링한다.

f) 날짜가 인덱스되고 국가명을 열로 하고, 값은 (cases 열에) 신규 확진자 수가 되도록 데이터를 피보팅한다. NaN은 0으로 채워야 한다.

7. 국가별 전체 신규 확진자 수를 효율적으로 계산하려면 4장에서 배울 집계 기술이 필요하므로 covid19_cases.csv 파일의 ECDC 데이터를 집계해 covid19_total_cases.csv 파일에 저장해 뒀다. 이 파일에 국가별 전체 신규 확진자 수가 포함돼 있다. 이 데이터를 사용해 COVID-19 전체 신규 확진자 수가 가장 많은 상위 20개 국가를 찾는다. (힌트: CSV 파일을 읽을 때 index_col='cases'를 사용하고, 국가를 분리하기 전에 데이터를 전치하는 것이 도움이 된다.)

⋙ 참고 자료

3장에서 다룬 주제에 관한 더 많은 내용은 다음 자료를 참고한다.

- **관계형 데이터베이스 설계에 관한 튜토리얼**: https://www.ntu.edu.sg/home/ehchua/ programming/sql/relational_database_design.html[4]

- **이진 검색**: https://www.khanacademy.org/computing/computerscience/ algorithms/binary-search/a/binary-search

- **순서도와 비디오로 설명하는 재귀 작동 방식**: How Recursion Works—explained with flowcharts and a video: https://www.freecodecamp.org/news/how-recursion-works-explained-with-flowcharts-and-a-video-de61f40cb7f9/

- **파이선 f-문자열**: https://realpython.com/python-f-strings/

- **깔끔한 데이터**(해들리 위컴[Hadley Wickham]의 글): https://www.jstatsoft.org/article/view/ v059i10

- **훌륭한 웹 API 설계를 위한 다섯 가지 교훈**: https://www.toptal.com/api-developers/5-golden-rules-for-designing-a-great-web-api

---

4   현재 연결되지 않음(2021년 12월 5일 확인) – 옮긴이

04

pandas DataFrame
집계하기

4장에서는 데이터 강화와 집계를 다루면서 3장의 데이터 랭글링에 관한 설명을 이어 간다. 4장에서 다룰 주제에는 DataFrame 병합, 새로운 열 만들기, 윈도우 계산, 그룹 소속에 따른 집계 등 핵심 기술이 포함된다. 집계와 요약을 계산하면 데이터에 관한 결론을 도출하는 데 도움이 된다.

또한 3장에서 소개한 시계열 데이터 슬라이싱 외에도 집계로 데이터를 모으고 현재를 기준으로 데이터를 선택하는 방법을 포함해 시계열 데이터 작업을 위한 pandas의 추가 기능을 살펴본다. 우리가 접하게 될 데이터 대부분은 시계열 데이터이므로 시계열 데이터를 효과적으로 작업할 수 있어야 한다. 당연히 이런 작업을 효율적으로 할 수 있는 것이 중요하므로 pandas 코드를 효율적으로 작성하는 방법도 알아본다.

4장을 통해 여러분은 DataFrame 객체를 사용한 분석에 익숙해질 것이다. 따라서 이러한 주제는 앞의 내용과 비교해 수준이 더 높아서 앞의 내용을 다시 읽어야 할 수도 있다. 따라서 추가 예제가 포함된 노트북의 내용을 따라야 한다.

4장에서는 다음과 같은 내용을 다룬다.

- DataFrame을 데이터베이스 스타일로 작업하기

- DataFrame 연산을 사용한 데이터 강화

- 데이터 집계

- 시계열 데이터 다루기

⋮⋮ 4장 교재

4장의 자료는 이 URL(https://github.com/stefmolin/Hands-On-Data-Analysis-with-Pandas-2nd-edition/tree/master/ch_04)에 있다. 4장의 코드는 4개의 노트북으로 구성돼 있으며 사용할 순서대로 번호가 매겨져 있다. 1-querying_and_merging.ipynb 노트북에서는 질의와 DataFrame 병합을 설명한다. 2-dataframe_operations.ipynb 노트북에서는 데이터 이산화, 윈도우 함수, 파이프와 같은 연산을 통한 데이터 강화를 다룬다. 또한 파이프를 사용해 윈도우 계산을 수행하는 함수가 포함된 window_calc.py 파이썬 파일도 사용한다.

TIP

> understanding_window_calculations.ipynb 노트북에는 윈도우 함수를 이해하는 데 필요한 상호작용 시각화(interactive visualization)가 포함돼 있다. 이를 위해 몇 가지 추가 설정이 필요할 수도 있지만 설정 방법도 노트북 안에 포함돼 있다.

다음으로 3-aggregations.ipynb 노트북에서는 집계, 피봇 테이블, 교차표crosstab를 설명한다. 마지막으로, 4-time_series.ipynb 노트북에서는 시계열 데이터로 작업할 때 pandas가 제공하는 추가 기능을 집중적으로 다룬다. 0-weather_data_collection.ipynb 노트북은 사용하지 않는다. 그러나 노트북에는 관심 있는 사람들을 위해 이 URL(https://www.ncdc.noaa.gov/cdo-web/webservices/v2)에서 찾을 수 있는 **미국 국립환경정보센터**NCEI, National Centers for Environmental Information API에서 데이터를 수집하는 데 사용한 코드가 들어 있다.

4장에서는 data/ 디렉터리에 들어 있는 다양한 데이터셋을 사용한다.

파일	설명	출처
dirty_data.csv	3장의 '중복, 결측, 유효하지 않은 데이터 처리하기' 절의 지저분한 데이터	NCEI API의 GHCND 데이터셋에서 수정
fb_2018.csv	2018년 페이스북 주식의 일일 시가, 고가, 저가, 종가, 거래량	stock_analysis 패키지 (7장 참조)
fb_week_of_may_20_per_minute.csv	2019년 5월 20일부터 2019년 5월 24일까지 페이스북 주식의 분당 시가, 고가, 저가, 종가, 거래량	나스닥
melted_stock_data.csv	fb_week_of_may_20_per_minute.csv의 내용을 가격에 대해서는 한 열로 그리고 timestamp에 대해서는 다른 열로 멜팅한 데이터	나스닥에서 수정
nyc_weather_2018.csv	뉴욕시의 여러 관측소에서 수집한 긴 형태의 기상 데이터	NCEI API의 GHCND 데이터셋
stocks.db	fb_prices와 aappl_prices 표에는 2019년 5월 20일부터 2019년 5월 24일까지의 페이스북(Facebook)과 애플(Apple)의 주가가 들어 있다. 페이스북은 1분 단위로 돼 있는 반면 애플은 (가짜) 1초 단위의 타임스탬프로 돼 있다.	나스닥에서 수정
weather_by_station.csv	뉴욕시의 여러 관측소에서 관측소 정보를 포함해 수집한 긴 형태의 기상 데이터	NCEI API의 GHCND 데이터셋과 stations 종단점
weather_station.csv	뉴욕시의 기상 데이터를 제공하는 모든 관측소 정보	NCEI API의 stations 종단점
weather.db	기상표에는 뉴욕시의 기상 데이터가 있지만 관측소 테이블(stations table)에서는 관측소에 관한 정보가 들어 있다.	NCEI API의 GHCND 데이터셋과 stations 종단점

그림 4.1 4장의 데이터셋

exercises/ 디렉터리에는 연습 문제에서 사용할 CSV 파일이 들어 있다. 이 데이터셋에 관한 자세한 정보는 exercises/README.md 파일에서 확인할 수 있다.

⁞⁞⁞ DataFrame을 데이터베이스처럼 작업하기

DataFrame 객체는 데이터베이스의 테이블과 비슷하다. 각 테이블은 참조할 수 있는 이름을 갖고 있으며, 행으로 구성되고 특정 데이터 유형의 열이 있다. 결과적으로 pandas는 DataFrame을 데이터베이스처럼 다룰 수 있게 해준다. 일반적으로 데이터베이스는 **생성, 읽기, 업데이트, 삭제**CRUD, Create, Read, Update, Delete라는 최소 네 가지 연산을 지원한다.

데이터베이스의 질의 언어query language(대부분은 **구조화된 질의 언어**Structured Query Language를 의미하는 SQL)를 사용해 데이터베이스에 이런 연산을 하도록 요청한다. 이 책에서는 SQL에 대한 지식을 요구하지 않지만 SQL에 익숙한 독자들을 위해 이 절에서 설명할 pandas 연산에 해당하는 SQL을 살펴보도록 한다. 많은 데이터 전문가가 기본 SQL에 익숙하지만 더 자세한 소개는 '참고 자료'의 내용을 참고하길 바란다.

이 절에서는 1-querying_and_merging.ipynb 노트북을 사용한다. 먼저, pandas를 임포트 하고 뉴욕시 기상 데이터 CSV 파일을 읽는다.

```
>>> import pandas as pd
>>> weather = pd.read_csv('data/nyc_weather_2018.csv')
>>> weather.head()
```

이 데이터는 그림 4.2와 같이 긴 형태의 데이터로 2018년 뉴욕시의 여러 관측소에서 매일 관측한 여러 기상 데이터다.

	date	datatype	station	attributes	value
0	2018-01-01T00:00:00	PRCP	GHCND:US1CTFR0039	,,N,	0.0
1	2018-01-01T00:00:00	PRCP	GHCND:US1NJBG0015	,,N,	0.0
2	2018-01-01T00:00:00	SNOW	GHCND:US1NJBG0015	,,N,	0.0
3	2018-01-01T00:00:00	PRCP	GHCND:US1NJBG0017	,,N,	0.0
4	2018-01-01T00:00:00	SNOW	GHCND:US1NJBG0017	,,N,	0.0

그림 4.2 뉴욕시 기상 데이터

2장에서 DataFrame을 만드는 방법을 다뤘는데, 이는 SQL의 "CREATE TABLE ..."과 같은 pandas 연산이다. 2장과 3장에서 선택과 필터링을 설명할 때 DataFrame을 읽는 것에 초점을 맞췄는데, 이는 SQL의 (열을 선택하는) SELECT와 (부울 기준으로 필터링하는) WHERE에 해당한다. 이러한 기본적은 CRUD 연산 외에도 테이블의 **결합**join이나 **병합**merge의 개념도 존재한다. 이 절에서는 DataFrame 객체에 질의하는 개념과 함께 pandas 구현을 설명한다.

DataFrame 질의하기

pandas는 query() 메시지를 지원하므로 부울 마스크를 사용하지 않고도 복잡한 필터를 쉽게 만들 수 있다. 구문syntax은 SQL의 WHERE와 비슷하다. 이를 설명하고자 관측소 ID US1NY에 대해 SNOW 열의 값이 0보다 큰 모든 행의 기상 데이터를 조회해 보자.

```
>>> snow_data = weather.query(
...     'datatype == "SNOW" and value > 0 '
...     'and station.str.contains("US1NY")'
... )
>>> snow_data.head()
```

각 행은 날짜와 관측소의 조합에 대한 눈 관측 데이터다. 1월 4일의 값이 상당히 다양하다. 일부 관측소에는 다른 곳보다 눈이 더 많이 측정됐다.

	date	datatype	station	attributes	value
114	2018-01-01T00:00:00	SNOW	GHCND:US1NYWC0019	,,N,	25.0
789	2018-01-04T00:00:00	SNOW	GHCND:US1NYNS0007	,,N,	41.0
794	2018-01-04T00:00:00	SNOW	GHCND:US1NYNS0018	,,N,	10.0
798	2018-01-04T00:00:00	SNOW	GHCND:US1NYNS0024	,,N,	89.0
800	2018-01-04T00:00:00	SNOW	GHCND:US1NYNS0030	,,N,	102.0

그림 4.3 눈 관측에 대해 기상 데이터를 질의한 결과

위의 질의는 다음 SQL 문에 해당한다. SELECT *는 테이블(DataFrame)의 모든 열을 선택한다.

```
SELECT * FROM weather
WHERE
  datatype == "SNOW" AND value > 0 AND station LIKE "%US1NY%";
```

2장에서는 같은 결과를 얻고자 부울 마스크를 사용하는 방법(아래 코드)을 배웠다.

```
>>> weather[
...     (weather.datatype == 'SNOW') & (weather.value > 0)
```

```
...          & weather.station.str.contains('US1NY')
... ].equals(snow_data)
True
```

대부분 어떤 방법을 사용할 것인지는 각자의 선호도에 달려 있다. 그러나 DataFrame의 이름이 길면 query() 메서드가 많이 사용된다. 위의 예에서 마스크를 사용하고자 DataFrame의 이름을 세 번이나 입력해야 했다.

DataFrame 병합하기

2장에서 pd.concat() 함수와 append() 메서드를 사용해 DataFrame을 다른 DataFrame 위에 스태킹stacking했던 것은 SQL의 UNION ALL(또는 3장에서처럼 중복을 제거하는 경우에는 UNION)을 실행하는 것과 같다. DataFrame 병합은 행을 기준으로 정렬하는 방법을 다루는 것이다.

데이터베이스에서는 병합merging을 전통적으로 **결합**join이라고 한다. 결합에는 완전 외부 결합(합집합), 왼쪽 결합, 오른쪽 결합, 내부 결합(교집합)과 같이 네 가지 유형이 있다. 이런 결합 유형은 결합의 한쪽에만 있는 값이 어떤 결과로 나타나는지를 결정한다. 이 개념은 시각적으로 쉽게 이해할 수 있다. 기상 데이터를 몇 가지 방식으로 결합하는 것을 벤 다이어그램Venn diagram을 통해 알아보자. 여기서 어두운 부분은 결합 후에 남아 있는 데이터를 나타낸다.

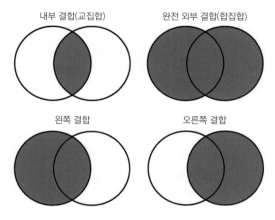

그림 4.4 결합 유형 이해를 위한 벤 다이어그램

우리가 다루고 있는 데이터는 여러 기상 관측소에서 수집된 것이지만 관측소 ID 외에는 관측소에 관해 아는 것이 없다. 뉴욕시에서 같은 날 기상 관측값 간의 불일치를 제대로 이해하려면 관측소가 어디에 있는지 알아야 한다. 그림 4.3에서 눈 데이터를 조회했을 때 1월 4일 관측값에 많은 차이가 있다는 것을 알 수 있었다. 이는 관측소의 위치 때문일 가능성이 크다. 고도가 높거나 더 북쪽에 있는 관측소의 눈 관측값이 더 높을 것이다. 관측소가 뉴욕시에서 얼마나 멀리 떨어져 있는지에 따라 코네티컷^{Connecticut}이나 뉴저지$^{New\ Jersey}$ 북부와 같은 다른 곳에서 더 강한 눈보라를 관측했을 수도 있다.

NCEI API의 stations 종단점은 관측소에 관해 필요한 모든 정보를 제공한다. 이 정보는 weather_stations.csv 파일과 SQLite 데이터베이스의 stations 테이블에 있다. DataFrame에서 이 데이터를 읽어 보자.

```
>>> station_info = pd.read_csv('data/weather_stations.csv')
>>> station_info.head()
```

참고로, 뉴욕시 센트럴 파크는 위도 40.7829°, 경도 −73.9654°에 위치하며, 뉴욕시의 고도는 10미터다. 뉴욕시 데이터를 기록하는 관측소 처음 다섯 곳은 뉴욕에 없다. 뉴저지에 있는 관측소는 뉴욕시 남서쪽에 있으며, 코네티컷에 있는 관측소는 뉴욕시 북동쪽에 있다.

	id	name	latitude	longitude	elevation
0	GHCND:US1CTFR0022	STAMFORD 2.6 SSW, CT US	41.064100	-73.577000	36.6
1	GHCND:US1CTFR0039	STAMFORD 4.2 S, CT US	41.037788	-73.568176	6.4
2	GHCND:US1NJBG0001	BERGENFIELD 0.3 SW, NJ US	40.921298	-74.001983	20.1
3	GHCND:US1NJBG0002	SADDLE BROOK TWP 0.6 E, NJ US	40.902694	-74.083358	16.8
4	GHCND:US1NJBG0003	TENAFLY 1.3 W, NJ US	40.914670	-73.977500	21.6

그림 4.5 기상 관측소 데이터셋

데이터를 결합하려면 데이터를 일치시키는 방법을 지정해야 한다. 기상 DataFrame이 station_info DataFrame과 공통적으로 갖고 있는 유일한 데이터는 관측소 ID다. 그러나 이 정보가 있는 열의 이름은 같지 않다. weather DataFrame에서 이 열의 이름은 station 이지만 station_info DataFrame에서는 id다. 데이터를 결합하기 전에 각 DataFrame에 있는 관측소와 항목의 개수를 먼저 알아보자.

```
>>> station_info.id.describe()
count                   279
unique                  279
top        GHCND:US1NJBG0029
freq                      1
Name: id, dtype: object

>>> weather.station.describe()
count                 78780
unique                  110
top        GHCND:USW00094789
freq                   4270
Name: station, dtype: object
```

두 DataFrame에서 고유한 관측소 수의 차이는 같은 관측소를 모두 포함하고 있지 않다는 것을 뜻한다. 우리가 선택한 결합의 유형에 따라 데이터 일부를 잃을 수도 있다. 따라서 결합 전후 행의 개수를 계산해 보는 것이 중요하다. 행의 개수는 describe()의 **count** 항목에서 확인할 수 있지만 행의 수를 계산하고자 describe() 메서드를 실행할 필요는 없다. 대신 shape 속성을 사용하면 (행의 개수, 열의 개수) 형태의 튜플 값을 얻을 수 있다. 행을 선택하려면 0번째 인덱스의 값(열은 1번째 인덱스)을 취하기만 하면 된다.

```
>>> station_info.shape[0], weather.shape[0] # 0=행, 1=열
(279, 78780)
```

행의 개수를 자주 확인해야 하므로 여러 DataFrame의 행 개수를 반환하는 함수를 작성해
사용하는 것이 좋다. *dfs 인수는 함수의 입력을 튜플로 받으며, 행 개수를 계산하고자
입력을 리스트 컴프리헨션으로 만들어 반복하면 된다.

```
>>> def get_row_count(*dfs):
...     return [df.shape[0] for df in dfs]
>>> get_row_count(station_info, weather)
[279, 78780]
```

이제 78,780행의 기상 데이터와 279행의 역 정보 데이터가 있다는 것을 알게 됐으므로
결합 유형을 살펴보도록 한다. 행 개수를 가장 작게 하는 **내부 결합**inner join부터 알아보
자. 내부 결합에서는 두 DataFrame이 결합하려는 열의 값이 모두 같지 않으면 결합의 결
과는 항상 같다. 내부 결합은 지정한 키 열key column이 일치하는 두 DataFrame의 열을 반
환한다. weather.station 열과 station_info.id 열을 결합할 예정이므로 station_info에
있는 관측소에 대한 기상 데이터만 얻을 수 있다.

merge() 메서드를 사용해 결합하려는 열과 함께 왼쪽과 오른쪽 DataFrame을 지정하면 결
합 연산을 할 수 있다(기본값은 내부 결합이다). 관측소 ID 열의 이름은 DataFrame마다 다르
므로 left_on과 righft_on으로 이름을 지정해야 한다. 왼쪽 DataFrame은 merge()를 호출
하는 DataFrame이며 오른쪽 DataFrame은 인수로 전달되는 DataFrame이다.

```
>>> inner_join = weather.merge(
...     station_info, left_on='station', right_on='id'
... )
>>> inner_join.sample(5, random_state=0)
```

그림 4.6과 같이 station_info DataFrame의 다섯 열이 오른쪽에 추가됐다. 이 결합은
station 열과 id 열을 모두 유지했으며 두 열은 같다.

	date	datatype	station	attributes	value	id	name	latitude	longitude	elevation
10739	2018-08-07T00:00:00	SNOW	GHCND:US1NJMN0069	,,N,	0.0	GHCND:US1NJMN0069	LONG BRANCH 1.7 SSW, NJ US	40.275368	-74.006027	9.4
45188	2018-12-21T00:00:00	TMAX	GHCND:USW00014732	,,W,2400	16.7	GHCND:USW00014732	LAGUARDIA AIRPORT, NY US	40.779440	-73.880350	3.4
59823	2018-01-15T00:00:00	WDF5	GHCND:USW00094741	,,W,	40.0	GHCND:USW00094741	TETERBORO AIRPORT, NJ US	40.850000	-74.061390	2.7
10852	2018-10-31T00:00:00	PRCP	GHCND:US1NJMN0069	T,,N,	0.0	GHCND:US1NJMN0069	LONG BRANCH 1.7 SSW, NJ US	40.275368	-74.006027	9.4
46755	2018-05-05T00:00:00	SNOW	GHCND:USW00014734	,,W,	0.0	GHCND:USW00014734	NEWARK LIBERTY INTERNATIONAL AIRPORT, NJ US	40.682500	-74.169400	2.1

그림 4.6 기상 데이터셋과 관측소 데이터셋의 내부 결합 결과

station 열과 id 열의 중복 정보를 제거하려면 결합하기 전에 두 열 중 한 열의 이름을
바꿔 두 열의 이름을 같게 해야 한다. 두 열의 이름을 같게 하고 on 매개변수에 해당 열
의 이름을 명시하면 된다.

```
>>> weather.merge(
...     station_info.rename(dict(id='station'), axis=1),
...     on='station'
... ).sample(5, random_state=0)
```

결합하려는 열의 이름이 같기 때문에 그림 4.7과 같이 두 열 중 하나만 남게 된다.

	date	datatype	station	attributes	value	name	latitude	longitude	elevation
10739	2018-08-07T00:00:00	SNOW	GHCND:US1NJMN0069	,,N,	0.0	LONG BRANCH 1.7 SSW, NJ US	40.275368	-74.006027	9.4
45188	2018-12-21T00:00:00	TMAX	GHCND:USW00014732	,,W,2400	16.7	LAGUARDIA AIRPORT, NY US	40.779440	-73.880350	3.4
59823	2018-01-15T00:00:00	WDF5	GHCND:USW00094741	,,W,	40.0	TETERBORO AIRPORT, NJ US	40.850000	-74.061390	2.7
10852	2018-10-31T00:00:00	PRCP	GHCND:US1NJMN0069	T,,N,	0.0	LONG BRANCH 1.7 SSW, NJ US	40.275368	-74.006027	9.4
46755	2018-05-05T00:00:00	SNOW	GHCND:USW00014734	,,W,	0.0	NEWARK LIBERTY INTERNATIONAL AIRPORT, NJ US	40.682500	-74.169400	2.1

그림 4.7 결합 후 중복 열을 삭제하고자 결합할 열의 이름을 일치시킨 결과

TIP

on 매개변수나 left_on 및 right_on 매개변수에 열 이름 리스트를 명시하면 여러 열에 대해서도
결합할 수 있다.

station_info DataFrame에는 279개의 관측소가 있지만 기상 데이터에는 110개의 관측소만 있다. 내부 결합을 할 때 기상 관측이 없는 모든 관측소는 삭제된다. 결합할 때 열을 남기려면 왼쪽이나 오른쪽 결합을 해야 한다. **왼쪽 결합**^{left join}에서는 남겨 둘 열이 있는 DataFrame을 왼쪽에, 다른 DataFrame은 오른쪽에 배치해야 한다. **오른쪽 결합**^{right join}은 그 반대다.

```
>>> left_join = station_info.merge(
...     weather, left_on='id', right_on='station', how='left'
... )
>>> right_join = weather.merge(
...     station_info, left_on='station', right_on='id',
...     how='right'
... )
>>> right_join[right_join.datatype.isna()].head() # null값을 확인한다
```

다른 DataFrame에서 남길 행에 해당하는 열에 데이터가 없다면 null 값으로 채워진다. 일부 관측소에 기상 데이터가 없는 이유를 조사해야 할 수도 있다. 또는 관측소별로 활용할 수 있는 데이터를 알아보고자 데이터를 분석하는 것일 수 있으므로 null 값이 반드시 문제가 되는 것은 아니다.

	date	datatype	station	attributes	value	id	name	latitude	longitude	elevation
0	NaN	NaN	NaN	NaN	NaN	GHCND:US1CTFR0022	STAMFORD 2.6 SSW, CT US	41.064100	-73.577000	36.6
344	NaN	NaN	NaN	NaN	NaN	GHCND:US1NJBG0001	BERGENFIELD 0.3 SW, NJ US	40.921298	-74.001983	20.1
345	NaN	NaN	NaN	NaN	NaN	GHCND:US1NJBG0002	SADDLE BROOK TWP 0.6 E, NJ US	40.902694	-74.083358	16.8
718	NaN	NaN	NaN	NaN	NaN	GHCND:US1NJBG0005	WESTWOOD 0.8 ESE, NJ US	40.983041	-74.015858	15.8
719	NaN	NaN	NaN	NaN	NaN	GHCND:US1NJBG0006	RAMSEY 0.6 E, NJ US	41.058611	-74.134068	112.2

그림 4.8 내부 결합이 아니면 null 값이 생길 수 있다

왼쪽 결합에서 station_info DataFrame을 왼쪽에, 오른쪽 결합에서는 오른쪽에 놓았기 때문에 두 결과는 같다. 두 경우 모두 station_info DataFrame에 있는 모든 관측소를 남겼으므로 그림 4.8과 같이 기상 관측값에 null이 채워진다. 두 결과가 같다는 것을 증명하고자 열을 같은 순서로 정렬하기 위해 인덱스를 재설정하고 데이터를 정렬한 후 비교

한다.

```
>>> left_join.sort_index(axis=1)\
...     .sort_values(['date', 'station'], ignore_index=True)\
...     .equals(right_join.sort_index(axis=1).sort_values(
...         ['date', 'station'], ignore_index=True
...     ))
True
```

기상 관측값이 없는 모든 관측소의 데이터가 남도록 왼쪽 결합과 오른쪽 결합을 했기에
행이 추가됐다.

```
>>> get_row_count(inner_join, left_join, right_join)
[78780, 78949, 78949]
```

마지막 결합은 **완전 외부 결합**full outer join으로 두 DataFrame에 값의 존재 여부에 상관없이
모든 값이 남게 된다. 예를 들어 뉴욕시를 측정하는 관측소는 특정 ID가 있을 것이라고
생각하고 관측소 ID를 US1NY로 조회했다고 해보자. 이때 내부 결합의 경우 코네티컷과
뉴저지 관측소의 데이터가 삭제되지만, 왼쪽/오른쪽 결합에서는 관측소 정보나 기상 데
이터가 삭제된다. 외부 결합은 모든 데이터가 남는다. 또한 indicator=True를 사용하면
결과 DataFrame에 각 행이 어느 DataFrame에서 왔는지 알려 주는 열을 추가할 수 있다.

```
>>> outer_join = weather.merge(
...     station_info[station_info.id.str.contains('US1NY')],
...     left_on='station', right_on='id',
...     how='outer', indicator=True
... )

# 외부 결합의 결과 확인
>>> pd.concat([
...     outer_join.query(f'_merge == "{kind}"')\
...     .sample(2, random_state=0)
...     for kind in outer_join._merge.unique()
... ]).sort_index()
```

260

그림 4.9에서 인덱스 **23634**와 **25734**의 데이터는 뉴욕 관측소에서 온 것으로 해당 관측소에 관한 정보를 제공한다. 인덱스 **60645**와 **70764**는 관측소 ID에 US1NY가 없는 관측소 데이터이므로 관측소 정보 열의 값이 null이다. 맨 아래 두 줄은 뉴욕시의 기상 관측값을 제공하지 않는 뉴욕의 관측소다. 이 결합은 모든 데이터를 남기므로 내부 결합과는 달리 null 값이 있는 경우가 많다.

	date	datatype	station	attributes	value	id	name	latitude	longitude	elevation	_merge
23634	2018-04-12T00:00:00	PRCP	GHCND:US1NYNS0043	,,N,	0.0	GHCND:US1NYNS0043	PLAINVIEW 0.4 ENE, NY US	40.785919	-73.466873	56.7	both
25742	2018-03-25T00:00:00	PRCP	GHCND:US1NYSF0061	,,N,	0.0	GHCND:US1NYSF0061	CENTERPORT 0.9 SW, NY US	40.891689	-73.383133	53.6	both
60645	2018-04-16T00:00:00	TMIN	GHCND:USW00094741	,,W,	3.9	NaN	NaN	NaN	NaN	NaN	left_only
70764	2018-03-23T00:00:00	SNWD	GHCND:US1NJHD0002	,,N,	203.0	NaN	NaN	NaN	NaN	NaN	left_only
78790	NaN	NaN	NaN	NaN	NaN	GHCND:US1NYQN0033	HOWARD BEACH 0.4 NNW, NY US	40.662099	-73.841345	2.1	right_only
78800	NaN	NaN	NaN	NaN	NaN	GHCND:US1NYWC0009	NEW ROCHELLE 1.3 S, NY US	40.904000	-73.777000	21.9	right_only

그림 4.9 모든 데이터가 유지되는 외부 결합

위에 설명한 결합은 아래 SQL 문과 같다. 여기서 적절한 결합을 위해 <JOIN TYPE>을 (INNER) JOIN이나 LEFT JOIN, RIGHT JOIN, 또는 FULL OUTER JOIN으로만 바꾸면 된다.

```
SELECT *
FROM left_table
<JOIN_TYPE> right_table
ON left_table.<col> == right_table.<col>;
```

DataFrame을 결합하면 3장의 지저분한 데이터를 더 쉽게 다룰 수 있다. 우리는 서로 다른 2개의 관측소 데이터를 갖고 있다. 하나는 유효한 관측소 ID가 있으며, 다른 하나는 ?다. ? 관측소만 눈에 해당하는 물의 양(WESF)을 기록하고 있었다. 이제 DataFrame 결합에 대해 알게 됐으므로 유효한 관측소 ID의 데이터를 날짜가 없는 ? 관측소 데이터와 결합할 수 있다. 먼저, CSV 파일에서 데이터를 읽고 date 열을 인덱스로 설정해야 한다. 적설량 열(SNWD)의 대부분 값이 (눈이 내렸든 안 내렸든 간에) 무한대여서 유용하지 않았기 때문에 SNWD 열과 중복값을 삭제한다.

```
>>> dirty_data = pd.read_csv(
...     'data/dirty_data.csv', index_col='date'
... ).drop_duplicates().drop(columns='SNWD')
>>> dirty_data.head()
```

그림 4.10과 같이 지저분한 데이터로 시작한다.

date	station	PRCP	SNOW	TMAX	TMIN	TOBS	WESF	inclement_weather
2018-01-01T00:00:00	?	0.0	0.0	5505.0	-40.0	NaN	NaN	NaN
2018-01-02T00:00:00	GHCND:USC00280907	0.0	0.0	-8.3	-16.1	-12.2	NaN	False
2018-01-03T00:00:00	GHCND:USC00280907	0.0	0.0	-4.4	-13.9	-13.3	NaN	False
2018-01-04T00:00:00	?	20.6	229.0	5505.0	-40.0	NaN	19.3	True
2018-01-05T00:00:00	?	0.3	NaN	5505.0	-40.0	NaN	NaN	NaN

그림 4.10 3장의 지저분한 데이터

이제 각 관측소에 대한 DataFrame을 만들어야 한다. 출력되는 내용을 줄이고자 일부 추가 열을 삭제한다.

```
>>> valid_station = dirty_data.query('station != "?"')\
...     .drop(columns=['WESF', 'station'])
>>> station_with _wesf = dirty_data.query('station == "?"')\
...     .drop(columns=['station', 'TOBS', 'TMIN', 'TMAX'])
```

이번에는 결합하려는 열(날짜)이 실제로 인덱스이므로 왼쪽 DataFrame에서 사용할 열이 인덱스라는 것을 명시하고자 left_index 인수를 사용하고, 그런 다음 오른쪽 DataFrame에 대해서도 같은 작업을 하고자 right_index를 사용한다. 유효한 관측소의 모든 행이 남도록 왼쪽 결합을 하고 가능하다면 ? 관측소의 관측값으로 WESF의 값을 대체한다.

```
>>> valid_station.merge(
...     station_with _wesf, how='left',
...     left_index=True, right_index=True
... ).query('WESF > 0').head()
```

그림 4.11과 같이 DataFrame에 결합 일부가 아니지만, 공통으로 존재하는 모든 열이 두 가지 형태로 존재한다. 왼쪽 DataFrame에서 온 열은 이름 뒤에 _x 접미사가 붙으며 오른쪽 DataFrame에서 온 열의 이름에는 접미사 _y가 붙는다.

date	PRCP_x	SNOW_x	TMAX	TMIN	TOBS	inclement_weather_x	PRCP_y	SNOW_y	WESF	inclement_weather_y
2018-01-30T00:00:00	0.0	0.0	6.7	-1.7	-0.6	False	1.5	13.0	1.8	True
2018-03-08T00:00:00	48.8	NaN	1.1	-0.6	1.1	False	28.4	NaN	28.7	NaN
2018-03-13T00:00:00	4.1	51.0	5.6	-3.9	0.0	True	3.0	13.0	3.0	True
2018-03-21T00:00:00	0.0	0.0	2.8	-2.8	0.6	False	6.6	114.0	8.6	True
2018-04-02T00:00:00	9.1	127.0	12.8	-1.1	-1.1	True	14.0	152.0	15.2	True

그림 4.11 다른 관측소 간의 기상 데이터를 병합한 결과

접미사 매개변수로 접미사를 지정할 수 있다. ? 관측소에만 접미사를 사용해 보자.

```
>>> valid_station.merge(
...     station_with _wesf, how='left',
...     left_index=True, right_index=True,
...     suffixes=('', '_?')
... ).query('WESF > 0').head()
```

왼쪽 접미사에는 빈 문자를 지정했기에 왼쪽 DataFrame의 열 이름은 그림 4.12와 같이 원래 이름이 그대로 유지된다. 그러나 오른쪽 DataFrame의 열 이름에는 오른쪽 접미사_? 가 추가됐다.

date	PRCP	SNOW	TMAX	TMIN	TOBS	inclement_weather	PRCP_?	SNOW_?	WESF	inclement_weather_?
2018-01-30T00:00:00	0.0	0.0	6.7	-1.7	-0.6	False	1.5	13.0	1.8	True
2018-03-08T00:00:00	48.8	NaN	1.1	-0.6	1.1	False	28.4	NaN	28.7	NaN
2018-03-13T00:00:00	4.1	51.0	5.6	-3.9	0.0	True	3.0	13.0	3.0	True
2018-03-21T00:00:00	0.0	0.0	2.8	-2.8	0.6	False	6.6	114.0	8.6	True
2018-04-02T00:00:00	9.1	127.0	12.8	-1.1	-1.1	True	14.0	152.0	15.2	True

그림 4.12 결합에 사용되지 않는 열 이름에 접미사를 붙인 결과

인덱스를 기준으로 결합하는 경우 더 쉬운 방법은 merge() 대신 join()을 사용하는 것이다. 또한 기본값은 내부 결합이지만 결합 방식은 merge()와 같이 how 매개변수로 지정

할 수 있다. join() 메서드는 항상 왼쪽 DataFrame의 인덱스를 기준으로 결합하지만 on 매개변수로 열 이름을 지정하면 오른쪽 DataFrame의 열을 기준으로 결합할 수 있다. 왼쪽 DataFrame의 접미사는 lsuffix로 지정할 수 있고, 오른쪽은 rsuffix를 사용하면 된다. 이 방법의 결과는 그림 4.12와 같다.

```
>>> valid_station.join(
...     station_with _wesf, how='left', rsuffix='_?'
... ).query('WESF > 0').head()
```

한 가지 명심해야 할 중요한 점은 결합이 더 자원을 많이 사용하므로 결합을 하기 전에 행에 어떤 일이 발생할지 미리 알아보는 것이 좋다. 어떤 결합을 해야 할지 아직 모른다면 지금부터 설명하는 내용이 도움이 될 것이다. 결합 유형을 파악하려면 결합하려는 인덱스에 **집합 연산**set operation을 사용하면 된다.

집합set의 수학적 정의는 특정 조건에 맞게 대상을 확실히 구별할 수 있는 원소들의 모임이다. 정의에 따르면 인덱스는 집합이다. 집합 연산은 보통 벤 다이어그램으로 설명한다.

교집합   합집합   차집합

그림 4.13 집합 연산

NOTE

> 집합은 파이썬 표준 라이브러리에서 사용할 수 있는 데이터 유형이다. 집합은 주로 리스트에서 중복 데이터를 제거하고자 사용된다. 파이썬의 집합에 대한 자세한 내용은 이 URL(https://docs.python. org/3/library/stdtypes.html#set-types-set-frozenset)의 문서를 참고한다.

집합 연산을 알아보고자 weather와 station_info DataFrame을 사용해 보자. 먼저, 결합 연산에 사용할 인덱스를 열로 설정한다.

```
>>> weather.set_index('station', inplace=True)
>>> station_info.set_index('id', inplace=True)
```

내부 결합을 하면 어떤 데이터가 남을지 보고자 인덱스에 **교집합**intersection 연산을 한다. 결과는 중복되는 관측소에 해당하는 인덱스다.

```
>>> weather.index.intersection(station_info.index)
Index(['GHCND:US1CTFR0039', ..., 'GHCND:USW1NYQN0029'],
      dtype='object', length=110)
```

내부 결합을 했을 때 봤던 것처럼 기상 관측값이 있는 관측소에 대한 관측소 정보만 얻었다. 그러나 이 결과에서는 우리가 어떤 정보를 잃었는지 알 수가 없으므로 **차집합**difference 연산을 해 두 번째 인덱스는 없으면서 첫 번째 인덱스에만 있는 값을 찾아야 한다. 차집합 연산을 보면 내부 결합을 했을 때 기상 데이터의 모든 행이 남지만, 기상 관측값이 없는 169개의 관측소 데이터는 사라진다.

```
>>> weather.index.difference(station_info.index)
Index([], dtype='object')

>>> station_info.index.difference(weather.index)
Index(['GHCND:US1CTFR0022', ..., 'GHCND:USW00014786'],
      dtype='object', length=169)
```

위 코드 결과를 보면 왼쪽 결합과 오른쪽 결합이 어떻게 될지 알 수 있다. 행을 삭제하지 않으려면 결합과 같은 쪽(왼쪽 결합에서는 왼쪽, 오른쪽 결합에서는 오른쪽)에 station_info DataFrame을 놔야 한다.

> **TIP**
>
> 결합과 관련된 DataFrame의 인덱스에 symmetric_difference() 메서드를 사용하면 양쪽 모두에서 어떤 것이 삭제되는지 알 수 있다: index_1.symmetric_difference(index_2). 그 결과는 한쪽의 인덱스에만 있는 값이 된다. 예는 노트북에서 확인할 수 있다.

마지막으로, **합집합**^{union} 연산을 통해 완전 외부 결합을 하면 남게 되는 모든 값을 확인할 수 있다. weather DataFrame에는 일일 측정값을 제공해서 전체에 걸쳐 반복되는 관측소가 있으므로 unique() 메서드를 사용하면 남게 되는 관측소 개수를 확인할 수 있다.

```
>>> weather.index.unique().union(station_info.index)
Index(['GHCND:US1CTFR0022', ..., 'GHCND:USW00094789'],
      dtype='object', length=279)
```

집합 연산 및 pandas와 SQL을 비교한 관련 자료는 '참고 자료' 절에서 확인할 수 있다. 이제 데이터 강화를 알아보자.

데이터 강화를 위한 DataFrame 연산

지금까지 DataFrame 객체에 질의하고 병합하는 방법을 알아봤다. 이제 열과 행을 만들고 수정하기 위한 복잡한 연산 방법을 알아보도록 한다. 이 절에서는 2018년 페이스북의 일일 주식 거래량, 시가, 고가, 저가, 종가 데이터와 함께 기상 데이터를 분석하는 2-dataframe_operations.ipynb 노트북을 사용한다. 필요한 라이브러리를 임포트하고 데이터를 읽는다.

```
>>> import numpy as np
>>> import pandas as pd

>>> weather = pd.read_csv(
...     'data/nyc_weather_2018.csv', parse_dates=['date']
... )
>>> fb = pd.read_csv(
...     'data/fb_2018.csv', index_col='date', parse_dates=True
... )
```

전체 행과 열을 요약하는 연산을 다시 살펴보고 행과 열에 함수를 적용하는 데이터 이산화와(이동 평균과 같이) 특정 개수의 관측값에 대해 한 번씩 데이터를 요약하는 윈도우 계산을 알아보도록 한다.

산술과 통계

pandas는 통계 계산과 비교^{comparison}, 절삭^{floor division}1, 나머지^{modulo} 연산을 포함하는 수학적 연산을 위해 다양한 메서드를 제공한다. 이런 메서드는 (DataFrame 객체에서) 계산하려는 축을 지정할 방법을 제공해 DataFrame 객체에 대한 연산에 많은 유연성을 제공한다. 기본적으로 단일 데이터 유형을 갖는 일변량^{single variable} 관측값에 대한 열(axis=1이나 axis='columns')에 대해 계산한다. 그러나 행에 대해 계산하려면 axis=0이나 axis='index'을 사용해야 한다.

이 절에서는 이런 몇 가지 메서드를 사용해 새 열을 만들고 데이터를 수정해 초기 결론을 도출하는 방법을 알아본다. 연산 함수 전체 목록은 이 URL(https://pandas.pydata.org/pandas-docs/stable/reference/series.html#binary-operator-functions)에서 확인할 수 있다.

먼저, 페이스북 주식 거래량에 대한 Z-점수 열을 만들고, 이 열을 사용해 Z-점수가 Z-점수의 절대값보다 3보다 큰 날을 찾아보자. 이 값들은 평균에서 표준편차의 3배 값인 3 시그마 밖에 있는 값으로 (데이터에 따라) 비정상^{abnormal}일 수 있다. Z-점수는 평균을 뺀 후 표준편차로 나눈 값이라고 1장에서 설명했다. 뺄셈과 나눗셈을 수학 연산자를 사용하지 않고 sub()와 div() 메서드를 사용한다.

```
>>> fb.assign(
...     abs_z_score_volume=lambda x: x.volume \
...         .sub(x.volume.mean()).div(x.volume.std()).abs()
... ).query('abs_z_score_volume > 3')
```

2018년 거래량의 Z-점수가 Z-점수의 절대값 3배보다 큰 날은 5일이었다. 특히 이 날짜는 페이스북 주가에 몇 가지 문제가 있다는 것을 알려 주므로 앞으로 자주 언급될 것이다.

---

1 나눗셈 연산에서 나뉠 수(dividend)를 약수(divisor)로 나눌 때 몫을 계산하는 함수(//) 또는 math.floor()로 Python에서는 몫 이하의 최대 정수를 구하는 방법이다. 예를 들어 10 // 3 = 3, 10 // -3 = -4, -10 // 3 = -3이다. - 옮긴이

date	open	high	low	close	volume	abs_z_score_volume
2018-03-19	177.01	177.17	170.06	172.56	88140060	3.145078
2018-03-20	167.47	170.20	161.95	168.15	129851768	5.315169
2018-03-21	164.80	173.40	163.30	169.39	106598834	4.105413
2018-03-26	160.82	161.10	149.02	160.06	126116634	5.120845
2018-07-26	174.89	180.13	173.75	176.26	169803668	7.393705

그림 4.14 Z-점수 열을 추가한 결과

다른 유용한 두 메서드는 rank()와 pct_change()로 열의 값에 순위를 매기고 (새로운 열에 저장하며) 기간별 백분율을 각각 계산한다. 두 메서드를 사용하면 5일 단위로 비교해 보면 페이스북의 5일간 주식 거래량이 가장 크게 변한 기간을 알 수 있다.

```
>>> fb.assign(
...     volume_pct_change=fb.volume.pct_change(),
...     pct_change_rank=lambda x: \
...         x.volume_pct_change.abs().rank(ascending=False)
... ).nsmallest(5, 'pct_change_rank')
```

거래량이 가장 크게 변한 날은 2018년 1월 12일로, 2018년 주식시장을 크게 뒤흔든 페이스북 스캔들이 있었던 날 중 하나(https://www.cnbc.com/2018/11/20/facebooks-scandals-in-2018-effect-on-stock.html)와 일치한다. 이날은 페이스북이 사용자가 팔로우하는 브랜드 페이지의 뉴스 피드news feed보다 친구들의 내용을 우선시하도록 알고리듬을 변경하겠다고 발표한 날이다.[2] 페이스북 수익의 상당 부분이 광고에서 나온다는 점(2017년 89% 차지, 출처: https://www.investopedia.com/ask/answers/120114/how-does-facebook-fb-make-money.asp)을 고려하면 거래량이 급감하면서 주가가 하락해 많은 사람이 주식을 매도하면서 공황 상태에 빠졌다.

---

2   관련 내용은 [페이스북] 2018 뉴스 피드 알고리듬 변경 선언, 그 후?(http://sonet.kr/1156/) 참조 - 옮긴이

date	open	high	low	close	volume	volume_pct_change	pct_change_rank
2018-01-12	178.06	181.48	177.40	179.37	77551299	7.087876	1.0
2018-03-19	177.01	177.17	170.06	172.56	88140060	2.611789	2.0
2018-07-26	174.89	180.13	173.75	176.26	169803668	1.628841	3.0
2018-09-21	166.64	167.25	162.81	162.93	45994800	1.428956	4.0
2018-03-26	160.82	161.10	149.02	160.06	126116634	1.352496	5.0

그림 4.15 거래량 변화 백분율 변화에 따른 거래일에 순위를 매긴 결과

슬라이싱을 사용해 이 발표를 둘러싼 기간의 변화를 살펴보자.

```
>>> fb['2018-01-11':'2018-01-12']
```

지금까지 배웠던 모든 것을 사용해 데이터에서 흥미로운 통찰력을 이끌어 내자. 페이스북의 1년 치 주식 데이터를 훑어보면 주가에 (좋거나 나쁜) 영향을 크게 미친 날을 찾을 수 있다.

date	open	high	low	close	volume
2018-01-11	188.40	188.40	187.38	187.77	9588587
2018-01-12	178.06	181.48	177.40	179.37	77551299

그림 4.16 뉴스 피드 알고리듬을 바꾸겠다고 발표한 날 전후의 페이스북 주가 데이터

마지막으로, 집계 부울 연산^{aggregated Boolean operation}으로 DataFrame을 조사할 수 있다. 예를 들어, any() 메서드를 사용하면 2018년 페이스북의 일일 저가가 215달러를 넘어선 날이 없다는 것을 알 수 있다.

```
>>> (fb > 215).any()
open      True
high      True
low       False
```

```
close           True
volume          True
dtype: bool
```

all() 메서드를 사용하면 열의 모든 행이 어떤 기준을 충족하는지 확인할 수 있다. 2018년 페이스북의 시가, 고가, 저가, 종가 모두 적어도 하루는 215달러 이하였다는 것을 알수 있다.

```
>>> (fb > 215).all()
open            False
high            False
low             False
close           False
volume          True
dtype: bool
```

이제 any()와 all() 메서드 예제에서 215달러와 같이 특정값을 사용하지 않고 데이터를 나눌 수 있는 데이터 이산화에 대해 알아보도록 한다.

데이터 이산화

때로는 특정값보다는 범주로 작업하는 것이 더 편리하다. 예를 들면 연령대로 작업하는 것으로 25세와 26세를 비교하는 것처럼 각 연령대의 데이터를 비교하기보다는 25~34세의 그룹과 35~44세의 그룹을 비교해야 할 수 있다. 데이터에서 관측값을 동일 간격의 구간으로 나누는 것을 데이터 **구간화**binning 또는 discretizing(연속값을 이산값으로 바꾸는 것)라고 한다. 이를 통해 데이터가 취할 수 있는 값의 개수를 대폭 줄여 분석을 쉽게 할 수 있다.

> **NOTE**
>
> 데이터를 데이터 이산화하면 특정 부분의 분석이 쉬워지지만, 세분화가 줄어들어 해당 필드의 정보도 줄어든다.

거래량으로 할 수 있는 한 가지 흥미로운 일은 거래량이 많았던 날을 확인하고 해당 날짜의 페이스북 관련 뉴스나 가격 변동을 찾아보는 것이다. 불행하게도 거래량이 이틀 동안 같을 가능성은 거의 없다. 실제로 데이터에서 이틀 동안 거래량이 같았던 때는 없다는 것을 확인할 수 있다.

```
>>> (fb.volume.value_counts() > 1).sum()
0
```

fb.volume.value_counts()는 volume 열 각 고유값의 발생 횟수를 반환한다. 그런 다음 이 횟수가 1보다 큰지 확인하고자 부울 마스크를 만들고 부울 값(True이면 1이고 False는 0이다)의 합을 계산한다. 그렇지 않으면 sum() 대신 any()를 사용할 수 있다. 이 결과는 volume 열에서 한 번 이상 발생한 고유값의 개수가 아니라 한 거래량이 두 번 이상 발생했으면 True, 그렇지 않으면 False다.

거래량이 많은 날을 보기 위한 거래량의 범위를 만들어야 하지만 어떤 범위가 좋은지 어떻게 알 수 있을까? 한 가지 방법은 값을 기준으로 데이터 이산화하는 pd.cut() 함수를 사용하는 것이다. 먼저, 몇 개의 구간을 만들 것인지 결정해야 한다. 거래량에 대한 구간을 적음low, 중간med, 많음high으로 명명할 수 있으므로 3개로 나누는 것이 좋아 보인다. 다음으로 각 구간의 간격width을 결정해야 한다. pandas는 이 과정을 가능한 한 쉽게 처리하므로 동일 간격의 구간을 원한다면 원하는 구간의 개수를 지정해야 한다(그렇지 않으면 각 간격에 대한 상한을 리스트로 지정해야 한다).

```
>>> volume_binned = pd.cut(
...     fb.volume, bins=3, labels=['low', 'med', 'high']
... )
>>> volume_binned.value_counts()
low     240
med       8
high      3
Name: volume, dtype: int64
```

TIP

> 위 예에서는 각 구간에 대한 이름(label)을 지정했다. 이름을 지정하지 않는다면 각 구간은 응용 프로그램에 따라 우리에게 도움이 되거나 되지 않을 수도 있는 구간이 포함하는 값의 간격에 따라 이름이 만들어진다. 값에 이름을 지정한 다음 구간을 보려면 `pd.cut()`을 호출할 때 `retbins=True`를 전달하면 된다. 그런 다음 반환되는 튜플에서 구간으로 나뉜 데이터는 첫 번째 원소로, 구간의 간격은 두 번째 원소로 접근할 수 있다.

거래일의 많은 부분이 거래량 낮음low-volume 구간에 있는 것처럼 보인다. 최소 거래량과 최대 거래량 간의 범위를 균등하게 나눴기 때문에 이 모든 것이 상대적이다. 거래량이 많은 3일간의 데이터를 살펴보자.

```
>>> fb[volume_binned == 'high']\
...     .sort_values('volume', ascending=False)
```

거래량이 많았던 날 중에서 2018년 7월 26일의 거래량이 3월의 다른 두 날과 비교해 더 많은 거래량을 기록했다(거의 4,000만 주가 더 많이 거래됐다).

	open	high	low	close	volume
date					
2018-07-26	174.89	180.13	173.75	176.26	169803668
2018-03-20	167.47	170.20	161.95	168.15	129851768
2018-03-26	160.82	161.10	149.02	160.06	126116634

그림 4.17 거래량 많음 구간 날짜의 페이스북 주가 데이터

실제로 검색 엔진에서 2018년 7월 26일 페이스북 주가를 검색해 보면 페이스북이 7월 25일 장 마감 후 실적과 실망스러운 사용자 성장세를 발표했고, 이후 많은 시간 외 매도가 뒤따랐다는 것을 알 수 있다. 다음 날 아침 장이 시작되자 주가는 25일 종가 217.50달러에서 26일 시가 174.89달러로 떨어졌다. 이 데이터를 확인해 보자.

```
>>> fb['2018-07-25':'2018-07-26']
```

주가가 크게 하락했을 뿐 아니라 거래량도 1억 주 이상 급증했다. 이 사태로 인해 페이스북의 시가총액은 약 1,200억 달러 증발했다(https://www.marketwatch.com/story/facebook-stock-crushed-after-revenue-user-growth-miss-2018-07-25).

	open	high	low	close	volume
date					
2018-07-25	215.715	218.62	214.27	217.50	64592585
2018-07-26	174.890	180.13	173.75	176.26	169803668

그림 4.18 2018년 거래량이 가장 많이 급증했던 날의 페이스북 주가 데이터

거래량이 많았던 다른 두 날을 살펴보면 그 이유를 충분히 알 수 있다. 두 날 모두 페이스북 스캔들로 얼룩졌다. 2018년 3월 17일 토요일 케임브리지 애널리티카Cambridge Analytica 정보 유출 사건[3]이 발생했지만 19일 월요일 아침까지 이 정보로 인한 거래는 발생하지 않았다.

```
>>> fb['2018-03-16':'2018-03-20']
```

사건의 심각성과 관련해 다음 날 더 많은 정보가 공개되면서 상황은 더 나빠졌다.

	open	high	low	close	volume
date					
2018-03-16	184.49	185.33	183.41	185.09	24403438
2018-03-19	177.01	177.17	170.06	172.56	88140060
2018-03-20	167.47	170.20	161.95	168.15	129851768

그림 4.19 케임브리지 애널리티카 스캔들이 발생했을 때의 페이스북 주가 데이터

---

3 케임브리지 애널리티카 회사가 수백만 페이스북 가입자의 프로필을 그들의 동의 없이 수거해서 정치적 선전을 하려는 목적으로 사용했다는 사실이 세상에 밝혀지면서 일어난 사회적 물의 및 정치적 논쟁이다(출처: 위키피디아(https://bit.ly/3olsgK5)). – 옮긴이

거래량이 많았던 세 번째 날(2018년 3월 26일)에는 미국 연방거래위원회^{FTC, Federal Trade} ^{Commission}에서 케임브리지 애널리티카 스캔들에 대한 조사가 시작돼 페이스북에 대한 고민은 계속됐다(https://www.cnbc.com/2018/03/26/ftc-confirms-facebook-data-breach-investigation.html).

중간 거래량 구간의 날짜를 보면 위에서 언급한 세 가지 사건과 관련된 날이 많은 것을 알 수 있다. 이는 처음에 구간을 만든 방법에 대해 고민하게 만든다. 아마도 같은 간격의 구간은 답이 아니었을까? 많은 날의 거래량은 거의 비슷했다. 그러나 며칠 간의 구간 간격이 다소 커져 구간당 일수에 심한 불균형이 발생했다.

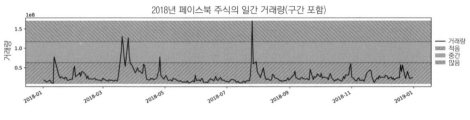

그림 4.20 등간격 구간 시각화

pd.qcut() 함수를 사용해 같은 간격의 분위수를 기반으로 구간을 나누면 구간마다 같은 수의 관측값을 넣을 수 있다. 거래량을 사분위수 구간으로 나누면 가변 간격으로 관측 값을 균등하게 넣을 수 있는데 **q4** 구간에는 거래량이 가장 많은 날이 63일이 있다.

```
>>> volume_qbinned = pd.qcut(
...     fb.volume, q=4, labels=['q1', 'q2', 'q3', 'q4']
... )
>>> volume_qbinned.value_counts()
q1    63
q2    63
q4    63
q3    62
Name: volume, dtype: int64
```

이제 거래량의 구간 간격은 그림 4.21과 같이 더는 같지 않다.

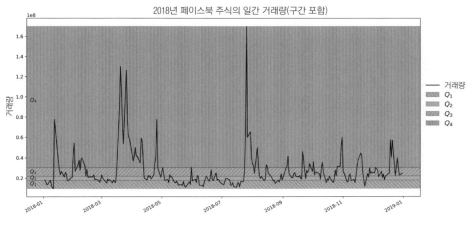

2018년 페이스북 주식의 일간 거래량(구간 포함)

그림 4.21 사분위 간격 구간 시각화

함수 적용하기

지금까지 데이터에 취한 작업 대부분은 열을 기준으로 한 연산이었다. apply() 메서드
를 사용하면 DataFrame의 모든 열에 같은 코드를 실행할 수 있다. 이 연산은 원 데이터를
덮어쓰지 않는다.

시작하기 전에 센트럴 파크 관측소의 기상 데이터를 분리하고 데이터를 피보팅한다.

```
>>> central_park_weather = weather.query(
...     'station == "GHCND:USW00094728"'
... ).pivot(index='date', columns='datatype', values='value')
```

센트럴 파크의 2018년 10월 TMIN(최저기온), TMAX(최고 기온), PRCP(강수량) 관측값의 Z-점
수를 계산해 보자. 1년에 걸친 Z-점수를 계산하지 않는 것이 중요하다. 뉴욕시에는 사
계절이 있으며 일상적인 날씨는 어떤 계절을 보느냐에 따라 다를 것이다. 계산을 10월

로 한정하면 10월에 날씨가 매우 다른 날이 있었는지 확인할 수 있다.

```
>>> oct_weather_z_scores = central_park_weather\
...     .loc['2018-10', ['TMIN', 'TMAX', 'PRCP']]\
...     .apply(lambda x: x.sub(x.mean()).div(x.std()))
>>> oct_weather_z_scores.describe().T
```

그림 4.22와 같이 TMIN과 TMAX는 10월의 다른 날과 비교해 크게 다른 값은 없는 것처럼 보이지만 PRCP는 그렇지 않다.

datatype	count	mean	std	min	25%	50%	75%	max
TMIN	31.0	-1.790682e-16	1.0	-1.339112	-0.751019	-0.474269	1.065152	1.843511
TMAX	31.0	1.951844e-16	1.0	-1.305582	-0.870013	-0.138258	1.011643	1.604016
PRCP	31.0	4.655774e-17	1.0	-0.394438	-0.394438	-0.394438	-0.240253	3.936167

그림 4.22 한 번에 여러 열의 Z-점수 계산한 결과

query()를 사용하면 해당 날의 값을 추출할 수 있다.

```
>>> oct_weather_z_scores.query('PRCP > 3').PRCP
date
2018-10-27      3.936167
Name: PRCP, dtype: float64
```

10월 강수량 요약통계를 보면 10월 27일 강수량이 다른 날보다 많다는 것을 알 수 있다.

```
>>> central_park_weather.loc['2018-10', 'PRCP'].describe()
count    31.000000
mean      2.941935
std       7.458542
min       0.000000
25%       0.000000
50%       0.000000
75%       1.150000
max      32.300000
Name: PRCP, dtype: float64
```

apply() 메서드를 사용하면 열이나 행 전체를 한 번에 벡터 연산을 할 수 있다. 데이터의 모든 열(또는 행)에 대해 해당 연산이 유효하기만 하면 우리가 생각할 수 있는 거의 모든 함수를 쉽게 적용할 수 있다. 예를 들어 앞에서 설명한 pd.cut()과 pd.qcut() 구간 나누기 함수를 사용해 (구간이나 값의 범위를 같게만 한다면) 각 열을 구간으로 나눌 수 있었다. 적용하려는 함수가 벡터 연산을 지원하지 않는 경우 applymap() 메서드를 사용할 수 있다. 그렇지 않으면 np.vectorize()를 사용하면 apply()에 사용할 수 있도록 함수를 벡터화할 수 있다.

pandas는 DataFrame에 반복 적용^{iterate}할 수 있도록 iteritems(), itertuples(), iterrows() 메서드를 포함해 몇 가지 기능을 제공한다. 그러나 다른 해결책을 찾지 못하는 한 이 방법은 사용하지 않는 것이 좋다. pandas와 NumPy는 벡터 연산을 빠르게 할 수 있도록 효율적인 C 언어로 작성됐다. 한 번에 한 원소를 반복하고자 반복문을 작성하면 파이썬이 정수와 실수를 구현하는 방식으로 인해 더 많은 계산량이 필요해진다. 예를 들어 일련의 소수 각 값에 숫자 10을 더하는 간단한 연산을 완료하는 데 걸리는 시간은 iteritems()을 사용할 때 행의 수에 따라 선형적으로 증가하지만, 벡터 연산을 할 때는 행의 수에 상관없이 거의 0에 가깝다.

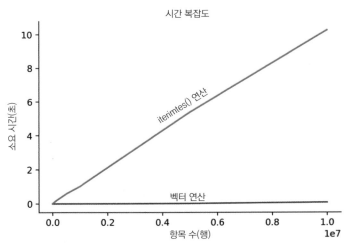

그림 4.23 벡터 연산과 반복 연산 비교

지금까지 사용한 모든 함수와 메서드는 전체 행이나 열을 대상으로 했다. 그러나 때로는 데이터의 일부만 사용하는 윈도우 계산을 해야 할 수도 있다.

윈도우 계산

pandas로 행/열의 윈도우나 범위 단위로 계산할 수 있다. 이 절에서는 이런 윈도우를 만드는 방법을 소개한다. 윈도우의 유형에 따라 데이터를 다르게 볼 수 있다.

이동 윈도우

인덱스의 유형이 DatetimeIndex인 경우 (두 시간(2H)이나 3일(3D)과 같이) 일의 부분으로 윈도우를 지정할 수 있다. 그렇지 않으면 기간을 정수로 지정할 수 있다. 3일 동안 내린 강수량에 관심이 있다고 해보자. 지금까지 배운 것으로 3일간의 강수량을 계산하는 것은 매우 지루할 것이다. 다행히도 rolling() 메서드를 사용하면 이 정보를 쉽게 계산할 수 있다.

```
>>> central_park_weather.loc['2018-10'].assign(
...     rolling_PRCP=lambda x: x.PRCP.rolling('3D').sum()
... )[['PRCP', 'rolling_PRCP']].head(7).T
```

3일 이동합^{rolling sum}을 계산하면 각 날짜에는 해당 날짜와 이틀 전의 강수량 합계가 표시된다.

date datatype	2018-10-01	2018-10-02	2018-10-03	2018-10-04	2018-10-05	2018-10-06	2018-10-07
PRCP	0.0	17.5	0.0	1.0	0.0	0.0	0.0
rolling_PRCP	0.0	17.5	17.5	18.5	1.0	1.0	0.0

그림 4.24 3일 강수량 이동합을 계산한 결과

이동 계산에 날짜를 사용하려는데 인덱스에 날짜가 없다면 `rolling()`을 호출할 때 날짜 열의 이름을 `on` 매개변수로 전달하면 된다. 반대로 행 번호를 정수 인덱스로 사용하려면 윈도우의 크기를 정수로 지정하면 된다. 예를 들면 `rolling(3)`은 3행 윈도우를 뜻한다.

집계를 변경하려면 `rolling()`의 결과에 다른 메서드를 호출하기만 하면 된다. 예를 들어 평균을 계산하려면 `mean()`을 사용하고 최대값을 계산하려면 `max()`를 사용하면 된다. 이동 계산은 한 번에 모든 열에 적용할 수 있다.

```
>>> central_park_weather.loc['2018-10']\
...     .rolling('3D').mean().head(7).iloc[:,:6]
```

위의 코드는 그림 4.25와 같이 센트럴 파크에서 측정한 모든 기상 관측값에 대해 3일 이동평균을 계산한다.

datatype date	AWND	PRCP	SNOW	SNWD	TMAX	TMIN
2018-10-01	0.900000	0.000000	0.0	0.0	24.400000	17.200000
2018-10-02	0.900000	8.750000	0.0	0.0	24.700000	17.750000
2018-10-03	0.966667	5.833333	0.0	0.0	24.233333	17.566667
2018-10-04	0.800000	6.166667	0.0	0.0	24.233333	17.200000
2018-10-05	1.033333	0.333333	0.0	0.0	23.133333	16.300000
2018-10-06	0.833333	0.333333	0.0	0.0	22.033333	16.300000
2018-10-07	1.066667	0.000000	0.0	0.0	22.600000	17.400000

그림 4.25 모든 기상 관측값에 대한 3일 이동평균 데이터

열에 대해 다른 집계를 적용하려면 `agg()` 메서드를 사용하면 된다. 열에 대해 수행할 집계를 미리 정의된 함수나 사용자 정의 함수로 지정할 수 있다. 열에 대해 수행할 집계를 열과 집계의 딕셔너리로 전달하기만 하면 된다. 3일 이동 최대기온(TIMAX), 최저기온(TMIN), 평균풍속(AWND), 총 강수량(PRCP)을 계산하고 그 결과를 비교할 수 있도록 원래 데이터에 결합한다.

```
>>> central_park_weather\
...     ['2018-10-01':'2018-10-07'].rolling('3D').agg({
...     'TMAX': 'max', 'TMIN': 'min',
...     'AWND': 'mean', 'PRCP': 'sum'
... }).join( # 비교를 위해 원본 데이터와 결합한다.
...     central_park_weather[['TMAX', 'TMIN', 'AWND', 'PRCP']],
...     lsuffix='_rolling'
... ).sort_index(axis=1) # 원 데이터에 이동 계산 결과를 추가한다.
```

agg()를 사용하면 각 열에 다른 이동집계를 계산할 수 있다.

date	AWND	AWND_rolling	PRCP	PRCP_rolling	TMAX	TMAX_rolling	TMIN	TMIN_rolling
2018-10-01	0.9	0.900000	0.0	0.0	24.4	24.4	17.2	17.2
2018-10-02	0.9	0.900000	17.5	17.5	25.0	25.0	18.3	17.2
2018-10-03	1.1	0.966667	0.0	17.5	23.3	25.0	17.2	17.2
2018-10-04	0.4	0.800000	1.0	18.5	24.4	25.0	16.1	16.1
2018-10-05	1.6	1.033333	0.0	1.0	21.7	24.4	15.6	15.6
2018-10-06	0.5	0.833333	0.0	1.0	20.0	24.4	17.2	15.6
2018-10-07	1.1	1.066667	0.0	0.0	26.1	26.1	19.4	15.6

그림 4.26 열마다 다르게 이동 계산한 결과

TIP

약간의 노력을 기울이면 가변 간격의 윈도우를 사용할 수 있다. BaseIndexer의 하위 클래스 (subclass)를 만들어 get_window_bounds() 메서드[4]에 윈도우의 경계(bound)를 결정하는 논리를 제공하거나 pandas.api.indexers 모듈에 미리 정의된 클래스 중 하나를 사용하면 된다. 현재 작업 중인 노트북에는 VariableOffsetWindowIndexer 클래스를 사용해 3 영업일 이동 계산을 하는 예가 있다.

이동 계산에는 함수를 계산하기 위한 슬라이딩 윈도우^{sliding windows}가 있다. 그러나 어떤 경우에는 그 시점까지의 모든 데이터에 대한 함수 결과를 사용해야 하는데 이때 확장 윈도우^{expanding window}를 사용한다.

---

4   자세한 내용은 Pandas Computational tools 문서(https://pandas.pydata.org/pandas-docs/stable/user_guide/computation.html#custom-window-rolling) 참고 – 옮긴이

확장 윈도우

확장 계산expanding calculation은 집계 합수의 누적 값을 계산한다. expanding() 메서드를 사용하면 확장 윈도우로 계산하며, cumsum()이나 cummax()와 같은 메서드는 확장 윈도우를 사용해 계산한다. expanding()을 사용하는 이점은 유연성이다. 미리 정의된 집계에만 국한되지 않으며 계산 전에 기간의 최소 개수(기본값은 1)를 min_periods 매개변수로 지정할 수 있다. 센트럴 파크 기상 데이터에 expanding() 메서드를 사용해 월간 평균 강수량을 계산한다.

```
>>> central_park_weather.loc['2018-06'].assign(
...     TOTAL_PRCP=lambda x: x.PRCP.cumsum(),
...     AVG_PRCP=lambda x: x.PRCP.expanding().mean()
... ).head(10)[['PRCP', 'TOTAL_PRCP', 'AVG_PRCP']].T
```

누적 평균을 계산하는 메서드는 없지만 expanding() 메서드를 사용해 누적 평균을 구할 수 있다. AVG_PRCP 열의 값은 TOTAL_PRCP 열의 값을 계산에 사용된 일수로 나눈 값이다.

date	2018-06-01	2018-06-02	2018-06-03	2018-06-04	2018-06-05	2018-06-06	2018-06-07	2018-06-08	2018-06-09	2018-06-10
datatype										
PRCP	6.9	2.00	6.4	4.10	0.00	0.000000	0.000000	0.000	0.000000	0.30
TOTAL_PRCP	6.9	8.90	15.3	19.40	19.40	19.400000	19.400000	19.400	19.400000	19.70
AVG_PRCP	6.9	4.45	5.1	4.85	3.88	3.233333	2.771429	2.425	2.155556	1.97

그림 4.27 월간 평균 강수량 계산 결과

rolling()에서 했던 것처럼 agg() 메서드를 이용해 열을 기준으로 집계를 할 수 있다. 확장 최고 기온, 최저기온, 평균 풍속, 총 강수량을 계산해 본다. NumPy 함수를 agg()로 전달할 수도 있다.

```
>>> central_park_weather\
...     ['2018-10-01':'2018-10-07'].expanding().agg({
...     'TMAX': np.max, 'TMIN': np.min,
...     'AWND': np.mean, 'PRCP': np.sum
... }).join(
...     central_park_weather[['TMAX', 'TMIN', 'AWND', 'PRCP']],
...     lsuffix='_expanding'
... ).sort_index(axis=1)
```

다시 한 번 비교를 위해 윈도우 계산 결과를 그림 4.28과 같이 원래 데이터에 결합했다.

	AWND	AWND_expanding	PRCP	PRCP_expanding	TMAX	TMAX_expanding	TMIN	TMIN_expanding
date								
2018-10-01	0.9	0.900000	0.0	0.0	24.4	24.4	17.2	17.2
2018-10-02	0.9	0.900000	17.5	17.5	25.0	25.0	18.3	17.2
2018-10-03	1.1	0.966667	0.0	17.5	23.3	25.0	17.2	17.2
2018-10-04	0.4	0.825000	1.0	18.5	24.4	25.0	16.1	16.1
2018-10-05	1.6	0.980000	0.0	18.5	21.7	25.0	15.6	15.6
2018-10-06	0.5	0.900000	0.0	18.5	20.0	25.0	17.2	15.6
2018-10-07	1.1	0.928571	0.0	18.5	26.1	26.1	19.4	15.6

그림 4.28 열마다 다른 확장 윈도우를 계산한 결과

이동 윈도우와 확장 윈도우 모두 계산할 때 윈도우 안에 있는 관측값 모두에 같은 가중값을 두지만 때로는 최근 값에 더 많은 가중값을 둘 수 있다. 한 가지 옵션은 관측값에 지수가중값exponentially weight을 두는 것이다.

지수가중이동 윈도우

pandas는 지수가중이동 윈도우를 계산할 수 있도록 ewm() 메서드를 제공한다. 1장에서 설명했던 것처럼 **지수가중이동평균**EWMA, Exponentially Weighted Moving Average을 사용하면 데이터를 매끄럽게smooth 만들 수 있다. 일일 최고 기온 30일 이동평균과 30일 지수가중이동평균을 비교해 보자. span 인수를 사용하면 지수가중이동평균 계산에 사용할 기간의 수를 지정할 수 있다.

```
>>> central_park_weather.assign(
...     AVG=lambda x: x.TMAX.rolling('30D').mean(),
...     EWMA=lambda x: x.TMAX.ewm(span=30).mean()
... ).loc['2018-09-29':'2018-10-08', ['TMAX', 'EWMA', 'AVG']].T
```

그림 4.29와 같이 이동평균과는 달리 지수가중이동평균은 최근 관측값이 크게 중요하게 작용하므로 10월 7일에 상승한 기온이 이동평균보다 지수가중이동평균에 더 큰 영향을 미쳤다.

date	2018-09-29	2018-09-30	2018-10-01	2018-10-02	2018-10-03	2018-10-04	2018-10-05	2018-10-06	2018-10-07	2018-10-08
datatype										
TMAX	22.200000	21.100000	24.400000	25.000000	23.300000	24.400000	21.700000	20.000000	26.100000	23.300000
EWMA	24.410887	24.197281	24.210360	24.261304	24.199285	24.212234	24.050154	23.788854	23.937960	23.896802
AVG	24.723333	24.573333	24.533333	24.460000	24.163333	23.866667	23.533333	23.070000	23.143333	23.196667

그림 4.29 이동평균으로 데이터 매끄럽게 만들기

TIP

understanding_window_calculations.ipynb 노트북에는 윈도우 함수의 이해를 돕기 위한 상호대화형 시각화가 포함돼 있다. 이를 위해 몇 가지 추가 설정이 필요할 수 있지만 노트북에 설명을 해놨다.

파이프

파이프pipe는 pandas 데이터 구조를 첫 번째 인수로 사용하는 연산을 한꺼번에 연결할 수 있게 한다. 파이프를 사용하면 중첩되고 읽기 어려운 코드를 작성하지 않고도 복잡한 작업을 만들 수 있다. 일반적으로 파이프는 f(g(h(data), 20), x=True)와 같은 것을 다음 코드로 바꿀 수 있어 코드를 읽는 것이 훨씬 쉬워진다.

```
data.pipe(h)\          # 먼저 h(data)를 호출한다.
    .pipe(g, 20)\      # 위치 인수가 20인 결과에 대해 g를 호출한다.
    .pipe(f, x=True)   # 키워드 인수가 x=True인 결과에 대해 f를 호출한다.
```

이 함수를 호출해 페이스북 DataFrame 부분집합의 차원을 어떤 형식으로 출력해 보자.

```
>>> def get_info(df):
...     return '%d rows, %d cols and max closing Z-score: %d'
...         % (*df.shape, df.close.max())
```

위 함수를 호출하기 전에 모든 열에 대해 Z-점수를 계산하려면 다음과 같은 방법을 사용할 수 있다.

```
>>> get_info(fb.loc['2018-Q1']\
...            .apply(lambda x: (x - x.mean())/x.std()))
```

또는 Z-점수를 계산한 다음 DataFrame을 이 함수에 파이프로 연결할 수 있다.

```
>>> fb.loc['2018-Q1'].apply(lambda x: (x - x.mean())/x.std())\
...     .pipe(get_info)
```

파이프를 사용하면 재사용할 수 있는 코드를 쉽게 작성할 수 있다. 이 책의 여러 코드 스니펫[5]에서 NumPy 함수를 apply()에 전달하고 그 함수가 각 열에 대해 실행되는 것처럼 함수를 다른 함수로 전달하는 아이디어를 찾아볼 수 있다. 파이프를 사용하면 해당 기능을 pandas 데이터 구조의 메서드로 확장할 수 있다.

```
>>> fb.pipe(pd.DataFrame.rolling, '20D').mean().equals(
...     fb.rolling('20D').mean()
... ) # 파이프가 pd.DataFrame.rolling(fb, '20D')를 호출하고 있다.
True
```

파이프를 사용하는 것에 어떤 이점이 있는지 알아보고자 우리가 선택한 윈도우 계산 결과를 제공하는 함수를 살펴보자. 이 함수는 window_calc.py 파일에 있다. 이 함수를 임포트하고 IPython에서 ??를 사용하면 함수 정의를 확인할 수 있다.

```
>>> from window_calc import window_calc
>>> window_calc??
Signature: window_calc(df, func, agg_dict, *args, **kwargs)
Source:
def window_calc(df, func, agg_dict, *args, **kwargs):
    """
    `DataFrame` 객체에 대해 선택한 윈도우 계산을 수행한다.

    매개변수:
        - df: 계산할 `DataFrame` 객체
        - func: `df`를 첫 번째 인수로 받는 윈도우 계산 메서드
```

---

5 재사용할 수 있는 소스 코드의 작은 부분을 의미하는 프로그래밍 용어 – 옮긴이

```
              - agg_dict: `agg()`에 전달할 정보로 집계 함수가 사용할 열에 매핑하는
                딕셔너리나 함수를 위한 문자열 이름, 또는 함수 자체가 될 수 있다.
              - args: `func`에 전달할 위치 인수
              - kwargs: `func`에 전달할 키워드 인수

          반환값:
              새 `DataFrame` 객체
          """
          return df.pipe(func, *args, **kwargs).agg(agg_dict)

      File:      ~/.../ch_04/window_calc.py
      Type:      function
```

window_calc() 함수는 DataFrame, (DataFrame을 첫 번째 인수로 사용해) 실행할 함수, 결과를
집계하는 방법에 대한 정보를 선택적 매개변수로 입력받아 윈도우 계산 결과가 있는 새
DataFrame을 반환한다. 이 함수를 사용해 페이스북 주가 데이터의 누적 중위수를 찾아
본다.

```
>>> window_calc(fb, pd.DataFrame.expanding, np.median).head()
```

expanding() 메서드는 매개변수를 지정할 필요가 없으므로 DataFrame에서 윈도우 계산
할 집계와 함께 (괄호 없이) pd.DataFrame.expanding만 전달하면 된다.

	open	high	low	close	volume
date					
2018-01-02	177.68	181.580	177.5500	181.420	18151903.0
2018-01-03	179.78	183.180	179.4400	183.045	17519233.0
2018-01-04	181.88	184.780	181.3300	184.330	16886563.0
2018-01-05	183.39	185.495	182.7148	184.500	15383729.5
2018-01-08	184.90	186.210	184.0996	184.670	16886563.0

그림 4.30 파이프를 사용해 확장 윈도우를 계산한 결과

window_calc() 함수는 *args와 **kwargs도 사용한다. 이들은 선택적 매개변수로 임의 개수의 (span=20과 같은) 키워드와 특정값이 전달되면 kwargs로, 그러지 않으면 임의 개수의 매개변수를 (위치로 전달하도록) args로 받아들인다. 그런 다음 **언팩**unpack한 후 args에 대해 *를 사용하고, kwargs에 대해 **를 사용해 다른 함수나 메서드를 호출할 수 있다. 이런 방법을 사용해야 페이스북 주식 종가의 지수가중이동평균에 ewm() 메서드를 사용할 수 있다.

```
>>> window_calc(fb, pd.DataFrame.ewm, 'mean', span=3).head()
```

위의 코드에서는 span 인수가 ewm()이 받는 첫 번째 인수가 아니므로 span 인수 앞의 인수를 전달하지 않도록 **kwargs를 사용했다.

	open	high	low	close	volume
date					
2018-01-02	177.680000	181.580000	177.550000	181.420000	1.815190e+07
2018-01-03	180.480000	183.713333	180.070000	183.586667	1.730834e+07
2018-01-04	183.005714	185.140000	182.372629	184.011429	1.534980e+07
2018-01-05	184.384000	186.078667	183.736560	185.525333	1.440299e+07
2018-01-08	185.837419	187.534839	185.075110	186.947097	1.625679e+07

그림 4.31 파이프를 사용해 지수가중 윈도우를 계산한 결과

센트럴 파크의 3일 이동 기상 집계rolling 3-day weather aggregation를 계산할 때 윈도우가 rolling()의 첫 번째 인수라는 것을 알고 있으므로 *args를 사용한다.

```
>>> window_calc(
...     central_park_weather.loc['2018-10'],
...     pd.DataFrame.rolling,
...     {'TMAX': 'max', 'TMIN': 'min',
...      'AWND': 'mean', 'PRCP': 'sum'},
...     '3D'
... ).head()
```

단일 값$^{single\ value}$ 대신 딕셔너리를 전달했으므로 그림 4.32와 같이 각 열을 다르게 집계할 수 있다.

date	TMAX	TMIN	AWND	PRCP
2018-10-01	24.4	17.2	0.900000	0.0
2018-10-02	25.0	17.2	0.900000	17.5
2018-10-03	25.0	17.2	0.966667	17.5
2018-10-04	25.0	16.1	0.800000	18.5
2018-10-05	24.4	15.6	1.033333	1.0

그림 4.32 파이프를 사용해 이동 윈도우를 계산한 결과

호출자^{caller}가 윈도우 함수 뒤에 호출할 집계 메서드를 알아내야 하므로 윈도우 계산을 위해 일관된 API를 만드는 방법에 주목한다. 이렇게 하면 구현 세부 정보 중 일부가 숨겨지지만 사용하기 더 쉬워진다. 이 함수를 7장에서 구축할 StockVisualizer 클래스의 일부 기능의 기초로 사용한다.

데이터 집계

이미 앞 절에서 윈도우 계산과 파이프를 설명할 때 집계를 살짝 엿봤었다. 여기서는 집계를 통해 DataFrame 요약에 중점을 둬 (주로 행 축소를 통해) DataFrame의 모양을 바꾼다. 또한 pandas 데이터 구조에 NumPy 벡터 함수를 이용하는 것, 특히 집계 계산이 얼마나 쉬운지 봤다. 이것이 NumPy가 가장 잘하는 것으로 숫자 배열에 대해 계산적으로 효율적인 수학 연산을 한다.

NumPy에서 미리 만들어진 다른 함수를 사용하면 데이터를 쉬운 방법으로 요약할 수 있으므로 DataFrame 집계에 NumPy를 사용하는 것이 좋다. 집계를 하는 경우 많은 함수가 포함돼 있는 NumPy만 있으면 된다. np.sum()이나 np.mean(), np.min(), 또는 np.max()과 같이 집계에 많이 사용되는 NumPy 함수를 이미 사용했었다. 그러나 숫자에만 국한되지 않

고 np.unique()와 같이 문자열에 사용할 수 있는 함수도 있다. 구현하려는 함수가 NumPy에 이미 들어 있는지 항상 확인하길 바란다.

이 절에서는 3-aggregations.ipynb 노트북을 사용한다. pandas와 numpy를 임포트하고 작업할 데이터를 읽는다.

```
>>> import numpy as np
>>> import pandas as pd

>>> fb = pd.read_csv(
...     'data/fb_2018.csv', index_col='date', parse_dates=True
... ).assign(trading_volume=lambda x: pd.cut(
...     x.volume, bins=3, labels=['low', 'med', 'high']
... ))
>>> weather = pd.read_csv(
...     'data/weather_by_station.csv',
...     index_col='date', parse_dates=True
... )
```

이 절의 데이터는 그림 4.33과 같이 기상 데이터와 관측소 데이터 일부를 병합한 것이다.

date	datatype	station	value	station_name
2018-01-01	PRCP	GHCND:US1CTFR0039	0.0	STAMFORD 4.2 S, CT US
2018-01-01	PRCP	GHCND:US1NJBG0015	0.0	NORTH ARLINGTON 0.7 WNW, NJ US
2018-01-01	SNOW	GHCND:US1NJBG0015	0.0	NORTH ARLINGTON 0.7 WNW, NJ US
2018-01-01	PRCP	GHCND:US1NJBG0017	0.0	GLEN ROCK 0.7 SSE, NJ US
2018-01-01	SNOW	GHCND:US1NJBG0017	0.0	GLEN ROCK 0.7 SSE, NJ US

그림 4.33 이 절에서 사용하고자 기상 데이터와 관측소 데이터를 병합한 데이터

다른 계산을 하기 전에 데이터가 과학적 기수법scientific notation으로 표현되지 않도록 한다. 숫자가 표시되는 형식을 .2f로 변경해 소수점 이하 두 자리까지만 표시되도록 변경한다.

```
>>> pd.set_option('display.float_format', lambda x: '%.2f' % x)
```

먼저, 전체 데이터를 요약한 다음 그룹별로 요약하고 피보팅과 교차표를 만든다.

DataFrame 요약하기

윈도우 계산을 설명할 때 rolling()이나 expanding() 또는 ewm()의 결과에 agg() 메서드를 사용할 수 있었다. 그러나 같은 방식으로 DataFrame에 대해 직접 메서드를 호출할 수 있으며, 유일한 차이점은 이 방식을 사용하면 모든 데이터에 대해 집계가 이루어진다는 것으로 전체 결과가 포함된 시리즈를 얻게 된다. 윈도우 계산에서 했던 것과 같은 방식으로 페이스북 주가 데이터를 집계한다. trading_volume 열에 실행할 집계는 지정하지 않을 것이므로 pd.cut()의 거래량 구간이 포함된 trading_volume 열에 대해서는 아무것도 반환되지 않는다.

```
>>> fb.agg({
...     'open': np.mean, 'high': np.max, 'low': np.min,
...     'close': np.mean, 'volume': np.sum
... })
open               171.45
high               218.62
low                123.02
close              171.51
volume       6949682394.00
dtype: float64
```

집계를 사용하면 2018년 센트럴 파크의 전체 강설량과 강우량을 쉽게 산출할 수 있다. 이 경우 두 열의 합을 계산하는 것이므로 agg('sum')을 사용하거나 sum()을 직접 호출할 수 있다.

```
>>> weather.query('station == "GHCND:USW00094728"')\
...     .pivot(columns='datatype', values='value')\
...     [['SNOW', 'PRCP']].sum()
datatype
SNOW    1007.00
```

```
PRCP      1665.30
dtype: float64
```

집계하려는 각 열에 여러 함수를 적용할 수 있다. 앞에서 봤던 것처럼 각 열에 단일 집계를 하면 Series 객체를 얻게 된다. 열당 다중 집계를 하는 경우에 pandas는 DataFrame 객체를 반환한다. 이 DataFrame의 인덱스는 각 열에 적용된 계량metric이 된다.

```
>>> fb.agg({
...     'open': 'mean',
...     'high': ['min', 'max'],
...     'low': ['min', 'max'],
...     'close': 'mean'
... })
```

위 코드를 실행하면 그림 4.34와 같이 데이터 열에 적용된 집계 함수를 나타내는 행이 있는 DataFrame이 만들어진다. 명시하지 않은 열에 대한 집계에는 null이 채워진다.

	open	high	low	close
mean	171.45	NaN	NaN	171.51
min	NaN	129.74	123.02	NaN
max	NaN	218.62	214.27	NaN

그림 4.34 열당 다중 집계한 결과

지금까지 특정 윈도우와 전체 DataFrame에 대해 집계하는 방법을 알아봤다. 그러나 pandas의 저력은 그룹 소속group membership으로 집계하는 능력이다. 그룹 소속으로 집계하면 월별 또는 관측소별 총 강수량이나 우리가 만들었던 거래량 구간에 대한 OHLC 평균 주가와 같은 것들을 계산할 수 있다.

그룹으로 집계하기

그룹별로 집계하려면 먼저 DataFrame에 대해 groupby() 메서드를 호출하고 다른 그룹을 결정하는 데 사용할 열을 지정해야 한다. pd.cut()으로 만든 거래량 구간에 대한 주가 데이터의 평균을 알아본다. 거래량 구간은 간격이 같은 3개의 구간이다.

```
>>> fb.groupby('trading_volume').mean()
```

그림 4.35와 같이 평균 OHLC 가격은 거래량이 많았던 구간보다 낮은데, 이는 거래량이 많은 구간의 세 날짜가 매도였기 때문에 예상할 수 있는 일이다.

trading_volume	open	high	low	close	volume
low	171.36	173.46	169.31	171.43	24547207.71
med	175.82	179.42	172.11	175.14	79072559.12
high	167.73	170.48	161.57	168.16	141924023.33

그림 4.35 그룹별로 집계한 결과

groupby()를 실행한 다음에 집계를 위해 특정 열을 선택할 수도 있다.

```
>>> fb.groupby('trading_volume')\
... ['close'].agg(['min', 'max', 'mean'])
```

위 코드는 그림 4.36과 같이 거래량 구간별 종가에 대한 집계를 반환한다.

trading_volume	min	max	mean
low	124.06	214.67	171.43
med	152.22	217.50	175.14
high	160.06	176.26	168.16

그림 4.36 그룹별로 특정 열을 집계한 결과

각 열이 집계되는 방식을 세부적으로 조절하려면 해당 열을 집계 함수에 대응하는 딕셔너리로 agg() 메서드를 사용해야 한다. 앞에서 했던 것처럼 열마다 함수 리스트를 지정해야 한다. 그러나 결과는 약간 다르다.

```
>>> fb_agg = fb.groupby('trading_volume').agg({
...     'open': 'mean', 'high': ['min', 'max'],
...     'low': ['min', 'max'], 'close': 'mean'
... })
>>> fb_agg
```

이제 그림 4.37과 같이 열에 다단계 인덱스가 생긴다. 이로 인해 중간 거래량 구간에 대해 일일 저가^{low}의 최소값^{min}을 선택하려면 fb_agg.loc['med', 'low']['min']을 사용해야 한다.

	open	high		low		close
	mean	min	max	min	max	mean
trading_volume						
low	171.36	129.74	216.20	123.02	212.60	171.43
med	175.82	162.85	218.62	150.75	214.27	175.14
high	167.73	161.10	180.13	149.02	173.75	168.16

그림 4.37 그룹으로 열별 다중 집계한 결과

열은 MultiIndex 객체에 저장된다.

```
>>> fb_agg.columns
MultiIndex([( 'open', 'mean'),
            ( 'high',  'min'),
            ( 'high',  'max'),
            (  'low',  'min'),
            (  'low',  'max'),
            ('close', 'mean')],
)
```

리스트 컴프리헨션을 사용하면 열의 다단계 인덱스를 제거할 수 있으며, 그림 4.38과 같이 <column>_<agg> 형식으로 열 이름을 지정할 수 있다. 각 반복에서는 MultiIndex 객체에서 인덱스 단계의 튜플을 조합해 단일 문자열로 만들어 다단계 구조를 없앨 수 있다.

```
>>> fb_agg.columns = ['_'.join(col_agg)
...                    for col_agg in fb_agg.columns]
>>> fb_agg.head()
```

이렇게 하면 열의 다단계 구조를 한 단계로 만들 수 있다.

trading_volume	open_mean	high_min	high_max	low_min	low_max	close_mean
low	171.36	129.74	216.20	123.02	212.60	171.43
med	175.82	162.85	218.62	150.75	214.27	175.14
high	167.73	161.10	180.13	149.02	173.75	168.16

그림 4.38 다단계 인덱스를 한 단계로 바꾼 결과

모든 관측소에서 관측한 일일 평균 강수량을 알아보자. 날짜별로 그룹화해야 하지만 날짜는 인덱스에 있다. 이 경우 다음과 같이 몇 가지 옵션이 있다.

- 4장 뒷부분의 시계열 데이터로 작업하기에서 다룰 재표본추출
- 인덱스 재설정과 인덱스로 만든 날짜 열 사용하기
- groupby()에 level=0을 사용해 가장 바깥쪽 인덱스로 그룹화하기
- Grouper 객체 사용하기

여기서는 groupby()에 level=0을 사용하지만 level='date'처럼 인덱스 이름을 사용할 수도 있다. 날짜별로 그룹화하면 관측소에 대한 평균 강수량 관측값을 계산할 수 있는데, 이 결과를 통해 단순히 관측소를 선택해 살펴보는 것보다 기상에 관해 더 좋은 아이디어를 얻을 수 있다. 결과는 한 열의 DataFrame 객체이므로 squeeze()를 사용하면 Series 객체로 바꿀 수 있다.

```
>>> weather.loc['2018-10'].query('datatype == "PRCP"')\
...     .groupby(level=0).mean().head().squeeze()
date
```

```
2018-10-01    0.01
2018-10-02    2.23
2018-10-03    19.69
2018-10-04    0.32
2018-10-05    0.96
Name: value, dtype: float64
```

한 번에 여러 범주로 그룹화할 수도 있다. 관측소별로 분기별 총 강수량을 계산해 보자. 여기서는 groupby()에 level=0을 사용하지 않고 Grouper 객체를 사용해 일별 집계를 분기별 집계로 바꾼다. 이렇게 하면 다중 인덱스가 만들어지므로 집계한 후 unstack()을 사용해 분기별 집계를 그림 4.39와 같이 열에 대해 안쪽 단계(분기)로 배치한다.

```
>>> weather.query('datatype == "PRCP"').groupby(
...     ['station_name', pd.Grouper(freq='Q')]
... ).sum().unstack().sample(5, random_state=1)
```

이 결과를 바탕으로 할 수 있는 일이 많다. 최대/최소 강수량을 기록한 관측소를 찾을 수도 있으며, 관측소의 위치와 고도 정보가 강수량에 영향을 미쳤는지도 살펴볼 수 있다. 또한 관측소별로 최대/최소 강수량을 기록한 분기를 확인할 수도 있다.

		value		
date	2018-03-31	2018-06-30	2018-09-30	2018-12-31
station_name				
WANTAGH 1.1 NNE, NY US	279.90	216.80	472.50	277.20
STATEN ISLAND 1.4 SE, NY US	379.40	295.30	438.80	409.90
SYOSSET 2.0 SSW, NY US	323.50	263.30	355.50	459.90
STAMFORD 4.2 S, CT US	338.00	272.10	424.70	390.00
WAYNE TWP 0.8 SSW, NJ US	246.20	295.30	620.90	422.00

그림 4.39 인덱스의 날짜를 열로 바꿔 집계한 결과

TIP

> groupby() 메서드가 반환한 DataFrameGroupBy 객체에는 그룹별로 필터링할 수 있는 filter()
> 메서드가 있다. 이 메서드를 사용하면 집계할 때 특정 그룹을 제외시킬 수 있다. DataFrame의 각 그
> 룹의 부분집합에 대해 부울 값(포함할 그룹에 대해서는 True, 제외할 그룹에 대해서는 False)을 반
> 환하는 함수를 사용하면 된다. 노트북에 예제가 들어 있다.

강수량이 가장 많았던 달을 찾아보자. 먼저 날짜별로 그룹화하고 관측소별로 평균 강수
량을 계산한다. 그런 다음, 월별로 그룹화하고 강수량의 합을 구한다. 마지막으로,
nlargest()를 사용해 가장 강수량이 많았던 5개월을 찾는다.

```
>>> weather.query('datatype == "PRCP"')\
...      .groupby(level=0).mean()\
...      .groupby(pd.Grouper(freq='M')).sum().value.nlargest()
date
2018-11-30    210.59
2018-09-30    193.09
2018-08-31    192.45
2018-07-31    160.98
2018-02-28    158.11
Name: value, dtype: float64
```

위의 결과는 다소 놀랍다. 4월의 소나기는 5월에 꽃을 피게 한다는 미국 속담이 있다.
하지만 4월은 상위 5개월 안에 들지 못했으며 5월도 들지 못했다. 눈도 강수량으로 계
산할 수 있지만 여름이 4월보다 강수량이 많은 이유는 설명되지 않는다. 한 달 동안 강
수량의 큰 부분을 차지했던 날을 찾아보고 4월이 그 안에 포함되는지 알아보자.

이렇게 하려면 관측소별로 일일 평균 강수량을 계산한 다음 월별 총 강수량을 계산해야
한다. 이 값이 분모로 사용된다. 하지만 일 강수량을 월별 총 강수량으로 나누려면 같은
차원의 Series 객체가 필요하다. 이는 데이터에 특정 계산을 수행하고 항상 처음 시작한
차원과 같은 차원의 객체를 반환하는 transform() 메서드를 사용해야 한다는 것을 뜻
한다. 따라서 집계 함수가 반환하는 것과 상관없이 Series 객체를 호출해 항상 Series
객체를 얻을 수 있다.

```
>>> weather.query('datatype == "PRCP"')\
...     .rename(dict(value='prcp'), axis=1)\
...     .groupby(level=0).mean()\
...     .groupby(pd.Grouper(freq='M'))\
...     .transform(np.sum)['2018-01-28':'2018-02-03']
```

그림 4.40과 같이 1월과 2월에 대한 단일 합$^{single\ sum}$을 얻는 대신 1월 항목에 대해 같은 값이 반복되고 2월 항목에 대해서는 다른 값이 반복된다. 2월의 값은 이전에 얻은 결과에서 찾은 값이다.

	prcp
date	
2018-01-28	69.31
2018-01-29	69.31
2018-01-30	69.31
2018-01-31	69.31
2018-02-01	158.11
2018-02-02	158.11
2018-02-03	158.11

그림 4.40 월별 강수량의 백분율 계산을 위한 분모 데이터

위 결과를 DataFrame의 열로 만들어 날짜별로 월별 강수량의 백분율을 계산한다. 그런 다음, nlargest()를 사용해 가장 큰 값을 찾는다.

```
>>> weather.query('datatype == "PRCP"')\
...     .rename(dict(value='prcp'), axis=1)\
...     .groupby(level=0).mean()\
...     .assign(
...         total_prcp_in_month=lambda x: x.groupby(
...             pd.Grouper(freq='M')).transform(np.sum),
...         pct_monthly_prcp=lambda x: \
...             x.prcp.div(x.total_prcp_in_month)
... ).nlargest(5, 'pct_monthly_prcp')
```

월별 강수량을 기준으로 4번째와 5번째 날을 합치면 4월 강수량의 50% 이상을 차지하며, 연이은 날이다.

date	prcp	total_prcp_in_month	pct_monthly_prcp
2018-10-12	34.77	105.63	0.33
2018-01-13	21.66	69.31	0.31
2018-03-02	38.77	137.46	0.28
2018-04-16	39.34	140.57	0.28
2018-04-17	37.30	140.57	0.27

그림 4.41 월별 강수량에 대한 일별 강수량 백분율을 계산한 결과

NOTE

> transform() 메서드는 DataFrame 객체에도 사용할 수 있으며, 이 경우 DataFrame 객체를 반환한다. transform() 메서드를 사용하면 한 번에 모든 열을 표준화할 수 있다. 노트북에 예제가 들어있다.

피봇 테이블과 교차표

이 절을 마무리하기 전에 몇 가지 일반적인 형식으로 데이터를 집계하는 pandas 함수를 알아보도록 한다. 지금까지 설명한 집계 메서드는 최고 수준으로 사용자 정의를 할 수 있다. 그러나 pandas에는 일반적인 형식의 피봇 테이블과 교차표를 쉽게 만들 수 있는 함수가 있다.

피봇 테이블을 만들려면 그룹을 만들 대상과 선택적으로 집계할 열의 부분집합과/또는 집계 방법(기본값은 평균)을 지정해야 한다. 거래량 구간별로 페이스북 평균 OHLC 데이터의 피봇 테이블을 다음과 같이 만들 수 있다.

```
>>> fb.pivot_table(columns='trading_volume')
```

그림 4.42와 같이 columns='trading_volume'를 사용했으므로 trading_volume열의 고유값이 열로 바뀌고 원래 DataFrame의 열이 인덱스가 된다. 그림 4.42와 같이 인덱스에 이

름(trading_volume)이 만들어진다.

trading_volume	low	med	high
close	171.43	175.14	168.16
high	173.46	179.42	170.48
low	169.31	172.11	161.57
open	171.36	175.82	167.73
volume	24547207.71	79072559.12	141924023.33

그림 4.42 거래량 구간별 평균의 피봇 테이블

TIP

> trading_volume을 인덱스 인수로 사용하면 그림 4.42의 전치(transpose) 데이터를 얻을 수 있다.
> 전치 데이터는 groupby()를 사용했을 때의 결과인 그림 4.35와 같다.

pivot() 메서드를 사용하면 다단계 인덱스나 반복된 값을 가진 인덱스를 처리할 수 없었다. 이런 이유로 기상 데이터를 넓은 형식으로 바꿀 수 없었다. pivot_table() 메서드를 사용하면 이 문제를 해결할 수 있다. pivot_table() 메서드를 사용하려면 인덱스에 date와 station 정보를 배치하고 열에 대해 datatype 열의 고유값을 사용해야 한다. 값은 value 열에서 가져온다. 중위수를 사용해 겹치는 모든 조합(있는 경우)을 집계한다.

```
>>> weather.reset_index().pivot_table(
...     index=['date', 'station', 'station_name'],
...     columns='datatype',
...     values='value',
...     aggfunc='median'
... ).reset_index().tail()
```

인덱스를 재설정하면 넓은 형태의 데이터를 얻게 된다. 마지막 단계는 인덱스의 이름을 바꾸는 것이다.

datatype	date	station	station_name	AWND	DAPR	MDPR	PGTM	PRCP	SNOW	SNWD	...
28740	2018-12-31	GHCND:USW00054787	FARMINGDALE REPUBLIC AIRPORT, NY US	5.00	NaN	NaN	2052.00	28.70	NaN	NaN	...
28741	2018-12-31	GHCND:USW00094728	NY CITY CENTRAL PARK, NY US	NaN	NaN	NaN	NaN	25.90	0.00	0.00	...
28742	2018-12-31	GHCND:USW00094741	TETERBORO AIRPORT, NJ US	1.70	NaN	NaN	1954.00	29.20	NaN	NaN	...
28743	2018-12-31	GHCND:USW00094745	WESTCHESTER CO AIRPORT, NY US	2.70	NaN	NaN	2212.00	24.40	NaN	NaN	...
28744	2018-12-31	GHCND:USW00094789	JFK INTERNATIONAL AIRPORT, NY US	4.10	NaN	NaN	NaN	31.20	0.00	0.00	...

그림 4.43 datatype, station, date 열의 중위수가 있는 피봇 테이블

pd.crosstab() 함수를 사용하면 도수분포표^{frequency table}를 만들 수 있다. 예를 들어 교차표를 사용하면 페이스북 주식이 낮은 거래량, 중간 거래량, 많은 거래량 구간에 대해 매월 얼마나 많은 거래량을 기록했는지 알 수 있다. 코드는 매우 간단하다. 행과 열 레이블을 인덱스와 열 매개변수로 전달하기만 하면 된다. 기본적으로 셀의 개수가 빈도수가 된다.

```
>>> pd.crosstab(
...     index=fb.trading_volume, columns=fb.index.month,
...     colnames=['month'] # 열 인덱스의 이름
... )
```

도수분포표를 사용하면 페이스북 주식의 거래량이 많았던 달을 알 수 있다.

month	1	2	3	4	5	6	7	8	9	10	11	12
trading_volume												
low	20	19	15	20	22	21	18	23	19	23	21	19
med	1	0	4	1	0	0	2	0	0	0	0	0
high	0	0	2	0	0	0	1	0	0	0	0	0

그림 4.44 거래량 구간에 따른 월별 거래일 수를 보여 주는 교차표

> normalize='rows'/normalize='columns'를 사용하면 결과를 행/열 합의 백분율로 정규화할 수 있다. 노트북에 예제가 들어 있다.

집계 함수를 바꾸려면 집계할 대상을 values에, 집계 함수를 aggfunc에 인수로 지정하면 된다. 위의 예제에서 거래량 구간에 따른 월별 거래일 수 대신 평균 종가로 집계를 바꿔 본다.

```
>>> pd.crosstab(
...     index=fb.trading_volume, columns=fb.index.month,
...     colnames=['month'], values=fb.close, aggfunc=np.mean
... )
```

이제 그림 4.45와 같이 거래량 구간에 따른 월별 평균 종가를 얻었으며, 조합에서 데이터가 없을 때는 null로 채워진다.

month	1	2	3	4	5	6	7	8	9	10	11	12
trading_volume												
low	185.24	180.27	177.07	163.29	182.93	195.27	201.92	177.49	164.38	154.19	141.64	137.16
med	179.37	NaN	164.76	174.16	NaN	NaN	194.28	NaN	NaN	NaN	NaN	NaN
high	NaN	NaN	164.11	NaN	NaN	NaN	176.26	NaN	NaN	NaN	NaN	NaN

그림 4.45 거래일 수 대신 평균을 계산한 교차표

margins 매개변수를 사용하면 행과 열의 소계[subtotal]를 계산할 수도 있다. 관측소별로 월별 눈을 관측한 횟수를 계산한 다음, 결과에 소계를 추가한다.

```
>>> snow_data = weather.query('datatype == "SNOW"')
>>> pd.crosstab(
...     index=snow_data.station_name,
...     columns=snow_data.index.month,
...     colnames=['month'],
...     values=snow_data.value,
...     aggfunc=lambda x: (x > 0).sum(),
...     margins=True, # 행과 열의 소계를 추가한다.
...     margins_name='total observations of snow' # 소계
... )
```

맨 아랫줄에는 월별 눈 관측 횟수의 합이, 맨 오른쪽 열에는 관측소별 2018년 한 해 동안의 눈 관측 횟수가 표시된다.

month	1	2	3	4	5	6	7	8	9	10	11	12	total observations of snow
station_name													
ALBERTSON 0.2 SSE, NY US	3.00	1.00	3.00	1.00	0.00	0.00	0.00	0.00	0.00	0.00	1.00	0.00	9.00
AMITYVILLE 0.1 WSW, NY US	1.00	0.00	1.00	1.00	0.00	0.00	0.00	0.00	0.00	0.00	0.00	0.00	3.00
AMITYVILLE 0.6 NNE, NY US	3.00	1.00	3.00	1.00	0.00	0.00	0.00	0.00	0.00	0.00	0.00	0.00	8.00
ARMONK 0.3 SE, NY US	6.00	4.00	6.00	3.00	0.00	0.00	0.00	0.00	0.00	0.00	1.00	3.00	23.00
BLOOMINGDALE 0.7 SSE, NJ US	2.00	1.00	3.00	1.00	0.00	0.00	0.00	0.00	0.00	0.00	0.00	1.00	8.00
...	...	...	...	...	...	...	...	...	...	...	...	...	...
WESTFIELD 0.6 NE, NJ US	3.00	0.00	4.00	1.00	0.00	NaN	0.00	0.00	0.00	NaN	1.00	NaN	9.00
WOODBRIDGE TWP 1.1 ESE, NJ US	4.00	1.00	3.00	2.00	0.00	0.00	0.00	0.00	0.00	0.00	1.00	0.00	11.00
WOODBRIDGE TWP 1.1 NNE, NJ US	2.00	1.00	3.00	0.00	0.00	0.00	0.00	0.00	0.00	0.00	1.00	0.00	7.00
WOODBRIDGE TWP 3.0 NNW, NJ US	NaN	0.00	0.00	NaN	NaN	0.00	NaN	NaN	NaN	0.00	0.00	NaN	0.00
total observations of snow	190.00	97.00	237.00	81.00	0.00	0.00	0.00	0.00	0.00	0.00	49.00	13.00	667.00

그림 4.46 월별, 관측소별 눈을 관측한 횟수의 합을 계산한 교차표

모든 관측소가 뉴욕시의 기상 정보를 제공하지만 몇 개의 관측소만 살펴보더라도 기상의 모든 면을 제공하지 못한다는 것을 알 수 있다. 우리가 어떤 관측소를 선택하느냐에 따라 실제 뉴욕시에 눈이 내린 날이 더해지거나 빠질 수 있다.

시계열 데이터로 작업하기

시계열time series 데이터를 사용하면 선택과 필터링부터 집계에 이르기까지 몇 가지 추가 연산을 할 수 있다. 지금부터는 4-time_series.ipynb 노트북을 사용해 이런 기능을 알아본다. 앞에서 사용했던 페이스북 데이터를 읽는 것으로 시작한다.

```
>>> import numpy as np
>>> import pandas as pd

>>> fb = pd.read_csv(
...     'data/fb_2018.csv', index_col='date', parse_dates=True
```

```
... ).assign(trading_volume=lambda x: pd.cut(
...     x.volume, bins=3, labels=['low', 'med', 'high']
... ))
```

이 절에서는 시계열 데이터를 선택하고 필터링하는 방법을 알아본 후 시간을 기준으로 이동하고^{shifting}, 차분을 계산하며^{differencing}, 재표본추출한 다음, 마지막으로 병합하는 방법을 설명한다. 시계열 데이터를 다룰 때는 날짜(또는 datetime)를 인덱스로 설정하는 것이 중요한데, 이렇게 해야만 앞으로 설명할 추가 기능을 활용할 수 있다. 일부 연산은 이렇게 하지 않아도 사용할 수 있지만, 분석을 원활하게 진행하려면 `DatetimeIndex` 형식을 사용하는 것이 좋다.

시간을 기준으로 선택하고 필터링하기

datetime 형식의 슬라이싱과 인덱싱을 간략히 설명하는 것으로 시작한다. 연도에 대해 인덱싱(`fb.loc['2018']`)하면 그해의 데이터만 쉽게 얻을 수 있다. 페이스북 주가 데이터의 경우 2018년 데이터만 있어서 전체 `DataFrame`이 반환된다. 그러나 달(`fb.loc['2018-10']`)이나 날짜 범위로 데이터를 필터링할 수 있다. `loc[]`를 사용할 때 범위를 지정하는 것은 선택 사항이다.

```
>>> fb['2018-10-11':'2018-10-15']
```

위의 코드에서 4일 치 데이터를 지정했지만, 주말에는 주식시장이 열리지 않아 그림 4.47과 같이 3일 치 데이터만 얻게 된다.

date	open	high	low	close	volume	trading_volume
2018-10-11	150.13	154.81	149.1600	153.35	35338901	low
2018-10-12	156.73	156.89	151.2998	153.74	25293492	low
2018-10-15	153.32	155.57	152.5500	153.52	15433521	low

그림 4.47 날짜 범위로 선택한 데이터

날짜 범위는 월이나 분기 등 다른 빈도를 사용할 수도 있다.

```
>>> fb.loc['2018-q1'].equals(fb['2018-01':'2018-03'])
True
```

날짜 범위의 시작이나 끝을 지정할 때 pandas는 지정된 시간 단위로 첫 행이나 마지막 행을 선택할 수 있도록 몇 가지 방법을 제공한다. 예를 들어 first() 메서드와 1W 오프셋을 사용하면 2018년 첫 번째 주의 주가를 선택할 수 있다.

```
>>> fb.first('1W')
```

2018년 1월 1일은 공휴일이므로 주식시장은 열리지 않았다. 또한 월요일이어서 이 주는 4일밖에 되지 않았다.

date	open	high	low	close	volume	trading_volume
2018-01-02	177.68	181.58	177.5500	181.42	18151903	low
2018-01-03	181.88	184.78	181.3300	184.67	16886563	low
2018-01-04	184.90	186.21	184.0996	184.33	13880896	low
2018-01-05	185.59	186.90	184.9300	186.85	13574535	low

그림 4.48 2018년 첫 번째 주 동안 거래된 페이스북 주가 데이터

가장 최근 날짜에 대해서도 비슷한 연산을 할 수 있다. 데이터에서 마지막 주를 선택하려면 first() 메서드 대신 last() 메서드를 사용하면 된다.

```
>>> fb.last('1W')
```

2018년 12월 31일이 월요일이었으므로 마지막 주는 단 하루만 있다.

date	open	high	low	close	volume	trading_volume
2018-12-31	134.45	134.64	129.95	131.09	24625308	low

그림 4.49 2018년 마지막 주 동안 거래된 페이스북 주가 데이터

일일 주가 데이터로 작업하는 경우 주식시장이 열렸을 때의 데이터만 다루게 된다. 다음 코드를 사용해 1년 365일 행에 대한 데이터로 다시 인덱싱했다고 해보자.

```
>>> fb_reindexed = fb.reindex(
...     pd.date_range('2018-01-01', '2018-12-31', freq='D')
... )
```

재인덱싱한 데이터는 1월 1일을 포함해 주식시장이 열리지 않은 날은 null로 채워진다. first(), isna(), all() 메서드를 결합하면 null이 채워진 것을 확인할 수 있다. 여기서 squeeze() 메서드를 사용하면 first('1D').isna()를 호출해 얻은 1행 DataFrame 객체를 Series 객체로 변환할 수 있으며, 여기에 다시 all()을 호출하면 단일 값을 얻을 수 있다.

```
>>> fb_reindexed.first('1D').isna().squeeze().all()
True
```

first_valid_index() 메서드를 사용하면 데이터에서 null이 아닌 첫 번째 항목의 인덱스를 얻을 수 있으며, 이 인덱스가 데이터에서 첫 번째 거래가 발생한 날이 된다. 거래의 마지막 날을 얻으려면 last_valid_index() 메서드를 사용해야 한다. 2018년 1분기 첫 거래일은 1월 2일이며 마지막 거래일은 3월 29일이다.

```
>>> fb_reindexed.loc['2018-Q1'].first_valid_index()
Timestamp('2018-01-02 00:00:00', freq='D')
>>> fb_reindexed.loc['2018-Q1'].last_valid_index()
Timestamp('2018-03-29 00:00:00', freq='D')
```

2018년 3월 31일의 페이스북 주가를 알려면 인덱스로 검색을 하는 것이다. 그러나 loc[]를 사용해 해당 날짜의 주가를 필터링(fb_reindexed.loc['2018-03-31'])하면 그날은 주식시장이 열리지 않았으므로 null 값을 얻게 된다. 이 경우 asof() 메서드를 사용하면 해당 날을 기준으로 이전 날짜의 데이터 중에서 null이 아닌 가장 가까운 날의 데이터를 얻을 수 있다. 이 경우에는 3월 29일 주가다. 따라서 매월 마지막 말의 페이스북 주가를 확인할 때 asof()를 사용하면 해당 날에 주식시장이 열렸는지 확인하지 않아도 된다.

```
>>> fb_reindexed.asof('2018-03-31')
open                  155.15
high                  161.42
low                   154.14
close                 159.79
volume           59434293.00
trading_volume           low
Name: 2018-03-31 00:00:00, dtype: object
```

이후의 예제에는 날짜 외에 시간 정보가 필요하다. 지금까지 작업한 데이터셋에는 시간 정보가 없으므로 이제부터는 나스닥^{Nasdaq.com}의 2019년 5월 20일부터 2019년 5월 24일까지 분당 페이스북 주가 데이터를 사용한다. 데이터의 datetime 형식이 (2019년 5월 20일 오전 9시 30분을 2019-05-20 09-30로 표현하는) 표준 형식이 아니므로 datetime 데이터를 제대로 파싱하고자 람다 함수에 date_parser 인수를 사용해야 한다. 람다 함수는 date 열의 데이터를 datetime 형식으로 변환한다.

```
>>> stock_data_per_minute = pd.read_csv(
...     'data/fb_week_of_may_20_per_minute.csv',
...     index_col='date', parse_dates=True,
...     date_parser=lambda x: \
...         pd.to_datetime(x, format='%Y-%m-%d %H-%M')
... )
>>> stock_data_per_minute.head()
```

이제 그림 4.50과 같이 분 단위 거래량과 함께 분 단위 OHLC 데이터를 얻었다.

date	open	high	low	close	volume
2019-05-20 09:30:00	181.6200	181.6200	181.6200	181.6200	159049.0
2019-05-20 09:31:00	182.6100	182.6100	182.6100	182.6100	468017.0
2019-05-20 09:32:00	182.7458	182.7458	182.7458	182.7458	97258.0
2019-05-20 09:33:00	182.9500	182.9500	182.9500	182.9500	43961.0
2019-05-20 09:34:00	183.0600	183.0600	183.0600	183.0600	79562.0

그림 4.50 페이스북의 분 단위 주가 데이터

NOTE

> 표준 형식이 아닌 datetime 데이터를 제대로 파싱하려면 형식을 지정해야 한다. 사용할 수 있는 코드는 파이썬 공식 문서(https://docs.python.org/3/library/datetime.html#strftime-strptime-behavior)를 참고한다.

agg()에 first()와 last()를 사용하면 이 데이터를 일일 증분granularity 데이터로 변환할 수 있다. 정확한 시가를 얻으려면 일별 첫 번째 관측값을 가져와야 한다. 반대로 정확한 종가를 알려면 일별 마지막 관측값을 가져와야 한다. 고가와 저가는 일별 최대값과 최소값이다. 거래량은 일별 합이 된다.

```
>>> stock_data_per_minute.groupby(pd.Grouper(freq='1D')).agg({
...     'open': 'first',
...     'high': 'max',
...     'low': 'min',
...     'close': 'last',
...     'volume': 'sum'
... })
```

위의 코드는 그림 4.51과 같이 일일 도수분포표를 만든다.

	open	high	low	close	volume
date					
2019-05-20	181.62	184.1800	181.6200	182.72	10044838.0
2019-05-21	184.53	185.5800	183.9700	184.82	7198405.0
2019-05-22	184.81	186.5603	184.0120	185.32	8412433.0
2019-05-23	182.50	183.7300	179.7559	180.87	12479171.0
2019-05-24	182.33	183.5227	181.0400	181.06	7686030.0

그림 4.51 분 단위 데이터를 일 단위로 변환한 데이터

다음에 설명할 두 메서드는 datetime의 시간 부분을 기준으로 데이터를 선택하는 데 사용할 수 있는 메서드다. 먼저, at_time() 메서드를 사용하면 지정한 시간을 기준으로 datetime의 시간 부분을 분리할 수 있다. at_time('9:30')을 실행하면 (주식시장이 9시 30

분에 열리기 때문에) 모든 시가를 선택할 수 있다.

```
>>> stock_data_per_minute.at_time('9:30')
```

그림 4.52를 보면 일별 시가가 어떻게 변하는지 알 수 있다.

date	open	high	low	close	volume
2019-05-20 09:30:00	181.62	181.62	181.62	181.62	159049.0
2019-05-21 09:30:00	184.53	184.53	184.53	184.53	58171.0
2019-05-22 09:30:00	184.81	184.81	184.81	184.81	41585.0
2019-05-23 09:30:00	182.50	182.50	182.50	182.50	121930.0
2019-05-24 09:30:00	182.33	182.33	182.33	182.33	52681.0

그림 4.52 일별 시가를 선택한 데이터

두 번째 메서드는 between_time()로 datetime의 시간 부분이 시간 범위(기본적으로 양끝점을 포함)에 있는 모든 행을 선택할 때 사용한다. 이 메서드는 특정 시간 범위에 있는 데이터를 선택할 때 매우 유용하다. 매 거래일의 마지막 2분간(15:59 - 16:00)의 모든 데이터를 선택한다.

```
>>> stock_data_per_minute.between_time('15:59', '16:00')
```

그림 4.53에서는 매일 마지막 시간(16:00)의 거래량이 1분 전(15:59)과 비교해 상당히 많은 것으로 보인다. 아마도 사람들은 장이 마감되기 전에 거래를 서두르는 것 같다.

	open	high	low	close	volume
date					
2019-05-20 15:59:00	182.915	182.915	182.915	182.915	134569.0
2019-05-20 16:00:00	182.720	182.720	182.720	182.720	1113672.0
2019-05-21 15:59:00	184.840	184.840	184.840	184.840	61606.0
2019-05-21 16:00:00	184.820	184.820	184.820	184.820	801080.0
2019-05-22 15:59:00	185.290	185.290	185.290	185.290	96099.0
2019-05-22 16:00:00	185.320	185.320	185.320	185.320	1220993.0
2019-05-23 15:59:00	180.720	180.720	180.720	180.720	109648.0
2019-05-23 16:00:00	180.870	180.870	180.870	180.870	1329217.0
2019-05-24 15:59:00	181.070	181.070	181.070	181.070	52994.0
2019-05-24 16:00:00	181.060	181.060	181.060	181.060	764906.0

그림 4.53 일별 마지막 2분의 주가를 선택한 데이터

개장 이후 2분 동안에도 위와 같은 일이 일어날까? 사람들은 전날 거래하고 개장하면 주문을 체결할까? 위의 코드를 조금만 변경하면 이 질문의 답을 알 수 있다. 이번에는 1주일 동안 처음 30분 동안에 마지막 30분보다 더 많은 주식이 거래됐는지 확인해 보자. 이를 위해 groupby()에 between_time()을 결합한다. 또한 filter()를 사용해 집계에서 원하는 시간 범위 안에 있는 시간 그룹을 제외한다.

```
>>> shares_traded_in_first_30_min = stock_data_per_minute\
...     .between_time('9:30', '10:00')\
...     .groupby(pd.Grouper(freq='1D'))\
...     .filter(lambda x: (x.volume > 0).all())\
...     .volume.mean()
>>> shares_traded_in_last_30_min = stock_data_per_minute\
...     .between_time('15:30', '16:00')\
...     .groupby(pd.Grouper(freq='1D'))\
...     .filter(lambda x: (x.volume > 0).all())\
...     .volume.mean()
```

1주일간 데이터에서 폐장 시간보다 개장 시간에 평균적으로 1만 8,593건의 거래가 더 많았다.

```
>>> shares_traded_in_first_30_min \
...    - shares_traded_in_last_30_min
18592.967741935485
```

TIP

> DatetimeIndex 객체에 normalize() 메서드를 사용하거나 Series 객체의 dt 속성에 먼저 접근
> 한 후 모든 datetime을 자정 시간으로 정규화할 수 있다. 데이터에서 시간이 중요하지 않을 때 유용
> 하다. 노트북에 예제가 들어 있다.

주가 데이터를 사용하면 분당 또는 일별 주가를 알 수 있지만, 데이터 집계보다는 시간
대별 변화를 시계열로 보는 것이 유용할 때도 있다. 이를 위해서는 시차 데이터^{lagged}
^{data}를 만드는 법을 알아야 한다.

시차 데이터 이동하기

shift() 메서드를 사용하면 시차 데이터를 만들 수 있다. 기본적으로 이동^{shift}은 한 주기
^{period}로 이루어지지만, 임의의 정수(양수 또는 음수)가 될 수 있다. 페이스북 일별 주가 데
이터에서 shift()를 사용해 전날 종가를 나타내는 새로운 열을 만든다. 이 새 열로 시간
외 거래(장 마감 후 다음 날 장이 열리기 전까지의 거래)로 인한 주가 변화를 계산할 수 있다.

```
>>> fb.assign(
...     prior_close=lambda x: x.close.shift(),
...     after_hours_change_in_price=lambda x: \
...         x.open - x.prior_close,
...     abs_change=lambda x: \
...         x.after_hours_change_in_price.abs()
... ).nlargest(5, 'abs_change')
```

위 코드를 실행하면 그림 4.54와 같이 시간 외 거래의 영향이 가장 큰 날을 알 수 있다.

	open	high	low	close	volume	trading_volume	prior_close	after_hours_change_in_price	abs_change
date									
2018-07-26	174.89	180.13	173.75	176.26	169803668	high	217.50	-42.61	42.61
2018-04-26	173.22	176.27	170.80	174.16	77556934	med	159.69	13.53	13.53
2018-01-12	178.06	181.48	177.40	179.37	77551299	med	187.77	-9.71	9.71
2018-10-31	155.00	156.40	148.96	151.79	60101251	low	146.22	8.78	8.78
2018-03-19	177.01	177.17	170.06	172.56	88140060	med	185.09	-8.08	8.08

그림 4.54 시차 데이터를 사용해 시간 외 거래의 주가 변화를 계산한 데이터

TIP

> Timedelta 객체를 사용하면 인덱스의 datetime에 시간을 더하거나 뺄 수 있다. 노트북에 예제가 들어 있다.

위의 예에서 이동 데이터shifted data를 사용해 열 간 변화를 계산했다. 그러나 페이스북의 시간 외 거래 변화보다 일별 주가의 변화를 알아보고자 종가closing price와 이동 종가shifted closing price 간의 차를 계산한다. pandas를 사용하면 이 과정을 더 쉽게 할 수 있다.

차분 데이터

shift() 메서드를 사용해 시차 데이터를 만들 수 있었다. 그러나 주기에 따른 데이터의 변화가 더 궁금할 때가 있다. pandas의 diff() 메서드를 사용하면 주기별 데이터 변화를 계산할 수 있다. 기본적으로 diff() 메서드는 다음과 같이 $t-1$ 주기에서 t 주기까지의 변화를 계산한다.

$$x_{diff} = x_t - x_{t-1}$$

이는 원래 데이터에서 shift()의 결과를 뺀 값과 같다.

```
>>> (fb.drop(columns='trading_volume')
... - fb.drop(columns='trading_volume').shift()
... ).equals(fb.drop(columns='trading_volume').diff())
True
```

diff() 메서드를 사용하면 페이스북 주가 데이터에서 일별 변화를 쉽게 계산할 수 있다.

```
>>> fb.drop(columns='trading_volume').diff().head()
```

그림 4.55와 같이 1년 중 처음 며칠 동안은 주가가 올랐지만 거래량은 감소했다는 것을 알 수 있다.

date	open	high	low	close	volume
2018-01-02	NaN	NaN	NaN	NaN	NaN
2018-01-03	4.20	3.20	3.7800	3.25	-1265340.0
2018-01-04	3.02	1.43	2.7696	-0.34	-3005667.0
2018-01-05	0.69	0.69	0.8304	2.52	-306361.0
2018-01-08	1.61	2.00	1.4000	1.43	4420191.0

그림 4.55 일별 변화를 계산한 데이터

TIP

차분 계산에 사용할 주기는 지정하려면 diff()에 정수를 전달하면 된다. 이 숫자는 음수여도 된다. 노트북에 예제가 들어 있다.

재표본추출

때로는 데이터의 세밀한 정도granularity가 분석에 도움이 되지 않을 때도 있다. 2018년 1년 치 데이터에 분당 데이터가 있는 경우를 생각해 보자. 세밀한 정도의 수준과 데이터의 특성으로 인해 그림으로 그리는 것이 유용하지 않을 수도 있다. 따라서 데이터의 빈도를 덜 세밀한 정도로 집계해야 한다.

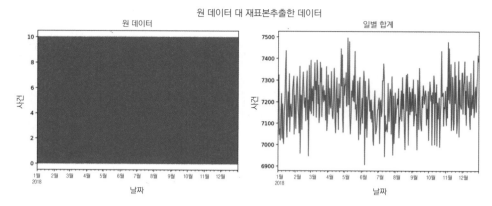

그림 4.56 재표본추출로 세밀한 정도를 낮춘 데이터

그림 4.50(분 단위 페이스북 주가 데이터)의 1년 치 데이터를 갖고 있다고 하자. 이 수준의 세밀한 정도는 필요 이상일 수 있으므로 resample() 메서드를 사용해 다른 세밀한 정도로 시계열 데이터를 집계할 수 있다. resample()을 사용하려면 데이터의 수준을 높이는 방법과 집계 메서드를 선택적으로 호출하기만 한다. 예를 들어 이 분 단위 데이터를 일별 데이터로 재표본추출하고 각 열을 집계하는 방법을 지정한다.

```
>>> stock_data_per_minute.resample('1D').agg({
...     'open': 'first',
...     'high': 'max',
...     'low': 'min',
...     'close': 'last',
...     'volume': 'sum'
... })
```

이 방법은 '시간을 기준으로 선택하고 필터링하기' 절에서 얻은 결과(그림 4.51)와 같다.

date	open	high	low	close	volume
2019-05-20	181.62	184.1800	181.6200	182.72	10044838.0
2019-05-21	184.53	185.5800	183.9700	184.82	7198405.0
2019-05-22	184.81	186.5603	184.0120	185.32	8412433.0
2019-05-23	182.50	183.7300	179.7559	180.87	12479171.0
2019-05-24	182.33	183.5227	181.0400	181.06	7686030.0

그림 4.57 분 단위 데이터를 일별 데이터로 재표본추출한 데이터

pandas가 지원하는 모든 빈도로 재표본추출할 수 있다. 자세한 내용은 공식 문서(https://pandas.pydata.org/pandas-docs/stable/user_guide/timeseries.html)를 참조한다. 페이스북 일별 주가 데이터를 분기별 평균 주가로 재표본추출한다.

```
>>> fb.resample('Q').mean()
```

위 코드를 실행하면 그림 4.58과 같이 주식의 분기별 평균 실적을 얻을 수 있다. 2018년 4분기에는 분명 무슨 일이 있었다.

date	open	high	low	close	volume
2018-03-31	179.472295	181.794659	177.040428	179.551148	3.292640e+07
2018-06-30	180.373770	182.277689	178.595964	180.704687	2.405532e+07
2018-09-30	180.812130	182.890886	178.955229	181.028492	2.701982e+07
2018-12-31	145.272460	147.620121	142.718943	144.868730	2.697433e+07

그림 4.58 분기별 평균으로 재표본추출한 데이터

이 상황을 더 자세히 알아보고자 apply() 메서드를 사용해 분기가 시작했을 때와 끝났을 때의 차이를 계산할 수 있다. 또한 '시간을 기준으로 선택하고 필터링하기' 절에서 사용했던 first()와 last() 메서드가 필요하다.

```
>>> fb.drop(columns='trading_volume').resample('Q').apply(
...     lambda x: x.last('1D').values - x.first('1D').values
... )
```

페이스북의 주가는 2분기를 제외하고는 모두 하락했다.

date	open	high	low	close	volume
2018-03-31	-22.53	-20.1600	-23.410	-21.63	41282390
2018-06-30	39.51	38.3997	39.844	38.93	-20984389
2018-09-30	-25.04	-28.6600	-29.660	-32.90	20304060
2018-12-31	-28.58	-31.2400	-31.310	-31.35	-1782369

그림 4.59 2018년 분기별 페이스북 주가 실적을 요약한 데이터

melted_stock_data.csv의 분 단위로 병합한 주가 데이터를 살펴보자.

```
>>> melted_stock_data = pd.read_csv(
...     'data/melted_stock_data.csv',
...     index_col='date', parse_dates=True
... )
>>> melted_stock_data.head()
```

OHLC 형식을 사용하면 주가 데이터를 분석하기 쉽지만, 열이 하나면 더 까다롭다.

date	price
2019-05-20 09:30:00	181.6200
2019-05-20 09:31:00	182.6100
2019-05-20 09:32:00	182.7458
2019-05-20 09:33:00	182.9500
2019-05-20 09:34:00	183.0600

그림 4.60 분 단위 주가 데이터

resample()를 호출한 다음 반환되는 Resampler 객체에는 ohlc() 메서드가 있다. 이 메서드를 사용하면 우리에게 익숙한 OHLC 데이터를 얻을 수 있다.

```
>>> melted_stock_data.resample('1D').ohlc()['price']
```

원본 데이터의 열이 price이므로 ohlc()를 호출한 다음 이 열을 선택해 데이터를 피보팅한다. 그렇게 하지 않으면 열에 다단계 인덱스가 생긴다.

date	open	high	low	close
2019-05-20	181.62	184.1800	181.6200	182.72
2019-05-21	184.53	185.5800	183.9700	184.82
2019-05-22	184.81	186.5603	184.0120	185.32
2019-05-23	182.50	183.7300	179.7559	180.87
2019-05-24	182.33	183.5227	181.0400	181.06

그림 4.61 분 단위 주가 데이터를 재표본추출해 일별 OHLC 데이터로 변환한 데이터

위의 예에서 데이터의 세밀한 정도를 줄이고자 **하향표본추출**downsample했다. 그러나 데이터의 세밀한 정도를 높이기 위해 **상향표본추출**upsample할 수도 있다. 결과를 집계하지 않고 asfreq()를 호출할 수도 있다.

```
>>> fb.resample('6H').asfreq().head()
```

우리가 갖고 있는 데이터보다 더 세밀한 수준으로 재표본추출하면 NaN이 채워진다.

date	open	high	low	close	volume	trading_volume
2018-01-02 00:00:00	177.68	181.58	177.55	181.42	18151903.0	low
2018-01-02 06:00:00	NaN	NaN	NaN	NaN	NaN	NaN
2018-01-02 12:00:00	NaN	NaN	NaN	NaN	NaN	NaN
2018-01-02 18:00:00	NaN	NaN	NaN	NaN	NaN	NaN
2018-01-03 00:00:00	181.88	184.78	181.33	184.67	16886563.0	low

그림 4.62 상향표본추출로 데이터의 세밀한 정도가 높아져 null 값이 채워진 데이터

다음과 같이 NaN 값을 처리할 수 있는 몇 가지 방법이 있다. 각각의 방법은 노트북의 예제를 참조한다.

- `resample()`한 다음 순방향 채우기를 하도록 `pad()`를 사용한다.
- `resample()`한 다음 3장에서 결측값 처리를 위해 사용했던 `fillna()`를 사용한다.
- 각 열을 개별적으로 처리하도록 `assign()` 다음에 `asfreq()`를 사용한다.

지금까지 하나의 `DataFrame` 객체에 저장된 시계열 데이터로 작업했지만, 시계열 데이터를 결합해야 할 수도 있다. 'DataFrame 병합하기' 절에서 소개했던 기술을 시계열 데이터에도 사용할 수 있지만, pandas는 시계열 데이터 병합을 위해 추가 기능을 제공하는 데 정확하게 일치하지 않아도 비슷하게 일치하는 수준으로 병합할 수 있다. 다음 절에서 이 방법을 설명한다.

시계열 데이터 병합하기

시계열 데이터는 종종 초 단위로 내려가거나 더 세밀할 수 있으므로 항목이 같은 datetime이 아니면 병합이 어려울 수 있다. pandas는 이 문제를 해결하고자 2개의 병합 함수를 제공한다. 관측값을 비슷한 시간으로 짝지으려면 `pd.merge_asof()`를 사용해야 한다. 결합에서 했던 것처럼 같은 키가 아니라 비슷한 키에 대응시킨다. 반면에 같은 키에 대응시키고 일치하지 않는 키를 끼워 넣으려면 `pd.merge_ordered()`를 사용해야 한다.

stocks.db SQLite 데이터베이스의 `fb_prices`와 `aapl_prices` 테이블을 사용해 두 방법이 작동하는 방식을 설명한다. 이 데이터에는 주가가 기록된 타임스탬프[timestamp]와 함께 페이스북 주가와 애플 주가가 들어 있다. 애플 주가는 2020년 8월 주식 분할(https://www.marketwatch.com/story/3-things-to-know-about-apples-stocksplit-2020-08-28) 전에 수집됐다. 데이터베이스에서 이 테이블을 읽는다.

```
>>> import sqlite3

>>> with sqlite3.connect('data/stocks.db') as connection:
```

```
...       fb_prices = pd.read_sql(
...           'SELECT * FROM fb_prices', connection,
...           index_col='date', parse_dates=['date']
...       )
...       aapl_prices = pd.read_sql(
...           'SELECT * FROM aapl_prices', connection,
...           index_col='date', parse_dates=['date']
...       )
```

페이스북 데이터는 분 단위이지만, 애플 데이터는 (가상의) 초 단위다.

```
>>> fb_prices.index.second.unique()
Int64Index([0], dtype='int64', name='date')
>>> aapl_prices.index.second.unique()
Int64Index([ 0, 52, ..., 37, 28], dtype='int64', name='date')
```

merge()나 join()을 사용하면 애플 주가가 0초에 기록됐을 때만 애플과 페이스북 모두
에 대한 값을 갖게 된다. 데이터를 정렬하고자 as of 병합을 할 수 있다. 일치하지 않는
값을 처리하고자 가장 가까운 분으로 병합하도록 명시(direction='nearest')하고 서로 30초
이내의 시간만 일치하도록 허용(tolerance)할 수 있다. 이렇게 하면 애플 주가 데이터가
가까운 분으로 배치되므로 9:31:52의 데이터는 9:32에, 9:37:07의 데이터는 9:37로 맞춰
진다. 시간이 인덱스이므로 merge()에서 했던 것처럼 left_index와 right_index를 사용
한다.

```
>>> pd.merge_asof(
...     fb_prices, aapl_prices,
...     left_index=True, right_index=True,
...     # 가장 가까운 분 단위 시간에 맞춰 병합한다.
...     direction='nearest',
...     tolerance=pd.Timedelta(30, unit='s')
... ).head()
```

이 결과는 왼쪽 결합과 비슷하지만 키를 일치시킬 때 더 유연하다. 애플 주가 데이터의
여러 항목이 같은 분 단위 시간에 일치하는 경우 이 함수는 가장 가까운 항목에 맞춘다.
nearest를 사용하면 9:31의 애플 주가 데이터는 9:31:52의 데이터였으므로 가장 가까운

분 단위인 9:32의 데이터가 되므로 9:31의 값은 null이 된다.

date	FB	AAPL
2019-05-20 09:30:00	181.6200	183.5200
2019-05-20 09:31:00	182.6100	NaN
2019-05-20 09:32:00	182.7458	182.8710
2019-05-20 09:33:00	182.9500	182.5000
2019-05-20 09:34:00	183.0600	182.1067

그림 4.63 30초 허용으로 병합한 시계열 데이터

왼쪽 결합의 동작 방식을 원하지 않는다면 pd.merge_ordered() 함수를 사용할 수 있다. 이 함수를 사용하면 기본적으로 '외부(outer)' 결합이 되도록 결합 유형을 지정할 수 있다. 그러나 datetime에 대해 결합할 수 있도록 인덱스를 재설정해야 한다.

```
>>> pd.merge_ordered(
...     fb_prices.reset_index(), aapl_prices.reset_index()
... ).set_index('date').head()
```

이런 방법은 그림 4.64와 같이 시간이 정확하기 일치하지 않을 때 null 값으로 채우지만 적어도 데이터는 정렬할 수 있다.

date	FB	AAPL
2019-05-20 09:30:00	181.6200	183.520
2019-05-20 09:31:00	182.6100	NaN
2019-05-20 09:31:52	NaN	182.871
2019-05-20 09:32:00	182.7458	NaN
2019-05-20 09:32:36	NaN	182.500

그림 4.64 시계열 데이터를 엄격하게 병합하고 재정렬한 데이터

> `pd.merge_ordered()`에 `fill_method='ffill'`을 사용하면 값 뒤에 오는 첫 번째 NaN을 순방향으로 채울 수 있지만, 그 뒤로 더는 전달하지 않는다. 또는 `fillna()`를 연결할 수 있다. 노트북에 예제가 들어 있다.

`pd.merge_ordered()` 함수를 사용해도 그룹별로 병합할 수 있지만, 자세한 내용은 공식 문서를 참고한다.

요약

4장에서는 `DataFrame`을 병합하는 방법과 집합 연산을 사용해 결합 유형에 따라 손실되는 데이터를 결정하는 방법 그리고 데이터베이스처럼 `DataFrame`에 질의하는 방법을 배웠다. 그런 다음, 비닝binning과 순위 매기기ranking와 같은 열에 대한 복잡한 변환과 `apply()` 메서드를 사용해 변환을 효과적으로 하는 방법도 살펴봤다. 또한 효율적인 pandas 코드를 작성할 때 벡터 연산이 중요하다는 것도 알게 됐다. 그리고 나서 윈도우 계산과 파이프를 사용해 깔끔한 코드를 작성하는 방법도 배웠다. 윈도우 계산은 전체 `DataFrame`과 그룹별로 집계하기 위한 기초가 됐다. 또한 피봇 테이블과 교차표를 만드는 법도 살펴봤다. 마지막으로, 선택과 집계부터 병합에 이르기까 시계열 데이터에 특화된 pandas의 기능도 알아봤다.

5장에서는 pandas가 `matplotlib`의 래퍼wrapper[6]를 제공해 구현하는 데이터 시각화를 다룬다. 데이터 랭글링은 시각화를 위한 데이터 준비에 중요한 역할을 하므로 계속하기 전에 다음 절의 연습을 마치도록 한다.

---

[6] 활동 범위를 설정하고 더 중요한 다른 프로그램을 실행할 수 있게 하는 프로그램이나 스크립트를 말한다(출처: 정보통신용어 사전) - 옮긴이

⁖ 연습 문제

지금까지 이 책에서 배운 내용과 exercises/ 디렉터리의 CSV 파일을 사용해 다음 연습
문제를 풀어 본다.

1. earthquakes.csv 파일에서 mb 진도 유형magnitude type의 진도가 4.9 이상인 일본의 모
   든 지진을 선택한다.

2. ml 측정 방법의 모든 진도 값에 대한 구간(예를 들어 첫 번째 구간은 (0, 1], 두 번째는 (1,
   2], 세 번째는 (2, 3] 등으로)을 만들고 각 구간의 빈도수를 계산한다.

3. faang.csv 파일에서 티커ticker로 그룹을 만들고 월별 빈도수로 재표본추출한다. 다음
   과 같이 집계한다.

   a) 시가 평균

   b) 고가의 최대값

   c) 저가의 최소값

   d) 종가 평균

   e) 거래량 합

4. 지진 데이터에서 tsunami 열과 magType 열의 교차표를 만든다. 교차표에서는 빈도수
   가 아니라 각 조합에서 관측된 최대 진도가 표시되도록 한다. 열에는 진도 유형
   magnitude type 값이 와야 한다.

5. FAANG 데이터의 티커로 OHLC의 60일 이동집계를 만든다. 연습 문제 3번과 같
   은 집계를 한다.

6. 주가를 비교하는 FAANG 데이터의 피봇 테이블을 만든다. 행에는 티커가 오도록
   하고 OHLC의 평균과 거래량 데이터를 표시한다.

7. apply()를 사용해 아마존 데이터의 2018년 4분기(Q4) 각 숫자열의 Z-점수를 계산
   한다.

8. 이벤트 설명을 추가한다.

   a) ticker와 date, event의 세 열로 구성된 DataFrame을 만든다. 각 열은 다음과 같은 값을 가져야 한다.

   i) ticker: 'FB'

   ii) date: ['2018-07-25', '2018-03-19', '2018-03-20']

   iii) event: ['Disappointing user growth announced after close.', 'Cambridge Analytica story', 'FTC investigation']

   b) 인덱스를 ['date', 'ticker']로 설정한다.

   c) 이 데이터를 FAANG 데이터와 외부 결합으로 병합한다.

9. FAANG 데이터에 transform() 메서드를 사용해 데이터의 첫 번째 날짜를 기준으로 모든 값을 표시한다. 이렇게 하려면 각 티커의 모든 값을 해당 티커 데이터에 있는 첫 번째 날짜의 값으로 나눠야 한다. 이 값을 **지수**index라고 하며, 첫 번째 날짜에 대한 데이터를 **기준**base(https://ec.europa.eu/eurostat/statistics-explained/index.php?title=Beginners:Statistical_concept_-_Index_and_base_year)이라고 한다. 데이터가 이런 형식이면 시간이 지남에 따라 지수가 증가하는 것을 쉽게 알 수 있다. 힌트: transform()에 함수 이름을 사용할 수 있다.

10. **유럽 질병예방통제센터**ECDC, European Centre for Disease Prevention and Control는 전 세계 국가별 COVID-19 일일 신규 확진자 발생 보고 건수라고 하는 COVID-19 신규 확진자 수 데이터셋을 공개하고 있다(https://www.ecdc.europa.eu/en/publications-data/download-todays-data-geographic-distribution-covid-19-cases-worldwide). 이 데이터셋은 매일 업데이트되지만 2020년 9월 18일까지의 데이터를 사용한다. 이 책에서 지금까지 배운 내용을 연습하도록 다음과 같은 작업을 한다.

    a) 데이터를 준비한다.

    i) covid19_cases.csv 파일의 데이터를 읽는다.

    ii) dateRep 열을 파싱해 datetime으로 바꾸고 date 열을 만든다.

iii) date 열을 인덱스로 설정한다.

iv) replace() 메서드를 사용해 United_States_of_America와 United_Kingdom의 모든 신규 확진자 수를 각각 USA와 UK로 업데이트한다.

v) 인덱스를 정렬한다.

b) (누적으로) 가장 많은 신규 확진자가 발생한 다섯 국가에 관해 신규 확진자 수가 가장 많이 발생한 날을 찾는다.

c) 가장 많은 신규 확진자가 발생한 다섯 국가에 관해 데이터에서 마지막 주 1주일 동안 COVID-19 신규 확진자 수의 7일 평균 변화를 찾는다.

d) 중국을 제외하고 각 나라에서 최초 신규 확진자 발생일을 찾는다.

e) 백분위수를 사용해 누적 신규 확진자 수를 기준으로 국가별 순위를 매긴다.

⁑ 참고 자료

4장에서 다룬 주제에 관한 더 많은 내용은 다음 자료를 참고한다.

- **SQL 소개**: 데이터 질의 및 관리: https://www.khanacademy.org/computing/computer-programming/sql

- **(Pandas) SQL과의 비교**: https://pandas.pydata.org/pandas-docs/stable/getting_started/comparison/comparison_with_sql.html

- **집합 연산**: https://www.probabilitycourse.com/chapter1/1_2_2_set_operations.php

- **파이썬의 *args와 **kwargs 설명**: https://yasoob.me/2013/08/04/args-and-kwargs-in-python-explained/

05

pandas와 matplotlib를 사용한
데이터 시각화

지금까지는 데이터를 엄격하게 표 형식으로만 다뤘다. 그러나 사람의 두뇌는 시각적 패턴을 잘 인식한다. 따라서 다음 단계는 자연스럽게 데이터 시각화 방법을 배우는 것이다. 시각화^{visualization}를 사용하면 데이터에서 이상한 점을 발견하고 그것을 다른 사람에게 쉽게 설명할 수 있다. 그러나 탐색적 데이터 분석에서 시각화를 사용하면 데이터를 빠르고 더 완벽하게 이해하는 데 도움이 되므로 결론을 보고받는 사람들을 위해서만 데이터 시각화를 사용해서는 안 된다.

데이터 시각화에는 과거에 봤을 만한 것 외에 많은 방법이 사용된다. 5장에서는 꺾은 선 그래프, 히스토그램, 산포도, 막대 그래프와 같이 가장 널리 사용되는 그림 유형과 이를 기반으로 하는 다른 그림 유형을 다룬다. 파이 차트^{pie chart}는 제대로 해석하기 어렵고, 더 좋은 방법이 있으므로 여기서는 다루지 않는다.

파이썬에는 시각화를 위한 많은 라이브러리가 있지만, 데이터 분석(과 다른 목적)을 위한 주요 라이브러리 중의 하나가 matplotlib다. matplotlib 라이브러리는 처음에 배우기 조금 어려울 수 있지만, 다행스럽게도 pandas에는 matplotlib 기능 일부에 대한 자체 래퍼를 갖고 있어 maplotlib를 사용하는 한 줄(또는 적어도 몇 줄)의 코드를 사용하지 않고도 다양한 유형의 시각화를 만들 수 있다. pandas나 matplotlib에 내장되지 않은 더 복잡한 유형의 그림을 그리려면 6장에서 설명할 seaborn 라이브러리를 사용해야 한다. 이 세 라이브러리를 자유자재로 사용할 수 있다면 우리가 원하는 (전부는 아니더라도) 대부분의 시각화를 만들 수 있다. 애니메이션과 상호대화형 시각화는 이 책의 범위를 벗어나지만, 관련 내용은 '참고 자료' 절에서 확인할 수 있다.

5장에서는 다음과 같은 내용을 다룬다.

- matplotlib 소개

- pandas로 그림 그리기

- pandas.plotting 모듈

5장 교재

5장의 자료는 이 URL(https://github.com/stefmolin/Hands-On-Data-Analysis-with-Pandas-2nd-edition/tree/master/ch_05)에 있다. data/ 디렉터리에 들어 있는 세 데이터셋을 사용한다. fb_stock_prices_2018.csv 파일에는 2018년 1월부터 12월까지의 페이스북 주식의 일일 거래량과 함께 시가, 고가, 저가, 종가가 들어 있다. 이 데이터는 7장에서 빌드할 stock_analysis 패키지를 사용해 얻은 것이다. 주식시장은 주말에 열리지 않으므로 거래일에 대한 데이터만 있다.

earthquakes.csv 파일에는 **미국 지질조사국**^{USGS} API(https://Earth quake.usgs.gov/fdsnws/event/1/)에서 가져온 2018년 9월 18일부터 10월 13까지의 지진 데이터가 들어 있다. 각 지진에 대해 진도(mag 열), 지진 측정에 사용된 단위(magType 열), 지진이 발생한 시간(time 열), 장소(place 열), 지진이 발생한 국가를 나타내는 parsed_place 열(2장에서 이 열을 추가했다)의 값이 있다. 다른 불필요한 열은 제거했다.

covid19_cases.csv 파일에는 **유럽 질병예방통제센터**^{ECDC}가 제공하는 전 세계 국가별 COVID-19 일일 확진자 발생 보고 건수(https://www.ecdc.europa.eu/en/publications-data/download-todays-data-geographic-distribution-covid-19-cases-worldwide)에서 가져온 데이터가 들어 있다. 이 데이터의 스크립트나 자동 수집을 위해 ECDC는 이 URL (https://opendata.ecdc.europa.eu/covid19/casedistribution/)에서 현재의 CSV 파일을 제공한다. 우리가 사용할 스냅샷에는 2020년 9월 19일에 수집한 것으로 2019년 12월 31일부터 2020년 9월 18일까지의 국가별 COVID-19 신규 확진자 수가 포함돼 있으며 2020년 9월 19일의 일부 데이터도 포함돼 있다. 5장에서는 2020년 1월 18일부터 9월 18일까지 8개월을 살펴본다.

5장에서는 3개의 노트북을 사용한다. 3개의 노트북은 사용할 순서대로 번호가 매겨져 있다. 1-introducing_matplotlib.ipynb 노트북에서는 matplotlib에 대한 소개와 함께 파이썬으로 그림을 그리는 방법을 설명한다. 그런 다음 2-plotting_with_pandas.ipynb 노트북에서는 pandas를 사용해 시각화를 만드는 방법을 배운다. 마지막으로, 3-pandas_plotting_module.ipynb 노트북에서는 pandas가 제공하는 몇 가지 추가 시각화 옵션을 살펴본다.

matplotlib 소개

pandas와 seaborn의 그림 그리기 기능은 matplotlib에 기반을 두고 있다. 두 패키지 모두 matplotlib의 저수준 기능의 래퍼를 제공한다. 이로 인해 매우 간단하게 시각화 코드를 작성할 수 있다. 그러나 간단하게 작성할 수 있는 만큼 우리가 할 수 있는 유연성은 떨어진다.

pandas나 seaborn으로 구현한 그림이 우리의 요구를 충족하지 못한다는 것을 알게 될 것이다. 실제로 두 패키지로 그림을 그린 다음에 특정 설정값을 변경하지 못할 수도 있다. 또한 시각화 결과를 조정하려면 6장에서 설명할 matplotlib 명령어를 사용해야 한다. 따라서 matplotlib의 작동 방식을 이해하고 있어야 한다.

기초

matplotlib 패키지는 상당히 많은 기능을 포함하고 있어 용량이 크다. 다행히도 그림을 그리기 위한 대부분 기능은 MATLAB과 비슷한 프레임워크를 제공하는 pyplot 모듈에 포함돼 있다. 때로는 애니메이션 스타일 변경이나 기본 매개변수를 수정과 같은 다른 작업을 하려면 추가 모듈을 사용해야 한다. 6장에서 이와 관련된 예제를 살펴본다.

전체 matplotlib 패키지를 임포트하지 않고 점(.)을 사용해 pyplot 모듈만 임포트해 사용한다. pyplot 모듈만 임포트하면 필요한 것에 접근하기 위해 입력해야 할 명령어의 양과 사용하지 않는 코드로 인한 메모리 공간 점유도 줄일 수 있다. pyplot 모듈은 전통적으로 plt라는 약어로 많이 사용된다.

```
import matplotlib.pyplot as plt
```

첫 번째 그림을 그려보기 전에 실제로 그림이 만들어지는 방법을 알아보자. matplotlib 는 plot 명령어를 사용해 데이터를 시각화한다. 그러나 그림을 표시하도록 명령어를 입력하기 전까지는 그림을 그리지 않는다. 따라서 그림을 완성할 때까지 코드를 추가해 시각화할 방법을 지속해서 조정할 수 있다. 그림에 대한 참조를 저장해 두지 않은 상태에서 그림을 화면에 표시한 후 무언가를 변경하려면 그림을 다시 그려야 한다. 그 이유는 메모리 자원 확보를 위해 마지막 그림에 대한 참조가 삭제되기 때문이다.

matplotlib는 plt.show() 함수 명령어로 그림을 화면에 표시한다. 따라서 우리가 그리려는 그림을 다 완성한 후에 이 함수를 호출해야 한다. 파이썬 셸을 사용하는 경우 이 함수가 차단 함수blocking function 역할을 하므로 그림 창이 닫힐 때까지 추가 코드가 실행되지 않도록 한다. 주피터 노트북에서는 **%matplotlib inline 매직 명령어**magic command(% 기호 뒤에 나오는 특별한 IPython 명령어)를 한 번 사용하면 시각화 코드가 있는 셀이 실행될 때 자동으로 그림이 표시된다. 매직 명령어(또는 간단히 매직)는 주피터 노트북 셀에서 일반 코드처럼 실행된다. 이 책에서는 지금까지 주피터 노트북을 사용하지 않았지만 지금 사용하려면 1장을 참고한다.

> %matplotlib inline 매직은 노트북에 정적 이미지를 삽입한다. 다른 명령어는 %matplotlib
> notebook 매직이다. 이 매직은 크기 조절 및 확대/축소와 같은 작업을 할 수 있도록 그림에 약간의
> 상호작용을 제공하지만 주피터랩(JupyterLab)을 사용할 때는 약간의 추가적인 설정이 필요하며 노
> 트북에서 실행 중인 코드에 따라 약간 혼란스러운 버그가 발생할 수도 있다. 자세한 내용은 미디엄
> 글(https://medium.com/@Med1um1/using-matplotlib-in-jupyter-notebooks-comparing-
> methods-and-some-tips-python-c38e85b40ba1)을 참고한다.

이 책의 저장소^{repository}에 있는 fb_stock_prices_2018.csv 파일의 페이스북 주가 데이터
를 사용해 1-introducing_matplotlib.ipynb 노트북에서 첫 번째 그림을 그려 보자. 먼저,
pyplot과 pandas를 임포트해야 한다(이 예제에서는 plt.show()를 사용할 것이므로 매직을 사용
할 필요가 없다).

```
>>> import matplotlib.pyplot as plt
>>> import pandas as pd
```

다음으로, 4장에서 데이터가 어떤 모습인지 확인했으므로 CSV 파일을 읽을 때 date 열
을 인덱스로 지정한다.

```
>>> fb = pd.read_csv(
...     'data/fb_stock_prices_2018.csv',
...     index_col='date',
...     parse_dates=True
... )
```

페이스북 주가가 시간에 어떻게 변했는지 확인하기 위해 일일 시가를 꺾은 선 그래프로
그려 본다. 꺾은 선 그래프를 그리려면 plt.plot() 함수를 사용해야 하며, x축과 y축으
로 사용할 데이터를 지정해야 한다. 그런 다음, plt.show()를 호출하면 그림이 표시된다.

```
>>> plt.plot(fb.index, fb.open)
>>> plt.show()
```

결과는 그림 5.1과 같다.

그림 5.1 matplotlib로 그린 첫 번째 그래프

이 그림을 발표 자료나 보고서에 사용하려면 축 이름^{axis label}, 그래프 제목, (가능하다면) 범례를 추가하고 필요하다면 *y*축의 범위도 수정해야 한다. 이와 관련해서는 6장에서 그 래프의 형식을 지정하고 사용자 정의 방법을 다룰 때 자세히 설명한다. `pandas`와 `seaborn`은 최소한 이런 기능 일부를 제공한다.

이 책의 나머지 부분에서는 `%matplotlib inline` 매직 명령어(주피터 노트북에서 사용해야 한다)를 사용해 시각화 코드를 작성한 다음 `plt.show()`를 호출하지 않는다. 다음 코드의 결과는 위 코드 결과와 같다.

```
>>> %matplotlib inline
>>> import matplotlib.pyplot as plt
>>> import pandas as pd

>>> fb = pd.read_csv(
...     'data/fb_stock_prices_2018.csv',
...     index_col='date',
...     parse_dates=True
... )
>>> plt.plot(fb.index, fb.open)
```

주피터 노트북을 사용하는 경우 지금 %matplotlib inline 매직 명령어를 실행해야 이 책의 나머지 부분에 있는 시각화 코드가 자동으로 그림을 출력한다.

plt.plot() 함수에서 그림에 대한 형식 문자열format string을 세 번째 인수로 지정하면 산점도scatter plot를 그릴 수 있다. 형식 문자열은 '[marker][linestyle][color]' 형식이다. 예를 들어 검정색 점선은 '--k'이다. 산점도에서는 선이 필요 없으므로 linestyle 성분은 생략한다. 'or' 형식 문자열을 사용하면 산점도의 점을 빨간색 원으로 표시할 수 있다. 여기서 o는 원을 의미하며, r은 빨간색을 뜻한다. 다음 코드는 고가 대 저가의 산점도를 그린다. data 인수에 DataFrame을 지정하면 시리즈를 x와 y로 전달하지 않고 열의 문자열 이름을 사용해도 된다.

```
>>> plt.plot('high', 'low', 'or', data=fb.head(20))
```

변동 폭이 큰 날을 제외하고는 고가와 저가가 많이 떨어져 있지 않으므로 점들이 직선의 형태일 것으로 예상된다. 이는 대부분의 경우 참이지만 자동으로 생성된 척도scale에 주의해야 한다. x축과 y축이 완벽하게 같은 비율로 정렬되지 않는다.

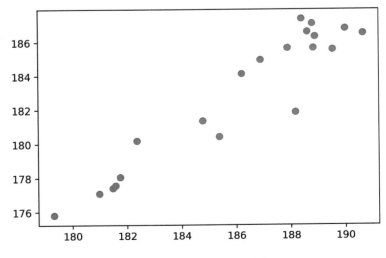

그림 5.2 matplotlib으로 그린 산점도

형식 문자열은 유연성 있게 지정할 수 있다. 예를 들어 '[color][marker][linestyle]' 형식의 형식 문자열은 모호하지만 않으면 작동한다. 그림 5.3의 표는 다양한 그림 스타일에 대한 형식 문자열을 사용하는 방법을 보여 준다. 옵션에 대한 전체 목록은 공식 문서(https://matplotlib.org/stable/api/_as_gen/matplotlib.pyplot.plot.html)의 **Notes** 절에서 확인할 수 있다.

마커	선 유형	색	형식 문자열	결과
	-	b	-b	파란색 실선
.		k	.k	검은색 점
	--	r	--r	빨간색 파선
o	-	g	o-g	원이 포함된 초록색 실선
	:	m	:m	자홍색 점선
x	-.	c	x-.c	x가 포함된 청록색 일점쇄선

그림 5.3 matplotlib 스타일 단축키

형식 문자열을 사용하면 한 번에 많은 옵션을 지정할 수 있으며 'pandas로 그림 그리기' 절에서 보겠지만 pandas의 plot() 메서드에서도 사용할 수 있다. 그러나 각 옵션을 개별적으로 지정하려면 color, linestyle, marker 인수를 사용하면 된다. 공식 문서에서 plt.plot()에 사용할 수 있는 키워드 인수의 값을 확인할 수 있다. pandas도 이 값을 matplotlib에 전달한다.

TIP

> 그림으로 나타낼 변수마다 스타일을 정의하지 않으려면 matplotlib의 cyler(https://matplotlib.org/3.2.2/gallery/color/color_cycler.html)를 사용해 matplotlib가 순환해 참조할 조합을 지정할 수 있다. 7장에서 이 예를 볼 수 있다.

matplotlib로 히스토그램을 그리려면 hist() 함수를 사용해야 한다. Earth quakes.csv 파일에서 ml 측정 방법으로 측정된 진도의 히스토그램을 그려 보자.

```
>>> quakes = pd.read_csv('data/Earth quakes.csv')
>>> plt.hist(quakes.query('magType == "ml"').mag)
```

그림 5.4의 히스토그램을 통해 ml 측정 방법으로 측정한 진도의 범위에 대한 아이디어를 얻을 수 있다.

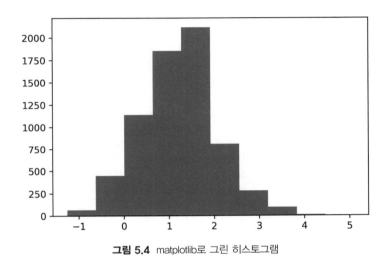

그림 5.4 matplotlib로 그린 히스토그램

짐작했던 대로 진도는 작은 경향이 있으며, 분포는 어느 정도 정규분포를 따르는 것처럼 보인다. 그러나 히스토그램과 관련해 주의할 점은 구간bin의 폭이다. 데이터를 나누는 구간의 개수를 바꿔 히스토그램이 나타내는 분포를 바꿀 수 있다. 예를 들어 이 데이터에 대해 다른 구간을 적용해 2개의 히스토그램을 만든다면 두 히스토그램의 분포는 그림 5.5처럼 다르다.

```
>>> x = quakes.query('magType == "ml"').mag
>>> fig, axes = plt.subplots(1, 2, figsize=(10, 3))
>>> for ax, bins in zip(axes, [7, 35]):
...     ax.hist(x, bins=bins)
...     ax.set_title(f'구간 수: {bins}개')
```

그림 5.5의 왼쪽 그림은 단봉분포unimodal distribution이지만 오른쪽 그림은 이봉분포bimodal distribution처럼 보인다.

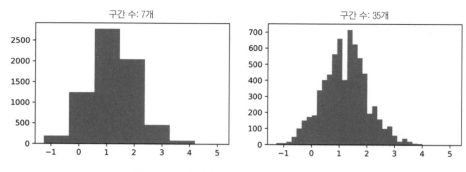

그림 5.5 구간의 너비에 따라 바뀐 히스토그램의 분포

TIP

> 경험에 따른 구간의 개수를 선택하기 위한 몇 가지 일반적인 법칙은 위키피디아(https://en.
> wikipedia.org/wiki/Histogram#Number_of_bins_and_width)에서 확인할 수 있다. 그러나 어떤
> 경우에는 벌떼 그림(bee swarm plot)[1]이 히스토그램보다 해석하기 쉬울 수 있다. seaborn으로 벌
> 떼 그림을 그릴 수 있으며 6장에서 설명한다.

위 예에서 주목해야 할 점이 있는데 다음 절에서 설명할 그림의 구성 요소다.

- 부그림을 만들 수 있다.

- pyplot의 그림 함수는 Figure와 Axes 객체와 같은 matplotlib 객체의 메서드로도 사
  용할 수 있다.

기본 사용법과 관련된 마지막 한 가지 작업은 그림을 파일로 저장하는 것이다. 파이썬
에서 그림을 보여 주는 것만으로는 안 된다. plt.savefig() 함수를 사용하면 마지막 그
림을 저장할 수 있다. 예를 들어 plt.savefig('my_plot.png')와 같이 그림을 저장할 경
로와 파일 이름을 지정하면 된다. plt.show()를 실행하면 마지막 그림에 대한 참조가 사
라지므로 그림을 저장하기 전에 plt.show()을 실행하면 파일에는 아무것도 저장되지 않
는다(matplotlib는 메모리 자원을 해제하고자 Figure 객체를 닫는다). %matplotlib inline 매직
명령어를 사용하면 같은 셀에서 그림을 보고 저장할 수 있다.

---

1 데이터를 점으로 표현한 그림으로 요약이 아니라 실제 데이터의 분포를 한눈에 확인할 수 있다. – 옮긴이

> plt.savefig() 함수를 사용해 그림을 파일로 저장하는 경우 그림 위쪽이나 아래쪽이 잘려 제목이
> 나 x축의 이름이 안 보이는 경우 bbox_inches='tight' 인수를 사용해 여백을 최소한으로 줄이면
> 해결할 수 있다. 예를 들어 다음과 같은 형태로 사용한다.
>
> plt.savefig('저장할 파일 이름', bbox_inches='tight')

그림 구성 요소

plt.plot()를 사용한 위의 코드에서 Figure 객체를 만들 필요가 없었다. matplotlib가 알아서 처리했다. 그러나 그림 5.5를 만들 때 보았듯이 기본 그림 이외의 모든 것은 Figure 객체 자체를 만드는 것을 포함해 조금 더 큰 노력이 필요하다. Figure 클래스는 matplotlib 시각화의 최고 수준이다. Figure 클래스는 선^{line}이나 눈금^{tick}과 같은 추가 그림 객체가 포함된 Axes 객체를 포함한다. 부그림의 경우 Figure 객체가 추가 기능이 있는 Axes 객체를 포함한다.

plt.figure() 함수를 사용해 Figure 객체를 만든다. 이 객체는 그림이 추가되기 전까지 Axes 객체를 갖지 않는다.

```
>>> fig = plt.figure()
<Figure size 432x288 with 0 Axes>
```

plt.subplots() 함수는 지정된 배열에서 부그림을 위한 Axes 객체가 있는 Figure 객체를 만든다. 1행 1열에 대해 plt.subplots()을 요청하면 Axes 객체 1개가 있는 Figure 객체가 반환된다. 이 개념은 부그림이 1개인 특수 경우를 고려하지 않아도 되므로 입력에 따른 부그림 구성^{subplot layout}을 만드는 함수를 작성할 때 유용하다. 다음 예에서는 1행과 2열의 배열을 지정한다. 이 결과는 (Figure, Axes) 튜플이므로 언팩^{unpack}할 수 있다.

```
>>> fig, axes = plt.subplots(1, 2)
```

%matplotlib inline 매직 명령어를 사용하면 만들어진 그림을 볼 수 있다.

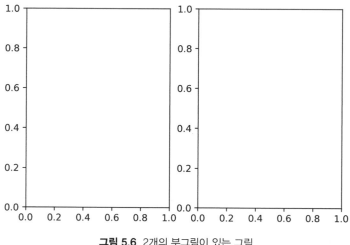

그림 5.6 2개의 부그림이 있는 그림

plt.subplots()를 사용하지 않고 부그림을 추가하려면 plt.figure()를 실행하면 만들어 지는 Figure 객체에 add_axes() 메서드를 사용해야 한다. add_axes() 메서드는 부그림이 차지하는 영역을 나타내고자 [왼쪽, 아래, 너비, 높이] 형식의 리스트를 그림의 치수 비율 로 받아서 처리한다.

```
>>> fig = plt.figure(figsize=(3, 3))
>>> outside = fig.add_axes([0.1, 0.1, 0.9, 0.9])
>>> inside = fig.add_axes([0.7, 0.7, 0.25, 0.25])
```

위 코드는 그림 안에 그림을 그린다.

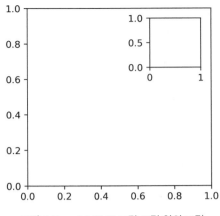

그림 5.7 matplotlib로 그린 그림 안의 그림

모든 그림을 분리하되 크기를 모두 다르게 하려면 Figure 객체에 add_gridspec() 메서드를 사용해 부그림에 대한 격자ᵍʳⁱᵈ를 만들고, add_subplot()에 부그림이 차지해야 할 격자의 영역을 지정해야 한다.

```
>>> fig = plt.figure(figsize=(8, 8))
>>> gs = fig.add_gridspec(3, 3)
>>> top_left= fig.add_subplot(gs[0, 0])
>>> mid_left= fig.add_subplot(gs[1, 0])
>>> top_right = fig.add_subplot(gs[:2, 1:])
>>> bottom = fig.add_subplot(gs[2,:])
```

위 코드의 결과로 다음과 같은 구성이 만들어진다.

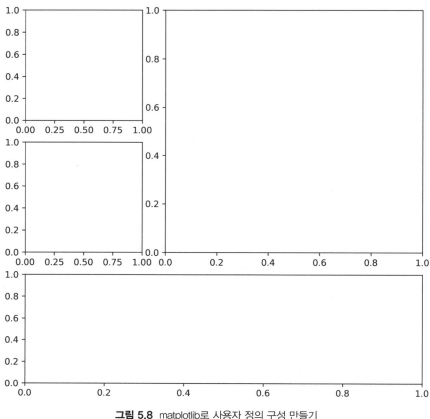

그림 5.8 matplotlib로 사용자 정의 구성 만들기

앞에서 `plt.savefig()`를 사용해 그림을 저장하는 방법을 설명했지만, Figure 객체에
`savefig()` 메서드를 사용해 그림을 저장할 수도 있다.

```
>>> fig.savefig('empty.png')
```

기존 방법은 `plt.<func>()`의 형식을 사용하므로 위의 방법이 기억하기 쉬우며 마지막
Figure 객체에 접근하기만 하면 된다. 그러나 Figure 객체에 대한 참조를 저장한다면
Figure 객체가 만들어진 시점과는 상관없이 모든 Figure 객체를 저장할 수 있다. 또한 이
내용은 5장을 통틀어서 알아 둬야 할 중요한 개념을 알려 준다. Figure와 Axes 객체에는
`pyplot` 함수와 이름이 비슷하거나 같은 메서드가 있다.

우리가 만드는 모든 Figure 객체를 참조하는 것이 편리하지만 자원을 낭비하지 않도록 작업이 끝나면 바로 닫는 것이 좋다. plt.close() 함수를 사용하면 참조를 닫을 수 있다. 인수를 지정하지 않으면 마지막 Figure 객체만 닫고 'all'을 지정하면 열려 있는 모든 Figure 객체를 닫을 수 있다.

```
>>> plt.close('all')
```

Figure와 Axes 객체를 직접 사용하면 시각화 결과를 더 세밀하게 조정할 수 있으므로 익숙해지는 것이 좋다. 6장에서 자세히 설명한다.

추가 옵션

일부 그림이 약간 찌그러져 보였다. 이 문제를 해결하고자 plt.figure()나 plt.subplots()에 figsize로 그림의 크기를 지정할 수 있다. 인치 단위로 (너비, 높이) 튜플을 그림의 치수로 지정하면 된다. pandas에서 사용하는 plot() 메서드에서도 figsize 매개변수를 사용할 수 있으므로 잘 기억해야 한다.

```
>>> fig = plt.figure(figsize=(10, 4))
<Figure size 720x288 with 0 Axes>
>>> fig, axes = plt.subplots(1, 2, figsize=(10, 4))
```

그림 5.9의 부그림은 그림의 크기를 지정하지 않은 그림 5.6의 부그림보다 더 정사각형에 더 가깝다.

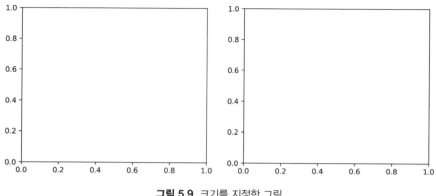

그림 5.9 크기를 지정한 그림

그림의 크기를 각각 지정하는 것도 나쁘지 않다. 그러나 모든 그림을 같은 크기로 하려면 더 좋은 방법이 있다. matplotlib는 딕셔너리 역할을 하는 rcParams에 기본값을 저장한다. 따라서 세션에서 원하는 값으로 쉽게 덮어쓴 다음, 파이썬 세션을 재시작할 때 저장해 둔 기본값을 다시 사용할 수 있다. 이 딕셔너리에는 많은 옵션(이 책을 집필할 당시 300개가 넘었음)이 있으므로 사용할 수 있는 옵션에 대한 아이디어를 얻을 수 있도록 몇 가지 옵션을 무작위로 선택해 봤다.

```
>>> import random
>>> import matplotlib as mpl

>>> rcparams_list = list(mpl.rcParams.keys())
>>> random.seed(20) # 재현이 가능하도록 초기값을 설정
>>> random.shuffle(rcparams_list)

>>> sorted(rcparams_list[:20])
['axes.axisbelow',
 'axes.formatter.limits',
 'boxplot.vertical',
 'contour.corner_mask',
 'date.autoformatter.month',
 'legend.labelspacing',
 'lines.dashed_pattern',
 'lines.dotted_pattern',
 'lines.scale_dashes',
 'lines.solid_capstyle',
```

```
 'lines.solid_joinstyle',
 'mathtext.tt',
 'patch.linewidth',
 'pdf.fonttype',
 'savefig.jpeg_quality',
 'svg.fonttype',
 'text.latex.preview',
 'toolbar',
 'ytick.labelright',
 'ytick.minor.size']
```

보다시피 여기서 사용할 수 있는 많은 옵션이 있다. figsize에 대한 현재 기본값을 확인해 보자.

```
>>> mpl.rcParams['figure.figsize']
[6.0, 4.0]
```

현재 세션에서 이 값을 변경하려면 간단히 새 값으로 설정하면 된다.

```
>>> mpl.rcParams['figure.figsize'] = (300, 10)
>>> mpl.rcParams['figure.figsize']
[300.0, 10.0]
```

더 나아가기 전에 mpl.rcdefaults() 함수를 사용해 기본값으로 복원한다. figsize의 기본값은 앞에서 본 값과 다르다. 그 이유는 %matplotlib inline이 처음 실행될 때 그림과 관련된 매개변수를 다른 값으로 설정하기 때문이다(https://github.com/ipython/ipykernel/blob/main/ipykernel/pylab/config.py#L42-L56).

```
>>> mpl.rcdefaults()
>>> mpl.rcParams['figure.figsize']
[6.8, 4.8]
```

그룹(여기서는 figure)과 매개변수 이름(figsize)을 알고 있으면 plt.rc() 함수를 사용해 특정 설정값을 업데이트할 수 있다. 이전에 했던 것처럼 plt.rcdefaults()를 사용해 기본값을 재설정할 수 있다.

```
# figsize 기본값을 (20, 20)으로 변경한다.
>>> plt.rc('figure', figsize=(20, 20))
>>> plt.rcdefaults() # 기본값으로 재설정한다.
```

TIP

파이썬을 시작할 때마다 기본값을 매번 같은 값으로 변경한다면 구성(configuration)을 읽어 사용해야 한다. 자세한 내용은 mpl.rc_file() 함수를 참고한다.

pandas로 그림 그리기

Series와 DataFrame 객체 모두 plot() 메서드를 갖고 있어 몇 가지 다른 그림을 그리고 부그림 스타일이나 그림 크기, 제목, 부그림 간의 축 공유 여부와 같은 형식의 일부 측면을 제어할 수 있다. 이런 방식을 이용하면 남들에게 보여 줄 수 있는 그림을 만들기 위한 대부분의 작업을 한 번의 메서드 호출로 할 수 있으므로 데이터를 더 편하게 그림으로 그릴 수 있다. pandas는 그림을 그리고자 내부적으로 matplotlib를 여러 번 호출한다. plot() 메서드에 자주 사용되는 인수 중 일부는 다음과 같다.

매개변수	목적	데이터 유형
kind	그림 유형을 결정한다.	문자열
x/y	x축/y축에 대응할 열	문자열 또는 리스트
ax	제공된 Axex 객체에 그림을 그린다.	Axex
subplots	부그림을 만들지를 결정한다.	부울
layout	부그림 정렬 방법을 지정한다.	(행, 열) 튜플
figsize	Figure 객체의 크기	(너비, 높이) 튜플
title	그림이나 부그림의 제목	그림 제목의 문자열이나 부그림 제목 문자열의 리스트
legend	범례 표시 여부를 결정한다.	부울
label	범례에 표시할 항목	그림에 표시할 열이 하나면 문자열, 그렇지 않으면 문자열의 리스트
style	그림으로 그릴 각 항목에 대한 matplotlib 스타일 문자열	그림에 표시할 열이 하나면 문자열, 그렇지 않으면 문자열의 리스트
color	항목을 표현할 색상	그림에 표시할 열이 하나면 문자열이나 빨강, 녹색, 파랑의 튜플, 그렇지 않으면 리스트
colormap	색상 맵	문자열이나 matplotlib 색상 맵 객체
logx/logy/loglog	x축/y축 또는 두 축 모두에 로그 척도 사용 여부를 결정한다.	부울
xticks/yticks	x축/y축에 눈금을 그릴 위치를 결정한다.	값의 리스트
xlim/ylim	x축/y축의 범위를 제한한다.	(최소값, 최대값) 형식의 튜플
rot	눈금 이름을 쓰는 각도	정수
sharex/sharey	부그림이 x축/y축을 공유할지를 결정한다.	부울
fontsize	눈금 이름의 크기를 조절한다.	정수
grid	격자선 켜기/끄기	부울

그림 5.10 그림 그릴 때 자주 사용되는 pandas 인수

matplotlib 설명에서 보았듯이 각 그림 유형에 대해 별도의 함수를 사용하지 않고 pandas의 plot() 메서드를 사용하면 kind 인수를 사용해 원하는 그림의 유형을 지정할 수 있다. 그림 유형에 따라 필요한 인수가 달라진다. plot() 메서드가 반환한 Axes 객체를 사용해 그림을 추가로 수정할 수 있다.

2-plotting_with_pandas.ipynb 노트북에서 이 기능을 살펴본다. 시작하기 전에 이 절에서 사용할 패키지를 임포트하고 사용할 데이터(페이스북 주가, 지진, COVID-19 신규 확진자 수)를 읽는다.

```
>>> %matplotlib inline
>>> import matplotlib.pyplot as plt
>>> import numpy as np
>>> import pandas as pd

>>> fb = pd.read_csv(
...      'data/fb_stock_prices_2018.csv',
...      index_col='date',
...      parse_dates=True
... )
>>> quakes = pd.read_csv('data/Earth quakes.csv')
>>> covid = pd.read_csv('data/covid19_cases.csv').assign(
...      date=lambda x: \
...          pd.to_datetime(x.dateRep, format='%d/%m/%Y')
... ).set_index('date').replace(
...      'United_States_of_America', 'USA'
... ).sort_index()['2020-01-18':'2020-09-18']
```

이후 몇 개의 절에서 시간의 경과에 따른 변화나 데이터 변수 간의 관계를 확인하는 것과 같이 특정 분석 목표에 적합한 그림을 만드는 방법을 설명한다. 가능한 한 이 책에서 그림을 흑백으로 해석할 수 있도록 그림을 구성했다.

시간의 경과에 따른 변화

(fb 변수에 저장된 페이스북 주가 데이터와 같은) 시계열 데이터로 작업할 때는 시간에 경과에 따른 변화를 보여 주고 싶을 때가 많다. 이를 위해 꺾은 선 그래프와 때에 따라 막대 그래프를 사용한다. 꺾은 선 그래프는 plot()에 kind='line' 인수를 사용하고 어떤 열을 x축과 y축으로 사용할지 지정하면 된다. pandas는 기본적으로 인덱스를 사용하므로 (Series 객체에 대해서도 꺾은 선 그래프를 그릴 수 있다), x축으로 사용할 열을 지정할 필요가 없다. 또한 matplotlib로 그림을 그릴 때와 마찬가지로 style 인수에 형식 문자열을 사용할 수 있다.

```
# 그림에서 한글 처리를 위해 폰트 적용하기
>>> import matplotlib as mpl
>>> import matplotlib.font_manager as fm

# Windows 한글 폰트 적용
>>> path = 'C:/Windows/Fonts/Malgun.ttf'

# macOS 한글 폰트 적용
# path ='/System/Library/Fonts/AppleSDGothicNeo.ttc'
>>> font_name = fm.FontProperties(fname=path, size=50).get_name()
>>> plt.rc('font', family=font_name)

# 그림에서 마이너스 폰트 깨지는 문제에 대한 대처
>>> mpl.rcParams['axes.unicode_minus'] = False


>>> fb.plot(
...     kind='line',
...     y='open',
...     figsize=(10, 5),
...     style='-b',
...     legend=False, title='페이스북 시가의 변화'
... ).set_xlabel('날짜')
```

위 코드의 결과는 matplotlib를 사용했을 때와 비슷하다. 그러나 한 번의 메서드 호출에서 그림의 크기를 지정하고 범례를 껐으며 제목을 넣을 수 있다.

그림 5.11 pandas로 그린 첫 번째 그림

matplotlib와 마찬가지로 스타일을 위한 형식 문자열을 사용할 필요가 없으며, 대신 관련 키워드를 개별적으로 사용하면 된다. 예를 들어 다음 코드의 결과는 위의 코드 결과와 같다.

```
>>> fb.plot(
...     kind='line',
...     y='open',
...     figsize=(10, 5),
...     color='blue',
...     linestyle='solid',
...     legend=False,
...     title='페이스북 시가의 변화'
).set_xlabel('날짜')
```

plot() 메서드로 한 번에 한 줄씩 그림을 그릴 수 있는 것만이 아니다. 열 목록을 사용해 그림을 그릴 수 있으며 개별적으로 스타일을 지정할 수도 있다. kind='line'은 기본값이므로 굳이 따로 지정할 필요는 없다.

```
>>> fb.first('1W').plot(
...     y=['open', 'high', 'low', 'close'],
...     style=['o-b', '--r', ':k', '.-g'],
...     title='2018년 첫째 주 페이스북 OHLC 가격'
... ).set_xlabel('날짜')
>>> plt.legend(['시가', '고가', '저가', '종가'])
```

위 코드의 결과는 그림 5.12와 같으며 각각의 선 스타일을 다르게 지정했다.

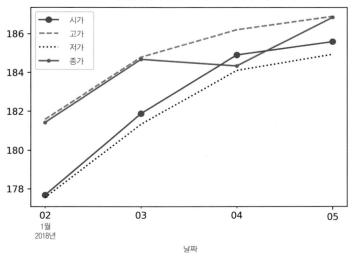

그림 5.12 여러 열의 데이터를 그림으로 그리기

또한 pandas에서 한 번에 모든 열의 데이터를 그림으로 그릴 수 있다. x와 y 인수에 한 열의 이름이나 열 이름의 리스트를 사용할 수 있다. 아무것도 지정하지 않으면 기본적으로 모든 열을 사용한다. kind='line'이면 y 인수에 열을 지정해야 한다. 그러나 다른 유형의 그림에서도 x 인수에 열의 리스트를 사용할 수 있다. 이 경우 같은 그림에 모든 데이터를 그리는 것보다 부그림으로 그리는 것이 좋을 수도 있다. 페이스북 데이터의 모든 열을 선으로 표시해 보자.

```
>>> fb.plot(
...     kind='line',
...     subplots=True,
...     layout=(3, 2),
...     figsize=(15, 10),
...     title='2018년 페이스북 주가'
... )
```

layout 인수를 사용하면 pandas가 부그림을 정렬할 방법(3행×2열)을 지정할 수 있다.

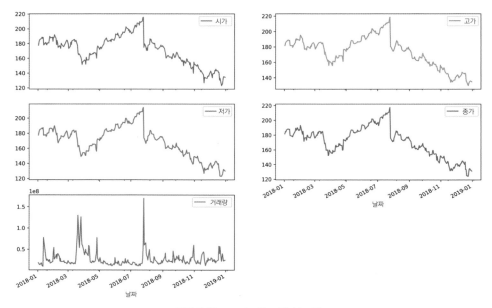

그림 5.13 pandas로 그린 부그림

부그림은 인덱스를 공유하므로 x축을 자동으로 공유한다. volume 시계열은 다른 척도 scale를 사용하므로 y축은 공유되지 않는다. 이를 변경하려면 sharex나 sharey 인수에 부울 값을 지정하면 된다. 범례는 기본적으로 표시되므로 각 부그림에 포함된 데이터에 관한 단일 항목이 범례에 표시된다. 이 경우 범례가 부그림의 제목 역할을 하므로 title 인수로 부그림의 제목을 지정하지 않았다. 그러나 전체 그림에 대한 제목을 문자열로 지정했다. 요약하자면 부그림을 그리는 경우 제목과 관련해 두 가지 옵션이 있다.

- 전체 그림의 제목을 문자열로 지정한다.

- 각 부그림에 대한 제목을 문자열 리스트로 지정한다.

때로는 비교를 위해 몇 가지 변수가 있는 부그림을 만들어야 할 수도 있다. 이런 경우에는 먼저 plt.subplots()로 부그림을 만든 다음 Axes 객체를 ax 매개변수로 지정해야 한다. 이를 설명하고자 중국, 스페인, 이탈리아, 미국, 브라질, 인도의 COVID-19 신규 확진자 수를 살펴보도록 한다. 이 데이터는 긴 형태이므로 먼저 피보팅해 (CSV 파일을 읽을 때 인덱스로 설정된) 날짜가 피봇 테이블의 인덱스가 되도록 하고 국가명 (countriesAndTerritories)이 열이 되도록 한다. 이 값들에는 변동이 크므로 4장에서 배운 rolling() 메서드를 사용해 신규 확진자 7일 이동평균을 그리도록 한다.

```
>>> new_cases_rolling_average = covid.pivot_table(
...     index=covid.index,
...     columns='countriesAndTerritories',
...     values='cases'
... ).rolling(7).mean()
```

국가별로 별도의 그림을 그리거나(이 경우 비교가 더 어려워진다) 한꺼번에 모두 그리는 것 (작은 값을 확인하기 어려워진다)보다 신규 확진자 수가 비슷한 국가를 같은 부그림에 그리는 것이 좋다. 국가를 흑백으로 구별할 수 있도록 선 스타일을 다르게 한다.

```
>>> fig, axes = plt.subplots(1, 3, figsize=(15, 5))

>>> new_cases_rolling_average[['China']].plot(
...     ax=axes[0],
...     style='-.c',
...     xlabel='날짜'
... ).legend(['중국'], title='국가 및 영토')

>>> new_cases_rolling_average[['Italy', 'Spain']].plot(
...     ax=axes[1],
...     style=['-', '--'],
...     title='COVID-19 신규 확진자 수의 7일 이동평균\n(출처: ECDC)',
...     xlabel='날짜'
... ).legend(['이탈리아', '스페인'], title='국가 및 영토')

>>> new_cases_rolling_average[['Brazil', 'India', 'USA']].plot(
...     ax=axes[2],
...     style=['--', ':', '-'],
...     xlabel='날짜'
... ).legend(['브라질', '인도', '미국'], title='국가 및 영토')
```

matplotlib를 사용해 각 부그림마다 Axes 객체를 만들어 결과물에서 훨씬 더 많은 유연성을 얻을 수 있다.

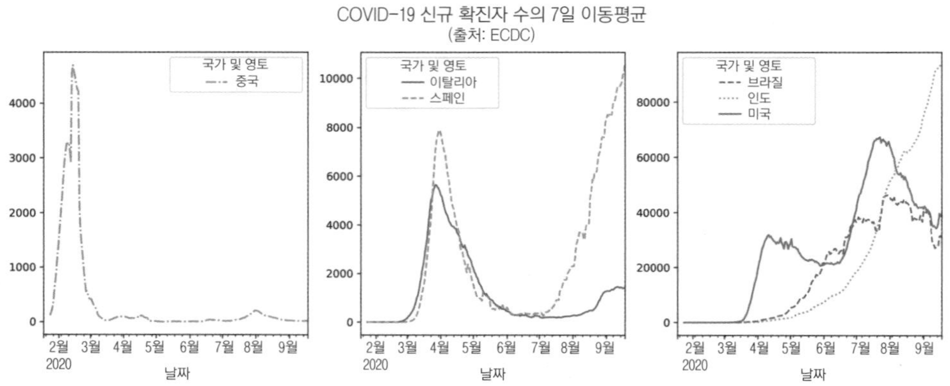

그림 5.14 각 부그림마다 표시될 데이터를 조절한 그림

위의 그림에서 일일 COVID-19 신규 확진자 수가 비슷한 수준인 국가를 비교할 수 있었지만, 척도로 인해 같은 그림에서 모두 비교할 수 없었다. 그러나 **영역그림**area plot을 사용하면 COVID-19 신규 확진자 수 전체 7일 이동평균과 함께 각 국가가 전체에서 얼마나 차지하는지를 시각화할 수 있다. 가독성을 위해 이탈리아와 스페인을 그룹으로 만들고 미국, 브라질, 인도 이외의 국가를 다른 범주의 하나로 만든다.

```
>>> cols = [
...     col for col in new_cases_rolling_average.columns
...     if col not in ['USA', 'Brazil', 'India', 'Italy & Spain']

>>> new_cases_rolling_average.assign(
...     **{'Italy & Spain': lambda x: x.Italy + x.Spain}
... ).sort_index(axis=1).assign(
...     Other=lambda x: x[cols].sum(axis=1)
... ).drop(columns=cols).plot(
...     kind='area',
...     figsize=(15, 5),
...     title='COVID-19 신규 확진자 수의 7일 이동평균\n(출처: ECDC)'
... ).set_xlabel('날짜')

>>> plt.legend(title='국가 및 영토')
```

그림 5.15가 흑백인 경우 맨 아래가 브라질이며 그 위는 인도로 범례의 순서와는 반대로 그림이 표시돼 있다. 그림 영역에서 음영 부분의 높이는 해당 국가의 신규 확진자 수

이며 전체 높이는 전체 신규 확진자 수다. 그림 5.13은 일일 신규 확진자 수의 절반 이상이 브라질, 인도, 이탈리아, 스페인, 미국에서 발생했다는 것을 보여 준다.

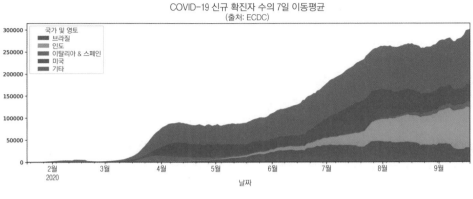

그림 5.15 영역 그림

시간 경과에 따른 변화를 시각화하는 또 다른 방법은 시간 경과에 따른 누적합^{cumulative}
^{sum}을 보는 것이다. 중국, 스페인, 이탈리아, 미국, 브라질, 인도의 COVID-19 누적 확진자 발생 건수를 ax 매개변수를 사용해 부그림을 다시 그려 보자. 시간 경과에 따른 누적합 계산을 위해 위치(countriesAndTerritories)와 인덱스인 날짜로 그룹화하고자 pd.Grouper()를 사용한다. 이번에는 groupby()와 unstack()을 사용해 데이터를 넓은 형태로 피보팅한다.

```
>>> fig, axes = plt.subplots(1, 3, figsize=(15, 3))

>>> cumulative_covid_cases = covid.groupby(
...     ['countriesAndTerritories', pd.Grouper(freq='1D')]
... ).cases.sum().unstack(0).apply('cumsum')

>>> cumulative_covid_cases[['China']].plot(
...     ax=axes[0],
...     style='-.c',
...     xlabel='날짜'
... ).legend(['중국'], title='국가 및 영토')

>>> cumulative_covid_cases[['Italy', 'Spain']].plot(
```

```
...        ax=axes[1],
...        style=['-', '--'],
...        xlabel='날짜',
...        title='COVID-19 누적 확진자 발생 건수\n(출처: ECDC)'
... ).legend(['이탈리아', '스페인'], title='국가 및 영토')

>>> cumulative_covid_cases[['Brazil', 'India', 'USA']].plot(
...        ax=axes[2],
...        style=['--', ':', '-'],
...        xlabel='날짜'
... ).legend(['브라질', '인도', '미국'], title='국가 및 영토')
```

COVID-19 누적 확진자 발생 건수를 보면 중국과 이탈리아는 COVID-19를 잘 통제하고 있는 것처럼 보이지만 스페인, 미국, 브라질, 인도는 어려움을 겪는 것으로 보인다.

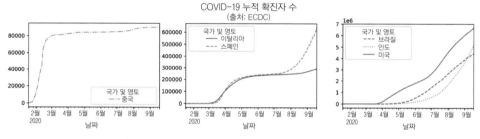

그림 5.16 시간 경과에 따른 COVID-19 누적 확진자 수 그림

NOTE

이 절에서는 흑백으로 표현된 그림에서 데이터를 구분해 해석할 수 있도록 점선과 파선을 여러 번 사용했다. 그러나 기본 색상과 선 스타일을 사용하면 발표 자료로 충분히 사용할 수 있다. 일반적으로 데이터의 유형에 따라 다른 선 스타일을 사용한다. 예를 들어 시간 경과에 따른 변화는 실선을 사용하고, 이동평균은 파선을 사용한다.

변수 간의 관계

변수 간의 관계를 시각화하려는 경우 일반적으로 x 변수의 값 변화에 따른 y 변수의 값 변화를 살펴보고자 산점도를 사용한다. 산점도를 사용하면 상관관계와 가능한 비선형

non-linear 관계를 쉽게 확인할 수 있다. 4장에서 페이스북 주가 데이터를 살펴봤을 때 거래량이 많았던 날에 주가가 큰 폭으로 하락했던 것과 관계가 있는 것처럼 보였다. 이 관계를 시각화하고자 산점도를 그려 보자.

```
>>> fb.assign(
...     max_abs_change=fb.high - fb.low
... ).plot(
...     kind='scatter',
...     x='volume',
...     y='max_abs_change',
...     title='페이스북 일일 주가 변화(고가와 저가의 차액) 대 거래량',
...     xlabel='거래량',
...     ylabel='고가와 저가의 차액'
... )
```

둘 사이에는 관계가 있는 것처럼 보이지만 선형 관계는 아닌 것 같다.

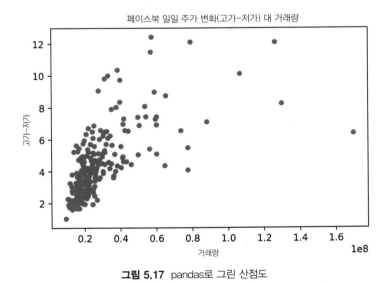

그림 5.17 pandas로 그린 산점도

다음과 같은 방법을 사용해 거래량의 로그를 취할 수 있다.

- np.log()를 사용해 새로운 열에 거래량의 로그값을 저장한다.

- plot() 메서드에 logx=True를 지정해 x축에 로그 척도를 적용하거나 plt.xscale('log')을 실행한다.

여기서는 새로운 열을 사용하지 않을 것이므로 데이터를 표시하는 방법을 간단히 바꾸는 것이 가장 합리적이다.

```
>>> fb.assign(
...     max_abs_change=fb.high - fb.low
... ).plot(
...     kind='scatter',
...     x='volume',
...     y='max_abs_change',
...     title='페이스북 일일 주가 변화(고가와 저가의 차액) 대 거래량',
...     xlabel='거래량',
...     ylabel='고가와 저가의 차액',
...     logx=True
... )
```

x축의 척도를 변경하면 그림 5.18과 같은 산점도를 얻게 된다.

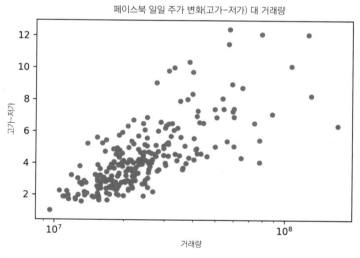

그림 5.18 x축에 로그 척도를 적용한 그림

TIP

> pandas의 plot() 메서드는 로그 척도를 위해 세 가지 인수를 사용한다. 단일 축을 조정하려면 logx/logy 인수를 사용하고, 두 축 모두 로그 척도를 설정하려면 loglog 인수를 사용하면 된다.

산점도의 한 가지 문제점은 주어진 영역에서 점들이 중복돼 표시되므로 점의 농도를 식별하는 것이 어렵다는 것이다. alpha 인수를 사용하면 점의 투명도를 조절할 수 있다. alpha 인수는 0부터 1까지의 값을 가지며, 0은 완전히 투명하고, 1은 완전히 불투명한 것을 뜻한다. 기본값은 불투명(alpha=1)이지만 점이 겹쳐지는 부분을 볼 수 있도록 더 투명하게 만들어야 한다.

```
>>> fb.assign(
...     max_abs_change=fb.high - fb.low
... ).plot(
...     kind='scatter',
...     x='volume',
...     y='max_abs_change',
...     title='페이스북 일일 주가 변화(고가와 저가의 차액) 대 거래량',
...     xlabel='거래량',
...     ylabel='고가와 저가의 차액',
...     logx=True,
...     alpha=0.25
... )
```

이제 왼쪽 아랫부분에 있는 점들의 밀도를 파악할 수 있게 됐지만, 여전히 상대적으로 보기 어렵다.

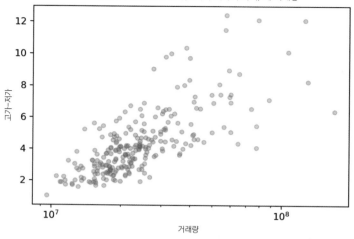

그림 5.19 겹치는 부분을 시각화하고자 투명도를 조절한 그림

다행스럽게도 우리는 다른 유형의 그림(hexbin)을 사용할 수 있다. **육각형 구간**^{hexbin}은 그림을 육각형의 격자로 나누고 각 구간^{bin}에 해당하는 점의 농도에 따라 음영을 처리해 2차원 히스토그램을 만든다. 이 데이터를 육각형 구간 형태로 살펴보자.

```
>>> fb.assign(
...     log_volume=np.log(fb.volume),
...     max_abs_change=fb.high - fb.low
... ).plot(
...     kind='hexbin',
...     x='log_volume',
...     y='max_abs_change',
...     title='페이스북 일일 주가 변화(고가와 저가의 차액) 대 거래량',
...     xlabel='거래량',
...     ylabel='고가 - 저가',
...     colormap='gray_r',
...     gridsize=20,
...     sharex=False # x축의 이름을 보기 위해 이 값을 지정해야 한다.
... )
```

그림 5.20의 오른쪽에 있는 색상 막대는 색상과 해당 구간에 있는 점의 개수와의 관계를 나타낸다. 우리가 선택한 색상 맵^{colormap}(gray_r)은 밀도가 높으면 (검은색에 가깝게) 더

어두워지며 밀도가 낮으면 (하얀색에 가깝게) 더 밝아지도록 음영 처리한다. `gridsize=20`으로 지정하면 *x*축이 20개의 육각형 구간으로 나뉘며, 전체 그림이 정사각형의 형태가 되도록 pandas가 *y*축의 구간을 결정한다. 그러나 튜플을 사용해 두 축의 구간을 결정할 수도 있다. `gridsize`의 값이 크면 구간을 식별하기 어려우며, 값이 작으면 그림에서 육각형 구간이 차지하는 공간이 넓어지므로 균형을 적절하게 맞춰야 한다.

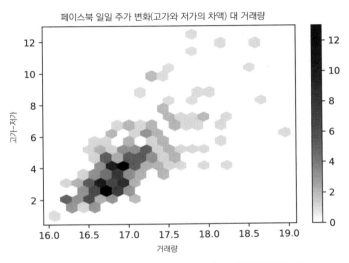

그림 5.20 pandas로 그린 육각형 구간의 2차원 히스토그램

마지막으로, 단순히 변수 간의 상관관계만 시각화하려면 상관행렬을 사용하면 된다. **상관행렬**correlation matrix은 상관관계의 크기와 방향(양 또는 음)을 보여 준다. 지금까지 작업해 온 페이스북 데이터로 상관행렬을 알아보자. 상관행렬을 구하려면 pandas와 matplotlib의 `plt.matshow()`나 `plt.imshow()` 함수를 결합해야 한다. 같은 셀에서 실행해야 할 코드가 많으므로 코드 블록 이후에 코드를 나눠 설명한다.

```
>>> fig, ax = plt.subplots(figsize=(20, 10))

# 상관행렬 계산
>>> fb_corr = fb.assign(
...     log_volume=np.log(fb.volume),
...     max_abs_change=fb.high - fb.low
... ).corr()
```

```
# 히트 맵과 색상 막대 만들기
>>> im = ax.matshow(fb_corr, cmap='seismic')
>>> im.set_clim(-1, 1)
>>> fig.colorbar(im)

# 열 이름으로 눈금 이름 만들기
>>> labels = ['시가', '고가', '저가', '종가', '거래량',
...           '거래량(로그 척도)', '고가-저가']
>>> ax.set_xticks(ax.get_xticks()[1:-1])
>>> ax.set_xtickabels(labels, rotation=45)
>>> ax.set_yticks(ax.get_yticks()[1:-1])
>>> ax.set_yticklabels(labels)

# 상자에 상관계수 값 넣기
>>> for (i, j), coef in np.ndenumerate(fb_corr):
...     ax.text(
...         i, j, fr'$\rho$ = {coef:.2f}',
...         ha='center', va='center',
...         color='white', fontsize=14
... )
```

히트 맵heatmap을 사용하면 색상 막대를 사용해 상관계수를 쉽게 시각화할 수 있다. 6장에서 사용자 정의 그림을 설명할 때 다양한 유형의 색상 막대를 소개한다. 여기서는 0보다 큰 상관계수는 빨간색으로 0보다 낮으면 파란색으로 표시한다. 0에 가까운 상관계수는 색이 없어지며 상관관계가 높을수록 해당 색상의 음영이 더 짙어진다. seimic 색상 막대를 선택하면 이렇게 할 수 있으며 상관계수의 값이 [−1, 1]의 범위에 있으므로 색상의 척도도 [−1, 1]로 설정한다.

```
im = ax.matshow(fb_corr, cmap='seismic')
im.set_clim(-1, 1) # 색상 막대의 경계를 설정한다.
fig.colorbar(im)    # 그림에 색상 막대를 추가한다.
```

행과 열에 데이터의 변수 이름을 넣어 결과 히트 맵을 읽을 수 있도록 한다.

```
labels = ['시가', '고가', '저가', '종가', '거래량',
          '거래량(로그 척도)', '고가-저가']
ax.set_xticks(ax.get_xticks()[1:-1]) # matplotlib의 버그 처리
ax.set_xticklabels(labels, rotation=45)
```

```
ax.set_yticks(ax.get_yticks()[1:-1]) # matplotlib의 버그 처리
ax.set_yticklabels(labels)
```

색상 막대를 사용하면 약한 상관관계와 강한 상관관계 간의 차이를 쉽게 알 수 있지만 실제 상관계수를 히트 맵에 표시하면 더 도움이 된다. 그림에 포함된 **Axes** 객체에 **text()** 메서드를 사용하면 글자를 넣을 수 있다. 여기서는 각 변수 조합에 대한 피어슨[Pearson] 상관계수 값을 하얀색으로 그리고 가운데로 정렬로 표시한다.

```
# 행렬에 대해 반복
for (i, j), coef in np.ndenumerate(fb_corr):
    ax.text(
        i, j,
        fr'$\rho$ = {coef:.2f}', # f: 형식 문자열, r: 원시 문자열
        ha='center', va='center',
        color='white', fontsize=14
)
```

그림 5.21과 같이 페이스북 데이터셋의 변수 간 상관관계를 주석으로 표시한 히트 맵이 만들어진다.

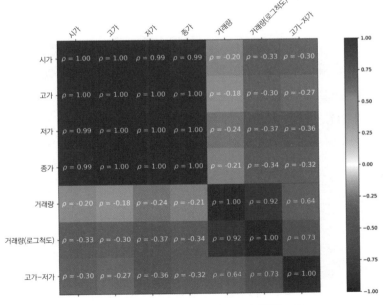

그림 5.21 상관관계를 히트 맵으로 시각화한 그림

그림 5.21에서 OHLC 시계열뿐만 아니라 거래량과 일일 주가 변화 간에 강한 양의 상관관계가 있다는 것을 쉽게 알 수 있다. 그러나 그룹 간에 약한 음의 상관관계도 존재한다. 또한 거래량에 로그를 취하면 일일 주가 변화(max_abs_change) 간의 상관계수는 0.64에서 0.73으로 증가하는 것을 알 수 있다. 6장에서 seaborn을 다룰 때 더 쉽게 히트 맵을 만드는 방법과 주석을 추가하는 법도 자세히 설명한다.

분포

데이터에 어떤 값들이 있는지 보고자 데이터의 분포를 시각화한다. 우리가 가진 데이터 유형에 따라 히스토그램이나 **핵밀도추정**KDE, Kernel Density Estimation, 상자 그림box plot 또는 **경험적 누적분포함수**ECDF, Empirical Cumulative Distribution Function를 사용해야 한다. 이산 데이터discrete data로 작업하는 경우 히스토그램으로 시작하는 것이 좋다. 페이스북 주식의 일일 거래량 히스토그램을 살펴보자.

```
>>> fb.volume.plot(
...     kind='hist',
...     title='페이스북 주식의 일일 거래량 히스토그램'
... )
>>> plt.xlabel('거래량') # x축 이름(6장 참고)
>>> plt.ylabel('빈도수')
```

이 데이터는 가장 확실하게 정규분포를 따르지 않는 실제 데이터의 좋은 예다. 거래량은 오른쪽으로 긴 꼬리long tail가 달리도록 치우쳐right skewed 있다. 4장에서 비닝을 설명하면서 거래량 적음, 중간, 많음의 경우를 살펴봤을 때 거의 모든 데이터가 거래량이 적은 구간에 있었는데 이는 그림 5.22의 히스토그램과 일치한다.

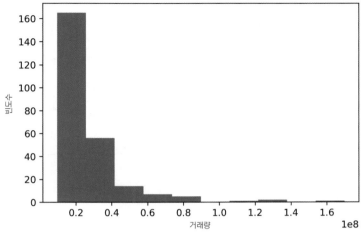

그림 5.22 pandas 그린 히스토그램

> matplotlib의 plt.hist() 함수와 마찬가지로 bins 인수를 사용해 구간(bin)의 수를 지정할 수 있
> 다. 그러나 분포를 잘못 표시하지 않도록 주의해야 한다.

또한 분포를 비교하고자 ax 매개변수를 사용해 같은 Axes 객체를 지정해 같은 그림에 여
러 개의 히스토그램을 그릴 수 있다. 이 경우 겹치는 부분을 볼 수 있도록 alpha 매개변
수를 사용해야 한다. 지진을 측정하는 방법(magType)이 다양하다는 점을 고려하면 측정
방법에 따른 진도의 범위를 비교해야 할 수도 있다.

```
>>> fig, axes = plt.subplots(figsize=(8, 5))

>>> for magtype in quakes.magType.unique():
...     data = quakes.query(f'magType == "{magtype}"').mag
...     if not data.empty:
...         data.plot(
...             kind='hist',
...             ax=axes,
...             alpha=0.4,
...             label=magtype,
...             legend=True,
```

pandas와 matplotlib를 사용한 데이터 시각화 | 359

```
...                 title='측정 방법에 따른 진도 히스토그램 비교'
... )
>>> plt.xlabel('magnitude') # x축 이름(6장 참고)
>>> plt.ylabel('빈도수')
```

그림 5.23은 ml이 가장 일반적인 magType이며, 그다음은 md로 두 측정 방법은 진도의 범위가 비슷하다는 것을 보여준다. 그러나 세 번째로 많은 mb 방법의 진도는 더 크다.

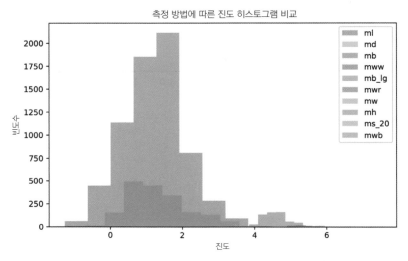

그림 5.23 pandas로 그린 겹치는 히스토그램

(주가와 같이) 연속 데이터^{continuous data}로 작업하는 경우 핵밀도추정^{KDE}을 사용하는 것이 좋다. 페이스북 주식의 일일 고가 KDE를 살펴보자. kind='kde'나 kind='density'를 사용하면 된다.

```
>>> fb.high.plot(
...     kind='kde',
...     title='페이스북 주식의 일일 고가 핵밀도추정'
... )
>>> plt.xlabel('가격 ($)') # x축 이름(6장 참고)
>>> plt.ylabel('밀도')
```

그림 5.24의 밀도 곡선은 왼쪽으로 치우쳐 있다.

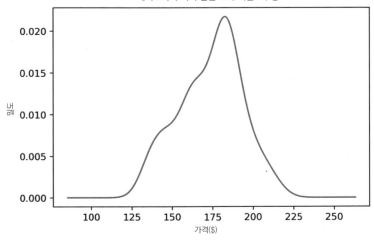

그림 5.24 pandas로 그린 핵밀도추정

히스토그램 위에 KDE를 겹쳐서 시각화해야 할 수도 있다. pandas를 사용하면 그리고 싶은 Axes 객체를 지정하기만 하면 된다.

```
>>> ax = fb.high.plot(kind='hist', density=True, alpha=0.5)
>>> fb.high.plot(
...     ax=ax,
...     kind='kde',
...     color='blue',
...     title='페이스북 주식의 2018년 일일 고가 분포'
... )
>>> plt.xlabel('가격 ($)') # x축 이름(6장 참고)
>>> plt.ylabel('밀도')
```

*y*축에 대해 히스토그램과 KDE의 척도가 같도록 히스토그램을 만들 때 density=True를 사용했다. 그렇지 않으면 KDE가 너무 작아 제대로 볼 수가 없다. 히스토그램에 *y*축에 대한 밀도가 함께 표시되므로 KDE의 모양이 만들어진 이유를 쉽게 이해할 수 있다. 또한 히스토그램의 투명도를 높여 히스토그램 위의 KDE를 볼 수 있도록 했다. KDE를 호출할 때 color='blue' 부분을 생략하면 KDE와 히스토그램이 다른 색상이 되므로 히스토그램에서 alpha 값을 바꾸지 않아도 된다. KDE와 히스토그램이 같은 데이터를 나

타내므로 모두 파란색으로 그렸다.

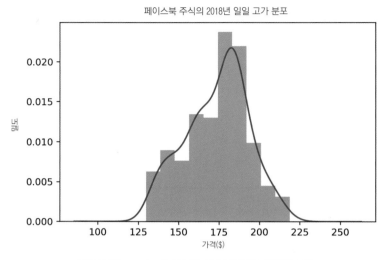

그림 5.25 pandas로 KDE와 히스토그램을 결합한 그림

KDE는 확률이 데이터 값에 대해 어떻게 분포하는지를 알려 주는 **확률밀도함수**PDF, Probability Density Function를 추정하는 비모수적non-parametric 방법이다. 그러나 어떤 경우 **누적분포함수**CDF, Cumulative Distribution Function로 볼 수 있는 어떤 값 이하(또는 이상)인 확률을 계산해야 할 수도 있다.

NOTE

CDF를 사용하면 x 변수의 값은 x축을 따라 가지만 주어진 x를 얻을 최대 누적확률은 y축을 따라간다. 이 누적확률은 0과 1의 값이며, $P(X \leq x)$로 표기한다. 여기서 소문자 x는 비교를 위한 값이며 대문자 X는 확률변수다. 자세한 내용은 이 URL(https://www.itl.nist.gov/div898/handbook/eda/section3/eda362.htm)을 참고한다.

---

statsmodels 패키지를 사용하면 **경험적 누적분포함수**ECDF를 계산할 수 있는 CDF를 추정할 수 있다. 이 패키지를 사용해 ml 측정 방법으로 측정된 진도의 분포를 알아보자.

```
>>> from statsmodels.distributions.empirical_distribution \
...     import ECDF
>>> ecdf = ECDF(quakes.query('magType == "ml"').mag)
```

```
>>> plt.plot(ecdf.x, ecdf.y)

# x축 이름(6장 참고)
>>> plt.xlabel('진도') # x축 이름 추가
>>> plt.ylabel('누적확률') # y축 이름 추가

# 제목 추가(6장 참고)
>>> plt.title('ml 측정 방법 진도의 ECDF')
```

위 코드를 실행하면 그림 5.25와 같은 ECDF를 얻게 된다.

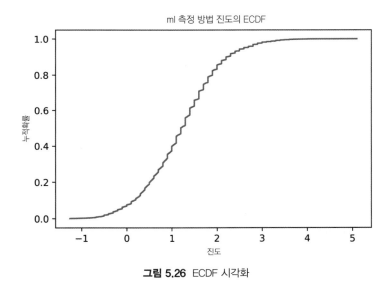

그림 5.26 ECDF 시각화

그림 5.26의 그래프는 탐색적 데이터 분석을 할 때 데이터를 이해하는 데 매우 유용할 수 있다. 그러나 이 그래프를 해석하고 다른 사람에게 설명하기로 했다면 해석하는 방법과 설명하는 방법에 주의해야 한다. 여기서 이 분포가 정말로 모집단을 대표한다면 ml 측정 방법으로 측정된 전체 지진에 대해 진도가 3 이하일 확률이 **98%**임을 할 수 있다.

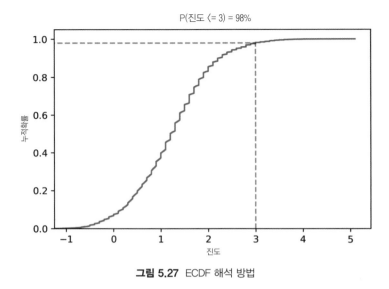

그림 5.27 ECDF 해석 방법

마지막으로, 상자 그림을 사용하면 잠재적인 특이점[outlier]과 사분위수를 사용하는 분포를 시각화할 수 있다. 전체 데이터셋에 대해 페이스북 주식의 OHLC 가격을 시각화해 보자.

```
>>> fb.iloc[:,:4].plot(
...     kind='box',
...     title='페이스북 OHLC 가격 상자 그림'
... )
>>> plt.xticks(ticks=[1, 2, 3, 4], labels=['시가', '고가', '저가', '종가'])
>>> plt.ylabel('가격 ($)') # x축 이름(6장 참고)
```

상자 그림을 사용하면 다른 그림에서 볼 수 있었던 정보를 잃어버리게 된다. 분포 전체에 걸쳐 점 밀도에 대한 정보를 찾을 수가 없다. 대신 상자 그림을 사용하면 5개의 요약 통계에 집중할 수 있다.

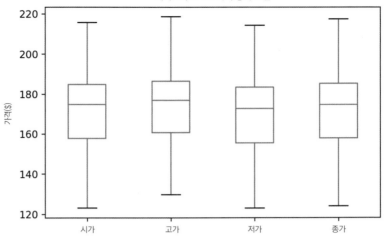

페이스북 OHLC 가격 상자 그림

그림 5.28 pandas로 그린 상자 그림

notch=True 인수를 사용하면 노치[2] 상자 그림을 그릴 수 있다. 노치는 중위수 주위의 95% 신뢰구간을 표시하므로 그룹 간의 차이를 비교할 때 유용하다. 노트북에 예제가 들어 있다.

groupby()를 실행한 다음에 boxplot()을 실행할 수도 있다. 거래량을 기준으로 상자 그림을 계산할 때 상자 그림이 어떻게 변하는지 알아보자.

```
>>> ax = fb.assign(
...     volume_bin=\
...         pd.cut(fb.volume, 3, labels=['low', 'med', 'high'])
... ).groupby('volume_bin').boxplot(
...     column=['open', 'high', 'low', 'close'],
...     layout=(1, 3), figsize=(12, 3)
... )

>>> ax[0].set_title('거래량 적음')
>>> ax[0].set_xticklabels(['시가', '고가', '저가', '종가'])
```

---

2   중위수 주변을 오목하게 파서 여러 중위수 사이에 통계적으로 유의미한 차이가 있는지 여부를 시각적으로 드러내는 형태 – 옮긴이

```
>>> ax[1].set_title('거래량 중간')
>>> ax[1].set_xticklabels(['시가', '고가', '저가', '종가'])
>>> ax[2].set_title('거래량 많음')
>>> ax[2].set_xticklabels(['시가', '고가', '저가', '종가'])
>>> plt.suptitle('거래량별 페이스북 OHLC 상자 그림', y=1.1)
```

4장에서 본 것처럼 대부분 거래일이 거래량이 적었던 구간에 있었으므로 시간이 지남에 따라 주가에 더 많은 변동이 있을 것으로 예상된다.

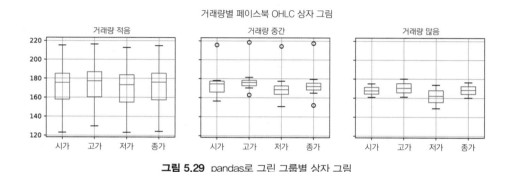

그림 5.29 pandas로 그린 그룹별 상자 그림

또한 이 방법을 사용하면 사용된 magType의 진도 분포를 보고 USGS 웹사이트(https://www.usgs.gov/natural-hazards/earthquake-hazards/science/magnitude-types)의 예상 범위와 비교할 수 있다.

```
>>> quakes[['mag', 'magType']]\
...     .groupby('magType')\
...     .boxplot(figsize=(15, 8), subplots=False)

# 포매팅 (6장 참고)
>>> plt.title('지진 측정 방법별 진도 상자 그림')
>>> plt.ylabel('진도')
```

USGS 웹사이트는 특정 측정 기술을 사용할 수 없는 상황과 각 측정 기술의 신뢰 범위(범위를 벗어난 경우, 다른 기술을 사용)를 고지하고 있다. 여기서 기술이 다양한 범위의 진도를 포함하지만 어느 기술도 모든 범위를 포함하지 않는다는 것을 알 수 있다.

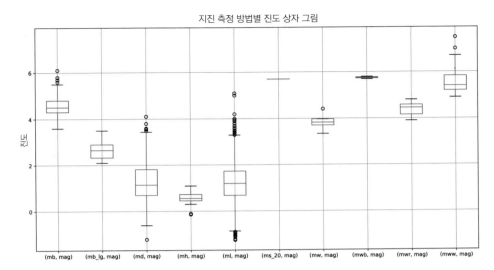

지진 측정 방법별 진도 상자 그림

그림 5.30 그룹별 상자 그림이 있는 그림

NOTE

> 히스토그램, KDE, ECDF, 상자 그림을 통해 데이터의 분포를 확인할 수 있지만, 시각화 방법에 따라 데이터를 다르게 볼 수 있다. 결론을 도출하기 전에 다양한 방법으로 데이터를 시각화하는 것이 중요하다.

개수와 빈도수

범주형 데이터로 작업할 때 데이터의 개수count나 특정값의 빈도수frequency를 표시하기 위해 막대 그래프를 그릴 수 있다. 막대는 수직(kind='bar')이거나 수평(kind='bar')으로 그릴 수 있다. 수직 막대 그래프는 범주가 많거나 범주에 순서가 있을 때 유용하다(예: 시간 경과에 따른 변화). 수평 막대 그래프는 각 범주의 크기를 쉽게 비교할 수 있을 뿐만 아니라 긴 범주 이름을 위한 여백 공간을 충분히 만들 수 있어 이름을 회전시키지 않아도 된다. 수평 막대 그래프를 사용하면 지진 DataFrame에서 지진이 가장 자주 발생한 곳을 확인할 수 있다. 먼저 parsed_place 시리즈에 value_counts() 메서드를 사용해 지진이 자주 발생한 상위 15곳을 찾는다. 막대 그래프가 순서를 뒤집어서 표시하므로 상위 15곳 리스트에서 지진 발생 횟수가 가장 적은 곳이 제일 위에 가도록 순서를 정렬한다.

value_counts()에 인수를 사용해 오름차순으로 정렬할 수 있지만, 상위 15곳만 선택할
것이므로 iloc까지 사용한다.

```
>>> quakes.parsed_place.value_counts().iloc[14::-1,].plot(
...     kind='barh', figsize=(10, 5),
...     title='지진이 자주 발생한 상위 15곳 '
...           '(2018년 9월 18일 - 2018년 10월 13일)'
... )
>>> plt.xlabel('지진') # x축 이름 (6장 참고)
>>> plt.ylabel('국가 및 영토')
```

슬라이싱 표기법은 [시작 위치:끝 위치:증가 폭] 형태이며 위 예제에서 증가 폭이 음수이므로
순서는 반대가 된다. 인덱스 14(15번째 항목)에서 시작해서 인덱스 0까지 줄어든다.
kind='barh'를 사용해 수평 그림 5.31과 같은 수평 막대 그래프를 그렸으며, 이를 통해
이 데이터셋의 지진 대부분이 알래스카에서 발생했다는 것을 알 수 있다. 짧은 기간에
많은 지진이 발생했다는 것 역시 놀랍다. 하지만 진도가 너무 작아 사람들은 거의 느끼
지 못했다.

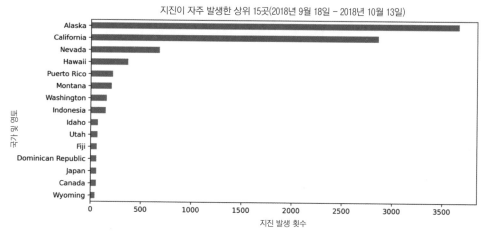

그림 5.31 pandas로 그린 수평 막대 그래프

우리 데이터에는 지진이 쓰나미를 동반했는지에 관한 정보도 들어 있다. groupby()를 사용
해 데이터에 있는 기간 동안 쓰나미가 많이 발생한 상위 10곳을 막대 그래프로 그려 보자.

```
>>> quakes.groupby(
...     'parsed_place'
... ).tsunami.sum().sort_values().iloc[-10:,].plot(
...     kind='barh',
...     figsize=(10, 5),
...     title=''쓰나미가 자주 발생한 상위 10곳 '
...          '(2018년 9월 18일 - 2018년 10월 13일)'
... )
>>> plt.xlabel('쓰나미') # x축 이름 (6장 참고)
>>> plt.ylabel('국가 및 영토')
```

이번에는 iloc[-10:,]를 사용했으므로(sort_values()는 기본적으로 오름차순으로 정렬하므로) 10번째로 큰 값부터 시작해 가장 큰 값까지 상위 10개의 값을 얻게 된다. 그림 5.32를 통해 인도네시아가 다른 지역보다 쓰나미를 많이 겪었다는 것을 알 수 있다.

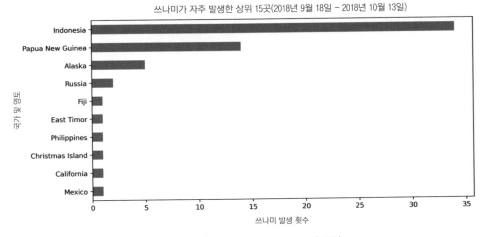

그림 5.32 그룹별로 계산한 결과를 그린 그림

위와 같은 시각화 결과를 보고 인도네시아의 일일 쓰나미 발생 횟수를 조사해 달라는 요청을 받을 수도 있다. 시간 경과에 따른 변화를 시각화하고자 꺾은 선 그래프나 kind='bar'를 사용해 수직 막대 그래프를 그릴 수 있다. 여기서는 점간 보간interpolation을 하지 않도록 막대 그래프를 사용해 알아본다.

```
>>> indonesia_quakes = quakes.query(
...     'parsed_place == "Indonesia"'
... ).assign(
...     time=lambda x: pd.to_datetime(x.time, unit='ms'),
...     Earth quake=1
... ).set_index('time').resample('1D').sum()

# x축에 대한 인덱스를 datetime 형식으로 지정한다. \
>>> indonesia_quakes.index = \
...     indonesia_quakes.index.strftime('%b\n%d')

>>> indonesia_quakes.plot(
...     y=['Earth quake', 'tsunami'], kind='bar', rot=0,
...     figsize=(15, 3), label=['Earth quakes', 'tsunamis'],
...     title='인도네시아 지진 및 쓰나미 발생 횟수 '
...           '(2018년 9월 18일 - 2018년 10월 13일)'
... )

# 축 이름 (6장 참조)
>>> plt.xlabel('날짜')
>>> plt.ylabel('발생 횟수')
```

그림 5.33에서 2018년 9월 28일 인도네시아에 지진과 쓰나미가 많이 발생했다는 것을
알 수 있으며, 이날 진도 7.5의 지진으로 인해 엄청난 쓰나미가 발생했다.

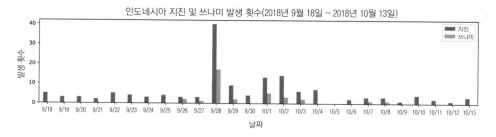

그림 5.33 시간 경과에 따른 발생 횟수 비교

groupby()와 unstack()을 사용해 한 열의 값에서 그룹별 막대 그래프를 그릴 수도 있다.
이렇게 하면 열의 다른 값에 대한 막대 그래프를 만들 수 있다. 이 방법을 사용해 지진이
동반하는 쓰나미 발생 빈도를 백분율로 알아보자. 4장에서 배운 apply() 메서드를 사용

하면 axis=1(행 단위로 적용)에 대해 쓰나미 발생 횟수를 계산할 수 있다. 여기서는 쓰나미를 동반한 지진의 비율이 높은 상위 7개 지진을 알아본다.

```
>>> quakes.groupby(['parsed_place', 'tsunami']).mag.count()\
...     .unstack().apply(lambda x: x / x.sum(), axis=1)\
...     .rename(columns={0: '아니오', 1: '예'})\
...     .sort_values('예', ascending=False)[7::-1]\
...     .plot.barh(
...         title='지진이 동반한 쓰나미 발생 빈도'
...     )

# 범례를 그림의 오른쪽으로 옮기고 축 이름을 설정한다.
>>> plt.legend(title='쓰나미 발생 여부', bbox_to_anchor=(1, 0.65))
>>> plt.xlabel('지진 비율')
>>> plt.ylabel('')
```

크리스마스섬Christmas Island은 이 기간에 한 번의 지진이 발생했지만 쓰나미가 동반됐다. 반면 파푸아뉴기니Papua NewGuinea는 지진이 발생하면 약 40%의 비율로 쓰나미가 동반됐다.

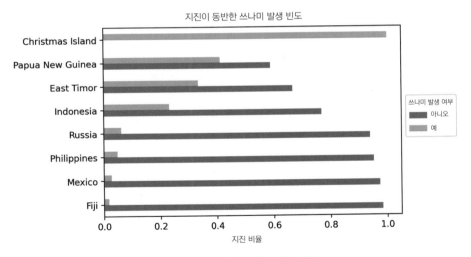

그림 5.34 그룹별로 그린 막대 그래프

이제 가장 널리 사용된 지진 측정 방법을 수직 막대 그래프로 알아보고자 kind='bar'를 사용한다.

```
>>> quakes.magType.value_counts().plot(
...     kind='bar', rot=0,
...     title='지진 기록에 사용된 측정 방법'
... )

# 축 이름 (6장 참고)
>>> plt.xlabel('측정 방법')
>>> plt.ylabel('지진 발생 횟수')
```

지금까지는 지진을 측정하는 가장 일반적인 방법은 ml인 것으로 보인다. 우리가 사용하고 있는 데이터셋을 설명하는 USGS 홈페이지의 magType 필드 설명(https://www.usgs.gov/programs/earthquake-hazards/magnitude-types)에 따르면 리히터Richter와 구텐베르크Gutenberg가 1935년에 정의한 국지 지진local Earthquake의 원래 규모의 관계이기 때문에 널리 사용되고 있다(https://www.usgs.gov/natural-hazards/Earth quake-hazards/science/magnitude-types).[3]

---

3 1932년 찰스 리히터는 지진의 크기를 측정하기 위한 규모 척도를 처음으로 창안했는데 이를 '리히터 규모'라고 부른다. 리히터는 캘리포니아 지역에서 발생한 지진들을 측정해 이로부터 참조값을 결정했다. 또 다른 지진이 발생할 때 신호의 최대 진폭을 특정 거리에서의 참조값과 비교함으로써 발생한 지진의 규모를 계산한다. 리히터 규모는 로그값을 단위로 사용하는데, 이는 규모가 6인 지진의 진폭은 규모가 5인 지진의 진폭의 10배만큼 크다는 것을 뜻한다. 리히터 규모는 파의 종류와 상관없이 단지 기록 중의 최대 진폭만을 사용하기 때문에 현재에는 주로 국지지진의 규모 ML을 결정할 때 사용된다(출처: 지진연구센터의 지진이야기 – 지진규모(https://www.kigam.re.kr/menu.es?mid=a40302020000)). – 옮긴이

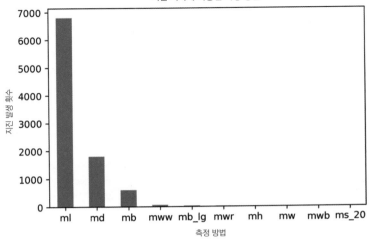

그림 5.35 범주 개수 비교

주어진 규모의 지진이 몇 번이나 발생했는지 알아보고 magType으로 지진을 구별해 보자. 하나의 그림에서 다음과 같은 내용을 알 수 있다.

- magType별로 가장 많이 발생한 지진 규모

- magType별 지진 규모의 상대적 범위

- magType별 최빈값

누적 막대 그래프를 통해 위의 내용을 알아볼 수 있다. 먼저 모든 지진 규모의 소수점 이하를 버려 가장 가까운 정수로 내린다. 예를 들어 5.5는 5.7, 5.2, 5.0과 같이 5로 표시한다. 다음으로 지진 규모를 인덱스로 측정 방법이 열이 되도록 테이블을 피보팅한다. 각 측정 방법에 대한 지진 발생 횟수를 계산한다.

```
>>> pivot = quakes.assign(
...     mag_bin=lambda x: np.floor(x.mag)
... ).pivot_table(
...     index='mag_bin',
...     columns='magType',
...     values='mag',
```

```
...     aggfunc='count'
... )
```

피보팅 테이블을 시각화할 때 stacked=True를 사용하면 누적 막대 그래프를 만들 수 있다.

```
>>> pivot.plot.bar(
...     stacked=True,
...     rot=0,
...     title='정수 지진 규모와 측정 방법별 지진 발생 횟수'
... )
>>> plt.legend(title='측정 방법')
>>> plt.xlabel('진도') # 축 이름 (6장 참고)
>>> plt.ylabel('지진 발생 횟수') # 축 이름 (6장 참고)
```

위 코드를 실행하면 그림 5.36의 그래프를 얻을 수 있는데, 대부분 지진이 ml 방법으로 측정됐으며 진도 4 이하라는 것을 알 수 있다.

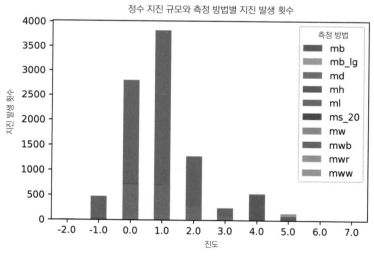

그림 5.36 누적 막대 그래프

다른 막대는 ml과 비교해 너무 작아 진도가 큰 지진을 측정하는 데 어떤 방법이 사용됐는지 알기 어렵다. 정규누적 막대 그래프normalizedstacked bar plot를 그리면 이 문제를 해결할 수 있다. 진도와 magType의 각 조합에 대한 지진 발생 횟수를 보여 주기보다는 주어진 진도의 몇 퍼센트가 각 magType으로 측정됐는지 보여 줄 수 있다.

```
>>> normalized_pivot = \
...     pivot.fillna(0).apply(lambda x: x / x.sum(), axis=1)
...
>>> ax = normalized_pivot.plot.bar(
...     stacked=True, rot=0, figsize=(10, 5),
...     title='정수값 지진 규모와 측정 방법별 지진 발생 비율'
... )
>>> ax.legend(title='측정 방법', bbox_to_anchor=(1, 0.8)) # 범례 위치 옮기기
>>> plt.xlabel('진도') # 축 이름 (6장 참고)
>>> plt.ylabel('백분율') # 축 이름 (6장 참고)
```

이제 그림 5.37을 통해 mww 진도가 더 높고 ml이 스펙트럼의 하단에 퍼져 있는 것을 쉽게 알 수 있다.

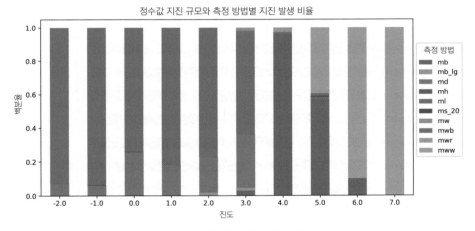

그림 5.37 정규누적 막대 그래프

groupby()를 적용한 다음 unstack() 메서드를 사용해 이 방법을 사용할 수도 있다. 그림 5.34의 지진이 동반한 쓰나미 발생 빈도 그림을 다시 그려 보자. 이번에는 그룹별 막대를 사용하지 않고 누적 막대 그래프로 그린다.

```
>>> quakes.groupby(['parsed_place', 'tsunami']).mag.count()\
...     .unstack().apply(lambda x: x / x.sum(), axis=1)\
...     .rename(columns={0: 'no', 1: 'yes'})\
...     .sort_values('yes', ascending=False)[7::-1]\
...     .plot.barh(
...         title='지진이 동반한 쓰나미 발생 빈도',
...         stacked=True
... )

# 범례를 그림의 오른쪽으로 옮기고 축 이름을 설정한다.
>>> plt.legend(title='쓰나미 발생 여부', bbox_to_anchor=(1, 0.65))
>>> plt.xlabel('지진 비율')
>>> plt.ylabel('')
```

그림 5.38의 누적 막대 그래프를 통해 다른 곳에서 발생한 쓰나미의 빈도를 쉽게 비교할 수 있다.

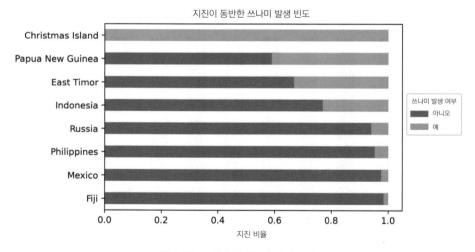

그림 5.38 그룹별 정규누적 막대 그래프

범주형 데이터에 대해서는 사용할 수 있는 그림 유형이 제한되지만 범주형 데이터에 대한 막대 그래프를 대체할 방법이 있다. 6장의 'seaborn을 사용해 고차원 그림 그리기' 절에서 이 방법을 알아본다. 지금부터는 pandas.plotting 모듈을 살펴본다.

⠿ pandas.plotting 모듈

'pandas로 그림 그리기' 절에서는 pandas로 쉽게 구현할 수 있는 표준 그림을 다뤘다. 그러나 pandas에는 우리 데이터로 특별한 그림을 그릴 수 있는 모듈(plotting)이 있다. 이 모듈에 사용할 수 있는 사용자 정의 옵션customization option은 구성 방식과 반환 방식으로 인해 더 제한될 수 있다.

이 절에서는 3-pandas_plotting_module.ipynb 노트북을 사용한다. 앞에서 했던 것처럼 필요한 모듈을 임포트하고 데이터를 읽는 것으로 시작한다. 여기서는 페이스북 데이터만 사용한다.

```
>>> %matplotlib inline
>>> import matplotlib.pyplot as plt
>>> import numpy as np
>>> import pandas as pd

>>> fb = pd.read_csv(
...     'data/fb_stock_prices_2018.csv',
...     index_col='date',
...     parse_dates=True
... )
```

이제 pandas.plotting 모듈에서 사용할 수 있는 그림들을 살펴보고 EDA의 결과 시각화에 활용할 방법을 알아보자.

산포행렬

5장 앞부분에서는 산점도를 사용해 변수 간의 관계를 알아보는 방법을 설명했다. 우리는 종종 데이터의 각 변수 조합에 대해 관계를 알아봐야 하는데. 이는 다소 지루한 작업이다. pandas.plotting 모듈의 scatter_matrix() 함수를 이용하면 이 작업을 쉽게 할 수 있다. 이 함수를 사용해 페이스북 주가 데이터 열의 각 조합에 대한 산포도를 그려 보자.

```
>>> from pandas.plotting import scatter_matrix
```

```
>>> fb.columns = ['시가', '고가', '저가', '종가', '거래량']
>>> scatter_matrix(fb, figsize=(10, 10))
```

위 코드를 실행하면 그림 5.39와 같은 산점도행렬scatter plot matrix을 그릴 수 있다. 이 그림은 머신러닝에서 모델을 만들 때 어떤 변수가 유용한지 확인하는 데 자주 사용된다. 그림 5.39에서 시가, 고가, 저가, 종가 간에 강한 양의 상관관계가 있다는 것을 알 수 있다.

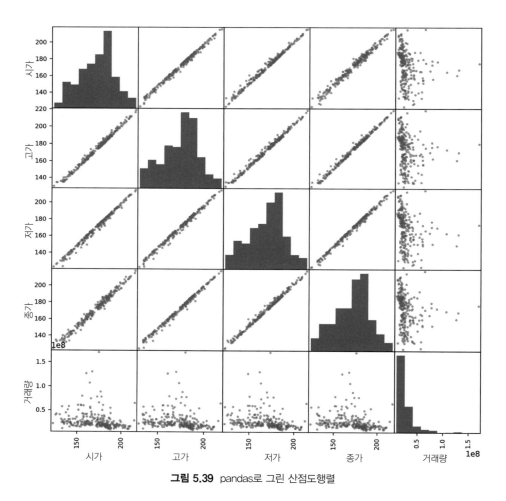

그림 5.39 pandas로 그린 산점도행렬

기본적으로 열끼리 쌍을 이루는 대각선에 히스토그램을 볼 수 있다. diagonal='kde'를 사용하면 KDE를 그릴 수도 있다.

```
>>> scatter_matrix(fb, figsize=(10, 10), diagonal='kde')
```

위 코드를 실행하면 그림 5.40과 같이 대각선에 히스토그램이 아니라 KDE가 있는 산점도행렬을 그릴 수 있다.

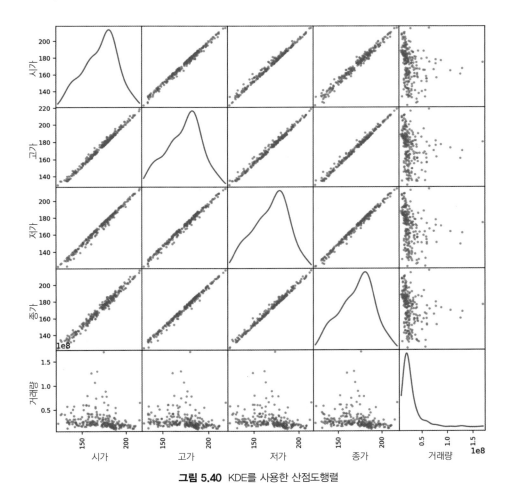

그림 5.40 KDE를 사용한 산점도행렬

산점도행렬을 사용하면 변수 간의 관계를 쉽게 조사할 수 있지만, 때로는 시계열이 시차lag가 있는 시계열과 관계가 있는지를 의미하는 **자기상관**autocorrelation을 조사해야 할 수도 있다. 자기상관을 시각화하는 한 가지 방법은 시차 그림lag plot을 이용하는 것이다.

시차 그림

시차 그림을 사용하면 주어진 시간의 값과 해당 시간 이전의 특정 기간의 값 사이의 관계를 확인할 수 있다. 즉 1 기간period의 지연이 있는 시차lag의 경우 data[:-1](마지막 항목을 제외한 모든 값)과 data[1:](두 번째 항목부터 마지막 항목까지의 값)의 산점도를 그려야 한다. 데이터가 무작위라면 이 그림에는 어떤 패턴도 나타나지 않을 것이다. NumPy로 만든 무작위 데이터로 확인해 보자.

```
>>> from pandas.plotting import lag_plot
>>> np.random.seed(0) # 재현이 가능하도록 시드를 설정한다.
>>> lag_plot(pd.Series(np.random.random(size=200)))
>>> plt.xlabel(r'$y(t)$')
>>> plt.ylabel(r'$y(t+1)$')
>>> plt.title('잡음의 시차 그림')
```

그림 5.41과 같이 어떤 패턴도 띠지 않으며 무작위 잡음처럼 보인다.

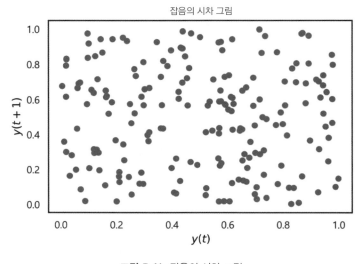

그림 5.41 잡음의 시차 그림

우리는 주식 데이터를 통해 주어진 날의 주가는 전날 발생한 일에 따라 결정된다는 것을 안다. 따라서 시차 그림에 어떤 패턴이 있을 것으로 기대할 수 있다. 우리의 직감이 맞는지 확인하고자 페이스북 주식의 종가 시차 그림을 그려 보자.

```
>>> lag_plot(fb['종가'])
>>> plt.xlabel(r'$y(t)$')
>>> plt.ylabel(r'$y(t+1)$')
>>> plt.title('페이스북 주식의 종가 시차 그림')
```

예상한 대로 선형 패턴이 있다.

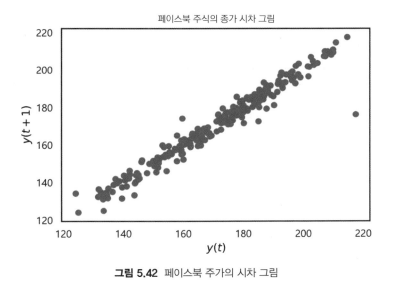

그림 5.42 페이스북 주가의 시차 그림

기본 시차는 1기간의 지연이지만 lag 매개변수를 사용하면 시차의 기간을 지정할 수도 있다. 예를 들어, 주식 시장은 주중에만 열리므로 lag=5를 사용하면 바로 전 주의 주가와 비교할 수 있다.

```
>>> lag_plot(fb['종가'], lag=5)
>>> plt.xlabel(r'$y(t)$')
>>> plt.ylabel(r'$y(t+5)$')
>>> plt.title('페이스북 주식의 종가 주간 시차 그림')
```

그림 5.43은 여전히 강한 상관관계가 있다는 것을 보여 주지만 그림 5.42와 비교하면 확실히 약하다.

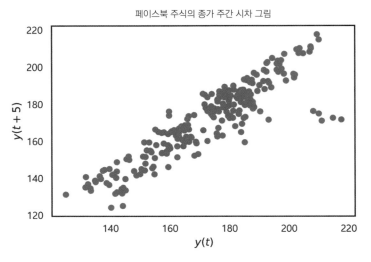

그림 5.43 시차 주기를 변경한 시차 그림

시차 그림은 자기상관을 시각화하는 데 도움이 되지만 데이터에 포함된 자기상관 주기 period는 표시하지 않는다. 자기상관 그림autocorrelation plot을 그려 보면 자기상관 주기를 파악할 수 있다.

자기상관 그림

pandas에 포함된 autocorrelation_plot() 함수를 사용하면 데이터의 시차 기간에 따른 자기상관을 찾을 수 있다. 무작위 데이터의 자기상관은 거의 0이다.

시차 그림을 설명했을 때와 마찬가지로 먼저 NumPy로 만든 무작위 데이터가 어떻게 보이는지 살펴보자.

```
>>> from pandas.plotting import autocorrelation_plot
>>> np.random.seed(0) # 재현이 가능하도록 시드를 설정한다.
>>> autocorrelation_plot(pd.Series(np.random.random(size=200)))
```

```
>>> plt.xlabel('시차')
>>> plt.ylabel('자기상관계수')
>>> plt.title('잡음의 자기상관')
```

실제로 자기상관은 거의 0에 가까우며 선은 신뢰대역^{confidence band}(판선은 99%, 실선은 95%) 안에 있다.

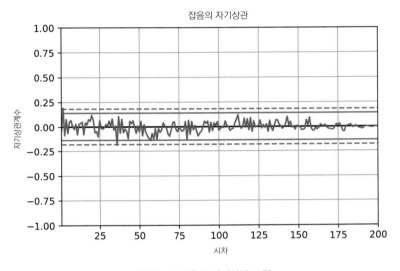

그림 5.44 잡음의 자기상관 그림

페이스북 주가의 시차 그림이 자기상관을 보여 줬으므로 종가의 자기상관 그림이 어떻게 보이는지 알아보자.

```
>>> autocorrelation_plot(fb['종가'])
>>> plt.xlabel('시차')
>>> plt.ylabel('자기상관계수')
>>> plt.title('잡음의 자기상관 그림')
```

그림 5.45에서 잡음이 되기 전까지 많은 시차 구간에 대해 자기상관이 있다는 것을 알 수 있다.

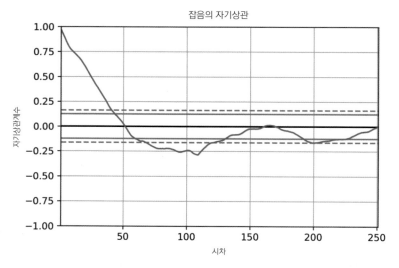

그림 5.45 페이스북 주식 종가의 자기상관 그림

TIP

1장에서 ARIMA 모델의 구성 요소 중의 하나가 자기회귀(autoregression)였다는 것을 기억해 보면 자기상관 그림을 사용해 시차의 기간을 결정할 수 있다. 7장에서 ARIMA 모델을 만들어 본다.

붓스트랩 그림

pandas는 **붓스트래핑**bootstrapping을 통해 일반적인 요약통계의 불확실성uncertainty을 평가하기 위한 그림 함수도 제공한다. 함수는 문제의 변수에서 주어진 크기(size 매개변수)를 갖는 지정된 개수(samples 매개변수)의 무작위 표본을 추출해 요약통계를 계산한 다음, 결과를 시각화한다.

거래량 요약통계에 대한 불확실성이 어떻게 보이는지 알아보자.

```
>>> from pandas.plotting import bootstrap_plot
>>> fig = bootstrap_plot(
...     fb.volume, fig=plt.figure(figsize=(10, 6))
... )
```

384

위 코드를 실행하면 그림 5.46을 사용해 평균, 중위수, 범위의 중앙^{midrange}에 대한 불확실성을 평가할 수 있다.

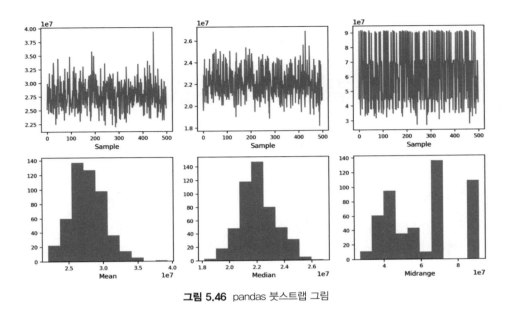

그림 5.46 pandas 붓스트랩 그림

지금까지 `pandas.plotting` 모듈에 있는 몇 가지 함수를 살펴봤다. 전체 함수 목록은 이 URL(https://pandas.pydata.org/pandas-docs/stable/reference/plotting.html)을 참고한다.

⸬ 요약

5장에서는 `pandas`와 `matplotlib`를 사용해 파이썬에서 시각화하는 다양한 방법을 배웠다. 이제 `matplotlib`의 작동 방식과 그림의 주요 구성 요소에 대한 기초를 알아봤으며, 다양한 그림 유형과 상황에 따라 사용할 수 있는 그림에 대해 알아봤다. 데이터 시각화의 핵심은 적절한 그림을 선택하는 것이다. 부록의 '적절한 시각화 방법 선택' 절에 해당 내용을 다시 정리해 뒀으므로 나중에 참조하길 바란다.

시각화에 관한 본보기는 그림 유형뿐만 아니라 6장에서 설명할 그림 형식^{plot formatting}에도 적용된다. 이 외에도 5장의 내용을 토대로 `seaborn`을 사용한 추가 그림과 `matplotlib`

를 사용해 그림을 사용자 정의하는 방법을 설명할 것이므로 다음 절의 연습을 마치도록 한다.

⁝⁝▶ 연습 문제

지금까지 이 책에서 배운 내용과 5장의 data/ 디렉터리의 데이터를 사용해 다음 내용을 시각화한다.

1. pandas를 사용해 페이스북 주식 종가 20일 이동 최소값을 그린다.

2. 페이스북 주가의 시가부터 종가까지의 변화에 대한 히스토그램과 KDE를 그린다.

3. 지진 데이터를 사용해 인도네시아에 사용된 각 magType별 진도에 대한 상자 그림을 그린다.

4. 페이스북 주식에 대한 주간 최고 고가와 주간 최저 저가의 차이에 대한 꺾은 선 그래프를 그린다.

5. 브라질, 중국, 인도, 이탈리아, 스페인, 미국의 COVID-19 신규 확진자 수에 대한 14일 이동평균을 그린다.

   a) 먼저 4장 시계열 데이터로 작업하기 절에서 배운 diff() 메서드를 사용해 신규 확진자 수에 대한 일일 변화를 계산한다. 그런 다음 rolling()을 사용해 14일 이동평균을 계산한다.

   b) 중국에 대한 것, 스페인과 이탈리아에 대한 것, 브라질, 인도, 미국에 대한 것, 이렇게 3개의 부그림을 그린다.

6. matplotlib와 pandas를 사용해 페이스북 주식의 시간 외 거래가 주가에 미친 영향을 보여 주는 2개의 부그림을 그린다.

   a) 첫 번째 부그림에는 (4장의 시계열 데이터로 작업하기 절에서 배운 내용을 바탕으로) 시가와 전날 종가의 차이에 대한 꺾은 선 그래프를 그린다.

b) 두 번째 부그림에는 resample()을 사용해 월별 순효과$^{net\ effect}$를 보여 주는 막대 그래프를 그린다.

c) 추가 문제 1: 주가가 오르면 녹색으로 주가가 내려가면 빨간색으로 막대를 색칠한다.

d) 추가 문제 2: x축을 수정해 해당 월을 세 글자 약어로 표시한다.

참고 자료

5장에서 다룬 주제에 관한 더 많은 내용은 다음 자료를 참고한다.

- 붓스트래핑 (통계학): https://en.wikipedia.org/wiki/Bootstrapping_(statistics)

- 데이터 시각화-모범 사례 및 기초: https://www.toptal.com/designers/data-visualization/data-visualization-best-practices

- (matplotlib을 사용해) 파이썬에서 애니메이션 그래프를 만드는 방법: https://towardsdatascience.com/how-to-create-animated-graphs-in-python-bb619cc2dec1

- 자바스크립트를 사용한 대화식 그림(D3.js): https://d3js.org/

- (plotly를 사용하는) 파이썬 애니메이션 입문: https://plot.ly/python/animations/

- IPython: 내장 매직 명령어: https://ipython.readthedocs.io/en/stable/interactive/magics.html

- 무결성의 중요성: 그림 매개변수가 해석에 미치는 영향: https://medium.com/@lindsaydbrin/the-importance-of-integrity-how-plot-parameters-influence-interpretation-part-3-article-1-8334e9d31892

- 대화식 그림을 만들기 위한 파이썬 라이브러리 5개: https://mode.com/blog/python-interactive-plot-libraries/

06

seaborn과 사용자 정의 기술로 그림 그리기

5장에서는 넓은 형태의 데이터에 대해 `matplotlib`와 `pandas`를 사용해 다양하게 시각화하는 방법을 살펴봤다. 6장에서는 `seaborn`을 사용해 긴 형태의 데이터를 시각화하는 방법과 그림에 대한 이해력을 높이고자 그림을 사용자 정의하는 방법에 대해 알아본다. 사람의 두뇌는 시각적 표현에서 패턴을 찾는 능력이 탁월하다는 것을 명심해야 한다. 명확하고 의미 있게 데이터를 시각화하면 (우리 자신뿐만 아니라) 다른 사람에게 데이터가 의미하는 것을 이해시킬 수 있다.

`seaborn`을 사용해도 5장에서 만든 것과 같은 그림을 그릴 수 있다. 그러나 긴 형태의 데이터로 작업할 수 있으므로 데이터의 부분집합을 사용해 다른 범주들에 대한 측면과/또는 색상과 같은 추가 정보를 빠르게 시각화에 담아낼 수 있다. 5장의 히트맵과 산점도행렬[1]과 같은 작업은 `seaborn`을 사용하면 더 쉽게 할 수 있다. 이 외에도 다른 그림 유형의 취약점을 해결하고자 `seaborn`이 제공하는 새로운 유형의 그림도 알아본다.

이제 주제를 바꿔 데이터 시각화의 모양을 사용자 정의하는 방법에 대한 설명을 시작

---

1   seaborn에서는 산점도행렬(scatter plot matrix)을 pair plot이라고 한다. – 옮긴이

한다. 필요에 맞게 주석을 달고, 기준선을 추가한다. 그림에 적절한 이름을 붙이고, 사용된 색상 팔레트를 바꾸며, 축을 조절하는 과정을 살펴본다. 이 작업은 시각화 결과를 다른 사람에게 보여 주기 위해 해야 할 마지막 작업이다.

6장에서는 다음과 같은 내용을 다룬다.

- seaborn으로 고급 그림 그리기

- matplotlib로 그림 형식 지정하기

- 시각화 사용자 정의하기

⠿ 6장 교재

6장의 자료는 이 URL(https://github.com/stefmolin/Hands-On-Data-Analysis-with-Pandas-2nd-edition/tree/master/ch_06)에 있다. data/ 디렉터리에 들어 있는 세 데이터셋을 사용한다. fb_stock_prices_2018.csv 파일에는 2018년 1월부터 12월까지의 페이스북 주식의 일일 거래량과 함께 시가, 고가, 저가, 종가가 들어 있다. 이 데이터는 7장에서 빌드할 stock_analysis 패키지를 사용해 얻은 것이다. 주식 시장은 주말에 열리지 않으므로 거래일에 대한 데이터만 있다.

earthquakes.csv 파일에는 **미국 지질조사국**USGS API(https://Earth quake.usgs.gov/fdsnws/event/1/)에서 가져온 2018년 9월 18일부터 10월 13까지의 지진 데이터가 들어 있다. 각 지진에 대해 진도(mag 열)와 지진 측정에 사용된 단위(magType 열), 지진이 발생한 시간(time 열) 및 장소(place 열), 지진이 발생한 국가를 나타내는 parsed_place 열(2장에서 이 열을 추가했다)의 값이 있다. 다른 불필요한 열은 제거했다.

covid19_cases.csv 파일에는 **유럽 질병예방통제센터**ECDC가 제공하는 전 세계 국가별 COVID-19 일일 확진자수(https://www.ecdc.europa.eu/en/publications-data/download-todays-data-geographic-distribution-covid-19-cases-worldwide)에서 가져온 데이터가 들어 있다. 이 데이터의 스크립트나 자동 수집을 위해 ECDC는 이 URL(https://opendata.ecdc.europa.eu/covid19/casedistribution/csv)에서 현재의 CSV 파일을 제공한다. 우리가

사용할 스냅샷에는 2020년 9월 19일에 수집한 것으로 2019년 12월 31일부터 2020년 9월 18일까지의 국가별 COVID-19 신규 확진자수가 포함돼 있으며 2020년 9월 19일의 일부 데이터도 포함돼 있다. 5장에서는 2020년 1월 18일부터 9월 18일까지 8개월을 살펴본다.

6장에서는 3개의 노트북을 사용한다. 3개의 노트북은 사용할 순서대로 번호가 매겨져 있다. 1-introduction_to_seaborn.ipynb 노트북에서는 seaborn의 기능을 살펴본다. 그런 다음, 2-formatting_plots.ipynb 노트북에서는 그림의 형식과 이름을 지정하는 방법을 알아본다. 마지막으로, 3-customizing_visualizations.ipynb 노트북에서는 기준선과 음영 영역을 추가하고, 주석을 넣고, 시각화를 사용자 정의하는 방법을 배운다.

TIP

covid19_cases_map.ipynb 노트북은 전 세계 COVID-19 일일 확진자수를 지도에 표시하는 예제를 포함하고 있다. 이 예제는 파이썬에서 지도를 사용하는 데 활용할 수 있으며 뒤에서 설명할 형식 지정자를 사용한다.

이 외에도 6장에서 사용할 함수가 포함된 viz.py와 color_utils.py 파일을 사용한다. 이제 seaborn에 대해 알아보자.

⠿ seaborn으로 고급 그림 그리기

5장에서 살펴본 것처럼 pandas 라이브러리를 사용하면 만들고자 하는 거의 모든 시각화를 구현할 수 있다. 그러나 또 다른 라이브러리인 seaborn을 사용하면 더 복잡한 시각화를 구현할 수 있으며 긴 형태의 데이터를 pandas보다 더 쉽게 시각화할 수 있다. 또한 matplotlib가 만든 표준 시각화보다 더 예쁘고 멋있다.

이 절에서는 1-introduction_to_seaborn.ipynb 노트북을 사용한다. 먼저 seaborn을 임포트하는데 전통적으로 sns라는 약어로 많이 사용된다.

```
>>> import seaborn as sns
```

또한 numpy, matplotlib.pyplot, pandas를 임포트한 다음 페이스북 주가 데이터와 지진 데이터가 들어 있는 CSV 파일을 읽는다.

```
>>> %matplotlib inline
>>> import matplotlib.pyplot as plt
>>> import numpy as np
>>> import pandas as pd

>>> fb = pd.read_csv(
...     'data/fb_stock_prices_2018.csv',
...     index_col='date',
...     parse_dates=True
... )
>>> quakes = pd.read_csv('data/Earth quakes.csv')
```

seaborn은 5장에서 다룬 많은 그림 유형을 제공하지만, 지금은 seaborn이 제공하는 새로운 유형의 그림만 다루고 나머지는 연습 문제로 남겨 둔다. seaborn API를 사용하는 함수 목록은 이 URL(https://seaborn.pydata.org/api.html)을 참고한다.

범주형 데이터

2018년 9월 28일 인도네시아 팔루(Palu) 근처에서 규모 7.5의 지진이 발생한 다음에 엄청난 쓰나미가 덮쳤다(https://www.bbc.com/korean/news-45690332). 인도네시아의 지진 측정에 사용된 단위 유형, 기록된 진도의 범위, 쓰나미가 동반된 지진 발생 횟수를 파악할 수 있도록 시각화해 보자. 이렇게 하려면 변수 중 하나가 범주형(magType)이고 다른 하나는 수치형(mag)인 관계를 그릴 방법이 필요하다.

> **NOTE**
>
> 지진 측정 방법에 대한 정보는 이 URL(https://www.usgs.gov/programs/earthquake-hazards/magnitude-types)에서 찾을 수 있다.

5장에서 산점도를 설명했을 때 두 변수는 모두 수치형이어야 했다. 그러나 seaborn에서는 한 변수가 범주형이고 다른 변수가 수치형일 때 두 가지 방식으로 그림을 그릴 수 있다. 첫 번째 방법은 stripplot() 함수를 사용해 조각strip 안에 점들을 표시하는 것이다. 두 번째 방법은 swamplot() 함수를 사용하는 것인데 이는 나중에 살펴보도록 한다.

stripplot() 함수를 사용해 시각화해 보자. 인도네시아에서 발생한 지진의 부분집합을 data 매개변수로 지정하고, x축(x)은 지진 측정 방법(magType)으로 y축(y)은 진도(mag)로 한다. 그리고 지진이 쓰나미를 동반했는지에 따라 점의 색(hue)을 지정한다.

```
>>> ax = sns.stripplot(
...     x='magType',
...     y='mag',
...     hue='tsunami',
...     data=quakes.query('parsed_place == "Indonesia"')
... )

>>> ax.set_xlabel('지진 측정 방법')
>>> ax.set_ylabel('진도')
>>> ax.legend(title='쓰나미 동반 여부')
```

그림 6.1의 조각 그림strip plot을 보면 문제의 지진이 mww 열에서 가장 높은 곳의 주황색 점이라는 것을 알 수 있다. 이 절의 노트북을 사용하지 않는다면 plt.show() 명령어를 실행해야 한다.

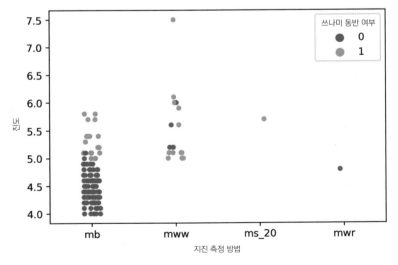

그림 6.1 seaborn으로 그린 조각 그림

대부분은 우리가 예상하는 것처럼 큰 규모의 지진이 쓰나미를 동반했다. 그러나 작은 규모에 점들이 모여 있으므로 모든 점을 제대로 볼 수가 없다. 점이 겹쳐지는 것을 줄이도록 점에 무작위 잡음의 양을 추가하고자 jitter 인수를 사용하거나 5장에서 했던 대로 점의 투명도를 조절하고자 alpha 인수를 사용할 수 있다. 다행스럽게도 겹침을 가능한 한 줄일 수 있는 또 다른 swarmplot() 함수가 있으므로 이 함수를 사용해 다시 시각화한다.

```
>>> sns.swarmplot(
...     x='magType',
...     y='mag',
...     hue='tsunami',
...     data=quakes.query('parsed_place == "Indonesia"'),
...     size=3.5 # 폰트 크기
... )

>>> ax.set_xlabel('지진 측정 방법')
>>> ax.set_ylabel('진도')
>>> ax.legend(title='쓰나미 동반 여부')
```

벌떼 그림swarm plot 또는 bee swarm plot 은 데이터의 분포까지도 보여 준다. 이제 mb 열의 아랫부분에서 더 많은 지진을 볼 수 있다.

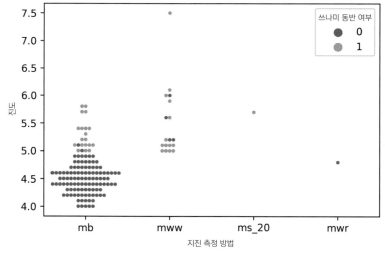

그림 6.2 seaborn으로 그린 벌떼 그림

5장의 'pandas로 그림 그리기' 절에서는 분포를 시각화하는 방법을 설명할 때 상자 그림을 사용했다. seaborn을 사용하면 대용량 데이터셋에 대한 고급 상자 그림을 그릴 수 있는데, 이 그림에는 특히 꼬리 부분에서 분포의 모양에 대한 자세한 정보를 제공하도록 추가 분위수가 표시된다. 고급 상자 그림을 사용해 5장에서 했던 것처럼 다른 지진 측정 방법에 따른 진도를 비교해 보자.

```
>>> ax = sns.boxenplot(
...     x='magType',
...     y='mag',
...     data=quakes[['magType', 'mag']]
... )

>>> ax.set_xlabel('지진 측정 방법')
>>> ax.set_ylabel('진도')
>>> plt.title('지진 측정 방법별 진도 비교')
```

위 코드를 실행하면 그림 6.3과 같은 고급 상자 그림을 그릴 수 있다.

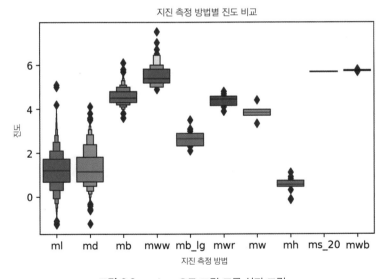

그림 6.3 seaborn으로 그린 고급 상자 그림

상자 그림은 데이터의 분위수를 시각화하는 데 유용하지만 분포에 대한 정보는 보여 주
지 않는다. 그림 6.3과 같이 고급 상자 그림은 이 문제를 해결하는 한 가지 방법이다. 또
다른 방법은 핵밀도추정(기본 분포 추정)과 상자 그림을 결합한 바이올린 그림^{violin plot}을
사용하는 것이다.

```
>>> fig, axes = plt.subplots(figsize=(10, 5))
>>> ax = sns.violinplot(
...     x='magType',
...     y='mag',
...     data=quakes[['magType', 'mag']],
...     ax=axes,
...     scale='width' # 모든 바이올린의 폭을 같게 한다.
... )

>>> ax.set_xlabel('지진 측정 방법')
>>> ax.set_ylabel('진도')
>>> plt.title('지진 측정 방법별 진도 비교')
```

그림 6.4에서 상자 그림은 바이올린 그림의 가운데에 있으며, 이 상자 그림을 x축으로
해 핵밀도추정^{KDE}을 그린다. 핵밀도추정은 대칭이므로 상자 그림의 양쪽에서 KDE를
읽을 수 있다.

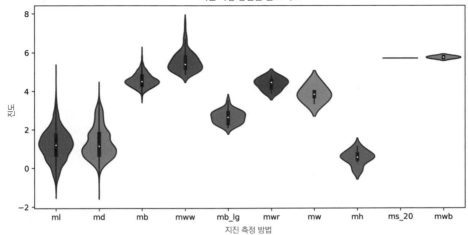

지진 측정 방법별 진도 비교

그림 6.4 seaborn으로 그린 바이올린 그림

seaborn 문서에는 그림을 그릴 수 있는 데이터 유형별로 그림 함수가 정리돼 있다. 전체 범주형 그림의 목록은 이 URL(https://seaborn.pydata.org/api.html#categorical-plots)에서 확인할 수 있다. 5장에서 pandas로 그렸던 막대 그래프는 countplot()와 barplot() 함수를 참고한다.

상관관계와 히트맵

약속했던 대로 5장에서 했던 것보다 더 쉽게 히트맵을 그릴 수 있는 방법을 알아본다. 이번에도 OHLC 주가, 로그 척도 거래량, 일별 주가 변동량(고가와 저가의 차)(max_abs_change) 간의 상관관계에 대한 히트맵을 그린다. 그러나 이번에는 시각화를 더 쉽게 할 수 있도록 seaborn의 heatmap() 함수를 사용한다.

```
>>> sns.heatmap(
...     fb.sort_index().assign(
...         log_volume=np.log(fb.volume),
...         max_abs_change=fb.high - fb.low
...     ).corr(),
...     annot=True,
```

```
...        center=0,
...        vmin=-1,
...        vmax=1
... )
```

TIP

> seaborn을 사용할 때도 plt.savefig()와 plt.tight_layout() 같은 함수를 사용할 수 있다.
> plt.tight_layout() 함수를 사용할 때 문제가 발생하면 plt.savefig() 함수에 bbox_
> inches='tight' 인수를 사용하면 된다.

center=0은 seaborn이 사용하는 색상 맵colormap의 중앙에 0의 값(관계없음)이 오도록 지정
한다. vmin=-1와 vmax=1를 지정하면 색상 축척color scale의 경계를 상관계수로 설정할 수
있다. 또한 annot=True를 지정하면 각 상자에 상관계수를 적어 넣을 수 있다. 한 번의 함
수 호출로 수치형 데이터와 시각적 데이터의 이점을 한 그림에 표현할 수 있다.

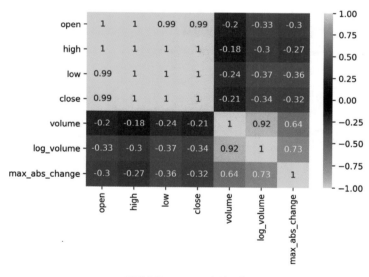

그림 6.5 seaborn의 히트맵

seaborn은 pandas.plotting 모듈에서 제공했던 scatter_matrix() 함수와 같은 역할을 하
는 pairplot() 함수도 제공한다. 이 함수를 사용해 페이스북 주가 데이터의 열 간 상관
관계를 히트맵 대신 산점도로 그릴 수 있다.

```
>>> sns.pairplot(fb)
```

위 코드를 실행하면 그림 6.6을 얻을 수 있으며, 히트맵에서 본 것처럼 OHLC 열 간에 거의 완벽한 상관관계가 있다는 것을 알 수 있으며 대각선에는 각 열의 히스토그램이 표시된다.

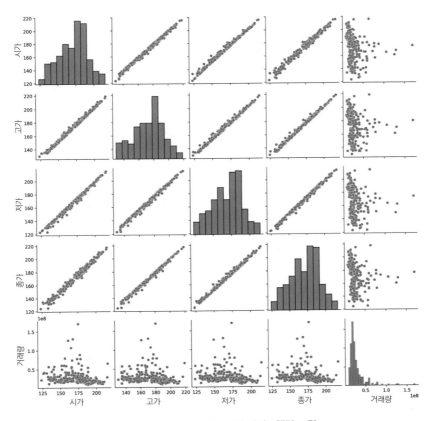

그림 6.6 seaborn으로 그린 산점도행렬 그림

페이스북의 2018년 하반기 실적은 상반기에 비해 현저히 떨어져 매 분기별 데이터의 분포가 어떻게 변했는지 알아봐야 한다. pandas.plotting.scatter_matrix() 함수와 마찬가지로 diag_kind 인수를 사용해 대각선에 수행할 작업을 지정할 수 있다. 그러나 pandas 와는 달리 hue 인수를 사용해 데이터를 기반으로 모든 것에 색을 칠할 수 있다. 분기별

변화를 살펴보려면 quarter 열을 추가한 다음 해당 열을 hue 인수로 지정하면 된다.

```
>>> sns.pairplot(
...     fb.assign(quarter=lambda x: x.index.quarter),
...     diag_kind='kde',
...     hue='quarter'
... )
```

그림 6.7에서 볼 수 있듯이 OHLC 열의 분포는 1분기에 표준편차가 작았으며 (따라서 분산이 작음) 4분기에 주가가 크게 하락(분포가 왼쪽으로 이동)했다는 것을 알 수 있다.

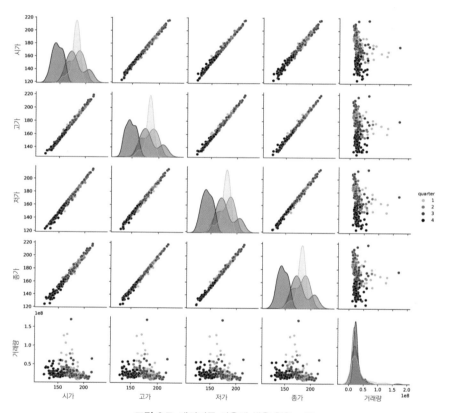

그림 6.7 데이터를 사용해 색을 칠한 그림

TIP

pairplot() 함수에 kind='reg' 인수를 사용할 수도 있다.

jointplot() 함수를 사용하면 두 변수만 비교할 수 있는데, 산점도와 함께 옆에 각 변수의 분포가 표시된 결합 그림joint plot을 그릴 수 있다. 5장에서 했던 것처럼 로그 척도 거래량과 일일 주가 변화(고가와 저가의 차) 간에 어떤 상관관계가 있는지 알아보자.

```
>>> ax = sns.jointplot(
...     x='log_volume',
...     y='max_abs_change',
...     data=fb.assign(
...         log_volume=np.log(fb.volume),
...         max_abs_change=fb.high - fb.low
...     )
... )
>>> ax.set_axis_labels('로그 척도 거래량', '일일 주가 변화(고가 - 저가) ($)')
```

kind 인수의 기본값을 사용하면 산점도와 함께 히스토그램이 그려진다.

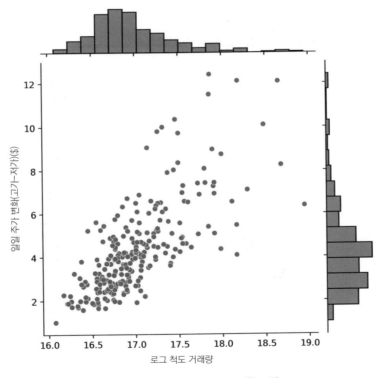

그림 6.8 seaborn으로 그린 결합 그림

kind 인수에 많은 옵션을 지정할 수 있다. 예를 들어 산점도를 그릴 때 많은 부분이 겹쳐질 수 있으므로 육각형 구간^{hexbin}을 사용할 수도 있다.

```
>>> ax = sns.jointplot(
...     x='log_volume',
...     y='max_abs_change',
...     kind='hex',
...     data=fb.assign(
...         log_volume=np.log(fb.volume),
...         max_abs_change=fb.high - fb.low
...     )
... )
>>> ax.set_axis_labels('로그 척도 거래량', '일일 주가 변화(고가 - 저가) ($)')
```

이제 그림 6.9와 같이 왼쪽 아래에 점들이 많이 집중돼 있다는 것을 알 수 있다.

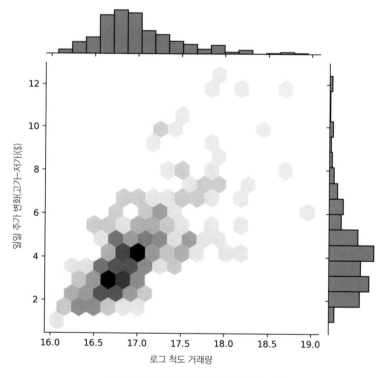

그림 6.9 육각형 구간으로 그린 결합 그림

값의 농도를 확인하는 또 다른 방법으로 kind='kde'를 사용하면 각 변수에 대해 KDE와 함께 결합밀도추정값^{joint density estimate}을 나타내는 **등고선 그림**을 그릴 수 있다.

```
>>> ax = sns.jointplot(
...     x='log_volume',
...     y='max_abs_change',
...     kind='kde',
...     data=fb.assign(
...         log_volume=np.log(fb.volume),
...         max_abs_change=fb.high - fb.low
...     )
... )
>>> ax.set_axis_labels('로그 척도 거래량', '일일 주가 변화(고가 - 저가) ($)')
```

등고선의 각 곡선은 주어진 밀도의 점을 포함한다.

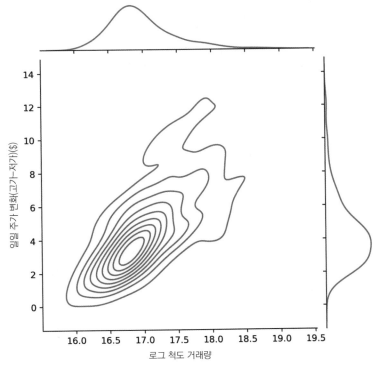

그림 6.10 결합분포 그림

또한 가운데에 회귀곡선을 그리고 옆에는 히스토그램에 KDE를 그릴 수 있다.

```
>>> ax = sns.jointplot(
...     x='log_volume',
...     y='max_abs_change',
...     kind='reg',
...     data=fb.assign(
...         log_volume=np.log(fb.volume),
...         max_abs_change=fb.high - fb.low
...     )
... )

>>> ax.set_axis_labels('로그 척도 거래량', '일일 주가 변화(고가 - 저가) ($)')
```

위 코드를 실행하면 그림 6.11과 같이 산점도를 통과하는 회귀선과 함께 선 주위에 신뢰대역^{confidence band}을 표시할 수 있다.

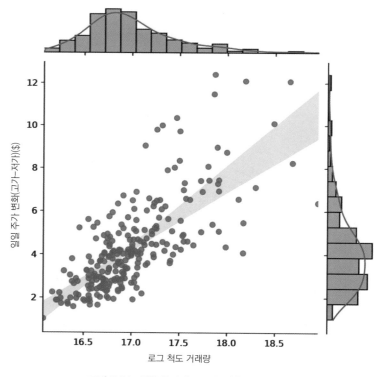

그림 6.11 선형 회귀와 KDE를 사용한 결합 그림

관계는 선형으로 보이지만 **잔차**residual를 확인해 봐야 한다. 잔차는 관측값에서 회귀선을 사용해 예측한 값을 뺀 값이다. kind='resid'를 지정하면 위의 회귀를 사용해 계산한 잔차를 직접 확인할 수 있다.

```
>>> ax = sns.jointplot(
...     x='log_volume',
...     y='max_abs_change',
...     kind='resid',
...     data=fb.assign(
...         log_volume=np.log(fb.volume),
...         max_abs_change=fb.high - fb.low
...     )
... )
# 축 이름 지정 (다음 절에서 설명)
>>> ax.set_axis_labels('로그 척도 거래량', '잔차')
```

잔차는 거래량이 많을수록 0에서 멀어지는 것을 볼 수 있으며, 이는 이 관계를 모델링하는 올바른 방법이 아닐 수 있다는 것을 뜻한다.

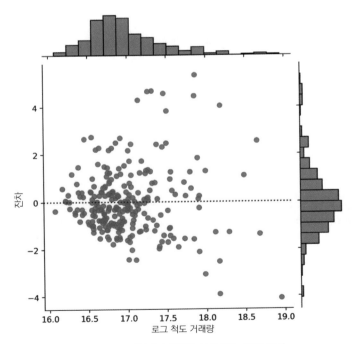

그림 6.12 선형회귀 잔차를 보여 주는 결합 그림

jointplot()를 이용해 회귀곡선이나 잔차 그림을 그릴 수 있다. 이는 seaborn에서는 전체 결합 그림을 생성하는 부하overhead 없이 바로 그림을 그리는 함수를 사용할 수 있다. 이에 관해서 계속 설명한다.

회귀그림

regplot() 함수는 회귀선regression line을 계산하고 그림으로 그리지만, residplot() 함수는 회귀선을 계산한 다음 잔차만 그린다. 이 두 함수를 결합하는 함수를 만들지만 먼저 몇 가지 설정이 필요하다.

우리가 만들 함수는 두 열의 모든 순열permutation2을 그림으로 그린다. 이 함수를 사용하면 각 열을 회귀변수regressor와 종속 변수dependent variable로 볼 수 있다. 관계의 방향을 모르기 때문에 함수를 호출한 다음에 뷰어viewer가 결정하도록 한다. 이렇게 하면 많은 부그림이 만들어지므로 페이스북 데이터에서 몇 개의 열로 구성된 DataFrame을 새로 만든다.

로그 척도 거래량(log_volume)과 페이스북의 일일 주가 변화(고가와 저가의 차)(max_abs_change)를 살펴보자. assign()을 사용해 새 열을 만들고 fb_reg_data라는 새 DataFrame에 저장한다.

```
>>> fb_reg_data = fb.assign(
...     log_volume=np.log(fb.volume),
...     max_abs_change=fb.high - fb.low
... ).iloc[:,-2:]
```

다음으로 파이썬 표준 라이브러리 중의 하나인 itertools(https://docs.python.org/3/library/itertools.html)를 임포트해야 한다. 그림을 그리는 함수를 작성할 때 itertools가 매우 유용하다. 순열, 조합, 무한 순환이나 반복과 같은 작업을 위해 효율적인 반복자iterator를 쉽게 만들 수 있다.

---

2 이와 대조되는 개념은 조합(combination)으로 순서를 따지는 조합이다. 예를 들어 (open, close)와 (close, open)는 다르다. – 옮긴이

```
>>> import itertools
```

이터러블^{iterable}은 반복할 수 있는 객체다. 루프^{loop}가 시작할 때 **반복자**는 이터러블로 만들어진다. 각 반복에서 반복자는 루프가 끝날 때까지 다음 값을 제공한다. 즉 모든 항목에 대해 한 번의 반복이 끝나면 남아 있는 것이 없으므로 재사용할 수 없게 된다. 반복자는 이터러블이지만 이터러블은 반복자가 아니다. 반복자가 아닌 이터러블은 반복해서 계속 사용할 수 있다.

itertools를 사용할 때 반복자는 한 번만 사용할 수 있다.

```
>>> iterator = itertools.repeat("I'm an iterator", 1)

>>> for i in iterator:
...     print(f'-->{i}')
-->I'm an iterator

>>> print(
...     'This printed once because the iterator '
...     'has been exhausted'
... )
This printed once because the iterator has been exhausted

>>> for i in iterator:
...     print(f'-->{i}')
```

반면 리스트도 이터러블이다. 리스트의 모든 원소를 반복하는 코드를 만들 수 있으며, 이 리스트를 나중에 다시 사용할 수 있다.

```
>>> iterable = list(itertools.repeat("I'm an iterable", 1))

>>> for i in iterable:
...     print(f'-->{i}')
-->I'm an iterable

>>> print('This prints again because it\'s an iterable:')
This prints again because it's an iterable:
```

```
>>> for i in iterable:
...      print(f'-->{i}')
-->I'm an iterable
```

이제 itertools와 반복자에 대해 이해했으므로 회귀와 잔차 순열 그림을 함수를 만들어
보자.

```
def reg_resid_plots(data):
    """
    'seaborn'을 사용해 데이터에 있는 두 열의 모든 순열에 대해
    회귀와 잔차 그림을 나란히 그린다.

    매개변수:
        - data: 'pandas.DataFrame' 객체

    반환값:
        matplotlib의 'Axes' 객체
    """
    num_cols = data.shape[1]
    permutation_count = num_cols * (num_cols - 1)

    fig, ax = \
        plt.subplots(permutation_count, 2, figsize=(15, 8))
    for (x, y), axes, color in zip(
        itertools.permutations(data.columns, 2),
        ax,
        itertools.cycle(['royalblue', 'darkorange'])
    ):
        for subplot, func in zip(
            axes, (sns.regplot, sns.residplot)
        ):
            func(x=x, y=y, data=data, ax=subplot, color=color)
            if func == sns.residplot:
                subplot.set_ylabel('residuals')
    return fig.axes
```

위 함수에서는 5장과 6장에서 지금까지 배웠던 내용을 모두 사용하고 있다. 먼저 부그
림을 몇 개나 그릴 것인지 계산을 한다. 각 순열에 대해 2개의 그림을 그릴 것이므로 행
의 수를 결정하기 위한 순열의 개수만 알면 된다. zip() 함수를 이용하면 튜플에서 여러

이터러블의 값을 한 번에 알 수 있으며 튜플을 언팩하면 순열 튜플$^{permutation\ tuple}$과 Axes 객체의 2D NumPy 배열에 대해 쉽게 반복할 수 있다. 이 내용이 어렵다면 '참고 자료' 절의 zip()과 튜플 언팩 자료를 참고해 이해하고 넘어가길 바란다.

> **NOTE**
>
> zip()에 다른 길이의 이터러블을 입력하면 짧은 길이와 같은 개수의 튜플을 얻게 된다. 이런 이유로 (반복할 값을 지정하지 않은 경우) 지정한 값을 무한히 반복하는 itertools.repeat()과 지정한 모든 값을 무한히 순환하는 itertools.cycle()을 사용할 때 얻게 되는 것과 같은 무한 반복자를 사용할 수 있다.

하나의 매개변수를 사용해 함수를 호출한다.

```
>>> from viz import reg_resid_plots
>>> ax = reg_resid_plots(fb_reg_data)

>>> ax[0].set_xlabel('로그 척도 거래량')
>>> ax[0].set_ylabel('일일 주가 변화(고가 - 저가) ($)')
>>> ax[1].set_xlabel('로그 척도 거래량')
>>> ax[1].set_ylabel('잔차')
>>> ax[2].set_xlabel('일일 주가 변화(고가 - 저가) ($)')
>>> ax[2].set_ylabel('로그 척도 거래량')
>>> ax[3].set_xlabel('일일 주가 변화(고가 - 저가) ($)')
>>> ax[3].set_ylabel('잔차')
```

그림 6.13의 첫 번째 행은 위의 결합 그림에서 봤던 것이고, 두 번째 행은 x와 y 변수를 서로 바꿨을 때의 회귀다.

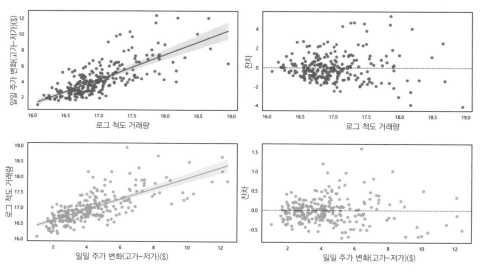

그림 6.13 seaborn으로 그린 선형회귀 및 잔차 그림

TIP

> regplot() 함수에 order와 logistic 매개변수를 사용하면 각각 다항식 곡선과 로지스틱(logistic) 곡선을 그릴 수 있다.

seaborn의 lmplot()을 사용하면 데이터의 여러 부분집합에 대해 회귀곡선을 쉽게 그릴 수 있다. hue, col, row를 사용하면 회귀곡선을 열의 값을 기준으로 색을 칠하고, 각 값에 대해 새로운 열과 행을 만들 수 있다.

이미 우리는 페이스북 실적이 분기마다 다르다는 것을 알고 있다. 이제 거래량과 일일 고가와 저가의 차를 사용해 페이스북 주식 데이터로 분기별 회귀를 계산해 이런 관계가 바뀌는지 알아본다.

```
>>> ax = sns.lmplot(
...     x='log_volume',
...     y='max_abs_change',
...     col='quarter',
...     data=fb.assign(
...         log_volume=np.log(fb.volume),
...         max_abs_change=fb.high - fb.low,
```

```
...         quarter=lambda x: x.index.quarter
...     )
... )

>>> ax.set_axis_labels('로그 척도 거래량')
>>> ax.axes[0, 0].set_ylabel('일일 주가 변화(고가 - 저가) ($)')
>>> ax.axes[0, 0].set_title('1 분기')
>>> ax.axes[0, 1].set_title('2 분기')
>>> ax.axes[0, 2].set_title('3 분기')
>>> ax.axes[0, 3].set_title('4 분기')
```

4분기 회귀선의 기울기가 이전 분기보다 훨씬 더 가파르다.

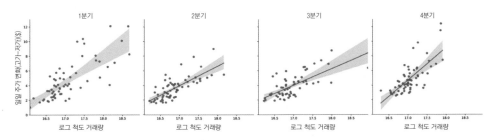

그림 6.14 부분집합으로 그린 seaborn 선형회귀 그림

lmplot()을 실행한 결과는 그림 6.14와 같이 FacetGrid 객체로 seaborn의 강력한 기능이다. 이제 그림을 직접 FacetGrid 객체 안에 넣는 방법을 알아본다.

패시팅

패시팅faceting을 사용하면 데이터의 부분집합(패싯facet)을 부그림으로 그릴 수 있다. 지금까지 일부 seaborn 함수의 결과를 살펴봤다. 그러나 그림 함수를 함께 사용하면 이런 그림을 그릴 수 있다. 인도네시아와 파푸아뉴기니에서 쓰나미 발생 여부에 따른 진도의 분포를 비교하고자 시각화를 해보자.

먼저 데이터로 FacetGrid 객체를 만들고 row와 col 인수를 사용해 부분집합을 만들 방법을 정의한다.

```
>>> g = sns.FacetGrid(
...     quakes.query(
...         'parsed_place.isin('
...         '["Indonesia", "Papua New Guinea"]) '
...         'and magType == "mb"'
...     ),
...     row='tsunami',
...     col='parsed_place',
...     height=4
... )
```

이제 FacetGrid.map() 메서드를 사용해 각 부분집합에 대해 그림 함수를 실행하고 필요한 인수를 지정한다. sns.histplot() 함수를 사용해 발생 위치와 쓰나미 데이터 부분집합에 대한 KDE가 있는 히스토그램을 그린다.

```
>>> g = g.map(sns.histplot, 'mag', kde=True)

>>> g.axes[0, 0].set_ylabel('지진 발생 횟수')
>>> g.axes[0, 0].set_title('쓰나미 동반 안 함 | 발생 위치 = 인도네시아')
>>> g.axes[0, 1].set_title('쓰나미 동반 안 함 | 발생 위치 = 파푸아뉴기니')
>>> g.axes[1, 0].set_xlabel('진도')
>>> g.axes[1, 0].set_ylabel('지진 발생 횟수')
>>> g.axes[1, 0].set_title('쓰나미 동반함 | 발생 위치 = 인도네시아')
>>> g.axes[1, 1].set_xlabel('진도')
>>> g.axes[1, 1].set_title('쓰나미 동반함 | 발생 위치 = 파푸아뉴기니')
```

두 위치 모두에 진도가 5.0 이상일 때 쓰나미가 발생했다는 것을 알 수 있다.

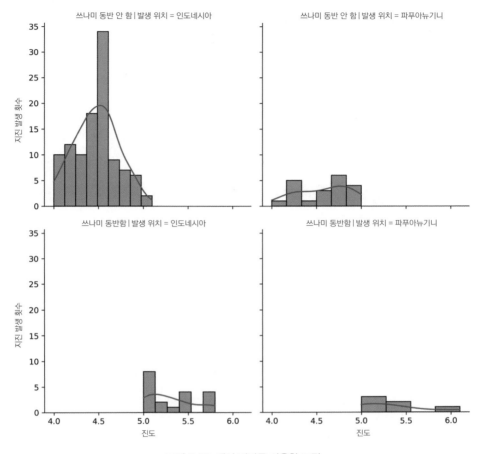

그림 6.15 패싯 격자를 사용한 그림

이것으로 seaborn의 그림 기능에 대한 설명을 마무리한다. 그러나 추가 기능에 대해 알아보려면 **API**(https://seaborn.pydata.org/api.html)를 참조한다. 또한 일부 데이터를 그릴 때는 부록의 적절한 시각화 방법 선택하기 절을 참고하길 바란다.

⁜ matplotlib로 그림 형식 지정하기

다른 사람들에게 보여 줄 수 있도록 시각화하는 데 가장 중요한 부분은 올바른 그림 유형을 선택하고 그림을 해석하기 쉽도록 이름[label]을 잘 지정하는 것이다. 시각화한 최종 결과를 조심스럽게 조정해 읽고 이해하기 쉽도록 해야 한다.

이제 2-formatting_plots.ipynb 노트북에서 설정 코드를 실행해 필요한 패키지를 임포트하고 페이스북 주가 데이터와 COVID-19 일일 신규 확진자수 데이터를 읽는다.

```
>>> %matplotlib inline
>>> import matplotlib.pyplot as plt
>>> import numpy as np
>>> import pandas as pd

>>> fb = pd.read_csv(
...     'data/fb_stock_prices_2018.csv',
...     index_col='date',
...     parse_dates=True
... )

>>> covid = pd.read_csv('data/covid19_cases.csv').assign(
...     date=lambda x: \
...         pd.to_datetime(x.dateRep, format='%d/%m/%Y')
... ).set_index('date').replace(
...     'United_States_of_America', 'USA'
... ).sort_index()['2020-01-18':'2020-09-18']
```

다음 몇 개의 절에 걸쳐 그림에 제목[title], 축 이름[axis label], 범례[legend]를 추가하는 방법과 축을 사용자 지정하는 방법을 설명한다.

제목과 축 이름

지금까지 우리가 만든 시각화 중 일부 그림에는 제목이나 축 이름이 없었다. 우리는 그림이 어떻게 만들어졌는지 알 수 있지만, 이런 그림을 다른 사람에게 보여 준다면 약간의 혼란을 초래할 수 있으므로 축 이름과 제목을 달아야 좋은 시각화라고 할 수 있다.

pandas로 그림을 그렸을 때 봤던 것처럼 plot() 메서드에 title 인수로 지정하면 제목을 추가할 수 있었지만, matplotlib에서는 plt.title()을 사용해야 제목을 추가할 수 있었다. 제목의 위치를 조정하고자 plt.title()에 x나 y 값을 지정할 수도 있다. 또한 글꼴과 글자 크기를 변경할 수도 있다. 축에 이름을 넣는 것도 간단하다. plt.xlabel()와 plt.ylabel()를 사용하면 된다. matplotlib를 사용해 페이스북 종가 그래프를 그리고 제목과 축 이름을 추가해 보자.

```
>>> fb.close.plot()
>>> plt.title('FB Closing Price')
>>> plt.xlabel('date')
>>> plt.ylabel('price ($)')
```

위 코드를 실행하면 그림 6.16의 그림을 그릴 수 있다.

그림 6.16 maplotlib를 사용해 제목과 축 이름을 추가한 그림

부그림을 그릴 때에는 다른 방법을 사용해야 한다. 페이스북 주식의 OHLC 데이터의 부그림을 그리고 plt.title()을 사용해 전체 그림에 제목을 추가하고 plt.ylabel()을 사용해 각 부그림의 *y*축에 이름을 추가해 보자.

```
>>> fb.iloc[:,:4]\
...     .plot(subplots=True, layout=(2, 2), figsize=(12, 5))
>>> plt.title('Facebook 2018 Stock Data')
>>> plt.ylabel('price ($)')
```

plt.title()을 사용하면 우리가 의도한 대로 전체 그림에 대한 제목이 추가되는 것이 아니라 마지막 부그림에 제목이 표시된다. y축 이름도 마찬가지다.

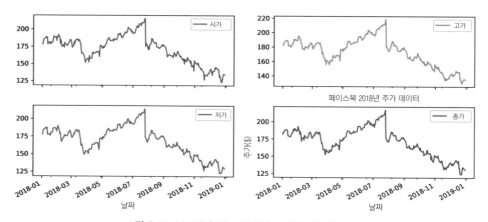

그림 6.17 부그림에 기존 방법으로 이름을 추가한 결과

부그림을 그리는 경우 전체 그림에 제목을 추가할 때에는 plt.suptitle()를 사용해야 한다. 반대로 각 부그림의 y축에 이름을 붙이려면 plot() 함수가 반환한 각 Axes 객체에 set_ylabel() 메서드를 사용해야 한다. Axes 객체는 부그림이 배치^{layout}와 같은 차원의 NumPy 배열로 반환되므로 더 쉽게 반복할 수 있도록 flatten()을 적용해 1차원으로 변환한다.

```
>>> axes = fb.iloc[:,:4]\
...     .plot(subplots=True, layout=(2, 2), figsize=(12, 5))
>>> plt.suptitle('페이스북 2018년 주가 데이터')
>>> for ax in axes.flatten():
...     ax.set_ylabel('주가 ($)')
```

위 코드를 실행하면 그림 6.18과 같이 전체에 그림에 대해 제목이 추가되고 각 부그림의 y축에 이름이 추가된다.

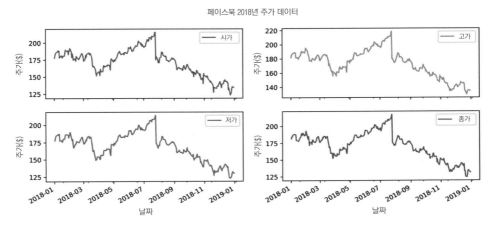

그림 6.18 부그림에 제목과 축 이름 추가하기

Figure 클래스에도 suptitle() 메서드가 있으며 Axes 클래스의 set() 메서드를 사용하면 set(xlabel='...', ylabel='...', title='...', ...)와 같이 한 번에 축 이름과 제목을 지정할 수 있다. 목적에 따라 Figure나 Axes 객체에 대해 직접 메서드를 호출해야 할 수도 있으니 이런 방법을 알고 있어야 한다.

범례

matplotlib에서는 plt.legend() 함수와 Axes.legend() 메서드를 통해 범례를 다양하게 제어할 수 있다. 예를 들어 범례의 위치와 글꼴과 색상 등을 사용자 정의하는 것을 포함한 범례의 형식을 지정할 수 있다. 그림을 처음 그릴 때 범례가 없는 경우 plt.legend() 함수와 Axes.legend() 메서드를 사용하면 범례를 표시할 수 있다. 그림 6.19는 자주 사용되는 매개변수의 예다.

매개변수	목적
loc	범례의 위치를 지정
bbox_to_anchor	loc와 함께 사용해 범례의 위치를 지정
ncol	범례의 이름을 표현할 열의 수를 설정. 기본값은 1이다.
framealpha	범례 배경의 투명도를 조절
title	범례의 제목을 지정

그림 6.19 범례 형식화에 도움이 되는 매개변수

범례는 그림에 표현된 각 객체의 이름[label]을 사용한다. 범례에 표시하지 않으려면 빈 문자열로 이름을 지정하면 된다. 그러나 단순히 어떤 것을 표시하는 방법을 변경하려면 label 매개변수를 사용해 표시할 이름을 지정하면 된다. 범례를 설명하는 이름이 표시되도록 label 매개변수를 사용해 페이스북 주식의 종가의 20일 이동평균을 그려 보자.

```
>>> fb.assign(
...     ma=lambda x: x.close.rolling(20).mean()
... ).plot(
...     y=['close', 'ma'],
...     title='페이스북 2018년 종가',
...     label=['종가', '20일 이동평균'],
...     style=['-', '--']
... )
>>> plt.legend(loc='lower left')
>>> plt.ylabel('주가 ($)')
```

기본적으로 matplotlib는 그림에 가장 적합한 범례의 위치를 찾지만 그림 일부 위에 표시되는 경우가 있다. 이를 막으려고 여기서는 왼쪽 아래 구석에 배치했다. 범례의 내용은 label 인수로 지정한 문자열이다.

그림 6.20 범례 위치를 옮긴 그림

loc 인수를 사용해 범례의 위치를 지정했다. 범례를 왼쪽 아래 구석에 그리고자 (x, y) 좌표 정보를 정수나 튜플로 지정할 수도 있다. 그림 6.21에 위치를 지정할 수 있는 문자열을 정리했다.

위치 문자열	위치 코드
'best'	0
'upper right'	1
'upper left'	2
'lower left'	3
'lower right'	4
'right'	5
'center left'	6
'center right'	7
'lower center'	8
'upper center'	9
'center'	10

그림 6.21 일반적인 범례 위치

이제 framealpha, ncol, title 인수로 범례의 스타일을 지정하는 방법을 알아보자.
2020년 1월 18일부터 9월 18일까지 8개월 동안 브라질, 중국, 이탈리아, 스페인, 미국
에서 발생한 6개국의 COVID-19 일일 신규 확진자수의 비율을 그래프로 그린다. 또한
그림의 위와 오른쪽 부분spine을 제거해 그림이 깔끔하게 보이도록 한다.

```
>>> new_cases = covid.reset_index().pivot(
...     index='date',
...     columns='countriesAndTerritories',
...     values='cases'
... ).fillna(0)

>>> pct_new_cases = new_cases.apply(
...     lambda x: x / new_cases.apply('sum', axis=1), axis=0
... )[
...     ['Italy', 'China', 'Spain', 'USA', 'India', 'Brazil']
... ].sort_index(axis=1).fillna(0)

>>> ax = pct_new_cases.plot(
...     figsize=(12, 7),
...     style=['-'] * 3 + ['--', ':', '-.'],
...     title='COVID-19 신규 확진자수 비율\n(출처: ECDC)'
... )

>>> ax.legend(title='국가', framealpha=0.5, ncol=2)
>>> ax.set_xlabel('')
>>> ax.set_ylabel('COVID-19 신규 확진자수 비율')

>>> for spine in ['top', 'right']:
...     ax.spines[spine].set_visible(False)
```

범례는 2개의 열과 제목으로 깔끔하게 정리됐다. 또한 범례 경계의 투명도를 높였다.

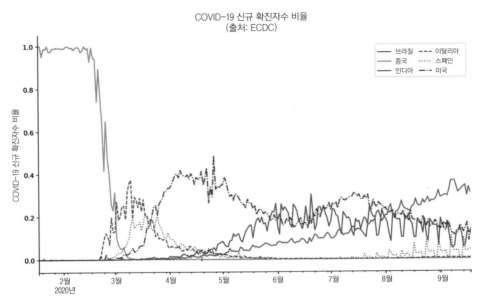

그림 6.22 범례의 형식을 지정한 그림

TIP

사용할 수 있는 모든 옵션을 기억할 필요도 없고 할 수도 없다. 모든 사용자 정의를 배우기보다는 필요할 때마다 시각화하려는 기능을 찾아보는 것이 더 좋다.

축 형식 지정하기

1장에서 주의하지 않으면 축을 제한하는 것이 오해를 일으킬 수 있는 그림을 만들 수 있다고 설명했다. pandas의 plot() 메서드를 사용할 때 xlim/ylim 인수를 튜플로 사용하면 축의 범위를 지정할 수 있다. matplotlib에서는 plt.xlim()/plt.ylim() 함수나 Axes 객체에 set_xlim()/set_ylim() 메서드를 사용하면 각 축의 범위를 조정할 수 있다. 최소값과 최대값을 별도로 지정한다. 자동으로 생성된 값을 사용하려면 None을 지정하면 된다. 그림 6.22에서 y축이 0부터 시작하도록 만든다.

```
>>> ax = pct_new_cases.plot(
...     figsize=(12, 7),
```

```
...        style=['-'] * 3 + ['--', ':', '-.'],
...        title='COVID-19 신규 확진자수 비율\n(출처: ECDC)'
... )

>>> ax.legend(framealpha=0.5, ncol=2)
>>> ax.set_xlabel('')
>>> ax.set_ylabel('COVID-19 신규 확진자수 비율')
>>> ax.set_ylim(0, None)

>>> for spine in ['top', 'right']:
...        ax.spines[spine].set_visible(False)
```

그림 6.23은 y축이 0부터 시작한다.

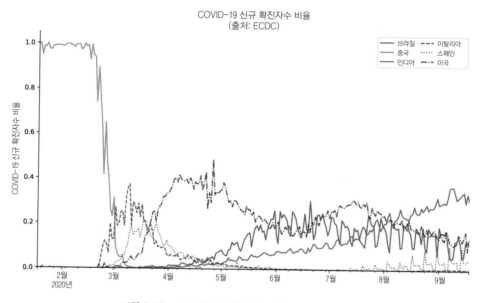

그림 6.23 matplotlib를 사용해 축 범위를 재설정한 그림

축의 척도를 변경하려면 plt.xscale()/plt.yscale()에 척도 유형을 지정하면 된다. 예를 들어 plt.yscale('log')는 y축에 로그 척도를 적용한다. 5장에서 pandas로 척도를 변경하는 방법을 배웠다.

또한 plt.xticks()나 plt.yticks()를 사용하면 눈금^{tick} 위치와 이름, 눈금 표시를 조절할 수 있다. 이런 함수를 사용하면 눈금의 위치와 이름을 얻을 수도 있다. 예를 들어 데이터가 매월 18일부터 시작해 18일에 끝나므로 그림 6.23에서 눈금의 표시를 매월 18일로 옮기고, 이에 맞춰 눈금에 이름을 추가한다.

```
>>> ax = pct_new_cases.plot(
...     figsize=(12, 7),
...     style=['-'] * 3 + ['--', ':', '-.'],
...     title='title='COVID-19 신규 확진자수 비율\n(출처: ECDC)'
... )

>>> tick_locs = covid.index[covid.index.day == 18].unique()
>>> tick_labels = \
...     [loc.strftime('%b %d\n%Y') for loc in tick_locs]
>>> plt.xticks(tick_locs, tick_labels)

>>> ax.legend(framealpha=0.5, ncol=2)
>>> ax.set_xlabel('')
>>> ax.set_ylabel('COVID-19 신규 확진자수 비율')
>>> ax.set_ylim(0, None)

>>> for spine in ['top', 'right']:
...     ax.spines[spine].set_visible(False)
```

그림 6.24와 같이 눈금 표시를 옮기면 그림의 첫 번째 데이터(2020년 1월 18일)와 마지막 데이터(2020년 9월 18일)에 눈금 이름이 표시된다.

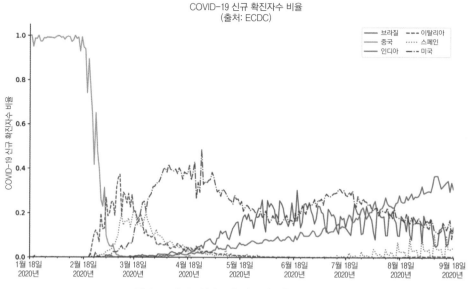

그림 6.24 눈금 위치를 옮기고 이름을 변경한 그림

현재 y축의 비율을 10진수로 표시하고 있지만 백분율 기호를 사용하는 형식으로 바꿀수 있다. 이를 위해 plt.yticks() 함수를 사용할 필요는 없다. matplotlib.ticker 모듈의 PercentFormatter 클래스를 사용하면 된다.

```
>>> from matplotlib.ticker import PercentFormatter

>>> ax = pct_new_cases.plot(
...     figsize=(12, 7),
...     style=['-'] * 3 + ['--', ':', '-.'],
...     title='COVID-19 신규 확진자수 비율\n(출처: ECDC)'
... )

>>> tick_locs = covid.index[covid.index.day == 18].unique()
>>> tick_labels = \
...     [loc.strftime('%b %d\n%Y') for loc in tick_locs]
>>> plt.xticks(tick_locs, tick_labels)

>>> ax.legend(framealpha=0.5, ncol=2)
>>> ax.set_xlabel('')
>>> ax.set_ylabel('COVID-19 신규 확진자수 비율')
>>> ax.set_ylim(0, None)
```

```
>>> ax.yaxis.set_major_formatter(PercentFormatter(xmax=1))

>>> for spine in ['top', 'right']:
...     ax.spines[spine].set_visible(False)
```

xmax=1를 지정하면 (y축의 값이 이미 백분율이므로) 1로 나눈 다음에 100으로 나누고 백분율 기호(%)를 붙인다. 그림 6.25와 같이 y축의 값이 백분율로 바뀐다.

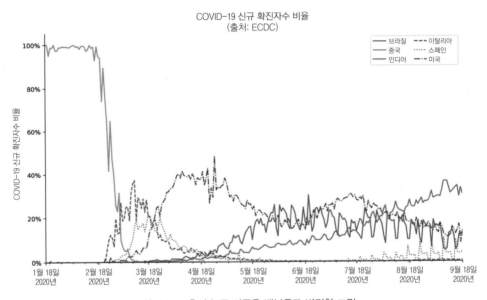

그림 6.25 y축의 눈금 이름을 백분율로 변경한 그림

또 다른 유용한 형식지정자formatter는 EngFormatter 클래스로 **공학 표기법**을 사용해 천이나 백만 단위의 숫자 형식을 처리할 수 있다. EngFormatter 클래스를 이용해 대륙별 COVID-19 누적 확진자수를 백만 명 단위로 그려 보자.

```
>>> from matplotlib.ticker import EngFormatter

>>> ax = covid.query('continentExp != "Other"').groupby([
...     'continentExp', pd.Grouper(freq='1D')
... ]).cases.sum().unstack(0).apply('cumsum').plot(
...     style=['-', '-', '--', ':', '-.'],
...     title='Cumulative COVID-19 Cases per Continent'
```

```
...              '\n(source: ECDC)'
... )

>>> ax.legend(title='', loc='center left')
>>> ax.set(xlabel='', ylabel='total COVID-19 cases')
>>> ax.yaxis.set_major_formatter(EngFormatter())

>>> for spine in ['top', 'right']:
...     ax.spines[spine].set_visible(False)
```

백만 단위의 숫자를 계산하고자 누적 확진자수를 1백만으로 나눌 필요가 없다. set_major_formatter()에 사용한 EngFormatter 객체가 데이터를 기반으로 단위를 알아서 바꾼다. 여기서는 그림 6.26과 같이 백만 단위(M)로 바뀌었다.

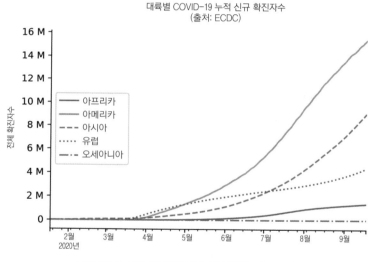

그림 6.26 과학 표기법으로 눈금 이름을 바꾼 그림

PercentFormatter와 EngFormatter 클래스 모두 눈금 이름의 형식을 지정하지만 이름의 형식보다는 눈금의 위치를 바꿔야 할 수도 있다. 눈금의 위치는 MultipleLocator 클래스를 사용하면 바꿀 수 있다. 이 클래스를 사용하면 선택한 숫자의 배수에 맞춰 눈금을 쉽게 표시할 수 있다. 사용법을 알아보고자 2020년 4월 18일부터 2020년 9월 18일까지 뉴질랜드의 일일 COVID-19 신규 확진자수를 살펴보자.

```
>>> ax = new_cases.New_Zealand['2020-04-18':'2020-09-18'].plot(
...     title='뉴질랜드 일일 COVID-19 신규 확진자수\n(source: ECDC)'
... )
>>> ax.set(xlabel='', ylabel='COVID-19 신규 확진자수')

>>> for spine in ['top', 'right']:
...     ax.spines[spine].set_visible(False)
```

눈금 위치를 지정하지 않으면 matplotlib는 눈금의 간격을 2.5로 한다. 확진자수에는 .5라는 숫자가 없으므로 데이터를 제대로 보여 주려면 눈금의 간격을 정수 단위로 맞추는 것이 더 합리적이다.

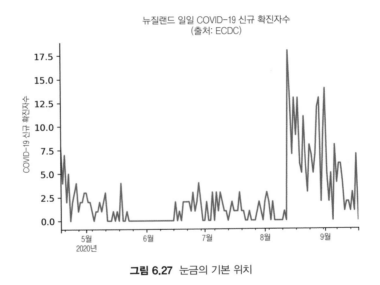

그림 6.27 눈금의 기본 위치

MultipleLocator 클래스를 사용해 눈금 위치를 조정해 보자. 여기서는 축 이름의 형식을 지정하는 것이 아니라 표시될 축의 위치를 조절한다. 이런 이유로 set_major_formatter() 메서드가 아니라 set_major_locator() 메서드를 사용한다.

```
>>> from matplotlib.ticker import MultipleLocator

>>> ax = new_cases.New_Zealand['2020-04-18':'2020-09-18'].plot(
...     title='뉴질랜드 일일 COVID-19 신규 확진자수\n(source: ECDC)'
```

```
... )
>>> ax.set(xlabel='', ylabel='COVID-19 신규 확진자수')
>>> ax.yaxis.set_major_locator(MultipleLocator(base=3))

>>> for spine in ['top', 'right']:
...     ax.spines[spine].set_visible(False)
```

base=3으로 지정했으므로 그림 6.28과 같이 y축의 눈금 간격은 3이 된다.

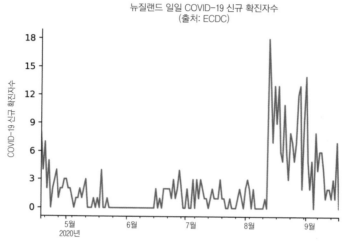

그림 6.28 y축의 눈금을 정수값으로 바꾼 그림

이 기능은 matplotlib.ticke 모듈이 지원하는 기능^{feature} 중 세 가지밖에 되지 않으므로 자세한 내용은 공식 문서를 참고해야 한다. 6장의 추가 자료 절에 해당 링크가 있다.

⁛ 시각화 사용자 정의하기

지금까지 배운 모든 코드는 데이터 시각화를 위한 것이었다. 이제 시각화를 위한 만반의 준비를 했으므로 참조선을 추가하고 색과 질감^{texture}을 조절하며 주석을 추가하는 방법을 익혀야 한다.

3-customizing_visualizations.ipynb 노트북에서는 페이스북 주식 데이터와 지진 데이터로 작업을 한다.

```
>>> %matplotlib inline
>>> import matplotlib.pyplot as plt
>>> import pandas as pd

>>> fb = pd.read_csv(
...     'data/fb_stock_prices_2018.csv',
...     index_col='date',
...     parse_dates=True
... )

>>> quakes = pd.read_csv('data/Earth quakes.csv')
```

TIP

> 그림의 스타일을 변경하면 그림의 각 측면을 별도로 설정하지 않아도 쉽게 변경할 수 있다. seaborn의 스타일을 설정하려면 sns.set_style()을 사용하면 된다. matplotlib에서는 plt.style.use()을 사용해 사용하려는 스타일 시트를 지정할 수 있다. 스타일은 해당 세션에서 만든 모든 시각화에 적용된다. 단일 그림에만 스타일을 지정하려면 ns.set_context()나 plt.style.context()를 사용하면 된다. seaborn에서 사용할 수 있는 스타일은 위에서 언급한 함수의 공식 문서에서 확인할 수 있으며 matplotlib에서 사용할 수 있는 스타일은 이 URL(https://matplotlib.org/stable/gallery/ style_sheets/style_sheets_reference.html)에서 확인할 수 있다.

참조선 추가하기

그림에서 경계나 전환점과 같은 특정 값이 주의를 끌 수 있도록 해야 할 때가 있다. 선이 교차하는지 또는 가르는 역할을 하는지가 중요하다. 금융에서는 주가를 나타내는 선 위에 수평 기준선reference line을 그려 지지와 저항을 표시한다.

지지선support line은 현재 주가가 매수자의 매수를 더 부추기는 가격 수준에 있으므로 하락 추세가 반전해 상승할 것으로 예상되는 가격 수준이며, 이 시점에서 주가가 상승하며 지지선에서 멀어지게 된다. 반대로 **저항선**resistance line은 주가가 매력적인 매도 시점이므로 상승 추세가 반전해 하락할 것으로 예상되는 가격 수준이다. 따라서 주가는 이 시점에서 하락하고 저항선에 멀어지게 된다. 물론 이 수준을 넘지 못한다고 말하려는 것은 아니다. 페이스북 주식 데이터의 종가 그래프에 지지선과 저항선을 추가해 보자.

> **NOTE**
>
> 지지와 저항을 계산하는 것은 이 책의 범위를 벗어나지만 7장의 코드는 피벗 점을 사용해 이 값을 계산하는 것을 포함하고 있다. 또한 지지와 저항에 대한 자세한 내용은 '참고 자료' 절의 내용을 참고한다.

2개의 수평 참조선은 \$124.46의 지지와 \$138.53의 저항에 있을 것이다. 이 값은 7장에서 만들 stock_analysis 패키지를 사용해 나온 값이다. StockAnalyzer 클래스의 인스턴스를 만들어 이 값을 계산한다.

```
>>> from stock_analysis import StockAnalyzer

>>> fb_analyzer = StockAnalyzer(fb)
>>> support, resistance = (
...     getattr(fb_analyzer, stat)(level=3)
...     for stat in ['support', 'resistance']
... )
>>> support, resistance
(124.4566666666667, 138.5266666666667)
```

참조선을 그리고자 plt.axhline() 함수를 사용하지만 이 함수는 Axes 객체에 대해서도 사용할 수 있다. label 인수로 지정하는 텍스트는 범례에 표시된다.

```
>>> fb.close['2018-12']\
...     .plot(title='페이스북 주식의 2018년 12월 종가')
>>> plt.axhline(
...     y=resistance,
...     color='r',
...     linestyle='--',
...     label=f'저항값 (${resistance:,.2f})'
... )
>>> plt.axhline(
...     y=support,
...     color='g',
...     linestyle='--',
```

```
...        label=f'지지값 (${support:,.2f})'
... )
>>> plt.ylabel('주가 ($)')
>>> plt.legend()
```

이미 3절에서 f-스트링 형식을 설명했지만 여기서는 변수 이름 뒤에 추가 텍스트 (:,.2f)가 있는 것을 알 수 있다. 지지값과 저항값은 각각 support와 resistance 변수에 실수형으로 저장된다. 콜론(:)은 Python에 해당 변수의 형식을 알려 주는 **형식지정자** format specifier(일반적으로 format_spec이라고 쓴다) 앞에 온다. 이 경우 숫자는 쉼표(,)는 천 단위 구분 기호를 사용하며 소수점 둘째 자리(.2)까지 표시하는 실수형(f) 형식으로 지정한다. 또한 이 형식은 format() 메서드에도 사용할 수 있으며, 이 경우에는 '{:,.2f}'. format(resistance) 형태로 형식을 지정한다. 이렇게 형식을 지정하면 그림의 범례에서 유용한 정보를 제공할 수 있다.

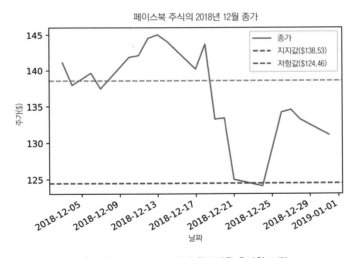

그림 6.29 matplotlib로 수평 참조선을 추가한 그림

지진 데이터에서 plt.axvline()를 사용해 인도네시아의 지진 규모 분포에 대한 평균에서 표준편차의 3배수까지의 거리를 수직 참조선으로 그려 보자. 깃허브^{GitHub} 저장소의 viz.py 모듈에 있는 std_from_mean_kde() 함수는 itertools를 사용해 그림에 필요한 색과 값을 쉽게 조합한다.

```python
import itertools

def std_from_mean_kde(data):
    """
    평균에서 각 표준편차에 대한 수직 참조선과 함께 KDE를 그린다.

    매개변수:
        - data: 숫자 데이터로 된 `pandas.Series` 객체

    반환값:
        matplotlib `Axes` 객체
    """
    mean_mag, std_mean = data.mean(), data.std()

    ax = data.plot(kind='kde', label='진도')
    ax.axvline(mean_mag, color='b', alpha=0.2, label='평균')

    colors = ['green', 'orange', 'red']
    multipliers = [1, 2, 3]
    signs = ['-', '+']
    linestyles = [':', '-.', '--']

    for sign, (color, multiplier, style) in itertools.product(
        signs, zip(colors, multipliers, linestyles)
    ):
        adjustment = multiplier * std_mean
        if sign == '-':
            value = mean_mag - adjustment
            label = '{} {}{}{}'.format(
                r'$\mu$', r'$\pm$', multiplier, r'$\sigma$'
            )
        else:
            value = mean_mag + adjustment
            label = None # 각 색에 이름을 한 번씩만 지정한다.

        ax.axvline(
```

```
            value, color=color, linestyle=style,
            label=label, alpha=0.5
        )

    ax.legend()
    return ax
```

itertools의 product() 함수는 임의 개수의 이터러블 항목의 모든 조합을 만든다. 여기
서는 표준편차의 배수가 되는 승수^{multiplier} 1은 녹색 점선으로, 2는 주황색 일점쇄선으
로, 3은 빨간색 파선으로 그릴 수 있도록 색, 승수, 선 스타일을 묶었다^{zip}. 이런 튜플에
product()를 사용하면 모든 것에 대한 양의 부호와 음의 부호 조합을 얻을 수 있다. 범례
를 간단하게 만들고자 각 색상에 하나의 이름만 지정하도록 ± 기호를 사용한다. 각 반
복에서 문자열과 튜플의 조합을 만들었으므로 for 문에서 더 쉽게 사용할 수 있도록 튜
플을 언팩한다.

> **TIP**
>
> 그림의 이름에 LaTex 수학 기호(https://www.latex-project.org/)를 사용할 수 있다. 먼저, 문자열
> 앞에 r 문자를 붙여 문자열을 원시(raw) 문자열이라는 것을 나타내야 한다. 그런 다음 $ 기호 사이에
> LaTex 문자열을 넣는다. 예를 들어 위의 코드에서는 평균을 나타내는 그리스 문자 μ를 표시하고자
> r'μ'을 사용했다.

std_from_mean_kde() 함수를 사용해 인도네시아 지진 규모의 추정분포의 어느 부분이
평균에서 표준편차의 1배나 2배, 3배에 있는지 알아보자.

```
>>> from viz import std_from_mean_kde

>>> ax = std_from_mean_kde(
...     quakes.query(
...         'magType == "mb" and parsed_place == "Indonesia"'
...     ).mag
... )
>>> ax.set_title('인도네시아의 mb 단위 진도 분포')
>>> ax.set_xlabel('mb 단위 진도')
>>> ax.set_xlabel('밀도')
```

그림 6.30과 같이 KDE가 오른쪽으로 치우쳐졌다. 즉 오른쪽으로 긴 꼬리가 있으며 평균은 최빈값보다 오른쪽에 있다.

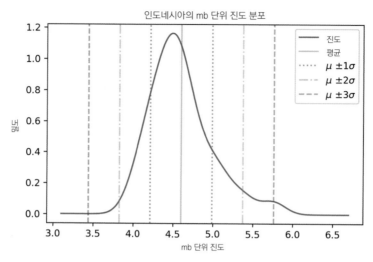

그림 6.30 수직 참조선을 추가한 그림

음영 영역

어떤 경우에는 참조선 자체가 중요하지 않고 참조선 사이의 영역이 중요한 때도 있다. 이런 경우에 axvspan()와 axhspan()를 사용한다. 페이스북 주식 종가의 지지값과 저항값을 다시 살펴보자. axhspan()를 사용해 지지선과 저항선 사이에 있는 영역을 색으로 채워 보자.

```
>>> ax = fb.close.plot(title='페이스북 주식의 종가')
>>> ax.axhspan(support, resistance, alpha=0.2)
>>> plt.xlabel('날짜')
>>> plt.ylabel('주가 ($)')
```

음영 처리된 영역의 색은 facecolor 인수로 지정할 수 있다. 이 예제에서는 기본값을 사용했다.

그림 6.31 수평 음영 영역을 추가한 그림

두 곡선 사이의 영역에 색을 칠하려면 plt.fill_between()와 plt.fill_betweenx() 함수를 사용하면 된다. y축 값의 사이에 색을 칠하는 plt.fill_between() 함수는 하나의 x값과 2개의 y값을 받는다. x축 값 사이에 책을 칠하려면 plt.fill_betweenx() 함수를 사용한다. 이 예제에서는 plt.fill_between()를 사용해 페이스북 주식의 4분기 일일 주가 변동에 대한 영역에 색을 칠한다.

```
>>> fb_q4 = fb.loc['2018-Q4']
>>> plt.fill_between(fb_q4.index, fb_q4.high, fb_q4.low)
>>> plt.xticks([
...     '2018-10-01', '2018-11-01', '2018-12-01', '2019-01-01'
... ])
```

```
>>> plt.xlabel('날짜')
>>> plt.ylabel('주가 ($)')
>>> plt.title('2018년 4분기 페이스북 일일 주가 변동')
```

그림 6.32는 주어진 날의 주가 변동에 대한 통찰력을 제공한다. 수직 거리가 클수록 변동 폭이 커진다.

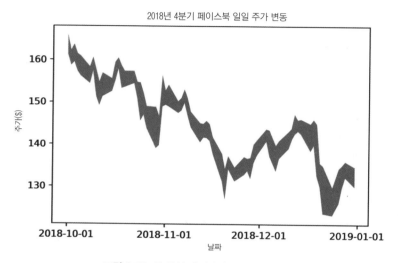

그림 6.32 두 곡선 사이에 음영을 넣은 그림

where 인수에 부울 마스크를 적용하면 곡선 사이에 색을 칠할 영역을 지정할 수 있다. 위예제에서 12월만 색을 칠해 보자. 고가 곡선과 저가 곡선을 파선으로 그리면 어떤 일이 일어나고 있는지 알 수 있다.

```
>>> fb_q4 = fb.loc['2018-Q4']
>>> plt.fill_between(
...     fb_q4.index, fb_q4.high, fb_q4.low,
...     where=fb_q4.index.monTh== 12,
...     color='khaki', label='12월 변동구간'
... )
>>> plt.plot(fb_q4.index, fb_q4.high, '--', label='일일 고가')
>>> plt.plot(fb_q4.index, fb_q4.low, '--', label='일일 저가')
>>> plt.xticks([
...     '2018-10-01', '2018-11-01', '2018-12-01', '2019-01-01'
```

```
... ])
>>> plt.xlabel('날짜')
>>> plt.ylabel('주가 ($)')
>>> plt.legend()
>>> plt.title('2018년 4분기 페이스북 일일 주가 변동')
```

위 코드를 실행하면 그림 6.33을 얻는다.

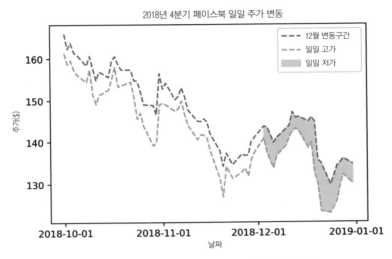

그림 6.33 두 곡선 사이에 선택적으로 음영을 넣은 그림

참조선과 음영을 넣으면 특정 영역에 주의를 끌 수 있으며 범례에 참조선의 이름도 넣을 수 있지만, 설명에 사용할 수 있는 텍스트가 제한적이다. 이제 그림에 주석을 추가하는 방법을 설명한다.

주석

어떤 뉴스 속보로 인해 페이스북 주가가 하락한 날과 같은 사건을 표시하거나 비료를 위해 중요한 값의 이름을 지정하고자 시각화의 특정 지점에 주석annotation을 달아야 할 수가 있다. 예를 들어 `plt.annotate()` 함수를 사용해 지원값과 저항값의 이름을 추가해 보자.

```
>>> ax = fb.close.plot(
...     title='페이스북 주식의 2018년 종가',
...     figsize=(15, 3)
... )
>>> ax.set_xlabel('날짜')
>>> ax.set_ylabel('주가 ($)')
>>> ax.axhspan(support, resistance, alpha=0.2)
>>> plt.annotate(
...     f'지지값\n(${support:,.2f})',
...     xy=('2018-12-31', support),
...     xytext=('2019-01-21', support),
...     arrowprops={'arrowstyle': '->', color='k'}
... )
>>> plt.annotate(
...     f'저항값\n(${resistance:,.2f})',
...     xy=('2018-12-23', resistance)
... )
>>> for spine in ['top', 'right']:
...     ax.spines[spine].set_visible(False)
```

그림 6.34의 두 주석이 다르게 표시됐다. 저항값 주석을 달 때는 주석 텍스트와 xy 인수로 주석을 달 좌표만을 지정했다. 그러나 지지값 주석을 달 때는 xytext와 arrowprops 인수에 대한 값을 지정했다. 이를 통해 xy로 지정한 값의 위치가 아닌 다른 곳에 주석 텍스트를 표시하고 해당 값의 위치를 나타내는 화살표를 추가할 수 있다. 이렇게 하면 레이블이 지난 며칠 간의 데이터를 가리는 것을 막을 수 있다.

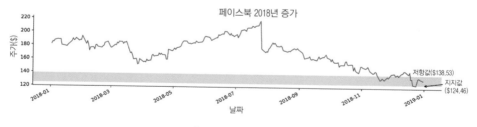

그림 6.34 주석을 넣은 그림

arrowprops 인수로 상당히 많은 유형의 화살표를 사용자 정의할 수 있지만, 원하는 화살표를 완벽하게 만들기는 쉽지 않다. 예를 들어 7월 페이스북 주가가 큰 폭으로 하락한 것에 대해 백분율 하락으로 주석을 달아 보자.

```
>>> close_price = fb.loc['2018-07-25', 'close']
>>> open_price = fb.loc['2018-07-26', 'open']
>>> pct_drop = (open_price - close_price) / close_price
>>> fb.close.plot(title='페이스북 주식의 2018년 종가', alpha=0.5)
>>> plt.annotate(
...     f'{pct_drop:.2%}', va='center',
...     xy=('2018-07-27', (open_price + close_price) / 2),
...     xytext=('2018-08-20', (open_price + close_price) / 2),
...     arrowprops=dict(arrowstyle='-[', widthB=3.4, lengthB=0.2', color='k')
... )
>>> ax.set_xlabel('날짜')
>>> plt.ylabel('주가 ($)')
```

pct_drop 변수에 f-스트링의 형식 지정자 .2%를 사용하면 소수점 두 자리의 백분율로 형식을 지정할 수 있다. 또한 va='center'를 지정하면 matplotlib가 주석을 화살표 중간의 수직 한가운데에 배치한다.

그림 6.35 주석 화살표를 사용자 정의한 그림

matplotlib는 이런 주석을 사용자 정의에 많은 유연성을 제공한다. matplotlib의 Text 클래스가 지원하는 모든 옵션은 이 URL(https://matplotlib.org/stable/api/text_api.html)에

서 확인할 수 있다. 색을 바꾸려면 color 인수에 원하는 색을 지정하면 된다. 또한 글꼴 크기나 두께, 패밀리, 스타일은 각각 fontsize, fontweight, fontfamily, fontstyle 인수로 지정할 수 있다.

색상

일관성을 위해 우리가 만드는 시각화는 색 구성표를 따라야 한다. 기업이나 교육기관은 발표 자료를 위한 맞춤형 색상 팔레트^{color palette}를 사용하는 경우가 많다. 우리의 시각화에서도 같은 색상 팔레트를 쉽게 사용할 수 있다.

지금까지는 파란색^{blue}의 경우 'blue'나 'b', 검정색의 경우 'black'이나 'k'와 같이 색 이름이나 이름을 대표하는 한 글자를 color 인수에 지정했다. 이 URL(https://matplotlib.org/2.0.2/examples/color/named_colors.html)에서 확인할 수 있듯이 matplotlib에서 많은 색상을 사용할 수 있다.

> **NOTE**
>
> style 인수와 함께 색상을 지정하는 경우 사용할 수 있는 색상은 한 글자 약어만 사용할 수 있는 색상으로 제한된다.

또한 원하는 색상의 16진수 코드를 사용할 수도 있다. 과거에 HTML이나 CSS로 작업했던 사람들은 정확한 색상을 지정하는 방법으로 이 방법에 익숙할 것이다. 16진수 색상 코드에 익숙하지 않은 사람들을 위해서 설명하자면 빨강, 녹색, 파랑의 양을 #RRGGBB 형식으로 지정해 원하는 색상을 표현한다. 검정은 #000000이며 하얀색은 #FFFFff다. 대소문자를 구분하지 않는다. F는 확실히 숫자가 아니므로 다소 혼란스러울 수 있다. 이 문자들은 16진수로 0-9는 0-9를 나타내지만, A-F는 10-15를 나타낸다.

matplotlib는 color 인수의 값으로 16진수 코드를 허용한다. 이를 알아보고자 페이스북 주식의 시가를 #8000FF 색으로 표시해 보자.

```
>>> fb.plot(
...     y='open',
...     figsize=(5, 3),
```

```
...      color='#8000FF',
...      legend=False,
...      title='페이스북 2018년 시가의 변화'
... )
>>> plt.xlabel('날짜')
>>> plt.ylabel('주가 ($)')
```

위 코드를 실행하면 그림 6.36을 얻는다.

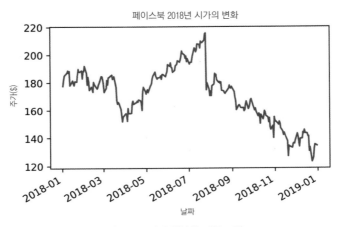

그림 6.36 선의 색상을 바꾼 그림

색상을 RGB 또는 RGBA^Red, Green, Blue, Alpha(빨강, 초록, 파랑, 알파) 값으로 지정할 수도 있는데, 이 경우 color 인수를 튜플로 지정하면 된다. 알파 값을 지정하지 않으면 기본값은 투명도가 1이다. 여기서 주목해야 할 한 가지는 일반적으로 색상의 값은 [0, 255] 범위를 갖지만 matplotlib는 [0, 1] 범위의 값을 사용하므로 색상의 값을 255로 나눠야 한다. 다음 코드는 16진수 대신 RGB 튜플을 사용한다는 점을 제외하고는 위의 예제와 같은 결과를 얻는다.

```
fb.plot(
    y='open',
    figsize=(5, 3),
    color=(128 / 255, 0, 1),
    legend=False,
    title='페이스북 2018년 시가의 변화'
```

```
)
plt.xlabel('날짜')
plt.ylabel('주가 ($)')
```

5장에서 그림으로 표현할 다양한 데이터에 다양한 색상이 필요한 몇 가지 예를 살펴봤다. 그러나 이런 색상은 어디서 나왔을까? `matplotlib`는 이를 위해 많은 색상 맵을 지원한다.

색상 맵

`matplotlib`에서는 사용하려는 모든 색상을 미리 지정하지 않고 색상 맵을 가져와 색상 맵의 색상을 순환하면서 사용할 수 있다. 5장에서 색상 맵을 설명했을 때 주어진 작업에 적절한 색상 맵을 사용하는 것이 중요하다고 설명했다. 그림 6.37과 같이 각각 고유한 용도가 있는 세 가지 유형의 색상 맵이 있다.

클래스	목적
Qualitative(질적)	색상 간에 순서나 관계가 없다. 그룹을 구별하는 데만 사용된다.
Sequential(순차)	온도와 같이 순서가 있는 정보를 제공하는 데 사용된다.
Diverging(발산)	의미가 있는 두 극값 사이에 있는 중간값을 나타내는 데 사용된다. 예를 들어 상관계수는 [-1, 1] 범위에서 유계이며, 0은 상관이 없다는 의미가 있다.

그림 6.37 색상 맵 유형

TIP

> 이 URL(https://www.color-hex.com/)에서 색상을 이름이나 16진수, RGB 값으로 찾을 수 있으며, 이 URL(https://matplotlib.org/stable/gallery/color/colormap_reference.html)에서는 색상 맵에 대한 전체 색 스펙트럼을 확인할 수 있다.

파이썬에서는 아래 코드를 실행하면 사용할 수 있는 모든 색상 맵의 리스트를 얻을 수 있다.

```
>>> from matplotlib import cm
>>> cm.datad.keys()
dict_keys(['Blues', 'BrBG', 'BuGn', 'BuPu', 'CMRmap', 'GnBu',
            'Greens', 'Greys', 'OrRd', 'Oranges', 'PRGn',
            'PiYG', 'PuBu', 'PuBuGn', 'PuOr', 'PuRd', 'Purples',
            'RdBu', 'RdGy', 'RdPu', 'RdYlBu', 'RdYlGn',
            'Reds', ..., 'Blues_r', 'BrBG_r', 'BuGn_r', ...])
```

일부 색상 맵은 이름에 _r 접미사가 있는 역순까지 색상의 이름을 두 번 제공한다. 이런 색상 맵은 데이터의 값을 원하는 색에 대응하고자 데이터를 변환할 필요가 없어 매우 유용하다. pandas는 이런 색상 맵을 문자열로 허용하거나, matplotlib는 plot() 메서드의 colormap 인수로 허용한다. 즉 'coolwarm_r'이나 cm.get_cmap('coolwarm_r') 또는 cm.coolwarm_r을 사용하면 모두 같은 결과를 얻게 된다.

coolwarm_r 색상 맵을 사용해 페이스북 주식의 종가가 20일 이동 최저가와 최고가 사이에서 어떻게 변동하는지 알아보자.

```
>>> ax = fb.assign(
...     rolling_min=lambda x: x.low.rolling(20).min(),
...     rolling_max=lambda x: x.high.rolling(20).max()
... ).plot(
...     y=['rolling_max', 'rolling_min'],
...     colormap='coolwarm_r',
...     label=['20일 이동 최고가', '20일 이동 최저가'],
...     style=[':', '--'],
...     figsize=(12, 3),
...     title='페이스북 2018년 종가의 20일 이동 최저가와 최고가 사이의 변동'
... )

>>> ax.plot(
...     fb.close, 'purple', alpha=0.25, label='종가'
... )
>>> plt.legend()
>>> plt.xlabel('날짜')
>>> plt.ylabel('주가 ($)')
```

pandas가 이동 최저가를 먼저 그렸는지 확인하는 대신 반전된 색상 맵[reversed colormap]을 사용해 실적이 좋음(이동 최고가)을 나타내는 빨간색과 실적이 나쁨(이동 최저가)을 나타내는 파란색을 얻기가 얼마나 쉬운지 알 수 있다.

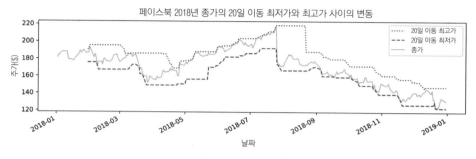

그림 6.38 색상 맵을 사용한 그림

colormap 객체는 호출 가능^{callable}이다. 즉 [0, 1] 범위의 값을 지정할 수 있으며, 색상 맵에서 해당 점의 **RGBA** 값을 반환한다. 이 값을 color 인수에 사용할 수 있다. 이를 통해 색상 맵에서 사용하는 색상을 매우 세밀하게 조정할 수 있다. 이 방법을 사용하면 데이터 전체에 색상 맵을 적용하는 방법을 제어할 수 있다. 예를 들어 color 인수에 사용할 ocean 색상 맵의 중간 점을 다음과 같이 요청할 수 있다.

```
>>> cm.get_cmap('ocean')(.5)
(0.0, 0.2529411764705882, 0.5019607843137255, 1.0)
```

TIP

covid19_ cases_map.ipynb 노트북에 색상 맵을 호출 가능 객체로 사용하는 예가 있다. 여기서 COVID-19 신규 확진자수는 색상으로 대응시켜 어두운 색은 더 많은 확진자수를 나타낸다.

다양한 색상 맵을 사용할 수 있지만, 우리만의 색상 맵을 만들어야 할 수도 있다. 작업하고 싶은 색상 팔레트를 만들어야 하거나 특정 색 구성표를 사용해야 한다는 요구를 받을 수도 있다. matplotlib를 사용해 우리만의 색상 맵을 만들 수 있다. 보라색(#800080)에서 시작해 가운데 주황색(#FFA500)을 거쳐 노란색(#FFFF00)으로 가는 혼합 색상 맵^{blended} ^{colormap}을 만들어 보자. 이를 위해 필요한 모든 함수는 color_utils.py 파일에 있다. 해당 파일이 있는 디렉터리에서 파이썬을 실행하는 경우 다음과 같이 함수를 임포트하면 된다.

```
>>> import color_utils
```

먼저 hex_to_rgb_color_list() 함수를 사용하면 16진수 색상을 RGB 값으로 변환할 수 있다. 이 함수는 RGB 값의 두 자리가 같은 16진수인 경우 세 자리 16진수 코드(예: #F1D 는 #FF11DD와 같음)를 허용한다.

```
import re

def hex_to_rgb_color_list(colors):
    """
    16진수 코드 색상이나 리스트를 받아 [0, 1] 범위의
    RGB 색상으로 변환한다.

    매개변수:
        - colors: 16진수 코드의 색상이나 색상 문자열의 리스트

    반환값:
        RGB 표현의 색상이나 색상의 리스트
    """

    if isinstance(colors, str):
        colors = [colors]
    for i, color in enumerate(
        [color.replace('#', '') for color in colors]
    ):
        hex_lengTh= len(color)

        if hex_lengThnot in [3, 6]:
            raise ValueError(
                '색상 값은 #FFFFff 또는 #FFF여야 한다.'
            )
        regex = '.' * (hex_lengTh// 3)
        colors[i] = [
            int(val * (6 // hex_length), 16) / 255
            for val in re.findall(regex, color)
        ]
    return colors[0] if len(colors) == 1 else colors
```

enumerate() 함수를 살펴보자. 이 함수는 반복할 때 루프에서 값을 찾는 것이 아니라 인덱스와 해당 인덱스의 값을 얻을 수 있다. 또한 파이썬에서 int() 함수를 사용하면 16진수를 10진수로 쉽게 변환할 수 있다(파이썬에서 //는 정수 나눗셈이다. int()는 실수형이 아닌 정수형을 입력받으므로 이 연산을 수행해야 한다).

다음으로 필요한 함수는 RGB 색상 값을 받아 색상 맵의 값을 만드는 함수다. 이 함수는 다음 작업을 수행해야 한다.

1. 색상 정의를 위한 256개의 자리가 있는 4D NumPy 배열array을 만든다. 투명도는 바꾸지 않으므로 네 번째 차원(알파)은 그냥 놔둔다.

2. 각 차원(빨강, 초록, 파랑)에 대해 np.linespace() 함수를 사용해 대상 색상 간에 동일하게 전환한다(즉 색상 1의 빨강 성분을 색상 2의 빨강 성분으로 변환한 다음, 색상 3의 빨강 성분으로 변환한다. 그런 다음 이 과정을 녹색 성분에 반복하고 마지막으로 파랑 성분에 반복한다).

3. 그림을 그릴 때 사용할 수 있는 ListedColormap 객체를 반환한다.

이것이 blended_cmap() 함수가 하는 일이다.

```python
from matplotlib.colors import ListedColormap
import numpy as np

def blended_cmap(rgb_color_list):
    """
    한 색상에서 다른 색상으로 혼합되는 색상 맵을 만든다.


    매개변수:
        - rgb_color_list: [0, 1] 범위의 [R, G, B] 값으로
          표현되는 색상 리스트.
          예: 검정색과 하얀색의 경우 [[0, 0, 0], [1, 1, 1]]이다.

    반환값:
        matplotlib의 `ListedColormap` 객체
    """
```

```
        if not isinstance(rgb_color_list, list):
            raise ValueError('Colors must be passed as a list.')
        elif len(rgb_color_list) < 2:
            raise ValueError('Must specify at least 2 colors.')
        elif (
            not isinstance(rgb_color_list[0], list)
            or not isinstance(rgb_color_list[1], list)
        ) or (
            (len(rgb_color_list[0]) != 3
            or len(rgb_color_list[1]) != 3)
        ):
            raise ValueError(
                'Each color should be a list of size 3.'
            )

        N, entries = 256, 4 # 빨강, 초록 파랑, 투명도
        rgbas = np.ones((N, entries))

        segment_count = len(rgb_color_list) - 1
        segment_size = N // segment_count
        remainder = N % segment_count # 나중에 이 값을 다시 추가해야 한다.

        for i in range(entries - 1): # 투명도는 바꾸지 않는다.
            updates = []
            for seg in range(1, segment_count + 1):
                # remainder로 인해 고르지 않게 분할된 부분을 처리한다.
                offset = 0 if not remainder or seg > 1 \
                            else remainder

                updates.append(np.linspace(
                    start=rgb_color_list[seg - 1][i],
                    stop=rgb_color_list[seg][i],
                    num=segment_size + offset
                ))
            rgbas[:,i] = np.concatenate(updates)
    return ListedColormap(rgbas)
```

draw_cmap() 함수를 사용하면 색상 바colorbar를 그릴 수 있으며, 이를 통해 색상 맵을 시각화할 수 있다.

```python
import matplotlib.pyplot as plt

def draw_cmap(cmap, values=np.array([[0, 1]]), **kwargs):
    """
    색상 맵을 시각화하기 위한 색상 바를 그린다.

    매개변수:
        - cmap: matplotlib의 색상 맵
        - values: 색상 맵에 사용할 값
        - kwargs: `plt.colorbar()`에 전달할 키워드 인수

    반환값:
        matplotlib의 `Colorbar` 객체로
        `plt.savefig(<file_name>, bbox_inches='tight')`를 사용해
        저장할 수 있다.
    """
    img = plt.imshow(values, cmap=cmap)
    cbar = plt.colorbar(**kwargs)
    img.axes.remove()
    return cbar
```

이 함수로 우리가 선택한 모든 시각화에 사용자 정의 색상 맵으로 된 색상 바를 쉽게 추가할 수 있다. `covid19_cases_map.ipynb` 노트북은 COVID-19 일일 확진자수를 세계 지도에 표시하는 예제를 포함하고 있다. 지금은 이 함수들을 사용해 색상 맵을 만들고 시각화한다. (앞에서 했던 것처럼) 모듈을 임포트해 사용한다.

```python
>>> my_colors = ['#800080', '#FFA500', '#FFFF00']
>>> rgbs = color_utils.hex_to_rgb_color_list(my_colors)
>>> my_cmap = color_utils.blended_cmap(rgbs)
>>> color_utils.draw_cmap(my_cmap, orientation='horizontal')
```

위 코드를 실행하면 우리의 색상 맵을 보여 주는 그림 6.39의 색상 바를 얻는다.

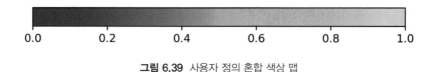

그림 6.39 사용자 정의 혼합 색상 맵

TIP

seaborn은 주피터 노트북에서 대화식으로 `matplotlib`와 함께 사용할 수 있는 색상 맵을 선택하고 사용자 정의 색상 맵을 만들 수 있는 편리한 유틸리티와 함께 추가 색상 팔레트를 제공한다. 자세한 내용은 Choosing Color Palettes(색상 팔레트 선택하기)(https://seaborn.pydata.org/tutorial/color_palettes.html) 자습서를 참고한다. 노트북에도 간단한 예가 포함돼 있다.

우리가 만든 색상 맵에서 보았듯이 이런 색상 맵은 연속적인 값을 취하고자 색상의 다양한 변화를 표시할 수 있다. 선을 그릴 때 각각의 선을 다른 색으로 칠하려면 여러 색상을 반복하면서 칠해야 한다. 이를 위해 `itertools.cycle()`를 색상 리스트에 사용할 수 있다. `itertools.cycle()`는 무한 반복자infinite iterator이므로 색상은 섞이지 않지만, 리스트 안에서 색을 계속 바꿀 수 있다. 6장의 앞부분에서 이 기술을 사용해 회귀 잔차 그림에 우리만의 색상을 정의했었다.

```
>>> import itertools
>>> colors = itertools.cycle(['#ffffff', '#f0f0f0', '#000000'])
>>> colors
<itertools.cycle at 0x1fe4f300>
>>> next(colors)
'#ffffff'
```

어딘가에 색상 리스트를 저장하는 것이 더 간단하지만, 그림을 그리는 코드에 색상 리스트를 넣고 메모리에 복사본을 저장하지 않고 해당 마스터 리스트에서 색상을 생성하는 간단한 **생성자**generator를 만들도록 한다. 생성자를 사용하면 색상 논리를 그림을 그리는 코드에 작성하지 않고 메모리를 효율적으로 사용할 수 있다. 생성자는 함수로 정의하지만 값을 반환하지 않고 `yield` 키워드를 사용한다. 다음 코드는 이 시나리오를 보여주는 예로 이 코드는 `itertools`와 비슷하다. 그러나 `itertools`는 무한 반복하지 않는다. 이런 기술은 파이썬으로 무언가를 할 때 많은 방법을 사용할 수 있다는 것을 보여 준다. 필요로 하는 것에 가장 잘 맞는 구현을 찾아야만 한다.

```
from my_plotting_module import master_color_list

def color_generator():
    yield from master_color_list
```

matplotlib를 사용하는 경우 색상 리스트로 `ListedColormap` 객체를 인스턴스화하면서 N을 큰 값으로 지정하면 충분히 오랫동안 반복할 수 있다. N을 지정하지 않으면 색상을 한 번만 사용한다.

```
>>> from matplotlib.colors import ListedColormap
>>> red_black = ListedColormap(['red', 'black'], N=2000)
>>> [red_black(i) for i in range(3)]
[(1.0, 0.0, 0.0, 1.0),
 (0.0, 0.0, 0.0, 1.0),
 (1.0, 0.0, 0.0, 1.0)]
```

matplotlib의 `cycler`를 사용할 수도 있다. `cycler`는 반복할 색, 선 유형, 마커, 선 두께 등의 조합을 정의할 수 있어 더 많은 유연성을 제공한다. API에서 사용할 수 있는 기능은 이 URL(https://matplotlib.org/cycler/)에서 확인할 수 있다. 7장에서 이와 관련된 예를 살펴보도록 한다.

조건부 색칠

색상 맵을 사용하면 데이터의 값에 따라 색상을 쉽게 바꿀 수 있지만 특정 조건을 만족할 때만 특정 색을 사용할 수 있을까? 이런 경우에는 색상 선택을 위주로 함수를 만들어야 한다.

데이터를 기반으로 그림 색상을 결정하는 생성자를 만들 수 있으며 요청을 받았을 때만 계산할 수 있다. 예를 들어 윤년 여부에 따라 1992년부터 200018년(오타가 아니다)까지 연도별로 색을 할당하고 윤년이 아닌 이유를 구별한다고 해보자. 예를 들어 400이 아닌 100으로 나눌 수 있는 윤년이 아닌 연도에는 특별한 색을 할당한다. 확실히 이런 크기의 리스트를 메모리에 저장하고 싶지 않으므로 필요에 따라 색상을 계산하는 생성자를 다음과 같이 만들 수 있다.

```
def color_generator():
    for year in range(1992, 200019): # integers [1992, 200019)
        if year % 100 == 0 and year % 400 != 0:
            # 100으로 나눌 수 있지만 400으로 나눌 수 없는 특별한 경우
            color = '#f0f0f0'
        elif year % 4 == 0:
            # 4로 나눌 수 있는 윤년
            color = '#000000'
        else:
            color = '#ffffff'
        yield color
```

NOTE

나머지 연산자(modulo operator)(%)는 나눗셈 연산의 나머지를 반환한다. 예를 들어 4 % 2는 4를 2
로 나눌 수 있어서 0이다. 그러나 4는 3으로 나눌 수 없으므로 4 % 3은 0이 아니라 4를 3으로 나눈
나머지인 1을 반환한다. 나머지 연산자는 어떤 숫자를 다른 숫자로 나눌 수 있는지를 확인하는 데 사
용할 수 있으며, 숫자가 홀수인지 짝수인지를 확인하는 데 자주 사용된다. 여기서는 윤년이 되기 위
한 조건을 충족하는지를 확인하고자 나머지 연산자를 사용하고 있다.

year_colors를 생성자로 정의했으므로 파이썬은 이 함수의 위치를 기억하고 있다가
next()로 호출하면 다시 함수를 실행한다.

```
>>> year_colors = color_generator()
>>> year_colors
<generator object color_generator at 0x7bef148dfed0>
>>> next(year_colors)
'#000000'
```

더 간단한 생성자는 **생성자 표현식**generator expressions으로 작성할 수 있다. 예를 들어 특별
한 경우에 더는 관심이 없다면 다음과 같은 코드를 사용할 수 있다.

```
>>> year_colors = (
...     '#ffffff'
...     if (not year % 100 and year % 400) or year % 4
...     else '#000000' for year in range(1992, 200019)
... )
>>> year_colors
```

```
<generator object <genexpr> at 0x7bef14415138>
>>> next(year_colors)
'#000000'
```

위의 코드에서 부울 조건 결과가 실제로 숫자인 것을 이상하게 생각하는 사람이 있을 수도 있다. year % 400은 정수다. 부울 조건은 파이썬의 참^True/거짓^False 값을 이용한다. 값이 (숫자 0과 같이) 0이거나 ([]나 ''와 같이) 값이 없으면 거짓이다. 따라서 첫 번째 생성자에서 정확한 조건을 보여 주고자 year % 400 != 0 코드를 작성했지만, 더 **파이썬다운** ^Pythonic 코드는 year % 400로 나머지가 없으면 조건식은 False이며 그 반대로 마찬가지다. 분명히 우리는 가독성이나 파이썬다운 코드 중 하나를 선택해야 할 때가 있다. 그러나 파이썬다운 코드를 작성하는 것이 더 효율적이므로 파이썬답게 코딩하는 방법을 아는 것이 좋다.

TIP

파이썬에서 import this를 실행해 파이썬다운(Pythonic) 것의 의미를 알려 주는 파이썬의 정신 (Zen of Python)을 확인해 보길 바란다.

이제 matplotlib로 색칠하는 작업을 알아봤으므로 데이터를 눈에 띄게 만들 수 있는 또 다른 방법을 알아보도록 한다. 우리가 그리고 있는 대상이나 시각화를 사용하는 방법에 따라 색상과 함께 또는 색상 대신 질감^texture을 사용하면 더 좋을 수 있다.

질감

matplotlib를 사용하면 시각화에 사용할 색상을 사용자 정의하는 것뿐만 아니라 다양한 그림 함수에 질감을 추가할 수 있다. pandas의 hatch 인수를 사용하면 질감을 넣을 수 있다. 페이스북 주식의 2018년 4분기 주간 거래량을 질감이 있는 막대 그래프로 그려 보자.

```
>>> weekly_volume_traded = fb.loc['2018-Q4']\
... .groupby(pd.Grouper(freq='W')).volume.sum()
```

```
>>> weekly_volume_traded.index = \
... weekly_volume_traded.index.strftime('W %W')

>>> ax = weekly_volume_traded.plot(
... kind='bar',
... hatch='*',
... color='lightgray',
... title='2018년 4분기 주간 거래량'
... )
>>> ax.set(
... xlabel='주차',
... ylabel='거래량'
... )
```

hatch='*'를 사용하면 막대 그래프는 별로 채워진다. 또한 각 막대의 색도 설정했으므로 여기에는 많은 유연성이 있다.

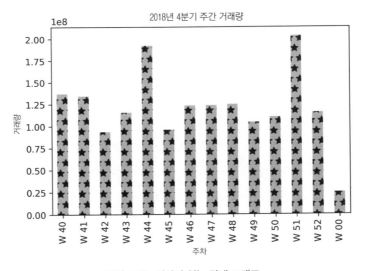

그림 6.40 질감이 있는 막대 그래프

새로운 패턴을 만들고자 질감을 결합하고 반복해 효과를 높일 수 있다. 그림 6.33에서 plt.fill_between()를 사용해 12월에만 색을 칠한 예제를 다시 사용한다. 이번에는 12월에만 색을 입히지 않고 각 달을 구별하고자 질감을 넣는다. 10월은 동그라미로, 11월은 대각선으로, 12월은 작은 점으로 채운다.

```
>>> import calendar

>>> fb_q4 = fb.loc['2018-Q4']
>>> for texture, monThin zip(
...     ['oo', '/\\/\\', '...'], [10, 11, 12]
... ):
...     plt.fill_between(
...         fb_q4.index, fb_q4.high, fb_q4.low,
...         hatch=texture, facecolor='gray',
...         where=fb_q4.index.monTh== month,
...         label=f'{month} 변동구간'
... )

>>> plt.plot(fb_q4.index, fb_q4.high, '--', label='일일 고가')
>>> plt.plot(fb_q4.index, fb_q4.low, '--', label='일일 저가')
>>> plt.xticks([
...     '2018-10-01', '2018-11-01', '2018-12-01', '2019-01-01'
... ])
>>> plt.xlabel('날짜')
>>> plt.ylabel('주가 ($)')
>>> plt.title('2018년 4분기 페이스북 일일 주가 변동')
>>> plt.legend()
```

hatch='o'를 사용하면 얇은 동그라미가 표시되지만 'oo'를 사용해 10월에 굵은 동그라 미를 표시했다. 11월에는 격자형 패턴으로 표시하고자 2개의 슬래시(/)와 역슬래시(\) 결합했다. 실제로는 역슬래시는 이스케이프 문자이므로 4개의 역슬래시가 있다. 12월에 작은 점을 찍으려고 3개의 마침표를 사용했다. 더 많은 마침표를 사용할수록 질감은 더 조밀해진다.

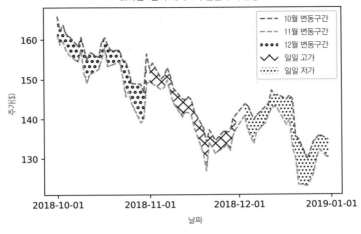

그림 6.41 질감을 결합한 그림

이것으로 그림 사용자 정의에 대한 설명을 끝낸다. 지금까지의 설명이 모든 것을 전부 설명한 것은 아니므로 더 많은 정보는 `matplotlib` API를 참고하길 바란다.

⫶ 요약

휴우, 지금까지 많은 내용을 다뤘다! `matplotlib`, `pandas`, `seaborn`을 사용해 인상적이고 사용자 정의 시각화를 만드는 방법을 배웠다. 추가 그림 유형과 익숙한 그림의 더 깔끔한 버전을 만들고자 `seaborn`을 사용하는 방법을 설명했다. 이제 쉽게 우리만의 색상 맵을 만들고, 그림에 주석을 달고, 참조선과 음영 영역을 추가하며, 축/범례/제목을 정교하게 가다듬으며, 시각화가 표시되는 대부분 방식을 제어할 수 있게 됐다. 또한 `itertools`로 작업하고 생성자를 만드는 방법을 살펴봤다.

지금까지 설명한 내용을 연습 문제로 연습하길 바란다. 7장에서는 파이썬 패키지를 만들고 비트코인과 주식 시장을 비교하면서 지금까지 배운 모든 것을 금융에 적용한다.

⁝⁝ 연습 문제

지금까지 이 책에서 배운 내용과 6장의 data/ 디렉터리의 데이터를 사용해 다음 내용을
시각화한다. 그림에 제목, 축 이름, (적절한 곳에) 범례를 추가해야 한다.

1. seaborn을 사용해 지진 규모 간의 상관계수와 mb 단위로 측정된 지진에 쓰나미가 발
   생했었는지를 시각화하기 위한 히트맵을 만든다.

2. 페이스북의 거래량과 종가의 상자 그림을 만들고, 승수 1.5를 사용해 튜키 울타리
   Tukey fence의 경계bound에 대한 참조선을 그린다. 경계는 $Q_1 - 1.5 \times IQR$과
   $Q_3 - 1.5 \times IQR$이다. 데이터에 quantile() 메서드를 사용하면 쉽게 만들 수 있다.
   그림은 선호하는 방향으로 만들되 부그림으로 만들어야 한다.

3. 전 세계 COVID-19 누적 확진자수의 변화를 그리고, 100만 명을 돌파한 날짜에 파
   선 수직선을 추가한다. 이에 맞춰 y축에 눈금 이름의 형식을 지정해야 한다.

4. axvspan()를 사용해 페이스북 주식의 종가 꺾은 선 그래프에서 주가가 크게 하락한
   기간인 '2018-07-25'부터 '2018-07-31'까지의 사각형에 색을 칠한다.

5. 페이스북 주가 데이터를 사용해 중가 꺾은 선 그래프에 다음 세 가지 사건에 주석을
   추가한다.

   a) 2018년 7월 25일 **주식 시장 마감 후 저조한 사용자 성장세를 발표한 날**

   b) 2018년 3월 20일 **케임브리지 애널리티카 정보 유출 속보가 시장에 영향을 미친 날**

   c) 2018년 3월 26일 **미국 연방거래위원회가 조사를 시작한 날**

6. reg_resid_plots() 함수가 두 색상 사이를 반복하지 않고 matplotlib의 색상 맵을 사
   용하도록 수정한다. 이 사용 사례에서는 질적 색상 맵qualitative colormap을 선택하거나
   직접 만든 색상 맵을 만들어야 한다.

⁑ 참고 자료

6장에서 다룬 주제에 관한 더 많은 내용은 다음 자료를 참고한다.

- 색상 맵 선택하기: https://matplotlib.org/tutorials/colors/colormaps.html

- 그림을 미학적으로 조절하기(seaborn): https://seaborn.pydata.org/tutorial/aesthetics.html

- 스타일 시트와 rcParams로 matplotlib 사용자 정의하기: https://matplotlib.org/stable/tutorials/introductory/customizing.html

- 형식 문자열 구문: https://docs.python.org/3/library/string.html#format-string-syntax

- 생성자 표현식(PEP 289): https://www.python.org/dev/peps/pep-0289/

- 『Information Dashboard Design: Displaying Data for At-a-Glance Monitoring, Second Edition』(Analytics Press, 2013), 스티븐 퓨[Stephen Few]: https://www.amazon.com/Information-Dashboard-Design-At-Glance/dp/1938377001/

- matplotlib 색상 이름: https://matplotlib.org/2.0.2/examples/color/named_colors.html

- 다중 할당 및 튜플 언패킹은 파이썬의 가독성을 높인다: https://treyhunner.com/2018/03/tuple-unpacking-improves-python-code-readability/

- 파이썬: range는 반복자가 아니다!: https://treyhunner.com/2018/02/python-range-is-not-an-iterator/

- 파이썬 zip() 함수: https://www.programmingfunda.com/python-zip-function/

- seaborn API 참조: https://seaborn.pydata.org/api.html

- 『Show Me the Numbers: Designing Tables and Graphs to Enlighten』(Analytics Press, 2012), 스티븐 퓨: https://www.amazon.com/gp/product/0970601972/

- 스타일 시트 참조(matplotlib): https://matplotlib.org/stable/gallery/style_sheets/style_sheets_reference.html

- 지지와 저항 기초: https://www.investopedia.com/trading/support-and-resistance-basics/

- 반복자 프로토콜: 파이썬에서 for 반복문이 동작하는 방법: https://treyhunner.com/2016/12/python-iterator-protocol-how-for-loops-work/

- 『The Visual Display of Quantitative Information』(Graphics Press, 2001), 에드워드 터프티[Edward R. Tufte]: https://www.amazon.com/Visual-Display-Quantitative-Information/dp/1930824130

- 눈금 형식자: https://matplotlib.org/3.4.3/gallery/ticks_and_spines/tick-formatters.html

- 파이썬다운[Pythonic]이란?: https://stackoverflow.com/questions/25011078/what-does-pythonic-mean

3부

pandas를 이용한 실제 분석

이제 지금까지 배운 모든 것을 통합하는 방법을 알아보도록 한다. 3부에서는 실제 데이터셋을 가져와 처음부터 끝까지 분석을 진행하면서 앞에서 배운 개념을 결합하고 그 과정에서 새로운 자료도 소개한다.

3부는 다음과 같은 장으로 구성된다.

- 7장, 금융 분석 – 비트코인과 주식 시장
- 8장, 규칙 기반 이상 탐지

07

금융 분석-
비트코인과 주식 시장

이제 방향을 바꿔 응용 프로그램을 만들 때가 됐다. 7장에서는 비트코인과 주식 시장에 분석을 통해 금융 분야에 대한 응용을 알아본다. 7장의 내용은 지금까지 배운 모든 내용을 기반으로 한다. 인터넷에서 데이터를 추출한 다음, 탐색적 데이터 분석을 수행하고, pandas, seaborn, matplotlib로 시각화를 한 다음, pandas를 사용해 금융 상품의 실적 performance 분석을 위한 중요한 계량metric을 계산한다. 그리고 몇몇 모델을 만들어 보는 즐거움을 맛보도록 한다. 여기서는 재무 분석을 배우려고 하는 것이 아니라 이 책에서 배운 기술을 재무 분석에 어떻게 적용할 수 있는지 소개한다.

7장은 이 책의 표준 작업흐름에서 벗어난 내용을 다룬다. 지금까지 파이썬을 함수형 프로그래밍 언어functional programming language로 사용했다. 그러나 파이썬은 **객체 지향 프로그래밍**OOP, Object-Oriented Programming도 지원한다. 따라서 우리가 수행해야 하는 주요 작업을 실행할 클래스를 만들 수 있다는 것을 뜻하며, 7장에서는 (StockReader 클래스로) 인터넷에서 데이터를 수집하고, (Visualizer 클래스로) 금융 자산을 시각화하며, (StockAnalyzer 클래스로) 금융 측정 기준을 계산하고 (StockModeler 클래스로) 금융 데이터를 모델링하는 것을 뜻한다. 분석 과정을 깔끔하고 쉽게 재현하려면 많은 코드가 필요하므로 이런 클래스를 수용할 수 있는 파이썬 패키지를 만들어야 한다. 코드는 텍스트로 표시하고 평소와 같이 설명한다. 그러나 코드를 직접 입력하거나 실행할 필요는 없다. 제대로 설정하려면 7장 교재 절을 읽고 따라야 한다.

7장의 내용은 쉽지 않으므로 몇 번이고 다시 읽어야 할 수도 있다. 그러나 모범 사례[best practice]를 가르치고 여기서 습득한 기술은 여러분의 코딩 기술을 크게 향상시켜 빠르게 성과를 거둘 수 있을 것이다. 한 가지 중요한 점은 OOP가 분석 작업을 패키징하는 데 매우 도움이 될 수 있다는 것이다. 각 클래스는 하나의 목적을 가져야 하며 제대로 문서화해야 한다. 클래스가 많으면 별도의 파일에 분산시켜 패키지를 만들어야 한다. 이렇게 하면 패키지를 다른 사람들이 쉽게 설치/사용할 수 있으며, 프로젝트 전체에서 특정 작업 수행 방식을 쉽게 표준화할 수 있다. 예를 들어 프로젝트에서 여러 개발자가 공동으로 데이터베이스를 사용할 때 각 개발자가 각자 함수를 만들어 접속하게 하면 안 되고, 표준화되고 제대로 문서화된 코드를 사용해야만 개발 과정에서 발생하는 많은 어려움을 해결할 수 있다.

7장에서는 다음과 같은 내용을 다룬다.

- 파이썬 패키지 만들기

- 금융 데이터 수집하기

- 탐색적 데이터 분석하기

- 금융 상품 기술적 분석하기

- 과거 데이터를 사용한 실적 모델링하기

⁝⁝ 7장 교재

7장에서는 주식 분석을 위한 패키지를 만들어 본다. 패키지를 만들면 코드를 쉽게 배포할 수 있으며 사람들이 우리 코드를 쉽게 할 수 있다. 이 패키지의 최종 산출물은 깃허브 (https://github.com/stefmolin/stockanalysis/tree/2nd_edition)에 있다. 파이썬 패키지 관리자인 pip로 깃허브의 패키지를 설치하고 로컬에 빌드^{build}할 수 있다. 다음과 같은 두 방법 중에 하나를 선택하면 된다.

- 소스 코드를 수정해서 사용할 계획이 없다면 깃허브에서 설치한다.
- 소스 코드를 수정하려면 저장소를 포크^{fork}하고 복제^{clone}한 다음 컴퓨터에 설치한다.

깃허브에서 직접 설치하는 경우 1장에서 환경 구축할 때 이미 설치가 돼 있으므로 아무것도 할 필요가 없다. 그러나 참고로 깃허브에서 패키지를 설치하려면 다음 코드를 실행하면 된다.

```
(book_env) $ pip3 install \
git+https://github.com/stefmolin/stock-analysis.git@2nd_edition
```

> **TIP**
>
> 위 코드의 URL에서 @2nd_edition 부분은 pip가 2nd_edition 태그가 붙은 버전을 설치하도록 한다. 특정 분기(branch)의 코드 버전을 설치하려면 @<branch_name>으로 바꾸면 된다. 예를 들어 dev라는 분기에서 개발된 코드를 설치하려면 @dev를 사용하면 된다. 해당 분기가 있는지 먼저 확인해야 한다. 또한 특정 커밋(commit)을 선택하려면 같은 방식으로 커밋 해시(commit hash)를 사용하면 된다. 자세한 내용은 이 URL(https://pip.pypa.io/en/latest/cli/pip_install/)에서 확인할 수 있다.

수정할 수 있는 상태(재설치할 필요 없이 모든 변경 사항이 로컬에 자동으로 반영된다는 의미)로 로컬에 설치하려면 –e 플래그를 사용한다. 1장에서 만든 가상 환경에서 아래 코드를 실행한다. 이 책의 내용의 다를 수 있는 최신 버전(2nd_edition 태그가 붙은 버전)의 패키지를 복제한다.

```
(book_env) $ git clone \
git@github.com:stefmolin/stock-analysis.git
(book_env) $ pip3 install -r stock-analysis/requirements.txt
(book_env) $ pip3 install –e stock-analysis
```

이 예제에서는 SSH를 통한 `git clone` 명령어를 사용한다. SSH 키를 미리 설정해 두지 않았다면 URL을 이 URL(https://github.com/stefmolin/stock-analysis.git)로 바꿔 HTTP로 복제한다. SSH 로 계속하려면 깃허브의 지침을 따라 SSH 키를 먼저 만든다. 2nd_edition 태그가 붙은 버전만 복제하려면 스택 오버플로(Stack Overflow) 글(https://stackoverflow.com/questions/20280726/how-to-git-clone-a-specifictag)을 참고한다.

7장에서는 이 패키지를 사용한다. 이 책 저장소의 7장 디렉터리(https://github.com/stefmolin/Hands-On-Data-Analysis-with-Pandas-2nd-edition/tree/master/ch_07)에는 실제 분석에 사용할 `financial_analysis.ipynb` 노트북이 있다. `data/` 디렉터리에는 데 출판 이후 데이터 원본이 바뀌었거나 StockReader 클래스로 데이터를 수집할 때 오류가 발생할 경우를 대비한 백업 파일이 있다. CSV 파일을 읽고 이 책의 나머지 부분을 따라하면 된다. 마찬가지로 `exercises/` 디렉터리에는 연습 문제를 위한 백업 파일이 있다.

주피터 노트북으로 작업할 때 소스코드를 수정 가능한 상태로 설치한 패키지의 파일을 변경하면 커널을 재시작하거나 새로운 파이썬 셀을 열고 패키지를 다시 임포트해야 한다. 왜냐하면 파이썬은 임포트한 후에 캐시하기 때문이다. 다른 옵션으로는 `importlib.reload()`나 IPython 자동 재로드 확장(autoreload extension)(https://ipython.readthedocs.io/en/stable/config/extensions/autoreload.html)을 사용하는 것이다.

⠿ 파이썬 패키지 만들기

패키지를 만들면[build] 모듈식 코드를 작성하고 재사용할 수 있어서 좋은 코딩 방법이라고 여겨진다. **모듈식 코드**[modular code]는 작업과 관련된 모든 기본 구현 내용을 알 필요 없이 더 보편적으로 사용될 수 있도록 더 작은 부분으로 작성된 코드다. 예를 들어 `matplotlib`를 사용해 어떤 것을 그린다고 하면 호출하는 함수 내부 코드가 정확히 무엇을 하는지 알 필요는 없다. 입력과 출력을 아는 것만으로도 충분하다.

패키지 구조

모듈module은 임포트할 수 있는 파이썬 코드로 된 하나의 파일이다. 4장의 `window_calc.py`와 6장의 `viz.py`는 모두 모듈이었다. **패키지**package는 디렉터리로 구성된 모듈의 모음이다. 패키지도 임포트할 수 있으며 패키지를 임포트하면 패키지 안에 있는 특정 모듈을 사용할 수 있으므로 각 모듈을 개별적으로 임포트할 필요가 없다. 즉 하나로 된 매우 큰 모듈을 만들 필요 없이 각각의 모듈을 임포트하는 모듈을 만들어 사용할 수도 있다.

다음과 같은 과정을 거치면 모듈을 패키지로 만들 수 있다.

1. 패키지 이름으로 된 디렉터리를 만든다(7장에서는 stock_analaysis).

2. 1단계에서 만든 디렉터리에 모듈을 넣는다.

3. 패키지를 임포트하면 실행할 파이썬 코드가 들어 있는 **__init__.py** 파일(이 파일은 대부분 비어 있다)을 추가한다.

4. 패키지의 최상위 수준 디렉터리와 같은 수준의 디렉터리에 패키지 설치 방법에 대한 **pip** 설명이 들어 있는 **setup.py** 파일을 만든다. 이 파일을 만드는 방법은 참고 자료 절의 내용을 참고한다.

위 과정을 마치면 **pip**로 패키지를 설치할 수 있다. 우리 패키지는 단일 디렉터리로 구성돼 있지만 원하는 만큼의 하위 디렉터리로 구성된 패키지를 만들 수 있다. 이런 하위 패키지는 **setup.py** 파일을 필요로 하지 않는다는 점을 제외하고는 일반 패키지를 만드는 것과 같은 과정으로 만들 수 있다.

1. 주 패키지 디렉터리 (또는 다른 하위 패키지 디렉터리) 안에 하위 패키지 디렉터리를 만든다.

2. 이 디렉터리에 하위 패키지의 모듈을 넣는다.

3. 하위 패키지를 임포트하면 실행할 파이썬 코드가 들어 있는 **__init__.py** 파일(이 파일은 비어 있을 수 있다)을 추가한다.

단일 하위 패키지가 들어 있는 패키지의 디렉터리 계층 구조는 다음과 같다.

```
repo_folder
|-- <package_name>
|   |-- __init__.py
|   |-- some_module.py
|   `-- <subpackage_name>
|       |-- __init__.py
|       |-- another_module.py
|       `-- last_module.py
`-- setup.py
```

패키지를 만들 때 주의해야 할 사항은 다음과 같다.

- 저장소에 대한 **README** 파일을 작성해 다른 사람들이 저장소에 저장된 내용을 알 수 있도록 해야 한다. **README** 파일 작성 방법은 이 URL(https://www.makeareadme.com/)을 참고한다.

- 코딩 표준을 준수하고 가능한 오류를 분석하고자 코드를 **린팅**^{linting}한다. 이 URL (https://www.pylint.org/)에서 `pylint` 패키지를 확인한다.

- 코드를 변경해도 어느 부분도 멈추지 않고 코드가 의도한 대로 동작하는지 확인하는 테스트를 추가한다. 이 URL(https://docs.pytest.org/)에서 `pytest` 패키지를 확인한다.

stock_analysis 패키지 개요

7장에서는 지금까지 설명한 다양한 파이썬 패키지와 파이썬 표준 라이브러리를 사용해 stock_analysis라고 하는 파이썬 패키지를 만든다. 이 패키지는 stock-analysis 저장소 (https://github.com/stefmolin/stock-analysis)에 있으며 그림 7.1과 같이 구성돼 있다.

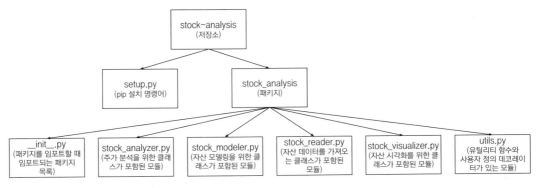

그림 7.1 stock-analysis 저장소의 구조

이 패키지의 모듈^{module}에는 기술적 자산 분석을 위한 사용자 정의 클래스가 포함돼 있다. 클래스는 하나의 목적을 위해 설계돼야 한다. 이렇게 하면 빌드하기도 쉽고, 사용하기도 편하며, 문제가 발생하면 디버깅하기도 쉽다. 따라서 금융 분석의 다양한 측면을 다루고자 몇 개의 클래스를 만든다. 다음과 같은 목적을 위해 클래스가 필요하다.

목적	클래스	모듈
다양한 출처에서의 데이터 수집	StockReader	stock_reader.py
데이터 시각화	Visualizer, StockVisualizer, AssetGroupVisualizer	stock_visualizer.py
금융 계량 계산	StockAnalyzer, AssetGroupAnalyzer	stock_analyzer.py
데이터 모델링	StockModeler	stock_modeler.py

그림 7.2 stock_analaysis 패키지의 주요 테마와 클래스

패키지의 모듈 간 상호작용과 각 클래스가 제공하는 기능을 시각화하면 도움이 된다. **UML 다이어그램**^{UML, Unified Modeling Language} 다이어그램을 사용하면 이런 내용을 시각화할 수 있다.

UML 다이어그램

UML 다이어그램을 이용하면 클래스에 속한 속성과 메서드 정보와 클래스가 다른 클래스와 어떻게 관련돼 있는지를 알 수 있다. 그림 7.3의 UML 다이어그램을 통해 모든 모

둘이 유틸리티 기능을 위해 `utils.py`에 의존한다는 것을 알 수 있다.

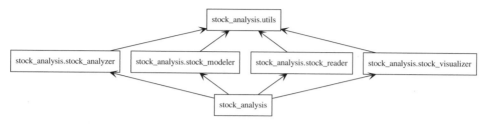

그림 7.3 stock_analysis 패키지의 모듈 종속성

`stock_analysis` 패키지의 클래스에 대한 UML 다이어그램은 그림 7.4와 같다.

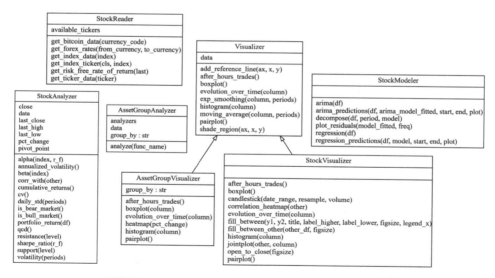

그림 7.4 stock_analysis 패키지의 클래스에 대한 UML 다이어그램

각 상자의 윗부분에는 클래스 이름, 가운데 부분에는 해당 클래스의 속성, 그리고 아랫부분에는 해당 클래스에 정의된 모든 메서드가 표시된다. AssetGroupVisualizer와 StockVisualizer 클래스에서 Visualizer로 가는 화살표에 유의한다. 이 2개의 클래스가 Visualizer의 유형type이라는 것을 뜻한다. AssetGroupVisualizer와 StockVisualizer 클래스에 표시된 메서드는 Visualizer 클래스와 비교해 해당 클래스에서 다르게 정의된다. 이 내용에 대해서는 '탐색적 데이터 분석' 절에서 자세히 설명한다. 7장의 나머지 절에서는 stock_analysis 패키지의 각 클래스를 자세히 살펴보고 해당 함수를 사용해 금융 자산에 대한 기술적 분석을 한다.

⠿ 금융 데이터 수집하기

2장과 3장에서는 API를 사용해 데이터를 수집했다. 그러나 다른 방법으로도 인터넷에서 데이터를 수집할 수 있다. **웹 스크래핑**web scraping을 사용하면 HTML 페이지에서 데이터를 추출할 수 있으며, pandas의 pd.read_html() 함수를 이용하면 해당 페이지에서 찾은 HTML 테이블 각각에 대한 DataFrame을 얻을 수 있다. 경제와 금융 데이터의 경우 pandas_datareader 패키지를 사용할 수 있으며, stock_analysis 패키지의 StockReader 클래스가 금융 데이터를 수집하는 데 사용한다.

> **NOTE**
>
> 7장에서 사용하는 데이터 출처가 변경됐거나 StockReader로 데이터를 수집할 때 에러가 발생하면 data/ 디렉터리의 CSV 파일을 다음 코드를 사용해 텍스트처럼 읽으면 된다.
> pd.read_csv('data/bitcoin.csv', index_col='date', parse_dates=True)

StockReader 클래스

같은 날짜 범위에서 다양한 자산 데이터를 수집하므로 모든 세부 구현 정보를 숨기는 클래스를 만들어 복사하고 붙여 넣는 작업(그리고 잠재적인 실수)을 반복하지 않도록 하는 것이 좋다. 이를 위해 StockReader 클래스를 만들어 비트코인, 주식, 주가 지수stock market index에 대한 데이터를 쉽게 수집하도록 한다. 분석하려는 날짜 범위를 제공해

StockReader 클래스의 인스턴스를 만든 다음, 클래스가 제공하는 메서드를 사용해 우리가 원하는 데이터를 얻을 수 있다. 구현에 대한 높은 수준의 개요는 그림 7.5의 다이어그램은 구현에 대한 높은 수준의 개요를 보여 준다.

StockReader
available_tickers
get_bitcoin_data(currency_code) get_forex_rates(from_currency, to_currency) get_index_data(index) get_index_ticker(cls, index) get_risk_free_rate_of_return(last) get_ticker_data(ticker)

그림 7.5 StockReader 클래스에 대한 UML 다이어그램

그림 7.5의 UML 다이어그램을 통해 StockReader 클래스에서 사용할 수 있는 종목 코드 ticker[1]에 대한 속성을 제공하고 다음 작업을 수행할 수 있다는 것을 알 수 있다.

- get_bitcoin_data() 메서드를 사용해 원하는 통화로 비트코인 데이터를 가져온다.

- get_forex_rates() 메서드를 사용해 일일 환율 데이터를 가져온다.

- get_index_data() 메서드를 사용해 (S&P 500과 같은) 주가 지수 데이터를 가져온다.

- get_index_ticker() 메서드를 사용해 특정 인덱스의 종목 코드(예: Yahoo! Finance에서 S&P 500 종목 코드는 ^GSPC임)를 찾는다.

- get_risk_free_rate_of_return() 메서드를 사용해 무위험수익률risk-free rate of return을 수집한다.

- get_ticker_data() 메서드를 사용해 주식시장의 종목 코드(넷플릭스Netfilix의 종목 코드는 NFLX)에 대한 데이터를 가져온다.

---

1 주식 거래를 위한 시스템에서 종목명을 쉽게 찾을 수 있도록 하는 알파벳 약자를 뜻한다. 긴 종목명을 짧게 축약해 주기 때문에 입력을 하기 용이하다. 국어사전에는 증권거래소에서 시시각각 변하는 가격을 보여 주는 유선인자식 전신기를 뜻한다고 설명돼 있다. 주로 알파벳, 숫자, 알파벳숫자 혼합 등으로 구성돼 있다. 우리나라 증시에서는 종목명을 직접 입력하거나 6자리 숫자로 이뤄진 종목 코드를 입력한다(출처: 연합인포맥스(https://news.einfomax.co.kr/news/articleView.html?idxno=4132852)). – 옮긴이

이 클래스가 필요한 이유와 구조를 알게 됐다면 이제 코드를 살펴보자. stock_analysis/
stock_reader.py 모듈에는 살펴볼 코드가 많이 있으므로 파일을 하나씩 살펴본다. 들여
쓰기 수준이 바뀔 수 있으므로 전체 버전은 해당 파일을 참고한다.

모듈의 첫 번째 줄은 모듈에 대한 **문서 주석**docstring[2]이다. 모듈에 대해 help()를 실행하
면 위쪽에 표시된다. 문서 주석은 모듈의 목적을 설명한다. 문서 주석 바로 다음에 필요
한 모듈을 임포트하게 된다.

```
"""선택한 주식 데이터 수집하기"""

import datetime as dt
import re

import pandas as pd
import pandas_datareader.data as web

from .utils import label_sanitizer
```

import 구문은 **PEP 8**(파이썬 코딩 스타일 지침은 https://www.python.org/dev/peps/pep-
0008/에서 확인할 수 있다)에 따라 세 부분으로 돼 있으며, 다음과 같은 순서로 작성돼야
한다.

1. 표준 라이브러리 임포트(datetime과 re)

2. 제3자 라이브러리(pandas와 pandas_datareader)

3. stock_analysis 패키지 다른 모듈에서 상대 경로로의 임포트(.utils)

임포트한 후에 StockReader 클래스를 정의한다. 먼저, 주가지수에 대한 종목 코드를 _
index_tickers의 설명 이름으로 대응시키는 딕셔너리를 만든다. 클래스에는 클래스의
목적을 정의하는 문서 주석이 있다는 것에 주목한다. 여기서는 사용할 수 있는 몇 가지

---

2 파이썬에서 클래스나 메소드의 기능을 설명하기 위한 주석이다. 주석은 __doc__ 변수에 저장된다. print(모듈.__doc__)
   을 실행하면 주석을 볼 수 있다. – 옮긴이

종목 코드만 사용한다.

```
class StockReader:
    """웹사이트에서 금융 데이터를 읽는 클래스"""

    _index_tickers = {'S&P 500': '^GSPC', 'Dow Jones': '^DJI',
                      'NASDAQ': '^IXIC'}
```

클래스를 만들 때 언어 연산자^{language operator}와 함께 사용하는 경우 클래스의 동작을 사용자 정의하기 위해 제공할 수 있는 **특수 메서드**^{special method}(이름이 이중 밑줄로 시작하고 끝나기 때문에 구어체로 던더 메서드^{dunder method}라고 한다)가 많이 있다.

- 객체를 초기화하기: __init__()

- 정렬하기 위해 비교할 수 있는 객체로 만들기: __eq__(), __lt__(), __gt__() 등

- 객체에 대해 산술 연산하기: __add__(), __sub__(), __mul__() 등

- 객체에 len()과 같은 파이썬 내장 함수를 사용할 수 있게 하기: __len__()

- 객체에 print() 함수를 사용하면 출력될 문자열 표현: __repr__()와 __str__()[3]

- 반복과 인덱싱 지원: __getitem__(), __iter__(), __next__()

다행히도 클래스를 만들 때마다 이런 모든 함수를 작성할 필요는 없다. 많은 경우 객체를 만들 때 실행되는 __init__() 메서드만 있으면 된다. 특수 메서드에 대한 자세한 정보는 이 URL(https://dbader.org/blog/python-dunder-methods)과 이 URL(https://docs.python.org/3/reference/datamodel.html#special-method-names)을 참고한다.

StockReader 클래스의 객체는 데이터를 수집할 시작 날짜와 종료 날짜를 가지므로 이 값을 __init__() 메서드에 넣는다. 호출자가 전달한 날짜에서 날짜 구분 기호를 사용할 수 있도록 구문 분석한다. 예를 들어 파이썬 datetime 객체로 된 입력이나 'YYYYMMDD' 형태

---

3   자세한 내용은 '[Python] __str__와 __repr__의 차이 살펴보기' 블로그(https://shoark7.github.io/programming/python/difference-between-__repr__-vs-__str__) 참고 – 옮긴이

의 문자열 또는 'YYYY|MM|DD'이나 'YYYY/MM/DD'와 같이 숫자가 아닌 정규표현식(\D)과 일치하는 구분 기호를 사용해 날짜를 표현하는 문자열을 처리할 수 있다. 분리 기호가 있는 경우 빈 문자열^{empty string}로 바뀌므로 우리 메서드는 'YYYYMMDD' 형식을 사용해 datetime 문자열을 만들 수 있다. 또한 시작 날짜가 종료 날짜가 동일하거나 종료 날짜 이후의 날짜라면 ValueError가 발생시킨다.

```python
def __init__(self, start, end=None):
    """
    입력받은 날짜 범위의 데이터를 읽을
    `StockReader` 객체를 만든다.

    매개변수:
        - start: datetime 객체나 'YYYYMMDD' 형식의
        문자열로 된 시작 날짜
        - end: datetime 객체나 'YYYYMMDD' 형식의
        문자열로 된 종료 날짜
        입력되지 않으면 기본값은 오늘이다.
    """
    self.start, self.end = map(
        lambda x: x.strftime('%Y%m%d')\
            if isinstance(x, dt.date)\
            else re.sub(r'\D', '', x),
        [start, end or dt.date.today()]
    )
    if self.start >= self.end:
        raise ValueError('`start` must be before `end`')
```

이 클래스에서 만들어지는 모든 객체에 대해 이 정보는 하나만 필요하기 때문에 이 객체가 만들어질 때 호출되는 __init__() 메서드에서 _index_tickers를 정의하지 않았다. _index_tickers 클래스 속성은 이 클래스의 사용자가 속성의 이름을 알지 못하면 쉽게 찾을 수 없다는 점에서 비공개^{private}(규칙에 따라 앞에 밑줄이 붙음)다. 메서드도 비공개일 수 있다. 비공개로 하는 이유는 비공개가 보장되지는 않을지라도 클래스를 보호하려는 의도가 있으며 클래스 내부 작업을 위한 것이므로 사용자가 클래스를 직접 필요로 하지 않기 때문이다. 대신 속성^{attribute}으로 접근할 수 있도록 **속성**^{property}과 주어진 키에 대응되는 값을 가져오는 클래스 메서드^{class method}를 제공한다.

클래스 메서드는 사전에 클래스의 인스턴스를 만들지 않고도 클래스 자체에서 사용될 수 있는 메서드다. 이는 지금까지 우리가 봐왔던 인스턴스 메서드와는 다르다. 인스턴스 메서드(instance method)는 해당 인스턴스와 관련된 작업에 대한 클래스의 인스턴스와 함께 사용된다. 클래스 메서드를 자주 필요로 하는 것은 아니지만 클래스의 모든 인스턴스에서 공유되는 데이터가 있다면 인스턴스 메서드보다 클래스 메서드를 만드는 것이 더 합리적이다.

_index_tickers가 비공개이므로 클래스 사용자가 사용할 수 있는 항목을 쉽게 확인할 방법을 제공해야 한다. 따라서 _index_tickers의 키에 대한 속성을 만든다. 속성을 만들고자 @property 데코레이터를 사용한다. **데코레이터**^{decorator}는 다른 함수를 감싸는 함수로 내부 함수를 실행하기 전이나 후에 추가 코드를 실행할 수 있다. 이 클래스는 데코레이터를 많이 사용한다. 이미 작성된 데코레이터(@property와 @classmethod)를 사용하고 데이터를 수집하는 메서드에서 결과를 정제하고 표준화하는 데코레이터(@label_sanitize)를 만든다. 데코레이터를 사용하려면 함수나 메서드 정의 전에 데코레이터가 있어야 한다.

```python
@property
def available_tickers(self):
    """지원되는 종목 코드를 갖는 지수"""
    return list(self._index_tickers.keys())
```

또한 종목 코드는 클래스 변수에 저장되므로 클래스 메서드를 사용해 종목 코드를 얻을 수 있는 방법을 제공해야 한다. 규칙에 따라 클래스 메서드는 첫 번째 인수로 cls를 받지만 인스턴스 메서드는 self를 받는다.

```python
@classmethod
def get_index_ticker(cls, index):
    """
    알고 있다면 해당 지수의 종목 코드를 가져온다.

    매개변수:
        - index: 지수의 이름; 다음 지수를 포함하는 전체 목록에
        대해 `available_tickers`를 확인한다.
        - 'S&P 500': S&P 500
        - 'Dow Jones': 다우존스 산업평균지수(Dow Jones Industrial Average)
        - 'NASDAQ': 나스닥 종합지수(NASDAQ Composite Index)
```

```
반환값:
    알고 있다면 종목 코드 문자열, 그렇지 않으면 `None`.
"""

try:
    index = index.upper()
except AttributeError:
    raise ValueError('`index` must be a string')
return cls._index_tickers.get(index, None)
```

TIP

코드에서 특정 작업을 할 수 없도록 하려면 해당 작업을 확인하고 적절하다고 판단되는 경우 에러를 발생(raise)시킬 수 있다. 이를 통해 더 많은 정보를 제공하는 에러 메시지를 제공하거나 (표현하지 않고 raise함으로써) 에러 메시지를 다시 발생시키기 전에 몇 가지 추가 작업과 함께 특정 에러가 나오도록 할 수 있다. 대신 어떤 것이 잘못됐을 때 특정 코드를 실행하려는 경우에는 `try...except` 블록을 사용한다. 문제가 될 수 있는 코드를 try로 둘러싸고 except 절에서 문제가 발생하면 수행해야 할 내용을 적는다.

'금융 상품의 기술적 분석' 절에서 일부 측정지표를 계산하려면 무위험수익률을 계산해야 한다. 무위험수익률은 재정손실이 없는 투자 수익률로 여기서는 10년 만기 미국 국채10-year US Treasury bill4 금리 채권수익률을 사용한다. 이 수익률은 분석하는 날짜 범위에 따라 달라지므로 StockReader 클래스에 이 기능을 추가해 직접 검색할 필요가 없도록 한다. pandas_datareader 패키지를 사용해 세인트루이스 연방준비은행Federal Reserve Bank of St. Louis(https://fred.stlouisfed.org/series/DGS10)에서 데이터를 수집하고 (데이터 자체를 분석하기 위해) 우리가 살펴보려는 날짜 범위에 대한 일일 수익률이나 (계산을 위해 단일값이 필요한 경우) 가장 마지막 날의 수익률을 반환하는 옵션을 제공한다.

```
def get_risk_free_rate_of_return(self, last=True):
    """
    FRED (https://fred.stlouisfed.org/series/DGS10)에서
    10년 만기 미국 국채 수익률로 재정손실이 없는
    투자 수익률을 계산한다.
```

---

4   미국 국채와 관련된 자세한 내용은 '미국 국채 금리가 뭐길래(https://brunch.co.kr/@limjunhyeong111/4)' 참고 – 옮긴이

```
    매개변수:
        - last: `True`이면 날짜 범위의 마지막 날에 대한
            수익률을 반환하며,
            그렇지 않으면 날짜 범위 일일 수익률에 대한
            `Series` 객체를 반환한다.

    반환값:
        단일값이나 `pandas.Series` 객체
    """

    data = web.DataReader(
        'DGS10', 'fred', start=self.start, end=self.end
    )
    data.index.rename('date', inplace=True)
    data = data.squeeze()
    return data.asof(self.end) \
        if last and isinstance(data, pd.Series) else data
```

나머지 메서드 코드는 코드가 재현된 대로 동작할 수 있도록 파이썬이 아무 동작도 하지 않고 나중에 업데이트하도록 알려 주는 pass로 대체된다. 다음 절에서 다음 메서드를 만든다.

```
@label_sanitizer
def get_ticker_data(self, ticker):
    pass


def get_index_data(self, index):
    pass


def get_bitcoin_data(self, currency_code):
    pass


@label_sanitizer
def get_forex_rates(self, from_currency, to_currency,
                    **kwargs):
    pass
```

> 환율은 보지 않을 것이므로 7장에서는 get_forex_rates() 메서드는 다루지 않는다. 그러나 이 메서드는 pandas_datareader 패키지 사용법에 대한 추가 예제를 제공하므로 관련 문서를 확인해 보길 바란다. 이 메서드를 사용하려면 Alpha Vantage(https://www.alphavantage.co/support/#api-key)에서 무료 API 키를 받아야 한다.

get_ticker_data()와 get_forex_rates() 메서드 모두 @label_sanitizer 데코레이터를 가지며 다양한 출처에서 수집한 데이터를 나중에 정제하지 않도록 같은 열 이름으로 정렬한다. @label_sanitizer 데코레이터는 stock_analysis/utils.py 모듈에 정의돼 있다. 이전과 같이 문서 주석을 살펴보고 utils 모듈을 임포트한다.

```python
"""주가 분석을 위한 유틸리티 함수"""

from functools import wraps
import re

import pandas as pd
```

다음으로 단일 레이블single label을 정제하는 _sanitize_label() 함수가 있다. 패키지 사용자가 이 함수를 직접 사용하지 않도록 함수 이름 앞에 밑줄을 접두사로 사용했다. 이 함수는 데코레이터가 사용한다.

```python
def _sanitize_label(label):
    """
    문자가 아니거나 공백이 아닌 문자를 제거하고 공백을 밑줄로
    대체한 후, 모두 소문자로 바꾸는 방식으로 레이블을 정제한다.

    매개변수:
        - label: 수정하려는 텍스트

    반환값:
        정제된 레이블
    """
    return re.sub(r'[^\w\s]', '', label)\
        .lower().replace(' ', '_')
```

마지막으로, 인터넷에서 얻은 데이터의 열 이름과 인덱스 이름을 정제하는 함수인 @label_sanitizer 데코레이터를 정의한다. 수집한 데이터의 열 이름에 별표나 공백과 같이 예상할 수 없는 문자가 있을 수 있으므로 이 데코레이터가 없으면 데이터를 다루기 힘들 수 있다. 데코레이터를 사용하면 메서드는 항상 정제된 이름을 갖는 DataFrame을 반환하므로 단계를 줄일 수 있다.

```python
def label_sanitizer(method):
    """
    `_sanitize_label()`를 사용해 해당 DataFrame의
    모든 레이블(열 이름과 인덱스 이름)을 정제하고자
    DataFrame을 반환하는 메서드를 감싸는 데코레이터

    매개변수:
        - method: 둘러쌀(wrap) 메서드

    반환값:
        데코레이팅된 메서드나 함수
    """
    @wraps(method) # help()를 위해 원래 문서 주석을 유지한다.
    def method_wrapper(self, *args, **kwargs):
        df = method(self, *args, **kwargs)

        # 열 이름 수정
        df.columns = [
            _sanitize_label(col) for col in df.columns
        ]

        # 인덱스 이름 수정
        df.index.rename(
            _sanitize_label(df.index.name), inplace=True
        )

        return df
    return method_wrapper
```

label_sanitizer() 함수의 정의 안에도 데코레이터가 있다. 표준 라이브러리 functools 모듈의 @wraps 데코레이터는 데코레이팅된 함수/메서드에 이전과 같은 문서 주석을 제공한다. 이는 데코레이션이 실제로 새로운 함수/메서드를 만들기 때문에 필요하며, 우

리가 개입하지 않는 한 help()는 거의 쓸모가 없게 된다.

TIP

> @label_sanitizer 구문을 사용하면 메서드를 정의한 다음, method = label_sanitizer (method)를 만드는 것보다 표현하기 쉽다는 의미에서 구문 설탕(syntactic sugar)[5]이다. 그러나 둘 다 유효하다.

이제 데코레이터를 이해했으므로 StockReader 클래스를 완성할 준비를 마쳤다. 또한 stock_analysis 패키지의 다른 클래스에 대한 추가 데코레이터를 사용하고 만들 것이므로 더 진행하기 전에 데코레이터에 익숙해져야 한다.

야후! 금융에서 과거 데이터 수집하기

get_ticker_data() 메서드가 데이터 수집의 핵심이다. pandas_datareader 패키지를 사용해 야후! 금융Yahoo! Finace에서 데이터를 가져온다.

```python
@label_sanitizer
def get_ticker_data(self, ticker):
    """
    주어진 날짜 범위와 종목 코드에 대해 과거 OHLC 데이터를 가져온다.

    매개변수:
    - ticker: 문자열로 조회할 주식 종목 코드

    반환값: `pandas.DataFrame` 객체의 주가 데이터
    """
    return web.get_data_yahoo(ticker, self.start, self.end)
```

---

5   피터 존 랜딘(Peter John Landin)이 ALGOL과 같은 프로그래밍 언어의 표면적 구문(surface syntax)을 설명하고자 1964년에 Syntactic Sugar라는 용어를 만들었다. 사람이 이해하고 표현하기 쉽게 설계된 프로그래밍 언어 문법이나 더 간결하고 명확하게 표현할 수 있는 문법으로 문법적인 기능은 그대로 유지된 채 코드를 작성하는 사람이나 코드를 다시 읽는 사람이 직관적으로 이해할 수 있게 만든다는 것이다. 자세한 내용은 위키피디아(https://en.wikipedia.org/wiki/Syntactic_sugar) 참고 – 옮긴이

주가지수 데이터를 수집하고자 get_index_data() 메서드를 사용할 수 있으며, 이 메서드는 먼저 지수의 종목 코드를 조회한 다음, 위에서 정의한 get_ticker_data() 메서드를 호출한다. get_ticker_data() 메서드는 @label_sanitizer 데코레이터를 가지며 get_index_data()는 @label_sanitizer 데코레이터가 필요하지 않다.

```
def get_index_data(self, index):
    """
        주어진 날짜 범위의 지수에 대해 야후! 금융에서
        과거 OHLC 데이터를 수집한다.

    매개변수:
    - index: 원하는 데이터에 대한 지수를 표현하는 문자열로
        지원하는 지수는 다음과 같다.
            - 'S&P 500': S&P 500,
            - 'Dow Jones': 다우존스 산업평균지수,
            - 'NASDAQ': 나스닥 종합지수

    반환값:
        `pandas.DataFrame` 객체의 지수 데이터
    """
    if index not in self.available_tickers:
        raise ValueError(
            'Index not supported. Available tickers'
            f"are: {', '.join(self.available_tickers)}"
        )
    return self.get_ticker_data(self.get_index_ticker(index))
```

야후! 금융은 비트코인 데이터도 제공하지만 사용할 통화를 지정해야 한다. get_bitcoin_data() 메서드는 통화 코드currency code를 사용해 야후! 금융에서 검색할 기호 (예: 비트코인의 미국 달러USD 가격은 BTC-USD)를 생성한다. 데이터의 실제 수집은 get_ticker_data() 메서드에서 다시 처리된다.

```
def get_bitcoin_data(self, currency_code):
    """
    주어진 날짜 범위에 대해 비트코인의 과거 OHLC 데이터를 수집한다.

    매개변수:
        - currency_code: 데이터 수집을 위한 비트코인 기준 통화,
          예: USD나 GBP

    반환값:
        `pandas.DataFrame` 객체의 비트코인 데이터
    """

    return self\
        .get_ticker_data(f'BTC-{currency_code}')\
        .loc[self.start:self.end] # dates를 잘라낸다.
```

이 시점에서 StockReader 클래스를 사용할 준비가 됐으므로 financial_analysis.ipynb 노트북을 시작한다. 7장의 나머지 부분에서 사용할 stock_analysis 패키지를 임포트 한다.

```
>>> import stock_analysis
```

파이썬은 stock_analysis 패키지를 임포트할 때 stock_analysis/__init__.py 파일을 실행한다.

```
""" 기술적 주가 분석을 쉽게 하기 위한 클래스 """

from .stock_analyzer import StockAnalyzer, AssetGroupAnalyzer
from .stock_modeler import StockModeler
from .stock_reader import StockReader
from .stock_visualizer import \
    StockVisualizer, AssetGroupVisualizer
```

다음으로 수집할 데이터의 시작 날짜와 (선택적으로) 종료 날짜를 지정해 StockReader 클래스의 인스턴스를 만든다. 여기서는 2019~2020년 데이터를 사용한다. 이 코드를 실행할 때 파이썬은 StockReader.__init__() 메서드를 호출한다.

```
>>> reader = \
...     stock_analysis.StockReader('2019-01-01', '2020-12-31')
```

이제 **페이스북**Facebook, **애플**Apple, **아마존**Amazon, **넷플릭스**Netflix, **구글**Google(FAANG), S&P 500, 비트코인 데이터를 수집한다. 우리가 작업하는 모든 주가는 미국 달러USD 가격이므로 비트코인 데이터도 미국 달러로 요청한다. 각 FAANG 주식에 대한 DataFrame을 얻기 위해 정규 표현식과 다중 할당multiple assignment을 사용한다.

```
>>> fb, aapl, amzn, nflx, goog = (
...     reader.get_ticker_data(ticker)
...     for ticker in ['FB', 'AAPL', 'AMZN', 'NFLX', 'GOOG']
... )
>>> sp = reader.get_index_data('S&P 500')
>>> bitcoin = reader.get_bitcoin_data('USD')
```

탐색적 데이터 분석

이제 데이터가 있으므로 데이터에 익숙해져야 한다. 5장과 6장에서 본 것처럼 좋은 시각화를 위해서는 `matplotlib`와 데이터의 형식과 시각화의 최종 목적에 따라 `seaborn`에 대한 지식이 필요하다. StockReader 클래스에서 했던 것처럼 개별 자산과 자산 그룹을 더 쉽게 시각화할 수 있도록 패키지 사용자가 `matplotlib`와 `seaborn`에 능숙할 것으로 기대하기보다 이 기능을 둘러싸는 래퍼를 만든다. 즉 패키지의 사용자는 금융 데이터를 시각화하고자 `stock_analysis` 패키지만 사용하면 된다는 것을 뜻한다. 또한 시각화 방식에 대한 표준을 설정해 새로운 분석을 위해 매번 다량의 코드를 복사해 붙여 넣지 않아도 되므로 일관성과 효율성이 좋아진다.

이런 모든 것을 가능하게 하려면 stock_analysis/stock_visualizer.py[6]의 Visualizer 클래스가 있어야 한다. 이 파일에는 3개의 클래스가 있다.

- `Visualizer`: 이 클래스는 Visualizer 객체의 기능을 정의하는 기본 클래스다. 메서드 대부분은 **추상적**abstract으로 이 상위 클래스superclass(부모parent 클래스)에서 상속받는 하위 클래스subclass(자식children 클래스)는 상위 클래스의 메서드를 오버라이드override해 코드를 구현해야 한다는 것을 뜻한다. 이들은 구체적인 내용을 적시하지 않고도 객체가 해야 할 일을 정의한다.

- `StockVisualizer`: 단일 자산을 시각화하는 데 사용하는 하위 클래스다.

- `AssetGroupVisualizer`: groupby() 연산을 사용해 여러 자산을 시각화하는 데 사용하는 하위 클래스다.

이런 클래스의 코드를 설명하기 전에 자산 그룹을 만들고 EDA 목적으로 설명하는 데 도움이 되는 몇 가지 stock_analysis/utils.py 파일의 추가 함수를 살펴본다. 이런 함수를 위해 pandas를 임포트한다.

---

6   stock_visualizer 클래스에서 사용된 pandas 라이브러리의 버전이 책을 번역할 때 사용된 버전과 최신 버전과 달라 코드 구현 시 7장의 일부 그림을 그리는 과정에서 에러가 발생할 수 있다. 그림이 그려지지 않을 때에는 pandas의 버전을 0.x 버전으로 낮추거나 코드를 일부 수정해야 한다. – 옮긴이

```
import pandas as pd
```

group_stocks() 함수는 자산 이름을 해당 자산의 DataFrame에 대응시키는 딕셔너리를 입력받아 입력 DataFrame의 모든 데이터와 데이터가 속한 자산을 나타내는 새로운 열이 있는 새로운 DataFrame을 출력한다.

```
def group_stocks(mapping):
    """
    많은 자산과 행의 데이터가 속한 자산을 나타내는
    새 열이 있는 새로운 DataFrame을 생성한다.

    매개변수:
        - mapping: {asset_name: asset_df} 형태의 키-값 대응

    반환값:
        새 `pandas.DataFrame` 객체
    """

    group_df = pd.DataFrame()

    for stock, stock_data in mapping.items():
        df = stock_data.copy(deep=True)
        df['name'] = stock
        group_df = group_df.append(df, sort=True)

    group_df.index = pd.to_datetime(group_df.index)

    return group_df
```

패키지 전체에 특정 형식의 DataFrame을 사용해야 하는 많은 메서드와 함수가 있으므로 새로운 데코레이터 @validate_df를 만든다. 이 데코레이터는 주어진 메서드나 함수에 대한 입력이 DataFrame 유형의 객체이며 데코레이터의 columns 인수로 지정된 열이 있는지 확인한다. 여기서는 열을 set 객체로 입력한다. 이렇게 하면 우리가 가져야 하는 열과 입력 데이터 열의 차집합을 계산할 수 있다(집합 연산에 대해서는 4장 참고). DataFrame에 (적어도) 우리가 요청하는 열이 있다면 차집합은 공집합이 되며 이는 DataFrame이 테스트를 통과한다는 것을 뜻한다. 조건 중 하나라도 위반되면 데코레이터는 ValueError를 발생한다.

stock_analysis/utils.py 파일에 이 내용이 어떻게 정의되는지 살펴보자.

```python
def validate_df(columns, instance_method=True):
    """
    입력이 `DataFrame`이 아니거나 적절한 열을 포함하지 않으면
    데코레이터는 `ValueError`를 발생한다. `DataFrame`은 이 메서드에
    첫 번째 위치 인수여야 한다.

    매개변수:
        - columns: 필요한 열 이름의 집합.
          예: {'open', 'high', 'low', 'close'}.
        - instance_method: 데코레이팅되고 있는 항목이 인스턴스
          메서드인지 여부. `False`이면 정적
          메서드와 함수를 데코레이트한다.

    반환값:
        데코레이팅된 메서드나 함수.
    """
    def method_wrapper(method):
        @wraps(method)
        def validate_wrapper(self, *args, **kwargs):
            # 함수 및 정적 메서드는 self를 전달하지 않으므로,
            # 이 경우 self는 이 경우 첫 번째 위치 인수가 된다.
            df = (self, *args)[0 if not instance_method else 1]
            if not isinstance(df, pd.DataFrame):
                raise ValueError(
                    'Pandas `DataFrame`을 전달해야 한다.'
                )
            if columns.difference(df.columns):
                raise ValueError(
                    'f'데이터프레임은 {columns} 열을 포함해야 한다.'
                )
            return method(self, *args, **kwargs)
        return validate_wrapper
    return method_wrapper
```

group_stocks() 함수로 만들어진 그룹은 describe_group() 함수를 사용해 단일 출력으로 설명할 수 있다. group_stocks() 함수는 describe_group()이 찾는 이름이라는 열을 추가하므로 @validate_df 데코레이터를 사용해 함수를 실행하기 전에 형식이 맞는지 확인한다.

```
@validate_df(columns={'name'}, instance_method=False)
def describe_group(data):
    """
    자산 그룹에 대해 `describe()`를 실행한다.

    매개변수:
        - data: `group_stocks()`에서 얻은 그룹 데이터

    반환값:
        그룹 기술통계의 전치(transpose of the grouped description statistics)
    """
    return data.groupby('name').describe().T
```

group_stocks() 함수를 사용해 분석을 위한 일부 자산 그룹을 만들어 본다.

```
>>> from stock_analysis.utils import \
...     group_stocks, describe_group
>>> faang = group_stocks({
...     'Facebook': fb, 'Apple': aapl, 'Amazon': amzn,
...     'Netflix': nflx, 'Google': goog
... })
>>> faang_sp = group_stocks({
...     'Facebook': fb, 'Apple': aapl, 'Amazon': amzn,
...     'Netflix': nflx, 'Google': goog, 'S&P 500': sp
... })
>>> all_assets = group_stocks({
...     'Bitcoin': bitcoin, 'S&P 500': sp, 'Facebook': fb,
...     'Apple': aapl, 'Amazon': amzn, 'Netflix': nflx,
...     'Google': goog
... })
```

이 그룹들을 사용하면 describe()의 출력은 각 DataFrame에 대해 개별적으로 실행하는 것과 비교해 더 많은 정보를 제공한다. describe_group() 함수는 groupby()와 함께 실행 중인 describe()를 처리한다. 이렇게 하면 자산 전체에서 종가에 대한 요약을 쉽게 확인할 수 있다.

```
>>> describe_group(all_assets).loc['close',]
```

비트코인 데이터가 다른 데이터에 비해 더 많다는 것을 한눈에 알 수 있다. 그 이유는 비트코인의 가격은 매일 바뀌지만, 주식의 경우는 거래일에 대한 데이터만 있기 때문이다. 요약통계에서 얻을 수 있는 또 다른 정보는 척도scale다. 비트코인은 변동성이 더 클 뿐만 아니라 다른 자산들보다 값이 더 크다.

name	Amazon	Apple	Bitcoin	Facebook	Google	Netflix	S&P 500
count	505.000000	505.000000	727.000000	505.000000	505.000000	505.000000	505.000000
mean	2235.904988	73.748386	9252.825408	208.146574	1335.188544	387.966593	3065.907599
std	594.306346	27.280933	4034.014685	39.665111	200.793911	78.931238	292.376435
min	1500.280029	35.547501	3399.471680	131.740005	1016.059998	254.589996	2237.399902
25%	1785.660034	50.782501	7218.593750	180.029999	1169.949951	329.089996	2870.719971
50%	1904.280029	66.730003	9137.993164	196.770004	1295.280029	364.369995	3005.469971
75%	2890.300049	91.632500	10570.513184	235.940002	1476.229980	469.959991	3276.020020
max	3531.449951	136.690002	29001.720703	303.910004	1827.989990	556.549988	3756.070068

그림 7.6 금융 상품별 종가에 대한 요약통계

자산을 개별적으로 보지 않으려면 자산들을 포트폴리오로 결합해 하나의 자산으로 취급할 수 있다. stock_analysis/utils.py의 make_portfolio() 함수는 데이터를 날짜로 그룹화하고 모든 열을 합산해 포트폴리오의 주가와 거래량 총합을 제공한다.

```python
@validate_df(columns=set(), instance_method=False)
def make_portfolio(data, date_level='date'):
    """
    날짜별로 자산을 그룹화하고 모든 열을 합산해
    자산 포트폴리오를 만든다.

    참고: 호출자는 날짜가 자산 전체에 걸쳐 정렬돼 있는지
    확인하고, 정렬돼 있지 않으면 정렬해야 한다.
    """
    return data.groupby(level=date_level).sum()
```

이 함수는 자산이 같은 빈도로 거래된다고 가정한다. 비트코인은 매일 거래되지만, 주식시장은 그렇지 않다. 이런 이유로 포트폴리오에 비트코인과 주식시장이 섞여 있는 경

우 이 함수를 사용하기 전에 이 차이를 처리할 방법을 결정해야 한다. 사용할 수 있는 전략은 3장에서 설명한 재인덱싱을 참고한다. FAANG 주식 시간외 거래의 영향을 살펴보고자 7장 연습 문제에서 이 함수를 사용해 모두 같은 빈도로 거래된 FAANG 주식의 포트폴리오를 만든다.

Visualizer 클래스 패밀리

앞에서 배웠던 것처럼 시각화를 통해 분석을 쉽게 할 수 있으므로 stock_analysis/ stock_visualizer.py의 Visualizer 클래스를 설명한다. 먼저 기본 클래스인 Visualizer를 정의한다. 그림 7.7의 UML 다이어그램에서 화살표가 Visualizer를 가리키고 있으므로 Visualizer가 기본 클래스라는 것을 알 수 있다. 화살표는 하위 클래스(AssetGroupVisualizer 와 StockVisualizer)에서 시작한다.

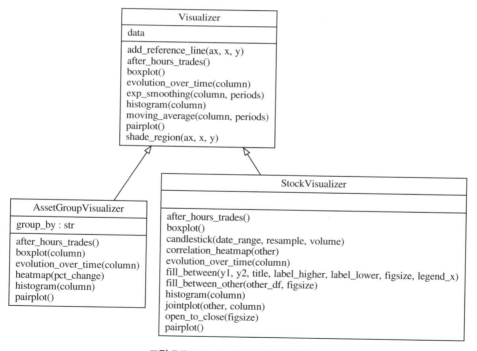

그림 7.7 Visualizer 클래스의 계층 구조

또한 그림 7.7은 이 절에서 각 클래스에 대해 정의할 메서드를 보여 준다. 여기에는 자산을 시각적으로 비교하고자 시간외 거래 효과(after_hours_trades())와 자산 가격의 시간 경과에 따른 변화(evolution_over_time())를 시각화하는 메서드가 포함된다.

문서 주석과 임포트로 모듈을 시작한다. 시각화를 위해 matplotlib, numpy, pandas, seaborn, (금융 시각화를 위해 matplotlib에서 파생된 패키지인) mplfinance가 필요하다.

```
"""금융 상품을 시각화한다."""

import math

import matplotlib.pyplot as plt
import mplfinance as mpf
import numpy as np
import pandas as pd
import seaborn as sns

from .utils import validate_df
```

다음으로, Visualizer 클래스를 정의한다. 이 클래스는 시각화에 사용할 데이터를 갖고 있으므로 __init__() 메서드에 데이터를 넣는다.

```
class Visualizer:
    """시각화 클래스는 직접 사용하기 위한 것이 아니다."""

    @validate_df(columns={'open', 'high', 'low', 'close'})
    def __init__(self, df):
        """입력 데이터를 속성으로 저장한다."""
        self.data = df
```

이 기본 클래스는 그림에 참조선을 추가하고 음영 영역을 추가하는 **정적 메서드**static method를 제공하며, 오리엔테이션orientation을 위해 호출해야 하는 matplotlib 함수를 기억할 필요 없다. 정적 메서드는 데이터 클래스에 의존하지 않는다. @staticmethod 데코레이터를 사용해 수평선이나 수직선(그리고 그 사이의 모든 것)을 추가하는 add_reference_line() 메서드를 정의한다. 첫 번째 인수로 self나 cls를 사용하지 않는다는 점에 주의한다.

```python
@staticmethod
def add_reference_line(ax, x=None, y=None, **kwargs):
    """
    그림에 참조선을 추가하기 위한 정적 메서드

    매개변수:
        - ax: 참조선을 추가할 `Axes` 객체
        - x, y: 단일값이나 numpy 배열과 같은 구조로
          선을 그릴 x, y 값
        - 수평선: `y`만 지정
        - 수직선: `x`만 지정
        - AB 선: `x`와 `y` 모두 지정
        - kwargs: 추가 키워드 인수

    반환값:
        matplotlib `Axes` 객체
    """
    try:
        # numpy 배열과 같은 구조 -> AB 선
        if x.shape and y.shape:
            ax.plot(x, y, **kwargs)
    except:
        # x나 y가 배열 형태가 아니라면 에러를 발생
        try:
            if not x and not y:
                raise ValueError(
                    '`x`나 `y` 값을 입력해야 한다.'
                )
            elif x and not y:
                ax.axvline(x, **kwargs) # 수직선
            elif not x and y:
                ax.axhline(y, **kwargs) # 수평선
        except:
            raise ValueError(
                '`x`나 `y` 값만 입력하는 경우에는, '
                '단일값을 입력해야 한다.'
            )
    ax.legend()
    return ax
```

TIP

클래스 메서드, 정적 메서드, 추상 메서드에 관한 자세한 내용은 '참고 자료' 절의 내용을 참고한다.

그림에 음영 영역을 추가하는 shade_region() 정적 메서드는 add_reference_line() 정적 메서드와 비슷하다.

```python
@staticmethod
def shade_region(ax, x=tuple(), y=tuple(), **kwargs):
    """
    그림에 음영 영역을 추가하기 위한 정적 메서드

    Parameters:
        - ax: 음영 영역을 추가할 `Axes` 객체
        - x: 수직 형태의 직사각형을 그리기 위해
          `xmin`와 `xmax`의 경계로 된 튜플
        - y: 수평 형태의 직사각형을 그리기 위해
          `ymin`와 `ymax`의 경계로 된 튜플
        - kwargs: 추가 키워드 인수

    Returns:
        matplotlib `Axes` 객체
    """
    if not x and not y:
        raise ValueError(
            'x나 y min/max 튜플을 입력해야 한다.'
        )
    elif x and y:
        raise ValueError('x나 y만 입력할 수 있다.')
    elif x and not y:
        ax.axvspan(*x, **kwargs) # 수직 영역
    elif not x and y:
        ax.axhspan(*y, **kwargs) # 수평 영역
    return ax
```

사전에 항목 개수를 확인할 필요 없이 하나 이상의 항목을 쉽게 그릴 수 있도록 그림을 유연하게 그릴 수 있는 정적 메서드를 정의한다. 이 메서드는 Visualizer 클래스를 기본으로 사용해 만드는 클래스에서 사용된다.

```python
@staticmethod
def _iter_handler(items):
    """
    리스트나 튜플이 아닌 항목을 리스트로 만드는 정적 메서드
```

```
    매개변수:
        - items: 리스트인지 확인할 변수

    반환값: 입력 값의 리스트나 튜플
    """
    if not isinstance(items, (list, tuple)):
        items = [items]
    return items
```

단일 자산과 자산 그룹에 대한 윈도우 함수를 지원해야 한다. 그러나 이 구현 방법은 다양하므로 상위 클래스에서 (구현이 없는 메서드인) **추상 메서드**abstract method를 정의하고 하위 클래스는 구현을 위해 추상 메서드를 오버라이드한다.

```
def _window_calc(self, column, periods, name, func,
                 named_arg, **kwargs):
    """
    하위 클래스가 구현에 사용한다.
    윈도우 계산 결과로 나온 선을 추가할 방법을 정의한다.
    """
    raise NotImplementedError('하위 클래스가 구현에 사용한다.')
```

이를 통해 _window_calc()에 의존하는 기능을 정의할 수 있지만 정확한 구현을 알 필요는 없으며, 결과만 알 수 있다. moving_average() 메서드는 _window_calc()를 사용해 그림에 이동평균선을 추가한다.

```
def moving_average(self, column, periods, **kwargs):
    """
    열의 이동평균선을 추가한다.

    매개변수:
        - column: 그림으로 그릴 열 이름
        - periods: 20일 기간에 대해서 '20D'처럼
          재표본추출에 대한 규칙이나 규칙의 리스트
        - kwargs: 추가 인수

    반환값: matplotlib `Axes` 객체
    """
    return self._window_calc(
```

```
        column, periods, name='MA', named_arg='rule',
        func=pd.DataFrame.resample, **kwargs
    )
```

비슷한 방식으로 _window_calc()를 사용해 지수평활이동평균선을 그림에 추가하는 exp_smoothing() 메서드를 정의한다.

```
def exp_smoothing(self, column, periods, **kwargs):
    """
    열의 지수평활이동평균선을 추가한다.

    매개변수:
        - column: 그림으로 그릴 열 이름
        - periods: 20일 기간에 대해서 20처럼
          평활할 기간이나 기간의 리스트
        - kwargs: 추가 인수

    반환값:matplotlib `Axes` 객체
    """
    return self._window_calc(
        column, periods, name='EWMA',
        func=pd.DataFrame.ewm, named_arg='span', **kwargs
    )
```

열의 그림에 이동평균선과 지수평활이동평균선을 추가하는 메서드가 있지만, 두 메서드 모두 여기서 정의하지 않은 _window_calc()를 호출한다. 이는 각 하위 클래스가 자체적으로 _window_calc()를 구현하는 반면, moving_average()나 exp_smoothing()를 오버라이드할 필요 없이 최상위 메서드를 상속받기 때문이다.

NOTE

> 밑줄(_)이 하나 있는 메서드는 비공개 메서드(private method)의 파이썬의 버전이다. 이 메서드는 여전히 이 클래스 밖에서 접근할 수 있지만, 해당 클래스의 객체에 대해서 help()를 실행할 때는 나타나지 않는다. Visualizer 클래스의 사용자는 moving_average()와 exp_smoothing()만 호출하면 되므로 _window_calc()를 비공개 메서드로 만들었다.

마지막으로, 모든 하위 클래스가 갖게 될 메서드에 대해 자리 표시자^{placholder}를 추가한다. 자리 표시자는 단일 자산이나 그룹 자산을 시각화하는지에 따라 구현이 달라지므로 각 하위 클래스에서 개별적으로 정의할 추상 메서드다. 아래 코드는 이 클래스에서 정의된 추상 메서드의 부분집합이다.

```python
def evolution_over_time(self, column, **kwargs):
    """ 꺾은 선 그래프를 만든다. """
    raise NotImplementedError('하위 클래스가 구현에 사용한다.')

def after_hours_trades(self):
    """ 시간외 거래 효과를 보여 준다. """
    raise NotImplementedError('하위 클래스가 구현에 사용한다.')

def pairplot(self, **kwargs):
    """ 쌍그림(pairplot)을 만든다."""
    raise NotImplementedError('하위 클래스가 구현에 사용한다.')
```

또한 하위 클래스는 고유한 메서드를 정의하거나 필요하다면 Visualizer 클래스의 구현을 오버라이드한다. 오버라이드하지 않는 모든 것은 상속된다. **상속**^{inheritance}을 통해 모든 Visualizer가 수행해야 하는 작업으로 Visualizer와 같은 광범위한 클래스를 정의한 다음, 단일 자산만 처리하는 StockVisualizer 클래스와 같이 더 구체적인 버전을 가질 수 있게 된다.

주가 시각화하기

Visualizer에서 상속받는 StockVisualizer 클래스로 시작한다. StockVisualizer 클래스는 DataFrame 속성만 가지므로 __init__() 메서드를 오버라이드하지 않도록 선택한다. 대신 (이 클래스에 고유한) 메서드를 추가하거나 오버라이드하도록 구현한다.

NOTE

> 일부 기능만 간결하게 다루고 있으나 노트북의 전체 코드를 읽고 기능을 확인해 보길 바란다.

오버라이딩할 첫 번째 메서드는 시간 경과에 따라 열 데이터를 꺾은 선 그래프로 그리는 evolution_over_time()이다.

```python
class StockVisualizer(Visualizer):
    """ 단일 주식을 시각화한다. """

    def evolution_over_time(self, column, **kwargs):
        """
        열 데이터를 시간 경과에 따른 변화를 시각화한다.

        매개변수:
            - column: 시각화할 데이터의 열 이름
            - kwargs: 추가 인수

        반환값:
            matplotlib `Axes` 객체
        """
        return self.data.plot.line(y=column, **kwargs)
```

다음으로, mplfinance를 사용해 OHLC 데이터를 함께 시각화하는 방법인 **봉차트** candlestick chart를 그린다. OHLC 시계열의 각 행은 봉으로 표시된다. 그림 7.8과 같이 봉이 검정색인 경우 자산의 종가는 시가보다 낮은 것으로 자산에 손실이 발생한 것이다. 봉이 하얀색인 경우 자산의 종가가 시가보다 높다는 것을 뜻한다.

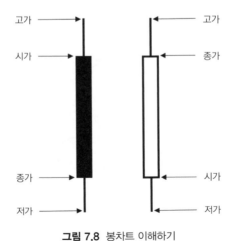

그림 7.8 봉차트 이해하기

candlestick() 메서드에는 데이터를 재표본추출하고, 거래량을 표시하며, 특정 날짜 범위를 그리는 옵션이 있다.

```python
def candlestick(self, date_range=None, resample=None,
                volume=False, **kwargs):
    """
    OHLC 데이터에 대한 봉차트를 그린다.

    매개변수:
        - date_range: `loc[]`에 전달할 날짜의 문자열이나
          `slice()`, `None`인 경우 데이터의
          전체 범위를 그린다.
        - resample: 원하는 경우 데이터를 재표본추출하기
          위해 사용할 오프셋
        - volume: 봉차트 아래에 거래량에 대한 막대 그래프를
          그릴 것인지 여부
        - kwargs: `mplfinance.plot()`에 대한 키워드 인수
    """
    if not date_range:
        date_range = slice(
            self.data.index.min(), self.data.index.max()
        )
    plot_data = self.data.loc[date_range]

    if resample:
        agg_dict = {
            'open': 'first', 'close': 'last',
            'high': 'max', 'low': 'min', 'volume': 'sum'
        }
        plot_data = plot_data.resample(resample).agg({
            col: agg_dict[col] for col in plot_data.columns
            if col in agg_dict
        })

    mpf.plot(
        plot_data, type='candle', volume=volume, **kwargs
    )
```

이제 시간외 거래가 개별 자산에 미치는 영향을 시각화하는 데 도움이 되는 after_hours_trades() 메서드를 추가한다. 막대 그래프는 손실이 발생하면 빨간색으로 표시되고, 수익이 나면 초록색으로 표시된다.

```
def after_hours_trades(self):
    """
    시간외 거래 효과를 시각화한다.

    반환값: matplotlib `Axes` 객체
    """
    after_hours = self.data.open - self.data.close.shift()

    monthly_effect = after_hours.resample('1M').sum()
    fig, axes = plt.subplots(1, 2, figsize=(15, 3))

    after_hours.plot(
        ax=axes[0],
        title='After-hours trading\n'
              '(Open Price - Prior DayClose)'
    ).set_ylabel('price')

    monthly_effect.index = \
        monthly_effect.index.strftime('%Y-%b')
    monthly_effect.plot(
        ax=axes[1], kind='bar', rot=90,
        title='After-hours trading monthly effect',
        color=np.where(monthly_effect >= 0, 'g', 'r')
    ).axhline(0, color='black', linewidth=1)

    axes[1].set_ylabel('price')
    return axes
```

다음으로, 선택한 두 곡선 사이의 영역을 색칠하는 정적 메서드를 추가한다. fill_
between() 메서드는 plt.fill_between()를 사용해 어떤 곡선이 위에 있느냐에 따라 초록
색이나 빨간색으로 칠한다.

```
@staticmethod
def fill_between(y1, y2, title, label_higher, label_lower,
                 figsize, legend_x):
    """
    자산 간의 차이를 시각화한다.

    매개변수:
        - y1, y2: 그림으로 그릴 데이터, y2 - y1를 칠한다.
```

```
                - title: 그림 제목
                - label_higher: y2 > y1인 경우의 레이블
                - label_lower: y2 <= y1인 경우의 레이블
                - figsize: (width, height) 형태의 그림 크기
                - legend_x: 그림에서 범례를 표시할 위치

        Returns: matplotlib `Axes` 객체
        """
        is_higher = y2 - y1 > 0
        fig = plt.figure(figsize=figsize)

        for exclude_mask, color, label in zip(
            (is_higher, np.invert(is_higher)),
            ('g', 'r'),
            (label_higher, label_lower)
        ):
            plt.fill_between(
                y2.index, y2, y1, figure=fig,
                where=exclude_mask, color=color, label=label
            )
        plt.suptitle(title)
        plt.legend(
            bbox_to_anchor=(legend_x, -0.1),
            framealpha=0, ncol=2
        )
        for spine in ['top', 'right']:
            fig.axes[0].spines[spine].set_visible(False)
        return fig.axes[0]
```

open_to_close() 메서드는 fill_between() 정적 메서드를 사용해 시가와 종가 간의 일간 차이를 시각화한다. 종가가 시가보다 높으면 초록색으로 칠하고, 그 반대이면 빨간색으로 칠한다.

```
    def open_to_close(self, figsize=(10, 4)):
        """
        시가에서 종가로의 일간 변화를 시각화한다.

        매개변수:
            - figsize: (width, height) 형태의 그림 크기

        반환값:
```

```
        matplotlib `Axes` 객체
    """
    ax = self.fill_between(
        self.data.open, self.data.close,
        figsize=figsize, legend_x=0.67,
        title='Daily price change (open to close)',
        label_higher='price rose', label_lower='price fell'
    )
    ax.set_ylabel('price')
    return ax
```

또한 개별 자산의 시가와 종가의 차를 시각화하는 것 외에 자산 간의 가격을 비교한다.
fill_between_other() 메서드는 다시 fill_between()를 사용해 시각화한 자산과 다른 자
산 같의 차이를 시각화한다. 시각화한 자산이 다른 자산보다 가치가 높으면 초록색으로
칠하고, 그렇지 않으면 빨간색으로 칠한다.

```
def fill_between_other(self, other_df, figsize=(10, 4)):
    """
    자간 간의 종가 차이를 시각화한다.

    매개변수:
        - other_df: 다른 자산 데이터
        - figsize: (width, height) 형태의 그림 크기

    반환값:
        matplotlib `Axes` 객체
    """
    ax = self.fill_between(
        other_df.open, self.data.close, figsize=figsize,
        legend_x=0.7, label_higher='asset is higher',
        label_lower='asset is lower',
        title='Differential between asset price '
              '(this - other)'
    )
    ax.set_ylabel('price')
    return ax
```

드디어 단일 자산에 대한 윈도우 계산을 기반으로 참조선을 추가하는 방법을 정의하는
_window_calc() 메서드를 오버라이드할 때가 됐다. (4장에서 설명한) pipe() 메서드를 사

용해 윈도우 계산을 다른 함수로 할 수 있으며, _iter_handler() 메서드를 사용하면 그림에 둘 이상의 참조선이 있는지 확인하지 않고 반복 작업[loop work]을 할 수 있다.

```python
def _window_calc(self, column, periods, name, func,
                 named_arg, **kwargs):
    """
    윈도우 계산을 통해 시리즈를 그림으로 그리고
    참조선을 그리기 위한 헬퍼(helper)7 메서드

    매개변수:
        - column: 그림으로 그릴 열 이름
        - periods: 20일 기간(period)(재표본추출)에 대해서는
          '20D'이나 20일 기간(span)(평활화)에 대해서는
          20과 같이 재표본추출/평활화 함수에 전달할
          기간이나 기간의 리스트
        - name: (범례에 표시할) 윈도우 계산의 이름
        - func: 윈도우 계산에 사용할 함수
        - named_arg: `periods` 인수로 전달되는 이름
        - kwargs: 추가 인수

    Returns:
        matplotlib `Axes` 객체
    """
    ax = self.data.plot(y=column, **kwargs)
    for period in self._iter_handler(periods):
        self.data[column].pipe(
            func, **{named_arg: period}
        ).mean().plot(
            ax=ax, linestyle='--',
            label=f"""{period if isinstance(
                period, str
            ) else str(period) + 'D'} {name}"""
        )
    plt.legend()
    return ax
```

지금까지 각 시각화는 단일 자산 데이터에 대한 것이었다. 그러나 때로는 자산 간의 관계를 시각화할 수 있으므로 seaborn의 jointplot() 함수를 감싸는 래퍼[wrapper] 함수를 만든다.

---

7 헬퍼란 자주 사용하는 코드를 재활용할 수 있게 만든 일종의 라이브러리라고 할 수 있다. – 옮긴이

```
def jointplot(self, other, column, **kwargs):
    """
    다른 자산과 비교해 이 자산에서 주어진 열에 대한
    seaborn의 결합 그림(jointplot)을 만든다.

    매개변수:
        - other: 다른 자산의 DataFrame
        - column: 비교에 사용할 열
        - kwargs: 키워드 인수

    Returns: seaborn 결합 그림
    """
    return sns.jointplot(
        x=self.data[column], y=other[column], **kwargs
    )
```

자산 간의 관계를 보는 또 다른 방법은 상관행렬이다. DataFrame 객체에는 각 열과 다른 DataFrame에서 (이름이) 같은 열 간의 상관계수를 계산하는 corrwith() 메서드가 있다. 6장에서 본 것처럼 히트맵에 필요한 행렬을 채우는 것이 아니라 대각선의 값을 계산한다. correlation_heatmap() 메서드는 sns.heatmap() 함수에 대한 행렬을 만들고 상관계수를 대각선에 채운 다음, 마스크를 사용해 대각선만 표시되도록 한다. 또한 척도의 차(예를 들어, 애플 주가와 아마존 주가의 차)를 처리하기 위해 상관계수를 계산할 때 각 열의 일일 변동량의 백분율을 사용한다.

```
def correlation_heatmap(self, other):
    """
    히트맵을 사용해 이 자산과 다른 자산의 상관관계를 그린다.

    매개변수:
        - other: 다른 DataFrame

    반환값: seaborn 히트맵
    """
    corrs = \
        self.data.pct_change().corrwith (other.pct_change())
    corrs = corrs[~pd.isnull(corrs)]
    size = len(corrs)
    matrix = np.zeros((size, size), float)
```

```
    for i, corr in zip(range(size), corrs):
        matrix[i][i] = corr

    # 대각선만 표시하도록 마스크를 만든다.
    mask = np.ones_like(matrix)
    np.fill_diagonal(mask, 0)

    return sns.heatmap(
        matrix,
        annot=True,
        center=0,
        vmin=-1,
        vmax=1,
        mask=mask,
        xticklabels=self.data.columns,
        yticklabels=self.data.columns
    )
```

지금까지 StockVisualizer에서 사용할 수 있는 기능들을 살펴봤다. 이제 탐색적 분석을 시작할 수 있다. 넷플릭스 주가 데이터에 대해 EDA를 수행하기 위한 StockVisualizer 객체를 만들어 보자.

```
>>> %matplotlib inline
>>> import matplotlib.pyplot as plt

>>> netflix_viz = stock_analysis.StockVisualizer(nflx)
```

넷플릭스 DataFrame으로 StockVisualizer 객체를 초기화하면 다양한 유형의 그림을 그릴 수 있다. 여기서는 이 객체로 할 수 있는 모든 예를 다루지는 않고, 추세를 파악하고자 종가에 대한 일부 이동평균을 살펴본다.

```
>>> ax = netflix_viz.moving_average('close', ['30D', '90D'])
>>> netflix_viz.shade_region(
...     ax,
...     x=('2019-10-01', '2020-07-01'),
...     color='blue',
...     alpha=0.1
... )
```

```
>>> ax.set(title='넷플릭스 종가', ylabel='주가 ($)')
>>> plt.legend(['종가', '30일 이동평균', '90일 이동평균'])
```

30일과 90일 이동평균선은 그림 7.9와 같이 주가 곡선을 평활화한 것이다. 음영 영역에서 90일 이동평균선은 상한선과 같은 역할을 한다.

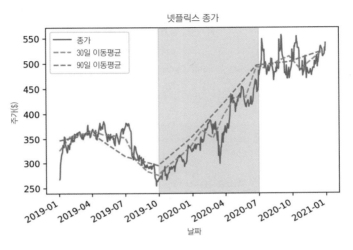

그림 7.9 이동평균선을 포함한 넷플릭스 종가 그래프

트레이더는 주가가 오르는 것을 예측하거나 하락하기 전에 주식을 팔고 나올 계획을 세우는 등 업무에 따라 기간을 다르게 하면서 이동평균을 실험할 수 있다. 또한 주가 곡선이 저점이나 고점처럼 보이도록 하는 이동평균선의 영역을 찾아 자동으로 (6장에서 처음 본) **지지**와 **저항** 수준을 계산하는 것에도 사용할 수 있다. 주가가 지지선에 도달하면 주가는 사람들이 주식을 매수할 만한 가격이라고 생각하는 경향이 있으므로 주가는 지지에서 저항으로 이동하면서 오르게 된다. 하지만 주가가 저항선에 도달하면 사람들이 주식을 파는 경향이 있으므로 주가는 저항값에서 지지값으로 떨어지게 된다.

그림 7.10은 지지선(초록색)과 저항선(빨간색)이 각각 주가의 하계와 상계처럼 행동하는 것을 보여 준다. 주가가 이런 경계에 부딪히면 매수자/매도자가 취하는 행동으로 인해 반대 방향으로 되돌아가는 경향이 생긴다.

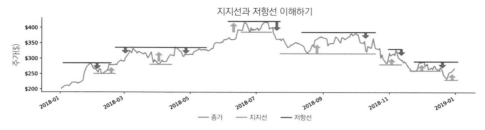

그림 7.10 2018년 넷플릭스 주가에 대한 지지선과 저항선의 예

지수가중이동평균EWMA, Exponentially Weighted Moving Average은 최근 값을 가중하므로 더 좋은 경향을 보여 주기도 한다. 넷플릭스 데이터에서 지수평활 곡선을 그려 보자.

```
>>> ax = netflix_viz.exp_smoothing('close', [30, 90])
>>> netflix_viz.shade_region(
...     ax,
...     x=('2020-04-01', '2020-10-01'),
...     color='blue',
...     alpha=0.1
... )
>>> ax.set(title='넷플릭스 종가', ylabel='주가 ($)')
```

그림 7.11과 같이 90일 지수가중이동평균선은 음영 영역에서 지지 수준처럼 행동한다.

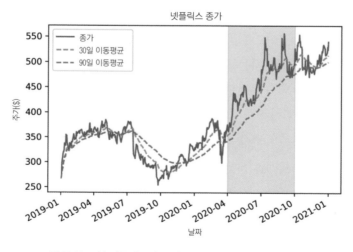

그림 7.11 지수가중이동평균선을 포함한 넷플릭스 종가 그래프

> 노트북에는 위젯(widget)을 사용한 이동평균선과 지수가중이동평균선의 상호대화식 시각화를 위한
> 셀(cell)이 포함돼 있다. 이런 시각화를 사용해 계산에 가장 적합한 윈도우를 결정할 수 있다. 참고로
> 이 셀을 사용하려면 추가 설정이 필요하지만 노트북의 해당 셀 바로 위의 설정 방법을 참고한다.

5장의 연습 문제에서 시간외 거래 효과를 표현하기 위한 시각화 코드를 작성했다.
StockVisualizer 클래스에도 이런 기능이 있다. after_hours_trades() 메서드를 사용해
넷플릭스 주가를 살펴보자.

```
>>> netflix_viz.after_hours_trades()
```

그림 7.12와 같이 넷플릭스 주가는 2019년 3분기에 시간외 거래에서 많은 하락이 있
었다.

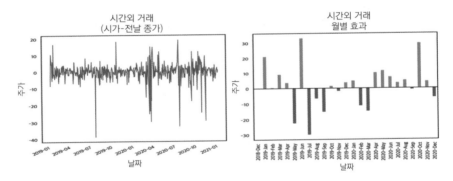

그림 7.12 넷플릭스 주가의 시간외 거래 효과 시각화

OHLC 데이터를 살펴보고자 봉차트를 이용할 수 있다. candlestick() 메서드를 사용해
넷플릭스 주식 거래량에 대한 막대 그래프와 봉차트를 그려 보자. 또한 봉차트의 가시
성을 높이기 위해 2주 간격으로 데이터를 재표본추출한다.

```
>>> netflix_viz.candlestick(
...     resample='2W',
...     volume=True,
...     xrotation=90,
...     datetime_format='%Y-%b -'
```

```
    ... )
```

그림 7.8에서 봉차트의 봉이 하얀색이면 주가가 오른 것을 뜻한다. 대부분의 경우 거래량이 급등하면 주가가 상승했다.

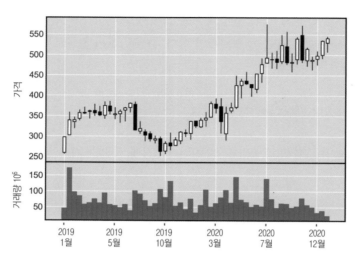

그림 7.13 주식 거래량이 포함된 봉차트

더 진행하기 전에 그림 유형을 재설정해야 한다. mplfinance 패키지는 그림을 그릴 때 사용할 수 있는 많은 옵션을 설정하는데 지금은 익숙한 유형의 그림으로 기능을 살펴보자.

```
>>> import matplotlib as mpl
>>> mpl.rcdefaults()
>>> %matplotlib inline
```

6장에서 개별 주식(페이스북)을 살펴봤으므로 다른 방향으로 넷플릭스 주가를 다른 방향으로 다른 주식과 비교해 보자. jointplot() 메서드를 사용해 넷플릭스 주가를 S&P 500 지수와 비교하는 방법을 알아본다.

```
>>> netflix_viz.jointplot(sp, 'close')
```

그림 7.14에서 넷플릭스 주가와 S&P 500 지수는 약한 양의 상관관계가 있는 것처럼 보인다. 금융 분석을 통해 자산이 S&P 500과 같은 지수와의 상관관계를 나타내는 **베타**beta 계량을 계산할 수 있다. 7장 뒷부분의 '금융 상품의 기술적 분석' 절에서 베타를 계산하는 방법을 알아본다.

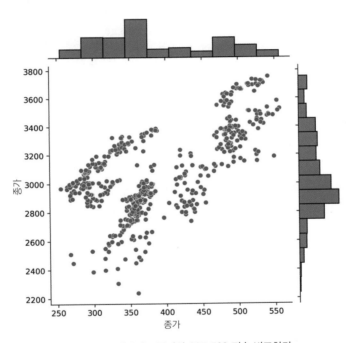

그림 7.14 넷플릭스 주가와 S&P 500 지수 비교하기

correlation_heatmap() 메서드를 사용하면 각 열의 일일 백분율을 사용해 넷플릭스 주가와 아마존 주가와의 상관관계를 히트맵으로 시각화할 수 있다.

```
>>> netflix_viz.correlation_heatmap(amzn)
```

그림 7.15와 같이 넷플릭스 주가와 아마존 주가는 OHLC 데이터에서만 약한 양의 상관관계를 갖는다.

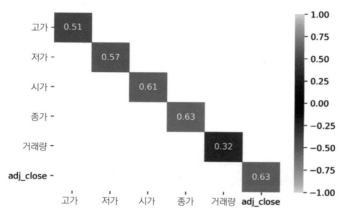

그림 7.15 넷플릭스 주가와 아마존 주가와의 상관관계 히트맵

마지막으로, fill_between_other() 메서드를 사용하면 넷플릭스의 주가와 비교해 다른 자산의 가격이 얼마나 올랐는지 (또는 내렸는지) 알 수 있다. 여기서는 넷플릭스 주가를 테슬라 주가와 비교해 어떤 주식의 주가가 다른 주식의 주가보다 훨씬 높은 예를 살펴본다.

```
>>> tsla = reader.get_ticker_data('TSLA')
>>> change_date = (tsla.close > nflx.close).idxmax()
>>> ax = netflix_viz.fill_between_other(tsla)
>>> netflix_viz.add_reference_line(
...     ax,
...     x=change_date,
...     color='k',
...     linestyle=':',
...     alpha=0.5,
...     label=f'TSLA > NFLX {change_date:%Y-%m-%d}'
... )
```

그림 7.16에서 음영 영역의 위아래 간격이 참조선에 가까워질수록 좁아지는 것을 알 수 있다. 이는 넷플릭스 주가와 테슬라 주가의 차가 시간이 갈수록 줄어든다는 것을 뜻한다. 2020년 11월 11일 테슬라의 주가가 넷플릭스 주가를 뛰어넘으면서 음영 영역의 색이 (초록색에서 빨간색으로) 바뀌고 테슬라의 주가가 간격을 벌리면서 간격이 다시 벌어지기 시작한다.

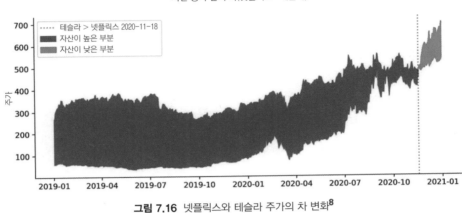

그림 7.16 넷플릭스와 테슬라 주가의 차 변화[8]

지금까지는 단일 자산(여기서는 넷플릭스)을 시각화하는 방법만 설명했다. 이제 `AssetGroupVisualizer` 클래스를 사용해 자산 그룹에 대해 **EDA**를 수행하는 방법을 알아보도록 한다.

다중 자산 시각화하기

위에서 해왔던 것처럼 `Visualizer` 클래스를 상속받아 문서 주석을 작성하는 것으로 시작한다. `AssetGroupVisualizer` 클래스도 `groupby()` 연산에 사용할 열을 추적하므로 `__init__()` 메서드를 오버라이드한다. 이런 변화는 이미 있었던 것에 추가하기 위한 것이므로 상위 클래스의 `__init__()` 메서드도 호출한다.

---

8 tsla = reader.get_ticker_data('TSLA') 함수로 테슬라 주가를 가져오면 테슬라의 주가 분할로 인해 자산 종가의 차 그래프가 제대로 그려지지 않는다. 따라서 data 디렉터리에 있는 테슬라 주가와 넷플릭스 주가 데이터를 데이터프레임으로 읽어들여 그림을 그려야 책에 표시된 그림을 그릴 수 있다. – 옮긴이

```python
class AssetGroupVisualizer(Visualizer):
    """ 단일 DataFrame에서 자산 그룹 시각화하기 """

    # 그룹 시각화를 위한 오버라이드
    def __init__(self, df, group_by='name'):
        """ 이 객체는 열의 그룹을 추적한다. """
        super().__init__(df)
        self.group_by = group_by
```

다음으로, evolution_over_time() 메서드를 정의해 그룹 안의 모든 자산의 같은 열을 비교 목적으로 한 그림에 그린다. 데이터가 다른 유형이므로 이번에는 seaborn을 사용한다.

```python
def evolution_over_time(self, column, **kwargs):
    """
    모든 자산의 시간 경과에 따른 변화를 시각화한다.

    매개변수:
        - column: 시각화할 열 이름
        - kwargs: 추가 인수

    반환값: matplotlib `Axes` 객체
    """
    if 'ax' not in kwargs:
        fig, ax = plt.subplots(1, 1, figsize=(10, 4))
    else:
        ax = kwargs.pop('ax')
    return sns.lineplot(
        x=self.data.index,
        y=column,
        hue=self.group_by,
        data=self.data,
        ax=ax,
        **kwargs
    )
```

seaborn을 사용하거나 단일 자산의 그림만 그릴 경우에는 부그림의 배치를 신경 쓸 필요가 없었다. 그러나 다른 자산 그룹을 시각화하는 경우에는 합리적인 부그림 배치를 자동으로 결정하는 방법이 필요하다. _get_layout() 메서드를 추가해 주어진 부그림의 개수(그룹의 고유 자산의 수)에 필요한 Figure와 Axes 객체를 생성한다.

```python
def _get_layout(self):
    """
    부그림의 자동 배치를 위한 헬퍼 메서드

    반환값: 그림을 그리기 위한 `Figure`와 `Axes` 객체
    """
    subplots_needed = self.data[self.group_by].nunique()
    rows = math.ceil(subplots_needed / 2)
    fig, axes = \
        plt.subplots(rows, 2, figsize=(15, 5 * rows))
    if rows > 1:
        axes = axes.flatten()
    if subplots_needed < len(axes):
        # 자동 배치에서 초과 axes는 제거한다.
        for i in range(subplots_needed, len(axes)):
            # 여기서는 컴프리헨션을 사용할 수 없다.
            fig.delaxes(axes[i])
    return fig, axes
```

이제 how _window_calc()이 그룹에 대해 어떻게 작동하는지 정의해야 한다. 그룹의 각 자산에 대한 부그림을 그리고자 _get_layout() 메서드를 사용한다.

```python
def _window_calc(self, column, periods, name, func,
                 named_arg, **kwargs):
    """
    시리즈의 그림을 그리고 윈도우 계산을 사용해 참조선을
    추가하기 위한 헬퍼 메서드

    매개변수:
        - column: 그림으로 그릴 열 이름
        - periods: 20일 기간(period)(재표본추출)에 대해서는
          '20D'이나 20일 기간(span)(평활화)에 대해서는
          20과 같이 재표본추출/평활화 함수에 전달할
          규칙/기간이나 규칙/기간의 리스트
        - name: (범례에 표시할) 윈도우 계산의 이름
        - func: 윈도우 계산에 사용할 함수
        - named_arg: `periods` 인수로 전달되는 이름
        - kwargs: 추가 인수
```

```
    반환값:
        matplotlib `Axes` 객체
    """
    fig, axes = self._get_layout()
    for ax, asset_name in zip(
        axes, self.data[self.group_by].unique()
    ):
        subset = self.data.query(
            f'{self.group_by} == "{asset_name}"'
        )
        ax = subset.plot(
            y=column, ax=ax, label=asset_name, **kwargs
        )
        for period in self._iter_handler(periods):
            subset[column].pipe(
                func, **{named_arg: period}
            ).mean().plot(
                ax=ax, linestyle='--',
                label=f"""{period if isinstance(
                    period, str
                ) else str(period) + 'D'} {name}"""
            )
        ax.legend()
    plt.tight_layout()
    return ax
```

그룹 자산에 대해 반복하면서 부그림을 그려 자산 그룹의 시간외 거래 효과를 시각화하고자 after_hours_trades()를 오버라이드한다.

```
def after_hours_trades(self):
    """
    시간외 거래 효과를 시각화한다.

    반환값: matplotlib `Axes` 객체
    """
    num_categories = self.data[self.group_by].nunique()
    fig, axes = plt.subplots(
        num_categories, 2, figsize=(15, 3 * num_categories)
    )

    for ax, (name, data) in zip(
        axes, self.data.groupby(self.group_by)
```

```
    ):
        after_hours = data.open - data.close.shift()
        monthly_effect = after_hours.resample('1M').sum()

        after_hours.plot(
            ax=ax[0],
            title=f'{name} Open Price - Prior DayClose'
        ).set_ylabel('price')

        monthly_effect.index = \
            monthly_effect.index.strftime('%Y-%b')
        monthly_effect.plot(
            ax=ax[1], kind='bar', rot=90,
            color=np.where(monthly_effect >= 0, 'g', 'r'),
            title=f'{name} after-hours trading '
                'monthly effect'
        ).axhline(0, color='black', linewidth=1)
        ax[1].set_ylabel('price')
    plt.tight_layout()
    return axes
```

StockVisualizer 클래스를 사용해 두 자산의 종가에 대한 결합 그림을 그릴 수 있지만, 여기서는 pairplot()을 오버라이드해 그룹 자산에서 종가 간의 관계를 볼 수 있다.

```
def pairplot(self, **kwargs):
    """
    자산 그룹의 seaborn 쌍그림(pairplot)을 그린다.

    매개변수:
        - kwargs: 키워드 인수

    반환값: seaborn 쌍그림
    """
    return sns.pairplot(
        self.data.pivot_table(
            values='close',
            index=self.data.index,
            columns=self.group_by
        ), diag_kind='kde', **kwargs
    )
```

마지막으로, 그룹에 있는 모든 자산의 종가 간 상관관계에 대한 히트맵을 생성하는
heatmap() 메서드를 추가한다.

```python
def heatmap(self, pct_change=True, **kwargs):
    """
    자산 간의 상관관계에 대한 히트맵을 생성한다.

    매개변수:
        - pct_change: 주가의 일일 백분율 변화에 대한
          상관관계를 표시할지 여부
        - kwargs: 키워드 인수

    반환값: seaborn 히트맵
    """
    pivot = self.data.pivot_table(
        values='close',
        index=self.data.index,
        columns=self.group_by
    )
    if pct_change:
        pivot = pivot.pct_change()
    return sns.heatmap(
        pivot.corr(),
        annot=True,
        center=0,
        vmin=-1,
        vmax=1,
        **kwargs
    )
```

heatmap() 메서드를 사용하면 자산 간의 일일 백분율 변화를 어떻게 비교할 수 있는지
알 수 있다. 이 메서드는 자산 간의 차이를 같은 척도로 처리한다. 구글과 아마존 주식은
페이스북과 애플 주식보다 더 비싸다. 즉 몇 달러의 이익은 페이스북과 애플의 수익률
이 더 높다는 것을 뜻한다.

```python
>>> all_assets_viz = \
...     stock_analysis.AssetGroupVisualizer(all_assets)
>>> all_assets_viz.heatmap()
```

애플–S&P 500과 페이스북–구글은 강한 상관관계가 있지만 비트코인은 다른 것들과는 아무런 상관관계가 없다.

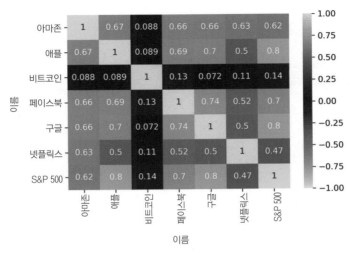

그림 7.17 자산 가치에 대한 상관관계

큰 그림으로 자산 그룹을 시각화하는 모든 메서드를 보여 주지는 않겠지만 노트북에서 메서드를 확인하고 테스트해 보길 바란다. 이제 이런 Visualizers를 결합해 시간 경과에 따라 자산이 어떻게 변하는지 알아보도록 한다.

```
>>> faang_sp_viz = \
...     stock_analysis.AssetGroupVisualizer(faang_sp)
>>> bitcoin_viz = stock_analysis.StockVisualizer(bitcoin)

>>> fig, axes = plt.subplots(1, 2, figsize=(15, 5))
>>> faang_sp_viz.evolution_over_time(
...     'close', ax=axes[0], style=faang_sp_viz.group_by
... )
>>> bitcoin_viz.evolution_over_time(
...     'close', ax=axes[1], label='Bitcoin'
... )
```

비트코인은 2020년 말에 크게 올랐으며(y축의 척도를 확인해야 한다), 아마존 주가도 2020년에 많이 올랐다.

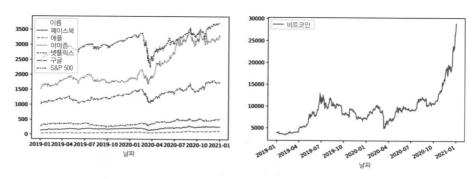

그림 7.18 시간 경과에 따른 자산 가격의 변화

이제 데이터에 대해 좋은 느낌이 들었으므로 몇 가지 계량을 살펴보도록 한다. 코드의 일부분만 살펴보고 이용했지만 7장의 노트북에서 Visualizer 클래스의 모든 메서드를 사용해 보길 바란다. 연습 문제에서도 이런 메서드를 사용해야 한다.

금융 상품의 기술적 분석

자산의 기술적 분석에서는 다양한 자산을 다른 자산과 비교하고자 (누적수익률이나 변동성과 같은) 계량을 계산한다. 앞의 두 절과 마찬가지로 이 절에도 도움이 되는 클래스가 있는 모듈을 만든다. 단일 자산에 대한 기술적 분석을 위해서는 StockAnalyzer 클래스가 필요하며 자산 그룹에 대한 기술적 분석에는 AssetGroupAnalyzer 클래스가 필요하다. 이들 클래스는 stock_analysis/stock_analyzer.py 파일에 있다.

다른 모듈과 마찬가지로 문서 주석과 임포트로 모듈을 시작한다.

```
"""자산에 대한 기술적 분석을 위한 클래스"""

import math

from .utils import validate_df
```

StockAnalyzer 클래스

개별 자산 분석을 위해 주어진 자산에 대한 계량을 계산하는 StockAnalyzer 클래스를 만든다. 이 클래스가 제공하는 모든 계량은 그림 7.19의 UML 다이어그램에서 확인할 수 있다.

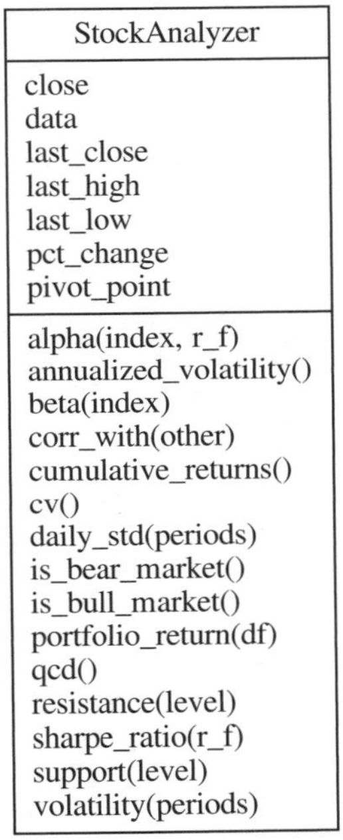

```
                    StockAnalyzer
        close
        data
        last_close
        last_high
        last_low
        pct_change
        pivot_point

        alpha(index, r_f)
        annualized_volatility()
        beta(index)
        corr_with(other)
        cumulative_returns()
        cv()
        daily_std(periods)
        is_bear_market()
        is_bull_market()
        portfolio_return(df)
        qcd()
        resistance(level)
        sharpe_ratio(r_f)
        support(level)
        volatility(periods)
```

그림 7.19 StockAnalyzer 클래스의 구조

StockAnalyzer 인스턴스는 기술적 분석을 하려는 자산 데이터로 초기화된다. 즉 __init__() 메서드는 매개변수로 데이터를 받아야 한다.

```python
class StockAnalyzer:
    """ 주식의 기술적 분석을 위한 계량을 제공한다. """

    @validate_df(columns={'open', 'high', 'low', 'close'})
    def __init__(self, df):
        """ OHLC 데이터로 `StockAnalyzer` 객체를 만든다. """
        self.data = df
```

기술적 분석을 위한 대부분의 계산은 주식의 종가를 사용하므로 모든 메서드에 self. data.close를 작성하기보다는 self.clos로 접근할 수 있도록 속성property을 만든다. 이 렇게 하면 코드를 더 깔끔하고 따라하기 쉽게 만든다.

```python
@property
def close(self):
    """ 데이터의 close 열을 가져온다. """
    return self.data.close
```

close 열의 백분율 변화가 필요하므로 이 값에 더 쉽게 접근할 수 있도록 속성을 만든다.

```python
@property
def pct_change(self):
    """ close 열의 백분율 변화를 계산한다. """
    return self.close.pct_change()
```

데이터에서 마지막 날의 고가, 저가, 종가에 대한 평균인 **피봇 점**pivot point을 사용해 지지 와 저항 수준을 계산할 것이므로 이에 대한 속성도 만든다.

```python
@property
def pivot_point(self):
    """ 피봇 점을 계산한다. """
    return (self.last_close + self.last_high
            + self.last_low) / 3
```

열을 선택하고 주가를 얻고자 iat[]를 사용하기 전에 데이터에 대한 last() 메서드를 사 용해 정의하는 self.last_close, self.last_high, self.last_low를 사용하고 있다.

```python
@property
def last_close(self):
    """ 데이터에서 마지막 종가의 값을 가져온다. """
    return self.data.last('1D').close.iat[0]

@property
def last_high(self):
    """ 데이터에서 마지막 고가의 값을 가져온다. """
```

```
        return self.data.last('1D').high.iat[0]

    @property
    def last_low(self):
        """ 데이터에서 마지막 저가의 값을 가져온다. """
        return self.data.last('1D').low.iat[0]
```

이제 지지와 저항을 계산하는 데 필요한 모든 것을 준비했다. 세 가지 다른 수준을 계산하는데, 첫 번째 수준은 종가에 가장 가까운 수준이며, 세 번째 수준은 가장 먼 수준이다. 따라서 첫 번째 수준은 가장 제한적인 수준이며, 세 번째 수준은 가장 제한적이지 않은 수준이 된다. 다음과 같이 호출자가 계산할 수준을 지정할 수 있도록 resistance() 메서드를 정의한다.

```
def resistance(self, level=1):
    """ 주어진 수준의 저항을 계산한다. """
    if level == 1:
        res = (2 * self.pivot_point) - self.last_low
    elif level == 2:
        res = self.pivot_point \
                + (self.last_high - self.last_low)
    elif level == 3:
        res = self.last_high \
                + 2 * (self.pivot_point - self.last_low)
    else:
        raise ValueError('유효한 수준이 아니다.')
    return res
```

비슷한 방식으로 support() 메서드를 정의한다.

```
def support(self, level=1):
    """ 주어진 수준의 지지를 계산한다. """
    if level == 1:
        sup = (2 * self.pivot_point) - self.last_high
    elif level == 2:
        sup = self.pivot_point \
                - (self.last_high - self.last_low)
    elif level == 3:
        sup = self.last_low \
```

```
                - 2 * (self.last_high - self.pivot_point)
        else:
            raise ValueError('유효한 수준이 아니다.')
    return sup
```

다음으로 자산의 변동성 분석을 위한 메서드를 만든다. 먼저, 종가의 백분율 변화의 일일 표준편차를 계산하는데 거래 기간의 일수를 지정해야 한다. 데이터에 있는 것보다 더 많은 거래 기간을 사용할 수 없도록 이 인수에 사용할 수 있는 최대값을 갖는 속성을 정의한다.

```
@property
def _max_periods(self):
    """ 데이터에서 거래 기간의 일 수를 가져온다. """
    return self.data.shape[0]
```

이제 최대값을 얻었으므로 일일 백분율 변화에 대한 일일 표준편차를 계산하는 daily_std() 메서드를 정의한다.

```
def daily_std(self, periods=252):
    """
    백분율 변화에 대한 일일 표준편차를 계산한다.

    매개변수:
        - periods: 계산이 사용할 거래 기간의 일 수.
          기본값은 연간 거래일 수인 252다.
          데이터의 거래일 수보다 큰 값을 입력하면
          `self._max_periods`가 사용된다.

    반환값: 표준편차
    """
    return self.pct_change\
        [min(periods, self._max_periods) * -1:].std()
```

daily_std()는 그 자체로도 유용하지만 이 메서드를 사용하면 한 단계 더 나아가 일일 표준편차를 (252일이라고 가정한) 연간 거래일 수의 제곱근을 곱해 연간 변동성을 계산할 수 있다.

520

```
def annualized_volatility(self):
    """ 연간 변동성을 계산한다."""
    return self.daily_std() * math.sqrt(252)
```

또한 rolling() 메서드를 사용해 이동변동성rolling volatility을 살펴볼 수도 있다.

```
def volatility(self, periods=252):
    """"이동변동성을 계산한다.

    매개변수:
        - periods: 계산이 사용할 거래 기간의 일 수.
          기본값은 연간 거래일 수인 252다.
          데이터의 거래일 수보다 큰 값을 입력하면
          `self._max_periods`가 사용된다.

    반환값: `pandas.Series` 객체
    """
    periods = min(periods, self._max_periods)
    return self.close.rolling(periods).std()\
            / math.sqrt(periods)
```

자산을 비교하는 경우가 많으므로 일일 백분율 변화를 사용해 자산 간 상관관계를 계산하는 corr_with() 메서드를 제공한다.

```
def corr_with (self, other):
    """"DataFrame 간의 상관관계를 계산한다.

    매개변수:
        - other: 다른 DataFrame

    반환값: `pandas.Series` 객체
    """
    return \
        self.data.pct_change().corrwith (other.pct_change())
```

다음으로, 자산의 산포 수준을 비교하기 위한 몇 가지 계량을 정의한다. 1장에서 산포 수준을 비교할 수 있는 변동계수(cv() 메서드)와 산포의 분위수계수quantile coefficient(qcd() 메서드)를 설명했다. 여기서 이 두 메서드를 모두 추가한다.

```
def cv(self):
    """
    자산에 대한 변동계수를 계산한다.
    이 값이 낮을수록 위험/수익률 절충점이 더 좋아진다.
    """
    return self.close.std() / self.close.mean()

def qcd(self):
    """산포에 대한 분위수계수를 계산한다."""
    q1, q3 = self.close.quantile([0.25, 0.75])
    return (q3 - q1) / (q3 + q1)
```

또한, S&P 500과 같은 지수와 비교해 자산의 변동성을 계량화하는 방법이 필요하므로 자산 수익률의 공분산 비율과 자산 수익률의 분산에 대한 지수 수익률의 비율인 **베타** beta를 계산한다. 사용자가 벤치마크로 사용할 지수를 지정할 수 있도록 beta() 메서드를 추가한다.

```
def beta(self, index):
    """
    자산의 베타를 계산한다.

    매개변수:
        - index: 비교할 지수 데이터

    반환값:
        베타, 실수형
    """
    index_change = index.close.pct_change()
    beta = self.pct_change.cov(index_change)\
            / index_change.var()
    return beta
```

다음으로, 자산 누적수익률을 시리즈로 계산하는 메서드를 정의한다. 이 값은 종가의 백분율 변화에 1을 더한 값에 대한 누적곱으로 정의된다.

```
def cumulative_returns(self):
    """ 그림에 필요한 누적수익률을 계산한다. """
    return (1 + self.pct_change).cumprod()
```

우리는 지원해야 할 다음 몇 가지 계량은 포트폴리오에 대한 수익률을 계산해야 한다. 계산이 쉽도록 포트폴리오의 수익률이 데이터에 포함된 기간에 걸쳐 시가부터 종가까지의 백분율 변화가 되도록 주식분산[distribution per share][9]이 없다고 가정한다. self.data에 저장된 데이터뿐만 아니라 인덱스에 대해 이 값을 계산해야 하므로 이 값을 정적 메서드로 정의한다.

```python
@staticmethod
def portfolio_return(df):
    """
    주식분배가 없다는 가정하에 수익률을 계산한다.

    매개변수:
        - df: 자산의 DataFrame

    반환값: 수익률, 실수형
    """
    start, end = df.close[0], df.close[-1]
    return (end - start) / start
```

베타를 사용하면 자산의 변동성을 지수와 비교할 수 있지만, **알파**[alpha]를 사용하면 자산 수익률을 지수의 수익률과 비교할 수 있다. 알파를 계산하려면 재정손실의 위험이 없는 무위험수익률[risk-free rate of return]이 필요하다. 실제로 무위험수익률 계산을 위해 미국 국채를 사용한다. 알파를 계산하려면 베타와 함께 지수와 자산의 포트폴리오 수익률을 계산해야 한다.

```python
def alpha(self, index, r_f):
    """
    자산의 알파를 계산한다.

    매개변수:
        - index: 비교할 지수
        - r_f: 무위험수익률
```

---

9   주식을 널리 일반대중에게 보급해 분산시키는 것을 말한다(출처: 매일경제 경제용어사전(https://www.mk.co.kr/dic/m/view.php?idx=14015)). – 옮긴이

```
                반환값: 알파, 실수형
                """
                r_f /= 100
                r_m = self.portfolio_return(index)
                beta = self.beta(index)
                r = self.portfolio_return(self.data)
                alpha = r - r_f - beta * (r_m - r_f)
                return alpha
```

TIP

위의 코드 스니펫에서 r_f /= 100은 r_f를 100으로 나눈 결과를 다시 r_f에 저장한다는 의미로 r_f = r_f / 100를 줄여 쓴 것이다. 파이썬에서는 다른 산술 함수에 대해서도 이런 연산자가 있다. 예: +=, -=, *=, %=.

또한 자산이 지난 2개월 동안 각각 20% 이상의 주가 상승 또는 하락을 의미하는 **강세장** bull market[10] 또는 **약세장**bear market 여부를 알려 주는 메서드를 추가한다.

```
        def is_bear_market(self):
            """
            주가가 지난 2개월 동안 주식 수익률이 20% 이하로 하락했는지를
            뜻하는 약세장에 있는지를 결정한다.
            """
            return \
                self.portfolio_return(self.data.last('2M')) <= -.2

        def is_bull_market(self):
            """
            주가가 지난 2개월 동안 주식 수익률이 20% 이상 상승했는지를
            뜻하는 강세장에 있는지를 결정한다.
            """
            return \
                self.portfolio_return(self.data.last('2M')) >= .2
```

---

10 주식 가격이 상승하는 추세의 주식시장을 일컫는 말이다. 향후 경제에 대한 낙관론과 경제 성장이 기대되는 시기를 뜻한다. 미국 증권시장에서는 보통 강세장을 황소(bull)에 비유해서 '불 마켓(bull market)', 약세장을 곰(bear)에 비유해서 '베어 마켓(bear market)'이라고 부른다. 미국 뉴욕 월스트리트의 황소 동상은 증권회사들의 강세장에 대한 희망의 표현이다(출처: 시사경제용어사전(https://www.moef.go.kr/sisa/dictionary/detail?idx=320)). – 옮긴이

마지막으로, 투자에 대한 변동성으로 인해 무위험수익률을 초과해 얻게 되는 수익률인 **샤프지수**Sharpe ratio를 계산하는 메서드를 추가한다.

```python
def sharpe_ratio(self, r_f):
    """
    자산의 샤프지수를 계산한다.

    매개변수:
        - r_f: 무위험수익률

    Returns:
        샤프지수, 실수형
    """
    return (
        self.cumulative_returns().last('1D').iat[0] - r_f
    ) / self.cumulative_returns().std()
```

설명한 내용을 토대로 모듈을 만들고 있으므로 시간을 들여 이 모듈의 코드를 이해하길 바란다. 기술적 분석에 이 모든 계량을 전부 사용하지는 않겠지만, 7장 노트북에서 모든 메서드를 테스트해 보길 바란다.

AssetGroupAnalyzer 클래스

이 절에서 작업할 모든 계산은 StockAnalyzer에 정의돼 있다. 그러나 비교하려는 각 자산에 대해 모든 계산을 하지 않고 자산 그룹에 대해 이런 계량을 계산할 수 있도록 (같은 모듈에서) AssetGroupAnalyzer 클래스도 만든다.

StockAnalyzer와 AssetGroupAnalyzer 클래스는 많은 함수를 공유하므로 상속을 통해 두 클래스를 설계해야 한다. 그러나 이번 경우처럼 **구성**composition하는 것이 더 합리적일 수도 있다. 객체에 다른 클래스의 인스턴스가 포함된 경우를 구성이라고 한다. 이런 설계로 인해 AssetGroupAnalyzer 클래스에 대한 간단한 UML 다이어그램은 그림 7.20과 같다.

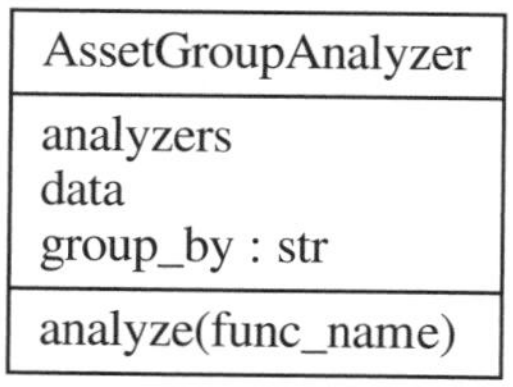

AssetGroupAnalyzer
analyzers data group_by : str
analyze(func_name)

그림 7.20 AssetGroupAnalyzer 클래스의 구조

자산에 대한 DataFrame과 (이름이 아닌 경우) 그룹 열의 이름으로 AssetGroupAnalyzer 인스턴스를 만든다. 초기화 시 (각 자산에 대해 하나씩) StockAnalyzer 객체의 딕셔너리를 만들고자 _composition_handler() 메서드를 호출한다.

```python
class AssetGroupAnalyzer:
    """ DataFrame의 많은 자산을 분석한다. """

    @validate_df(columns={'open', 'high', 'low', 'close'})
    def __init__(self, df, group_by='name'):
        """
        OHLC 데이터의 DataFrame과 그룹화할 열을 사용해
        `AssetGroupAnalyzer` 객체를 만든다.
        """
        self.data = df
        if group_by not in self.data.columns:
            raise ValueError(
                f'`group_by` column "{group_by}" not in df.'
            )
        self.group_by = group_by
        self.analyzers = self._composition_handler()

    def _composition_handler(self):
        """
        상속 대신 구성을 사용해 각 그룹을 분석기(analyzer)에
        대응시킬 딕셔너리를 만든다.
        """
        return {
            group: StockAnalyzer(data)
            for group, data in self.data.groupby(self.group_by)
        }
```

AssetGroupAnalyzer 클래스에는 공개 메서드인 analyze() 메서드 하나만 있다. 실제로 모든 계산은 analyzers 속성에 저장된 StockAnalyzer 객체에 위임된다.

```
def analyze(self, func_name, **kwargs):
    """
    모든 자산에 대해 `StockAnalyzer` 메서드를 실행한다.

    매개변수:
        - func_name: 실행할 메서드 이름
        - kwargs: 추가 인수

    반환값:
        각 자산을 해당 함수 계산 결과에 대응하는 딕셔너리
    """
    if not hasattr(StockAnalyzer, func_name):
        raise ValueError(
            f'StockAnalyzer has no "{func_name}" method.'
        )
    if not kwargs:
        kwargs = {}

    return {
        group: getattr(analyzer, func_name)(**kwargs)
        for group, analyzer in self.analyzers.items()
    }
```

이 경우 상속을 사용하면 모든 메서드는 groupby() 연산을 처리할 수가 없어 오버라이드 돼야 한다. 반대로 구성을 사용하면 각 자산에 대해 StockAnalyzer 객체를 만들고 계산에 딕셔너리 컴프리헨션을 사용하기만 하면 된다. 또 달리 간편한 점은 getattr()를 사용하면 analyze()가 StockAnalyzer 객체를 사용해 이름으로 메서드를 사용할 수 있으므로 AssetGroupAnalyzer 클래스의 메서드를 미러링할 필요가 없다는 점이다.

자산 비교하기

AssetGroupAnalyzer 클래스를 사용해 데이터로 수집한 모든 자산을 비교해 보자. 앞서 그랬던 것처럼 여기서는 StockAnalyzer 클래스의 모든 메서드를 사용하지 않으므로 노트북에서 모든 메서드를 테스트해 보길 바란다.

```
>>> all_assets_analyzer = \
...     stock_analysis.AssetGroupAnalyzer(all_assets)
```

1장에서 설명했던 **변동계수**CV, Coefficient of Variation는 표준편차를 평균으로 나눈 값이다.
변동계수는 아마존과 애플과 같이 종가 평균이 다른 규모더라도 자산 종가의 변동을 비
교하는 데 도움이 된다. 또한 투자의 예상수익률에 대한 변동성을 비교하고 위험-수익
절충점을 정량화하는 데에도 변동계수를 사용할 수 있다. 변동계수를 사용해 가장 넓게
산포한 자산을 알아보자.

```
>>> all_assets_analyzer.analyze('cv')
{'Amazon': 0.2658012522278963,
 'Apple': 0.36991905161737615,
 'Bitcoin': 0.43597652683008137,
 'Facebook': 0.19056336194852783,
 'Google': 0.15038618497328074,
 'Netflix': 0.20344854330432688,
 'S&P 500': 0.09536374658108937}
```

비트코인이 가장 넓게 흩어져 있는 것은 놀라운 것이 아닐 것이다. 종가를 사용하는 대
신 일일 백분율 변화를 사용해 연간 변동성을 계산할 수 있다. 여기에는 지난해 동안 백
분율 변화에 대한 표준편차를 계산하고 이 값에 연간 거래일(코드는 거래일을 252일로 가
정)의 제곱근을 곱하는 것이 포함된다. 백분율 변화를 사용하면 (자산 가격에 비해) 가격의
변화가 클수록 불이익은 더 커지게 된다. 연간변동성을 사용하면 페이스북의 주가는 (여
전히 변동성이 가장 크지는 않지만) 변동계수를 사용했을 때보다 변동성이 훨씬 더 큰 것처
럼 보인다.

```
>>> all_assets_analyzer.analyze('annualized_volatility')
{'Amazon': 0.3851099077041784,
 'Apple': 0.4670809643500882,
 'Bitcoin': 0.4635140114227397,
 'Facebook': 0.45943066572169544,
 'Google': 0.3833720603377728,
```

```
 'Netflix': 0.4626772090887299,
 'S&P 500': 0.34491195196047003}
```

모든 자산이 데이터셋의 끝부분에 가서 수익을 냈으므로 지난 2개월 동안의 자산 수익률이 20% 이상인지를 의미하는 **강세장**에 들어섰는지를 확인해 보자.

```
>>> all_assets_analyzer.analyze('is_bull_market')
{'Amazon': False,
 'Apple': True,
 'Bitcoin': True,
 'Facebook': False,
 'Google': False,
 'Netflix': False,
 'S&P 500': False}
```

애플과 비트코인이 2020년 11월과 12월에 꽤 많이 오른 것처럼 보이며, 다른 자산들은 그렇지 않은 것처럼 보인다. 그러나 모든 자산이 약세장에 있지도 않다. 'is_bear_market'을 analyze()에 사용하면 확인할 수 있다. 변동성을 분석하는 또 다른 방법은 베타를 계산해 자산을 지수에 비교하는 것이다. 1보다 큰 양의 값은 지수보다 큰 변동성을 나타내며, −1보다 작은 음수 값은 지수와 역관계inverse relationship가 있음을 나타낸다.

```
>>> all_assets_analyzer.analyze('beta', index=sp)
{'Amazon': 0.7563691182389207,
 'Apple': 1.173273501105916,
 'Bitcoin': 0.3716024282483362,
 'Facebook': 1.024592821854751,
 'Google': 0.98620762504024,
 'Netflix': 0.7408228073823271,
 'S&P 500': 1.0000000000000002}
```

위 결과에서 베타를 사용하면 애플이 S&P 500과 비교해 가장 변동성이 크다는 것을 알 수 있다. 즉 (비트코인은 잠시 제외하고) 애플이 우리 포트폴리오에 있었다면 애플이 포트폴리오의 위험을 높였을 것이다. 그러나 우리는 비트코인이 S&P 500과 상관관계가 없다는 것을 알고 있으므로(그림 7.17 히트맵 참고) 이 낮은 베타 값은 오해의 소지가 있다.

우리가 살펴볼 마지막 계량은 **알파**로 투자수익률을 시장과 비교하는 데 사용된다. 알파를 계산하려면 무위험수익률(r_f)을 사용해야 한다. 일반적으로 이 값은 미국 국채를 사용한다. 금리는 이 URL(https://www.treasury.gov/resource-center/data-chart-center/interest-rates/pages/TextView.aspx?data=yield)에서 확인할 수 있다. 또는 **StockReader** 객체를 사용해 이 데이터를 수집할 수도 있다. S&P 500을 지수로 사용해 자산의 알파를 비교해 보자.

```
>>> r_f = reader.get_risk_free_rate_of_return() # 0.93
>>> all_assets_analyzer.analyze('alpha', index=sp, r_f=r_f)
{'Amazon': 0.7383391908270172,
 'Apple': 1.7801122522388666,
 'Bitcoin': 6.355297988074054,
 'Facebook': 0.5048625273190841,
 'Google': 0.18537197824248092,
 'Netflix': 0.6500392764754642,
 'S&P 500': -1.1102230246251565e-16}
```

모든 자산의 무위험수익률이 S&P 500보다 높다. S&P 500은 근본적으로 500개의 주식으로 구성돼 있으며 **다각화**diversification로 인해 위험과 수익률이 모두 낮다. 이 값은 누적수익률로 우리가 투자한 각 달러에 대한 수익률을 보여 준다. 이 값을 조금 더 쉽게 이해할 수 있도록 색과 선 유형을 변경하는 사용자 정의 Cycler 객체(https://matplotlib.org/cycler/)를 만든다.

```
>>> from cycler import cycler
>>> bw_viz_cycler = (
...     cycler(color=[plt.get_cmap('tab10')(x/10)
...                   for x in range(10)])
...     + cycler(linestyle=['dashed', 'solid', 'dashdot',
...                         'dotted', 'solid'] * 2))
>>> fig, axes = plt.subplots(1, 2, figsize=(15, 5))
>>> axes[0].set_prop_cycle(bw_viz_cycler)
>>> cumulative_returns = \
...     all_assets_analyzer.analyze('cumulative_returns')
>>> for name, data in cumulative_returns.items():
...     data.plot(
...         ax=axes[1] if name == 'Bitcoin' else axes[0],
```

```
...            label=name, legend=True
...        )
>>> fig.suptitle('누적수익률')
```

2020년 초의 어려움에도 불구하고 모든 자산은 수익을 냈다. 오른쪽 비트코인 부그림의 y축은 0부터 7까지 있으며, 왼쪽 주식시장 부그림의 y축 값 범위는 비트코인의 절반이다.

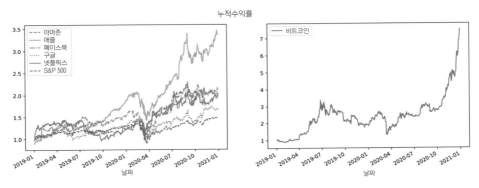

그림 7.21 모든 자산에 대한 누적수익률

이제 금융 상품 분석 방법을 알게 됐으므로 미래 실적을 예측하는 방법을 알아보도록 한다.

과거 데이터를 사용한 수익률 모델링

이 절의 목적은 몇몇 모델을 만드는 방법을 알아보는 것이다. 따라서 다음 예제는 가능한 최적의 모델이 아니라 학습 목적을 위해 간단하고 비교적 빠른 구현을 위한 것이다. 다시 한번 더 stock_analysis에는 이 절의 작업을 위한 StockModeler 클래스가 있다.

NOTE

> 이 절의 통계적 요소와 모델링을 제대로 이해하려면 통계학에 대한 지식이 필요하다. 그러나 이 절의 목적은 기초적인 수학에 집착하지 않고 모델링 기술을 금융 데이터에 적용하는 방법을 보여 주기 위한 것이다.

StockModeler 클래스

StockModeler 클래스를 사용하면 statsmodels 패키지와 직접 상호작용하지 않고도 간단한 금융 모델을 만들고 평가할 수 있다. 또한 우리가 만든 메서드로 모델 생성에 필요한 단계를 줄일 수 있다. 그림 7.22의 UML은 StockModeler가 단순한 클래스라는 것을 보여 준다. StockModeler는 (인스턴스화할 필요가 없는) **정적 클래스**static class이므로 속성이 없다.

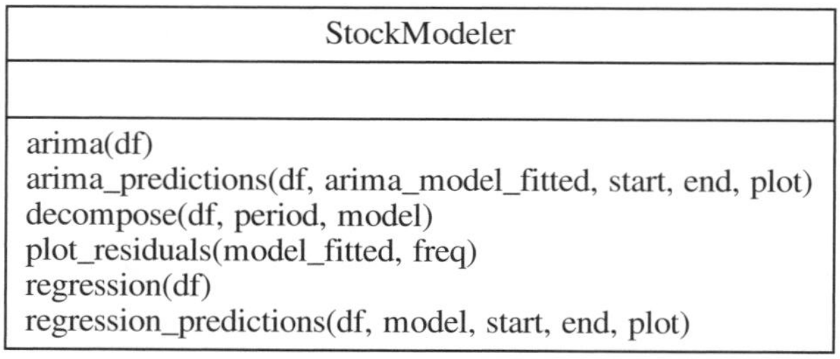

StockModeler
arima(df) arima_predictions(df, arima_model_fitted, start, end, plot) decompose(df, period, model) plot_residuals(model_fitted, freq) regression(df) regression_predictions(df, model, start, end, plot)

그림 7.22 StockModeler 클래스의 구조

StockModeler 클래스는 stock_analysis/stock_modeler.py에 정의돼 있으며 모델을 구축하고 모델의 성능에 대한 예비 분석을 수행하는 메서드를 가진다. 이전과 같이 문서 주석과 임포트로 시작한다.

```python
""" 주가에 대한 간단한 시계열 모델링 """

import matplotlib.pyplot as plt
import pandas as pd
from statsmodels.tsa.arima.model import ARIMA
from statsmodels.tsa.seasonal import seasonal_decompose
import statsmodels.api as sm

from .utils import validate_df
```

다음으로, StockModeler 클래스를 시작하고 이 클래스를 인스턴스화하면 에러를 발생하도록 한다.

```
class StockModeler:
    """ 주가 모델링을 정적 메서드 """

    def __init__(self):
        raise NotImplementedError(
            "이 클래스는 정적으로 사용돼야 한다: "
            "인스턴스화하지 마시오."
        )
```

이 클래스가 지원해야 하는 작업 중 하나는 1장에서 설명한 시계열 분해[time series decomposition]다. statsmodels에서 seasonal_decompose() 함수를 임포트했으므로 decompose() 메서드에서 종가에 대해 이 함수를 호출하기만 하면 된다.

```
@staticmethod
@validate_df(columns={'close'}, instance_method=False)
def decompose(df, period, model='additive'):
    """
    주식 종가를 추세와 계절성, 그리고 나머지 구성 요소로
    분해한다.

    매개변수:
        - df: time 인덱스와 `close`의 주식 종가를 포함하는
          DataFrame
        - period: 주기에 해당하는 거래일 수
        - model: 분해 방법
          ('additive' 또는 'multiplicative')

    반환값:
        `statsmodels` 분해 객체.
    """
    return seasonal_decompose(
        df.close, model=model, period=period
    )
```

decompose() 메서드에는 2개의 데코레이터가 있다. 첫 번째 데코레이터는 두 번째 데코레이터의 결과에 적용된다. 이 예제에서의 데코레이터는 다음과 같다.

```
staticmethod(
    validate_df(
        decompose,
        columns={'close'},
        instance_method=False
    )
)
```

또한, 1장에서 설명한 ARIMA 모델을 만들 수 있도록 한다. ARIMA 모델은 $ARIMA(p, d, q)$ 표기법을 사용한다. 여기서 p는 AR 모델의 시간 시차$^{time\ lag}$ 수(또는 차수^{order})이며, d는 데이터를 빼는 과거 값의 개수다(I 모델). q는 MA에서 사용되는 기간의 수다. 따라서 $ARIMA(1, 1, 1)$은 자기회귀 부분에 대해 한 번의 시차와 한 번의 차분 그리고 주기를 1로 하는 이동평균을 가진 모델이다. 예를 들어 $ARIMA(1, 0, 1)$은 $ARMA(1, 1)$과 같으며 $ARIMA(0, 0, 3)$은 $MA(3)$과 같다. 계절성 ARIMA 모델은 $ARIMA(p, d, q)(P, D, Q)_m$으로 표기하며 여기서 m은 계절성 모델의 기간 수이며, P, D, Q는 계절성 ARIMA 모델의 차수다. StockModeler.arima() 메서드는 (간단하게 하고자) 계절성 요소를 지원하지 않으며, p, d, q를 매개변수로 사용하지만 혼동을 피하고자 ARIMA 특성을 따라 모델이 표현하는 이름을 사용한다. 예를 들어 자동회귀(p)에 대해서는 ar을 사용한다. 게다가 정적 메서드에 모델을 만들기 전에 모델을 적합하는 옵션을 추가한다.

```
@staticmethod
@validate_df(columns={'close'}, instance_method=False)
def arima(df, *, ar, i, ma, fit=True, freq='B'):
    """
    시계열을 모델링하는 ARIMA 객체를 만든다.

    매개변수:
        - df: time 인덱스와 `close`의 주식 종가를 포함하는
          DataFrame
        - ar: 자동회귀 차수 (p).
        - i: 차분 차수 (q).
        - ma: 이동평균 차수 (d).
        - fit: 적합한 모델 반환 여부
        - freq: 시계열의 주기
```

```
반환값:
    적합과 예측에 사용할 수 있는 `statsmodels` ARIMA 객체
"""
arima_model = ARIMA(
    df.close.asfreq(freq).fillna(method='ffill'),
    order=(ar, i, ma)
)
return arima_model.fit() if fit else arima_model
```

메서드 서명(df, *, ar, i, ma, ...)에 별표(*)가 있다. 이렇게 하면 메서드를 호출할 때 별표 뒤에 나열된 매개변수가 키워드 인수로 사용된다. 이는 이 메서드를 사용하는 사람이 원하는 것이 무엇인지 명확히 할 수 있는 좋은 방법이다.

이와 함께 ARIMA 모델의 예측을 평가하는 방법이 필요하므로 arima_predictions() 정적 메서드를 추가한다. 또한 예측 결과를 Series 객체나 그림으로 반환하는 옵션을 제공한다.

```
@staticmethod
@validate_df(columns={'close'}, instance_method=False)
def arima_predictions(df, arima_model_fitted, start, end,
                      plot=True, **kwargs):
    """
    ARIMA predictions as a `Series` 객체나 그림으로
    ARIMA 예측 결과를 얻는다.

    매개변수:
        - df: 주가 DataFrame
        - arima_model_fitted: 적합한 ARIMA 모델
        - start: 예측을 위한 시작 날짜
        - end: 예측을 위한 종료 날짜
        - plot: 예측 결과를 그릴 것인지 여부. 기본값은 `True`로
          예측이 포함된 `Series` 객체 대신 그림을 반환한다.
        - kwargs: 추가 인수

    반환값:
        `plot` 인수 값에 따라 matplotlib `Axes` 객체나 예측
    """
```

```
        predictions = \
            arima_model_fitted.predict(start=start, end=end)

        if plot:
            ax = df.close.plot(**kwargs)
            predictions.plot(
                ax=ax, style='r:', label='arima predictions'
            )
            ax.legend()
        return ax if plot else predictions
```

ARIMA 모델을 만든 것과 비슷하게 1의 지연을 가진 종가에 대한 선형회귀 모델을 만들고자 regression() 메서드를 제공한다. 이를 위해 다시 statsmodels을 사용한다(9장에서는 선형회귀를 위해 scikit-learn을 사용한다).

```
@staticmethod
@validate_df(columns={'close'}, instance_method=False)
def regression(df):
    """
    lag=1로 시계열의 선형회귀를 만든다.

    Parameters:
        - df: 주식 DataFrame

    반환값:
        X, Y, 적합한 model
    """
    X = df.close.shift().dropna()
    Y = df.close[1:]
    return X, Y, sm.OLS(Y, X).fit()
```

arima_predictions() 메서드와 마찬가지로 Series 객체나 그림으로 모델의 예측을 검토하는 방법을 제공한다. ARIMA 모델과 달리 한 번에 하나의 값만 예측한다. 따라서 마지막 종가의 다음 날부터 예측을 시작하고 다음 날을 예측하고자 전날 예측을 반복적으로 사용한다. 이 모든 것을 처리하려고 regression_predictions() 메서드를 만든다.

```
@staticmethod
@validate_df(columns={'close'}, instance_method=False)
```

```
def regression_predictions(df, model, start, end,
                           plot=True, **kwargs):
    """
    `pandas.Series` 객체나 그림으로 선형회귀 결과를 얻는다.

    매개변수:
        - df: 주식 DataFrame
        - model: 적합한 선형회귀 모델
        - start: 예측을 위한 시작 날짜
        - end: 예측을 위한 종료 날짜
        - plot: 예측 결과를 그릴 것인지 여부. 기본값은 `True`로
          예측이 포함된 `Series` 객체 대신 그림을 반환한다.
        - kwargs: 추가 인수

    반환값:
        `plot` 인수 값에 따라 matplotlib `Axes` 객체나 예측
    """
    predictions = pd.Series(
        index=pd.date_range(start, end), name='close'
    )
    last = df.last('1D').close
    for i, date in enumerate(predictions.index):
        if not i:
            pred = model.predict(last)
        else:
            pred = model.predict(predictions.iloc[i - 1])
        predictions.loc[date] = pred[0]

    if plot:
        ax = df.close.plot(**kwargs)
        predictions.plot(
            ax=ax, style='r:',
            label='regression predictions'
        )
        ax.legend()

    return ax if plot else predictions
```

마지막으로, **ARIMA** 모델과 선형회귀 모델 모두에 대한 예측에서의 에러나 **잔차**를 시각화한다. 적합한 모델은 둘 다 resid 속성을 갖고 있어 잔차를 제공할 수 있다. 분산을 확인하기 위해 산점도를 그려야 하며, 평균을 확인하고자 KDE를 그려야 한다. 이를 위

해 plot_residuals() 메서드를 추가한다.

```python
@staticmethod
def plot_residuals(model_fitted, freq='B'):
    """
    모델의 잔차를 시각화한다.

    매개변수:
        - model_fitted: 적합한 모델
        - freq: 예측할 주기. 기본값은 'B'(영업일)

    반환값:
        matplotlib `Axes` 객체
    """
    fig, axes = plt.subplots(1, 2, figsize=(15, 5))
    residuals = pd.Series(
        model_fitted.resid.asfreq(freq), name='residuals'
    )
    residuals.plot(
        style='bo', ax=axes[0], title='잔차'
    )
    axes[0].set(xlabel='날짜', ylabel='잔차')
    residuals.plot(
        kind='kde', ax=axes[1], title='잔차 핵밀도추정'
    )
    axes[1].set_xlabel('잔차')
    return axes
```

이제 StockModeler 클래스를 사용해 넷플릭스 데이터를 다시 살펴보도록 한다.

시계열 분해

1장에서 설명했던 것처럼 시계열은 지정한 주기를 사용해 추세, 계절성, 나머지 구성 요소로 분해할 수 있다. StockModeler.decompose()가 사용하고 있는 statsmodels 패키지를 사용하면 시계열 데이터를 분해할 수 있다.

```python
>>> from stock_analysis import StockModeler
>>> decomposition = StockModeler.decompose(nflx, 20)
>>> fig = decomposition.plot()
```

```
>>> fig.suptitle(
... '넷플릭스 주가 시계열 분해', y=1
... )
>>> fig.set_figheight(6)
>>> fig.set_figwidth(10)
>>> fig.tight_layout()
```

위 코드를 실행하면 그림 7.23과 같이 넷플릭스 거래일 20일 주기에 따른 주가 시계열 분해 그래프를 얻을 수 있다.

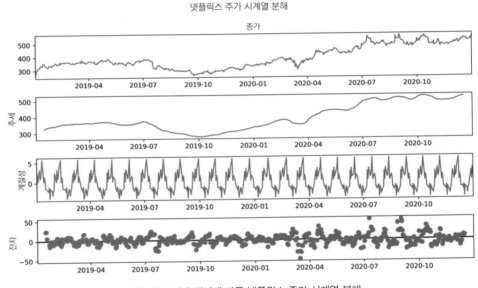

그림 7.23 시간 경과에 따른 넷플릭스 주가 시계열 분해

더 복잡한 모델은 시계열 분해한 다음 구성 요소를 중심으로 모델을 만들 수 있다. 그러나 이 내용은 7장의 범위를 벗어나므로 ARIMA 모델을 살펴보도록 한다.

ARIMA

1장에서 설명했던 것처럼 ARIMA 모델은 자동회귀, 차분, 이동평균으로 구성돼 있다. StockModeler.arima() 메서드가 사용하는 statsmodels 패키지를 사용하면 ARIMA 모델을 만들 수 있다. 이 메서드는 제공한 정보에 따라 주가에 적합한 **ARIMA** 모델을 반환한다. 여기서는 기능을 살펴보고자 간단한 모델을 만들 것이므로 **%%capture** 매직을 사용해 **ARIMA** 모델 적합 과정에서 발생하는 경고를 출력하지 않도록 한다.

```
>>> %%capture
>>> arima_model = StockModeler.arima(nflx, ar=10, i=1, ma=5)
```

TIP

> 위 코드는 적정한 시간 안에 실행되기 때문에 인수로 지정한 값을 선택했다. 실제로 좋은 ar 값을 찾으려면 5장에서 소개한 pandas.plotting 모듈의 autocorrelation_plot() 함수를 사용하면 된다.

모델이 적합되면 모델의 summary() 메서드를 사용해 모델에 대한 정보를 얻을 수 있다.

```
>>> print(arima_model.summary())
```

요약 정보가 너무 많아 내용을 이해하기 어려울 수 있다. 이해를 위해 미디엄 기사(https://medium.com/analytics-vidhya/interpreting-arma-modelresults-in-statsmodels-for-absolute-beginners-a4d22253ad1c)를 참고하길 바란다. 요약을 제대로 해석하려면 통계학 지식이 필요하다.

```
                        SARIMAX Results
==============================================================================
Dep. Variable:                 close   No. Observations:                522
Model:                ARIMA(10, 1, 5)   Log Likelihood            -1925.850
Date:                Mon, 18 Jan 2021   AIC                        3883.700
Time:                        19:02:23   BIC                        3951.792
Sample:                    01-02-2019   HQIC                       3910.372
                         - 12-31-2020
Covariance Type:                  opg
==============================================================================
                 coef    std err          z      P>|z|      [0.025      0.975]
------------------------------------------------------------------------------
ar.L1         -0.1407      0.254     -0.554      0.580      -0.639       0.358
ar.L2          0.1384      0.178      0.777      0.437      -0.211       0.488
ar.L3         -0.3349      0.165     -2.033      0.042      -0.658      -0.012
ar.L4          0.6575      0.171      3.839      0.000       0.322       0.993
ar.L5          0.5988      0.215      2.787      0.005       0.178       1.020
ar.L6         -0.1005      0.076     -1.315      0.188      -0.250       0.049
ar.L7          0.0555      0.052      1.072      0.284      -0.046       0.157
ar.L8         -0.0522      0.042     -1.256      0.209      -0.134       0.029
ar.L9         -0.0722      0.051     -1.425      0.154      -0.172       0.027
ar.L10         0.1021      0.056      1.813      0.070      -0.008       0.212
ma.L1         -0.0084      0.257     -0.032      0.974      -0.513       0.496
ma.L2         -0.0854      0.196     -0.435      0.663      -0.470       0.299
ma.L3          0.3300      0.184      1.797      0.072      -0.030       0.690
ma.L4         -0.6166      0.174     -3.549      0.000      -0.957      -0.276
ma.L5         -0.5170      0.213     -2.425      0.015      -0.935      -0.099
sigma2        93.0293      3.711     25.071      0.000      85.756     100.302
===================================================================================
Ljung-Box (Q):                       33.12   Jarque-Bera (JB):           373.34
Prob(Q):                              0.77   Prob(JB):                     0.00
Heteroskedasticity (H):               2.46   Skew:                        -0.10
Prob(H) (two-sided):                  0.00   Kurtosis:                     7.14
===================================================================================

Warnings:
[1] Covariance matrix calculated using the outer product of gradients (complex-step).
```

그림 7.24 ARIMA 모델의 요약 정보

우리의 목적을 위해 모델을 해석하는 더 간단한 방법은 **잔차**를 보거나 관측값과 모델이 예측한 값과의 차를 보는 것이다. 잔차는 평균이 0이고 전체적으로 등분산equal variance 이 돼야 한다. 즉 독립변수(여기서는 날짜)에 종속되면 안 된다. 후자의 요구 사항을 **등분산성**homoscedasticity이라고 한다. 이 가정이 맞지 않다면 모델이 추정한 값은 가장 적합한 값이 아니다. StockModeler.plot_residuals() 메서드를 사용하면 이 내용을 시각적으로 확인할 수 있다.

```
>>> StockModeler.plot_residuals(arima_model)
```

그림 7.25에서와 같이 잔차의 중심은 0이지만(오른쪽 그림) 시간이 지남에 따라 잔차의 분산이 증가하는 것을 확인할 수 있다(왼쪽 그림).

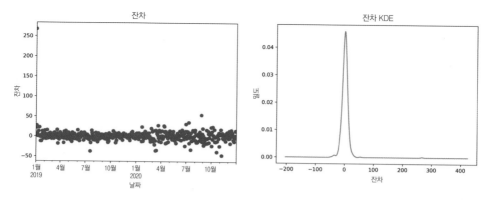

그림 7.25 ARIMA 모델의 잔차 평가

그림 7.24의 모델 요약을 살펴보면 statsmodels은 기본 유의수준 0.05를 사용해 등분산성에 대한 통계 검증을 시행했다. 등분산성 검정통계량의 값은 Heteroskedasticity(H)로 표시되며 p-값은 Prob(H)(two-sided)로 표시된다. 검정 결과는 통계적으로 유의했다(p-값이 유의수준보다 작거나 같다). 이는 잔차가 등분산성일 가능성이 매우 낮다는 것을 뜻한다.

StockModeler 클래스에서는 금융 상품의 종가를 모델을 모델링하는 데 **ARIMA** 모델을 대신 선형회귀를 사용할 수 있다.

statsmodels의 선형회귀

StockModeler.regression() 메서드는 statsmodels을 사용해 전날 종가의 함수로 종가에 대한 선형회귀 모델을 만든다.

```
>>> X, Y, lm = StockModeler.regression(nflx)
>>> print(lm.summary())
```

summary() 메서드를 사용하면 모델의 적합에 대한 통계량을 얻을 수 있다.

```
                              OLS Regression Results
==============================================================================
Dep. Variable:                  close   R-squared (uncentered):            0.999
Model:                            OLS   Adj. R-squared (uncentered):       0.999
Method:                 Least Squares   F-statistic:                   7.470e+05
Date:                Mon, 18 Jan 2021   Prob (F-statistic):                 0.00
Time:                        19:15:40   Log-Likelihood:                  -1889.3
No. Observations:                 504   AIC:                               3781.
Df Residuals:                     503   BIC:                               3785.
Df Model:                           1
Covariance Type:            nonrobust
==============================================================================
                 coef    std err          t      P>|t|      [0.025      0.975]
------------------------------------------------------------------------------
close          1.0011      0.001    864.291      0.000       0.999       1.003
==============================================================================
Omnibus:                       50.714   Durbin-Watson:                     2.317
Prob(Omnibus):                  0.000   Jarque-Bera (JB):                307.035
Skew:                          -0.014   Prob(JB):                       2.13e-67
Kurtosis:                       6.824   Cond. No.                           1.00
==============================================================================

Warnings:
[1] Standard Errors assume that the covariance matrix of the errors is correctly specified.
```

그림 7.26 선형회귀 모델에 대한 요약 정보

TIP

요약 정보를 보는 방법에 대해서는 미디엄 기사(https://medium.com/swlh/interpreting–linear–regression–through–statsmodels–summary–4796d359035a)를 참고한다.

수정된^{adjusted} R^2의 값이 거의 1에 가까우면 모델은 매우 좋은 것이다(9장에서 이 계량을 자세히 설명한다). 그러나 주가 데이터가 매우 자기상관적이라 이 값이 거의 1에 가까운 것이기 때문에 잔차를 다시 살펴보도록 한다.

```
>>> StockModeler.plot_residuals(lm)
```

그림 7.27과 같이 이 모델도 이분산성^{heteroscedasticity}이다.

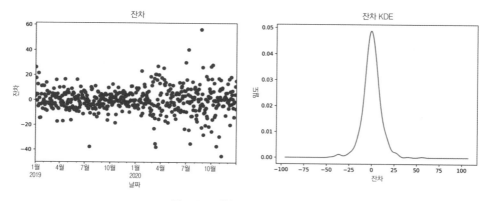

그림 7.27 선형회귀 모델의 잔차 평가

이제 ARIMA 모델이나 선형회귀 모델이 넷플릭스 주식의 종가를 얼마나 잘 예측하는지 알아보자.

모델 비교

두 모델을 비교하려면 몇몇 새로운 데이터에 대한 예측을 검증해야 한다. 2021년 1월 첫 2주간 넷플릭스 주식의 일일 종가를 수집하고 `StockModeler` 클래스의 예측 메서드를 사용해 모델의 예측값과 실제 데이터를 시각화한다.

```
>>> import datetime as dt

>>> start = dt.date(2021, 1, 1)
>>> end = dt.date(2021, 1, 14)

>>> jan = stock_analysis.StockReader(start, end)\
...     .get_ticker_data('NFLX')

>>> fig, axes = plt.subplots(1, 2, figsize=(15, 5))
>>> arima_ax = StockModeler.arima_predictions(
...     nflx,
...     arima_model, start=start, end=end,
...     ax=axes[0], title='ARIMA', color='b'
... )
>>> jan.close.plot(
```

```
...        ax=arima_ax, style='b--', label='실제 종가'
... )
>>> arima_ax.legend(['종가', 'arima 예측', '실제 종가'])
>>> arima_ax.set_xlabel('날짜')
>>> arima_ax.set_ylabel('주가 ($)')

>>> linear_reg = StockModeler.regression_predictions(
...        nflx, lm, start=start, end=end,
...        ax=axes[1], title='Linear Regression', color='b'
... )
>>> jan.close.plot(
...        ax=linear_reg, style='b--', label='실제 종가'
... )
>>> linear_reg.legend(['종가', '회귀 예측', '실제 종가'])
>>> linear_reg.set_xlabel('날짜')
>>> linear_reg.set_ylabel('주가 ($)')
```

ARIMA 모델의 예측값은 우리가 예상했던 패턴과 일치하는 것처럼 보이지만, 주식 시장의 예측할 수 없는 특성을 감안하면 두 모델 모두 2021년 1월 첫 2주간 실제 거래된 가격과는 거리가 멀다.

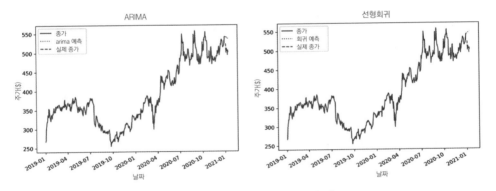

그림 7.28 모델의 예측값과 실제 주가 비교

보다시피 단 며칠간이라도 주가 수익률을 예측하는 것은 쉬운 일이 아니다. 뉴스 기사, 규정regulation, 경영진의 변화 등 이 모델에 적용되지 않은 데이터가 많다. 모델이 적합된 것처럼 보이더라도 예측은 외삽extrapolation을 사용하는 것이므로 많은 무작위성을 설명할 수는 없다.

이를 더 자세히 설명하고자 확률보행random walk과 주식 데이터를 사용해 만들어진 그림 7.29와 같은 그림을 살펴보자. 이 그림 중 하나는 실제 데이터인데 어떤 그림이 실제 데이터일까? 답을 확인하기 전에 그림을 보고 판단해 보길 바란다.

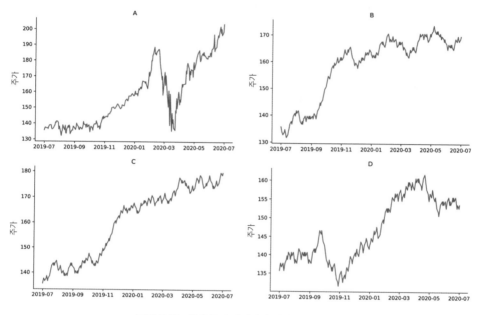

그림 7.29 실제 주가 데이터와 가짜 주가 데이터

각 시계열은 같은 시점(마이크로소프트 주식의 2019년 7월 1일 종가)에서 시작하지만 A만 실제 주가 데이터이며, 나머지는 모두 확률보행 데이터의 그림이다. 어느 것이 진짜 데이터라고 말하기 어렵거나 불가능하다.

요약

7장에서는 분석 응용 프로그램을 위해 파이썬 패키지를 만들면 이 패키지를 사용해 다른 사람들이 쉽게 분석하고 우리가 분석했던 것을 쉽게 재현할 수 있을 뿐만 아니라 향후 분석을 위해 반복 가능한 작업 과정을 만들 수 있는 방법을 알아봤다.

7장에서 만든 stock_analysis 패키지에는 인터넷에서 주가 데이터를 수집하는 StockReader와 개별 자산이나 그룹 자산을 시각화하는 Visualizer 패밀리, 비교를 위해 단일 자산이나 자산 그룹의 계량을 계산하는 StockAnalyzer와 AssetGroupAnalyzer, 시계열 모델링을 분해와 ARIMA, 선형회귀로 하는 StockModeler 클래스가 있다. 또한 StockModeler 클래스에서 statsmodels 패키지를 처음 사용해 봤다. 7장에서는 지금까지 이 책에서 다룬 pandas, matplotlib, seaborn, numpy 기능을 함께 사용하는 방법과 이런 라이브러리들이 사용자 정의 응용 프로그램에서 다른 패키지와 조화롭게 동작할 수 있다는 것도 알게 됐다. stock_analysis 패키지의 코드를 다시 읽고 7장에서 설명하지 않은 일부 메서드를 테스트하면서 개념을 익히길 바란다. 8장에서는 또 다른 응용 프로그램으로 로그인 시도를 위한 시뮬레이터simulator를 만들고, 규칙 기반 이상탐지를 하는 방법을 살펴볼 예정이다.

🏃 연습 문제

stock_analysis 패키지를 사용해 다음 연습 문제를 풀어라. 별도의 언급이 없는 한 2009년부터 2020년 말까지의 데이터를 사용한다. StockReader 클래스로 데이터를 수집하는데 문제가 있는 경우 exercises/ 디렉터리에 백업 CSV 파일을 사용하면 된다.

1. StockAnalyzer와 StockVisualizer 클래스를 사용해 넷플릭스 종가에 대한 세 수준의 지지값과 저항값을 계산하고 그림을 그린다.

2. StockVisualizer 클래스를 사용해 FAANG 주식에 대한 시간외 거래 효과를 알아본다.

    a) 개별 주식에 대해서

    b) stock_analysis.utils 모듈의 make_portfolio() 함수를 사용하는 포트폴리오에 대해서

3. StockVisualizer.open_to_close() 메서드를 사용해 (포트폴리오로서) FAANG 주식의 일일 시가와 종가 그래프를 그리고, 두 그래프 사이의 영역을 주가가 내리면 빨간색

으로 칠하고 주가가 오르면 초록색으로 칠한 그림을 그린다. 추가로 비트코인과 S&P 500 포트폴리오에 대해서도 같은 그림을 그린다.

4. 뮤추얼펀드^{mutual fund}[11]와 **상장지수펀드**^{exchange-traded funds, ETF}[12]는 많은 자산으로 구성된 펀드다.[13] 이런 펀드는 위험을 완화하려고 만들어졌으므로 펀드의 변동성은 펀드를 구성하는 자산의 변동성에 비해 낮다. 연간 변동성과 `AssetGroupAnalyzer` 클래스를 사용해 여러분이 선택한 뮤추얼펀드나 상장지수펀드와 해당 펀드에서 가장 큰 3개의 주식과 비교한다.

5. 한 행에 `alpha`, `beta`, `sharpe_ratio`, `annualized_volatility`, `is_bear_market`, `is_bull_market` 열이 있는 `DataFrame`을 반환하는 함수를 만든다. 각 열에는 `StockAnalyzer` 클래스를 사용해 주어진 주식에 해당 메서드를 실행한 결과가 저장되도록 한다. `AssetGroupAnalyzer.analyze()` 메서드에 사용된 딕셔너리 컴프리헨션과 `getattr()` 함수를 유용하게 사용할 수 있다.

6. `StockModeler`를 사용해 2019년 1월 1일부터 2020년 11월 30일까지의 S&P 500 데이터에 적합한 ARIMA 모델을 만들고, 이 모델을 사용해 2020년 12월 실적을 예측한다. 잔차를 조사하고 예측 실적을 실제 실적과 비교한다.

7. AlphaVantage(https://www.alphavantage.co/support/#api-key)에서 API 키를 요청해 위 연습 문제에서 데이터를 수집하고자 만든 `StockReader` 객체의 `get_forex_rates()` 메서드를 사용해 미국 달러^{USD}에서 일본 엔화^{JPY}로의 일일 환율 데이터를 수집한다. 2019년 2월부터 2020년 1월까지의 데이터에서 1주일 간격으로 재표본추출한 데이터로 봉차트를 그린다. 힌트: 날짜 범위를 지정하려면 표준 라이브러리의 `slice()` 함수(https://docs.python.org/3/library/functions.html#slice)를 사용한다.

---

11 투자자들의 자금을 모아 투자회사를 설립해 주식이나 채권 선물옵션 등에 투자한 후 이익을 나눠주는 증권투자회사를 말한다(출처: 매일경제(https://www.mk.co.kr/news/home/view/1999/01/1513/)). – 옮긴이

12 상장지수펀드(ETF)는 특정 주가지수와 연동되는 수익률을 얻을 수 있도록 설계된 '지수연동형 펀드'로서 거래소에서 주식처럼 거래되며, 주가지수를 사고 파는 증권 상품이다(출처: 미래에셋증권(https://securities.miraeasset.com/imf/300/imf601.do)). – 옮긴이

13 뮤추얼펀드와 상장지수펀드의 차이점은 이 URL(https://www.investopedia.com/articles/exchangetradedfunds/08/etf-mutual-fund-difference.asp)과 이 URL(https://whashington.tistory.com/191)을 참고한다. – 옮긴이

참고 자료

7장에서 다룬 주제에 관한 더 많은 내용은 다음 자료를 참고한다.

- **파이썬 함수의 데코레이터 안내서**: https://www.thecodeship.com/patterns/guide-to-python-function-decorators/

- **알파**: https://www.investopedia.com/terms/a/alpha.asp

- **(파이썬의) 클래스와 상속 입문**: http://www.jesshamrick.com/2011/05/18/an-introduction-to-classes-and-inheritance-in-python/

- **베타**: https://www.investopedia.com/terms/b/beta.asp

- **변동계수**: https://www.investopedia.com/terms/c/coefficientofvariation.asp

- **클래스**(파이썬 문서): https://docs.python.org/3/tutorial/classes.html

- **시간외 거래가 주가에 미치는 영향**: https://www.investopedia.com/ask/answers/05/saleafterhours.asp

- **파이썬 패키지를 만드는 방법**: https://www.pythoncentral.io/how-to-create-a-python-package/

- **파이썬에서 시계열 예측을 위한 ARIMA 모델을 만드는 방법**: https://machinelearning mastery.com/arima-for-time-series-forecasting-with-python/

- **파이썬에서 statsmodels을 사용한 선형회귀**: https://datatofish.com/statsmodels-linear-regression/

- **객체지향 프로그래밍**: https://python.swaroopch.com/oop.html

- **확률보행**: https://en.wikipedia.org/wiki/Random_walk

- **주식 분석**: https://www.investopedia.com/terms/s/stock-analysis.asp

- **지지와 저항 기초**: https://www.investopedia.com/trading/support-and-resistance-basics/

- 기술적 분석: https://www.investopedia.com/technicalanalysis-4689657

- 파이썬에서 정적 메서드나 클래스, 또는 추상 메서드 사용 방법 안내서의 결정판: https://julien.danjou.info/guide-python-static-class-abstract-methods/

- 설정^{setup} 스크립트 작성법: https://docs.python.org/3/distutils/setupscript.html

08

규칙 기반
비정상 행위 탐지

무작위 대입 공격 또는 **전수 공격**brute-force attack[1]으로 웹사이트의 접근권한을 얻으려고 시도하는 해커를 잡아야 할 때다. 해커는 웹사이트의 접근권한을 얻을 때까지 대량의 사용자 이름username과 패스워드 조합을 대입해 로그인한다. 이런 유형의 공격은 매우 요란하므로 일반적인 활동으로 생각하는 프로세스가 아닌 다른 프로세스에서 생성된 데이터를 찾는 과정인 **비정상 행위 탐지**anomaly detection를 위한 많은 데이터를 제공한다. 해커를 실제 해커처럼 시뮬레이션할 수는 없지만, 이 과정을 통해 비정상 행위 탐지에 도움이 되는 아이디어를 도출할 수 있을 것이다.

8장에서는 데이터를 만들고자 로그인 시도를 위한 시뮬레이션을 처리하는 패키지를 만든다. 시뮬레이션 방법은 필수적으로 갖춰야 할 기술이다. 때로는 문제를 수학적 방법으로 정확하게 해결하기 어렵다. 그러나 시스템에서 작은 구성 요소의 동작 방법을 정의하는 것은 쉬울 수 있다. 이런 경우 작은 구성 요소를 모델링해 전체 시스템의 동작을 시뮬레이션할 수 있다. 시뮬레이션 결과는 우리 목적에 충분할 수 있는 해결책의 근사

---

1   암호문의 암호 키를 찾고자 모든 경우의 수를 무작위로 대입해 암호를 푸는 공격 방법(출처: 정보통신용어사전) – 옮긴이

값이 될 수 있다.

시뮬레이션 데이터에서 의심스러운 활동을 식별하고자 규칙 기반 비정상 행위 탐지 기술을 이용한다. 8장의 마지막 부분에서는 다양한 확률분포에서 생성된 난수를 사용해 데이터를 시뮬레이션하는 방법을 익히고, 파이썬 표준 라이브러리를 더 많이 사용해 파이썬 패키지를 만들어 보며, 탐색적 데이터 분석을 수행하는 연습을 한 다음, 비정상 행위 탐지 방법을 익힌다.

8장에서는 다음과 같은 내용을 다룬다.

- 8장에서 사용할 데이터셋을 만들기 위한 로그인 시도 시뮬레이션

- 시뮬레이션 데이터를 이해하고자 탐색적 데이터 분석하기

- 비정상 행위를 탐지하고자 규칙과 기준값baseline 사용하기

⠿ 8장 교재

8장에서 사용할 데이터를 만들기 위한 시뮬레이션 패키지를 만든다. 패키지는 깃허브 (https://github.com/stefmolin/login-attempt-simulator/tree/2nd_edition)에 있다. 이 패키지는 1장에서 환경을 설정할 때 설치됐지만 7장의 지침을 따라 편집할 수 있는 버전의 패키지를 설치할 수 있다.

이 책 저장소의 8장 디렉터리(https://github.com/stefmolin/Hands-On-Data-Analysis-with-Pandas-2nd-edition/tree/master/ch_08)에는 실제 분석에 사용할 anomaly_detection. ipynb 노트북 파일과 데이터를 시뮬레이션하고자 터미널에서 실행할 수 있는 파이썬 스크립트가 들어 있는 simulate.py 파일이 있으며, 함께 작업할 데이터는 logs/ 디렉터리에 있고, 시뮬레이션에 사용할 데이터는 user_data/ 디렉터리에 있다.

⠿ 로그인 시도 시뮬레이션

유출된 로그인 시도 데이터를 쉽게 찾을 수 없으므로 (민감한 특성으로 인해 이런 데이터는 공유되지 않는다) 로그인 시도를 시뮬레이션해야 한다. 시뮬레이션은 통계적 모델링, 특정 사건에 대한 확률 추정, 필요한 경우 사건을 단순화하기 위한 적절한 가정을 찾을 수 있는 능력이 필요하다. (이중 인증two-factor authentication과 같이 추가 인증 방법을 사용하지 않고) 올바른 사용자 이름과 패스워드를 요구하는 로그인 과정을 시뮬레이션하고자 파이썬 패키지(login_attempt_simulator)를 터미널에서 실행할 수 있는 스크립트(simulate.py)를 만든다. 두 가지 모두 이 절에서 설명한다.

가정

시뮬레이션을 처리하는 코드로 넘어가기 전에 가정assumption에 대한 개념을 이해해야 한다. 시뮬레이션을 만들 때 가능한 모든 변수를 제어하는 것이 불가능하므로 시뮬레이션을 단순화할 수 있는 몇 가지 가정을 식별해야 한다.

시뮬레이터는 웹사이트의 유효한 사용자valid user에 대해 다음과 같이 가정한다.

- 유효한 사용자는 요일과 시간에 따라 달라지는 시간당 요금으로 **포아송 과정**Poisson process에 따라 웹사이트를 방문한다. 포아송 과정은 단위 시간 안에 어떤 사건이 발생하는 횟수를 나타내는 평균이 λ(람다lambda)인 포아송 분포로 모델링한다. 시뮬레이터는 단위 시간을 1시간으로 사용한다. 방문 간격 시간interarrival times은 평균 $1/\lambda$로 지수분포exponential distribution를 따른다.

- 유효한 사용자는 1~3개의 IP 주소를 사용하며, IP 주소는 32비트로 구성되며 보통 8비트씩 점(.)으로 구분해 표시되며 각 8비트 숫자는 0~255의 10진수 숫자로 표현한다. 2명의 유효한 사용자가 한 IP 주소를 공유해 사용할 수는 있지만 이런 일은 거의 일어나지 않는다.

- 유효한 사용자는 자격 증명을 입력하는 동안 실수를 거의 하지 않는다.

시뮬레이터는 해커에 대해서는 다음과 같이 가정한다.

- 해커는 본격적인 **사전 공격**dictionary attack**2**이 아니라 몇 가지 사용자 이름-패스워드 조합만 테스트해 계정이 잠기지 않도록 한다. 그러나 해커는 로그인 시도 간격을 늦추지 않는다.

- 해커는 서비스 거부DoS, Denial of Service를 일으키고 싶어 하지 않으므로 공격의 양을 제한하며 한 번에 한 번만 시도한다.

- 해커는 시스템에 존재하는 계정의 수를 알고 있으며 사용자 이름이 저장되는 형식도 잘 알고 있지만 정확한 사용자 이름을 추측한다. 해커는 113개의 모든 사용자 이름이나 사용자 이름 일부를 추측하고자 사용자 이름을 선택한다.

- 각 공격은 독립적이다. 이는 각 공격은 1명의 해커가 하는 것으로 1명의 해커는 두 번 이상 공격하지 않는다는 것을 뜻한다.

- 해커는 정확한 사용자 이름-패스워드 조합 정보를 공유하지 않는다.

- 공격은 무작위로 발생한다.

- 각 해커는 유효한 사용자와 같은 방식으로 만들어진 하나의 IP 주소를 사용한다. 그러나 시뮬레이터는 시나리오를 더 어렵게 만들려고 IP 주소를 바꿀 수 있다. 이는 11장에서 살펴볼 특성 중의 하나다.

- 가능성은 매우 낮지만, 해커가 유효한 사용자와 같은 IP 주소를 사용할 가능성이 있다. 물론 해커는 유효한 사용자가 될 수 있다.

---

2 암호화돼 저장된 비밀번호를 알아내기 위한 공격 방법 가운데 하나로 'password', '0000', '1234', 'qwerty'처럼 비밀번호로 자주 쓰이는 문자열들을 대입해서 암호를 찾아내는 방법이다. 널리 사용되는 단어, 날짜, 전화번호 등과 같은 패턴들을 사전 형태로 만들고 이들을 조합하는 방식으로 공격하므로 적중 확률이 높은 공격 방법이다. 이는 사람들이 기억하기 쉬운 단순한 단어들을 조합해 사용하거나 또는 자신의 생일, 전화번호, 이름 이니셜 등과 같은 특정한 패턴을 사용하는 경향이 있기 때문이다(출처 – 나무위키). – 옮긴이

우리는 암호 추측의 복잡도^{complexity} 일부는 무시한다. 대신, 패스워드를 올바르게 추측했는지 여부를 결정하려고 난수를 사용한다. 이는 웹사이트가 패스워드를 저장하는 방식, (아마도 그렇지 않겠지만) 평문 형태나 (실제 패스워드를 저장하지 않고 검증만 할 수 있도록 평문 패스워드로 되돌릴 수 없는 변환 값인) 해시 또는 소금을 뿌린 해시^{salted hash}('참고 자료' 참고)로 저장하는 것을 고려하지 않는다는 것을 뜻한다. 실제로 해커는 저장된 패스워드에 접근하고 오프라인 상태에서 패스워드를 알아낼 수 있다(이와 관련해서는 '참고 자료' 절을 참고한다). 이런 경우에는 해커의 시도가 로그에 남지 않으므로 8장에서 설명하는 기술은 도움이 되지 않는다. 이 시뮬레이션에서의 해커는 눈에 너무 잘 띈다.

login_attempt_simulator 패키지

이 패키지는 7장의 stock_analysis 패키지보다 훨씬 가볍고 3개의 파일로 구성돼 있다.

```
login_attempt_simulator
|-- __init__.py
|-- login_attempt_simulator.py
`-- utils.py
```

다음 절에서 각 파일을 살펴본다. 간결하게 하려고 문서 주석 부분은 제거했다. 전체 문서를 보려면 파일을 참고한다.

도우미 함수

시뮬레이터 클래스의 도우미^{helper}인 utils.py 함수부터 설명한다. 먼저 모듈에 대한 문서 주석을 만들고 임포트를 처리한다.

```python
""" 로그인 시도 시뮬레이터를 위한 유틸리티 함수 """

import ipaddress
import itertools
import json
import random
import string
```

다음으로, 웹 응용 프로그램의 사용자 기반[user base]을 만드는 make_user_base() 함수를 정의한다. 함수 내부 리스트의 각 이름과 알파벳의 소문자 하나를 결합해 사용자 이름 파일을 만들고 관리자 계정 몇 개도 추가한다. 그 결과 133개 계정이 사용자 기반이 된다. 파일로 만들어 두면 시뮬레이션을 할 때마다 사용자 기반을 매번 만들 필요가 없으며 앞으로 시뮬레이션을 할 때 이 파일을 읽기만 하면 된다.

```python
def make_user_base(out_file):
    """ 사용자 기반을 만들어 파일로 저장한다. """
    with open(out_file, 'w') as user_base:
        for first, last in itertools.product(
            string.ascii_lowercase,
            ['smith', 'jones', 'kim', 'lopez', 'brown']
        ): # 130개 계정을 만든다.
            user_base.write(first + last + '\n')
        # 계정을 3개 더 만든다.
        for account in ['admin', 'master', 'dba']:
            user_base.write(account + '\n')
```

시뮬레이터에서 이 사용자 기반을 사용해야 하므로 사용자 기반 파일을 리스트로 읽어 들이는 함수도 만든다. get_valid_users() 함수는 make_user_base() 함수가 만든 파일을 파이썬 리스트로 읽는다.

```python
def get_valid_users(user_base_file):
    """ 사용자 기반 파일에서 사용자를 읽는다. """
    with open(user_base_file, 'r') as file:
        return [user.strip() for user in file.readlines()]
```

random_ip_generator() 함수는 xxx.xxx.xxx.xxx 형식의 난수로 IP 주소를 만든다. 여기서 x는 0~255 사이의 정수다. 사설[private] IP 주소 할당을 막고자 파이썬 표준 라이브러리의 ipaddress 모듈(https://docs.python.org/3/library/ipaddress.html)을 사용한다.

```python
def random_ip_generator():
    """ 가짜 IP 주소를 무작위로 만든다. """
    try:
        ip_address = ipaddress.IPv4Address('%d.%d.%d.%d' %
            tuple(random.randint(0, 255) for _ in range(4))
```

```
        )
    except ipaddress.AddressValueError:
        ip_address = random_ip_generator()
    return str(ip_address) if ip_address.is_global \
        else random_ip_generator()
```

각 사용자는 로그인할 때 사용할 몇 개의 IP 주소를 갖는다. assign_ip_addresses() 함수는 각 사용자에게 임의 IP 주소 1~3개에 대응하는 딕셔너리를 만든다.

```
def assign_ip_addresses(user_list):
    """ 사용자에게 1~3개의 가짜 IP 주소를 할당한다. """
    return {
        user: [
            random_ip_generator()
            for _ in range(random.randint(1, 3))
        ] for user in user_list
    }
```

save_user_ips()과 read_user_ips() 함수는 사용자–IP 주소 대응관계를 JSON 파일로 저장하고 다시 이 파일을 딕셔너리로 읽어 들인다.

```
def save_user_ips(user_ip_dict, file):
    """ 사용자-IP 주소 대응관계를 JSON 파일로 저장한다. """
    with open(file, 'w') as file:
        json.dump(user_ip_dict, file)

def read_user_ips(file):
    """ 사용자-IP 주소 대응관계 JSON 파일을 읽는다. """
    with open(file, 'r') as file:
        return json.loads(file.read())
```

TIP

파이썬 표준 라이브러리에는 사용할 기회가 많지 않지만 알아 둬야 할 유용한 모듈이 많이 있다. 여기서는 json 모듈을 사용해 딕셔너리를 JSON 파일에 저장하고 나중에 다시 읽는다. IP 주소로 작업하고자 ipaddress 모듈을 사용하고 string 모듈을 사용해 문자열을 입력하지 않고도 알파벳 문자를 얻는다.

LoginAttemptSimulator 클래스

login_attempt_simulator.py 파일의 LoginAttemptSimulator 클래스는 모든 난수 생성 논리로 시뮬레이션을 하는 무거운 작업을 처리한다. 지금까지 해왔던 것처럼 문서 주석과 임포트로 모듈을 시작한다.

```python
""" 유효한 사용자와 해커의 로그인 시도 시뮬레이터 """

import calendar
import datetime as dt
from functools import partial
import math
import random
import string

import numpy as np
import pandas as pd

from .utils import random_ip_generator, read_user_ips
```

다음으로, 문서 주석과 상수 저장을 위한 몇 가지 클래스 변수로 LoginAttemptSimulator 클래스를 정의한다. (코드에서 아무런 의미가 없는) 매직 넘버magic number와 여러 지점에서 사용할 문자열의 철자 오류를 피하고자 이 작업을 수행한다. 이런 메시지는 로그에만 해당된다. 웹 응용 프로그램은 최종 사용자에게 인증authentication 시도가 실패한 이유를 보여 주지 않는다. 또한 보안상의 이유로 그렇게 해야만 한다.

```python
class LoginAttemptSimulator:
    """ 유효한 사용자 + 공격자의 로그인 시도를 시뮬레이션한다. """

    ATTEMPTS_BEFORE_LOCKOUT = 3
    ACCOUNT_LOCKED = 'error_account_locked'
    WRONG_USERNAME = 'error_wrong_username'
    WRONG_PASSWORD = 'error_wrong_password'
```

에러 메시지와 같은 상수를 저장하고자 클래스 변수를 사용해 코드에 오타가 발생하지 않도록 하는 방법에 유의한다. 즉 이런 에러 메시지를 사용할 때마다 메시지가 일정하므로 데이터를 깔끔하게 만들 수 있다. 파이썬에서 상수는 일반적으로 모두 대문자로 표기한다(https://www.python.org/dev/peps/pep-0008/#constants).

__init__() 메서드는 표시된 파일에서 사용자 기반을 읽고, 로그를 초기화하고 성공 확률을 저장하고, 필요에 따라 시뮬레이션의 시작 날짜와 종료 날짜를 결정하는 등 시뮬레이터를 설정한다.

```python
def __init__(self, user_base_json_file, start, end=None, *,
             attacker_success_probs=[.25, .45],
             valid_user_success_probs=[.87, .93, .95],
             seed=None):
    # 사용자, IP 주소 딕셔너리
    self.user_base = read_user_ips(user_base_json_file)
    self.users = [user for user in self.user_base.keys()]

    self.start = start
    self.end = end if end else self.start + \
        dt.timedelta(days=random.uniform(1, 50))

    self.hacker_success_likelihoods = \
        attacker_success_probs
    self.valid_user_success_likelihoods = \
        valid_user_success_probs

    self.log = pd.DataFrame(columns=[
        'datetime', 'source_ip', 'username',
        'success', 'failure_reason'
    ])
    self.hack_log = \
        pd.DataFrame(columns=['start', 'end', 'source_ip'])

    self.locked_accounts = []

    # random과 numpy의 난수 시드를 설정한다.
    random.seed(seed)
    np.random.seed(seed)
```

_record() 메서드는 각 로그인 시도 결과를 로그에 추가한다. 로그에는 로그인 시도를 한 IP 주소, 사용자 이름, 로그인 시간, 로그인 성공 여부 그리고 실패했다면 그 이유가 기록된다.

```python
def _record(self, when, source_ip, username, success,
            failure_reason):
    """
    로그인 시도 결과를 기록한다.

    매개변수:
        - when: 이벤트가 발생한 datetime
        - source_ip: 로그인 시도를 한 IP 주소
        - username: 로그인에 사용된 사용자 이름
        - success: 로그인 시도 성공 여부(부울값)
        - failure_reason: 로그인 시도 실패 이유

    반환값:
        None, `log` 속성이 업데이트된다.
    """
    self.log = self.log.append({
        'datetime': when,
        'source_ip': source_ip,
        'username': username,
        'success': success,
        'failure_reason': failure_reason
    }, ignore_index=True)
```

_attempt_login() 메서드는 로그인 시도 성공 여부를 결정하는 논리를 처리한다.

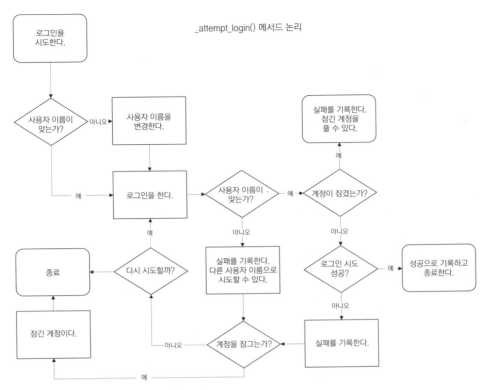

_attempt_login() 메서드 논리

그림 8.1 시뮬레이션 논리

우리는 올바른 사용자 이름을 입력할 확률(username_accuracy)과 각 시도에서 패스워드를 성공적으로 입력할 확률(success_likelihoods)을 제공한다. 시도 횟수는 계정이 잠기기 전까지 허용되는 로그인 시도 횟수의 최소값과 성공 확률(success_likelihoods) 리스트의 길이다. 각 시도의 결과는 (functools의) **partials**를 사용해 _record()로 전달되므로 특정 매개변수를 특정값으로 수정하는 함수를 만들 수 있다(따라서 같은 값을 계속 전달할 필요가 없다).

```
def _attempt_login(self, when, source_ip, username,
                   username_accuracy, success_likelihoods):
    """
    계정 잠금을 허용하는 로그인 시도를 시뮬레이션하고
    그 결과를 기록한다.
```

매개변수:
- when: 로그인 시도를 시작하는 datetime
- source_ip: 로그인 시도를 한 IP 주소
- username: 로그인에 사용된 사용자 이름
- username_accuracy: 사용자 이름이 맞을 확률
- success_likelihoods: 패스워드가 정확할 확률의 리스트.
  로그인 시도 횟수는 이 리스트 길이와 같다.

반환값:
　　로그인을 시도한 다음의 datetime
"""

```python
current = when
recorder = partial(self._record, source_ip=source_ip)

if random.random() > username_accuracy:
    correct_username = username
    username = self._distort_username(username)

if username not in self.locked_accounts:
    tries = len(success_likelihoods)
    for i in range(
        min(tries, self.ATTEMPTS_BEFORE_LOCKOUT)
    ):
        current += dt.timedelta(seconds=1)
        if username not in self.users:
            recorder(
                when=current, username=username,
                success=False,
                failure_reason=self.WRONG_USERNAME
            )
            if random.random() <= username_accuracy:
                username = correct_username
            continue

        if random.random() <= success_likelihoods[i]:
            recorder(
                when=current, username=username,
                success=True, failure_reason=None
            )
            break
        else:
            recorder(
                when=current, username=username,
```

```
                        success=False,
                        failure_reason=self.WRONG_PASSWORD
                )
            else:
                if tries >= self.ATTEMPTS_BEFORE_LOCKOUT \
                and username in self.users:
                    self.locked_accounts.append(username)
        else:
            recorder(
                when=current, username=username, success=False,
                failure_reason=self.ACCOUNT_LOCKED
            )
            if random.random() >= .5: # 임의로 잠긴 계정을 해제한다.
                self.locked_accounts.remove(username)
    return current
```

_valid_user_attempts_login()와 _hacker_attempts_login() 메서드는 각각 유효한 사용자와 해커에 대한 확률을 조정하는 _attempt_login() 메서드를 감싸는 래퍼다. 둘 다 가우스 (정규) 분포를 따라 사용자 이름이 얼마나 정확한지 결정하지만 유효한 사용자의 분포는 평균이 더 높고 표준편차가 더 낮으므로 로그인을 시도할 때 올바른 사용자 이름을 입력할 확률이 더 높다. 이는 유효한 사용자는 (자주는 아니지만) 오타를 낼 수 있지만, 해커는 사용자 이름을 추측하고 있기 때문이다.

```
def _hacker_attempts_login(self, when, source_ip,
                           username):
    """ 공격자의 로그인 시도를 시뮬레이션한다. """
    return self._attempt_login(
        when=when, source_ip=source_ip, username=username,
        username_accuracy=random.gauss(mu=0.35, sigma=0.5),
        success_likelihoods=self.hacker_success_likelihoods
    )

def _valid_user_attempts_login(self, when, username):
    """ 유효한 사용자의 로그인 시도를 시뮬레이션한다. """
    return self._attempt_login(
        when=when, username=username,
        source_ip=random.choice(self.user_base[username]),
        username_accuracy=\
            random.gauss(mu=1.01, sigma=0.01),
```

```
                success_likelihoods=\
                    self.valid_user_success_likelihoods
        )
```

시뮬레이터가 사용자 이름이 제대로 입력되지 않았다고 판단하면 시뮬레이터는 _distort_username() 메서드를 호출하고, 이 메서드는 유효한 사용자 이름에서 문자를 생략하거나 문자 중 하나를 다른 문자로 대체하는 것을 임의로 선택한다. 해커는 사용자 이름을 추측해서 (오타가 아니라) 잘못된 사용자 이름을 입력하는 동안 유효한 사용자와 해커 모두에 사용자 이름 오류를 도입하는 단일 함수를 사용하고자 이런 내용을 일반화한다.

```python
@staticmethod
def _distort_username(username):
    """
    잘못된 사용자 이름의 로그인 실패를 허용하도록
    사용자 이름을 변경한다. 유효한 사용자 이름의
    문자를 임의로 제거하거나 바꾼다.
    """
    username = list(username)
    change_index = random.randint(0, len(username) - 1)
    if random.random() < .5: # 임의의 문자를 제거한다.
        username.pop(change_index)
    else: # 임의로 문자 1개를 바꾼다.
        username[change_index] = \
            random.choice(string.ascii_lowercase)
    return ''.join(username)
```

_valid_user_arrivals() 메서드를 사용해 포아송 분포와 지수분포를 사용해 각각 주어진 시간 안에 로그인할 사용자 수와 로그인 시간 간격을 생성한다.

```python
@staticmethod
def _valid_user_arrivals(when):
    """
    (로그인하려는 사용자의) 로그인 시간의 포아송 분포를
    시뮬레이션하기 위한 정적 메서드. 포아송의 람다 값은
    요일과 시간에 따라 달라진다.
    """
```

```python
        is_weekday = when.weekday() not in (
            calendar.SATURDAY, calendar.SUNDAY
        )
        late_night = when.hour < 5 or when.hour >= 11
        work_time = is_weekday \
                    and (when.hour >= 9 or when.hour <= 17)

        if work_time:
            # 하루 중 업무시간인 오전 9시부터 오후 5시까지의 람다 값은 크다.
            poisson_lambda = random.triangular(1.5, 5, 2.75)
        elif late_night:
            # 한밤중의 람다 값은 작다.
            poisson_lambda = random.uniform(0.0, 5.0)
        else:
            poisson_lambda = random.uniform(1.5, 4.25)

        hourly_arrivals = np.random.poisson(poisson_lambda)
        interarrival_times = np.random.exponential(
            1/poisson_lambda, size=hourly_arrivals
        )

        return hourly_arrivals, interarrival_times
```

NOTE

> 한 번에 여러 값을 요청할 수 있으므로 지수분포에서 난수를 생성하고자 random 대신 numpy를 사용하고 있다(각 시간당 로그인 시간은 포아송 분포를 따른다). 또한 random은 포아송 분포를 제공하지 않으므로 numpy가 필요하다.

시뮬레이션은 다양한 분포를 사용하므로 분포는 로그인 시도의 분포를 확인하는 데 도움이 될 수 있다. 그림 8.2는 여기서 사용하는 분포의 예를 보여 준다. 포아송 분포는 다른 분포와 모양이 다른 것을 알 수 있다. 이는 포아송 분포가 이산discrete이기 때문이다. 이런 이유로 포아송 분포는 도착arrival을 모델링하는 데 주로 사용된다. 여기서는 사용자가 로그인을 시도한 시간을 모델링하고자 포아송 분포를 사용한다. 이산분포에는 **확률밀도함수**PDF 대신에 **확률질량함수**PMF, Probability Mass Function가 있다.

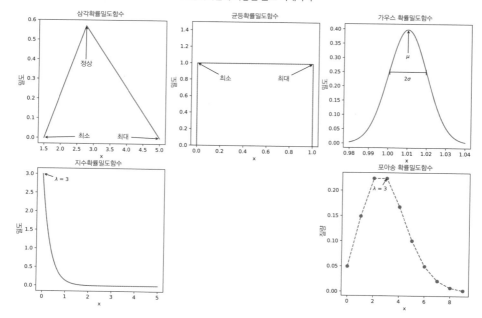

그림 8.2 시뮬레이션에 사용된 다양한 분포

_hack() 메서드는 해커의 임의 IP 주소를 생성하고 주어진 사용자 리스트에 대해 전수 공격을 수행한다.

```
def _hack(self, when, user_list, vary_ips):
    """
    해커의 공격을 시뮬레이션한다.

    매개변수:
        - when: 공격 시작 datetime
        - user_list: 해킹할 사용자 리스트
        - vary_ips: 공격에 사용된 IP 주소 변경 여부

    반환값:
        해커의 시작 IP 주소와 공격 종료 시간. 해커가 IP 주소를 변경하면
        모든 데이터 포인트를 제대로 레이블링해 로그에 기록할 수 없는 것처럼
        시뮬레이션에 사용된 모든 IP 주소를 기록하지 않는다.
    """

    hacker_ip = random_ip_generator()
```

```
        random.shuffle(user_list)
        for user in user_list:
            when = self._hacker_attempts_login(
                when=when, username=user,
                source_ip=random_ip_generator() if vary_ips \
                    else hacker_ip
            )
        return hacker_ip, when
```

이제 시뮬레이션의 주요 부분을 수행할 수 있는 기능을 갖췄으므로 모든 것을 모아
simulate() 메서드로 통합한다.

```
    def simulate(self, *, attack_prob, try_all_users_prob,
                vary_ips):
        """
        로그인 시도를 시뮬레이션한다.

        매개변수:
            - attack_probs: 주어진 시간에 공격할 확률
            - try_all_users_prob: 모든 사용자와 임의 사용자들에 대한
                자격증명을 추측할 확률
            - vary_ips: 각 사용자를 추측할 때 IP 주소 변경 여부를
                        나타낼 부울값. `False`이면 해커는 전체 공격에
                        같은 IP 주소를 사용한다.
        """
        hours_in_date_range = math.floor(
            (self.end - self.start).total_seconds() / 60 / 60
        )
        for offset in range(hours_in_date_range + 1):
            current = self.start + dt.timedelta(hours=offset)

            # 해커 시뮬레이션
            if random.random() < attack_prob:
                attack_start = current \
                    + dt.timedelta(hours=random.random())
                source_ip, end_time = self._hack(
                    when=attack_start,
                    user_list=self.users if \
                        random.random() < try_all_users_prob \
                        else random.sample(
                            self.users,
```

```
            random.randint(0, len(self.users))
        ),
        vary_ips=vary_ips
    )
    self.hack_log = self.hack_log.append(
        dict(
            start=attack_start, end=end_time,
            source_ip=source_ip
        ), ignore_index=True
    )

# 유효한 사용자 시뮬레이션
hourly_arrivals, interarrival_times = \
    self._valid_user_arrivals(current)
random_user = random.choice(self.users)
random_ip = \
    random.choice(self.user_base[random_user])
for i in range(hourly_arrivals):
    current += \
        dt.timedelta(hours=interarrival_times[i])
    current = self._valid_user_attempts_login(
        current, random_user
    )
```

로그를 CSV 파일로 저장하도록 _save() 메서드를 정적 메서드로 추가해 코드에서 두 가지 저장 메서드에 대한 반복을 줄인다. save_log() 메서드는 로그인 시도를 저장하고 save_hack_log() 메서드는 공격에 대한 기록을 저장한다.

```
@staticmethod
def _save(data, filename, sort_column):
    """ 데이터를 datetime으로 정렬한 다음 CSV 파일로 저장한다. """
    data.sort_values(sort_column)\
        .to_csv(filename, index=False)

def save_log(self, filename):
    """ 로그인 시도 로그를 CSV 파일로 저장한다. """
    self._save(self.log, filename, 'datetime')

def save_hack_log(self, filename):
    """ 공격 기록을 CSV 파일로 저장한다. """
    self._save(self.hack_log, filename, 'start')
```

이 클래스에는 많은 비공개[private] 메서드가 있다. 이 클래스의 사용자만 이 클래스(__init__())의 인스턴스를 만들고, 시간 단위로 시뮬레이션하고(simulate()), 결과를 저장(save_log()와 save_hack_log())할 수 있어야 하기 때문이다. 이 모든 메서드는 이 클래스의 객체가 내부적으로 사용하기 위한 것이다. 이 뒤에 있는 메서드가 작업 대부분을 처리한다.

마지막으로, __init__.py 파일은 위의 메서드를 패키지로 만들지만 주[main] 클래스를 더 쉽게 임포트할 수 있는 방법도 제공한다.

```
""" 로그인 데이터를 시뮬레이션하기 위한 패키지 """

from .login_attempt_simulator import LoginAttemptSimulator
```

이제 시뮬레이터의 동작 방식을 이해했으므로 로그인 시도 데이터 수집 시뮬레이션 방법을 설명한다.

터미널에서 시뮬레이션하기

매번 로그인 시도를 시뮬레이션하기 위한 코드를 작성하는 대신 터미널에서 쉽게 실행할 수 있도록 시뮬레이션 실행 코드 스크립트를 패키지로 만들 수 있다. 파이썬 표준 라이브러리에는 터미널에서 스크립트에 대한 인수를 지정할 수 있는 argparse 모듈 (https://docs.python.org/3/library/argparse.html)이 있다.

simulate.py 파일을 통해 인수를 지정하는 방법을 알아본다. 임포트하는 것으로 시작한다.

```
""" 로그인 시도 시뮬레이션을 위한 스크립트 """

import argparse
import datetime as dt
import os
import logging
import random

import login_attempt_simulator as sim
```

터미널에서 이 스크립트를 사용할 때 상태를 업데이트할 수 있도록 표준 라이브러리의 logging 모듈(https://docs.python.org/3/library/logging.html)을 사용해 로그 메시지를 설정한다.

```
# 로그 기록 방식 설명
FORMAT = '[%(levelname)s] [ %(name)s ] %(message)s'
logging.basicConfig(level=logging.INFO, format=FORMAT)
logger = logging.getLogger(os.path.basename(__file__))
```

다음으로, 시뮬레이션 중에 데이터를 읽고 쓰는 데 필요한 파일 경로를 지정하기 위한 몇 가지 유틸리티 함수를 정의한다.

```
def get_simulation_file_path(path_provided, directory,
                             default_file):
    """ 파일 경로를 가져오고, 필요하다면 디렉터리를 만든다. """
    if path_provided:
        file = path_provided
    else:
        if not os.path.exists(directory):
            os.mkdir(directory)
        file = os.path.join(directory, default_file)
    return file

def get_user_base_file_path(path_provided, default_file):
    """ user_data 디렉터리 파일에 대한 경로를 가져온다. """
    return get_simulation_file_path(
        path_provided, 'user_data', default_file
    )

def get_log_file_path(path_provided, default_file):
    """ 로그 디렉터리 파일에 대한 경로를 가져온다. """
    return get_simulation_file_path(
        path_provided, 'logs', default_file
    )
```

이 스크립트의 가장 큰 부분은 터미널에서 사용할 수 있는 매개변수를 정의하는 것이다. 사용자는 매개변수로 새로운 사용자 기반을 만들고, 시드와 시뮬레이션을 시작할 시간, 시뮬레이션 기간, 파일로 저장할 위치를 지정할 수 있다. 실제 시뮬레이션은 우리가 만든 패키지 덕분에 몇 줄의 명령어로 실행할 수 있다. 이 스크립트는 이 모듈을 임포트할 때가 아니라 실행할 때만 실행된다.

```python
if __name__ == '__main__':
    # 인수 구문분석하기
    parser = argparse.ArgumentParser()
    parser.add_argument(
        'days',
        type=float,
        help='시작일로부터 시뮬레이션할 일 수'
    )
    parser.add_argument(
        'start_date',
        type=str,
        help="'YYYY-MM-DD'나 'YYYY-MM-DD-HH' 형식의 시뮬레이션 시작 datetime"
    )
    parser.add_argument(
        '-m',
        '--make',
        action='store_true',
        help='사용자 기반을 만든다.'
    )
    parser.add_argument(
        '-s',
        '--seed',
        type=int,
        help='재현을 위한 시드 설정'
    )
    parser.add_argument(
        '-u',
        '--userbase',
        help='사용자 기반을 저장할 파일'
    )
    parser.add_argument(
        '-i',
        '--ip',
        help='사용자 IP 주소 맵을 저장할 파일'
    )
    parser.add_argument(
        '-l',
        '--log',
        help='로그인 시도 로그를 저장할 파일'
    )
```

```
    )
    parser.add_argument(
        '-hl',
        '--hacklog',
        help='해킹 로그를 저장할 파일'
    )
```

TIP

> if __name__ == '__main__' 블록에 있는 코드는 이 모듈이 스크립트로 실행될 때만 실행된다.
> 이렇게 하면 시뮬레이션을 실행하지 않고도 모듈에 정의된 함수를 임포트할 수 있다.

인수를 정의한 다음, 인수를 사용하려면 인수를 구문분석해야 한다.

```
args = parser.parse_args()
```

인수를 구문분석하면 사용자 기반을 생성하거나 읽어야 하는지 확인해야 한다.

```
    user_ip_mapping_file = \
        get_user_base_file_path(args.ip, 'user_ips.json')

    if args.make:
        logger.warning(
            '사용자 기반을 만들고, IP 주소를 대응시킵니다.'
        )
        user_base_file = get_user_base_file_path(
            args.userbase, 'user_base.txt'
        )

        # 사용자 기반 생성을 위한 시드
        random.seed(args.seed)

        # 사용자 이름을 만들고 파일로 저장한다.
        sim.utils.make_user_base(user_base_file)

        # 사용자당 1개 이상의 IP 주소를 만들고 대응 관계를 저장한다.
        valid_users = sim.utils.get_valid_users(user_base_file)
        sim.utils.save_user_ips(
            sim.utils.assign_ip_addresses(valid_users),
            user_ip_mapping_file
        )
```

이후 인수에서 시작 날짜를 구문분석하고 인수의 시뮬레이션 기간을 더해 종료 날짜를 결정한다.

```
try:
    start = \
        dt.datetime(*map(int, args.start_date.split('-')))
except TypeError:
    logger.error('시작 날짜는 "YYYY-MM-DD" 형태여야 합니다.')
    raise
except ValueError:
    logger.warning(
        f'{args.start_date}을/를 해석할 수가 없으므로'
        '2020년 1월 1일 00시를 시작 날짜로 사용합니다.'
    )
    start = dt.datetime(2020, 1, 1)
end = start + dt.timedelta(days=args.days)
```

TIP

위의 코드 스니펫에서 try...except 블록을 살펴보면 하나의 try 절과 여러 except 절로 구성돼 있다. 주어진 except 절에 속하는 예외 유형을 명시해 코드 실행 중에 발생하는 특정 에러를 처리하는 방법(예외(exception)라고 함)을 지정할 수 있다. 이 경우 logger 객체는 사용자에 더 도움이 되는 메시지를 출력한 다음, (해당 에러를 처리하지 않도록) 간단하게 raise를 기록해 같은 예외를 다시 발생시킨다. 프로그램은 이렇게 종료한다. 그러면 사용자는 유효한 입력으로 다시 시도할 수 있다. 이 예외를 발생시켜 이 코드가 얼마나 유용한지 확인해 보자. 한 가지 명심할 것은 순서가 중요하다는 것이다. 일반적인 except 절 앞에 특정 예외를 처리해야 한다. 그렇지 않으면 코드는 각 예외 유형에 대한 특정 코드가 실행되지 않는다. 또한 특정 예외를 지정하지 않고 except를 사용하면 예외 처리하면 안 되는 예외도 처리할 수도 있게 된다.

마지막으로, 실제 시뮬레이션을 실행해 결과를 (기본 경로 또는) 지정한 파일에 기록한다. 주어진 시간 동안의 공격 확률(attack_prob)을 10%로 설정하고, 해커가 모든 사용자 이름을 추측할 확률(try_all_users_prob)을 20%로 설정하고, 해커가 모든 시도에 같은 IP 주소를 사용한다(vary_ips)고 설정한다.

```
try:
    logger.info(f'{args.days}일을 시뮬레이션합니다...')
    simulator = sim.LoginAttemptSimulator(
        user_ip_mapping_file, start, end, seed=args.seed
```

```
    )
    simulator.simulate(
        attack_prob=0.1, try_all_users_prob=0.2,
        vary_ips=False
    )

    # 로그를 저장한다.
    logger.info('Saving logs')
    simulator.save_hack_log(
        get_log_file_path(args.hacklog, 'attacks.csv')
    )
    simulator.save_log(
        get_log_file_path(args.log, 'log.csv')
    )
    logger.info('모든 작업이 끝났습니다!')
except:
    logger.error('이런! 무언가 잘못 됐습니다...')
    raise
```

TIP

> 스크립트 전체에서 logger 객체를 사용해 유용한 메시지를 화면에 출력했다. 이렇게 하면 사용자는 스크립트의 진행 상황을 알 수 있다. 여러 수준의 메시지(여기서는 INFO, WARNING, ERROR)를 사용할 수 있으므로 디버깅(DEBUG 수준)을 위해 이런 메시지를 사용할 수도 있으며, 코드를 제품화하면 메시지가 그대로 남게 되므로 DEBUG 메시지가 출력되지 않도록 메시지 출력을 위한 최소 수준을 INFO로 올릴 수 있다. 제품화할 때 이런 메시지를 제거하거나 계속 개발할 때 이런 메시지를 다시 추가하는 것을 걱정할 필요가 없으므로 단순한 print() 문보다 훨씬 유용하다.

이제 이 스크립트를 실행하는 방법을 알아보자. simulate.py를 터미널에서 실행할 수 있지만 어떤 인수를 지정해야 할까? 간단하다. 도움말 플래그(-h 나 --help)를 사용하면 인수에 대한 정보를 얻을 수 있다.

```
(book_env) $ python3 simulate.py -h
usage: simulate.py [-h] [-m] [-s SEED] [-u USERBASE] [-i IP]
                   [-l LOG] [-hl HACKLOG]
                   days start_date

positional arguments:
  days                  시작일로부터 시뮬레이션할 일 수
  start_date            'YYYY-MM-DD'나 'YYYY-MM-DD-HH'
```

```
                       형식의 시뮬레이션 시작 datetime

    optional arguments:
      -h, --help              show this help message and exit
      -m, --make              사용자 기반을 만든다.
      -s SEED, --seed SEED    재현을 위한 시드 설정
      -u USERBASE, --userbase USERBASE
                              사용자 기반을 저장할 파일
      -i IP, --ip IP          사용자 IP 주소 맵을 저장할 파일
      -l LOG, --log LOG       로그인 시도 로그를 저장할 파일
      -hl HACKLOG, --hacklog HACKLOG
                              해킹 로그를 저장할 파일
```

NOTE

argparse로 다른 인수를 추가할 때 help 인수를 지정하지 않아도 argparse가 자동으로 추가한다.

사용해야 할 인수를 알고 나서 인수를 결정했다면 시뮬레이션을 할 수 있다. 사용자 기반과 IP 주소를 대응시키는 스크립트를 만들어 2018년 11월 1일 0시부터 30일 동안 시뮬레이션을 해본다.

```
(book_env) $ python3 simulate.py -ms 0 30 '2018-11-01'
[WARNING] [ simulate.py ] Creating new user base and mapping IP
addresses to them.
[INFO] [ simulate.py ] Simulating 30.0 days...
[INFO] [ simulate.py ] Saving logs
[INFO] [ simulate.py ] All done!
```

TIP

시드를 (-s 0)로 설정했으므로 이 시뮬레이션의 결과를 재현할 수 있다. 다른 결과를 얻으려면 시드를 삭제하거나 다른 값으로 바꾼다.

파이썬 모듈로도 이 스크립트를 실행할 수 있다. 모듈을 임포트하는 것과는 달리 스크립트로 모듈을 실행하면 if __name__ == '__main__' 아래의 코드도 실행되므로 별도의 스크립트를 작성하지 않아도 된다. 우리가 만든 모듈 대부분은 정의된 함수와 클래스만 만들었으므로 스크립트로 실행하면 아무 일도 일어나지 않는다. 그러나 1장에서 venv로

가상 환경을 만든 방법이 이런 방법의 예다. 따라서 위의 코드 블록은 아래 명령어와 같다.

```
# .py는 삭제한다.
(book_env) $ python3 -m simulate -ms 0 30 "2018-11-01"
```

이제 시뮬레이션 데이터를 얻었으니 분석을 시작해 보자.

⁙ 탐색적 데이터 분석

이 시나리오에서는 레이블 데이터labeled data(logs/attacks.csv)를 사용해 유효한 사용자와 공격자를 구별하는 방법을 알아본다. 그러나 이런 방법은 연구 단계를 벗어나 응용 단계에서는 누릴 수 없는 호사다. 11장에서 이 시나리오를 다시 살펴보겠지만 더 많은 도전을 위해 레이블 데이터를 사용하지 않는다. 이전과 같이 모듈을 임포트하고 데이터를 읽는 것으로 시작한다.

```
>>> %matplotlib inline
>>> import matplotlib.pyplot as plt
>>> import numpy as np
>>> import pandas as pd
>>> import seaborn as sns

>>> log = pd.read_csv(
...     'logs/log.csv', index_col='datetime', parse_dates=True
... )
```

로그인 시도 DataFrame(log)에는 datetime 열에 로그인한 날짜, 시간, 로그인한 IP 주소(source_ip), 로그인에 사용된 사용자 이름(username), 로그인 성공 여부(success) 그리고 로그인하지 못했다면 실패한 원인(failure_reason)이 들어 있다.

576

datetime	source_ip	username	success	failure_reason
2018-11-01 00:36:52.617978	142.89.86.32	vkim	True	NaN
2018-11-01 01:00:23.166623	5.118.187.36	kkim	True	NaN
2018-11-01 01:31:50.779608	142.89.86.32	vkim	False	error_wrong_password
2018-11-01 01:31:51.779608	142.89.86.32	vkim	True	NaN
2018-11-01 01:32:44.016230	15.176.178.91	kkim	True	NaN

그림 8.3 로그인 시도 데이터 표본

이 데이터에 접근할 때는 정상적인 활동과 해커의 활동이 어떻게 다른지 생각해야 한다. 그룹 간 큰 차이점은 잠재적으로 해커를 식별하는 데 활용될 수 있다. 유효한 사용자는 로그인 성공률이 높을 것이며, 로그인 실패의 가장 큰 원인은 잘못된 패스워드일 것이다. 사용자는 몇 가지 다른 IP 주소(전화기나 가정용 컴퓨터, 사무실 컴퓨터 또는 기타 장치)로 로그인할 것이며, 사람들은 장치를 공유할 수도 있다. 웹 응용 프로그램의 특징을 알지 못하면 온종일 여러 번 로그인하는 것이 정상인지 알 수 없다. 또한 이 데이터가 어느 시간대에 있는지 모르므로 로그인 시간을 추론할 수도 없다. 잠재적으로 이런 IP 주소가 어느 나라 것인지 알 수는 있지만 IP 주소를 마스킹하는 방법이 있으므로 이 방법을 따르지 않는다. 따라서 사용할 수 있는 데이터를 고려하면 다음과 같은 방법을 사용할 수 있다.

- (전체와 IP 주소 별로) 시도와 실패가 급증하는 것을 조사한다.

- 실패 원인이 잘못된 사용자 이름인 경우를 조사한다.

- IP 주소당 실패율을 확인한다.

- 여러 사용자 이름으로 로그인하려는 IP 주소를 찾는다.

또 한 가지 주목해야 할 점은 차라리 일찌감치 이상 행동에 플래그flag [3]를 표시하는 것이 좋다는 것이다. 무언가에 플래그를 지정하는 데 한 달이 걸린다면 (시간이 지남에 따라 효

---

3 어떤 조건의 발생을 나타내려고 표기하는 것 – 옮긴이

용성이 빨리 떨어지므로) 쓸모가 없으므로 시간당 빈도수로 빠르게 플래그를 지정할 수 있는 방법을 찾아야 한다. 연구 단계이므로 몇 가지 레이블 데이터로 작업할 수 있다.

```
>>> attacks = pd.read_csv(
...     'logs/attacks.csv',
...     converters={
...         'start': np.datetime64,
...         'end': np.datetime64
...     }
... ) # start와 end열을 datetimes으로 만들지만 인덱스가 되지는 않는다.
```

이 데이터(attacks)는 웹 응용 프로그램에 대한 공격 기록이다. 이 데이터에는 공격 시작 날짜, 시간(start), 공격 종료 날짜와 시간(end), 공격과 관련된 IP 주소(source_ip)가 들어 있다.

	start	end	source_ip
0	2018-11-02 05:06:17.152636	2018-11-02 05:10:30.152636	212.79.15.228
1	2018-11-02 11:42:38.771415	2018-11-02 11:45:58.771415	44.207.171.119
2	2018-11-03 17:49:39.023954	2018-11-03 17:52:27.023954	15.223.158.165
3	2018-11-03 19:45:05.820292	2018-11-03 19:49:11.820292	68.102.121.161
4	2018-11-04 02:51:07.163402	2018-11-04 02:52:09.163402	103.93.254.233

그림 8.4 레이블 데이터 표본

shape 속성을 사용하면 유효한 사용자와 악의적인 사용자가 72번의 공격과 12,836번의 로그인 시도를 했다는 것을 알 수 있으며, nunique()를 사용하면 IP 주소의 22%가 공격과 관련돼 있다는 것을 알 수 있다.

```
>>> attacks.shape, log.shape
((72, 3), (12836, 4))
>>> attacks.source_ip.nunique() / log.source_ip.nunique()
0.22018348623853212
```

우리 데이터는 (분석을 위해 설계했으므로) 매우 깔끔하다. 그래서 몇 가지 **탐색적 분석**EDA, Exploratory Data Analysis을 통해 관심을 가질 만한 것이 있는지 살펴보도록 한다. 먼저 시간별로 얼마나 많은 로그인 시도가 있었는지 살펴본다.

```
>>> log.assign(attempts=1).attempts.resample('1H').sum()\
...     .plot(figsize=(15, 5), title='시간당 로그인 시도')\
...     .set(xlabel='시간', ylabel='로그인 횟수')
```

몇몇 시간에서 공격이 있었을 수 있는 것으로 보이는 매우 높은 점들이 있다. 그림 8.5를 사용하면 로그인 시도 활동이 많은 시간에 대해 보고할 수 있지만, 더 할 수 있는 것은 없다.

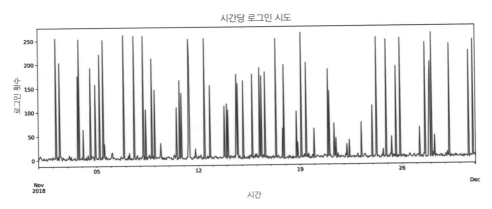

그림 8.5 시간별 로그인 시도

또 다른 흥미로운 탐색 방법은 **IP** 주소별로 얼마나 많은 로그인 시도가 있었는지 확인하는 것이다. 다음과 같은 명령어를 사용하면 이를 확인할 수 있다.

```
>>> log.source_ip.value_counts().describe()
count    327.000000
```

```
mean       39.253823
std        69.279330
min         1.000000
25%         5.000000
50%        10.000000
75%        22.500000
max       257.000000
Name: source_ip, dtype: float64
```

이 데이터에는 IP 주소당 로그인 시도 횟수가 확실히 큰 특이값이 있는 것으로 보인다. 이 내용을 더 확실히 평가하고자 몇 가지 그림을 그려 보자.

```
>>> fig, axes = plt.subplots(1, 2, figsize=(15, 5))
>>> log.source_ip.value_counts().plot(kind='box', ax=axes[0])
>>> axes[0].set_xlabel('IP 주소')
>>> axes[0].set_ylabel('로그인 시도 횟수')

>>> log.source_ip.value_counts().plot(kind='hist', bins=50, ax=axes[1])
>>> axes[1].set_xlabel('로그인 시도 횟수')
>>> axes[1].set_ylabel('빈도수')
>>> fig.suptitle('IP 주소당 로그인 시도 횟수', fontsize=24)
```

IP 주소당 로그인 시도 분포는 유효한 사용자와 공격자 모두에 대한 분포의 합이다. 그림 8.6과 같이 히스토그램은 이봉분포bimodal distribution임을 보여 주지만 그림만 보고서는 로그인 시도가 많은 모든 IP 주소가 실제로 해커의 IP 주소인지는 알 수가 없다.

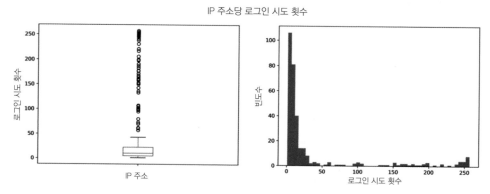

그림 8.6 IP 주소당 로그인 시도 분포

각 공격의 세부 정보를 확인할 수 있으므로 히스토그램의 오른쪽 부분이 해커의 분포인지 확인할 수 있다. 해당 IP 주소는 로그인 시도 횟수 순위에서 상위 88.9%에 해당한다.

```
>>> num_hackers = attacks.source_ip.nunique()
>>> log.source_ip.value_counts().index[:num_hackers]\
...     .isin(attacks.source_ip).sum() / num_hackers
0.8888888888888888
```

여기서 일단 멈추고 월별로 로그인 시도가 가장 많았던 IP 주소 목록에 있는 모든 IP 주소에 플래그를 달 수 있지만, 해커는 매번 IP 주소를 변경해 탐지를 피할 수 있으므로 더 강건한 해결책이 필요하다. 이상적으로 한 달 치 데이터를 사용하지 않도록 탐지할 수 있어야 한다. 안타깝게도 IP 주소별 시간당 로그인 시도를 살펴봐도 특별한 정보는 얻을 수 없다.

```
>>> log.assign(attempts=1).groupby('source_ip').attempts\
...     .resample('1H').sum().unstack().mean()\
...     .plot(figsize=(15, 5))\
...     .set_ylabel('IP 주소별 평균 시간당 로그인 시도 횟수')

>>> plt.title('IP 주소별 평균 시간당 로그인 시도 횟수', fontsize=24)
>>> plt.xlabel('시간')
```

1장에서 평균은 특이값에 강건하지 않다는 것을 살펴봤었다. 공격자가 여러 번 로그인을 시도하면 IP 주소별 평균 시간당 로그인 횟수가 커진다. 그림 8.7에서 로그인 횟수가 많은 점을 볼 수 있지만, 이 중에서 2~3개만 많다는 것을 알 수 있다. 주어진 IP 주소에서 1명의 사용자만 웹 응용 프로그램에 접근할 수 있다고 생각할 수 있을까? 이것은 아마도 현실적인 가정이 아닐 것이다.

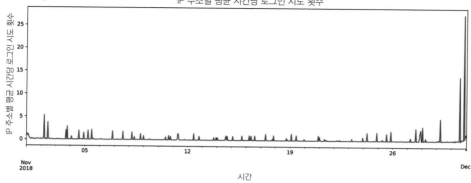

그림 8.7 IP 주소별 평균 시간당 로그인 시도 횟수

따라서 (해커는 많은 IP 주소로 공격할 수 있을 만큼 똑똑하기 때문에) IP 주소를 사용할 수 없다면 어떤 정보를 사용해야 할까? 아마도 해커는 성공적으로 로그인하는 데 많은 어려움을 겪을 것으로 생각할 수 있다.

```
>>> log[log.source_ip.isin(attacks.source_ip)]\
...     .success.value_counts(normalize=True)
False    0.831801
True     0.168199
Name: success, dtype: float64
```

해커의 성공률은 겨우 17%밖에 되지 않지만 유효한 사용자의 성공률은 어떨까? 이 정보는 웹사이트의 정상적인 동작에 대한 기준선을 결정하는 데 중요하다. 예상할 수 있는 것처럼 유효한 사용자의 성공률은 매우 높다.

```
>>> log[~log.source_ip.isin(attacks.source_ip)]\
...     .success.value_counts(normalize=True)
True     0.873957
False    0.126043
Name: success, dtype: float64
```

로그에는 로그인이 실패한 원인이 있으므로 교차표를 사용하면 해커와 유효한 사용자가 로그인에 실패한 원인을 확인할 수 있다. 여기서 차이점을 발견할 수 있다면 두 그룹을 구분하는 데 도움이 될 것이다.

```
>>> pd.crosstab(
...     index=pd.Series(
...         log.source_ip.isin(attacks.source_ip),
...         name='is_hacker'
...     ), columns=log.failure_reason
... )
```

유효한 사용자는 패스워드나 사용자 이름을 가끔 틀리지만, 해커는 정확한 사용자 이름과 패스워드를 입력하는데 더 많은 어려움을 겪는다.

failure_reason	error_account_locked	error_wrong_password	error_wrong_username
is_hacker			
False	1	299	2
True	0	3316	5368

그림 8.8 로그인 실패 원인

유효한 사용자는 자격 증명에 많은 실수를 하지 않으므로 해커가 많은 사용자로 많은 로그인을 시도하면 이를 플래그할 수 있다. 이를 확인하고자 사용자별 평균 시간당 로그인 횟수를 살펴보자.

```
>>> log.assign(attempts=1).groupby('username').attempts\
...     .resample('1H').sum().unstack().mean()\
...     .plot(figsize=(15, 5),
...         title=사용자별 평균 시간당 로그인 시도 횟수)\
...     .set_ylabel(사용자별 평균 시간당 로그인 시도 횟수)
```

많은 경우 사용자 이름별 시간당 로그인 횟수는 한 번 미만이다. 또한 이 측정 지표 값이 급격히 증가하는 것이 공격의 징후라는 보장도 없다. 아마도 웹사이트에서 반짝 세일을 하고 있을 수도 있다. 이런 경우에는 유효한 사용자에 의해 이 측정 지표 값이 급등한 것이라고 볼 수 있다.

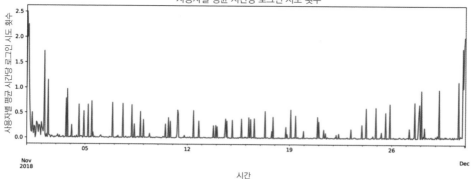

그림 8.9 사용자 이름별 평균 시간당 로그인 시도 횟수

분석 결과에 따르면 오류율^{error rate}은 공격 탐지를 위해 가장 유용한 측정 지표인 것처럼 보이므로 높은 오류율을 갖는 IP 주소를 더 조사해 보도록 한다. 이를 위해 피봇 테이블을 만들어 유용한 측정 지표를 계산한다.

```
>>> pivot = log.pivot_table(
...     values='success', index=log.source_ip,
...     columns=log.failure_reason.fillna('success'),
...     aggfunc='count', fill_value=0
... )
>>> pivot.insert(0, 'attempts', pivot.sum(axis=1))
>>> pivot = pivot.sort_values('attempts', ascending=False)\
...     .assign(
...         success_rate=lambda x: x.success / x.attempts,
...         error_rate=lambda x: 1 - x.success_rate
...     )
>>> pivot.head()
```

TIP

insert() 메서드를 사용하면 새로 만든 attempts 열을 현재 DataFrame의 특정 위치에 넣을 수 있다. 오류와 성공을 axis=1 기준으로 더해 attempts 열을 만들었다. 여기서는 failure_reason 열의 NaN 값을 성공으로 계산했다.

위 코드를 실행하면 그림 8.10과 같이 attempts 열을 기준으로 정렬된 피봇 테이블을 얻을 수 있다.

failure_reason	attempts	error_account_locked	error_wrong_password	error_wrong_username	success	success_rate	error_rate
source_ip							
85.1.221.89	257	0	92	128	37	0.143969	0.856031
109.67.154.113	255	0	78	144	33	0.129412	0.870588
212.79.15.228	253	0	89	127	37	0.146245	0.853755
181.217.195.170	253	0	70	138	45	0.177866	0.822134
211.56.212.113	253	0	88	120	45	0.177866	0.822134

그림 8.10 IP 주소별 측정 지표

특정 IP 주소로 많은 로그인 시도가 있었다는 것을 알고 있으므로 IP 주소당 얼마나 많은 사용자 이름으로 로그인을 시도했는지 알아볼 만한 가치가 있다. 유효한 사용자는 일부 IP 주소로만 로그인을 하고 다른 사람들과 IP 주소를 공유하지 않을 것이라고 기대한다. 따라서 이를 기준으로 그룹으로 나누고 집계한다.

```
>>> log.groupby('source_ip').agg(dict(username='nunique'))\
...     .username.value_counts().describe()
count    53.000000
mean      6.169811
std      34.562505
min       1.000000
25%       1.000000
50%       1.000000
75%       2.000000
max     253.000000
Name: username, dtype: float64
```

위의 결과에 따르면 우리의 가정은 악의적인 사용자를 격리하기 위한 좋은 전략으로 보인다. 대부분의 IP 주소는 2명 이하의 사용자가 사용하지만, 최대값은 253명이다. 이 기준은 일부 공격자를 식별하는 데 도움이 될 수 있지만, 해커가 IP 주소를 변경하면서 공격할 수 있을 만큼 현명하다면 별 도움이 되지 않는다.

이상 탐지 방법을 사용하기 전에 해커를 시각적으로 식별할 수 있는지 살펴보자. IP 주소에 대한 로그인 시도와 성공을 산점도로 그린다.

```
>>> pivot.plot(
...     kind='scatter',
```

```
...     x='attempts',
...     y='success',
...     alpha=0.25,
... )

>>> plt.title('IP 주소에 대한 로그인 시도 vs. 성공', fontsize=18)
>>> plt.xlabel('로그인 시도 횟수')
>>> plt.ylabel('로그인 성공 횟수')
```

그림 8.11을 살펴보면 몇 가지 뚜렷한 군집^{cluster}이 있는 것으로 보인다. 그림 왼쪽 아래에서는 시도에 대한 성공이 일대일 관계로 직선 형태를 이루는 점들을 볼 수 있다. 오른쪽 위의 군집은 많은 시도에 대해 성공 횟수가 적은 낮은 밀도를 가진다. 투명도를 조절하고자 alpha 매개변수를 사용했기 때문에 두 군집을 연결하는 것처럼 보이는 점들의 흔적이 밀집돼 있지 않다는 것을 알 수 있다. alpha를 사용해 투명도를 조절했기에 두 군집을 연결하는 것처럼 보이는 점의 흔적이 조밀하게 채워지지 않은 것을 볼 수 있다. 축 눈금이 없더라도 (일반 사용자가 해커보다 많으며 일반 사용자의 성공률이 더 높으므로) 왼쪽 아래 군집이 일반 사용자고 오른쪽 위 군집이 해커라고 예측할 수 있다. 그러나 가운데 있는 점들은 판단하기 어렵다.

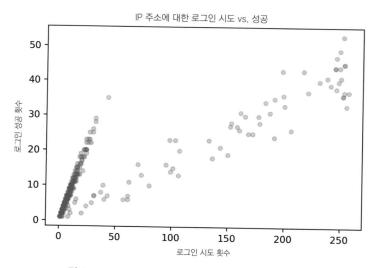

그림 8.11 IP 주소에 대한 로그인 시도와 성공에 대한 산점도

어떤 가정도 하지 않고 가운데 있는 점들을 가장 가까운 군집으로 그룹화하는 경계선을 그릴 수 있다.

```
>>> ax = pivot.plot(
...     kind='scatter',
...     x='attempts',
...     y='success',
...     alpha=0.25,
... )

>>> plt.axvline(
...     125,
...     label='표본 경계',
...     color='red',
...     linestyle='--'
... )

>>> plt.legend(loc='lower right')
```

물론 레이블 데이터가 부족하다면 이 결정 경계^{decision boundary}의 효율성을 평가하는 것이 어렵다.

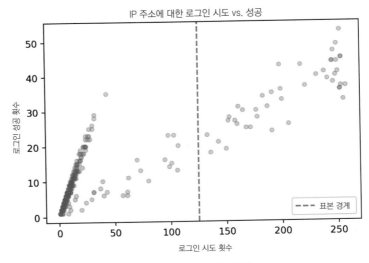

그림 8.12 결정 경계 시각화

다행히도 우리는 연구를 위해 레이블 데이터를 얻었으므로 해커가 사용한 IP 주소를 갖고 있다. 그래서 seaborn을 사용해 실제 구별이 되는지 확인할 수 있다.

```
>>> fig, axes = plt.subplots(1, 2, figsize=(15, 8))
>>> for ax in axes:
...     sns.scatterplot(
...         y=pivot.success, x=pivot.attempts,
...         hue=pivot.assign(
...             is_hacker=\
...                 lambda x: x.index.isin(attacks.source_ip)
...         ).is_hacker,
...         ax=ax,
...         alpha=0.5
...     )
...     for spine in ['top', 'right']: # 상자 모양이 되지 않도록 만든다.
...         ax.spines[spine].set_visible(False)
...     ax.set_xlabel('로그인 시도 횟수')
...     ax.set_ylabel('성공 횟수')
...     ax.legend(['예', '아니오'], title='해커 여부')
...     axes[1].set_xscale('log')

>>> axes[1].set_xscale('log')
>>> plt.suptitle('IP 주소에 대한 로그인 시도 vs. 성공', fontsize=24)
```

그림 8.13에서 알 수 있듯이 2개의 다른 군집이 있을 것이라는 우리의 직감은 맞았다. 그러나 중간 부분은 결정하기가 더 어려워졌다. 그림 8.13의 왼쪽 그림에서 (어두운) 파란색 점들은 선을 따라 위로 향하고 있으며, (밝은) 주황색 점들은 주황색 군집의 선을 따른다. 대신 그림 8.13의 오른쪽 그림과 같이 로그인 시도에 로그 척도를 적용하면 가운데 주황색 점들과 파란색 점들 사이에 간격이 더 벌어지는 것을 알 수 있다.

IP 주소에 대한 로그인 시도 vs. 성공

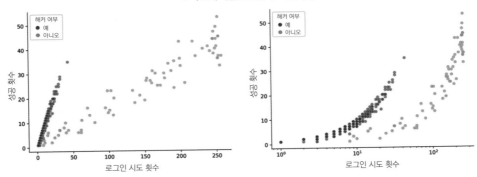

그림 8.13 레이블 데이터를 사용해 우리의 직감 확인하기

상자 그림을 사용하면 가능한 특이값을 확인할 수도 있다. 이 특이값은 상자 그림에서 점으로 표시된다. IP 주소에 대해 로그인 성공과 시도가 어떻게 보이는지 확인해 보자.

```
>>> axes = pivot[['attempts', 'success']].plot(
...     kind='box',
...     subplots=True,
...     figsize=(10, 5)
... )

>>> axes[0].set_xlabel('로그인 시도 횟수')
>>> axes[1].set_xlabel('성공 횟수')
>>> plt.suptitle('IP 주소별 통계', fontsize=24)
```

특이값으로 표시된 점들은 그림 8.13 산점도의 오른쪽 위 구석에 있는 점에 해당한다.

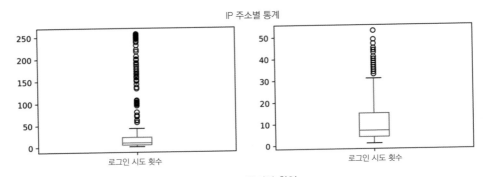

그림 8.14 특이값 확인

이제 데이터를 이해했으므로 몇 가지 간단한 이상 탐지 전략을 구현하는 방법을 배워보도록 하자.

규칙 기반 이상 탐지 구현

이제 해커를 잡아보자. 앞 절에서 탐색적 데이터 분석을 했기에 해커를 잡는 방법에 관한 아이디어를 얻을 수 있었다. 실제로 데이터에는 더 많은 차원으로 구성돼 있기에 훨씬 더 어렵지만 여기서는 데이터를 단순화했다. **우리는 낮은 성공률을 갖는 과도한 로그인 시도와 정상적인 경우보다 더 많은 사용자 이름으로 로그인을 시도하는 IP 주소를** (이상^{anomaly}으로) **찾으려고 한다.** 이를 위해 우리는 이상 탐지에 대한 첫 번째 시도로 임계값 기반 규칙^{threshold-based rule}을 적용한다. 11장에서 이 시나리오에 대한 몇 가지 머신러닝 기법을 살펴보도록 한다.

우리는 의심스러운 IP 주소에 플래그를 표시하는 데 관심이 있으므로 IP 주소별로 데이터를 시간에 따라 집계하도록 데이터를 정렬한다.

```
>>> hourly_ip_logs = log.assign(
...     failures=lambda x: np.invert(x.success)
... ).groupby('source_ip').resample('1H').agg({
...     'username': 'nunique', 'success': 'sum',
...     'failures': 'sum'
... }).assign(
...     attempts=lambda x: x.success + x.failures,
...     success_rate=lambda x: x.success / x.attempts,
...     failure_rate=lambda x: 1 - x.success_rate
... ).dropna().reset_index()
```

TIP

np.invert() 함수를 사용하면 부울 값을 쉽게 바꿀 수 있다. NumPy 배열과 같은 구조에 맞춰 참을 거짓으로, 거짓을 참으로 바꾼다.

집계된 데이터는 그림 8.15와 같다.

	source_ip	datetime	username	success	failures	attempts	success_rate	failure_rate
0	1.138.149.116	2018-11-01 04:00:00	1	5	1	6	0.833333	0.166667
1	1.138.149.116	2018-11-05 18:00:00	1	1	0	1	1.000000	0.000000
2	1.138.149.116	2018-11-05 19:00:00	1	1	0	1	1.000000	0.000000
3	1.138.149.116	2018-11-06 03:00:00	1	2	0	2	1.000000	0.000000
4	1.138.149.116	2018-11-06 04:00:00	1	2	0	2	1.000000	0.000000

그림 8.15 IP 주소에 대해 시간별로 집계한 데이터

규칙 기반 이상 탐지rule-based anomaly detection의 가장 간단한 형태는 임계값을 계산한 다음 데이터가 임계값을 벗어나는지 확인하는 것이다. 이는 값이 임계값의 하계 이하로 떨어지거나 임계값의 상계를 초과한다는 것을 뜻한다. 우리는 로그인 시도를 살펴보고 있으므로 정상적인 값보다 큰 값에 관심이 있다. 따라서 상계에 대한 임계값을 계산한 다음 데이터를 비교한다.

백분율 차

(해커를 제외하고) 정상적인 로그인 시도 활동이 어떻게 보이는지에 대한 아이디어가 있다면 특정 백분율로 이 값에서 벗어난 값에 플래그를 달 수 있다. 이 기준선baseline을 계산하고자 몇 시간 동안 무작위로 몇 개의 IP 주소를 바꿔가면서 로그인 시도 횟수에 대해 평균을 낼 수 있다. (24시간마다 50개의 IP 주소를 선택하므로) 데이터가 충분하지 않기 때문에 붓스트랩bootstrap을 한다.

이를 위해 방금 집계한 DataFrame과 임계값의 시작점으로 사용할 데이터의 열에 대해 계산할 통계 이름을 입력받는 함수를 작성한다.

```
>>> def get_baselines(hourly_ip_logs, func, *args, **kwargs):
...     """
...     열에 대해 시간별 붓스트랩 통계를 계산한다.
...
...     매개변수:
...         - hourly_ip_logs: 표본추출할 데이터
...         - func: 계산에 사용할 통계 함수
...         - args: `func`에 대한 추가 위치 인수
```

```
...            - kwargs: `func`에 대한 추가 키워드 인수
...
...        반환값:
...            시간별 붓스트랩 통계량 `pandas.DataFrame`
...        """
...        if isinstance(func, str):
...            func = getattr(pd.DataFrame, func)
...
...        return hourly_ip_logs.assign(
...            hour=lambda x: x.datetime.dt.hour
...        ).groupby('hour').apply(
...            lambda x: x\
...                .sample(10, random_state=0, replace=True)\
...                .pipe(func, *args, **kwargs, numeric_only=True)
...        )
```

표본추출하려는 열로 그룹화한 후 apply() 안에서 sample()을 사용하면 모든 그룹(여기서는 시간)에 대해 같은 크기의 표본을 얻을 수 있다. 여기서는 각 열에서 시간에 대해 10개의 행을 복원추출한다는 것을 뜻한다. 여기서는 단순히 임의표집$^{random\ sampling}$한다면 매 시간별 통계량을 얻지 못할 가능성이 크기 때문에 시간 단위로 표본추출해야 한다. 평균을 사용해 열 기준선을 계산하고자 get_baselines()를 사용한다.

```
>>> averages = get_baselines(hourly_ip_logs, 'mean')
>>> averages.shape
(24, 7)
```

각 열에는 정상 행위를 추정하고자 임의로 선택한 10개의 IP 주소에 대해 시간당 평균이 있다. 그러나 이 기법은 해커의 활동이 기준선 계산에 포함되지 않는다는 것을 보장하지 않는다. 예를 들어 실패율failure rate에 대한 기준선 값이 가장 높은 6시간을 살펴보자.

```
>>> averages.nlargest(6, 'failure_rate')
```

그림 8.16에서 볼 수 있듯이 실패율(failure_rate)과 시도에 사용된 사용자 이름(username)의 수가 모두 높기 때문에 이 기준선으로 19시나 23시 또는 14시의 모든 활동에 플래그를 표시하는 것이 어려울 수 있다.

hour	username	success	failures	attempts	success_rate	failure_rate	hour
19	14.9	5.5	21.4	26.9	0.736876	0.263124	19.0
23	12.4	3.9	18.7	22.6	0.791195	0.208805	23.0
3	1.0	1.1	0.4	1.5	0.800000	0.200000	3.0
11	1.1	2.0	0.6	2.6	0.816667	0.183333	11.0
14	24.7	8.4	35.5	43.9	0.833401	0.166599	14.0
16	1.0	1.5	0.4	1.9	0.841667	0.158333	16.0

그림 8.16 평균을 사용한 시간별 기준선

이 문제를 해결하고자 상위 *x%*를 기준선 계산에 사용할 수 없도록 해 요약통계를 절사trim할 수 있다. 각 시간 데이터에서 95번째 백분위수보다 큰 값을 제거한다. 먼저 주어진 분위수 이상의 데이터를 가진 시간에서 행을 절사하는 함수를 만든다.

```
>>> def trim(x, quantile):
...     """
...     username이나 attempts, 또는 failure_rate 열에서
...     주어진 분위수보다 큰 항목이 있는 행을 삭제한다.
...     """
...     mask = (
...         (x.username <= x.username.quantile(quantile)) &
...         (x.attempts <= x.attempts.quantile(quantile)) &
...         (x.failure_rate
```

```
...              <= x.failure_rate.quantile(quantile))
... )
... return x[mask]
```

다음으로, 시간별로 IP 주소 데이터를 그룹화하고 절사 함수를 적용한다. 붓스트랩 함수를 사용하고 있어서 이 연산 결과로 얻어지는 추가 열 중 일부를 정제해야 하므로 hour 열을 삭제하고 인덱스를 재설정한 다음, 그룹화한 열과 이전 인덱스를 제거한다.

```
>>> trimmed_hourly_logs = hourly_ip_logs\
...      .assign(hour=lambda x: x.datetime.dt.hour)\
...      .groupby('hour').apply(lambda x: trim(x, 0.95))\
...      .drop(columns='hour').reset_index().iloc[:,2:]
```

이제 get_baselines() 함수를 사용해 절사 데이터의 평균을 이용해 기준선을 잡을 수 있다.

```
>>> averages = get_baselines(trimmed_hourly_logs, 'mean')
>>> averages.iloc[[19, 23, 3, 11, 14, 16]]
```

이제 그림 8.17의 절사한 기준선은 그림 8.16의 **19**시, **23**시, **14**시의 데이터와는 많이 다른 것을 알 수 있다.

	username	success	failures	attempts	success_rate	failure_rate	hour
hour							
19	1.0	1.4	0.4	1.8	0.871429	0.128571	19.0
23	1.0	2.0	0.1	2.1	0.966667	0.033333	23.0
3	1.0	2.0	0.3	2.3	0.925000	0.075000	3.0
11	1.1	1.9	0.2	2.1	0.933333	0.066667	11.0
14	1.0	1.4	0.2	1.6	0.950000	0.050000	14.0
16	1.0	1.4	0.2	1.6	0.925000	0.075000	16.0

그림 8.17 평균을 사용한 절사 시간별 기준선

이제 기준선이 있으므로 기준선에서의 임계값과 열에서 백분율 차[percentage difference]를 계산하고 해커로 플래그한 IP 주소를 반환하는 함수를 만든다.

```
>>> def pct_change_threshold(hourly_ip_logs, baselines,
...                          pcts=None):
...     """
...     임계값을 기준으로 플래그를 단 IP 주소를 반환한다.
...
...     매개변수:
...         - hourly_ip_logs: IP 주소별로 집계한 데이터
...         - baselines: 데이터에서 열에 대한 시간별 기준선
...         - pcts: 임계값 상계 (baseline * pct)를 계산하고자
...                 열에 대한 사용자 정의 백분율 딕셔너리.
...                 지정되지 않으면 pct는 1이 된다.
...
...     반환값: 플래그된 IP 주소를 포함하는 `Series`
...     """
...     pcts = {} if not pcts else pcts
...
...     return hourly_ip_logs.assign(
...         hour=lambda x: x.datetime.dt.hour
...     ).join(
...         baselines, on='hour', rsuffix='_baseline'
...     ).assign(
...         too_many_users=lambda x: x.username_baseline \
...             * pcts.get('username', 1) <= x.username,
...         too_many_attempts=lambda x: x.attempts_baseline \
...             * pcts.get('attempts', 1) <= x.attempts,
...         high_failure_rate=lambda x: \
...             x.failure_rate_baseline \
...             * pcts.get('failure_rate', 1) <= x.failure_rate
...     ).query(
...         'too_many_users and too_many_attempts '
...         'and high_failure_rate'
...     ).source_ip.drop_duplicates()
```

pct_change_threshold() 함수는 일련의 연쇄 연산[chained operation]을 통해 플래그된 IP 주소를 제공한다.

1. 먼저 기준선을 hour 열의 시간별 IP 주소 로그에 결합한다. 모든 기준선 열에는 시간별 IP 주소 로그^{hourly IP address logs}와 같은 이름이 있으며 여기에 결합하려는 것이 아니기 때문에 이름 뒤에 접미사 '_baseline'를 붙인다.

2. 그러고 나면 임계값을 넘어섰는지 확인해야 할 모든 데이터는 같은 DataFrame에 있게 된다. assign()을 사용해 각 조건(너무나 많은 사용자, 너무나 많은 로그인 시도, 높은 실패율)이 만족했는지 여부를 나타내도록 3개의 새로운 부울 열을 만든다.

3. 그런 다음 query() 메서드를 연결한다. 이렇게 하면 이런 부울 열의 모든 값이 참인 행을 쉽게 선택할 수 있다. <column> == True라고 명시하지 않아도 된다.

4. 마지막으로, IP 주소만 반환하고 같은 IP 주소가 여러 시간에 걸쳐 플래그된 경우에는 중복을 제거한다.

이 함수를 사용하려면 각 기준에서 백분율 차를 선택해야 한다. 기본적으로 기준선의 값은 100%다. 이 값은 평균이어서 너무 많은 IP 주소가 표시되므로 각 기준에 대한 기준선보다 25% 큰 값들에 플래그된 IP 주소를 선택한다.

```
>>> pct_from_mean_ips = pct_change_threshold(
...     hourly_ip_logs, averages,
...     {key: 1.25 for key in [
...         'username', 'attempts', 'failure_rate'
...     ]}
... )
```

TIP

우리가 사용한 백분율은 딕셔너리에 있으며, 키는 해당 열이며 값은 백분율 자체다. 함수의 호출자가 이런 값을 제공하지 않으면 get()을 사용해 딕셔너리에서 선택해야 하므로 기본값이 100%가 된다.

이 규칙에 따르면 73개의 IP 주소가 플래그된다.

```
>>> pct_from_mean_ips.nunique()
73
```

> 실제로 기준선을 계산하는 데 사용된 항목이 기준선의 정의에 영향을 미치므로 이 규칙을 사용하지는 않는다.

튜키 울타리

1장에서 설명했던 것처럼 평균은 특이값에 강건하지 않다. 기준선에 영향을 미치는 특이값이 많다고 생각되면 백분율 차에서 중위수를 사용하거나 **튜키 울타리**^{Tukey fence}를 사용해 살펴보는 것이 좋다. 6장 연습 문제에서 튜키 울타리의 경계는 첫 번째 및 세 번째 사분위수와 **사분위범위**^{IQR, InterQuartile Range}로 결정된다는 것을 배웠다. 우리는 상계보다 큰 값에 관심이 있으므로 특이값이 데이터의 25% 미만인 경우에만 평균으로 이 문제를 해결한다. 상계는 다음과 같이 계산할 수 있다.

$$상계 \ = \ Q_3 + k \times IQR$$

get_baselines() 함수는 여전히 도움이 되지만 몇 가지 추가 작업을 해야 한다. 튜키 울타리의 상계를 계산하고 곱하는 수^{multiplier} k에 대해 다양한 값을 조사하는 함수를 작성한다. 튜키 울타리와 함께 백분율을 사용하는 옵션도 제공한다.

```
>>> def tukey_fence_test(trimmed_data, logs, k, pct=None):
...     """
...     곱하는 수 k와 추가 백분율 차에 대해 튜키 울타리로
...     플래그된 IP 주소를 확인한다.
...
...     매개변수:
...         - trimmed_data: 기준선 계산을 위한 데이터
...         - logs: 테스트할 데이터
...         - k: IQR에 곱하는 수
...         - pct: `pct_change_threshold()`와 함께 사용할
...                 열에 대한 백분율 딕셔너리
...
...     반환값:
...         플래그된 IP 주소의 `pandas.Series`
...     """
```

```
...        q3 = get_baselines(trimmed_data, 'quantile', .75)\
...            .drop(columns=['hour'])
...
...        q1 = get_baselines(trimmed_data, 'quantile', .25)\
...            .drop(columns=['hour'])
...
...        iqr = q3 - q1
...        upper_bound = (q3 + k * iqr).reset_index()
...
...        return pct_change_threshold(logs, upper_bound, pct)
```

tukey_fence_test() 함수를 사용해 IQR에 3을 곱해 튜키 울타리의 상계를 초과하는 IP 주소를 찾아보자.

```
>>> tukey_fence_ips = tukey_fence_test(
...        trimmed_hourly_logs, hourly_ip_logs, k=3
... )
```

이 방법으로는 83개의 IP 주소가 플래그된다.

```
>>> tukey_fence_ips.nunique()
83
```

NOTE

> 여기서는 3을 곱했다. 그러나 응용 프로그램에 따라 덜 제한적으로 사용되는 1.5를 사용할 수도 있다. 실제로는 아무 숫자나 사용해도 상관없다. 가장 좋은 숫자를 찾기 위해서는 시행착오를 겪어야 한다.

Z-점수

1장에서 배운 Z-점수 계산 방법으로 평균에서 주어진 표준편차의 수만큼 떨어져 있는 IP 주소에 플래그를 달 수 있다. 앞에서 만든 pct_change_threshold() 함수는 기준선과 비교하는 것이 아니므로 그대로는 별 도움이 되지 않는다. 대신, 모든 값에서 기준선 평균을 뺀 다음 기준선 표준편차로 나눠야 하므로 이 방식을 사용하는 함수를 다시 만들어야 한다.

평균보다 주어진 표준편차의 수만큼 큰 값을 절사^{cutoff}로 사용하는 Z-점수 테스트를 수행하는 새로운 z_score_test() 함수를 만든다. 먼저 get_baselines() 함수를 사용해 절사한 데이터로 시간별 기준선 표준편차를 계산한다. 그런 다음, 표준편차와 평균을 결합하고 접미사를 붙인다. 이렇게 하면 이 작업에 대해 pct_change_threshold()의 논리를 적용할 수 있다.

```
>>> def z_score_test(trimmed_data, logs, cutoff):
...     """
...     절사값보다 크거나 같은 Z-점수로 플래그된 IP 주소를 확인한다.
...
...     매개변수:
...         - trimmed_data: 기준선 계산을 위한 데이터
...         - logs: 테스트할 데이터
...         - cutoff: z_score >= cutoff일 때 행을 플래그한다.
...
...     반환값:
...         플래그된 IP 주소의 `pandas.Series`
...     """
...     std_dev = get_baselines(trimmed_data, 'std')\
...         .drop(columns=['hour'])
...     averages = get_baselines(trimmed_data, 'mean')\
...         .drop(columns=['hour'])
...
...     return logs.assign(hour=lambda x: x.datetime.dt.hour)\
...         .join(std_dev.join(
...             averages, lsuffix='_std', rsuffix='_mean'
...         ), on='hour')\
...         .assign(
...             too_many_users=lambda x: (
...                 x.username - x.username_mean
...             )/x.username_std >= cutoff,
...             too_many_attempts=lambda x: (
...                 x.attempts - x.attempts_mean
...             )/x.attempts_std >= cutoff,
...             high_failure_rate=lambda x: (
...                 x.failure_rate - x.failure_rate_mean
...             )/x.failure_rate_std >= cutoff
...         ).query(
...             'too_many_users and too_many_attempts '
```

```
...                  'and high_failure_rate'
...              ).source_ip.drop_duplicates()
```

평균에서 3 이상의 표준편차로 절사하는 함수를 적용한다.

```
>>> z_score_ips = \
...     z_score_test(trimmed_hourly_logs, hourly_ip_logs, 3)
```

이 방법으로는 62개의 IP 주소가 플래그된다.

```
>>> z_score_ips.nunique()
62
```

NOTE

> 실제로 Z-점수에 대한 절사값(cutoff value)도 조절해야 하는 매개변수다.

성능 평가

각 규칙 집합에 대해 일련의 IP 주소를 얻었으므로 (실제로 확인할 방법이 있다면) 각각의 방법이 얼마나 잘 수행했는지 알아보고 싶을 것이다. 이 경우 연구를 위한 공격자 IP 주소가 있으므로 각 방법이 공격자 IP 주소를 얼마나 맞혔는지 확인할 수 있다. 실제로 이렇게 하는 것은 쉬운 일이 아니다. 대신 과거에 악성으로 판명된 것들에 표시를 하고 미래에 비슷한 행동을 하는 것을 찾을 수 있다. 우리가 하고 있는 작업은 2개의 클래스로 분류classification하는 문제다. 즉 우리는 각 IP 주소를 유효한 사용자와 악의적인 사용자로 분류하고자 한다. 이런 분류 문제는 그림 8.18과 같이 네 가지 가능한 결과를 갖는 **혼동행렬**confusion matrix를 이용해 시각화할 수 있다.

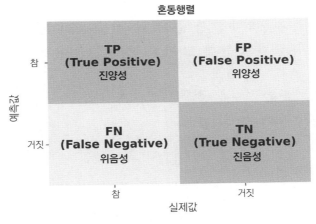

그림 8.18 혼동행렬

이 응용에서 가능한 네 가지 결과는 다음을 뜻한다.

- **진양성**眞陽性, TP, True Positive: 참을 참Positive으로 올바르게 판단True한 것을 뜻하며 참양성 또는 진탐이라고도 한다. 여기서는 우리의 방법이 IP 주소를 악성으로 플래그했으며, 실제로 해당 IP 주소가 해커가 사용한 IP 주소라는 것을 뜻한다.

- **진음성**眞陰性, TN, True Negative: 음을 음Negative으로 올바르게 판단True한 것을 뜻하며 참음성 또는 진탐이라고도 한다. 여기서는 우리의 방법이 IP 주소를 악성으로 플래그하지 않았으며, 실제로 해당 IP 주소가 해커가 사용하지 않은 IP 주소라는 것을 뜻한다.

- **위양성**僞陽性, FP, False Positive: 음을 양Positive으로 잘못 판단False한 것을 뜻하며 제1종 오류Type I-error나 거짓양성 또는 오탐이라고도 한다. 여기서는 우리의 방법이 IP 주소를 악성으로 플래그했지만, 실제로 해당 IP 주소가 해커가 사용하지 않은 IP 주소라는 것을 뜻한다.

- **위음성**僞陰性, FN, False Negative: 양을 음Negative으로 잘못 판단False한 것을 뜻하며 제2종 오류Type II-error나 거짓음성 또는 미탐이라고도 한다. 여기서는 우리의 방법이 IP 주소를 악성으로 플래그하지 못했지만, 실제로 해당 IP 주소가 해커가 사용한 IP 주소라는 것을 뜻한다.

진양성과 진음성은 우리 방법에 제대로 역할을 했다는 것을 뜻하며 위양성과 위음성은
개선이 필요하다는 것을 의미하지만 절대로 완벽할 수는 없다는 것을 명심해야 한다.
이제 각 방법의 위치를 결정하는 데 도움이 되는 함수를 만들어 보자.

```
>>> def evaluate(alerted_ips, attack_ips, log_ips):
...     """
...     악성으로 플래그된 IP 주소에 대해
...     진양성, 진음성, 위양성, 위음성을 계산한다.
...
...     매개변수:
...         - alerted_ips: 플래그된 IP 주소의 `Series`
...         - attack_ips: 공격자 IP 주소의 `Series`
...         - log_ips: 관측된 모든 IP 주소의 `Series`
...
...     반환값:
...         (TP, FP, TN, FN) 형태의 튜플
...     """
...     tp = alerted_ips.isin(attack_ips).sum()
...     tn = np.invert(np.isin(
...         log_ips[~log_ips.isin(alerted_ips)].unique(),
...         attack_ips
...     )).sum()
...     fp = np.invert(alerted_ips.isin(attack_ips)).sum()
...     fn = np.invert(attack_ips.isin(alerted_ips)).sum()
...     return tp, fp, tn, fn
```

측정 지표를 계산하기 전에 공격자 IP 주소(attacks.source_ip)와 로그의 IP 주소(pivot.
inde)의 Series를 계속 입력하지 않도록 부분함수partial function를 만든다. 부분함수를 사
용하면 특정 인수에 대한 값을 수정하고 나중에 함수를 호출할 수 있다.

```
>>> from functools import partial
>>> scores = partial(
...     evaluate,
...     attack_ips=attacks.source_ip,
...     log_ips=pivot.index
... )
```

이제 이 함수를 사용해 성능 측정을 위한 측정 지표를 계산해 보자. 한 가지 일반적인 측정 지표는 **위양성률**FPR, False Positive Rate로 **오경보율**FAR, False Alarm Rate을 뜻한다. 이 값은 위양성에 대한 모든 음의 비로, 다음 식과 같이 위양성의 개수를 모든 음성의 개수로 나는 값이다.

$$\text{위양성률(FPR)} = \frac{FP}{FP + TN}$$

위발견율FDR, False Discovery Rate은 부정확한 양성의 비율로 다음 식과 같이 위양성의 개수를 양성으로 예측한 모든 개수로 나눈 값이다. 오경보율을 바라보는 또 다른 방식이다.

$$\text{위발견율(FDR)} = \frac{FP}{FP + TP}$$

평균을 이용한 접근 방식과 백분율 차에 대한 위양성률과 위발견율 값을 알아보자.

```
>>> tp, fp, tn, fn = scores(pct_from_mean_ips)
>>> fp / (fp + tn), fp / (fp + tp)
(0.00392156862745098, 0.0136986301369863)
```

또 다른 측정 지표는 **위음성률**FNR, False Negative Rate로 제대로 분류하지 못한 것(실패율miss rate)을 뜻한다. 이 값은 다음 식과 같이 위음성 개수를 모든 양의 개수로 나눈 값이다.

$$\text{위음성률(FNR)} = \frac{FN}{FN + TP}$$

위음성을 바라보는 또 다른 방법은 **위누락률**FOR, False Omission Rate로 음성으로 잘못 표시한 사례의 비율로 다음 식과 같이 위음성의 개수를 모은 음의 개수로 나눈 값이다.

$$\text{위누락률(FOR)} = \frac{FN}{FN + TN}$$

평균과 백분율 차의 방법에는 위음성이 없으므로 위음성률과 위누락률 모두 0이다.

```
>>> fn / (fn + tp), fn / (fn + tn)
(0.0, 0.0)
```

일반적으로 여기에는 절충점이 있다. 가능한 한 많은 해커를 잡고 (FNR/FOR에 집중해) 유효한 사용자에게 플래그를 지정하는 위험을 감수하거나 아니면 (FPR/FDR을 최소화해) 유효한 사용자를 불편하게 하더라도 해커를 놓치는 위험을 감수해야 할까? 이런 질문은 대답하기 어려우며 위양성의 비용과 위음성의 같을 수도 없으며 규모 면에서도 비슷하지 않기 때문에 분야에 따라 달라질 것이다.

TIP

성능 평가를 위해 사용할 수 있는 추가 측정 지표는 9장에서 설명한다.

이제 이런 모든 계산을 처리하는 함수를 만든다.

```
>>> def classification_stats(tp, fp, tn, fn):
...     """ 측정 지표를 계산한다. """
...     return {
...         'FPR': fp / (fp + tn), 'FDR': fp / (fp + tp),
...         'FNR': fn / (fn + tp), 'FOR': fn / (fn + tn)
...     }
```

이제 evaluate()의 결과를 사용해 측정 지표를 계산할 수 있다. 평균과 백분율 차에 대해 다음과 같은 결과를 얻을 수 있다.

```
>>> classification_stats(tp, fp, tn, fn)
{'FPR': 0.00392156862745098, 'FDR': 0.0136986301369863,
 'FNR': 0.0, 'FOR': 0.0}
```

세 가지 기준이 꽤 잘 된 것 같다. 기준선을 계산할 때 절사하지 않고 해커의 IP 주소를 선택하려면 평균 대신 중위수로 계산하면 된다.

```
>>> medians = get_baselines(hourly_ip_logs, 'median')
>>> pct_from_median_ips = pct_change_threshold(
...     hourly_ip_logs, medians,
...     {key: 1.25 for key in
...      ['username', 'attempts', 'failure_rate']}
... )
```

중위수를 사용해도 성능은 평균과 비슷하다. 그러나 이 경우 데이터를 미리 절사할 필요는 없었다. 이는 중위수가 특이값에 강건하므로 주어진 시간에 단일 해커의 IP 주소를 선택하더라도 평균에 대한 시간 기준선에 영향을 미치지 않는 것을 뜻한다.

```
>>> tp, fp, tn, fn = scores(pct_from_median_ips)
>>> classification_stats(tp, fp, tn, fn)
{'FPR': 0.00784313725490196, 'FDR': 0.02702702702702703,
 'FNR': 0.0, 'FOR': 0.0}
```

설명했던 각 방법을 비교하고자 딕셔너리 컴프리헨션을 사용하면 DataFrame 객체를 성능 측정 지표로 채울 수 있다.

```
>>> pd.DataFrame({
...     method: classification_stats(*scores(ips))
...     for method, ips in {
...         'means': pct_from_mean_ips,
...         'medians': pct_from_median_ips,
...         'Tukey fence': tukey_fence_ips,
...         'Z-scores': z_score_ips
...     }.items()
... })
```

TIP

scores() 함수는 (tp, fp, tn, fn)의 튜플을 반환하지만, classification_stats() 함수에는 4개의 인수가 필요하다. 그러나 scores()가 lassification_stats()가 필요로 하는 순서대로 결과를 반환하므로 *를 사용해 튜플을 언팩하고 4개의 위치 인수로 값을 전달할 수 있다.

평균은 특이값에 영향을 받지만, 데이터를 절사하면 실행할 수 있는 방법이 된다. 중위수로 작업하고자 데이터를 절사할 필요는 없다. 중위수의 유용성은 50% 미만의 특이값을 포함하는 데이터에 달려 있다. 튜키 울타리는 한 걸음 더 나아가 세 번째 사분위수를 사용하며 데이터의 25% 미만이 특이값이라고 가정한다. Z-점수 방법도 평균을 사용하므로 특이값에 영향을 받는다. 그러나 절사한 데이터를 사용하면 3의 절사값으로 좋은 성능을 얻을 수 있었다.

	means	medians	Tukey fence	Z-scores
FPR	0.003922	0.007843	0.078431	0.000000
FDR	0.013699	0.027027	0.240964	0.000000
FNR	0.000000	0.000000	0.125000	0.138889
FOR	0.000000	0.000000	0.036885	0.037736

그림 8.19 성능 비교

궁극적으로 우리가 실제로 사용할 수 있는 방법은 위양성 대 위음성의 비용에 달려 있다. 아무것도 잘못되지 않았을 때 경보를 울리는 것이 나쁠까? 아니면 어떤 일이 발생했을 때 아무런 경보가 없는 것이 나쁠까? 이 경우 우리는 아무것도 놓쳐서는 안 되기 때문에 위음성을 최소화하는 측면에서 실수한다.

NOTE

이상 탐지의 또 다른 사용 사례(use case)로는 공장 장비 성능과 산출물 모니터링과 같은 산업 환경에서 품질 관리나 처리 제어(process control)다. 처리 제어는 임계값 기반 규칙과 패턴 기반 규칙을 사용해 시스템을 제어할 수 없는 상태인지 아닌지를 결정한다. 이는 기본 데이터의 분포가 바뀌는 시점을 결정하는 것과 같은 작업에 사용될 수 있는데 분포가 바뀐다는 것은 나중에 발생할 문제의 전조가 될 수 있다. 웨스턴 일렉트릭 법칙(Western Electric rule)과 넬슨 법칙(Nelson rule)이 널리 사용되는 규칙이다. 두 규칙에 관한 참고 자료는 '참고 자료' 절에서 확인할 수 있다.

⁝⁝ 요약

두 번째 응용 프로그램 장에서는 파이썬으로 이벤트를 시뮬레이션하는 방법과 추가로 패키지를 만드는 법을 배웠다. 또한 로그인 시도 데이터의 시뮬레이션을 실행하는 데 사용한 터미널 명령어로 실행할 수 있는 파이썬 스크립트를 만드는 방법도 살펴봤다. 그런 다음 해커의 활동을 쉽게 알아낼 수 있는지 알아보고자 시뮬레이션 데이터로 몇 가지 탐색적 데이터 분석을 했다.

이를 통해 시간당 IP 주소별로 인증하려는 사용자 이름의 수 외에 시도 횟수와 실패율에 초점을 맞췄다. 이런 측정 지표를 사용해 두 그룹을 연결하는 다른 점들과 함께 별도의 두 그룹을 보여 주는 산점도를 그릴 수 있었다. 당연히 이 두 그룹은 유효한 사용자와 악의적인 사용자를 나타내며 일부 해커는 다른 해커만큼 명확하지 않았다.

마지막으로, 의심스러운 활동에 대해 해커 IP 주소를 플래그하는 규칙을 만들었다. 먼저 pandas를 사용해 데이터를 IP 주소에 대해 시간별로 집계하면서 재구성했다. 그런 다음 95번째 백분위수보다 큰 값을 절사하고 시간별로 주어진 통계량에 대해 기준선을 계산하는 함수를 만들었다. 평균과 중위수에서의 백분율 차와 튜키 울타리 상계 초과와 Z-점수를 기반으로 하는 규칙을 만들었다. 좋은 규칙을 만드는 것은 평균과 중위수와의 차에 대한 백분율과 튜키 울타리에 대해 곱하는 수, 그리고 Z-점수에 대한 임계값과 같은 매개변수를 신중하게 조정하는 것에 달려 있다는 것을 알았다. 어떤 규칙이 가장 성능이 좋은지 확인하고자 누락률[miss rate], 위누락률, 위발견율, 오경보율을 사용했다.

다음 9장과 10장에서는 파이썬에서 scikit-learn을 사용하는 머신러닝을 소개하고, 11장에서는 이 시나리오를 다시 사용해 머신러닝으로 이상 탐지를 해볼 것이다.

⁝⁚⁝ 연습 문제

8장에서 다룬 개념을 연습하고자 다음 연습 문제를 풀어 본다.

1. 사용자 기반을 다시 만들지 않고 2018년 12월에 대한 시뮬레이션을 새로운 로그 파일로 실행한다. python3 simulate.py -h를 실행해 터미널 명령어의 인수를 확인한다. 시드를 27로 설정한다. 이 데이터는 나머지 연습 문제에서 사용된다.

2. 연습 문제 1에서 시뮬레이션한 데이터를 사용해 IP 주소당 성공률/실패율뿐만 아니라 고유한 사용자 이름 개수, 시도 횟수, 성공 횟수, 실패 횟수를 계산한다.

3. 왼쪽에는 시도 횟수 대비 실패 횟수에 대한 부그림과 오른쪽에는 사용자 이름 수 대비 실패율에 대한 부그림을 그린다. 결과 그림에 대한 결정 경계를 그린다. 각 데이터의 점이 해커 IP 주소인지에 따라 색상을 지정한다.

4. 실패와 시도가 모두 중위수의 5배 값이거나 사용자 이름의 수가 중위수의 5배인 경우 IP 주소에 플래그하도록 중위수에서의 백분율 차를 사용하는 규칙 기반 기준을 만든다. 1시간 윈도우를 사용한다. `get_baselines()` 함수를 사용해 기준선에 필요한 측정 지표를 계산한다.

5. 8장의 `evaluate()`와 `classification_stats()` 함수를 사용해 이 규칙을 얼마나 잘 수행했는지를 평가하기 위한 측정 지표를 계산한다.

⋙ 참고 자료

8장에서 다룬 주제에 관한 더 많은 내용은 다음 자료를 참고한다.

- **붓스트랩 방법에 관한 친절한 소개**: https://machinelearningmastery.com/a-gentle-introduction-to-the-bootstrap-method/

- **붓스트랩 방법 소개**: https://towardsdatascience.com/an-introduction-to-the-bootstrap-method-58bcb51b4d60

- **해시에 소금 뿌리기: 패스워드를 저장하는 더 좋은 방법**: https://auth0.com/blog/adding-salt-to-hashing-a-better-way-to-store-passwords/

- **무작위 대입 공격**: https://en.wikipedia.org/wiki/Brute-force_attack

- **분류 정확도는 충분하지 않다: 사용할 수 있는 더 많은 성능 측정 지표**: https://machinelearningmastery.com/classificationaccuracy-is-not-enough-more-performance-measures-you-canuse/

- **사전 공격**: https://en.wikipedia.org/wiki/Dictionary_attack

- **넬슨 법칙**: https://en.wikipedia.org/wiki/Nelson_rules

- **오프라인 패스워크 크래킹: 공격과 최선의 방어**: https://www.alpinesecurity.com/blog/offline-password-cracking-the-attack-and-the-best-defense-against-it

- **포아송 점 과정**: https://en.wikipedia.org/wiki/Poisson_point_process

- **정밀도와 재현율**: https://en.wikipedia.org/wiki/Precision_and_recall

- **파이썬에서의 확률분포**: https://www.datacamp.com/community/tutorials/ probability-distributions-python

- **RFC 1597** (사설 인터넷을 위한 주소 할당): http://www.faqs.org/rfcs/rfc1597.html

- **표본추출 기법**: https://towardsdatascience.com/samplingtechniques- a4e34111d808

- **절사 추정량**: https://en.wikipedia.org/wiki/Trimmed_estimator

- **웨스턴 일렉트릭 법칙**: https://en.wikipedia.org/wiki/Western_Electric_rules

4부

scikit-learn을
이용한 머신러닝 소개

지금까지 우리는 pandas를 사용해 데이터 분석 작업에 초점을 맞추고 있지만, 파이썬으로 할 수있는 훨씬 더 많은 데이터 과학이 있다. 9, 10, 11장은 파이썬에서 scikit-learning을 사용해 머신러닝을 소개할 것이다. 우리가 지금까지 해왔 던 모든 것을 포기할 것이라고 말하는 것은 아니다. 앞에서 봤듯이 pandas는 데이터를 빠르게 탐색, 청소, 시각화, 분석하는 데 필수적인 도구다. 이 모든 것은 머신러닝을 시도하기 전에 수행해야 한다. 우리는 어떤 이론에도 들어가지 않을 것이다. 대신 클러스터링, 분류, 회귀와 같은 머신러닝 작업을 파이썬에서 쉽게 구현할 수 있는 방법을 보여 줄 것이다.

4부는 다음과 같은 장으로 구성된다.

- 9장, 파이썬에서 머신러닝 시작하기

- 10장, 예측 더 잘하기 – 모델 최적화

- 11장, 머신러닝 기반 비정상 행위 탐지

09

파이썬에서
머신러닝 시작하기

9장에서는 머신러닝^{machine learning}과 머신러닝을 사용해 해결할 수 있는 일반적인 업무를 설명한다. 이후 머신러닝 모델에 사용할 데이터를 준비하는 방법을 알아본다. 이미 데이터 정제에 관해 설명했지만, 사람이 사용하기 위한 것이었다. 머신러닝 모델에는 다른 **전처리**^{preprocessing}(정제) 기법을 사용해야 한다. 여기서 전처리에는 많은 의미가 담겨 있으므로 이 주제에 관해서는 시간을 두고 scikit-learn을 이용해 이 과정을 간소화하기 위한 전처리 파이프라인^{pipeline}을 구축하는 방법을 설명한다. 그 이유는 우리 모델은 학습에 사용된 데이터만큼만 좋기 때문이다.

다음으로 scikit-learn을 이용해 모델을 만들고 모델의 성능을 평가하는 방법을 알아본다. scikit-learn은 사용자 친화적인 API를 제공하므로 모델을 만드는 방법을 익히게 되면 모델을 얼마든지 만들 수 있다. 모델에 사용된 수학은 설명하지 않는다. 수학적 배경을 다루는 책이 많이 있다. 9장의 목표는 이 주제를 소개하는 것이다. 9장의 뒷부분에서는 우리가 어떤 유형의 문제를 해결하고자 하는지 그리고 이를 해결하는 데 도움이 되는 몇몇 알고리듬과 구현 방법을 알아본다.

9장에서는 다음과 같은 내용을 다룬다.

- 머신러닝 개요

- 앞에서 배운 기술을 사용해 탐색적 데이터 분석하기

- 머신러닝 모델에 사용할 데이터 전처리하기

- 레이블링되지 않은 데이터를 이해하는 데 도움이 되는 군집화

- 회귀가 적절할 때와 `scikit-learn`으로 회귀 구현 방법 배우기

- 분류 작업을 이해하고 로지스틱 회귀 사용 방법 배우기

⁝⁝ 9장 교재

9장에서는 3개의 데이터셋을 사용한다. 처음 2개는 P. 코르테즈Cortez, A. 세르데이라 Cerdeira, F. 알메이다Almeida, T. 마토스Matos, and J. 레이스Reis가 UCI 머신러닝 데이터 저장소Machine Learning Data Repository(http://archive.ics.uci.edu/ml/index.php)에 기증한 와인 품질wine quality 데이터다. 이 데이터에는 다양한 와인 샘플의 화학 성분과 와인 전문가 패널의 블라인드 테스트를 통해 얻어진 품질 등급에 대한 정보가 들어 있다. 이 책 저장 소의 9장 디렉터리(https://github.com/stefmolin/Hands-On-Data-Analysis-with-Pandas-2nd-edition/tree/master/ch_09)의 `data/` 디렉터리에는 `winequality-red.csv`와 `winequality-white.csv` 2개의 파일이 들어 있다.

세 번째 데이터셋은 **Open Exoplanet Catalogue** 데이터베이스(https://github.com/ OpenExoplanetCatalogue/open_exoplanet_catalogue/)를 사용해 수집했다. 이 데이터베이 스는 HTML과 비슷한 **확장성 마크업 언어**XML, eXtensible Markup Languag 형식의 데이터를 제공한다. `planet_data_collection.ipynb` 노트북에는 9장에서 사용할 수 있도록 이 정보 를 CSV 파일로 변환하는 코드가 들어 있다. 이 코드를 설명하지는 않겠지만 여러분은 한번 살펴보기를 바란다. 9장에서 사용할 데이터는 `data/` 디렉터리에 있으며, 세 번째 데이터셋은 `planets.csv` 파일을 사용한다. 해당 디렉터리에는 연습 문제나 또 다른 연습

을 위해 다른 계층 구조 형식을 파싱한 데이터도 들어 있다. 이런 데이터는 `binaries.csv`, `stars.csv`, `systems.csv` 파일로 각각 (별이나 2개의 그룹을 구성하는 바이너리인) 바이너리나 별에 대한 데이터 그리고 행성계에 대한 데이터다.

`red_wine.ipynb` 노트북을 사용해 레드 와인^{red wine}의 품질을 예측하고 `wine.ipynb` 노트북으로는 화학 성분에 따라 와인을 레드나 화이트로 분류한다. 그리고 `planets_ml.ipynb` 노트북에서는 행성의 나이^{year length}를 예측하고 비슷한 행성 그룹을 찾는 군집화^{clustering}를 해본다. 전처리에 관한 부분은 `preprocessing.ipyn` 노트북을 사용한다.

1장에서 환경을 구축할 때 깃허브에서 `ml_utils`이라고 하는 패키지를 설치했다. 이 패키지에는 머신러닝에 관한 3개의 장에서 사용할 유틸리티 함수와 클래스가 포함돼 있다. 7장, 8장과는 달리 9장에서는 이 패키지를 만드는 방법을 설명하지는 않겠지만 패키지 코드에 관심이 있는 사람들은 이 URL(https://github.com/stefmolin/ml-utils/tree/2nd_edition)에서 코드를 살펴보고 7장에서 설명했던 것처럼 수정 모드로 설치할 수 있다.

데이터 출처에 대한 참조 링크는 다음과 같다.

- **공개 외계 행성 카탈로그 데이터베이스**: https://github.com/OpenExoplanetCatalogue/open_exoplanet_catalogue/#datastructure.

- P. Cortez, A. Cerdeira, F. Almeida, T. Matos and J. Reis. Modeling wine preferences by data mining from physicochemical properties. In Decision Support Systems, Elsevier, 47(4):547-553, 2009. http://archive.ics.uci.edu/ml/datasets/Wine+Quality.

- Dua, D. and Karra Taniskidou, E. (2017). UCI Machine Learning Repository [http://archive.ics.uci.edu/ml/index.php]. Irvine, CA: University of California, School of Information and Computer Science.

머신러닝 개요

머신러닝^{machine learning}은 **인공지능**^{AI, Artificial Intelligence}의 하위 분야로 알고리듬이 명시적으로 규칙을 배우지 않아도 입력 데이터로 값을 예측하는 방법을 배울 수 있다. 이런 알고리듬은 학습을 통해 추론할 때 통계학을 사용한다. 그런 다음 알고리듬은 학습한 내용을 사용해 예측한다.

대출 신청, 검색 엔진 사용, 음성 명령어로 로봇 진공청소기를 사용해 방을 청소하는 것처럼 머신러닝은 우리가 볼 수 있는 모든 곳에서 사용되고 있다. 예를 들어 알렉사^{Alexa}나 시리^{Siri} 또는 구글 어시스턴트^{Google Assistant}와 같은 인공지능 비서의 음성 인식^{voice recognition}과 주변 탐색을 통한 평면도 대응^{mapping}, 대출 채무 불이행자 결정과 관련 검색 결과 파악 그리고 그림 그리기(https://www.boredpanda.com/computer-deep-learning-algorithm-painting-masters/) 등 다양한 용도로 활용할 수 있기 때문이다.

머신러닝 모델은 시간이 지남에 따라 입력의 변화에 적응하도록 만들 수 있으며, 매번 사람의 개입 없이 의사결정하는 데 큰 도움이 된다. 대출이나 신용카드 한도를 증액하는 경우를 생각해 보자. 은행이나 신용카드 회사는 머신러닝 알고리듬으로 신청자의 신용 점수와 이력을 조회해 신청자의 요구를 승인할 것인지 결정할 수 있다. 많은 경우 은행이나 신용카드 회사는 머신러닝 모델이 대출이 새로운 신용 한도에 대해 신청자를 높은 확률로 신뢰할 수 있다고 예측하는 경우에만 신청을 승인할 것이다. 모델이 그렇게 확신할 수 없는 경우에는 사람이 신청서를 보고 최종 결정을 할 것이다. 이렇게 하면 경계선에 있는지 선별해야 할 신청서의 양을 줄일 수 있으며, 경계선에 없는 경우에는 (거의 실시간으로) 빠른 결과를 제공할 수 있다.

여기서 한 가지 중요한 점은 대출 승인과 같은 업무에 사용되는 모델은 법적으로 해석할 수 있어야 한다는 것이다. 대출이나 신용 한도 증액 신청이 거부된 이유를 신청자에게 설명할 방법이 있어야만 한다. 때로는 기술 외적인 이유로 우리가 사용하는 접근 방식이나 데이터가 영향을 받거나 제한될 수 있다.

머신러닝의 종류

머신러닝은 일반적으로 비지도학습, 지도학습, 강화학습^{reinforcement learning}, 3개의 범주로 나뉜다. **비지도학습**^{unsupervised learning}은 각 데이터에 대해 모델이 무엇을 말해야 하는지 알려 주는 레이블이 없는 데이터를 가지고 있을 때 사용한다. 많은 경우에 레이블이 있는 데이터를 수집하는 것은 비용이 많이 들거나 현실적으로 어려워서 비지도학습을 사용해야 한다. 비지도학습 모델이 얼마나 잘 작동하는지 알 수가 없으므로 성능을 최적화하는 것이 더 어려울 수밖에 없다. 레이블을 사용할 수 있다면 **지도학습**^{supervised learning}을 사용할 수 있다. 지도학습에서는 실제 레이블과 비교해 모델의 성능에 관한 측정 지표를 계산할 수 있으므로 모델을 평가하고 개선하기가 쉽다.

> **TIP**
>
> 비지도학습은 정확한 정답이 없는 데이터에서 의미를 찾기 때문에 분석의 일부나 지도학습을 하기 전에 데이터에 관해 더 많이 알고자 사용할 수 있다.

강화학습^{reinforcement learning}은 환경의 피드백에 반응하는 것과 관련이 있다. 강화학습은 로봇과 게임의 인공지능과 같은 것에 사용된다. 강화학습은 이 책의 범위를 넘어서지만 관련 정보는 '참고 자료' 절에서 확인할 수 있다.

모든 머신러닝의 접근방식이 위의 세 범주에 딱 들어맞지는 않는다. 한 가지 예로는 **신경망**^{neural network}과 같은 방식을 사용해 데이터 표현을 학습하는 것을 목표로 하는 **딥러닝**^{deep learning}이다. 딥러닝 방법은 해석 가능한 모델을 필요로 하는 특정 영역에서 사용할 수 없는 블랙박스로 여겨진다. 그러나 딥러닝은 음성 인식과 이미지 분류와 같은 업무에 주로 사용된다. 딥러닝 역시 이 책의 범위를 벗어나지만, 딥러닝도 머신러닝의 일부라는 것을 알고 있어야 한다.

> **NOTE**
>
> 해석 가능한 머신러닝은 활발하게 연구가 진행되고 있는 분야다. 관련 정보는 참고 자료 절에서 확인할 수 있다.

일반적인 작업

가장 일반적인 머신러닝 작업은 군집화, 분류, 회귀다. **군집화**^{clustering}의 목표는 데이터를 잘 정의된 그룹에 할당하는 것이다. 여기서 그룹의 구성원은 서로 가까우며 그룹은 다른 그룹과 분리돼 있다. 군집화는 데이터를 잘 이해할 수 있도록 비지도학습 방식으로 사용할 수 있으며, 데이터가 어떤 군집에 속하는지 예측하고자 (본질에서는 분류) 지도학습 방식으로도 사용할 수 있다. 군집화는 비지도 방식으로 예측에 사용할 수 있다. 그러나 각 군집이 의미하는 바를 해석해야 한다. 군집화로 얻은 레이블은 관측값을 각 그룹에 대응시키는 방법을 모델링하고자 지도학습기^{supervised learner}의 입력으로 사용할 수 있다. 이를 **반지도학습**^{semi-supervised learning}이라고 한다.

8장에서 설명한 **분류**^{classification}는 데이터에 양성^{benign}이나 악성^{malicious}과 같은 계급 레이블^{class label}을 할당하는 것이다. 분류는 군집에 레이블을 할당하는 것처럼 들릴 수도 있지만, 양성에 할당된 값이 얼마나 비슷한지에 상관없이 양성으로 표시한다. 계급^{class}이나 범주^{category}에 할당하므로 모델의 계급은 이산 레이블^{discrete label}을 예측하는 데 사용된다. 반면 **회귀**^{regression}는 집값이나 도서 판매량과 같은 숫자 값을 예측하는 데 사용된다. 회귀는 변수 간의 강도와 크기를 모델링한다. 분류나 회귀는 비지도학습이나 지도학습으로 진행할 수 있지만, 지도학습 모델의 성능이 더 좋은 편이다.

파이썬으로 머신러닝하기

이제 머신러닝의 개념을 익혔으므로 우리만의 모델을 만드는 방법을 알아야 한다. 파이썬은 머신러닝 모델링을 위한 다양한 패키지를 제공한다. 다음과 같은 라이브러리를 알고 있어야 한다.

- scikit-learn: 사용하기 쉽고 배우기도 쉬우며, 파이썬에서 머신러닝을 위한 일관된 API를 제공한다(https://scikit-learn.org/stable/index.html).
- statsmodels: 통계검증도 제공하는 통계적 모델링 라이브러리(https://www.statsmodels.org/stable/index.html)

- tensorflow: 빠른 계산을 목적으로 구글이 개발한 머신러닝 라이브러리 (https://www.tensorflow.org/)

- keras: tensorflow와 같은 라이브러리에서 딥러닝을 실행하기 위한 고급 API(https://keras.io/)

- pytorch: 페이스북이 개발한 딥러닝 라이브러리(https://pytorch.org)

TIP

> 이런 라이브러리 대부분은 통계, 수학, 공학 목적을 위한 NumPy 위에서 만들어진 라이브러리인 NumPy와 사이파이(SciPy)를 사용한다. 사이파이는 다른 것 중에서도 선형대수학, 보간법, 적분, 군집 알고리듬을 처리하는 데 사용할 수 있다. 사이파이에 관한 더 많은 정보는 이 URL(https://docs.scipy.org/doc/scipy/reference/tutorial/general.html)에서 확인할 수 있다.

이 책에서는 사용자 친화적인 API를 제공하는 scikit-learn을 사용한다. scikit-learn에서 우리의 기본 클래스는 **추정기**estimator(통계학 용어로 사용될 때 모델과 혼동하지 말 것)로 fit() 메서드를 사용해 데이터에서 학습할 수 있다. **변환기**transformer를 사용해 데이터를 어떤 **예측기**predictor(지도학습이나 비지도학습을 위한 클래스)로 변환하는 transform() 메서드는 predict() 메서드와 함께 사용할 수 있다. **모델**model 클래스는 score() 메서드를 사용해 모델의 성능을 계산할 수 있다. 이 네 가지 메서드만 알면 scikit-learn이 제공하는 모든 머신러닝 모델을 쉽게 만들 수 있다. 이런 설계 방식은 이 URL(https://scikit-learn.org/stable/developers/develop)에서 확인할 수 있다.

탐색적 데이터 분석

이 책에서 배웠던 것처럼 첫 번째 단계는 데이터에 익숙해지고자 탐색적 데이터 분석을 하는 것이다. 이 절에는 각 노트북에서 사용할 수 있는 EDA의 부분집합을 소개한다. 전체 버전은 각 노트북을 참고한다.

pandas 코드를 사용해 탐색적 데이터 분석을 하는 동안 상호대화형 HTML 보고서를 통해 데이터에 관한 초기 탐색적 데이터 분석을 빠르게 수행하는 데 사용할 수 있는 pandas-profiling(https://github.com/pandas-profiling/pandas-profiling)을 확인해 보길 바란다.

9장에서 사용할 노트북 전체에서 똑같이 사용할 수 있는 임포트로 시작한다.

```
>>> %matplotlib inline
>>> import matplotlib.pyplot as plt
>>> import numpy as np
>>> import pandas as pd
>>> import seaborn as sns
```

행성 데이터를 사용하기 전에 와인 품질 데이터로 탐색적 데이터 분석을 한다.

레드 와인 품질 데이터

레드 와인 데이터를 읽고 이 책에서 배웠던 기법을 사용해 탐색적 데이터 분석을 한다.

```
>>> red_wine = pd.read_csv('data/winequality-red.csv')
```

데이터에는 레드 와인의 11가지 화학 성분과 함께 블라인드 시음 테스트에 참여한 와인 전문가의 품질 점수가 있는 열이 있다. 화학 성분을 보고 와인의 품질 점수를 예측할 수 있다.

	fixed acidity	volatile acidity	citric acid	residual sugar	chlorides	free sulfur dioxide	total sulfur dioxide	density	pH	sulphates	alcohol	quality
0	7.4	0.70	0.00	1.9	0.076	11.0	34.0	0.9978	3.51	0.56	9.4	5
1	7.8	0.88	0.00	2.6	0.098	25.0	67.0	0.9968	3.20	0.68	9.8	5
2	7.8	0.76	0.04	2.3	0.092	15.0	54.0	0.9970	3.26	0.65	9.8	5
3	11.2	0.28	0.56	1.9	0.075	17.0	60.0	0.9980	3.16	0.58	9.8	6
4	7.4	0.70	0.00	1.9	0.076	11.0	34.0	0.9978	3.51	0.56	9.4	5

그림 9.1 레드 와인 데이터셋데이터셋

quality 열의 분포를 살펴보자.

```
>>> def plot_quality_scores(df, kind):
...     ax = df.quality.value_counts().sort_index().plot.barh(
...         title=f'{kind.title()} Wine Quality Scores',
...         figsize=(12, 3)
...     )
...     ax.axes.invert_yaxis()
...     for bar in ax.patches:
...         ax.text(
...             bar.get_width(),
...             bar.get_y() + bar.get_height()/2,
...             f'{bar.get_width()/df.shape[0]:.1%}',
...             verticalalignment='center'
...         )
...     plt.xlabel('와인 수')
...     plt.ylabel('품질 점수')
...
...     for spine in ['top', 'right']:
...         ax.spines[spine].set_visible(False)
...
...     return ax
>>> plot_quality_scores(red_wine, '레드')
```

데이터셋의 정보에 따르면 quality는 0점(끔찍함terrible)부터 10점(우수함excellent)까지 다
양하다. 그러나 이 범위의 중간에 있는 값이 많다. 이 데이터셋으로 하려는 작업은 고품
질(품질 점수 7이상) 레드 와인을 예측할 수 있는지 확인하는 것이다.

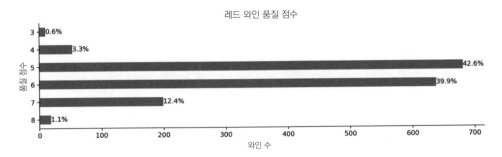

그림 9.2 레드 와인 품질 점수 분포

이 데이터는 숫자이므로 텍스트를 처리할 필요가 없으며 결측값도 없다.

```
>>> red_wine.info()
<class 'pandas.core.frame.DataFrame'>
RangeIndex: 1599 entries, 0 to 1598
Data columns (total 12 columns):
 #   Column                Non-Null Count   Dtype
---  ------                --------------   -----
 0   fixed acidity         1599 non-null    float64
 1   volatile acidity      1599 non-null    float64
 2   citric acid           1599 non-null    float64
 3   residual sugar        1599 non-null    float64
 4   chlorides             1599 non-null    float64
 5   free sulfur dioxide   1599 non-null    float64
 6   total sulfur dioxide  1599 non-null    float64
 7   density               1599 non-null    float64
 8   pH                    1599 non-null    float64
 9   sulphates             1599 non-null    float64
 10  alcohol               1599 non-null    float64
 11  quality               1599 non-null    int64
dtypes: float64(11), int64(1)
memory usage: 150.0 KB
```

describe()를 사용해 각 열의 크기를 알 수 있다.

```
>>> red_wine.describe()
```

결과를 살펴보면 열들이 모두 같은 범위 안에 있지 않으므로 모델이 거리 측정 지표 distance metric를 사용한다면 일부 크기를 조절해야 한다.

	fixed acidity	volatile acidity	citric acid	residual sugar	chlorides	free sulfur dioxide	total sulfur dioxide	density	pH	sulphates	alcohol	quality
count	1599.000000	1599.000000	1599.000000	1599.000000	1599.000000	1599.000000	1599.000000	1599.000000	1599.000000	1599.000000	1599.000000	1599.000000
mean	8.319637	0.527821	0.270976	2.538806	0.087467	15.874922	46.467792	0.996747	3.311113	0.658149	10.422983	5.636023
std	1.741096	0.179060	0.194801	1.409928	0.047065	10.460157	32.895324	0.001887	0.154386	0.169507	1.065668	0.807569
min	4.600000	0.120000	0.000000	0.900000	0.012000	1.000000	6.000000	0.990070	2.740000	0.330000	8.400000	3.000000
25%	7.100000	0.390000	0.090000	1.900000	0.070000	7.000000	22.000000	0.995600	3.210000	0.550000	9.500000	5.000000
50%	7.900000	0.520000	0.260000	2.200000	0.079000	14.000000	38.000000	0.996750	3.310000	0.620000	10.200000	6.000000
75%	9.200000	0.640000	0.420000	2.600000	0.090000	21.000000	62.000000	0.997835	3.400000	0.730000	11.100000	6.000000
max	15.900000	1.580000	1.000000	15.500000	0.611000	72.000000	289.000000	1.003690	4.010000	2.000000	14.900000	8.000000

그림 9.3 레드 와인 데이터셋에 관한 요약통계

마지막으로, 나중을 위해 pd.cut()로 고품질 레드 와인(데이터의 약 14%)을 이산화한다.

```
>>> red_wine['high_quality'] = pd.cut(
...     red_wine.quality, bins=[0, 6, 10], labels=[0, 1]
... )
>>> red_wine.high_quality.value_counts(normalize=True)
0    0.86429
1    0.13571
Name: high_quality, dtype: float64
```

NOTE

> 간결함을 위해 탐색적 데이터 분석은 여기까지만 한다. 그러나 모델링을 하기 전에 데이터를 제대로 살펴보고 전문가와 상의해야 한다. 특히 주의해야 할 것은 우리가 예측하려는 것(여기서는 레드 와인의 품질)과 변수 간의 상관관계다. 상관관계가 높은 변수들은 모델에 포함해야 할 좋은 특성(feature)일 수 있다. 그러나 상관관계가 있다고 해서 인과관계(causation)가 있다는 것이 아니라는 것을 알아야 한다. 이미 5장에서 설명한 산점도와 6장의 쌍그림(pair plot)을 이용해 상관관계를 시각화하는 방법을 배웠다. 쌍 그림은 red_wine.ipynb 노트북에서 확인할 수 있다.

⫶ 화이트 와인과 레드 와인의 화학 성분 데이터

이제 레드 와인 데이터와 화이트 와인 데이터를 함께 살펴보도록 한다. 각각의 데이터는 별도의 파일로 제공되므로 두 파일을 모두 읽어 하나의 DataFrame으로 합쳐야 한다. 화이트 와인 파일은 쌍반점(;)으로 분리돼 있으므로 pd.read_csv()에서 sep 인수를 사용해야 한다.

```
>>> red_wine = pd.read_csv('data/winequality-red.csv')
>>> white_wine = \
...     pd.read_csv('data/winequality-white.csv', sep=';')
```

또한 화이트 와인의 품질 점수도 확인할 수 있다. 레드 와인의 품질 데이터에 했던 대로 하면 화이트 와인이 전반적으로 더 높은 점수를 받았다는 것을 알 수 있다. 이는 평론가들이 레드 와인보다 화이트 와인을 더 선호해서 그런 결과가 나왔을 것이라는 의문을 갖게 하므로 평가에 편견이 생길 수 있다. 지금 상태로는 현재 평가 체계는 다소 주관적인 것처럼 보인다.

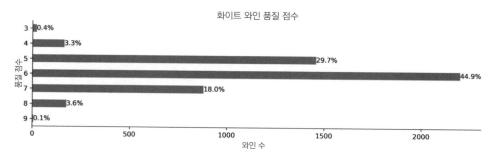

그림 9.4 화이트 와인 품질 점수 분포

두 DataFrame의 열이 모두 같으므로 추가 작업을 위해 두 DataFrame을 결합할 수 있다. 여기서는 각 관측값이 속할 와인 유형을 식별하기 위한 열을 추가한 다음 pd.concat()를 사용해 레드 와인 데이터 위에 화이트 와인 데이터를 쌓는다.

```
>>> wine = pd.concat([
...     white_wine.assign(kind='white'),
...     red_wine.assign(kind='red')
... ])
>>> wine.sample(5, random_state=10)
```

레드 와인 데이터셋으로 했던 것처럼 info()를 실행해 형식을 변환할 필요가 있는지 또는 누락된 데이터가 있는지 확인할 수 있다. 다행히도 여기서는 그렇게 하지 않아도 된다. 결합된 데이터는 그림 9.5와 같다.

	fixed acidity	volatile acidity	citric acid	residual sugar	chlorides	free sulfur dioxide	total sulfur dioxide	density	pH	sulphates	alcohol	quality	kind
848	6.4	0.64	0.21	1.8	0.081	14.0	31.0	0.99689	3.59	0.66	9.8	5	red
2529	6.6	0.42	0.13	12.8	0.044	26.0	158.0	0.99772	3.24	0.47	9.0	5	white
131	5.6	0.50	0.09	2.3	0.049	17.0	99.0	0.99370	3.63	0.63	13.0	5	red
244	15.0	0.21	0.44	2.2	0.075	10.0	24.0	1.00005	3.07	0.84	9.2	7	red
1551	6.6	0.19	0.99	1.2	0.122	45.0	129.0	0.99360	3.09	0.31	8.7	6	white

그림 9.5 결합한 와인 데이터셋

value_counts()를 사용하면 데이터에 화이트 와인 데이터가 레드 와인 데이터보다 많은 것을 알 수 있다.

```
>>> wine.kind.value_counts()
white    4898
red      1599
Name: kind, dtype: int64
```

마지막으로, seaborn을 사용해 와인 종류별로 분류한 각 화학 성분에 대한 상자 그림을 살펴본다. 상자 그림은 레드 와인과 화이트 와인을 구별하는 모델을 만들 때 도움이 되는 **특성**feature(모델의 입력값)을 식별하는 데 도움이 된다.

```
>>> import math
>>> chemical_properties = [col for col in wine.columns
...     if col not in ['quality', 'kind']]
>>> melted = \
... wine.drop(columns='quality').melt(id_vars=['kind'])
>>> fig, axes = plt.subplots(
...     math.ceil(len(chemical_properties) / 4), 4,
...     figsize=(15, 10)
... )
>>> axes = axes.flatten()
>>> for prop, ax in zip(chemical_properties, axes):
...     sns.boxplot(
...         data=melted[melted.variable.isin([prop])],
...         x='variable', y='value', hue='kind', ax=ax
...     ).set_xlabel('')
>>> for ax in axes[len(chemical_properties):]:
...     ax.remove() # 추가 부그림을 제거한다.
>>> plt.suptitle(
...     레드 와인과 화이트 와인의 화학 성분 비교
... )
>>> plt.tight_layout()
```

그림 9.6과 같은 결과를 보면 레드 와인과 화이트 와인의 고정 산도fixed acidity, 휘발산도volatile acidity, 총 이산화황total sulfur dioxide, 황산염sulphate 또는 sulfate 분포가 다르므로 모델을 만들 때 이런 성분을 사용해야 한다.

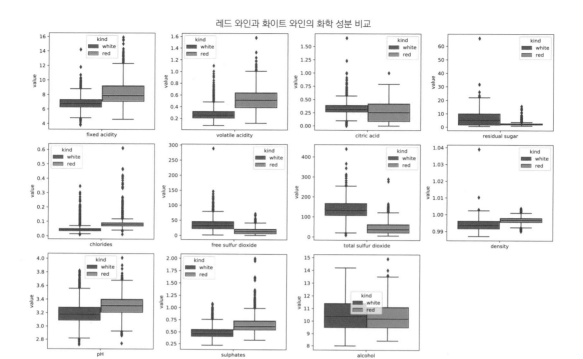

그림 9.6 레드 와인과 화이트 와인 화학 성분 수준 비교

TIP

계급 간 변수의 분포를 비교하면 모델에 사용할 특성을 선택하는 데 도움이 되는 정보를 얻을 수 있다. 계급 간에 변수의 분포가 매우 다르다는 것을 알게 되면 해당 변수를 모델에 포함하는 것이 좋다. 모델링을 설명하기 전에 데이터를 심도 있게 분석해야 한다. 5장과 6장에서 다룬 시각화 기법이 매우 유용하므로 이 과정에서 반드시 사용해야 한다.

10장에서 모델이 잘못 예측한 부분을 검토할 때 이 시각화를 다시 살펴보도록 한다. 이제 작업할 다른 데이터셋을 살펴보자.

행성과 외계 행성 데이터

외계 행성exoplanet은 단순히 태양계 밖에 있는 별star 주위를 도는 행성으로, 여기서는 행성과 외계 행성을 모두 집합적으로 **행성**planet이라고 한다. 이제 행성 데이터를 읽어 보자.

```
>>> planets = pd.read_csv('data/planets.csv')
```

이 데이터로 할 수 있는 몇 가지 흥미로운 작업은 궤도orbit를 기반으로 비슷한 행성의 군집을 찾고 행성의 주기(행성에서의 1년에 해당하는 지구 시간)를 예측하는 것이다.

	mass	description	periastrontime	semimajoraxis	discoveryyear	list	eccentricity	period	discoverymethod	lastupdate	periastron	name
0	19.400	11 Com ...	2452899.60	1.290	2008.0	Confirmed planets	0.231	326.03	RV	15/09/20	94.800	11 Com b
1	11.200	11 Ursa...	2452861.04	1.540	2009.0	Confirmed planets	0.080	516.22	RV	15/09/20	117.630	11 UMi b
2	4.800	14 Andr...	2452861.40	0.830	2008.0	Confirmed planets	0.000	185.84	RV	15/09/20	0.000	14 And b
3	4.975	The sta...	NaN	2.864	2002.0	Confirmed planets	0.359	1766.00	RV	15/09/21	22.230	14 Her b
4	7.679	14 Her ...	NaN	9.037	2006.0	Controversial	0.184	9886.00	RV	15/09/21	189.076	14 Her c

그림 9.7 행성 데이터셋

가장 좋은 특성을 찾고자 상관행렬 히트맵을 만들 수 있다.

```
>>> new_planets = planets.drop(columns=['discoveryyear', 'description',
...                                     'list', 'discoverymethod',
...                                     'lastupdate', 'name'])

>>> new_planets.columns = ['질량(mass)', '근성점 시간(periastrontime)',
...                        '긴반지름(semimajoraxis)', '이심률(eccentricity)',
...                        '공전주기(period)', '근성점(periastron)']

>>> fig = plt.figure(figsize=(7, 7))
>>> sns.heatmap(
...     planets.corr(),
...     center=0, vmin=-1, vmax=1, square=True, annot=True,
...     cbar_kws={'shrink': 0.8}
... )
```

그림 9.8의 히트맵은 행성 궤도의 긴반지름semi-major axis 또는 major radius이 행성 주기의 길이와 높은 양의 상관관계가 있다는 것을 보여 준다. 이는 (이심률eccentricity과 함께) 긴반지름이 행성이 별 주위를 여행하는 경로를 정의하는 데 큰 역할을 하므로 이치에 맞는다.

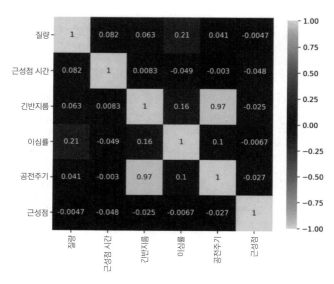

그림 9.8 행성 데이터셋에서 특성 간 상관관계

주기를 예측하기 위해 긴반지름, 질량^{mass}, 이심률을 살펴봐야 한다. 궤도 이심률은 궤도가 완벽한 원과 얼마나 차이가 나는지를 정량화한다.

이심률	궤도 모양
0	원형
(0, 1)	타원형
1	포물형
> 1	쌍곡형

그림 9.9 이심률 이해하기

데이터에서 궤도의 모양을 살펴보자.

```
>>> planets.eccentricity.min(), planets.eccentricity.max()
 (0.0, 0.956) # 원과 타원의 이심률
>>> planets.eccentricity.hist()
>>> plt.xlabel('이심률')
>>> plt.ylabel('빈도수')
>>> plt.title('궤도 이심률')
```

그림 9.10은 거의 모든 궤도가 타원인 것으로 보이며 데이터의 모든 항목이 행성이므로 궤도가 타원이라고 예상할 수 있다.

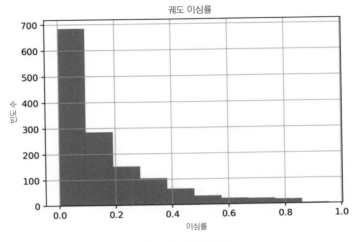

그림 9.10 이심률 분포

길쭉한 원인 타원에는 2개의 축이 있으며 길이가 긴 축을 장축^{major axis}이라고 하며 짧은 축을 단축^{minor axis}이라고 한다. 긴반지름은 장축의 절반이다. 원과 비교할 때 축은 전체 모양을 가로지르는 지름과 비슷하며, 반축^{semi-axes}은 지름의 절반인 반지름과 비슷하다. 그림 9.11은 행성이 타원형 궤도의 중심에 정확히 있는 별의 주위를 공전하는 경우를 보여 준다. 실제로는 별은 중력으로 인해 궤도 안쪽 어디에나 있을 수 있다.

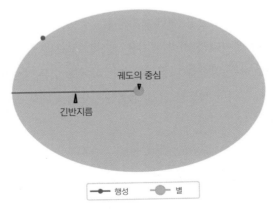

그림 9.11 긴반지름 이해하기

이제 데이터의 열이 의미하는 바를 알아봤으니 탐색적 데이터 분석을 더 해보도록 한다. 이 데이터는 와인 데이터만큼 깔끔하지 않다. 직접 손으로 만져볼 수 있을 때 측정하기가 더 쉽기 때문이다. 행성의 period 값은 많이 있지만, eccentricity나 semimajoraxis 또는 mass 데이터만 상대적으로 적은 편이다.

```
>>> planets[[
...      'period', 'eccentricity', 'semimajoraxis', 'mass'
... ]].info()
<class 'pandas.core.frame.DataFrame'>
RangeIndex: 4094 entries, 0 to 4093
Data columns (total 4 columns):
 #   Column         Non-Null Count  Dtype
---  ------         --------------  -----
 0   period         3930 non-null   float64
 1   eccentricity   1388 non-null   float64
 2   semimajoraxis  1704 non-null   float64
 3   mass           1659 non-null   float64
dtypes: float64(4)
memory usage: 128.1 KB
```

이 열에서 null 값을 제거하면 데이터의 30% 정도만 남는다.

```
>>> planets[[
...      'period', 'eccentricity', 'semimajoraxis', 'mass'
... ]].dropna().shape
(1222, 4)
```

이 항목들의 관계를 더 알아보고자 (이런 값을 사용할 수 있을 때) 공전주기를 예측하는 방법을 찾고 있다면 결측 데이터를 버리는 것을 걱정할 필요는 없다. 여기서는 데이터를 제거하는 것이 모델에 나쁜 영향을 미칠 수 있다. 적어도 모든 데이터는 (float64 형식의) 10진수로 부호화된다. 그러나 척도를 변경해야 하는지 알아보자. 모델이 크기의 차이에 민감한 경우 유용하다.

```
>>> planets[[
...      'period', 'eccentricity', 'semimajoraxis', 'mass'
... ]].describe()
```

그림 9.12는 period 열의 값이 다른 열의 값보다 훨씬 크기 때문에 모델에 따라 척도를 변경해야 한다는 것을 보여 준다.

	period	eccentricity	semimajoraxis	mass
count	3930.000000	1388.000000	1704.000000	1659.000000
mean	524.084969	0.159016	5.837964	2.702061
std	7087.428665	0.185041	110.668743	8.526177
min	0.090706	0.000000	0.004420	0.000008
25%	4.552475	0.013000	0.051575	0.085000
50%	12.364638	0.100000	0.140900	0.830000
75%	46.793136	0.230000	1.190000	2.440000
max	320000.000000	0.956000	3500.000000	263.000000

그림 9.12 행성 데이터셋의 요약통계

산점도로 확인할 수 있다. Solar System이나 Controversial에 속하는 행성 그룹에 대한 list 열이 있다. 주기^{period}(와 별까지의 거리)가 그룹에 영향을 미치는지 알아보자.

```
>>> sns.scatterplot(
...     x=planets.semimajoraxis, y=planets.period,
...     hue=planets.list, alpha=0.5
... )
>>> plt.title('주기와 긴반지름')
>>> plt.legend(title='')
```

논란의 여지가 있는^{controversial} 행성은 전체에 퍼져 있는 것으로 보이며 더 큰 긴반지름과 주기를 갖는다. 아마도 이 행성들은 별에서 매우 멀리 떨어져 있으므로 논란이 많은 ^{controversial} 것 같다.

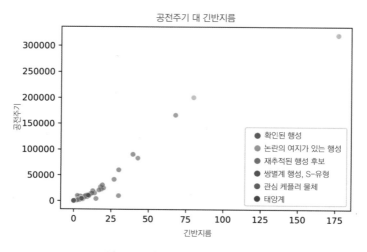

그림 9.13 행성의 공전주기와 긴반지름

불행히도 공전주기(period)의 척도는 매우 읽기 어렵다는 것을 알 수 있다. 그래서 y축에 대해 척도를 로그 변환을 해 왼쪽 아래 조밀한 부분을 더 많이 분리할 수 있다. 이번에는 우리 태양계의 행성을 살펴보자.

```
>>> fig, ax = plt.subplots(1, 1, figsize=(10, 10))
>>> in_solar_system = (planets.list == 'Solar System')\
...     .rename('태양계에 속해 있나?')
>>> sns.scatterplot(
...     x=planets.semimajoraxis, y=planets.period,
...     hue=in_solar_system, ax=ax
... )
>>> ax.set_yscale('log')
>>> legend_labels, _= ax.get_legend_handles_labels()
>>> ax.legend(legend_labels, ['아니오', '예'], title='태양계에 속해 있나?')
>>> solar_system = planets[planets.list == 'Solar System']
>>> planets_name = {'Mercury': '수성',
...                 'Venus': '금성',
...                 'Earth': '지구',
...                 'Mars': '화성',
...                 'Jupiter': '목성',
...                 'Saturn': '토성',
...                 'Uranus': '천왕성',
...                 'Neptune': '해왕성',
```

```
...                   'Pluto': '명왕성'}
>>> for planet in solar_system.name:
...     data = solar_system.query(f'name == "{planet}"')
...     ax.annotate(
...         planets_name[planet],
...         (data.semimajoraxis, data.period),
...         (7 + data.semimajoraxis, data.period),
...         arrowprops=dict(arrowstyle='->', color='r')
...     )
>>> ax.set_title('log(궤도 주기) 대 긴반지름', fontsize=24)
>>> ax.set_xlabel('긴반지름')
>>> ax.set_ylabel('공전주기')
```

그림 9.14의 왼쪽 아랫부분에는 확실히 많은 행성이 숨어 있다. 수성의 공전주기인 88일
보다 짧은 주기를 갖는 행성들이 많은 것을 알 수 있다.

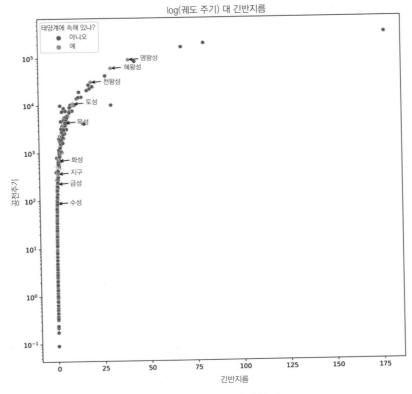

그림 9.14 태양계와 외계 행성 비교

이제 작업할 데이터를 조금 알게 됐으므로 머신러닝 모델에 사용하고자 데이터를 준비하는 방법을 알아보도록 한다.

⁝∷ 데이터 전처리

이 절에서는 탐색적 데이터 분석에 사용한 노트북으로 되돌아가기 전에 preprocessing.ipynb 노트북에서 작업한다. 임포트로 시작해 데이터를 읽는다.

```
>>> import numpy as np
>>> import pandas as pd

>>> planets = pd.read_csv('data/planets.csv')
>>> red_wine = pd.read_csv('data/winequality-red.csv')
>>> wine = pd.concat([
...     pd.read_csv(
...         'data/winequality-white.csv', sep=';'
...     ).assign(kind='white'),
...     red_wine.assign(kind='red')
... ])
```

머신러닝 모델은 '콩 심은 데 콩 나고 팥 심은 데 팥 난다the garbage in, garbage out'[1]라는 속담을 따른다. 가능한 가장 좋은 데이터로 모델을 훈련해야 한다. 이것이 의미하는 바는 우리가 선택한 모델에 따라 다르다. 예를 들어 거리 측정 지표를 사용해 관측값의 유사도를 계산하는 모델은 특성의 척도가 많이 차이 나면 쉽게 혼동할 수 있다. **자연어 처리**NLP, Natural Language Processing 문제를 사용해 단어의 의미를 이해하려고 하지 않는 한, 모델은 텍스트를 사용하지 않거나 해석할 수 없다. 데이터가 빠지거나 유효하지 않아도 문제가 생길 수 있다. 데이터를 삭제하거나 대치할 것인지 결정해야 한다. 학습할 모델에 데이터를 제공하기 전에 데이터를 조정하는 모든 작업을 **전처리**preprocessing라고 한다.

---

[1] 전자신문 기사(https://www.etnews.com/20160608000378?m=1) 참고 – 옮긴이

학습 데이터와 평가 데이터

지금까지 머신러닝은 꽤 그럴듯해 보이지만 우리를 위해 작업을 수행하는 방법을 배울 모델을 만들어야 한다. 그러므로 우리가 가진 모든 데이터를 제공해 잘 배울 수 있게 해야 한다. 불행히도 학습은 그렇게 간단하지 않다. 모델에 모든 데이터를 제공하면 모델이 **과적합**overfitting될 우려가 있다. 즉 모델이 모집단이 아닌 표본에 적합fit하므로 새로운 데이터에 일반화할 수 없다. 그러나 데이터가 충분하지 않으면 모델은 **과소적합**underfit해 데이터의 기본 정보를 포착하지 못할 수 있다.

> **TIP**
>
> 모델이 데이터의 무작위성에 적합된 경우에는 데이터의 잡음(noise)에 적합됐다고 한다.

고려해야 할 또 다른 사항은 모든 데이터를 학습에 사용했을 때 모델의 성능을 평가하는 방법이다. 훈련에 사용한 데이터로 평가하면 훈련한 데이터에 대해 항상 좋은 성능을 보일 것이므로 모델의 성능이 과대평가될 것이다. 이런 이유로 데이터를 **학습 데이터**training set와 **평가 데이터**testing set로 나누는 것이 중요하다. 데이터를 나누고자 DataFrame을 섞어서shuffle 상위 *x%*를 학습 데이터로 선택하고 나머지를 평가 데이터로 남긴다.

```
shuffled = \
    planets.reindex(np.random.permutation(planets.index))
train_end_index = int(np.ceil(shuffled.shape[0] * .75))
training = shuffled.iloc[:train_end_index,]
testing = shuffled.iloc[train_end_index:,]
```

위의 코드는 잘 작동하지만, 매번 작성해야 할 코드가 많은 편이다. 다행히도 scikit-learn의 model_selection 모듈에서 더 강력하고 사용하기 쉬운 train_test_split() 함수를 제공한다. 이 함수를 사용하려면 먼저 입력 데이터(x)와 출력 데이터(y)를 분리해야 한다. 여기서는 데이터의 75%를 학습 데이터(X_train, y_train)로 사용하고 나머지 25%를 평가 데이터(X_test, y_test)로 사용한다. 학습 데이터와 평가 데이터를 나누는 것을 재현할 수 있도록 시드를 설정(random_state=0)한다.

```
>>> from sklearn.model_selection import train_test_split

>>> X = planets[['eccentricity', 'semimajoraxis', 'mass']]
>>> y = planets.period

>>> X_train, X_test, y_train, y_test = train_test_split(
...     X, y, test_size=0.25, random_state=0
... )
```

평가 데이터의 크기에 대한 구체적인 기준은 없지만, 일반적으로 데이터의 10%에서 30%를 사용한다. 그러나 데이터가 많지 않으면 학습에 사용할 데이터를 충분히 확보하고자 평가 데이터를 10%만 사용한다. 반대로 데이터가 많은 경우에는 과적합을 막고 모델의 가치를 입증할 수 있도록 30%의 데이터를 평가에 사용한다. 이런 기준을 사용할 때는 한 가지 주의해야 할 점이 있다. 훈련에 사용해야 할 데이터의 양이 줄어든다는 것이다. 데이터가 많으면 개선이 크게 좋아지지 않으면서도 과적합의 위험이 많이 늘어날 수 있으므로 70% 미만의 데이터만 사용하게 된다.

NOTE

> 튜닝(tuning) 또는 세부 조정이 필요한 모델을 만들 때는 데이터를 학습 데이터, 검증(validation) 데이터, 평가 데이터로 나눈다. 10장에서 평가 데이터를 설명한다.

이제 학습 데이터와 평가 데이터의 차원을 확인해 보자. 3개의 특징(eccentricity, semimajoraxis, mas)을 사용하고 있으므로 X_train과 X_test에는 3개의 열이 있다. y_train과 y_test에는 열이 하나만 있다. 학습 데이터와 평가 데이터 모두 X와 y 데이터 수는 같다.

```
>>> X.shape, y.shape # 원래 데이터
((4094, 3), (4094,))
>>> X_train.shape, y_train.shape # 학습 데이터
((3070, 3), (3070,))
>>> X_test.shape, y_test.shape # 평가 데이터
((1024, 3), (1024,))
```

X_train과 X_test의 데이터 형식은 입력한 대로 DataFrame이다. NumPy에서 직접 작업할 때는 NumPy 배열이나 ndarrays 형식으로 반환된다. 데이터 전처리 절에서 사용한 데이터로 작업할 것이므로 X_train DataFrame의 처음 5행을 살펴보도록 한다. 지금은 NaN 값에 대해 걱정할 필요가 없다. '데이터 대치' 절에서 다양한 방법을 설명한다.

```
>>> X_train.head()
      eccentricity   semimajoraxis   mass
1390          NaN             NaN    NaN
2837          NaN             NaN    NaN
3619          NaN          0.0701    NaN
1867          NaN             NaN    NaN
1869          NaN             NaN    NaN
```

y_train과 y_test 모두 train_test_split() 함수에 입력된 대로 시리즈 형식이다. NumPy 배열을 입력했다면 NumPy 배열이 된다. y_train과 y_test의 행은 X_train과 X_test의 행과 일치해야 한다. y_train의 처음 5행을 살펴보면서 이를 확인해 보자.

```
>>> y_train.head()
1390     1.434742
2837    51.079263
3619     7.171000
1867    51.111024
1869    62.869161
Name: period, dtype: float64
```

모든 데이터가 예상했던 대로 일치한다. 와인 모델의 경우 층화표집stratified sampling을 사용해 train_test_split()에서 stratify 인수를 사용해야 한다. '분류' 절에서 이 내용을 살펴본다. 일단 남은 전처리 작업을 더 해보도록 한다.

데이터 척도화 및 중심화

DataFrame에는 척도가 다른 열이 있다는 것을 알게 됐다. (9장에서 설명할 k-평균means나 10장에서 설명할 k-근접 이웃k-NN, k-nearest neighbors과 같이) 거리 측정 지표를 사용하는 모델은 이런 척도를 사용해야 한다. 1장에서 설명했던 것처럼 척도를 바꾸기 위한 몇 가지 옵션이 있다. scikit-learn은 표준화(Z-점수 계산을 통한 척도화)와 최대-최소 척도화(데이터가 [0, 1] 범위 안에 들어가게 하는 정규화)를 위한 preprocessing 모듈을 제공한다.

표준 척도화standard scaling의 경우에는 StandardScaler 클래스를 사용한다. fit_transform() 메서드는 중심화와 척도화에 필요한 평균과 표준편차를 계산하는 fit()과 데이터를 변환하는 transform()을 결합한다. StandardScaler 객체를 인스턴스화할 때 with_mean이나 with_std에 False를 지정하면 평균을 빼지 않거나 표준편차로 나누지 않는다. 둘 다 기본값은 True다.

```
>>> from sklearn.preprocessing import StandardScaler

>>> standardized = StandardScaler().fit_transform(X_train)

# non-NaN 값 중 일부를 살펴본다.
>>> standardized[~np.isnan(standardized)][:30]
array([-5.43618156e-02,  1.43278593e+00,  1.95196592e+00,
        4.51498477e-03, -1.96265630e-01,  7.79591646e-02,
        ...,
       -2.25664815e-02,  9.91013258e-01, -7.48808523e-01,
       -4.99260165e-02, -8.59044215e-01, -5.49264158e-02])
```

이 변환을 하고 나면 데이터는 **과학 표기법**scientific notation으로 표시된다. 문자 e 뒤의 정보는 소수점의 위치를 나타낸다. + 부호의 경우 소수점을 표시된 숫자만큼 오른쪽으로 옮겨야 하며, - 부호의 경우에는 왼쪽으로 옮겨야 한다. 따라서 1.00e+00는 1이며, 2.89e-02는 0.0289이고, 2.89e+02는 289다. 변환된 행성 데이터는 이제 Z-점수가 됐으므로 대부분 -3과 3 사이의 값이다.

다른 척도화도 같은 구문으로 사용할 수 있다. MinMaxScaler 클래스를 사용해 행성 데이터를 [0, 1] 범위로 변환한다.

```
>>> from sklearn.preprocessing import MinMaxScaler

>>> normalized = MinMaxScaler().fit_transform(X_train)

# non-NaN 값 중 일부를 살펴본다.
>>> normalized[~np.isnan(normalized)][:30]
array([2.28055906e-05, 1.24474091e-01, 5.33472803e-01,
       1.71374569e-03, 1.83543340e-02, 1.77824268e-01,
       ...,
       9.35966714e-04, 9.56961137e-02, 2.09205021e-02,
       1.50201619e-04, 0.00000000e+00, 6.59028789e-06])
```

TIP

다른 옵션으로는 특이점과 사분위수 척도에 강건한 중위수와 IQR를 사용하는 RobustScaler 클래스가 있다. 노트북에 이 클래스를 사용한 예가 포함돼 있다. 더 많은 전처리 클래스는 이 URL(https:// scikit-learn.org/stable/modules/classes.html?highlight=preprocessing#module-sklearn. preprocessing)에서 확인할 수 있다.

데이터 부호화

지금까지 설명한 모든 척도화 방법scaler은 숫자 데이터를 전처리하지만, 범주형 데이터는 어떻게 처리할 수 있을까? 먼저 범주를 정수형 숫자로 부호화encode해야 한다. 여기에는 범주가 표현하는 것에 따라 몇 가지 옵션이 있다. 범주가 (0/1이나 True/False 또는 yes/no과 같이) 이진값이면 두 옵션에 대해 한 열에 한 옵션은 0으로 다른 옵션은 1로 이진 부호화한다. np.where() 함수를 사용하면 이런 부호화를 쉽게 할 수 있다. 와인 데이터의 kind 항목에서 레드는 1로 화이트는 0으로 부호화해 보자.

```
>>> np.where(wine.kind == 'red', 1, 0)
array([0, 0, 0, ..., 1, 1, 1])
```

위 코드의 결과는 와인이 레드인지 여부를 효율적으로 알려 주는 열이다. wine DataFrame을 만들 때 화이트 와인 아래에 레드 와인을 연결했으므로 위 결과와 같이 np.where()는 위쪽 행에는 0을, 아래쪽 행에는 1을 반환하게 된다.

scikit-learn의 LabelBinarizer 클래스를 사용해 kind 항목을 부호화할 수도 있다. 데이터가 실제로는 연속적이지만 이진 범주값으로 처리하고 싶다면 Binarizer 클래스에 임계값이나 pd.cut()/pd.qcut()를 사용하면 된다. 노트북에 이와 관련된 예가 포함돼 있다.

범주가 정렬돼 있다면 해당 열에 **순서부호화**ordinal encoding를 사용해 범주의 순서를 유지하면서 부호화할 수 있다. 예를 들어 레드 와인을 품질의 상중하로 분류하려면 이 값을 각각 0, 1, 2로 부호화할 수 있다. 이 방법의 장점은 품질 예측에 회귀 기법을 사용하거나 모델이 이 값을 특성으로 사용해 다른 것을 예측할 수 있다는 것이다. 이렇게 하면 모델은 높은 품질은 중간 품질보다 좋으며, 중간 품질은 낮은 품질보다 낫다는 사실을 이용할 수 있다. LabelEncoder 클래스를 사용하면 순서부호화를 할 수 있다. 레이블은 알파벳 순서로 만들어지므로 알파벳순으로 첫 번째 레이블이 0이 된다.

```
>>> from sklearn.preprocessing import LabelEncoder

>>> pd.Series(LabelEncoder().fit_transform(pd.cut(
...     red_wine.quality,
...     bins=[-1, 3, 6, 10],
...     labels=['0-3 (low)', '4-6 (med)', '7-10 (high)']
... ))).value_counts()
1    1372
2     217
0      10
dtype: int64
```

scikit-learn은 OrdinalEncoder 클래스를 제공하지만, 우리 데이터는 올바른 형식이 아니다. 이 클래스는 우리가 다루고 있는 1D Series 객체 대신 (DataFrame이나 ndarray와 같은) 2D 데이터를 요구한다. 사전에 범주가 적절한 순서로 정렬돼 있는지 확인해야 한다.

그러나 순서부호화는 잠재적인 데이터 문제를 일으킬 수 있다. 우리의 예에서 고품질 와인(high)은 이제 2이고 중간 품질 와인(med)이 1이므로 모델은 2 * med = high이라고 해석할 수 있다. 우리가 동의하지 않을 수도 있는 품질 수준 간의 연관성을 암묵적으로 만든다.

따라서 더 안전한 접근 방식은 **원-핫 부호화**one-hot encoding를 사용해 0이나 1의 값만 갖는 2개의 새로운 열 is_low과 is_med를 만드는 것이다. 이 두 열을 사용하면 is_low = is_med = 0인 경우 와인의 품질이 높다는 것을 자동으로 알 수 있다. 이런 것을 **가변수**dummy variable 또는 **지시변수**indicator variable라고 하며, 머신러닝에 사용할 수 있도록 그룹의 소속 membership을 숫자로 표현한다. 지시변수나 가변수의 값이 1이면 해당 행은 해당 그룹에 속한다. 와인 품질 범주의 예에서 is_low가 1이면 해당 행은 낮은 품질 그룹에 속한다. pd.get_dummies() 함수와 중복 열을 제거하는 drop_first 인수를 사용하면 원-핫 부호화할 수 있다.

행성 데이터의 list 열은 순서가 없으므로 원-핫 부호화를 사용해 해당 열을 부호화해 보자. 변환하기 전에 데이터의 목록을 살펴본다.

```
>>> planets.list.value_counts()
Confirmed planets                     3972
Controversial                           97
Retracted planet candidate              11
Solar System                             9
Kepler Objects of Interest               4
Planets in binary systems, S-type        1
Name: list, dtype: int64
```

pd.get_dummies() 함수를 사용해 모델이 행성 목록을 포함하도록 가변수를 만든다.

```
>>> pd.get_dummies(planets.list).head()
```

위 코드는 단일 시리즈를 그림 9.15의 DataFrame으로 변환하며, 여기서 가변수는 데이터에 나타난 순서대로 만들어진다.

	Confirmed planets	Controversial	Kepler Objects of Interest	Planets in binary systems, S-type	Retracted planet candidate	Solar System
0	1	0	0	0	0	0
1	1	0	0	0	0	0
2	1	0	0	0	0	0
3	1	0	0	0	0	0
4	0	1	0	0	0	0

그림 9.15 원-핫 부호화

위에서 설명했던 대로 다른 열의 값을 사용해 중복 열의 값을 결정할 수 있으므로 위의 열 중 하나는 중복된다. 일부 모델은 이런 열의 높은 상관관계에 크게 영향을 받을 수 있으므로(이를 공선성multicollinearity이라고 함) drop_first 인수를 사용해 중복 열을 제거해야 한다.

```
>>> pd.get_dummies(planets.list, drop_first=True).head()
```

위 결과에서 첫 번째 열이 제거됐지만, 마지막 행을 제외한 모든 행이 Confirmed Planets 리스트에 있다는 것을 확인할 수 있다.

	Controversial	Kepler Objects of Interest	Planets in binary systems, S-type	Retracted planet candidate	Solar System
0	0	0	0	0	0
1	0	0	0	0	0
2	0	0	0	0	0
3	0	0	0	0	0
4	1	0	0	0	0

그림 9.16 원-핫 부호화 후 중복 열 제거

행성 리스트에 LabelBinarizer 클래스와 fit_transform() 메서드를 사용해도 비슷한 결과를 얻을 수 있다. 하지만 이 경우에는 중복 특성을 제거할 수 없으므로 아래 결과에서 진하게 표시된 Confirmed planets 리스트에 속한 첫 번째 특성을 다시 갖게 된다.

```
>>> from sklearn.preprocessing import LabelBinarizer

>>> LabelBinarizer().fit_transform(planets.list)
array([[1, 0, 0, 0, 0, 0],
       [1, 0, 0, 0, 0, 0],
       [1, 0, 0, 0, 0, 0],
       ...,
       [1, 0, 0, 0, 0, 0],
       [1, 0, 0, 0, 0, 0],
       [1, 0, 0, 0, 0, 0]])
```

NOTE

scikit-learn은 OneHotEncoder 클래스를 제공하지만, 2D 배열을 요구하므로 1D 시리즈인 우리 데이터를 사용할 수 없다. '추가 변환' 절에서 이 클래스 사용 방법을 살펴본다.

대치

행성 데이터에 결측값이 있다는 것을 알고 있으므로 결측값 처리를 위해 scikit-learn 의 impute 모듈은 몇 가지 옵션을 제공한다. (상수나 요약통계를 사용해) 결측값을 값으로 대치하거나 비슷한 관측값을 대치하거나 결측된 것을 나타낼 수 있다.

'탐색적 데이터 분석' 절에서 모델링하려는 행성 데이터에 대해 dropna()를 실행했다. 해 당 데이터를 제거하지 않고 대치한다고 해보자. 데이터의 semimajoraxis 열 마지막 몇 개 행에 결측값이 있다.

```
>>> planets[['semimajoraxis', 'mass', 'eccentricity']].tail()
      semimajoraxis    mass  eccentricity
4089        0.08150  1.9000         0.000
4090        0.04421  0.7090         0.038
4091            NaN  0.3334         0.310
4092            NaN  0.4000         0.270
4093            NaN  0.4200         0.160
```

SimpleImputer 클래스를 사용하면 기본값인 평균으로 값을 대치할 수 있다.

```
>>> from sklearn.impute import SimpleImputer

>>> SimpleImputer().fit_transform(
...     planets[['semimajoraxis', 'mass', 'eccentricity']]
... )
array([[ 1.29      , 19.4       ,  0.231     ],
       [ 1.54      , 11.2       ,  0.08      ],
       [ 0.83      ,  4.8       ,  0.        ],
       ...,
       [ 5.83796389,  0.3334    ,  0.31      ],
       [ 5.83796389,  0.4       ,  0.27      ],
       [ 5.83796389,  0.42      ,  0.16      ]])
```

우리가 알고 있는 행성이 어떤 것을 공유할 수 있고 행성이 어떤 계의 일부이며 행성의 궤도가 결측 데이터의 일부에 대한 좋은 지표가 될 수 있으므로 여기서 평균은 좋은 전략처럼 보이지는 않는다. 평균 이외의 다른 방법으로 전략 매개변수를 제공할 수 있는데 현재는 median이나 most_frequent 또는 constant(fill_value로 지정할 수 있는 값)가 있다. 실제로 이 중 어느 것도 우리에게 적합하지 않지만 scikit-learn은 비슷한 관측값을 기반으로 결측값을 대치하는 KNNImputer 클래스를 제공한다. 기본값으로 가장 가까운 5개의 이웃값을 사용해 k-NN을 실행하는 데 결측되지 않은 특성을 사용하는 방법은 10장에서 설명한다.

```
>>> from sklearn.impute import KNNImputer

>>> KNNImputer().fit_transform(
...     planets[['semimajoraxis', 'mass', 'eccentricity']]
... )
array([[ 1.29      , 19.4       ,  0.231     ],
       [ 1.54      , 11.2       ,  0.08      ],
       [ 0.83      ,  4.8       ,  0.        ],
       ...,
       [ 0.404726  ,  0.3334    ,  0.31      ],
       [ 0.85486   ,  0.4       ,  0.27      ],
       [ 0.15324   ,  0.42      ,  0.16      ]])
```

KNNImputer 클래스로 대치한 결과에서 아래 3행에는 모두 대치된 고유한 긴반지름 semimajoraxis의 값이 있다. 이는 질량mass과 이심률eccentricity로 긴반지름을 대치하기 비숫한 행성을 찾기 때문이다. 이 방법은 확실히 행성 데이터에 SimpleImputer 클래스를 사용하는 것보다 좋지만 대치 결과는 좋지 않을 수 있다.

어떤 경우에는 데이터를 대치하는 것보다 결측 데이터가 있는 위치를 확인하고 이를 모델에서 특성으로 사용해야 할 수도 있다. MissingIndicator 클래스를 사용하면 이렇게 할 수 있다.

```
>>> from sklearn.impute import MissingIndicator

>>> MissingIndicator().fit_transform(
...     planets[['semimajoraxis', 'mass', 'eccentricity']]
... )
array([[False, False, False],
       [False, False, False],
       [False, False, False],
       ...,
       [ True, False, False],
       [ True, False, False],
       [ True, False, False]])
```

설명해야 할 전처리의 마지막 부분으로는 fit()와 transform() 메서드와 함께 fit_transform() 메서드가 있다. 이렇게 API를 설계하면 새로운 클래스 사용 방법을 쉽게 익힐 수 있으며, scikit-learn이 배우고 사용하기 쉬운 이유 중의 하나다.

추가 변환기

데이터를 척도화하거나 부호화하지 않고 제곱근이나 로그를 취하는 것과 같은 수학 연산을 하려면 어떻게 해야 할까? preprocessing 모듈에는 이를 위한 몇 가지 클래스가 있다. QuantileTransformer 클래스와 같은 특정 변환을 위한 몇 가지 클래스가 있지만 우리는 임의의 함수를 사용할 수 있게 하는 FunctionTransformer 클래스에 집중한다.

```
>>> from sklearn.preprocessing import FunctionTransformer

>>> FunctionTransformer(
...     np.abs, validate=True
```

```
... ).fit_transform(X_train.dropna())
array([[0.51    ,  4.94   ,  1.45   ],
       [0.17    ,  0.64   ,  0.85   ],
       [0.08    ,  0.03727,  1.192  ],
       ...,
       [0.295   ,  4.46   ,  1.8    ],
       [0.34    ,  0.0652 ,  0.0087 ],
       [0.3     ,  1.26   ,  0.5    ]])
```

위의 코드에서는 `validate=True` 인수를 사용해 모든 숫자에 절대값을 취했다. `FunctionTransformer` 클래스는 scikit-learn 모델이 NaN 값이나 무한대 값 또는 결측값을 허용하지 않으므로 해당 값을 사용하면 에러를 발생한다. 이런 이유로 여기서는 dropna()도 실행했다.

데이터 척도화, 부호화, 대치, 변환에서 우리가 입력한 모든 값이 변환됐다. 다른 데이터 유형의 특성이 있는 경우에는 `ColumnTransformer` 클래스를 사용해 한 번의 호출에서 열 (또는 열의 그룹)을 변환할 수 있다.

```
>>> from sklearn.compose import ColumnTransformer
>>> from sklearn.impute import KNNImputer
>>> from sklearn.preprocessing import (
... MinMaxScaler, StandardScaler
... )

>>> ColumnTransformer([
...       ('impute', KNNImputer(), [0]),
...       ('standard_scale', StandardScaler(), [1]),
...       ('min_max', MinMaxScaler(), [2])
... ]).fit_transform(X_train)[10:15]
array([[ 0.17      , -0.04747176,  0.0107594 ],
       [ 0.08      , -0.05475873,  0.01508851],
       [ 0.15585591,         nan,  0.13924042],
       [ 0.15585591,         nan,         nan],
       [ 0.        , -0.05475111,  0.00478471]])
```

`make_column_transformer()` 함수를 사용하면 변환기에 이름을 지정할 수 있다. 범주형 데이터와 숫자 데이터를 다르게 처리하는 `ColumnTransformer` 객체를 만들어 보자.

```
>>> from sklearn.compose import make_column_transformer
>>> from sklearn.preprocessing import (
...     OneHotEncoder, StandardScaler
... )

>>> categorical = [
...     col for col in planets.columns
...     if col in [
...         'list', 'name', 'description',
...         'discoverymethod', 'lastupdate'
...     ]
... ]
>>> numeric = [
...     col for col in planets.columns
...     if col not in categorical
... ]
>>> make_column_transformer(
...     (StandardScaler(), numeric),
...     (OneHotEncoder(sparse=False), categorical)
... ).fit_transform(planets.dropna())
array([[ 3.09267587, -0.2351423 , -0.40487424, ...,
         0.        ,  0.        ],
       [ 1.432445  , -0.24215395, -0.28360905, ...,
         0.        ,  0.        ],
       [ 0.13665505, -0.24208849, -0.62800218, ...,
         0.        ,  0.        ],
       ...,
       [-0.83289954, -0.76197788, -0.84918988, ...,
         1.        ,  0.        ],
       [ 0.25813535,  0.38683239, -0.92873984, ...,
         0.        ,  0.        ],
       [-0.26827931, -0.21657671, -0.70076129, ...,
         0.        ,  1.        ]]}
```

TIP

> OneHotEncoder 객체를 인스턴스화할 때 sparse=False를 지정하면 결과를 볼 수 있다. 실제로 scikit-learn 모델은 NumPy의 희소행렬을 처리하는 방법을 알고 있으므로 이렇게 할 필요까지는 없다.

데이터 파이프라인 구축

데이터를 전처리하는 과정에 많은 단계가 있는 것처럼 보이며 학습 데이터와 평가 데이터 모두에 올바른 순서로 적용해야 한다. 이 과정은 꽤 지루한 작업이다. 고맙게도 scikit-learn는 파이프라인^{pipeline}을 만들어 전처리를 간소화하고 학습 데이터와 평가 데이터를 똑같이 처리하는 기능을 제공한다. 이렇게 하면 데이터를 표준화한 다음, 학습 데이터와 평가 데이터로 나눠 실제보다 성능이 더 좋은 모델을 만들고자 모든 데이터를 사용해 평균을 계산하는 것과 같은 문제를 방지할 수 있다.

> **NOTE**
>
> (표준화를 위한 평균 계산에 전체 데이터셋을 사용하는 것과 같은) 학습 데이터의 외부 정보를 사용해 모델을 훈련하는 것을 데이터 누출(data leakage)이라고 한다.

파이프라인을 사용하면 모델을 제대로 만들 수 있으므로 첫 번째 모델을 만들기 전에 파이프라인에 관해 배우고 있다. 파이프라인에는 전처리 단계와 모델 자체가 포함될 수 있다. 파이프라인을 만드는 것은 매우 간단해 단계를 정의하고 이름을 지정하기만 하면 된다.

```
>>> from sklearn.pipeline import Pipeline
>>> from sklearn.preprocessing import StandardScaler
>>> from sklearn.linear_model import LinearRegression

>>> Pipeline([
...     ('scale', StandardScaler()), ('lr', LinearRegression())
... ])
Pipeline(steps=[('scale', StandardScaler()),
                ('lr', LinearRegression())])
```

모델이 포함된 파이프라인을 사용하는 것에 국한되지 않고 다른 scikit-learn 객체(예, ColumnTransformer 객체) 안에서 사용한다. 이렇게 하면 먼저 긴반지름(인덱스 0의 열)에 k-NN 대치를 사용한 결과를 표준화할 수 있다. 그런 다음 이런 과정을 파이프라인 일부로 포함할 수 있으며, 이런 파이프라인은 모델을 만드는 방법에 엄청난 유연성을 제공할 수 있다.

```
>>> from sklearn.compose import ColumnTransformer
>>> from sklearn.impute import KNNImputer
>>> from sklearn.pipeline import Pipeline
>>> from sklearn.preprocessing import (
...     MinMaxScaler, StandardScaler
... )

>>> ColumnTransformer([
...     ('impute', Pipeline([
...         ('impute', KNNImputer()),
...         ('scale', StandardScaler())
...     ]), [0]),
...     ('standard_scale', StandardScaler(), [1]),
...     ('min_max', MinMaxScaler(), [2])
... ]).fit_transform(X_train)[10:15]
array([[ 0.13531604, -0.04747176,  0.0107594 ],
       [-0.7257111 , -0.05475873,  0.01508851],
       [ 0.        ,         nan,  0.13924042],
       [ 0.        ,         nan,         nan],
       [-1.49106856, -0.05475111,  0.00478471]])
```

ColumnTransformer 클래스와 마찬가지로 단계의 이름을 지정하지 않고도 파이프라인을 만들 수 있는 함수가 있다. 다른 파이프라인을 만드는데 이번에는 make_pipeline() 함수를 사용한다.

```
>>> from sklearn.pipeline import make_pipeline

>>> make_pipeline(StandardScaler(), LinearRegression())
Pipeline(steps=[('standardscaler', StandardScaler()),
                ('linearregression', LinearRegression())])
```

단계의 이름은 자동으로 클래스 이름의 소문자로 지정된다. 10장에서 살펴보겠지만 단계에 이름을 지정하면 모델 매개변수의 최적화를 이름으로 더 쉽게 할 수 있다. scikit-learn API의 일관성으로 인해 이 파이프라인으로 모델을 적합하고 다음 군집화 절에서 살펴볼 같은 객체를 사용해 예측할 수 있다.

🌐 군집화

군집화clustering를 사용해 데이터점data point을 비슷한 포인트의 그룹으로 나눈다. 각 그룹의 포인트는 다른 그룹의 포인트보다 해당 그룹의 멤버와 더 비슷할 것이다. 군집화는 주로 (넷플릭스가 비슷한 것들을 본 사람들이 보고 있는 것을 기반으로 무엇을 봐야 하는지 추천하는 방법과 같은) 추천 시스템recommendation systems과 시장세분화market segmentation 같은 업무에 주로 사용된다.

예를 들어 우리가 온라인 소매업체에서 일하고 있으며 더 많은 타깃 마케팅targeted marketing 노력을 위해 웹사이트 사용자를 세분화하고자 한다고 해보자. 웹사이트와 페이지 방문, 제품 조회, 제품 구매 등에 소비한 시간 데이터를 수집할 수 있다. 그런 다음 비지도학습 알고리듬을 사용해 비슷한 행동을 하는 사용자의 그룹을 찾을 수 있다. 우리가 3개의 그룹을 만든다고 하면 사용자의 행동에 따라 각 그룹에 대한 레이블을 만들 수 있다.

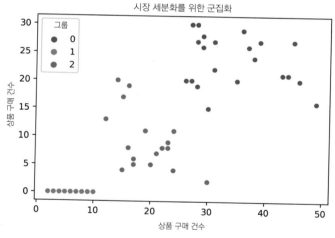

그림 9.17 웹사이트 사용자를 3개의 그룹으로 군집화하기

비지도학습 군집화를 사용할 수 있으므로 생성된 그룹을 해석한 다음 각 그룹에 의미 있는 이름을 지어야 한다. 군집화 알고리듬이 그림 9.17의 산점도와 같이 3개의 군집을 식별했다면 다음과 같은 행동을 관찰할 수 있다.

- **단골 손님**Frequent customers(0번 그룹): 많이 구매하고 많은 상품을 살펴본다.

- **뜨내기 손님**Occasional customers(1번 그룹): 몇 개의 상품을 구매했지만, 단골 손님보다는 적게 구매했다.

- **구경꾼**Browsers(2번 그룹): 웹사이트를 방문하지만, 아무것도 구매하지 않는다.

이런 그룹을 확인하면 마케팅팀은 각 그룹에 따라 다른 마케팅에 집중할 수 있다. 단골 손님이 더 많은 매출을 올리는 것은 분명하다. 그러나 단골 손님이 이미 많이 구매하고 있다면 뜨내기 손님이나 구경꾼의 구매력을 높이는 데 마케팅 예산을 집행해야 할 것이다.

> **NOTE**
>
> 생성할 그룹의 개수는 확실히 나중에 그룹을 해석하는 방식에 영향을 줄 수 있다. 즉 그룹의 개수를 정하는 것이 중요한 결정이라는 것을 의미한다. 적어도 데이터를 나눌 그룹의 개수를 추측하기 전에 적어도 데이터를 시각화하고 관련 지식을 얻어야 한다.

훈련 목적으로 일부 데이터 그룹의 레이블을 알고 있는 경우에는 지도학습 방식으로 군집화할 수 있다. 8장과 같이 로그인 활동에 대한 데이터가 있으며 공격자의 활동을 몇 가지 알고 있다고 해보자. 모든 활동에 대한 데이터를 수집한 다음 군집화 알고리듬을 사용해 유효한 사용자 그룹이나 공격자 그룹에 할당할 수 있다. 레이블이 있으므로 입력 변수와/또는 우리가 사용할 군집화 알고리듬을 조정해 이런 그룹을 실제 그룹에 가장 잘 맞게 정렬할 수 있다.

k-평균

scikit-learn이 제공하는 군집화 알고리듬은 cluster 모듈의 문서(https://scikit-learn.org/stable/modules/classes.html#module-sklearn.cluster)에서 확인할 수 있다. k개의 그룹을 만들고자 그룹의 **중심점**centroid으로부터의 거리를 이용해 가장 가까운 그룹에 점을 반복적으로 할당하는 k-**평균**means 알고리듬을 살펴보자. 이 모델은 거리 계산을 사용하므로 척도가 결과에 미치는 영향을 미리 이해하고 있어야 한다. 그런 다음 크기를 변경

^{scale}해야 할 열을 결정할 수 있다.

> **NOTE**
>
> 공간에서 점 사이의 거리를 측정하는 방법은 많다. 일반적으로 유클리드 거리(Euclidean distance)
> 나 직선거리를 기본값으로 사용한다. 그러나 다른 일반적인 방법은 맨해튼 거리(Manhattan
> distance)로 도시의 블록 거리로 생각할 수 있다.

주기에 대해 로그 축척을 사용해 모든 행성의 주기와 긴반지름의 그림을 그렸을 때 호
^{arc}를 따라 행성이 깔끔하게 분리되는 것을 볼 수 있었다. 이 호를 따라 비슷한 궤도를
갖는 행성 그룹을 찾기 위해 k-평균을 사용한다.

궤도 특성에 따른 행성 그룹화

'데이터 전처리' 절에서 설명했던 것처럼 데이터의 척도를 변경한 다음 모델링하고자 파
이프라인을 만들 수 있다. 여기서 우리의 모델은 8개(명왕성을 제외한 태양계의 행성 수)의
군집을 만드는 KMeans 객체다. k-평균 알고리듬은 시작할 중심을 무작위로 선택하므로
시드를 지정하지 않으면 군집 결과가 달라질 수 있다. 따라서 재현할 수 있도록 random_
state=0를 지정한다.

```
>>> from sklearn.cluster import KMeans
>>> from sklearn.pipeline import Pipeline
>>> from sklearn.preprocessing import StandardScaler

>>> kmeans_pipeline = Pipeline([
...     ('scale', StandardScaler()),
...     ('kmeans', KMeans(8, random_state=0))
... ])
```

파이프라인을 만들고 나면 아무것도 예측할 필요가 없으므로 모든 데이터에 적합한다.
이 경우 비슷한 행성을 찾는 것이다.

```
>>> kmeans_data = planets[['semimajoraxis', 'period']].dropna()
>>> kmeans_pipeline.fit(kmeans_data)
Pipeline(steps=[('scale', StandardScaler()),
                ('kmeans', KMeans(random_state=0))])
```

모델이 데이터에 적합되면 predict() 메서드를 사용해 (이전에 사용한 같은 데이터의) 각 점에 대해 군집 레이블을 얻을 수 있다. *k*-평균이 식별한 군집을 살펴보자.

```
>>> fig, ax = plt.subplots(1, 1, figsize=(7, 7))
>>> sns.scatterplot(
...     x=kmeans_data.semimajoraxis,
...     y=kmeans_data.period,
...     hue=kmeans_pipeline.predict(kmeans_data),
...     ax=ax, palette='Accent'
... )
>>> ax.set_yscale('log')
>>> solar_system = planets[planets.list == 'Solar System']
>>> for planet in solar_system.name:
...     data = solar_system.query(f'name == "{planet}"')
...     ax.annotate(
...         planet,
...         (data.semimajoraxis, data.period),
...         (7 + data.semimajoraxis, data.period),
...         arrowprops=dict(arrowstyle='->', color='r')
...     )
>>> ax.get_legend().remove()
>>> ax.set_title('r'$K$-평균 군집화', fontsize=24)
>>> ax.set_xlabel('긴반지름')
>>> ax.set_ylabel('공전주기')
```

수성Mercury과 금성Venus은 지구Earth와 화성Mars처럼 같은 군집에 들어 있다. 목성Jupiter, 토성Saturn, 천왕성Uranus은 각각 별개의 군집에 들어 있지만, 해왕성Nuptune과 명왕성Pluto은 같은 군집에 들어 있다.

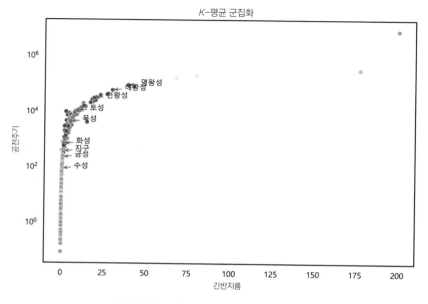

그림 9.18 k-평균이 식별한 8개의 행성 군집

여기서는 태양계 행성이 8개이므로 임의로 8개의 군집을 골랐다. 이상적으로 진정한 그룹화에 대한 지식을 갖고 있거나 특성 숫자를 선택해야 한다. 예를 들어 결혼식 하객을 모두 5개의 식탁에 앉혀서 모두 잘 어울릴 수 있게 하려면 k는 5가 돼야 한다. 사용자 그룹에 대한 마케팅 캠페인을 하려면 k는 3이 돼야 한다. 데이터를 나눌 그룹의 개수에 대한 직관이 없다면 경험법칙은 관측값 개수의 제곱근을 사용하는 것이지만, 이 경우 관리하기 어려울 만큼 많은 군집이 만들어질 수 있다. 따라서 데이터에 대해 k-평균 모델을 만드는 데 오랜 시간이 걸리지 않는다면 팔꿈치 점 방법을 사용할 수 있다.

k값 결정을 위한 팔꿈치 점 방법

팔꿈치 점 방법elbow point method은 여러 k에 대해 모델을 만들고 각 모델의 **관성**inertia(내부 군집의 제곱 합)과 군집 개수를 그림으로 그려 확인하는 것이다. 점에서 군집 중심까지의 거리 제곱의 합을 최소화하면서 너무 많은 군집을 만들지 않는 것이다.

`ml_utils.elbow_point` 모듈에는 다음과 같이 재현된 `elbow_point()` 함수가 있다.

```python
import matplotlib.pyplot as plt

def elbow_point(data, pipeline, kmeans_step_name='kmeans',
                k_range=range(1, 11), ax=None):
    """
    k-평균 군집화에 적절한 k를 찾고자
    팔꿈치 점을 그림으로 그린다.

    매개변수:
        - data: 사용할 특성
        - pipeline: `KMeans`에서 사용할 scikit-learn 파이프라인
        - kmeans_step_name: 파이프라인에서 `KMeans` 단계의 이름
        - k_range: 시도할 `k` 값
        - ax: 그림으로 그릴 matplotlib의 `Axes`

    반환값:
        matplotlib의 `Axes` 객체
    """
    scores = []
    for k in k_range:
        pipeline.named_steps[kmeans_step_name].n_clusters = k
        pipeline.fit(data)
        # 점수는 -1*관성(inertia)이므로 관성에 -1을 곱한다.
        scores.append(pipeline.score(data) * -1)

    if not ax:
        fig, ax = plt.subplots()

    ax.plot(k_range, scores, 'bo-')
    ax.set_xlabel(r'$k$')
    ax.set_ylabel('관성')
    ax.set_title('팔꿈치 점 그림', fontsize=24)

    return ax
```

팔꿈치 점 방법을 사용해 적정한 k 값을 찾아보자.

```python
>>> from ml_utils.elbow_point import elbow_point

>>> ax = elbow_point(
...     kmeans_data,
...     Pipeline([
```

```
...          ('scale', StandardScaler()),
...          ('kmeans', KMeans(random_state=0))
...      ])
... )

>>> ax.annotate('r' 가능한 $k$의 적정값',
...             xy=(2, 900),
...             xytext=(3.5, 1500),
...             arrowprops=dict(arrowstyle='->',
...                             color='r',
...                             connectionstyle='arc3, rad=0.3'
...                             )
...             )

>>> ax.annotate('',
...             xy=(3, 480),
...             xytext=(3.8, 1450),
...             arrowprops=dict(arrowstyle='->',
...                             color='r',
...                             connectionstyle='arc3, rad=0.3'
...                             )
...             )

>>> ax.set_title('팔꿈치 점 그림', fontsize=24)
>>> ax.set_xlabel(r'$k$')
>>> ax.set_ylabel('관성')
```

값이 감소하는 점이 적정한 k 값으로 여기서는 2나 3이다.

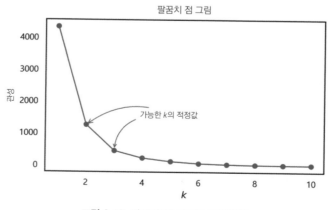

그림 9.19 팔꿈치 점 그림의 해석 방법

2개의 군집만 만든다면 행성 대부분이 포함되는 그룹(주황색)과 특이점처럼 보이는 오른쪽 위에 몇 개의 행성만 포함하는 다른 그룹(파란색)으로 나뉘게 된다.

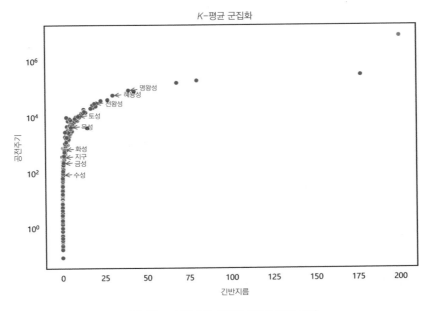

그림 9.20 *k*-평균으로 식별한 2개의 행성 군집

이 값이 적정한 군집의 개수였을 수도 있지만, 이전에 시도했던 것만큼 많은 정보를 제공하지는 않는다. 만약 태양계의 각 행성과 비슷한 행성에 관해 알고 싶다면 더 큰 *k*를 사용해야 한다.

중심 해석과 군집공간 시각화

군집화하기 전에 데이터를 표준화했으므로 중심 또는 군집의 중심을 알아보고자 구성원과 가장 가까운 Z-점수를 살펴볼 수 있다. 중심의 위치는 군집 내부 점의 각 차원의 평균이다. 모델의 cluster_centers_ 속성으로 중심을 알 수 있다. 파란색 군집의 중심 좌표는 (긴반지름, 주기) 형식으로 (18.9, 20.9)다. 이런 값은 Z-점수이므로 나머지 데이터와는 매우 다르다는 것을 명심해야 한다. 반면에 주황색 군집의 중심은 (-0.035, -0.038)이다.

축척을 변경한 입력 데이터와 군집의 거리공간(점은 군집의 중심과의 거리로 표시됨)으로 중심의 위치를 보여 주는 시각화를 만든다. 먼저, 더 큰 그림 안에 작은 그림을 그리도록 설정한다.

```
>>> fig = plt.figure(figsize=(8, 6))
>>> outside = fig.add_axes([0.1, 0.1, 0.9, 0.9])
>>> inside = fig.add_axes([0.6, 0.2, 0.35, 0.35])
```

다음으로, 입력 데이터의 축척을 변경한 데이터와 이 데이터의 점들이 속한 군집의 중심과의 거리를 얻는다. (transform()과 fit_transform()(fit() 다음에 transform()가 온다) 메서드를 사용해 입력 데이터를 군집의 거리공간으로 변환한다. NumPy ndarrays를 다시 얻는다. 여기서 외부 배열outer array의 각 값은 점의 좌표를 나타낸다.

```
>>> scaled = kmeans_pipeline_2.named_steps['scale']\
...     .fit_transform(kmeans_data)
>>> cluster_distances = kmeans_pipeline_2\
...     .fit_transform(kmeans_data)
```

외부 배열의 각 배열의 첫 번째 항목이 긴반지름이고 두 번째 항목이 주기라는 것을 알고 있으므로 [:,0]를 사용해 모든 긴반지름 값을 선택하고 [:,1]을 사용해 모든 주기 값을 선택한다. 이 값이 산점도의 x와 y가 된다. 모델을 학습한 데이터에 대한 레이블을 원하므로 데이터에 대한 군집 레이블을 얻으려고 실제로 predict()를 사용할 필요는 없다. KMeans 객체의 labels_ 속성을 사용하면 된다.

```
>>> for ax, data, title, axes_labels in zip(
...     [outside, inside], [scaled, cluster_distances],
...     ['군집 시각화', '군집 거리공간'],
...     ['표준화', '중심까지의 거리']
... ):
...     sns.scatterplot(
...         x=data[:,0], y=data[:,1], ax=ax, alpha=0.75, s=100,
...         hue=kmeans_pipeline_2.named_steps['kmeans'].labels_
...     )
...
...     ax.get_legend().remove()
...     ax.set_title(title, fontsize=24)
```

```
...        ax.set_xlabel(f'긴반지름 ({axes_labels})')
...        ax.set_ylabel(f'공전주기 ({axes_labels})')
...        ax.set_ylim(-1, None)
```

마지막으로, 외부 그림의 중심의 위치에 주석을 표시해 축척을 변경한 데이터를 표시한다.

```
>>> cluster_centers = kmeans_pipeline_2\
...     .named_steps['kmeans'].cluster_centers_
>>> for color, centroid in zip(
...     ['blue', 'orange'], cluster_centers
... ):
...     outside.plot(*centroid, color=color, marker='x')
...     outside.annotate(
...         f'{color}색의 중심', xy=centroid,
...         xytext=centroid + [0, 5],
...         arrowprops=dict(arrowstyle='->', color='b')
...     )
```

그림 9.21에서 3개의 파란색 점이 다른 점들과 매우 다르며 두 번째 군집의 구성원임을 쉽게 알 수 있다.

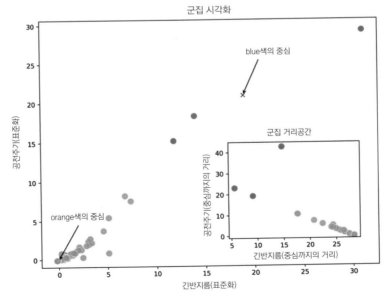

그림 9.21 군집 거리공간으로 행성 시각화

지금까지 transform()이나 fit_predict() 또는 fit_transform()와 같은 조합 메서드를 사용했지만 모든 모델이 이런 메서드를 지원하지는 않는다. 회귀와 분류 절에서 약간 다른 작업 흐름을 볼 수 있다. 일반적으로 scikit-learn 객체 대부분은 용도에 따라 다음을 지원한다.

메서드	동작	사용 시기
fit()	모델 또는 전처리기를 훈련한다.	모델링, 전처리
transform()	데이터를 새로운 공간으로 변환한다.	군집화, 전처리
fit_transform()	fit()을 실행한 다음 transform()을 실행한다.	군집화, 전처리
score()	기본 채점 방법으로 모델을 평가한다.	모델링
predict()	Use model to predict output values for given inputs	모델링
fit_predict()	fit()을 실행한 다음 predict()을 실행한다.	모델링
predict_proba()	predict()와 비슷하지만 각 계급에 속할 확률을 반환한다.	분류

그림 9.22 scikit-learn 모델 API에 대한 일반적인 참조 사항

이제 몇 가지 모델을 만들어 봤으므로 다음 단계인 성능을 정량화하는 방법을 알아보도록 한다. scikit-learn의 metrics 모듈에는 군집, 회귀, 분류 작업 전반에 걸쳐 모델의 성능을 평가할 수 있는 다양한 측정 지표가 포함돼 있다. 함수의 API는 이 URL(https://scikit-learn.org/stable/modules/classes.html#module-sklearn.metrics)에서 확인할 수 있다. 다음에는 비지도 군집 모델을 평가하는 방법을 설명한다.

군집 결과 평가

군집 결과를 평가하기 위한 가장 중요한 기준은 우리가 하려고 하는 것에 유용한가다. k에 대한 적절한 값을 찾으려고 팔꿈치 점 방법을 사용했지만 8개의 군집이 있는 원래의 모델만큼 유용하지 않았다. 즉 성능을 정량화할 때 학습 유형에 맞는 측정 지표를 선택해야 한다.

데이터에 대한 실제 군집을 알고 있다면 군집화 모델이 군집으로 모은 점이 실제 군집에 들어 있는지 확인할 수 있다. 모델이 알려 주는 군집 레이블은 실제 군집의 레이블과 다를 수 있다. 중요한 것은 실제 군집에 있는 점들이 예측 군집predicted cluster에 함께

있다는 것이다. 이런 측정 지표 중 하나는 **폴크스-맬로우 지수**Fowlkes-Mallow Index로 9장 연습 문제에서 볼 수 있다.

행성 데이터에는 각 데이터점에 대한 레이블이 없어 비지도 군집화를 했으며, 따라서 이런 데이터에 대해 얼마나 잘 군집화했는지 측정할 수 없다. 이는 군집이 얼마만큼 떨어져 있으며, 군집 내부의 점이 얼마나 가까이 있는지와 같이 군집 자체의 측면을 평가하는 측정 지표를 사용해야 다하는 것을 의미한다. 여러 측정 지표를 비교해 성능에 대해 더 균형 잡힌 평가를 할 수 있다.

이런 방법의 하나가 군집 분리를 정량화하는 데 도움이 되는 **실루엣 계수**silhouette coefficient다. 이 계수는 다음 식과 같이 주어진 군집의 점과 가장 가까운 군집 간 거리의 평균(b)에서 군집의 모든 두 점 간 거리의 평균을 뺀 값에 두 값의 최대값으로 나눈 값이다.

$$\frac{b - a}{\max(a, b)}$$

이 측정 지표의 범위는 $[-1, 1]$이며 -1은 (군집이 잘 못 할당된) 가장 나쁜 경우이며, 1은 가장 좋은 경우다. 0에 가까운 값은 군집이 겹친다는 것을 나타낸다. 이 값이 클수록 군집이 더 잘 분리가 됐다는 것을 의미한다.

```
>>> from sklearn.metrics import silhouette_score
>>> silhouette_score(
...     kmeans_data, kmeans_pipeline.predict(kmeans_data)
... )
0.7579771626036678
```

군집화 결과를 평가하는 다른 점수는 **데이비스-볼딘 점수**Davies-Bouldin score로 **군집 내 거리**within-cluster distance(군집의 점 간 거리)와 **군집 간 거리**between-cluster distance(다른 군집의 점 간 거리)의 비율ratio이다. 0에 가까울수록 군집 간 분할partition이 더 잘 됐다는 것을 나타낸다.

```
>>> from sklearn.metrics import davies_bouldin_score
>>> davies_bouldin_score(
...     kmeans_data, kmeans_pipeline.predict(kmeans_data)
```

```
...  )
0.4632311032231894
```

비지도 군집화의 마지막 측정 지표는 **칼린스키와 하라바츠 점수**^{Calinski andHarabatsz score} 또는 **분산비 기준**^{Variance Ratio Criterion}으로 군집 내 산포와 군집 간 산포의 비다. 값이 클수록 군집이 더 잘 분리됐다는 것을 나타낸다.

```
>>> from sklearn.metrics import calinski_harabasz_score
>>> calinski_harabasz_score(
...     kmeans_data, kmeans_pipeline.predict(kmeans_data)
...  )
21207.276781867335
```

(지도 군집화를 포함해) **scikit-learn**이 제공하는 군집 평가 측정 지표에 대한 전체 목록은 이 URL(https://scikit-learn.org/stable/modules/clustering.html#clustering-evaluation)에서 확인할 수 있다.

회귀

행성 데이터셋으로 숫자 값인 행성의 공전주기를 예측하려고 회귀를 사용한다. 9장 앞부분에서 언급했듯이 회귀는 **회귀변수**^{regressor}라고 하는 독립변수(x 데이터)와 예측하려는 종속변수(y 데이터) 간 관계의 강도와 크기를 모델링하는 기술이다.

선형회귀

scikit-learn은 다양한 알고리듬 클래스에 따라 의사결정 나무^{decision tree}부터 선형회귀까지 회귀 작업을 위해 많은 알고리듬을 제공한다. 그러나 일반적으로 linear_model 모듈에서 찾을 수 있는 선형회귀를 가장 많이 사용한다. 단순선형회귀^{simple linear regression}에서는 다음 식과 같은 형태의 직선 방정식에 데이터를 적합한다.

$$y = \beta_0 + \beta_1 x + \varepsilon$$

여기서 엡실론(ε)은 오차항$^{\text{error term}}$이며 베타(β)는 계수다.

NOTE

모델링을 통해 얻은 계수는 비용함수(cost function)이나 관측값(y)과 모델이 예측한 값($\hat{y}$) 간의 오차를 최소화하는 값이다. 모델링을 통해 이런 계수의 추정값을 얻을 얻게 되며 $\hat{\beta}_1$로 표기한다.

추가 관계를 모델링하려면 다음 식과 같이 여러 회귀변수가 포함된 **다중선형회귀**$^{\text{multiple linear regression}}$를 사용해야 한다.

$$y = \beta_0 + \beta_1 x_1 + \beta_2 x_2 + \cdots + \beta_n x_n + \varepsilon$$

scikit-learn의 선형회귀는 (y와 $\hat{y}$ 간의 거리로 측정되는) 오차제곱의 합을 최소화하는 값인 **보통최소제곱**$^{\text{OLS, Ordinary Least Square}}$을 사용한다. 이 값은 폐쇄형$^{\text{closed-form}}$ 솔루션을 통해 계산하거나 **경사하강법**$^{\text{gradient descent}}$과 같은 최적화 방법(참고 자료 절 참고)으로 추정할 수 있다. 11장에서 경사하강법을 사용한다.

NOTE

선형회귀는 데이터에 대해 몇 가지 가정을 하는데 선형회귀를 사용할 때 이 가정을 알고 있어야 한다. 선형회귀에서 잔차(residual)는 정규분포를 따르며 등분산적이고 다중공선성(multicolliearity)(회귀변수 간의 높은 상관관계)이 없다고 가정한다.

이제 선형회귀가 작동하는 방식을 알게 됐으므로 행성의 공전주기를 예측하는 모델을 만들어 보자.

행성의 공전주기 예측

모델을 만들기 전에 열에서 예측에 사용할 열($_{\text{semimajoraxis, mass, eccentricity}}$)과 예측하려는 열($_{\text{period}}$)을 분리해야 한다.

```
>>> data = planets[
...     ['semimajoraxis', 'period', 'mass', 'eccentricity']
... ].dropna()
>>> X = data[['semimajoraxis', 'mass', 'eccentricity']]
>>> y = data.period
```

이 작업은 지도학습이다. 긴반지름, 질량, 이심률을 사용해 행성의 공전주기를 예측하고자 하며, 데이터에는 행성 대부분의 공전주기가 있다. 데이터를 75:25의 비율로 학습 데이터와 평가 데이터를 나누면 모델이 공전주기를 얼마나 잘 예측했는지 평가할 수 있다.

```
>>> from sklearn.model_selection import train_test_split
>>> X_train, X_test, y_train, y_test = train_test_split(
...     X, y, test_size=0.25, random_state=0
... )
```

데이터를 학습 데이터와 평가 데이터로 나누면 모델을 만들고 적합할 수 있다.

```
>>> from sklearn.linear_model import LinearRegression
>>> lm = LinearRegression().fit(X_train, y_train)
```

이렇게 적합한 모델은 추정 계수를 검사하고 주어진 독립변수 집합에 대해 종속변수의 값을 예측하는 데 사용할 수 있다. 다음 두 절에서 이 사항을 설명한다.

선형회귀 방정식 해석

선형회귀 모델 방정식의 계수는 변수 간 관계를 정량화한다. 따라서 하나 이상의 회귀변수를 다루는 경우 계수를 해석할 때는 주의를 기울여야 한다. 다중공선성이 있는 경우 어떤 회귀변수의 효과를 조사하고자 다른 모든 회귀변수를 일정하게 유지할 수 없으므로(변수 간에 종속관계가 있어) 계수를 해석할 수 없다.

다행히도 행성 데이터의 회귀변수는 '탐색적 데이터 분석' 절에서 만든 상관행렬 히트맵(그림 9.8)에서 보았듯이 서로 상관관계가 없다. 따라서 적합 선형회귀 모델 객체의 절편과 계수를 다음과 같이 얻을 수 있다.

```
# 절편 구하기
>>> lm.intercept_
-622.9909910671811

# 계수 구하기
```

```
>>> [(col, coef) for col, coef in
... zip(X_train.columns, lm.coef_)]
[('semimajoraxis', 1880.4365990440929),
 ('mass', -90.18675916509196),
 ('eccentricity', -3201.078059333091)]
```

행성의 공전주기 예측을 위한 선형회귀 모델의 방정식은 다음과 같다.

$$공전주기 = -622.99 + 1880.44 \times 긴반지름 - 90.19 \times 질량 - 3201.08 \times 이심률$$

이 모델을 제대로 해석하려면 모델의 사용된 단위를 알아야 한다.

- period(공전주기): 지구의 일수

- semimajoraxis: **천문 단위**AU, Astronomical Unit

- mass: 목성 질량(행성의 질량을 목성의 질량으로 나눈 값)

- eccentricity: 단위 없음(N/A)

> 천문 단위는 지구와 태양 간의 평균 거리로 약 149,597,870,700m다.

이 특정 모델의 절편은 아무런 의미가 없다. 행성의 긴반지름이 0이고 질량이 없으며, 완벽한 원의 이심률을 갖는다면 행성의 공전주기는 -623일이다. 행성의 주기나 긴반지름, 질량은 음수나 0이 될 수 없으므로 이는 이치에 맞지 않는다. 그러나 다른 계수는 해석할 수 있다. 방정식에 따르면 질량과 이심률을 상수로 취급하고 긴반지름이 1AU 늘어날 때마다 공전주기는 1,880.44일씩 줄어든다. 반면 긴반지름과 이심률을 상수로 취급하고 질량이 1 목성질량 늘어날 때마다 공전주기는 90.19일씩 줄어든다.

이심률이 완벽한 원형 궤도(eccentricity=0)에서 거의 포물선 모양의 탈출 궤도(eccentricity=1)로 바뀌면 공전주기는 3,201.08일씩 줄어든다. 포물선 모양의 탈출 궤도에서는 행성이 다시는 돌아오지 않기 때문에 결과적으로 이 방정식은 이치에 맞지 않아 의미가 없으므로 이 항에 대한 근사값이 된다. 사실 1보다 큰 이심률을 이 방정식에 사용하면 훈련 데이터에 이런 데이터가 없으므로 외삽extrapolation이 된다. 이는 외삽법이 적용되지 않는 확실한 예라고 할 수 있다. 이 방정식에 따르면 이심률이 높을수록 공전 주기가 짧아지지만, 이심률이 1보다 커지면 행성은 절대로 돌아오지 않으므로(궤도에서 탈출했으므로) 해당연도는 끝나지 않게 된다.

학습 데이터의 모든 이심률 값의 범위는 [0, 1)이므로 학습한 범위 안의 데이터를 사용 해 공전주기를 예측할 때는 보간법^{interpolation}을 사용한다. 이는 예측하려는 행성의 이심 률이 [0, 1) 범위에 있는 경우 이 모델을 사용해 공전주기를 예측할 수 있다는 것을 의미 한다.

예측하기

이제 각 회귀변수가 미치는 영향을 알게 됐으므로 모델을 사용해 평가 데이터에 있는 행성의 공전주기를 예측해 보자.

```
>>> preds = lm.predict(X_test)
```

모델이 얼마나 잘 예측했는지 실제값과 예측값을 그림으로 시각화한다.

```
>>> fig, axes = plt.subplots(1, 1, figsize=(5, 3))
>>> axes.plot(
...     X_test.semimajoraxis, y_test, 'ob',
...     label='실제값', alpha=0.5
... )
>>> axes.plot(
...     X_test.semimajoraxis, preds, 'or',
...     label='예측값', alpha=0.5
... )
>>> axes.set(xlabel='긴반지름', ylabel='주기')
>>> axes.legend(['실제값', '예측값'])
>>> axes.set_title('선형회귀 결과', fontsize=18)
```

예측값은 실제값과 매우 비슷하며 비슷한 패턴을 따른다.

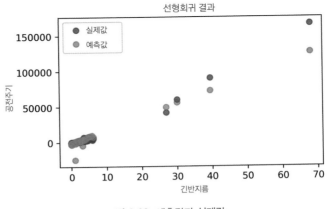

그림 9.23 예측값과 실제값

TIP

긴반지름만 사용해서 회귀분석을 해보길 바란다. 데이터 일부를 재구성해야 하지만 eccentricity 와 mass를 사용했을 때보다 얼마나 성능이 더 좋은지 확인할 수 있다. 실제로 우리가 만족할 만한 모델을 찾기 위해서는 여러 종류의 모델을 만들어 봐야 한다.

회귀분석 모델이 실제 관계를 얼마나 잘 추적하는지 알아보고자 상관관계를 확인해본다.

```
>>> print(f'상관계수 = {np.corrcoef(y_test, preds)[0][1]}')
상관계수 = 0.9692104355988056
```

회귀분석 모델의 예측값과 실제값은 상관계수가 0.97이므로 강한 양의 상관관계가 있다. 상관계수는 모델이 실제 데이터를 따르는지를 알려 주는 값이다. 그러나 실제값과 예측값이 얼마나 차이가 나는지는 알 수가 없다. 이와 관련해서는 다음 절에서 설명할 측정 지표를 사용해야 한다.

회귀 결과 분석

회귀모델을 평가할 때 모델이 포착한 데이터의 분산과 예측이 얼마나 정확한지 알아야 한다. 이런 측정 지표와 시각화를 조합해 여러 측면에서 모델을 평가할 수 있다.

잔차 분석

선형회귀를 사용할 때마다 **잔차**residual나 실제값과 모델의 예측값 간의 불일치discrepancy를 시각화해야 한다. 7장에서 배웠듯이 잔차는 0을 중심으로 등분산적homoskedastic 또는 homoscedastic이어야 한다. 핵밀도추정을 사용해 잔차가 0을 중심으로 하는지 평가하고 산점도를 사용해 등분산적인지 알아본다.

잔차 확인을 위해 이런 부그림을 그리는 `ml_utils.regression`의 유틸리티 함수를 살펴보자.

```python
import matplotlib.pyplot as plt
import numpy as np

def plot_residuals(y_test, preds):
    """
    회귀 평가를 위한 잔차 그리기

    매개변수:
        - y_test: 실제 y 값
        - preds: 예측한 y 값

    반환값:
        잔차 산포도와 잔차 KDE 부그림
    """
    residuals = y_test - preds

    fig, axes = plt.subplots(1, 2, figsize=(15, 5))

    axes[0].scatter(np.arange(residuals.shape[0]), residuals)
    axes[0].set(xlabel='관측값', ylabel='잔차')

    residuals.plot(kind='kde', ax=axes[1])
    axes[1].set(xlabel='잔차', ylabel='밀도')

    plt.suptitle('잔차', fontsize=24)
    return axes
```

이제 이 선형회귀에 대한 잔차를 살펴보자.

668

```
>>> from ml_utils.regression import plot_residuals
>>> plot_residuals(y_test, preds)
```

그림 9.24의 왼쪽 부그림처럼 예측값에는 패턴이 없는 것처럼 보이며 이는 좋은 것
이다. 그러나 오른쪽 부그림을 살펴보면 0을 중심으로 하지 않으며 음으로 치우쳐 있다.
이런 음의 잔차는 예측한 값이 실제값보다 클 때 발생한다.

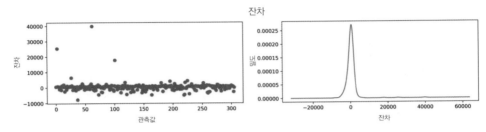

그림 9.24 잔차 확인

TIP

> 잔차에서 패턴을 찾을 수 있다면 데이터는 선형이 아니며, 잔차를 시각화하면 다음 단계를 계획하는
> 데 도움이 된다. 이는 다항회귀를 사용하거나 데이터에 로그 변환을 취하는 전략을 의미한다.

측정 지표

잔차를 검사하는 것 이외에도 회귀모델을 평가하기 위한 측정 지표를 계산해야 한다.
아마도 가장 일반적인 측정 지표는 **R²** 또는 독립변수에서 예측할 수 있는 종속변수의
분산 비율proportion을 **정량화하는 결정계수**coefficient of determination다. 이 값은 편차(평균과의
차) 제곱의 합에 대한 잔차 제곱의 합에 대한 비율을 1에서 뺀 값이다.

$$R^2 = 1 - \frac{SS_{\text{잔차}}}{SS_{\text{편차}}} = 1 - \frac{\sum_i (y_i - \hat{y}_i)^2}{\sum_i (y_i - \bar{y})^2}$$

TIP

> 시그마(Sigma)(Σ) 기호는 합을 나타낸다. y의 평균은 $\bar{y}$(y 바(bar))로, 예측값은 $\hat{y}$(y 햇(hat))으로 표기
> 한다.

결정계수는 [0, 1] 범위 안에 있으며 값이 클수록 좋다. scikit-learn의 LinearRegression 클래스 객체는 R^2를 채점scoring 메서드로 사용한다. 따라서 score() 메서드를 사용하면 결정계수를 간단히 계산할 수 있다.

```
>>> R2 = lm.score(X_test, y_test)
>>> print(f'결정계수 = {R2}')
R2 점수 = 0.9209013475842684
```

metrics 모듈에서도 R^2를 계산할 수 있다.

```
>>> from sklearn.metrics import r2_score
>>> R2 = r2_score(y_test, preds)
>>> print(f'R2 점수 = {R2}')
R2 점수 = 0.9209013475842684
```

이 모델의 R^2는 매우 좋다. 그러나 해당 행성에 중력을 가하는 행성과 별과 같이 주기에 영향을 미치는 많은 요인이 있다는 것을 명심해야 한다. 이런 추상화에도 불구하고 행성의 궤도 주기는 대부분 긴반지름 데이터를 사용해 설명해야 하는 거리에 따라 결정되기 때문에 우리의 단순화 작업은 상당히 잘 동작한다.

그런데도 R^2에는 문제가 있다. 회귀변수를 계속 추가할 수 있지만, 회귀변수는 모델을 더 복잡하게 만들면서 동시에 R^2를 증가시킨다. 모델의 복잡도complexity에 불이익penalty을 주는 측정 지표가 필요하다. 이를 위해 추가된 회귀변수가 우연히 예상되는 것보다 모델을 개선하는 경우에만 값이 증가되는 **수정된 결정계수**adjusted R2를 사용한다.

$$수정된\ 결정계수\ R^2 = 1 - (1 - R^2)$$
$$\times \frac{관측값의\ 개수(n\_obs) - 1}{관측값의\ 개수(n\_obs) - 회귀변수의\ 개수(n\_regressors) - 1}$$

불행히도, scikit-learn은 이 측정 지표를 제공하지 않는다. 그러나 이 측정 지표를 구현하는 것은 어렵지 않다. ml_utils.regression 모듈에는 수정된 결정계수를 계산하는 함수가 포함돼 있다. 이 함수를 살펴보자.

```
from sklearn.metrics import r2_score

def adjusted_r2(model, X, y):
    """
    수정된 결정계수를 계산한다.

    매개변수:
        - model: `predict()` 메서드를 가진 추정량(estimator) 객체
        - X: 예측에 사용할 값
        - y: 채점을 위한 정답

    반환값:
        수정된 결정계수 점수
    """
    r2 = r2_score(y, model.predict(X))
    n_obs, n_regressors = X.shape
    adj_r2 = \
        1 - (1 - r2) * (n_obs - 1)/(n_obs - n_regressors - 1)
    return adj_r2
```

수정된 결정계수는 항상 결정계수보다 작다. adjusted_r2() 함수를 사용하면 수정된 결정계수(0.9201156)가 결정계수(0.9209013)보다 약간 작다는 것을 알 수 있다.

```
>>> from ml_utils.regression import adjusted_r2
>>> adj_R2 = adjusted_r2(lm, X_test, y_test)
>>> print(f'수정된 결정계수 = {adj_R2}')
수정된 결정계수 = 0.9201155993814631
```

안타깝게도 결정계수(와 수정된 결정계수)는 예측 오차나 모델을 제대로 선택했는지에 관한 어떠한 정보도 제공하지 않는다. 1장에서 앤스컴의 4종류 데이터를 설명했을 때를 생각해보자. 4종류의 다른 데이터셋은 같은 요약통계를 갖는다. 일부는 선형 관계가 아님에도 4종류 데이터의 결정계수는 모두 선형회귀선에 적합했을 때의 결정계수인 0.67로 같다.

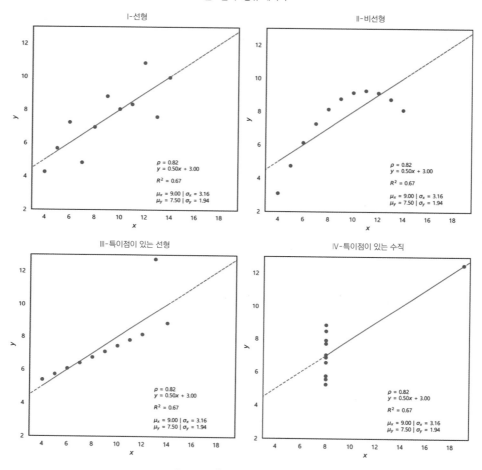

그림 9.25 R^2는 오해의 소지가 있다

scikit-learn이 제공하는 또 다른 측정 지표는 모델로 설명할 수 있는 분산의 비율인 **설명분산점수**explained variance score다. 이 값은 1에 가까울수록 좋다.

$$설명변수 = 1 - \frac{var(잔차)}{var(실제값)} = 1 - \frac{var(y - \hat{y})}{var(y)}$$

우리 모델은 분산의 92%를 설명한다는 것을 알 수 있다.

```
>>> from sklearn.metrics import explained_variance_score
>>> exp_var = explained_variance_score(y_test, preds)
>>> print(f'설명분산점수 = {exp_var}')
설명분산점수 = 0.9220144218429371
```

회귀모델을 평가할 때 분산만 보지 않는다. 오차 자체의 크기도 봐야 한다. 이 절에서 설명할 남아 있는 측정 지표는 예측(여기서는 지구의 일수)에 사용하는 같은 측정 단위로 모든 오차가 생기므로 오차 크기의 의미를 알 수 있다.

오차 절대값의 평균인 **평균절대오차**^{MAE, Mean Absolute Error}는 어느 방향에서든 모델이 만든 오차의 평균이다. 값 범위는 0부터 ∞까지로 작을수록 좋다.

$$평균절대오차(MAE) = \frac{\sum_i |y_i - \hat{y}_i|}{n}$$

scikit-learn 함수를 사용하면 우리 모델의 평균절대오차는 1,369일이다.

```
>>> from sklearn.metrics import mean_absolute_error
>>> MAE = mean_absolute_error(y_test, preds)
>>> print(f'평균절대오차 = {MAE}')
평균절대오차 = 1369.441817073533
```

오차 제곱의 평균에 대한 제곱근인 **제곱근평균제곱오차**^{RMSE, Root Mean Squared Error}는 잘못된 예측에 대한 추가 불이익을 허용한다.

$$제곱근평균제곱오차(RMSE) = \sqrt{\frac{\sum_i (y_i - \hat{y}_i)^2}{n}}$$

scikit-learn은 오차 제곱의 평균인 **평균제곱오차**^{MSE, Mean Squared Error} 함수를 제공하므로 평균제곱오차에 제곱근을 취하기만 하면 제곱근평균제곱오차를 계산할 수 있다. 큰 오차가 바람직하지 않으면 이 측정 지표를 사용한다.

```
>>> from sklearn.metrics import mean_squared_error
>>> RMSE = np.sqrt(mean_squared_error(y_test, preds))
```

```
>>> print(f'제곱근평균제곱오차 = {RMSE}')
제곱근평균제곱오차 = 3248.499961928374
```

이러한 모든 평균 기반 측정 지표의 대안은 잔차의 중위수는 **중위절대오차**^{median absolute} error다. 이 측정 지표는 잔차에 몇 가지 특이점이 있는 경우에 사용할 수 있으며 오류 대부분에 대해 더 정확한 설명을 할 수 있다. 이 값(759.86)은 우리 데이터에 대해 평균절대오차(1369.44)보다 더 작다.

```
>>> from sklearn.metrics import median_absolute_error
>>> MedianAE = median_absolute_error(y_test, preds)
>>> print(f'중위절대오차 = {MedianAE}')
중위절대오차 = 759.8613358335442
```

음수가 아닌 경우에만 사용할 수 있는 mean_squared_log_error() 함수도 있다. 일부 예측값이 음수여서 이 함수를 사용할 수 없다. 긴반지름이 회귀 방정식이 양의 계수를 갖는 유일한 부분이므로 예측값이 음수인 경우는 긴반지름이 매우 작을 때(1보다 작은 경우) 발생한다. 긴반지름이 나머지 방정식의 균형을 맞추기에 충분히 크지 않으면 예측값이 음수가 되므로 자동으로 맞지 않게 된다. scikit-learn이 제공하는 회귀 측정 지표의 전체 목록은 이 URL(https://scikit-learn.org/stable/modules/classes.html#regression-metrics)에서 확인할 수 있다.

⠿ 분류

분류^{classification}의 목표는 이산 레이블 집합을 사용해 데이터에 레이블을 지정하는 방법을 결정하는 것이다. 이것은 아마도 지도 군집화와 비슷하게 들릴 것이다. 그러나 이 경우 그룹의 구성원이 공간적으로 얼마나 가까운지는 상관이 없다. 대신 우리는 정확한 계급 레이블로 데이터를 분류하는 것에 관심이 있다. 8장에서는 IP 주소를 유효한 사용자와 공격자로 분류했다. IP 주소의 군집이 얼마나 잘 정의돼 있는지는 신경 쓰지 않았다. 단지 공격자를 찾으려고 했다.

회귀에서와 마찬가지로 scikit-learn은 분류 작업에 많은 알고리듬을 제공한다. 이 알고리듬은 모듈 전체에 퍼져 있지만, 회귀 작업에 대해 회귀자regressor라고 하듯이 분류 작업에 대해서 이런 알고리듬을 분류기classifier라고 한다. 몇 가지 일반적인 방법은 로지스틱 회귀logistic regression, **서포트 벡터 머신**SVM, Support Vector Machine, k-최근접 이웃, 의사결정 나무decision tree, 확률숲random forest 등이 있다. 여기서는 로지스틱 회귀를 설명한다.

로지스틱 회귀

로지스틱 회귀는 분류 작업을 해결하고자 선형회귀를 사용한다. 그러나 로지스틱 회귀는 로지스틱 시그모이드 함수logistic sigmoid function를 사용해 계급 레이블에 대응할 수 있는 [0, 1] 범위의 확률값을 반환한다.

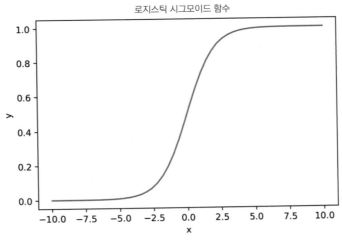

그림 9.26 로지스틱 회귀 함수

로지스틱 회귀를 사용해 레드 와인을 고품질이나 저품질로 분류하고 화학 성분에 따라 레드 와인이나 화이트 와인으로 분류한다. scikit-learn의 linear_model 모듈을 사용해 앞 절의 선형회귀를 했던 것처럼 로지스틱 회귀를 사용한다. 선형회귀 문제와 마찬가지로 우리는 지도학습 방법을 사용하므로 데이터를 학습 데이터와 평가 데이터로 나눠야 한다.

TIP

이 절에서 설명한 예는 모두 이진 분류(2개의 계급) 문제지만, scikit-learn은 다중계급 문제도 지원한다. 다중계급 모델을 만드는 과정은 이진 분류와 거의 흡사하지만 모델에 2개 이상의 계급이 있다는 것을 알리고자 추가 매개변수를 사용해야 할 수도 있다. 9장 마지막에 있는 연습 문제에서 다중분류 모델을 만들 기회를 제공한다.

레드 와인 품질 예측

9장 앞부분에서 high_quality 열을 만들었지만, 고품질 레드 와인의 수에 불균형이 있었다. 따라서 데이터를 나눌 때 해당 열에 대해 층화임의표집해 학습 데이터와 학습 데이터 모두 데이터에 고품질 와인과 저품질 와인의 비(고품질이 약 14%)를 유지하도록 한다.

```
>>> from sklearn.model_selection import train_test_split

>>> red_y = red_wine.pop('high_quality')
>>> red_X = red_wine.drop(columns='quality')

>>> r_X_train, r_X_test, \
... r_y_train, r_y_test = train_test_split(
...     red_X, red_y, test_size=0.1, random_state=0,
...     stratify=red_y
... )
```

먼저, 모든 데이터를 표준화한 다음 로지스틱 회귀를 만드는 파이프라인을 구축한다. 재현을 위한 시드(random_state=0)와 데이터가 불균형이므로 scikit-learn 클래스의 가중치를 계산하도록 class_weight='balanced'를 지정한다.

```
>>> from sklearn.preprocessing import StandardScaler
>>> from sklearn.pipeline import Pipeline
>>> from sklearn.linear_model import LogisticRegression

>>> red_quality_lr = Pipeline([
...     ('scale', StandardScaler()),
...     ('lr', LogisticRegression(
...         class_weight='balanced', random_state=0
```

```
...     ))
...   ])
```

계급의 가중치는 각 계급에 대한 잘못된 예측에 대해 모델에 얼마나 많은 불이익을 줄 것인지 결정한다. 균형가중치[balanced weight]를 선택하면 작은 계급에 대한 잘못된 예측은 더 많은 가중치를 갖게 되며 가중치는 데이터에서 계급의 빈도수와 반비례한다. 이런 가중치는 10장에서 자세히 설명할 정규화[regulation]에 사용된다.

일단 파이프라인을 갖게 되면 fit() 메서드를 사용해 데이터에 적합할 수 있다.

```
>>> red_quality_lr.fit(r_X_train, r_y_train)
Pipeline(steps=[('scale', StandardScaler()),
                ('lr', LogisticRegression(
                    class_weight='balanced',
                    random_state=0))])
```

마지막으로, 학습 데이터에 대한 모델 적합[model fit]을 사용해 평가 데이터의 레드 와인 품질을 예측할 수 있다.

```
>>> quality_preds = red_quality_lr.predict(r_X_test)
```

TIP

> scikit-learn을 사용하면 모델이 score(), fit(), predict() 메서드를 같이 사용하므로 여러 모델을 쉽게 전환하면서 사용할 수 있다. 어떤 경우에는 확률에 predict_proba()를 사용하거나 predict() 대신 모델이 유도한 방정식으로 점을 평가하고자 decision_function()을 사용할 수도 있다.

이 모델의 성능을 평가하기 전에 전체 와인 데이터셋으로 다른 분류 모델을 만들어 보자.

화학 성분으로 와인 종류 결정하기

화학 성분만으로 레드 와인과 화이트 와인을 구별할 수 있을까? 이를 알고자 와인이 레드인지 화이트인지 예측하는 두 번째 로지스틱 회귀[logistic regression] 모델을 만든다. 먼저, 데이터를 학습 데이터와 평가 데이터로 나눈다.

```
>>> from sklearn.model_selection import train_test_split

>>> wine_y = np.where(wine.kind == 'red', 1, 0)
>>> wine_X = wine.drop(columns=['quality', 'kind'])

>>> w_X_train, w_X_test, \
... w_y_train, w_y_test = train_test_split(
...     wine_X, wine_y, test_size=0.25,
...     random_state=0, stratify=wine_y
... )
```

파이프라인에서 로지스틱 회귀를 다시 사용한다.

```
>>> from sklearn.linear_model import LogisticRegression
>>> from sklearn.pipeline import Pipeline
>>> from sklearn.preprocessing import StandardScaler

>>> white_or_red = Pipeline([
...     ('scale', StandardScaler()),
...     ('lr', LogisticRegression(random_state=0))
... ]).fit(w_X_train, w_y_train)
```

마지막으로, 평가 데이터셋의 각 관측 와인 종류 예측 결과를 저장한다.

```
>>> kind_preds = white_or_red.predict(w_X_test)
```

이제 평가 데이터셋을 사용해 로지스틱 회귀 모델에 대한 두 가지 예측 결과를 얻었으므로 모델의 성능을 평가할 준비가 끝났다.

분류 결과 평가

데이터의 각 계급에 대해 모델이 얼마나 잘 예측했는지를 보고 분류 모델의 성능을 평가한다. **양의 계급**positive class은 우리의 관심 계급이며, 다른 모든 계급은 **음의 계급**negative class이 된다. 레이 와인 분류에서 양의 계급은 고품질이며 음의 계급은 저품질이다. 우리의 문제는 이진 분류 문제지만 이 절에서 설명하는 측정 지표는 다중계급 분류 문제로 확장된다.

혼동행렬

8장에서 설명했던 것처럼 분류 문제는 예측한 레이블을 실제 레이블과 비교하기 위해
혼동행렬을 사용해 평가할 수 있다.

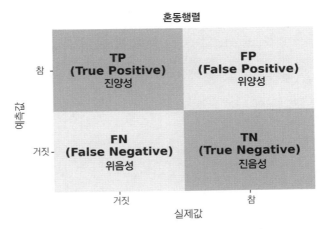

그림 9.27 혼동행렬을 사용한 분류 결과 평가

각 예측은 실제값과 어떻게 일치하는지에 따라 네 가지 결과 중 하나가 된다.

- **진양성**TP, True Positive: 양의 계급으로 정확하게 예측함

- **위양성**FP, False Positive: 양의 계급으로 잘못 예측함

- **진음성**TN, True Negative: 양의 계급이 아닌 것으로 정확하게 예측함

- **위음성**FN, False Negative: 양의 계급이 아닌 것으로 잘못 예측함

NOTE

위양성은 제1종 오류(type I errors)라고 하며, 위음성은 제2종 오류(type II error)라고 한다. 특정 분류기에 대해 한 오류를 줄이면 다른 오류가 늘어나게 된다.

scikit-learn은 confusion_matrix() 함수를 제공하므로 seaborn의 heatmap() 함수와 함께 사용하면 혼동행렬을 시각화할 수 있다. ml_utils.classification 모듈의 confusion_matrix_visual() 함수를 사용하면 혼동행렬을 시각화할 수 있다.

```python
import matplotlib.pyplot as plt
import numpy as np
import seaborn as sns
from sklearn.metrics import confusion_matrix

def confusion_matrix_visual(y_true, y_pred, class_labels,
                            normalize=False, flip=False,
                            ax=None, title=None, **kwargs):
    """
    혼동행렬 히트맵 만들기

    매개변수:
        - y_test: y에 대한 참값
        - preds: y에 대한 예측값
        - class_labels: 계급의 레이블
        - normalize: 값을 백분율로 표시할지 여부
        - flip: 혼동행렬을 뒤집어 표시할지 여부. True와 False 레이블로
                이진 분류할 때 왼쪽 상단에 TP를, 오른쪽 하단에 TN을
                표시하는 데 도움이 된다.
        - ax: 그림으로 표시할 matplotlib의 `Axes`
        - title: 혼동행렬의 제목
        - kwargs: 추가 키워드

    반환값: matplotlib `Axes` 객체
    """
    mat = confusion_matrix(y_true, y_pred)
    if normalize:
        fmt, mat = '.2%', mat / mat.sum()
    else:
        fmt = 'd'
    if flip:
        class_labels = class_labels[::-1]
        mat = np.flip(mat)

    axes = sns.heatmap(
        mat.T, square=True, annot=True, fmt=fmt,
        cbar=True, cmap=plt.cm.Blues, ax=ax, **kwargs
    )
```

```
        axes.set(xlabel='실제값', ylabel='모델 예측값')
        tick_marks = np.arange(len(class_labels)) + 0.5
        axes.set_xticks(tick_marks)
        axes.set_xticklabels(class_labels)
        axes.set_yticks(tick_marks)
        axes.set_yticklabels(class_labels, rotation=0)
        axes.set_title(title or '혼동행렬')
        return axes
```

혼동행렬 시각화 함수를 사용해 각 분류 모델이 어떻게 분류했는지 확인해 보자. 먼저, 모델이 고품질 레드 와인을 얼마나 잘 식별했는지 살펴보자.

```
>>> from ml_utils.classification import confusion_matrix_visual
>>> confusion_matrix_visual(
...     r_y_test, quality_preds, ['low', 'high']
... )
```

혼동행렬의 아래 행에서 모델이 일관되게 고품질 레드 와인을 찾는 데 어려움을 겪고 있음을 알 수 있다.

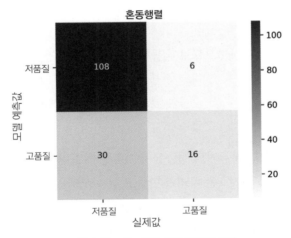

그림 9.28 레드 와인 품질 모델의 결과

이제 white_or_red 모델이 와인 종류를 얼마나 잘 예측했는지 살펴보자.

```
>>> from ml_utils.classification import confusion_matrix_visual
>>> confusion_matrix_visual(
...     w_y_test, kind_preds, ['white', 'red']
... )
```

이 모델은 잘못된 예측이 거의 없으므로 훨씬 더 좋아 보인다.

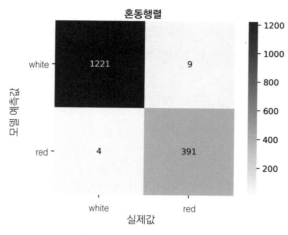

그림 9.29 white_or_red 모델의 결과

이제 혼동행렬의 구조를 이해했으므로 혼동행렬을 사용해 추가 성능 측정 지표를 계산할 수 있다.

분류 측정 지표

혼동행렬의 값을 사용하면 분류기의 성능을 평가하는 데 도움이 되는 측정 지표를 계산할 수 있다. 가장 좋은 측정 지표는 우리가 만들고 있는 모델의 목표와 계급이 균형을 이루고 있는지에 달려 있다. 이 절의 공식은 혼동행렬에서 얻은 데이터로 유도할 수 있다. 여기서 *TP*는 참양성의 개수이며, *TN*은 참음성의 개수다.

정확도와 오차율

계급의 크기가 거의 같으면 **정확도**accuracy를 사용할 수 있는데 이 값은 올바르게 분류한 값의 백분율이다.

$$정확도(accuracy) = \frac{TP + TN}{TP + FP + TN + FN}$$

sklearn.metrics의 accuracy_score() 함수는 공식에 따라 정확도를 계산한다. 그러나 모델의 score() 메서드도 정확도를 제공한다(10장의 격자검색grid search에서 볼 수 있는 것처럼 항상 그런 것만은 아니다).

```
>>> red_quality_lr.score(r_X_test, r_y_test)
0.775
```

정확도는 올바르게 분류한 백분율(**성공률**success rate)이므로 다음과 같이 (잘못 분류한 백분율인) **오류율**error rate을 계산할 수 있다.

$$오류율(error\ rate) = 1 - 정확도 = \frac{FP + FN}{TP + FP + TN + FN}$$

품질에 따라 레드 와인을 정확하게 분류한 정확도는 77.5%다. 반대로 zero_one_loss() 함수는 잘못 분류한 백분율을 반환하며, 레드 와인 품질 모델의 오류율은 22.5%다.

```
>>> from sklearn.metrics import zero_one_loss
>>> zero_one_loss(r_y_test, quality_preds)
0.22499999999999998
```

이 두 가지 모두 계산하고 이해하기 쉽지만 임계값이 필요하다. 기본값으로 임계값은 50%지만 scikit-learn에서 predict_proba() 메서드를 사용해 계급을 예측할 때 차단하기 위한 확률을 지정할 수 있다. 또한 계급 불균형일 때 정확도와 오류율은 오해를 불러일으킬 수 있다.

정밀도와 재현율

데이터가 **계급 불균형**class imbalance일 때 정확도는 성능을 측정하기 위한 측정 지표라고 신뢰할 수 없다. 예를 들어 두 계급 A와 B의 데이터 비율이 99:1이라면 모든 것이 A에 속한다고 하는 것만으로도 모델의 정확도를 99%가 되게 할 수 있다. 이 문제는 진음성이 매우 크고 (분모 외에도) 분자에 있으므로 결과가 실제보다 더 좋아 보일 것이라는 사실에서 비롯된다. 분명히 B 계급을 식별하는 데 아무런 도움이 되지 않는다면 모델을 만드는 것에 신경 쓸 필요가 없다. 따라서 이런 행동을 할 수 없게 할 다른 측정 지표가 필요하다. 이를 위해 정확도 대신 정밀도와 재현율recall을 사용한다. **정밀도**precision는 진양으로 분류한 것에 대한 진양으로 분류한 비율이다.

$$정밀도(precision) = \frac{TP}{TP + FP}$$

재현율recall은 **진양성율**TPR, True Positive Rate로 진양으로 분류한 것에 대한 진양으로 분류한 비율이다.

$$재현율(recall) = \frac{TP}{TP + FN}$$

A 계급과 B 계급 간의 비율이 99:1인 경우 모든 것을 A로 분류하는 모델은 양의 계급 B에 대해 재현율은 0%이며, 정밀도는 0/0이므로 정의할 수 없다. 정밀도와 재현율은 계급 불균형일 때 모델을 성능을 평가하는 데 더 좋은 방법이다. 이 측정 지표에 따르면 99:1인 계급 불균형일 때 모델은 거의 쓸모가 없다.

scikit-learn은 정밀도와 재현율을 계산할 수 있도록 classification_report() 함수를 제공한다. 계급 레이블당 이런 측정 지표 계산 외에도 (계급 간 가중값이 없는 평균인) **거시평균**macro average과 (각 계급의 관측 수로 가중한 계급 간 평균인) **가중평균**weighted average도 계산할 수 있다. **지지**support 열은 레이블 데이터를 사용해 각 계급에 속하는 관측값 개수를 나타낸다.

분류 보고서에 따르면 우리 모델은 저품질 레드 와인은 잘 찾지만, 고품질 레드 와인은 그렇지 않다는 것을 알 수 있다.

```
>>> from sklearn.metrics import classification_report
>>> print(classification_report(r_y_test, quality_preds))
              precision    recall  f1-score   support

           0       0.95      0.78      0.86       138
           1       0.35      0.73      0.47        22

    accuracy                           0.78       160
   macro avg       0.65      0.75      0.66       160
weighted avg       0.86      0.78      0.80       160
```

품질 점수가 매주 주관적이며 화학 성분이 꼭 관련돼 있지 않다는 점을 고려하면 우리의 간단한 모델의 성능이 좋지 않다는 것은 놀라운 일이 아니다. 반면에 레드 와인과 화이트 와인의 화학 성분은 다르므로 white_or_red 모델이 더 유용하다. 예상했던 것처럼 white_or_red 모델에 대한 혼동행렬을 기반으로 한 측정 지표는 좋다.

```
>>> from sklearn.metrics import classification_report
>>> print(classification_report(w_y_test, kind_preds))
              precision    recall  f1-score   support

           0       0.99      1.00      0.99      1225
           1       0.99      0.98      0.98       400

    accuracy                           0.99      1625
   macro avg       0.99      0.99      0.99      1625
weighted avg       0.99      0.99      0.99      1625
```

정확도와 마찬가지로 정밀도와 재현율은 계산이 간단하고 이해하기 쉽지만 임계값이 필요하다. 또한 정밀도와 재현율은 각각 혼동행렬의 절반만 고려한다.

고려해야할 혼동행렬의 부분

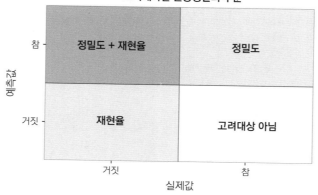

그림 9.30 정밀도와 재현율에 대한 혼동행렬의 적용 범위

일반적으로 재현율과 정밀도 모두를 최대로 하는 것에는 절충점이 있으며 우리에게 어떤 측정 지표가 더 중요한지 결정해야 한다. 이런 선호도는 F 점수를 사용해 정량화할 수 있다.

F 점수

분류 보고서에는 **F₁ 점수**^{score}도 포함돼 있는데, 정밀도와 재현율의 **조화평균**^{harmonic mean}을 사용해 두 지표 간의 균형을 맞출 수 있다.

$$F_1 = 2 \times \frac{정밀도 \times 재현율}{정밀도 + 재현율} = \frac{2 \times TP}{2 \times TP + FP + FN}$$

NOTE

> 조화평균은 산술평균의 역수로 (산술평균과 비교해) 더 정확한 평균을 얻기 위한 비율로 사용된다. 정밀도와 재현율의 범위는 모두 [0, 1]이며 이를 비율(rate)로 처리할 수 있다.

F_β 점수는 F 점수에 대한 보다 일반적인 공식이다. β를 바꿔가면서 정밀도(0과 1 사이의 β)나 재현율(1보다 큰 β)에 더 많이 가중할 수 있다. 여기서 β는 재현율이 정밀도보다 몇 배나 더 중요한지를 나타낸다.

$$F_\beta = (1 + \beta^2) \times \frac{\text{정밀도} \times \text{재현율}}{\beta^2 \times \text{정밀도} + \text{재현율}}$$

일반적으로 사용되는 β의 값은 다음과 같다.

- **$F_{0.5}$ 점수**: 정밀도가 재현율보다 두 배 더 중요하다.

- **F_1 점수**: 조화평균으로 정밀도와 재현율 모두 중요하다.

- **F_2 점수**: 재현율이 정밀도보다 두 배 더 중요하다.

F 점수도 계산하기 쉽고 임계값에 의존한다. 그러나 진음성을 고려하지 않으며 정밀도와 재현율 간의 절충으로 인해 최적화가 어렵다. 계급 불균형이 큰 데이터로 작업할 때 일반적으로 양의 계급을 정확하게 예측하는 데 더 많은 관심을 가진다. 즉 진음성에는 관심이 적기 때문에 진음성을 무시하는 측정 지표를 사용하는 것은 문제가 되지 않는다.

TIP

정밀도, 재현율, F_1 점수, F_β 점수는 `sklearn.metrics` 모듈에서 찾을 수 있다.

민감도와 특이도

정밀도와 재현율 절충점과 비슷하게 분류 문제를 해결하고자 사용할 수 있는 또 다른 한 쌍의 측정 지표인 민감도와 특이도가 있다. **민감도**sensitivity는 앞에서 봤던 진양성률 TPR, True Positive Rate, 또는 재현율이다. 그러나 **특이도**specificity는 다음 식과 같이 진음성률 True Negative Rate 또는 음으로 분류돼야 하는 모든 것에 대한 진음성에 대한 비율이다.

$$\text{특이도(specificity)} = \frac{TN}{TN + FP}$$

민감도와 특이도는 모두 전체 혼동행렬을 고려한다.

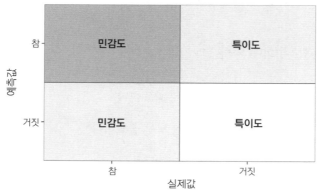

그림 9.31 민감도와 특이도에 대한 혼동행렬의 적용 범위

민감도와 특이도 모두를 최대화하려고 한다. 그러나 어떤 것을 양의 계급으로 분류하는 수를 줄이면 민감도가 줄어들어 특이도를 쉽게 최대화할 수 있다. scikit-learn은 측정 지표로 정밀도와 재현율을 선호하기 때문에 특이도를 제공하지 않는다. 그러나 함수를 만들거나 scikit-learn의 make_scorer() 함수를 사용하면 특이도를 쉽게 계산할 수 있다. 여기서 설명하는 내용은 다음 절의 주제인 민감도-특이도 그림 또는 ROC 곡선의 기초가 된다.

ROC 곡선

측정 지표를 사용해 분류 문제를 평가하는 것 이외에도 시각화 방법을 사용할 수 있다. 진양성률(민감도) 대 위양성률(1-특이도) 그림을 그리면 **수신기 동작 특성 곡선**ROC(Receiver Operating Characteristic) curve을 얻는다. 이 곡선은 진양성률과 위양성률 간의 절충점을 시각화한다. scikit-learn의 predict_proba() 메서드를 사용해 확률로 계급을 예측할 때 차단값으로 사용할 임계값을 찾고자 사용할 수 있는 위양성률을 식별할 수 있다. 임계값이 60%라고 하면 양의 계급을 예측하고자 predict_proba()는 0.6 이상의 값을 반환해야 한다. predict()는 차단값을 0.5로 사용한다.

scikit-learn의 roc_curve() 함수는 모델이 결정한 대로 주어진 계급에 속하는 관찰 확률을 사용해 0%에서 100% 사이의 임계값에서 위양성률과 진양성률을 계산한다. 그런 다음 [0, 1] 범위 안에서 **곡선 아래 영역**^{AUC, Area Under the Curve}을 최대화하는 것을 목표로 이 곡선을 그릴 수 있다. 0.5보다 낮은 값은 추측보다 나쁘며 좋은 점수는 0.8 이상이다. ROC 곡선 아래 영역을 참조할 때 AUC를 AUROC라고 표기하기도 한다. AUROC는 임계값 전반에 걸쳐 모델의 성능을 요약한다.

다음은 좋은 ROC 곡선의 예다. 파선은 무작위 추측(예측값 없음)으로 기준선으로 사용 된다. 이 기준선보다 아래의 곡선은 추측보다 나쁜 것으로 여겨진다. 곡선 아래 면적이 커지도록 왼쪽 상단으로 가도록 해야 한다.

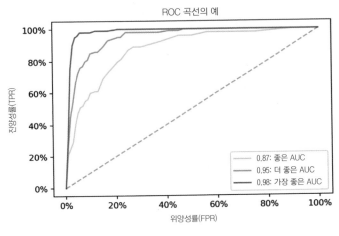

그림 9.32 ROC 곡선 비교

`ml_utils.classification` 모듈에는 ROC 곡선을 그리는 함수가 포함돼 있다. 코드를 살 펴보자.

```python
import matplotlib.pyplot as plt
from sklearn.metrics import auc, roc_curve

def plot_roc(y_test, preds, ax=None):
    """
    분류 평가를 위해 ROC 곡선을 그린다.

    매개변수:
        - y_test: y에 대한 참값
```

```
        - preds: y에 대한 예측값 확률
        - ax: 그림으로 그릴 `Axes` 객체

    반환값:
        matplotlib `Axes` 객체
    """
    if not ax:
        fig, ax = plt.subplots(1, 1)

    fpr, tpr, thresholds = roc_curve(y_test, preds)

    ax.plot(
        [0, 1], [0, 1], color='navy', lw=2,
        linestyle='--', label='baseline'
    )
    ax.plot(fpr, tpr, color='red', lw=2, label='model')

    ax.legend(['기준선', '모델'], loc='lower right')
    ax.set_title('ROC 곡선', fontsize=24)
    ax.set_xlabel('위양성률(FPR)', fontsize=14)
    ax.set_ylabel('진양성률(TPR)', fontsize=14)

    ax.annotate(
        f'AUC: {auc(fpr, tpr):.2}', xy=(0.5, 0),
        horizontalalignment='center'
    )

    return ax
```

white_or_red 모델이 매우 좋은 ROC 곡선을 가질 것이라고 예상할 수 있다. plot_roc() 함수를 사용해 곡선이 어떤지 알아보자. 양의 계급에 속하는 각 항목의 확률을 지정해야 하므로 predict() 대신 predict_proba() 메서드를 사용해야 한다. predict_proba() 메서드는 각 계급에 속할 확률을 제공한다.

여기서 w_X_test의 각 행에 대해 [P(white), P(red)]의 NumPy 배열이 있다. 따라서 슬라이싱([:,1])으로 레드 와인일 확률을 선택해 ROC 곡선을 그린다.

```
>>> from ml_utils.classification import plot_roc
>>> plot_roc(
...     w_y_test, white_or_red.predict_proba(w_X_test)[:,1]
```

```
... )
```

예상했던 대로 white_or_red 모델의 그림 9.33처럼 ROC 곡선은 AUC가 거의 1로 매우
좋다.

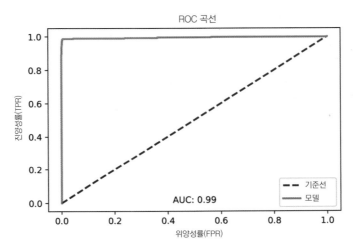

그림 9.33 white_or_red 모델의 ROC 곡선

지금까지 살펴본 다른 측정 지표를 고려하면 레드 와인 품질 예측 모델이 좋은 ROC 곡
선을 가질 것으로 기대할 수 없다. 레드 와인 품질 모델의 ROC 곡선은 어떤지 살펴보자.

```
>>> from ml_utils.classification import plot_roc
>>> plot_roc(
...     r_y_test, red_quality_lr.predict_proba(r_X_test)[:,1]
... )
```

예상했던 대로 그림 9.34처럼 ROC 곡선은 이전 ROC 곡선만큼 좋지 않다.

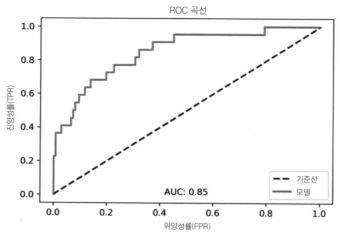

그림 9.34 레드 와인 품질 모델의 ROC 곡선

그림 9.34의 AUROC는 0.85지만 AUROC는 계급 불균형이면 (진음성을 고려하므로) 추정량이 낙관적일 수 있다. 따라서 정밀도–재현율 곡선도 살펴봐야 한다.

정밀도–재현율 곡선

계급 불균형일 때 ROC 곡선 대신 **정밀도-재현율** 곡선을 사용한다. 이 곡선은 다양한 확률 임계값에서 정밀도 대 재현율을 보여 준다. 양의 계급에 속하는 데이터의 백분율에서 수평선이 기준선이다. 곡선이 기준선 위에 있으며 **정밀도-재현율 곡선 아래 면적**AUPR, Area Under the Precision-Recall curve이 백분율보다 커야 한다. 면적이 클수록 좋다.

`ml_utils.classification` 모듈의 `plot_pr_curve()` 함수로 정밀도–재현율 곡선을 그릴 수 있으며 AUPR을 계산할 수 있다.

```python
import matplotlib.pyplot as plt
from sklearn.metrics import (
    auc, average_precision_score, precision_recall_curve
)

def plot_pr_curve(y_test, preds, positive_class=1, ax=None):
    """
    분류 평가를 위해 정밀도-재현율 곡선을 그린다.
```

```
매개변수:
    - y_test: y에 대한 참값
    - preds: y에 대한 예측값 확률
    - positive_class: 데이터에서 양의 계급 레이블
    - ax: 그림으로 그릴 `Axes` 객체

반환값:
    matplotlib `Axes` 객체
"""
precision, recall, thresholds = \
    precision_recall_curve(y_test, preds)

if not ax:
    fig, ax = plt.subplots()

ax.axhline(
    sum(y_test == positive_class) / len(y_test),
    color='navy', lw=2, linestyle='--', label='baseline'
)
ax.plot(
    recall, precision, color='red', lw=2, label='model'
)
ax.legend()
ax.set_title(
    '정밀도-재현율 곡선\n'
    f"""AP: {average_precision_score(
        y_test, preds, pos_label=positive_class
):.2} | """
f'AUC: {auc(recall, precision):.2}'
)
ax.set(xlabel='재현율', ylabel='정밀도')
ax.set_xlim(-0.05, 1.05)
ax.set_ylim(-0.05, 1.05)

return ax
```

scikit-learn에서 AUC 계산을 위한 구현은 보간법을 사용해 낙관적인 결과가 나올 수 있으므로 다양한 임계값에서 정밀도-재현율 곡선을 정밀도 점수(P_n)의 가중평균으로 요약하는 **평균정밀도**[AP, Average Precision]도 계산한다. 가중값은 임계값과 다음 임계값 간의 재현율(R_n) 변화로 결정된다. 평균정밀도는 0과 1 사이의 값으로 클수록 좋다.

$$\text{평균정밀도(AP)} = \sum_{n} (R_n - R_{n-1}) \times P_n$$

레이 와인 품질 모델의 정밀도-재현율 곡선이 어떤지 살펴보자.

```
>>> from ml_utils.classification import plot_pr_curve
>>> plot_pr_curve(
...     r_y_test, red_quality_lr.predict_proba(r_X_test)[:,1]
... )
```

그림 9.35의 곡선은 우리 모델이 무작위 추측의 기준선보다 더 낮다는 것을 보여 준다. 그러나 여기서 얻은 성능의 판독 값은 분류 보고서에서 봤던 부진한 성능과 더 일치하는 것으로 보인다. 또한 모델의 재현율이 0.2에서 0.4로 변할 때 정밀도가 급격히 줄어드는 것을 볼 수 있다. 여기서 정밀도와 재현율 간의 절충점이 있다는 것은 분명하며 이 절충점을 최적화한다.

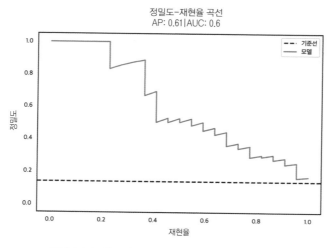

그림 9.35 레드 와인 품질 모델의 정밀도-재현율 곡선

고품질 레드 와인과 저품질 레드 와인 간에 계급 불균형(고품질 레드 와인이 전체 14% 미만)이 있으므로 정밀도나 재현율 중 어느 것을 최적화할 것인지 선택해야 한다. 이 선택은 우리가 와인 산업계의 누구를 위해 일하느냐에 달려 있을 것이다. 고품질 와인을 생산

하는 것으로 유명하고 평가를 위해 비평가에게 제공할 와인을 선택해야 한다면 우리 모델이 저품질을 고품질로 분류(위양성)해 우리 이름에 먹칠하지 않도록 가장 좋은 와인을 선택해야 한다. 그러나 와인을 판매해 최고의 수익을 내려고 한다면 이런 고품질의 와인을 저품질 와인과 같은 가격으로 판매해서는 안 된다. 그래서 저품질의 와인을 조금 과대평가(위양성)해야 한다.

실망하지 않도록 모든 것을 저품질로 분류하거나 수익을 최대화하고자 고품질로 쉽게 분류할 수 있다. 그러나 이는 너무 실용적이지 않다. 위양성과 위음성 간에는 적절한 균형을 맞출 필요가 있다는 것은 분명하다. 이를 위해 더 중요한 것이 무엇인지에 따라 두 극단 사이의 절충점을 정량화해야 한다. 그런 다음 정밀도-재현율 곡선을 사용해 정밀도와 재현율 목표를 충족하는 임계값을 찾을 수 있다.

이제 `white_or_red` 분류기의 정밀도-재현율 곡선이 어떤지 알아보자.

```
>>> from ml_utils.classification import plot_pr_curve
>>> plot_pr_curve(
...     w_y_test, white_or_red.predict_proba(w_X_test)[:,1]
... )
```

그림 9.36의 곡선은 오른쪽 위 모서리에 있다. 이 모델로 높은 정밀도와 높은 재현율을 달성할 수 있다.

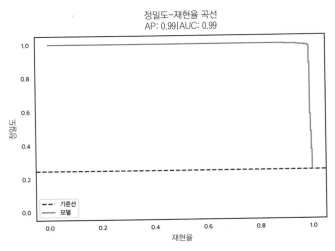

그림 9.36 white_or_red 모델의 정밀도-재현율 곡선

레드 와인 품질 모델에서 봤던 것처럼 AUPR은 계급 불균형일 때도 잘 작동한다. 그러나, 데이터셋들을 비교할 수 없으며 계산량이 많고 최적화하기 어렵다. 이는 분류 문제를 평가하는 데 사용할 수 있는 측정 지표 중의 하나일 뿐이다. scikit-learn이 제공하는 모든 분류 측정 지표는 이 URL(https://scikit-learn.org/stable/modules/classes.html#classification-metrics)에서 확인할 수 있다.

⣿ 요약

9장에서는 파이썬에서 머신러닝을 하는 방법을 소개했다. 학습 유형과 작업에 일반적으로 사용되는 용어를 설명했다. 그런 다음 와인과 행성 데이터를 알고자 이전에 배웠던 기법을 사용해 탐색적 데이터 분석을 연습했다. 탐색적 데이터 분석을 통해 우리가 만들려는 모델의 종류에 대한 아이디어를 얻을 수 있었다. 모델을 만들기 전에 데이터를 제대로 아는 것이 중요하다.

다음으로, 머신러닝 모델에서 사용할 데이터를 준비하는 방법과 모델링하기 전에 데이터를 학습 데이터와 평가 데이터로 나누는 것이 중요하다는 것을 배웠다. 데이터를 효율적으로 준비하기 위해 scikit-learn의 파이프라인을 사용해 전처리서부터 모델에 이르기까지 모든 것을 패키지화했다.

비지도 k-평균을 사용해 긴반지름과 공전주기로 행성을 군집했으며 좋은 k를 찾기 위해 팔꿈치 점 방법을 사용하는 방법도 설명했다. 그런 다음 지도학습으로 넘어가 긴반지름, 궤도 이심률, 질량을 사용해 행성의 공전주기를 예측하는 선형회귀 모델을 만들었다. 모델의 계수를 해석하는 방법과 모델의 예측값을 평가하는 방법을 배웠다. 마지막으로, (계급 불균형인) 고품질 레드 와인을 식별하고 화학 성분으로 레드 와인과 화이트 와인을 구별하는 분류 모델을 만들었다. 정밀도, 재현율, F_1 점수, 혼동행렬, ROC 곡선, 정밀도-재현율 곡선을 사용해 분류 모델을 평가하는 방법도 설명했다.

머신러닝 모델은 기본 데이터에 대해 가정을 하고 있다는 점을 기억하는 것이 중요하다. 그리고 9장은 머신러닝의 수학을 설명하는 것이 아니므로 이런 가정을 위반하는 경우의 결과도 있다는 것을 이해하는 것이 중요하다. 실제로 모델을 만들 때에는 통계와 해당 분야의 전문지식을 확실하게 익혀 두는 것이 중요하다. 모델 평가를 위한 측정 지표가 많다는 것을 알았다. 각 측정 지표에는 장단점이 있으며, 문제에 따라 어떤 것은 다른 것보다 좋다. 우리가 대하고 있는 작업에 적절한 측정 지표를 선택할 수 있도록 주의를 기울여야 한다.

10장에서는 모델의 성능 개선을 위해 모델을 튜닝하는 방법을 알아볼 것이므로 계속하기 전에 다음 절의 연습을 마치도록 한다.

⠿ 연습 문제

다음 연습 문제로 scikit-learn으로 머신러닝 모델을 만들고 평가한다.

1. 와인의 화학 성분으로 레드 와인과 화이트 와인을 구별하는 군집화 모델을 만든다.

   a) 레드 와인 데이터셋(data/winequality-red.csv)과 화이트 와인 데이터셋(data/winequality-white.csv)을 결합하고 와인 종류(red 또는 white)에 대한 열을 추가한다.

   b) 초기 탐색적 데이터 분석을 수행한다. 데이터의 척도를 변경한 다음 k-평균 군집화를 사용해 2개의 군집을 만드는 파이프라인을 만들고 적합한다. quality 열을 사용해서는 안 된다.

   c) 폴크스-맬로우 지수(sklearn.metrics에 있는 fowlkes_mallows_score() 함수)를 사용해 k-평균이 레드 와인과 화이트 와인을 얼마나 잘 구별할 수 있는지 평가한다.

   d) 각 군집의 중심을 찾는다.

2. 별 온도를 예측한다.

   a) data/stars.csv 파일을 사용해 초기 탐색적 데이터 분석을 수행한 다음, 모든 숫자 값 열을 사용해 별 온도를 예측하는 선형회귀 모델을 만든다.

   b) 초기 데이터의 75%로 모델을 학습한다.

c) 모델의 R^2와 RMSE를 계산한다.

d) 선형회귀 방정식의 각 회귀자에 대한 계수와 절편을 찾는다.

e) `ml_utils.regression` 모듈의 `plot_residuals()` 함수를 사용해 잔차를 시각화한다.

3. 지구의 공전주기보다 짧은 행성을 분류한다.

a) `data/planets.csv` 파일의 `eccentricity`, `semimajoraxis`, `mass` 열을 사용해 로지스틱 회귀모델을 만든다.

b) 정확도 점수를 계산한다.

c) scikit-learn의 `classification_report()` 함수를 사용해 각 계급에 대한 정밀도, 재현율, F_1 점수를 확인한다.

d) `ml_utils.classification` 모듈의 `plot_roc()` 함수를 사용해 ROC 곡선을 그린다.

e) `ml_utils.classification` 모듈의 `confusion_matrix_visual()` 함수를 사용해 혼동 행렬을 만든다.

4. 화이트 와인 품질을 다중 계급으로 분류한다.

a) `data/winequality-white.csv` 파일을 사용해 화이트 와인 데이터에 대해 초기 탐색적 데이터 분석을 수행한다. 품질 점수에 대한 와인의 수를 반드시 확인한다.

b) 데이터를 표준화하고 다중계급 로지스틱 회귀모델을 적합하는 파이프라인을 만든다. LogisticRegression 생성자에 `multi_class='multinomial'`와 `max_iter=1000`를 지정한다.

c) 모델의 분류 보고서를 확인한다.

d) `ml_utils.classification` 모듈의 `confusion_matrix_visual()` 함수를 사용해 혼동 행렬을 만든다. 이 모듈은 다중계급 분류 문제에도 사용할 수 있다.

e) 다중계급 레이블에도 사용할 수 있도록 `plot_roc()` 함수를 확장한다. 이렇게 하려면 각 계급 레이블(여기서는 품질 점수)에 대해 ROC 곡선을 만든다. 여기서 진양성은 품질 점수를 제대로 예측한 것이며 위양성은 다른 품질 점수로 예측한 것이다.

`ml_utils`에는 다중계급 레이블에 사용할 수 있는 함수가 있지만 직접 구현해 본다.

f) e)와 비슷한 방법으로 다중계급 레이블에 사용할 수 있도록 `plot_pr_curve()` 함수를 확장한다. 그러나 계급별로 부그림을 그린다. `ml_utils`에는 다중계급 레이블에 사용할 수 있는 함수가 있지만 직접 구현해 본다.

5. scikit-learn API가 사용하기 쉽다는 것을 살펴봤으며 모델에 사용하고 있는 알고리듬을 쉽게 바꿀 수 있다. 9장에서 만든 회귀 레드 와인 품질 모델에서 로지스틱 회귀 알고리듬을 SVM 알고리듬으로 바꿔 모델을 다시 만든다. 이 모델에 대해 설명하지는 않았지만, 여전히 scikit-learn에 있는 SVM 모델을 사용할 수 있다. 알고리듬에 관한 내용은 '참고 자료' 절을 참고한다. 이 연습 문제에 대한 몇 가지 지침은 다음과 같다.

a) scikit-learn의 서포트 벡터 분류기Support Vector Classifier, SVC를 사용해야 한다. API는 이 URL(https://scikit-learn.org/stable/modules/generated/sklearn.svm.SVC.html)에서 확인할 수 있다.

b) SVC 생성자에 C=5를 인수로 사용한다.

c) `predict_proba()` 메서드를 사용할 수 있도록 SVC 생성자에 `probability=True`를 인수로 사용한다. 먼저, `StandardScaler` 클래스를 사용한 다음, SVC 클래스를 사용하는 파이프라인을 만든다.

d) 이 모델에 대한 분류 보고서, 정밀도-재현율 곡선, 혼동행렬을 확인한다.

⁝⁝⁝ 참고 자료

9장에서 다룬 주제에 관한 더 많은 내용은 다음 자료를 참고한다.

- **심층 강화학습 초보자 가이드**: https://pathmind.com/wiki/deep-reinforcement-learning

- 경사하강법과 선형회귀 입문: https://spin.atomicobject.com/2014/06/24/gradient-descent-linear-regression/

- 다중선형회귀에 대한 가정: https://www.statisticssolutions.com/assumptions-of-multiple-linear-regression/

- 군집화: https://scikit-learn.org/stable/modules/clustering.html

- 일반화선형모델: https://scikit-learn.org/stable/modules/linear_model.html

- 해석 가능한 머신러닝 가이드 – 딥러닝 블랙박스에 대한 근거 없는 믿음을 불식시키는 기술: https://towardsdatascience.com/guide-tointerpretable-machine-learning-d40e8a64b6cf

- 상세한 k-평균 설명: https://jakevdp.github.io/PythonDataScienceHandbook/05.11-k-means.html

- 해석 가능한 머신러닝 – 블랙박스 모델을 설명하기 위한 가이드: https://christophm.github.io/interpretable-ml-book/

- 해석 가능한 머신러닝 – 머신러닝 모델에서 사람이 이해할 수 있는 통찰력 추출: https://towardsdatascience.com/interpretable-machine-learning-1dec0f2f3e6b

- MAE와 RMSE – 어떤 측정 지표가 좋을까?: https://medium.com/human-in-a-machine-world/mae-and-rmse-which-metric-is-better-e60ac3bde13d

- 모델 평가: 예측기 품질 정량화: https://scikit-learn.org/stable/modules/model_evaluation.html

- 데이터 전처리: https://scikit-learn.org/stable/modules/preprocessing.html

- scikit-learn의 일반 용어 및 API 요소 용어집: https://scikit-learn.org/stable/glossary.html#glossary

- scikit-learn 사용자 가이드: https://scikit-learn.org/stable/user_guide.html

- **6장 회귀분석 이론 보기**: https://seeing-theory.brown.edu/index.html#secondPage/chapter6

- **강화학습과 구현에 관한 간단한 초보자 가이드**: https://www.analyticsvidhya.com/blog/2017/01/introduction-to-reinforcement-learning-implementation/

- **서포트 벡터 머신-머신러닝 알고리듬 입문**: https://towardsdatascience.com/support-vector-machine-introduction- to-machine-learning-algorithms-934a444fca47

- **데이터 과학자가 알아야 할 다섯 가지 군집화 알고리듬**: https://towardsdatascience.com/the-5-clustering-algorithms-data-scientists-need-to-know-a36d136ef68

10

예측 더 잘하기-
모델 최적화

9장에서는 머신러닝 모델을 만들고 평가하는 방법을 배웠다. 그러나 모델의 성능 개선을 위해 해야 할 일은 설명하지 않았다. 물론 법적인 이유로 특정 방법을 사용하거나 모델의 동작 방법을 설명해야 하는 요구 사항이 없는 한 다른 모델을 시도해 보고 성능이 더 좋은지 확인할 수는 있다. 우리가 만들 수 있는 가장 좋은 모델의 버전을 사용하고 있는지 알기를 원하며, 이를 위해 모델을 튜닝tune하는 방법을 설명해야 한다.

10장에서는 9장의 내용에 이어서 scikit-learn을 사용해 머신러닝 모델을 최적화하는 기술을 소개한다. 그런데도 만병통치약은 없다는 것을 알아야 한다. 우리가 생각할 수 있는 모든 것들을 시도하더라도 모델은 예측을 제대로 하지 못할 수도 있다. 이것이 모델링의 특성이다.

하지만 낙심할 필요는 없다. 모델이 동작하지 않는다면 수집된 데이터의 양이 질문에 답하기에 충분한지 또는 선택한 알고리듬이 주어진 업무에 적합한지 생각해 봐야 한다. 종종 주제에 관한 전문지식이 머신러닝 모델을 만들 때 중요한 역할을 한다. 왜냐하면 어떤 데이터점이 관련이 있는지 결정하고 수집된 변수 간에 알려진 상호작용을 활용하는 데 도움이 되기 때문이다.

특히 10장에서는 다음과 같은 내용을 다룬다.

- 격자검색을 통한 초매개변수 튜닝

- 특성 공학

- 여러 추정기를 결합한 앙상블 모델 만들기

- 분류 예측 신뢰도 조사

- 계급불균형 문제 해결

- 정칙화를 통해 높은 회귀계수에 벌점 주기

⸬ 10장 교재

10장에서는 3개의 데이터셋을 사용한다. 처음 2개는 P. 코르테즈^{Cortez}, A. 세르데이라^{Cerdeira}, F. 알메이다^{Almeida}, T. 마토스^{Matos}, and J. 레이스^{Reis}가 UCI 머신러닝 데이터 저장소^{Machine Learning Data Repository}(http://archive.ics.uci.edu/ml/index.php)에 기증한 와인 품질^{wine quality} 데이터다. 이 데이터에는 다양한 와인 샘플의 화학 성분과 와인 전문가 패널의 블라인드 테스트를 통해 얻은 품질 등급에 대한 정보가 들어 있다. 이 책 저장소 의 10장 디렉터리(https://github.com/stefmolin/Hands-On-Data-Analysis-with-Pandas-2nd-edition/tree/master/ch_10)의 data/ 디렉터리에는 winequality-red.csv와 winequality -white.csv, 2개의 파일이 들어 있다.

세 번째 데이터셋은 Open Exoplanet Catalogue 데이터베이스(https://github.com/ OpenExoplanetCatalogue/open_exoplanet_catalogue/)를 사용해 수집했다. 이 데이터베이 스는 확장성 마크업 언어 형식의 데이터를 제공한다. 구문 분석된 행성 데이터는 data/ planets.csv 파일에서 확인할 수 있다. 연습 문제에서는 data/stars.csv 파일에서 확인 할 수 있는 9장의 별 온도 데이터도 사용한다.

데이터 출처에 대한 참조 링크는 다음과 같다.

- 공개 외계 행성 카탈로그 데이터베이스: https://github.com/OpenExoplanet Catalogue/open_exoplanet_catalogue/#datastructure.

- P. Cortez, A. Cerdeira, F. Almeida, T. Matos and J. Reis. Modeling wine preferences by data mining from physicochemical properties. In Decision Support Systems, Elsevier, 47(4):547-553, 2009. http://archive.ics.uci.edu/ml/datasets/Wine+Quality.

- Dua, D. and Karra Taniskidou, E. (2017). UCI Machine Learning Repository [http://archive.ics.uci.edu/ml/index.php]. Irvine, CA: University of California, School of Information and Computer Science.

red_wine.ipynb 노트북을 사용해 레드 와인[red wine]의 품질을 예측하고 wine.ipynb 노트북으로는 화학 성분에 따라 와인을 레드나 화이트로 분류한다. 그리고 planets_ml.ipynb 노트북에서는 행성의 공전주기를 예측하고 비슷한 행성 그룹을 찾는 군집화[clustering]를 한다. 전처리에 관한 부분은 preprocessing.ipyn 노트북을 사용한다.

시작하기 전에 임포트를 처리하고 데이터를 읽는다.

```
>>> %matplotlib inline
>>> import matplotlib.pyplot as plt
>>> import numpy as np
>>> import pandas as pd
>>> import seaborn as sns

>>> planets = pd.read_csv('data/planets.csv')
>>> red_wine = pd.read_csv('data/winequality-red.csv')
>>> white_wine = \
...     pd.read_csv('data/winequality-white.csv', sep=';')
>>> wine = pd.concat([
...     white_wine.assign(kind='white'),
...     red_wine.assign(kind='red')
... ])
>>> red_wine['high_quality'] = pd.cut(
...     red_wine.quality, bins=[0, 6, 10], labels=[0, 1]
... )
```

또한 레드 와인 품질과 화학 성분에 따른 와인 유형, 행성 모델에 대한 학습 데이터와 평가 데이터를 만든다.

```
>>> from sklearn.model_selection import train_test_split

>>> red_y = red_wine.pop('high_quality')
>>> red_X = red_wine.drop(columns='quality')
>>> r_X_train, r_X_test, \
... r_y_train, r_y_test = train_test_split(
...     red_X, red_y, test_size=0.1, random_state=0,
...     stratify=red_y
... )

>>> wine_y = np.where(wine.kind == 'red', 1, 0)
>>> wine_X = wine.drop(columns=['quality', 'kind'])
>>> w_X_train, w_X_test, \
... w_y_train, w_y_test = train_test_split(
...     wine_X, wine_y, test_size=0.25,
...     random_state=0, stratify=wine_y
... )

>>> data = planets[
...     ['semimajoraxis', 'period', 'mass', 'eccentricity']
... ].dropna()
>>> planets_X = data[
...     ['semimajoraxis', 'mass', 'eccentricity']
... ]
>>> planets_y = data.period
>>> pl_X_train, pl_X_test, \
... pl_y_train, pl_y_test = train_test_split(
...     planets_X, planets_y, test_size=0.25, random_state=0
... )
```

NOTE

각 데이터셋에 대해 별도의 노트북에서 작업하지만 설정 코드(setup code)가 모두 같은 코드 블록에 있으므로 이 책의 내용을 쉽게 따라가려면 각 데이터에 해당하는 노트북에서 작업해야 한다.

격자검색을 통한 초매개변수 튜닝

의심할 여지없이 모델 클래스를 인스턴스화할 때 다양한 매개변수를 지정할 수 있다는 것을 알아챘을 것이다. 이러한 모델 매개변수는 데이터 자체에서 얻을 수 있는 것이 아니라서 이런 매개변수를 **초매개변수**hyperparameter하고 한다. 초매개변수의 예로는 가중값과 10장 뒷부분에서 설명할 정칙화항regularization term이 있다. **모델 튜닝**model tuning 과정을 통해 이런 초매개변수를 튜닝하면서 모델의 성능을 최적할 수 있다.

모델의 성능을 최적화하고자 가장 좋은 값을 선택하고 있는지 어떻게 알 수 있을까? 한 가지 방법은 **격자검색**grid search이라는 기법을 사용해 초매개변수를 튜닝하는 것이다. 격자검색을 사용하면 검색공간search space을 정의하고 해당 공간에서 초매개변수의 모든 조합을 평가해 가장 좋은 모델을 얻을 수 있다. 우리가 정의하는 점수 기준scoring criterion 이 가장 좋은 모델을 결정한다.

k-평균 군집화에서 좋은 k 값을 찾고자 9장에서 팔꿈치 점 방법을 설명했다. 비슷한 시각적 방법을 사용해 가장 좋은 초매개변수를 찾을 수 있다. 또한 여기에는 학습 데이터를 **학습 데이터**training dataset와 **검증 데이터**validation dataset로 나누는 것도 포함된다. 모델의 최종 평가를 위한 평가 데이터셋도 저장해야 하므로 초매개변수의 가장 좋은 값을 찾을 때 검증 데이터셋으로 각 모델을 평가한다. 다시 말하면 검증 데이터셋과 평가 데이터셋은 같지 않다. 즉 두 데이터셋은 서로 겹치지 않는다. train_test_split()을 사용하면 데이터를 이렇게 나눌 수 있다. 여기서는 레드 와인 품질 데이터를 사용한다.

```
>>> from sklearn.model_selection import train_test_split

>>> r_X_train_new, r_X_validate,\
... r_y_train_new, r_y_validate = train_test_split(
...     r_X_train, r_y_train, test_size=0.3,
...     random_state=0, stratify=r_y_train
... )
```

그런 다음, 평가하려는 초매개변수의 모든 값에 대해 여러 개의 모델을 만들고 가장 중요한 측정 지표를 기반으로 각 모델에 점수를 매길 수 있다. 로지스틱 회귀에서 벌점 항penalty term의 가중값을 결정하는 정칙화 강도regularization strength의 역수인 C의 좋은 값을 찾아보자. 정칙화 강도는 10장 뒷부분의 정칙화 절에서 설명한다. 과대적합을 줄이고자 이 초매개변수를 튜닝한다.

```python
>>> from sklearn.linear_model import LogisticRegression
>>> from sklearn.metrics import f1_score
>>> from sklearn.pipeline import Pipeline
>>> from sklearn.preprocessing import MinMaxScaler

# 10^-1에서 10^1까지 10개의 값에 대해 C를 찾는다.
>>> inv_regularization_strengths = \
... np.logspace(-1, 1, num=10)
>>> scores = []

>>> for inv_reg_strengTh in inv_regularization_strengths:
...     pipeline = Pipeline([
...         ('scale', MinMaxScaler()),
...         ('lr', LogisticRegression(
...             class_weight='balanced', random_state=0,
...             C=inv_reg_strength
...         ))
...     ]).fit(r_X_train_new, r_y_train_new)
...     scores.append(f1_score(
...         pipeline.predict(r_X_validate), r_y_validate
... ))
```

TIP

여기서는 `np.logspace()`를 사용해 C의 값 범위를 얻었다. 이 함수를 사용하려면 밑수(base number)(기본 값은 10)로 사용할 숫자와 함께 시작과 종료 지수를 지정해야 한다. 따라서 `np.logspace(-1, 1, num=10)`은 10^{-1}과 10^1 사이의 균등한 간격의 숫자 10개를 반환한다.

그런 다음 그림을 그린다.

```python
>>> plt.plot(inv_regularization_strengths, scores, 'o-')
>>> plt.xscale('log')
>>> plt.xlabel(r'정칙화 강도의 역수 ($C$)')
>>> plt.ylabel(r'$F_1$ 점수')
>>> plt.title(
...     r'$F_1$ 점수 대 정칙화 강도의 역수', fontsize=20
... )
```

그림 10.1에서 성능을 최대화하는 값을 선택할 수 있다.

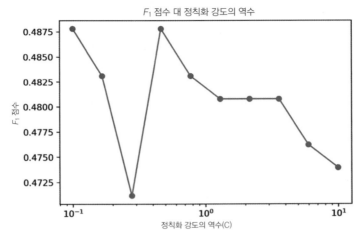

그림 10.1 가장 좋은 초매개변수 검색

scikit-learn은 이 범위에 대해 전체 검색을 쉽게 할 수 있도록 model_selection 모듈에서 GridSearchCV 클래스를 제공한다. CV로 끝나는 클래스는 **교차타당성입증**cross-validation[1]을 사용한다. 즉 모델을 채점하고자 훈련 데이터셋의 일부를 검증 데이터셋으로 나눈다. 모델이 적합될 때까지 평가 데이터는 필요하지 않다.

일반적으로 많이 사용되는 교차검증은 ***k*-겹 교차타당성입증**k-fold cross-validation으로 훈련 데이터셋을 k개의 부분집합으로 나누고 학습할 때마다 한 부분집합만 검증 데이터셋으로 사용하는 방식으로 모두 k번 학습한다. 모델의 점수는 k 검증 집합 전체에 대한 평균이다. 우리가 처음에 시도했던 방법은 1겹 교차타당성입증이었다. $k = 3$인 3겹 교차타당성입증의 과정은 그림 10.2와 같다.

---

1   일반적으로 교차검증이라고도 하지만 통계학회 용어집 표기에 따라 교차타당성입증으로 번역했다. – 옮긴이

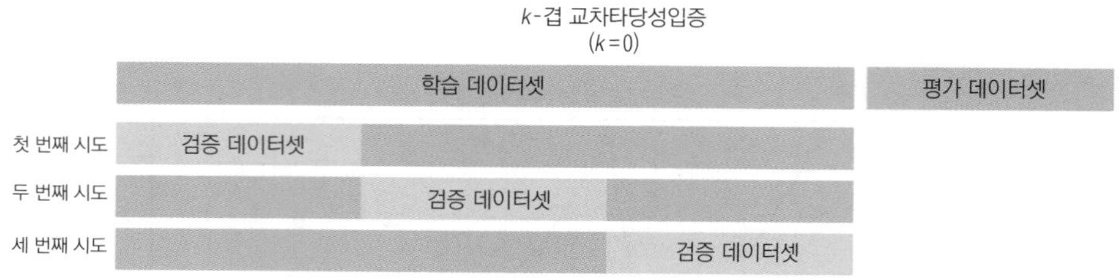

k-겹 교차타당성입증
($k=0$)

그림 10.2 k-겹 교차타당성입증 이해하기

분류 문제를 다룰 때 `scikit-learn`은 층화 k-겹 교차타당성입증(stratified k-fold cross-validation)을 사용한다. 이렇게 하면 겹 전체에 걸쳐 각 클래스에 속한 표본의 비율이 유지된다. 층화가 없다면 일부 검증 데이터셋에서 주어진 클래스의 양이 불균형적으로 너무 낮거나 높을 수 있으므로 결과를 왜곡될 수 있다.

`GridSearchCV`는 교차타당성입증을 사용해 평가 데이터셋을 사용하지 않고 검색공간에서 가장 좋은 초매개변수를 찾는다. 평가 데이터는 모델을 학습할 때나 초매개변수를 튜닝할 때나 어떤 식으로든 학습 과정에 영향을 미쳐서는 안 된다. 그렇지 않으면 모델이 일반화되는 문제가 발생한다. 일반화는 평가 데이터셋에 대해 가장 좋은 성능을 제공하는 초매개변수를 하면 보이지 않는 데이터unseen data에 대해 평가할 방법이 없으며 성능을 과대평가하기 때문에 발생한다.

`GridSearchCV`를 사용하려면 모델(또는 파이프라인)과 검색공간을 지정해야 한다. 검색공간은 튜닝해야 할 초매개변수를 (이름으로) 시도할 값에 대응하는 딕셔너리가 된다. 선택적으로 교차타당성입증에 사용할 겹의 수와 채점 측정 지표를 지정할 수 있다. 초매개변수 이름 앞에 해당 단계의 이름을 붙이고 2개의 밑줄을 추가해 파이프라인의 모든 단계에서 튜닝할 수 있다. 예를 들어 `lr`이라는 로지스틱 회귀 단계에서 `C`를 튜닝한다면 검색공간 딕셔너리에서 키로 `lr__C`를 사용한다.

레드 와인 품질 로지스틱 회귀에 `GridSearchCV`를 사용해 절편을 사용해 적합할 것인지와 정직화 강도 역수(C)에 대해 가장 좋은 값으로 적합할 수 있는지를 알아보자. 채점 측정 지표로 F_1 점수 거시평균을 사용한다. API의 일관성으로 인해 `GridSearchCV`를 사용해 기본 모델과 같은 방법으로 채점하고 적합하며 예측할 수 있다. 기본적으로 격자검색은 순차적으로 실행되지만 GridSearchCV는 병렬로 여러 검색을 동시에 할 수 있으므로 처리 속도가 크게 빨라진다.

```
>>> from sklearn.linear_model import LogisticRegression
>>> from sklearn.model_selection import GridSearchCV
>>> from sklearn.pipeline import Pipeline
>>> from sklearn.preprocessing import MinMaxScaler

>>> pipeline = Pipeline([
...     ('scale', MinMaxScaler()),
...     ('lr', LogisticRegression(class_weight='balanced',
...                               random_state=0))
... ])

>>> search_space = {
...     'lr__C': np.logspace(-1, 1, num=10),
...     'lr__fit_intercept': [True, False]
... }

>>> lr_grid = GridSearchCV(
...     pipeline, search_space, scoring='f1_macro', cv=5
... ).fit(r_X_train, r_y_train)
```

격자검색이 끝나면 best_params_ 속성을 사용해 검색공간에서 가장 좋은 초매개변수를 얻을 수 있다. 이 결과는 각 겹이 1겹뿐만 아니라 전체 겹에 대해 가장 좋은 초매개변수를 찾고자 전체 평균을 낸 것이므로 1겹 교차타당성입증과는 다르다.

```
# 검색공간에서 `C`와 `fitt_intercept`의 가장 좋은 값
>>> lr_grid.best_params_
{'lr__C': 3.593813663804626, 'lr__fit_intercept': True}
```

TIP

best_estimator_ 속성을 사용해도 격자검색의 파이프라인에서 가장 좋은 버전을 찾을 수 있다. 가장 좋은 추정기(모델)의 점수를 보려면 best_score_ 속성을 통해 점수를 확인할 수 있다. 이 점수는 scoring 인수로 지정한 점수가 된다.

이제 F_1 거시평균은 9장에서 달성한 것보다 높다.

```
>>> from sklearn.metrics import classification_report
>>> print(classification_report(
...     r_y_test, lr_grid.predict(r_X_test)
... ))
              precision    recall  f1-score   support

           0       0.94      0.80      0.87       138
           1       0.36      0.68      0.47        22

    accuracy                           0.79       160
   macro avg       0.65      0.74      0.67       160
weighted avg       0.86      0.79      0.81       160
```

cv 인수가 정수일 필요는 없다. 회귀에 대해 k-겹이나 분류에 층화 k-겹 교차타당성입증과 같이 기본값이 아닌 다른 분할기splitter를 사용할 수 있으며, 사용할 수 있는 분할기 목록은 이 URL(https://scikit-learn.org/stable/modules/classes.html#splitter-classes) 목록에서 확인할 수 있다. 예를 들어 시계열 데이터로 작업할 때 TimeSeriesSplit를 교차타당성입증 객체로 사용하면 데이터를 섞지 않고 연속표본successive sample으로 작업할 수 있다. 이 URL(https://scikit-learn.org/stable/auto_examples/model_selection/plot_cv_indices.html)에서 scikit-learn의 교차타당성입증 클래스가 작동하는 방식을 확인할 수 있다.

기본적으로 층화 k-겹 교차타당성입증을 10번 반복하는 기본 StratifiedKFold 대신 RepeatedStratifiedKFold를 사용해 레드 와인 품질 모델을 평가해 보자. 우리가 해야 할 일은 첫 번째 GridSearchCV 예에서 cv의 값을 RepeatedStratifiedKFold 객체로 변경하는 것이다. 같은 파이프라인, 검색공간, 채점 측정 지표를 사용했음에도 교차타당성입증 과정이 바뀌었으므로 best_params_ 값도 바뀌었다.

```
>>> from sklearn.model_selection import RepeatedStratifiedKFold

>>> lr_grid = GridSearchCV(
...     pipeline, search_space, scoring='f1_macro',
...     cv=RepeatedStratifiedKFold(random_state=0)
... ).fit(r_X_train, r_y_train)

>>> print('Best parameters (CV score=%.2f):\n %s' % (
```

```
...      lr_grid.best_score_, lr_grid.best_params_
... )) # f1 macro 점수
Best parameters (CV score=0.69):
    {'lr__C': 5.994842503189409, 'lr__fit_intercept': True}
```

교차타당성입증 외에도 GridSearchCV를 사용할 때 scoring 매개변수로 최적화하려는 측정 지표를 지정할 수 있다. 이 값은 (위 코드 블록에서처럼) 이 URL(https://scikit-learn.org/stable/modules/model_evaluation.html#common-casespredefined-value)의 목록에 있는 채점 방식 이름의 문자열이다. 그렇지 않으면 함수 자체를 지정하거나 sklearn.metrics의 make_scorer()를 사용해 자체 함수를 만들 수도 있다. 격자검색을 위해 ({name: function} 형태로) 채점기^{scorer} 딕셔너리를 사용할 수도 있는데 refit 매개변수 최적화에 사용할 채점기의 이름을 지정해야 한다. 따라서 격자검색을 사용하면 9장에서 설명한 측정 지표에 대한 성능을 최대화하는 데 도움이 되는 초매개변수를 찾을 수 있다.

NOTE

> 모델 학습에 걸리는 시간도 우리가 평가하고 최적화하는 대상이 돼야 한다. 올바른 분류 하나를 더 얻고자 학습 시간이 두 배로 늘어난다면 이는 아마도 가치가 없을 것이다. grid라는 GridSearchCV 객체가 있다면 grid.cv_results_['mean_fit_time']를 실행해 평균 적합 시간을 확인할 수 있다.

GridSearchCV를 사용하면 파이프라인의 모든 단계에서 가장 좋은 초매개변수를 검색할 수 있다. 예를 들어 기본 R^2 대신 **평균절대오차**를 최소화하면서 (9장에서 공전주기를 모델링했을 때와 비슷하게) 행성 데이터에 대한 파이프라인과 선형회귀로 격자검색을 해본다.

```
>>> from sklearn.linear_model import LinearRegression
>>> from sklearn.metrics import \
...     make_scorer, mean_squared_error
>>> from sklearn.model_selection import GridSearchCV
>>> from sklearn.pipeline import Pipeline
>>> from sklearn.preprocessing import StandardScaler

>>> model_pipeline = Pipeline([
...     ('scale', StandardScaler()),
...     ('lr', LinearRegression())
... ])
>>> search_space = {
```

```
...        'scale__with _mean': [True, False],
...        'scale__with _std': [True, False],
...        'lr__fit_intercept': [True, False],
...        'lr__normalize': [True, False]
... }
>>> grid = GridSearchCV(
...        model_pipeline, search_space, cv=5,
...        scoring={
...            'r_squared': 'r2',
...            'mse': 'neg_mean_squared_error',
...            'mae': 'neg_mean_absolute_error',
...            'rmse': make_scorer(
...                lambda x, y: \
...                    -np.sqrt(mean_squared_error(x, y))
...            )
...        }, refit='mae'
... ).fit(pl_X_train, pl_y_train)
```

R^2을 제외한 모든 측정 지표의 음수를 사용하는데 이는 GridSearchCV가 점수를 최대화하려고 시도하지만 우리는 오차를 최소화하고 있기 때문이다. 이 격자에서 척도 변경과 선형회귀에 대해 가장 좋은 매개변수를 확인해 보자.

```
>>> print('가장 좋은 매개변수 (CV score=%.2f):\n%s' % (
...        grid.best_score_, grid.best_params_
... )) # MAE 점수 * -1
가장 좋은 매개변수 (CV score=-1215.99):
{'lr__fit_intercept': False, 'lr__normalize': True,
 'scale__with _mean': False, 'scale__with _std': True}
```

튜닝된 모델의 평균절대오차는 9장에서 얻은 평균절대오차보다 120일 이상 작다.

```
>>> from sklearn.metrics import mean_absolute_error
>>> mean_absolute_error(pl_y_test, grid.predict(pl_X_test))
1248.3690943844194
```

모델이 빠르게 학습할 수 있지만 크고 세분화한 검색공간을 만들어서는 안 된다. 실제로 몇 가지 다른 산포값으로 시작해 결과를 살펴보고 어떤 영역을 더 검색해야 할 것인지 살펴보는 것이 중요하다. 예를 들어 C 초매개변수를 튜닝한다고 해보자. 첫 번째 단계에서 np.logspace(-1, 1)의 결과를 살펴본다. 가장 좋은 C 값이 범위 양쪽 끝에 있다는 것을 알게 되면 위/아래 값을 살펴볼 수 있다. 가장 좋은 값이 범위 안에 있다면 해당 값 주변 몇 개의 값을 살펴볼 수 있다. 이 과정은 더 이상의 개선이 이루어지지 않을 때까지 반복적으로 수행할 수 있다. 또한 RandomizedSearchCV를 사용해 검색공간에서 (기본값으로) 10개의 임의조합을 만들고 가장 좋은 추정량(모델)을 찾을 수 있다. n_iter 인수로 조합의 수를 바꿀 수 있다.

NOTE

> 초매개변수를 튜닝하는 과정에서 모델을 여러 번 훈련해야 하므로 모델의 시간 복잡도(time complexity)를 고려해야 한다. 학습에 오랜 시간이 걸리는 모델은 교차타당성입증을 할 때 비용이 많이 든다. 이로 인해 검색공간이 줄어드는 원인이 될 수 있다.

⠿ 특성 공학

성능을 개선할 때 **특성 공학**feature engineering 과정을 통해 모델에 가장 좋은 **특성**feature(모델의 입력)을 입력하는 방법을 생각할 수 있다. 9장의 '전처리' 절에서 데이터의 척도를 변경하고 부호화하며 대치하는 **특성 변환**feature transformation을 설명했다. 불행히도 특성 변환은 특정 특성 평균의 척도를 변경하지 않는 값과 같이 모델에 사용할 데이터의 일부 원소를 사용하지 않을 수 있다. 이런 상황에서 이 값을 사용해 새로운 특성을 만들 수 있다. **특성 구성**feature construction(**특성 생성**feature creation이라고도 함) 중에 이 특성과 다른 새로운 특성이 추가된다.

특성 선택feature selection은 모델을 학습할 특성을 선택하는 과정이다. 이 과정은 직접 하거나 머신러닝과 같은 다른 과정으로 수행할 수 있다. 모델의 특성을 선택할 때 우리 문제의 복잡도를 불필요하게 증가시키지 않으면서 독립변수에 영향을 미치는 특성을 찾아야 한다. 특성이 많으면 모델의 복잡도가 증가하지만, 불행히도 고차원공간에서는 데이터가 희박하므로 잡음에 적합되는 경향이 크다. 이를 **차원의 저주**curse of dimensionality라고 한다. 모델이 학습 데이터의 잡음을 학습하게 되면 보이지 않는 데이터를 일반화하는 데 어려움을 겪는다. 이를 **과대적합**overfitting이라고 한다. 모델이 사용하는 특성의 수를 제한하면 특성 선택으로 과대적합을 해결할 수 있다.

특성 추출feature extraction은 차원의 저주를 해결할 수 있는 또 다른 방법이다. 특성 추출 과정에서 변환을 통해 특성을 조합함으로써 데이터의 차원을 줄일 수 있다. 이런 새로운 특성은 원래의 특성을 대신할 수 있으므로 문제의 차원을 줄일 수 있다. **차원축소**dimensionality reduction라는 이 과정에는 데이터의 분산 대부분을 설명하는 특정 개수의 성분component(원래 성분의 개수보다 작은 개수)을 찾는 기술도 포함된다. 특성 추출은 영상 인식image recognition 문제에 자주 사용되며 이 작업의 차원은 영상의 전체 픽셀pixel 수다. 예를 들어 웹사이트의 정사각형 이미지 광고는 350×350픽셀(가장 일반적인 크기 중의 하나임)로 이 크기의 영상을 사용하는 영상 인식 작업은 122,500차원을 갖는다.

TIP

> 특성 공학에는 탐색적 데이터 분석과 도메인 지식(domain knowledge)이 필요하다.

특성 공학은 이 책 전반에 걸친 주제다. 그러나 이는 고급 주제이므로 이 절에서는 몇 가지 기법만 살펴보도록 한다. '참고 자료' 절에 이 주제에 관한 좋은 책의 목록이 있으며 특성 공학을 위한 머신러닝을 사용하는 것도 다루고 있다.

상호작용 항과 다항식 특성

9장 데이터 전처리에서 가변수 사용법을 설명했다. 그러나 우리는 가변수 자체의 효과만을 고려했을 뿐이다. 화학 성분을 사용해 레드 와인의 품질을 예측하는 모델에서 각 성분을 개별적으로 다뤘다. 하지만 이런 속성 간 상호작용이 효과가 있는지를 고려하는 것이 중요하다. 아마도 구연산citric acid과 고정산fixed acidity의 산도가 모두 높거나 낮을 때 와인의 품질은 어느 한쪽이 높거나 낮을 때와는 다를 것이다. 이런 효과를 포착하고자 **상호작용 항**interaction term을 추가해야 하며 이는 특성의 산출물이 된다.

또한 특성 구성을 통해 모델의 특성 효과를 높이고자 이 특성으로 만들어지는 **다항식 특성**polynomial feature을 추가할 수 있다. 다항식 특성은 원래 특성의 차수를 더 높일 수 있으므로 모델은 구연산, 구연산의 제곱, 구연산의 세제곱 등의 항을 갖게 된다.

scikit-learn은 상호작용 항과 다항식 특성을 쉽게 만들 수 있도록 preprocessing 모델 에서 PolynomialFeatures 클래스를 제공한다. 이 클래스는 범주형 특성과 연속형 특성으 로 모델을 만들 때 유용하다. 차수를 지정하면 지정한 차수 이하의 모든 특성 조합을 얻 을 수 있다. 차수가 높으면 모델의 복잡도가 능가하고 과대적합으로 이어질 수 있다.

degree=2로 지정하면 구연산과 고정산을 다음 식과 같이 만들 수 있다. 여기서 1은 편향 ^{bias} 항으로 모델의 절편 항으로 사용할 수 있다.

$$1 + 구연산 + 고정산 + 구연산^2 + 구연산^2 + 구연산 \times 고정산 + 고정산^2$$

PolynomialFeatures 객체에서 fit_transform() 메서드를 사용하면 이런 특성을 만들 수 있다.

```
>>> from sklearn.preprocessing import PolynomialFeatures

>>> PolynomialFeatures(degree=2).fit_transform(
...     r_X_train[['citric acid', 'fixed acidity']]
... )
array([[1.000e+00, 5.500e-01, 9.900e+00, 3.025e-01,
        5.445e+00, 9.801e+01],
       [1.000e+00, 4.600e-01, 7.400e+00, 2.116e-01,
        3.404e+00, 5.476e+01],
       [1.000e+00, 4.100e-01, 8.900e+00, 1.681e-01,
        3.649e+00, 7.921e+01],
       ...,
       [1.000e+00, 1.200e-01, 7.000e+00, 1.440e-02,
        8.400e-01, 4.900e+01],
       [1.000e+00, 3.100e-01, 7.600e+00, 9.610e-02,
        2.356e+00, 5.776e+01],
       [1.000e+00, 2.600e-01, 7.700e+00, 6.760e-02,
        2.002e+00, 5.929e+01]])
```

위 코드 블록에서 (진하게 표시한) 배열의 첫 번째 행은 다음과 같이 해석한다.

term	편향	구연산	고정산	구연산^2	구연산 × 고정산	고정산^2
value	1.000e+00	5.500e-01	9.900e+00	3.025e-01	5.445e+00	9.801e+01

그림 10.3 생성된 상호작용 항과 다항식 특성 조사

상호작용 항(여기서는 구연산$^{citric\ acid}$ × 고정산$^{fixed\ acidity}$)에 관심이 있으므로 interaction_only=True를 지정한다. 또한 여기서는 편향 항이 필요 없으므로 include_bias=False도 지정한다. 이렇게 하면 상호작용 항과 함께 원래 변수를 반환한다.

```
>>> PolynomialFeatures(
...     degree=2, include_bias=False, interaction_only=True
... ).fit_transform(
...     r_X_train[['citric acid', 'fixed acidity']]
... )
array([[0.55 , 9.9 , 5.445],
       [0.46 , 7.4 , 3.404],
       [0.41 , 8.9 , 3.649],
       ...,
       [0.12 , 7.  , 0.84 ],
       [0.31 , 7.6 , 2.356],
       [0.26 , 7.7 , 2.002]])
```

파이프라인에 다항식 특성을 추가할 수 있다.

```
>>> from sklearn.linear_model import LogisticRegression
>>> from sklearn.model_selection import GridSearchCV
>>> from sklearn.pipeline import Pipeline
>>> from sklearn.preprocessing import (
...     MinMaxScaler, PolynomialFeatures
... )

>>> pipeline = Pipeline([
...     ('poly', PolynomialFeatures(degree=2)),
...     ('scale', MinMaxScaler()),
...     ('lr', LogisticRegression(
...         class_weight='balanced', random_state=0
```

```
...       ))
... ]).fit(r_X_train, r_y_train)
```

이 모델은 9장에 사용된 모델에 다항식 특성 항을 추가하기 전보다 조금 더 개선됐다.

```
>>> from sklearn.metrics import classification_report

>>> preds = pipeline.predict(r_X_test)
>>> print(classification_report(r_y_test, preds))
              precision    recall  f1-score   support
           0       0.95      0.79      0.86       138
           1       0.36      0.73      0.48        22

    accuracy                           0.78       160
   macro avg       0.65      0.76      0.67       160
weighted avg       0.87      0.78      0.81       160
```

다항식 특성과 상호작용 항을 추가하면 데이터의 차원이 증가하므로 바람직하지 않을 수 있다. 때로는 더 많은 특성을 만들기보다는 특성을 통합하고 데이터의 차원을 줄이는 방법을 찾아야 한다.

차원축소

차원축소dimensionality reduction는 모델을 학습할 특성의 수를 줄이는 것이다. 차원축소는 모델의 성능을 많이 떨어뜨리지 않으면서 모델의 학습 계산복잡도computational complexity를 줄이는 방향으로 이루어진다. 특성의 부분집합에 대해서만 학습하도록 선택할 수 있다(특성 선택). 그러나 이런 특성이 가치가 있다고 생각된다면 비록 작지만 필요한 정보를 추출하는 방법을 찾을 수 있다. 특성 선택에서 한 가지 일반적인 전략은 분산이 낮은 특성을 버리는 것이다. 이런 특성은 데이터 전체에서 대부분 같은 값이므로 그다지 유용하지 않다. scikit-learn은 최소 분산 임계값에 따라 특성 선택을 수행하는 VarianceThreshold 클래스를 제공한다. 기본적으로 차원축소는 분산이 0인 모든 특성을 버리지만 임계값을 지정할 수 있다. 화학 성분에 따라 레드 와인인지 화이트 와인인지 예측하는 모델에 대해 특성을 선택해 보자. 분산이 0인 특성이 없으므로 분산이 0.01

보다 큰 특성은 버리지 않도록 선택한다.

```
>>> from sklearn.feature_selection import VarianceThreshold
>>> from sklearn.linear_model import LogisticRegression
>>> from sklearn.pipeline import Pipeline
>>> from sklearn.preprocessing import StandardScaler

>>> white_or_red_min_var = Pipeline([
...     ('feature_selection',
...      VarianceThreshold(threshold=0.01)),
...     ('scale', StandardScaler()),
...     ('lr', LogisticRegression(random_state=0))
... ]).fit(w_X_train, w_y_train)
```

이렇게 하면 분산이 낮은 특성 2개가 제거된다. 남아 있는 특성을 표시하는 Variance Threshold 객체의 get_support() 메서드가 반환한 부울 마스크를 사용하면 특성의 이름을 얻을 수 있다.

```
>>> w_X_train.columns[
...     ~white_or_red_min_var.named_steps[
...         'feature_selection'
...     ].get_support()
... ]
Index(['chlorides', 'density'], dtype='object')
```

11개의 특성 중 9개만 사용해도 성능에는 크게 영향을 받지 않았다.

```
>>> from sklearn.metrics import classification_report
>>> print(classification_report(
...     w_y_test, white_or_red_min_var.predict(w_X_test)
... ))
              precision    recall  f1-score   support

           0       0.98      0.99      0.99      1225
           1       0.98      0.95      0.96       400

    accuracy                           0.98      1625
   macro avg       0.98      0.97      0.97      1625
weighted avg       0.98      0.98      0.98      1625
```

> feature_selection 모듈의 다른 특성 선택 옵션은 이 URL(https://scikit-learn.org/stable/
> modules/ classes.html#module-sklearn.feature_selection)에서 확인할 수 있다.

모든 특성이 가치가 있다고 생각되면 모든 특성을 버리는 대신 특성을 추출할 수 있다.
주성분분석^{PCA: Principal Component Analysis}은 고차원 데이터를 저차원으로 투영^{projection}하
는 방식으로 특성을 추출해 차원을 줄일 수 있다. 이렇게 하면 설명된 분산^{explained}
^{variance}을 최대화하는 n개의 성분을 얻을 수 있다. 주성분분석은 데이터의 규모에 민감
하므로 사전에 몇 가지 전처리가 필요하다. ml_utils.pca 모듈의 pca_scatter() 함수를
살펴본다. 이 함수는 2차원으로 축소한 데이터를 시각화하는 데 도움이 된다.

```python
import matplotlib.pyplot as plt
from sklearn.decomposition import PCA
from sklearn.pipeline import Pipeline
from sklearn.preprocessing import MinMaxScaler

def pca_scatter(X, labels, cbar_label, cmap='brg'):
    """
    X의 두 PCA 성분으로 2D 산점도를 그린다.

    매개변수:
        - X: PCA 대상 X 데이터
        - labels: y 값
        - cbar_label: 색상 막대의 레이블
        - cmap: 사용할 색상 맵의 이름

    반환값:
        matplotlib `Axes` 객체
    """
    pca = Pipeline([
        ('scale', MinMaxScaler()),
        ('pca', PCA(2, random_state=0))
    ]).fit(X)
    data, classes = pca.transform(X), np.unique(labels)

    ax = plt.scatter(
        data[:, 0], data[:, 1],
        c=labels, edgecolor='none', alpha=0.5,
```

```
        cmap=plt.cm.get_cmap(cmap, classes.shape[0])
    )

    plt.xlabel('첫 번째 성분')
    plt.ylabel('두 번째 성분')

    cbar = plt.colorbar()
    cbar.set_label(cbar_label)
    cbar.set_ticks(classes)

    plt.legend([
        '설명분산\n'
        '첫 번째 성분: {:.3}\n두 번째 성분: {:.3}'.format(
            *pca.named_steps['pca'].explained_variance_ratio_
        )
    ])
    return ax
```

두 PCA 성분으로 와인 데이터를 시각화해 레드 와인과 화이트 와인을 구별할 방법이 있는지 확인해 보자.

```
>>> from ml_utils.pca import pca_scatter

>>> pca_scatter(wine_X, wine_y, '레드 와인인가?')
>>> plt.title('와인 유형 PCA(2개의 성분)', fontsize=24)
```

레드 와인 대부분은 위쪽 밝은 초록색 점으로, 화이트 와인은 아래쪽 파란색 점으로 뭉쳐 있다. 시각적으로는 두 와인을 구별할 수 있다는 것을 알 수 있지만, 여전히 중복되는 부분이 있다.

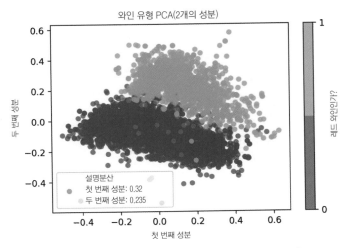

그림 10.4 2개의 PCA 성분을 사용해 와인 유형 구별하기

그림 10.4의 범례에 각 성분의 설명분산^{explained variance}에 주목한다. 성분은 와인 데이터 분산의 50%를 설명한다. 3차원 성분을 사용하면 성능이 개선되는지 살펴보자. `ml_utils.pca` 모듈의 `pca_scatter_3d()` 함수는 3D 시각화를 위한 `matplotlib`와 함께 제공되는 `mpl_toolkits`를 사용한다.

```python
import matplotlib.pyplot as plt
from mpl_toolkits.mplot3d import Axes3D
from sklearn.decomposition import PCA
from sklearn.pipeline import Pipeline
from sklearn.preprocessing import MinMaxScaler

def pca_scatter_3d(X, labels, cbar_label, cmap='brg',
                   elev=10, azim=15):
    """
    X의 세 PCA 성분으로 3D 산점도를 그린다.
```

```
        반환값:
            matplotlib의 `Axes` 객체

    매개변수:
        - X: PCA 대상 X 데이터
        - labels: y 값
        - cbar_label: 색상 막대의 레이블
        - cmap: 사용할 색상 맵의 이름
        - elev: 그림을 볼 고도의 각도
        - azim: xy 평면의 방위각(z축을 중심으로 한 회전)

    반환값:
        matplotlib `Axes` 객체
    """
    pca = Pipeline([
        ('scale', MinMaxScaler()),
        ('pca', PCA(3, random_state=0))
    ]).fit(X)
    data, classes = pca.transform(X), np.unique(labels)

    fig = plt.figure()
    ax = fig.add_subplot(111, projection='3d')

    p = ax.scatter3D(
        data[:, 0], data[:, 1], data[:, 2],
        alpha=0.5, c=labels,
        cmap=plt.cm.get_cmap(cmap, classes.shape[0])
    )

    ax.view_init(elev=elev, azim=azim)

    ax.set_xlabel('첫 번째 성분')
    ax.set_ylabel('두 번째 성분')
    ax.set_zlabel('세 번째 성분')

    cbar = fig.colorbar(p, pad=0.1)
    cbar.set_ticks(classes)
    cbar.set_label(cbar_label)

    plt.legend([
        '설명분산explained variance\n첫 번째 성분: {:.3}\n'
        '두 번째 성분: {:.3}\n세 번째 성분: {:.3}'.format(
```

```
            *pca.named_steps['pca'].explained_variance_ratio_
        )
    ])

    return ax
```

3D 시각화 함수를 사용해 세 성분으로 레드 와인과 화이트 와인을 분리할 수 있는 방법이 있는지 다시 확인해 보자.

```
>>> from ml_utils.pca import pca_scatter_3d

>>> pca_scatter_3d(
...     wine_X, wine_y, '레드 와인인가?', elev=20, azim=-10
... )
>>> plt.suptitle('와인 유형 PCA(3개의 성분)', fontsize=24)
```

이 각도에서는 잘못된 부분에 몇 개의 점이 있기는 하지만 (오른쪽) 초록색 점을 분리할 수 있는 것처럼 보인다.

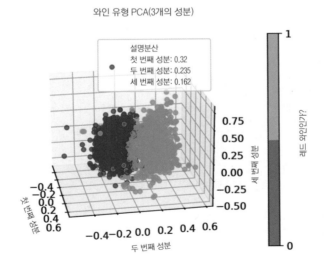

그림 10.5 3개의 PCA 성분을 사용해 와인 유형 구별하기

> PCA는 선형차원축소(linear dimensionality reduction)를 한다. 비선형차원축소를 위한 다양체학습(manifold learning)을 하는 t–SNE와 아이소맵(Isomap)을 참고한다.

`ml_utils.pca` 모듈의 `pca_explained_variance_plot()` 함수를 사용해 누적설명분산 _{cumulative explained variance}을 PCA 성분 수의 함수로 시각화할 수 있다.

```python
import matplotlib.pyplot as plt
import numpy as np

def pca_explained_variance_plot(pca_model, ax=None):
    """
    PCA 성분의 누적설명분산을 그린다.

    매개변수:
        - pca_model: 이미 적합된 PCA 모델
        - ax: 그림으로 그릴 matplotlib `Axes` 객체

    반환값:
        matplotlib `Axes` 객체
    """
    if not ax:
        fig, ax = plt.subplots()

    ax.plot(
        np.append(
            0, pca_model.explained_variance_ratio_.cumsum()
        ), 'o-'
    )

    ax.set_title(
        'PCA 성분에 대한 총 설명분산비', fontsize=22
    )
    ax.set_xlabel('사용된 PCA 성분 수')
    ax.set_ylabel('누적설명분산비')

    return ax
```

누적설명분산을 보기 위해서 파이프라인의 PCA 부분을 이 함수에 지정할 수 있다.

```
>>> from sklearn.decomposition import PCA
>>> from sklearn.pipeline import Pipeline
>>> from sklearn.preprocessing import MinMaxScaler
>>> from ml_utils.pca import pca_explained_variance_plot

>>> pipeline = Pipeline([
...      ('normalize', MinMaxScaler()),
...      ('pca', PCA(8, random_state=0))
... ]).fit(w_X_train, w_y_train)

>>> pca_explained_variance_plot(pipeline.named_steps['pca'])
```

처음 4개의 PCA 성분은 분산의 약 80%를 설명한다.

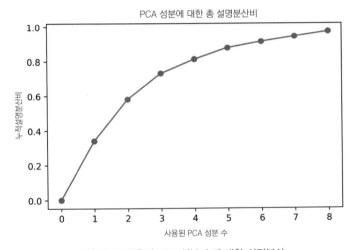

그림 10.6 사용된 PCA 성분 수에 대한 설명분산

9장에서 k-평균에서 했던 것처럼 팔꿈치 점 방법을 사용해 사용할 PCA 성분 수에 대한 좋은 값을 찾을 수 있다. 이를 위해 각 성분에 대한 설명분산을 보여 주는 **산비탈그림**
scree plot을 그려야 한다. ml_utils.pca 모듈에는 이 시각화를 위한 pca_scree_plot() 함수가 있다.

```
import matplotlib.pyplot as plt
import numpy as np
```

```
def pca_scree_plot(pca_model, ax=None):
    """
    각 연속 PCA 성분의 설명분산을 그린다.

    매개변수:
        - pca_model: 이미 적합된 PCA 모델
        - ax: 그림으로 그릴 matplotlib `Axes` 객체

    반환값: matplotlib `Axes` 객체
    """
    if not ax:
        fig, ax = plt.subplots()

    values = pca_model.explained_variance_
    ax.plot(np.arange(1, values.size + 1), values, 'o-')
    ax.set_title('PCA 성분 산비탈그림', fontsize=22)
    ax.set_xlabel('성분')
    ax.set_ylabel('설명분산')
    return ax
```

각 PCA 성분이 설명하는 분산을 확인하고자 파이프라인의 PCA 부분을 이 함수에 지정할 수 있다.

```
>>> from sklearn.decomposition import PCA
>>> from sklearn.pipeline import Pipeline
>>> from sklearn.preprocessing import MinMaxScaler
>>> from ml_utils.pca import pca_scree_plot

>>> pipeline = Pipeline([
...     ('normalize', MinMaxScaler()),
...     ('pca', PCA(8, random_state=0))
... ]).fit(w_X_train, w_y_train)
>>> pca_scree_plot(pipeline.named_steps['pca'])
```

그림 10.7의 산비탈그림은 4번째 성분 이후로 설명분산 값의 감소하는 폭이 줄어들기 때문에 네 개의 PCA 성분을 사용해야 한다는 것을 보여 준다.

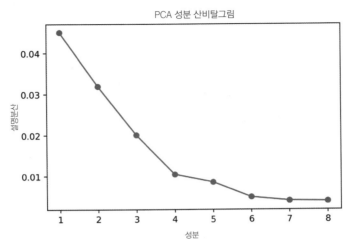

PCA 성분 산비탈그림

그림 10.7 네 번째 성분 이후로 각 PCA 성분이 추가될 때마다 설명분산의 감소 폭이 줄어든다.

파이프라인에서 마지막 모델이 원래 데이터 자체가 아닌 다른 모델의 출력으로 학습하는 **메타-학습**meta-learning이라고 하는 과정에서 이 4개의 PCA 특성에 대한 모델을 만들 수 있다.

```
>>> from sklearn.decomposition import PCA
>>> from sklearn.pipeline import Pipeline
>>> from sklearn.preprocessing import MinMaxScaler
>>> from sklearn.linear_model import LogisticRegression

>>> pipeline = Pipeline([
...     ('normalize', MinMaxScaler()),
...     ('pca', PCA(4, random_state=0)),
...     ('lr', LogisticRegression(
...         class_weight='balanced', random_state=0
...     ))
... ]).fit(w_X_train, w_y_train)
```

새로운 모델은 PCA로 만든 4개의 특성만으로도 11개의 특성을 사용하는 원래 로지스틱 회귀만큼의 성능을 보인다.

```
>>> from sklearn.metrics import classification_report
```

```
>>> preds = pipeline.predict(w_X_test)
>>> print(classification_report(w_y_test, preds))
                 precision    recall  f1-score   support

            0        0.99      0.99      0.99      1225
            1        0.96      0.96      0.96       400

     accuracy                            0.98      1625
    macro avg        0.98      0.98      0.98      1625
 weighted avg        0.98      0.98      0.98      1625
```

차원축소를 하고 나면 처음 시작할 때 사용했던 모든 특성을 더 이상 갖고 있지 않게 된다. 결국 특성의 수를 줄이는 것이 핵심이었다. 그러나 특성의 부분집합에 대해 다른 특성 공학 기술을 적용할 수도 있다. 이렇게 하려면 특성의 합집합feature union을 알아야만 한다.

특성 합집합

특성의 부분집합을 선택하는 것 외에도 PCA와 같이 다양한 방법으로 만든 특성으로 모델을 만들 수도 있다. 이런 목적으로 scikit-learn은 pipeline에서 FeatureUnion 클래스를 제공한다. FeatureUnion 클래스를 파이프라인과 결합하면 특성을 추출한 다음 변환하는 것과 같이 여러 특성 공학 기법을 한 번에 처리할 수 있다.

FeatureUnion 객체를 만드는 것은 파이프라인을 만든 것과 비슷하지만, 파이프라인처럼 순서대로 단계를 전달하지 않고 만들고자 하는 변환을 전달한다. 결과적으로 특성 변환 방법은 순서대로 쌓이게 된다. 상호작용 항의 특성 합집합을 사용하고 분산이 0.01 이상인 특성을 선택해 레드 와인 품질 예측해 보자.

```
>>> from sklearn.feature_selection import VarianceThreshold
>>> from sklearn.pipeline import FeatureUnion, Pipeline
>>> from sklearn.preprocessing import (
...     MinMaxScaler, PolynomialFeatures
... )
>>> from sklearn.linear_model import LogisticRegression
```

```
>>> combined_features = FeatureUnion([
...     ('variance', VarianceThreshold(threshold=0.01)),
...     ('poly', PolynomialFeatures(
...         degree=2, include_bias=False, interaction_only=True
...     ))
... ])

>>> pipeline = Pipeline([
...     ('normalize', MinMaxScaler()),
...     ('feature_union', combined_features),
...     ('lr', LogisticRegression(
...         class_weight='balanced', random_state=0
...     ))
... ]).fit(r_X_train, r_y_train)
```

변환이 이루어진 곳을 설명하고자 FeatureUnion 객체가 레드 와인 품질 데이터를 변환한 후에 훈련 데이터셋의 첫 번째 행을 살펴보도록 한다. 분산 임계값으로 인해 9개의 특성만 남는다는 것을 알고 있으므로 결과 NumPy 배열의 처음 9개 항목이 해당 특성에 대한 항목이며 나머지는 상호작용 항이라는 것을 알 수 있다.

```
>>> pipeline.named_steps['feature_union']\
...     .transform(r_X_train)[0]
array([9.900000e+00, 3.500000e-01, 5.500000e-01, 5.000000e+00,
       1.400000e+01, 9.971000e-01, 3.260000e+00, 1.060000e+01,
       9.900000e+00, 3.500000e-01, 5.500000e-01, 2.100000e+00,
       6.200000e-02, 5.000000e+00, 1.400000e+01, 9.971000e-01,
       ..., 3.455600e+01, 8.374000e+00])
```

또한 분류 보고서를 살펴보면 정확도의 F_1 점수가 0.78에서 0.79로 조금 개선됐다는 것을 알 수 있다.

```
>>> from sklearn.metrics import classification_report

>>> preds = pipeline.predict(r_X_test)
>>> print(classification_report(r_y_test, preds))
              precision    recall  f1-score   support

           0       0.94      0.80      0.87       138
           1       0.36      0.68      0.47        22
```

accuracy			0.79	160
macro avg	**0.65**	**0.74**	**0.67**	**160**
weighted avg	0.86	0.79	0.81	160

이 예에서 우리는 분산이 0.01보다 큰 특성을 선택해 특성이 많은 다른 값을 취하지 않으면서 도움이 되지 않을 것이라고 가정했다. 이런 가정을 하는 대신 머신러닝 모델을 사용해 어떤 특성이 중요한지 결정할 수도 있다.

특성 중요도

결정나무decision tree는 데이터를 재귀적으로 나누는 데 각 분할에서 사용할 특성을 결정한다. 의사결정나무는 **탐욕 학습기**greedy learner[2] 알고리듬로 매번 가장 큰 분할을 찾는다. 탐욕 학습기는 나무의 결과를 보면 반드시 최적의 분할은 아니다. 결정나무를 사용해 나무가 결정 마디decision node에서 데이터를 나누는 방법을 결정하는 **특성 중요도**feature importance를 측정할 수 있다. 이런 특성 중요도는 특성 선택에 도움이 될 수 있다. 특성 중요도의 합은 1이며 값이 클수록 좋다. 결정나무를 사용해 화학적 수준에서 레드 와인과 화이트 와인을 구별할 수 있는지 알아보자.

```
>>> from sklearn.tree import DecisionTreeClassifier

>>> dt = DecisionTreeClassifier(random_state=0).fit(
...     w_X_train, w_y_train
... )

>>> pd.DataFrame([(col, coef) for col, coef in zip(
...     w_X_train.columns, dt.feature_importances_
... )], columns=['feature', 'importance']
... ).set_index('feature').sort_values(
...     'importance', ascending=False
... ).T
```

---

2 탐욕 알고리듬(Greedy Algorithm)이란 '매 선택에서 지금, 이 순간 당장 최적인 답을 선택해 적합한 결과를 도출하자'라는 모토를 가지는 알고리듬 설계 기법이다. 자세한 내용은 나무위키(https://bit.ly/3vtcGG7) 참고 — 옮긴이

위 코드를 실행하면 그림 10.8과 같은 결과를 얻을 수 있으며, 이 결과에 따르면 레드 와인과 화이트 와인을 구별하는 데 있어서 가장 중요한 화학 성분은 총 이산화황total sulfur dioxide과 염화물chloride이라는 것을 알 수 있다.

feature	total sulfur dioxide	chlorides	density	volatile acidity	sulphates	pH	residual sugar	alcohol	fixed acidity	citric acid	free sulfur dioxide
importance	0.687236	0.210241	0.050201	0.016196	0.012143	0.01143	0.005513	0.005074	0.001811	0.000113	0.000042

그림 10.8 와인 유형 예측에서 화학 성분의 중요도

TIP

중요도 순으로 표시된 특성 중 상위에 있는 (소수의) 특성을 사용해 더 간단한 모델을 만들 수 있다. 가능하면 성능을 크게 떨어뜨리지 않고 모델을 단순화할 수 있다. 예제는 wine.ipynb 노트북을 참고한다.

최대 깊이depth가 2인 다른 결정나무를 훈련하면 나무의 윗부분만 시각화할 수 있다. 깊이를 제한하지 않으면 결정나무가 시각화하기에 너무 크게 만들어진다.

```
>>> from sklearn.tree import export_graphviz
>>> import graphviz

>>> graphviz.Source(export_graphviz(
...     DecisionTreeClassifier(
...         max_depth=2, random_state=0
...     ).fit(w_X_train, w_y_train),
...     feature_names=w_X_train.columns
... ))
```

NOTE

나무를 시각화하려면 그래프비즈(Graphviz) 소프트웨어를 설치해야 한다. 그래프비즈 소프트웨어는 이 URL(https://graphviz.gitlab.io/download/)에서 다운로드할 수 있으며 설치 방법은 이 URL(https://graphviz.readthedocs.io/en/stable/manual.html#installation)에서 확인할 수 있다. 설치한 후에는 커널을 다시 시작해야 한다. 그렇지 않으면 export_graphviz() 함수에 out_file='tree.dot'를 지정한 다음 터미널에서 dot -T png -Gdpi=300 tree.dot -o tree.png 를 실행하면 PNG 파일이 만들어진다. 다른 방법으로는 scikit-learn에서 제공하는 plot_tree() 함수를 사용하면 된다. 예제는 노트북을 참고한다.

위 코드를 실행하면 그림 10.9와 같은 나무가 만들어진다. 이 나무는 먼저 (특성 중요도가 가장 높은) 총 이산화황을 분리한 다음 두 번째 수준에서 염화물을 분리한다. 각 마디의 정보는 맨 윗줄부터 분할 기준, 비용함수 값 또는 **지니 계수**gini, 해당 마디의 **표본 수** samples, 해당 마디에서 각 계급의 **표본 수**values다.

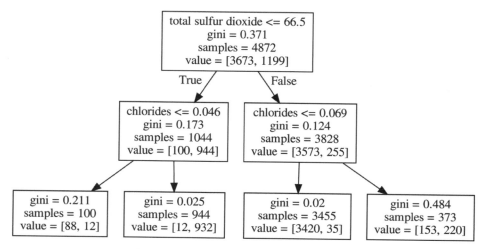

그림 10.9 화학 성분으로 와인 유형을 분류하는 결정나무

결정나무를 회귀 문제에 적용할 수 있다. DecisionTreeRegressor 클래스를 사용해 행성 데이터에서 특성 중요도를 찾아보자.

```
>>> from sklearn.tree import DecisionTreeRegressor

>>> dt = DecisionTreeRegressor(random_state=0).fit(
...     pl_X_train, pl_y_train
... )
>>> [(col, coef) for col, coef in zip(
...     pl_X_train.columns, dt.feature_importances_
... )]
[('semimajoraxis', 0.9969449557611615),
 ('mass', 0.0015380986260574154),
 ('eccentricity', 0.0015169456127809738)]
```

기본적으로 우리가 이미 알고 있듯이 긴반지름은 공전주기를 결정하는 주된 요인이지만 그림 10.10과 같이 나무를 시각화해 보면 그 이유를 알 수 있다. 처음 4개의 분할 모두는 긴반지름을 기반으로 한다.

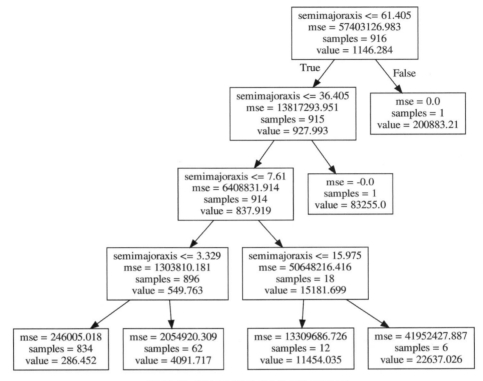

그림 10.10 행성 공전주기 예측을 위한 결정나무

결정나무는 성장을 제한하고자 최대 깊이까지 자란 후에 **가지치기**prune하거나 학습 전에 최대 깊이를 지정할 수 있으며, 이로 인해 과대적합을 막을 수 있다. 결정나무를 사용할 때 과대적합이나 다른 잠재적 문제를 해결하기 위한 팁은 scikit-learn 문서(https://scikit-learn.org/stable/modules/tree.html#tips-on-practical-use)에서 확인할 수 있다. 다음 절의 앙상블 방법을 다룰 때 이 내용을 명심해야 한다.

⣿ 앙상블 방법

앙상블 방법ensemble method은 많은 모델(주로 약한 모델)을 결합해 관측값과 예측값 간의 평균오차(편향)를 최소화하거나 보이지 않는 데이터로 일반화(분산을 최소화)하는 방법을 개선하는 더 강한 모델을 만드는 것이다. 과대적합되는 경향으로 인해 분산이 큰 복잡한 모델과 과소적합되는 경향으로 인해 편향이 큰 단순한 모델 간의 균형을 맞춰야 한다. 이를 **편향-분산 절충점**bias-variance trade-off이라고 하며 그림 10.11과 같이 표현할 수 있다.

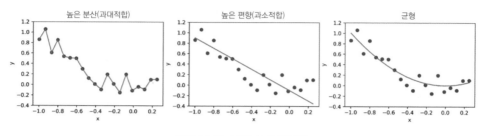

그림 10.11 편향-분산 절충점

앙상블 방법은 **부스팅**boosting, **배깅**bagging, **스태킹**stacking의 세 가지 범주로 나눌 수 있다. 부스팅은 많은 약한 학습기weak learner를 학습시키는데, 서로의 실수를 학습해 편향을 줄여 강한 학습기를 만든다. **배깅**은 **붓스트랩 집계**bootstrap aggregation를 사용해 데이터의 붓스트랩 표본으로 많은 모델을 학습시키고 (분류에 대해서는 투표와 회귀에 대해서는 평균을 사용해) 결과를 함께 집계해 분산을 줄인다. 또한 다른 유형의 모델을 결합해 투표할 수 있다. 스태킹은 한 모델의 결과가 다른 모델의 입력이 되도록 여러 다른 유형의 모델을 결합하는 앙상블 기법이다. 예측을 개선하고자 스태킹을 사용한다. 10장 앞부분의 '차원축소' 절에서 PCA와 로지스틱 회귀를 결합한 모델이 스태킹의 예다.

확률숲

결정나무는 과대적합되는 경향이 있는데, 특히 `max_depth`와 `min_samples_leaf` 매개변수로 나무가 자랄 수 있는 한계를 지정하지 않으면 더욱 그렇다. 과대적합 문제는 **확률숲**random forest으로 해결할 수 있다. 확률숲은 데이터의 붓스트랩 표본을 사용해 많은 결정나무를 병렬로 학습시키고 결과를 집계하는 배깅 알고리듬이다. 또한 데이터에 oob_score 매개변수를 사용해 **OOB**^{Out-Of-Bag} 표본이라고 하는 붓스트랩 표본에 없는 학습 데이터셋의 데이터에 대해 각 나무를 채점할 수 있다.

> **NOTE**
>
> `min_samples_leaf` 매개변수에는 나무(또는 나뭇잎)의 마지막 마디에 있는 최소 표본 수를 지정해야 한다. 이렇게 하지 않으면 나무가 각 잎에서 관찰값이 하나만 남을 때까지 적합한다.

각 나무는 특성 수의 제곱근(max_features 매개변수)을 기본값으로 하는 특성의 부분집합을 임의특성 선택^{random feature selection} 방식으로 선택한다. 이 방법은 차원의 저주를 해결하는 데 도움이 될 수 있다. 그러나 결과적으로 확률숲은 결정나무처럼 쉽게 해석할 수 없다. 하지만 결정나무에서와 마찬가지로 확률숲에서도 특성 중요도를 계산할 수 있다.

ensemble 모듈의 RandomForestClassifier 클래스를 사용해 고품질 레드 와인 분류를 위한 확률숲을 (n_estimators개의 나무로) 만들어 보자.

```
>>> from sklearn.ensemble import RandomForestClassifier
>>> from sklearn.model_selection import GridSearchCV

>>> rf = RandomForestClassifier(
...     n_estimators=100, random_state=0
... )

>>> search_space = {
...     'max_depth': [4, 8], # 나무를 작게 만든다.
...     'min_samples_leaf': [4, 6]
... }

>>> rf_grid = GridSearchCV(
...     rf, search_space, cv=5, scoring='precision'
... ).fit(r_X_train, r_y_train)

>>> rf_grid.score(r_X_test, r_y_test)
0.6
```

확률숲의 정밀도는 이미 9장에서 얻은 0.35보다 훨씬 좋다. 확률숲은 특이점에 강건하며 계급을 분리하기 위한 비선형 결정 경계를 모델링할 수 있으며, 이로 인해 이 극적인 개선의 일부를 설명할 수 있다.

경사부스팅

부스팅은 이전 모델의 실수를 개선한다. 이를 위한 한 가지 방법은 모델의 손실함수^{loss}
^{function}가 가장 가파르게 감소하는 방향으로 이동하는 것이다. 이는 **경사**^{gradient}(도함수의
다변수 일반화^{multi-variable generalization of the derivative})는 가장 가파르게 상승하는 방향이므로
이 값을 음의 값으로 계산하면 가장 가파르게 하강하는 방향이 되게 할 수 있다. 이 기법
을 **경사하강법**^{gradient descent}이라고 한다.

> **NOTE**
>
> 경사하강법은 그럴듯해 보이지만 몇 가지 잠재적인 문제가 있다. 경사하강법은 국소 최소값(local
> minimum)(비용함수의 특정 영역에서의 최소값)에서 끝날 수 있다. 알고리듬은 우리가 최적의 솔루
> 션이라고 생각하는 지점에서 멈추겠지만 실제로는 그렇지 않다. 왜냐하면 우리는 전역 최소값
> (global minimum)(전체 영역에서의 최소값)을 원하기 때문이다.

scikit-learn의 ensemble 모듈은 결정나무를 사용하는 경사부스팅을 위한 Gradient
BoostingClassifier와 GradientBoostingRegressor 클래스를 제공한다. 이 나무는 경사하
강법을 통해 성능을 높인다. 경사부스팅된 나무는 확률숲보다 잡음이 많은 학습 데이터
에 더 민감하다. 또한 확률숲에서 얻을 수 있는 병렬 학습과는 달리 모든 나무를 직렬로
연결해 소용되는 추가 시간도 고려해야 한다.

격자검색과 경사부스팅을 사용해 레드 와인 품질 데이터를 분류하는 다른 모델을 학습
해 보자. 가장 좋은 max_depth와 min_samples_leaf 매개변수 값을 검색하는 것 외에도 최
종 추정기에서 각 나무의 기여도를 결정하는 learning_rate 매개변수의 가장 좋은 값을
검색한다.

```
>>> from sklearn.ensemble import GradientBoostingClassifier
>>> from sklearn.model_selection import GridSearchCV
```

```
>>> gb = GradientBoostingClassifier(
...     n_estimators=100, random_state=0
... )

>>> search_space = {
...     'max_depth': [4, 8], # 나무를 작게 만든다.
...     'min_samples_leaf': [4, 6],
...     'learning_rate': [0.1, 0.5, 1]
... }

>>> gb_grid = GridSearchCV(
...     gb, search_space, cv=5, scoring='f1_macro'
... ).fit(r_X_train, r_y_train)
```

경사부스팅으로 얻은 F_1 거시 점수[macro score]는 9장 로지스틱 회귀로 얻은 점수인 0.66 보다 좋다.

```
>>> gb_grid.score(r_X_test, r_y_test)
0.7226024272287617
```

배깅과 부스팅 모두 로지스틱 회귀 모델보다 성능이 더 좋다. 그러나 모델이 항상 일치 하는 것은 아니며 마지막으로 예측하기 전에 모델이 투표하게 만들어 성능을 더 높일 수 있다.

투표

분류에 다른 모델을 시도할 때 코헨[Cohen]의 카파 점수[kappa score]를 사용해 모델의 일치도 를 측정할 수 있다. sklearn.metrics 모듈의 cohen_kappa_score() 함수를 사용할 수 있다. 점수의 범위는 완전 불일치(−1)부터 완전 일치(1)까지다. 부스팅과 배깅 예측은 높은 수 준의 일치를 보인다.

```
>>> from sklearn.metrics import cohen_kappa_score

>>> cohen_kappa_score(
```

```
...         rf_grid.predict(r_X_test), gb_grid.predict(r_X_test)
...  )
0.7185929648241206
```

때로는 모든 데이터에 잘 작동하는 단일 모델을 찾을 수 없으므로 최종 결정을 내리고
자 다양한 모델의 의견을 결합하는 방법을 찾아야 한다. scikit-learn은 분류 작업에 대
한 모델의 의견을 집계하려고 VotingClassifier 클래스를 제공한다. 투표 유형을 지정할
수 있으며 hard는 다수결 원칙majority rule이며 soft는 모델 전체에 대해 확률 가장 높은
계급을 예측한다.

예를 들어 10장의 로지스틱 회귀, 확률숲, 경사부스팅 세 추정기(모델)를 사용해 각 투표
유형에 대한 분류기를 만들어 보자. fit()을 실행할 것이므로 각 격자검색에서 가장 좋
은 추정기(best_estimator_)를 지정한다. 이렇게 하면 불필요하게 각 격자검색을 다시 실
행하지 않아도 되므로 모델을 빠르게 학습할 수 있다.

```
>>> from sklearn.ensemble import VotingClassifier

>>> majority_rules = VotingClassifier(
...     [('lr', lr_grid.best_estimator_),
...      ('rf', rf_grid.best_estimator_),
...      ('gb', gb_grid.best_estimator_)],
...     voting='hard'
... ).fit(r_X_train, r_y_train)

>>> max_probabilities = VotingClassifier(
...     [('lr', lr_grid.best_estimator_),
...      ('rf', rf_grid.best_estimator_),
...      ('gb', gb_grid.best_estimator_)],
...     voting='soft'
... ).fit(r_X_train, r_y_train)
```

majority_rules 분류기는 세 모델 중 두 모델이 (최소한) 일치해야 하지만 max_probabilities
분류기는 각 모델이 예측한 확률로 투표한다. classification_report() 함수를 사용해
평가 데이터를 대상으로 성능을 측정할 수 있다. 이 함수는 majority_rules이 정밀도 측
면에서 max_probabilities보다 약간 더 낮다는 것을 알려 준다. 두 모델 모두 우리가 만
들었던 다른 모델보다 더 좋다.

```
>>> from sklearn.metrics import classification_report

>>> print(classification_report(
...     r_y_test, majority_rules.predict(r_X_test)
... ))
              precision    recall  f1-score   support

           0       0.92      0.95      0.93       138
           1       0.59      0.45      0.51        22

    accuracy                           0.88       160
   macro avg       0.75      0.70      0.72       160
weighted avg       0.87      0.88      0.87       160

>>> print(classification_report(
... r_y_test, max_probabilities.predict(r_X_test)
... ))
precision recall f1-score support

           0       0.92      0.93      0.92       138
           1       0.52      0.50      0.51        22

    accuracy                           0.87       160
   macro avg       0.72      0.71      0.72       160
weighted avg       0.87      0.87      0.87       160
```

VotingClassifier 클래스의 또 다른 중요한 옵션은 weights 매개변수로 투표할 때 특정 추정기를 어느 정도 강조할 수 있다. 예를 들어 weights=[1, 2, 2]을 majority_rule에 지정하면 확률숲과 경사부스팅 추정기가 예측한 값에 추가 가중값을 부여한다. 어떤 모델에 추가 가중값을 부여해야 하는지 결정하고자 개별 성능과 예측 신뢰도를 살펴볼 수 있다.

⫸ 분류 예측 신뢰도 검사

앙상블 방법에서 봤듯이 모델의 장단점을 알고 있다면 성능 개선을 위한 전략을 사용할 수 있다. 어떤 것을 분류하는 두 모델이 있을 수 있지만 두 모델이 모든 것에 일치하지 않을 수 있다. 그러나 한 모델이 가장자리 사례를 잘 분류하고, 다른 모델은 더 일반적인 사례를 잘 분류한다고 해보자. 이런 경우 성능을 개선하기 위해 투표 분류기를 조사해 보자. 다양한 상황에서 모델이 어떻게 작동하는지 어떻게 알 수 있을까?

주어진 계급에 속하는 관측값에 대한 모델의 예측 확률을 살펴보면 모델이 정확할 때와 부정확할 때 얼마나 신뢰할 수 있는지에 대한 통찰력을 얻을 수 있다. pandas 데이터 랭글링 기술을 사용해 이 작업을 빨리 처리할 수 있다. 9장의 원래 white_or_red 모델의 예측을 얼마나 신뢰할 수 있는지 알아보자.

```
>>> prediction_probabilities = pd.DataFrame(
...     white_or_red.predict_proba(w_X_test),
...     columns=['prob_white', 'prob_red']
... ).assign(
...     is_red=w_y_test == 1,
...     pred_white=lambda x: x.prob_white >= 0.5,
...     pred_red=lambda x: np.invert(x.pred_white),
...     correct=lambda x: (np.invert(x.is_red) & x.pred_white)
...                       | (x.is_red & x.pred_red)
... )
```

TIP

predict() 대신 predict_proba() 메서드를 사용해 모델의 예측에 대한 확률 임계값을 조정할 수 있다. predict_proba() 메서드는 관찰값이 각 계급에 속할 확률을 제공한다. 그런 다음 해당 확률을 사용자 정의 임계값(custom threshold)과 비교할 수 있다. 예를 들어 75%를 사용할 수 있다: white_or_red.predict_proba(w_X_test)[:,1] >= .75. 이 임계값을 찾는 한 가지 방법은 적절한 위양성률을 결정한 다음 sklearn.metrics 모듈의 roc_curve() 함수의 데이터를 사용해 해당 위양성률이 나오는 임계값을 찾는 것이다. 다른 방법으로는 정밀도-재현율 곡선을 따라 만족스러운 지점을 찾은 다음 precision_recall_curve() 함수에서 임계값을 찾는 것이다. 11장에서 이에 관한 예를 설명한다.

seaborn을 사용해 모델의 예측이 정확했을 때와 부정확했을 때의 예측확률 분포 그림을 그려 보자. displot() 함수를 사용하면 히스토그램 위에 **핵밀도추정**KDE, Kernel Density Estimation 그림을 겹치게 그릴 수 있다. 여기서 각 예측이 끝난 위치를 보여 주는 **러그 그림** rug plot도 추가한다.

```
>>> g = sns.displot(
...     data=prediction_probabilities, x='prob_red',
...     rug=True, kde=True, bins=20, col='correct',
...     facet_kws={'sharey': True}
... )
>>> g.set_axis_labels('probability wine is red', None)
>>> plt.suptitle('Prediction Confidence', y=1.05)
```

그림 10.12의 오른쪽 그림처럼 올바른 예측의 핵밀도추정은 최빈값이 거의 0과 1에 가까운 이봉분포bimodal distribution다. 즉 모델이 정확할 때 대부분 모델의 예측이 정확하므로 일반적으로 모델의 신뢰도가 높다는 것을 의미한다. 데이터에서 화이트 와인이 레드 와인보다 더 많으므로 0에서의 정확한 예측 핵밀도추정의 정상peak은 1에서의 정상보다 높다. 핵밀도추정의 확률은 가능한 한 0보다 작고 1보다 크다. 이런 이유로 우리가 보고 있는 모양이 의미가 있는지 확인하고자 히스토그램을 추가했다. 올바른 예측에 대한 히스토그램은 분포의 중간에 많지 않을 것이므로 예측확률을 더 잘 알 수 있도록 러그 그림도 포함했다. 그림 10.12의 왼쪽 그림과 같이 잘못된 예측은 데이터가 많지 않지만, 모델이 잘못됐을 때 모델이 심하게 속은 것이므로 데이터가 사방에 퍼져 있는 것처럼 보인다.

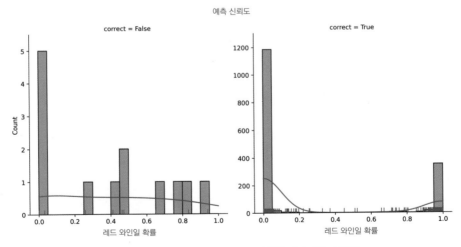

그림 10.12 모델이 정확할 때와 부정확할 때의 예측 신뢰도

위 결과는 잘못 분류된 와인의 화학 성분을 더 조사해야 한다는 것을 보여 준다. 이 성분들이 특이점일 가능성이 있으며 그래서 이 성분들이 모델을 속였을 것이다. 9장의 탐색적 데이터 분석에서 그린 와인 유형별 상자 그림(그림 9.6)을 수정해 눈에 띄는 것이 있는지 알아보자.

먼저, 잘못 분류된 와인의 화학 성분을 분리한다.

```
>>> incorrect = w_X_test.assign(is_red=w_y_test).iloc[
...     prediction_probabilities.query('not correct').index
... ]
```

그런 다음, axes 객체에 scatter()를 호출해 이전 상자 그림에 잘못 분류된 와인을 표시한다.

```
>>> import math

>>> chemical_properties = [col for col in wine.columns
...     if col not in ['quality', 'kind']]
>>> melted = \
...     wine.drop(columns='quality').melt(id_vars=['kind'])

>>> fig, axes = plt.subplots(
...     math.ceil(len(chemical_properties) / 4), 4,
...     figsize=(15, 10)
... )
>>> axes = axes.flatten()

>>> for prop, ax in zip(chemical_properties, axes):
...     sns.boxplot(
...         data=melted[melted.variable.isin([prop])],
...         x='variable', y='value', hue='kind', ax=ax,
...         palette={'white': 'lightyellow', 'red': 'orchid'},
...         saturation=0.5, fliersize=2
...     ).set(xlabel='', ylabel='값')
...     for _, wrong in incorrect.iterrows():
...         # _는 사용하지 않는 정보를 수집한다는 규약이다.
...         x_coord = -0.2 if not wrong['is_red'] else 0.2
...         ax.scatter(
...             x_coord, wrong[prop], marker='x',
...             color='red', s=50
```

```
...           )

>>> for ax in axes[len(chemical_properties):]:
...     ax.remove()

>>> plt.suptitle(
...     '레드 와인과 화이트 와인의 화학 성분 비교'
...     '\n(빨간색 x는 분류 에러)', fontsize=22
... )
>>> plt.tight_layout()
```

잘못 분류된 각 와인은 그림 10.13과 같이 빨간색 ×로 표시된다. 각 부그림의 왼쪽 상자 그림의 점은 화이트 와인이며, 오른쪽 상자 그림의 점은 레드 와인이다. 이 중 일부는 잔여당분residual sugar이나 이산화황이 많은 레드 와인과 휘발성산volatile acidity이 많은 화이트 와인과 같이 일부 특성에 대한 특이점일 수 있다.

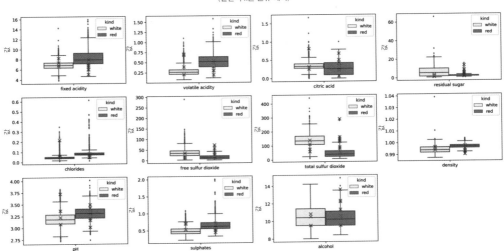

그림 10.13 잘못 예측한 것이 특이점인지 확인

데이터에는 레드 와인보다 화이트 와인이 더 많지만, 우리 모델은 두 와인을 잘 구별할 수 있다. 그러나 항상 그런 것만은 아니다. 때로는 성능을 개선하고자 계급불균형을 해결해야 한다.

계급불균형 해결

데이터에 계급불균형이 있다면 모델을 만들기 전에 학습 데이터의 균형을 맞춰야 한다. 이를 위해 다음과 같은 불균형 표본추출 기법을 사용할 수 있다.

- 소수계급 과대표본추출

- 다수 계급 과소표본추출

과대표본추출over-sampling의 경우 소수 계급minority class에서 더 많이 표본추출해 다수계급의 수에 가깝게 만든다. 이 방법은 붓스트래핑이나 (최근접이웃과 같은 머신러닝 알고리듬을 사용해) 기존 데이터의 값에 가깝게 새로운 데이터를 만드는 것과 같은 기법을 포함한다. **과소표본추출**under-sampling은 다수계급majority class의 수를 줄여 전체적으로 데이터를 덜 사용한다. 과대표본추출이나 과소표본추출을 사용하는 결정은 처음 시작하는 데이터의 양 그리고 경우에 따라서는 계산 비용에 따라 달라진다. 실제로는 먼저 계급불균형 데이터로 모델을 만들어 본 다음, 이런 방법을 시도한다. 처음부터 최적화하는 것이 아니라 많은 방법을 시도한 다음에 최적화하는 것이 중요하다. 먼저, 모델을 만들어 봐야 불균형 표본추출을 비교할 기준선을 만들 수 있다는 것은 말할 것도 없다.

NOTE

> 데이터의 소수계급이 모집단에 있는 전체 스펙트럼을 제대로 대표하지 않으면 성능에 큰 문제가 발생할 수 있다. 이런 이유로 모델링을 하기 전에 먼저 데이터 수집 방법을 알고 신중하게 평가해야 한다. 조심하지 않으면 계급불균형 처리 방법에 상관없이 새로운 데이터를 일반화하는 모델을 쉽게 만들 수 없다.

계급불균형 기법을 알아보기 전에 데이터의 n-차원 공간에서 k-최근접이웃 관측값의 계급에 따라 관측값을 분류하는 ***k*-최근접이웃**k-NN 분류를 사용해 기준선 모델을 만들어 보자. 비교를 위해 이 절의 모든 모델에 대해 같은 수의 이웃을 사용한다. 그러나 표본추출 기법을 사용하면 다른 값에서 성능이 더 좋을 수 있다. 여기서는 5개의 이웃을 사용한다.

```
>>> from sklearn.neighbors import KNeighborsClassifier
>>> knn = KNeighborsClassifier(n_neighbors=5).fit(
...     r_X_train, r_y_train
... )
>>> knn_preds = knn.predict(r_X_test)
```

우리의 k-NN 모델은 학습 데이터셋을 메모리에 저장해 학습하는 **게으른 학습기**lazy learner여서 학습 속도가 빠르다. 계산은 분류(예측)할 때 이루어진다. 모델이 학습하고 예측할 때 걸리는 시간이 실제로 사용할 수 있는 모델을 결정할 수 있으므로 이 시간이 매우 중요한 역할을 한다. 약간 더 나은 성능을 보이지만 학습이나 예측에 시간이 두 배나 걸리는 모델은 그만한 가치가 없을 수 있다. 데이터의 차원이 늘어나면 k-NN 모델은 계산량이 늘어나 사용하기 더 어려워질 것이다. %%timeit 매직을 사용하면 평균 학습 시간을 추정할 수 있다. 이 매직 명령어는 모델을 여러 번 학습시키므로 계산량이 많은 모델의 시간을 측정하는 것은 가장 좋은 전략이 아닐 수도 있다.

```
>>> %%timeit
>>> from sklearn.neighbors import KNeighborsClassifier
>>> knn = KNeighborsClassifier(n_neighbors=5).fit(
...     r_X_train, r_y_train
... )
3.24 ms ± 599 µs per loop
(mean ± std. dev. of 7 runs, 100 loops each)
```

이 결과를 계급을 분리하는 **초평면**hyperplane을 찾고자 데이터를 고차원으로 투영project하는 **서포트 벡터 머신**SVM, Support Vector Machine 학습과 비교해 보자. 평면plane이 선의 2-차원 등가equivalent인 것처럼 초평면은 평면의 n-차원 등가다. SVM은 일반적으로 특이점에 강건하며 비선형 결정 경계를 모델링할 수 있다. 그러나 SVM은 매우 빠르게 느려지므로 좋은 비교가 된다.

```
>>> %%timeit
>>> from sklearn.svm import SVC
>>> svc = SVC(gamma='auto').fit(r_X_train, r_y_train)
153 ms ± 6.7 ms per loop
(mean ± std. dev. of 7 runs, 1 loop each)
```

이제 기본 모델과 기본 모델이 작동하는 방식을 알고 있으므로 기본 k-NN 모델의 성능을 알아보자.

```
>>> from sklearn.metrics import classification_report
>>> print(classification_report(r_y_test, knn_preds))
              precision    recall  f1-score   support

           0       0.91      0.93      0.92       138
           1       0.50      0.41      0.45        22

    accuracy                           0.86       160
   macro avg       0.70      0.67      0.69       160
weighted avg       0.85      0.86      0.86       160
```

위의 성능 기준^{benchmark}을 통해 불균형 표본추출을 시도할 준비가 됐다. 여기서는 scikit-learn이 제공하는 imblearn 패키지를 사용한다. imblearn 패키지는 다양한 전략을 사용해 과대표본추출과 과소표본추출을 할 수 있으며, 두 표본추출 방법 모두 같은 API 규칙^{convention}을 따르므로 scikit-learn만큼 사용하기 쉽다. API 문서는 이 URL (https://imbalanced-learn.org/stable/references/index.html#api)에서 확인할 수 있다.

과소표본추출

위에서 암시했듯이 과소표본추출은 모델 학습에 사용할 수 있는 데이터의 양을 줄이는 것이다. 즉 데이터의 일부를 제거해도 괜찮을 정도로 충분히 많은 데이터가 있을 때 과소표본추출을 시도해야 한다는 것을 의미한다. 시작할 데이터가 많지 않은 레드 와인 품질 데이터를 사용하면 어떤 일이 발생하는지 살펴보자.

imblearn의 RandomUnderSampler 클래스를 사용해 학습 데이터셋에서 낮은 품질의 레드 와인 데이터를 임의로 과소표본추출한다.

```
>>> from imblearn.under_sampling import RandomUnderSampler

>>> X_train_undersampled, y_train_undersampled = \
...     RandomUnderSampler(random_state=0)\
```

```
...          .fit_resample(r_X_train, r_y_train)
```

학습 데이터셋의 약 14%를 차지했던 고품질 레드 와인 데이터가 전체 학습 데이터의 50%가 됐다. 그러나 이는 1,049(= 1,244 − 195)개(학습 데이터의 절반 이상)의 학습 표본을 버린 결과다.

```
# 전
>>> r_y_train.value_counts()
0    1244
1     195
Name: high_quality, dtype: int64

# 후
>>> pd.Series(y_train_undersampled).value_counts().sort_index()
0    195
1    195
dtype: int64
```

과소표본추출 데이터로 모델을 적합하는 것은 이전과 다르지 않다.

```
>>> from sklearn.neighbors import KNeighborsClassifier

>>> knn_undersampled = KNeighborsClassifier(n_neighbors=5)\
...     .fit(X_train_undersampled, y_train_undersampled)
>>> knn_undersampled_preds = knn_undersampled.predict(r_X_test)
```

분류 보고서를 보면 과소표본추출이 확실히 개선되지 않았다는 것을 알 수 있다. 이 모델에 대한 데이터는 거의 없었다.

```
>>> from sklearn.metrics import classification_report

>>> print(
...     classification_report(r_y_test, knn_undersampled_preds)
... )
              precision    recall  f1-score   support

           0       0.93      0.65      0.77       138
```

1	0.24	0.68	0.35	22
accuracy		0.66		160
macro avg	0.58	0.67	0.56	160
weighted avg	0.83	0.66	0.71	160

시작할 데이터가 제한된 상황에서 과소표본추출은 사용할 수 없다. 여기서 우리는 이미 적은 데이터 중 절반 이상을 버렸다. 모델 학습에는 많은 양이 데이터가 필요하므로 이제 소수계급을 과대표본추출해 보자.

과대표본추출

더 적은 데이터셋을 사용하면 과소표본under-sample에 도움이 되지 않을 것이 분명하다. 대신 소수계급(이 경우 고품질 레드 와인)을 과대표본추출할 수 있다. RandomOverSampler 클래스로 임의과대표본추출을 하는 대신 **합성소수과대표본추출 기법**SMOTE, Synthetic Minority Over-sampling Technique을 사용해 k-NN 알고리듬으로 고품질 레드 와인과 비슷한 새로운 (합성) 레드 와인을 만든다. 이는 레드 와인의 화학 성분에 대해 수집한 데이터가 와인의 품질 등급에 영향을 미친다는 큰 가정하에 이루어지는 것이다.

NOTE

imblearn의 SMOTE는 다음 논문에 따라 구현됐다.
N. V. Chawla, K. W. Bowyer, L. O.Hall, W. P. Kegelmeyer, SMOTE: synthetic minority over-sampling technique, Journal of Artificial Intelligence Research, 321-357, 2002, 논문은 이 URL(https://arxiv.org/pdf/1106.1813.pdf)에서 확인할 수 있다.

5개의 최근접이웃으로 SMOTE를 사용해 학습 데이터셋에서 고품질 레드 와인을 과대 표본추출해 보자.

```
>>> from imblearn.over_sampling import SMOTE

>>> X_train_oversampled, y_train_oversampled = SMOTE(
...     k_neighbors=5, random_state=0
... ).fit_resample(r_X_train, r_y_train)
```

과대표본추출을 했으므로 이전보다 1,049개의 고품질 레드 와인 데이터가 더 많이 만들어진다.

```
# 전
>>> r_y_train.value_counts()
0    1244
1     195
Name: high_quality, dtype: int64

# 후
>>> pd.Series(y_train_oversampled).value_counts().sort_index()
0    1244
1    1244
dtype: int64
```

한 번 더 k-NN 모델을 적합하는데 이번에는 과대표본추출 데이터를 사용한다.

```
>>> from sklearn.neighbors import KNeighborsClassifier

>>> knn_oversampled = KNeighborsClassifier(n_neighbors=5)\
...     .fit(X_train_oversampled, y_train_oversampled)

>>> knn_oversampled_preds = knn_oversampled.predict(r_X_test)
```

과대표본추출은 과소표본추출보다 더 낮지만 재현율을 최대화하려는 것이 아니라면 k-NN에 대한 원래의 전략을 고수하는 것이 좋다.

```
>>> from sklearn.metrics import classification_report

>>> print(
...     classification_report(r_y_test, knn_oversampled_preds)
... )
              precision    recall  f1-score   support
           0       0.96      0.78      0.86       138
           1       0.37      0.82      0.51        22

    accuracy                           0.78       160
   macro avg       0.67      0.80      0.68       160
weighted avg       0.88      0.78      0.81       160
```

SMOTE가 합성 데이터를 만들기 때문에 이 데이터가 모델에 미칠 수 있는 부작을 신중하게 고려해야 한다. 주어진 계급의 모든 값이 모집단의 전체 스펙트럼을 대표하고 시간이 지나도 변하지 않는다고 가정할 수 없다면 SMOTE가 제대로 작동할 것이라고 기대할 수 없다.

:꞉꞉: 정칙화

회귀 분석을 할 때 모델이 계수를 만드는 특정 결정 과정을 처벌하도록 회귀 방정식에 벌점 항을 추가할 수 있다. 이를 **정칙화**regulariztion라고 한다. 이 벌점 항을 최소화하는 계수를 찾아야 한다. 모델의 오차를 줄이는 데 크게 기여하지 않는 특성의 계수를 0으로 줄이는 것이 핵심 아이디어다. 몇 가지 일반적인 기법은 능선회귀ridge regression, 최소절대축소와 선택연산자LASSO, Least Absolute Shrinkage and Selection Operator회귀, LASSO와 능선벌점 항을 결합한 탄성망회귀elastic net regression가 있다. 이런 기법은 계수의 크기에 의존하므로 사전에 데이터의 축척을 변경해야 한다.

L2 정칙화라고 하는 **능선회귀**는 다음 식과 같은 벌점 항penalty term에 따라 계수의 제곱에 대한 합을 더해 높은 계수(β)에 벌점을 준다. 회귀는 적합할 때 비용함수를 최소화하는 것처럼 보인다.

$$\text{L2 벌점} = \lambda \sum_j \hat{\beta_j}^2$$

이 벌점 항은 벌점이 얼마나 큰지를 나타내는 가중값 λ가 부여된다. 가중값이 0이면 이전과 같이 최소제곱회귀least squares regression가 된다.

NOTE

> LogisticRegression 클래스의 C 매개변수를 기억하는가? 기본적으로 LogisticRegression 클래스는 L2 벌점 항을 사용한다. 여기서 C는 1/λ다. 그러나 L1도 지원하지만 특정 솔버(solver)만 지원한다.

L1 정칙화라고도 하는 **LASSO 회귀**는 계수의 절대값 합을 비용함수에 추가해 계수를 0으로 만든다. LASSO 정칙화는 극값^{extreme value}에 덜 민감해 L2 정칙화보다 더 강건하다.

$$\text{L1 벌점} = \lambda \sum_j |\hat{\beta}_j|$$

LASSO는 회귀에서 (모델에 기여하지 않는) 특정 특성의 계수를 0으로 만들기 때문에 특성 선택을 수행한다고 한다.

> **NOTE**
>
> L1 벌점과 L2 벌점 모두 L1 노름(norm)과 L2 노름이라고도 하며 수학적으로 각각 $\|\hat{\beta}\|_1$와 $\|\hat{\beta}\|_2^2$로 표기한다. 노름은 벡터 공간 위에서 $[0, \infty)$ 범위가 되게 하는 수학적 변환(transformation)이다.[3]

탄성망회귀는 LASSO와 능선 벌점 항을 다음 식과 같이 벌점 항에 결합한다. 여기서 벌점의 강도(λ)와 α가 있는 L1의 벌점 비율을 모두 조정할 수 있다.[4]

$$\text{탄성망 벌점} = \lambda \left(\frac{1-\alpha}{2} \sum_j \hat{\beta}_j^{\,2} + \alpha \sum_j |\hat{\beta}_j| \right)$$

scikit-learn은 LinearRegression 클래스와 같은 방식으로 사용할 수 있는 Ridge, Lasso, ElasticNet 클래스로 능선, LASSO, 탄성망을 구현했다. 또한 교차타당성입증 기능이 내장된 각 클래스의 CV 버전(RidgeCV, LassoCV, ElasticNetCV)도 있다. 이 모든 모델의 기본값을 사용하면 행성 데이터로 공전주기를 예측할 때 LASSO의 성능이 가장 좋다는 것을 알 수 있다.

```
>>> from sklearn.linear_model import Ridge, Lasso, ElasticNet
```

---

3 자세한 내용은 나무위키 노름(수학)(https://bit.ly/3ll82Yz) 참고 – 옮긴이

4 LASSO, 능선, 탄성망에 관한 내용은 SH의 학습노트 블로그 '회귀계수 축소법 – Lasso, Ridge, Elastic-Net 개념 (https://todayisbetterthanyesterday.tistory.com/12)' 참고 – 옮긴이

```
>>> ridge, lasso, elastic = Ridge(), Lasso(), ElasticNet()
>>> for model in [ridge, lasso, elastic]:
...     model.fit(pl_X_train, pl_y_train)
...     print(
...         f'{model.__class__.__name__}: ' # 모델의 이름을 가져온다.
...         f'{model.score(pl_X_test, pl_y_test):.4}'
...     )
Ridge: 0.9206
Lasso: 0.9208
ElasticNet: 0.9047
```

이런 scikit-learn 클래스에는 위 방정식의 (α가 아닌) λ에 해당하는 alpha 매개변수가 있다. ElasticNet의 경우 방정식의 α는 l1_ratio 매개변수에 해당하며, 기본값은 50% LASSO다. 실제로 이런 초매개변수는 교차타당성입증으로 결정된다.

⁖ 요약

10장에서는 모델의 성능을 개선하고자 사용할 수 있는 다양한 기법을 살펴봤다. 검색공간에서 가장 좋은 초매개변수를 찾으려고 격자검색을 사용하는 방법과 GridSearchCV에 선택한 채점 측정 지표$^{scoring\ metric}$를 사용해 모델을 튜닝하는 방법도 배웠다. 이는 모델의 score() 메서드 기본값을 사용하지 않고 사용자 정의할 수 있다는 것을 의미한다.

특성 공학에 대한 설명에서는 PCA와 특성 선택과 같은 기법을 사용해 데이터의 차원을 축소하는 방법도 배웠다. PolynomialFeatures 클래스를 사용해 상호작용 항을 범주형과 수치형 특성이 있는 모델에 추가하는 방법도 살펴봤다. 그런 다음 FeatureUnion 클래스를 사용해 학습 데이터를 변환한 데이터로 증강하는 방법도 배웠다. 또한 특성 중요도를 사용해 분류나 회귀 작업에 가장 많이 기여하는 특성을 알아보고자 결정나무가 어떻게 도움이 되는지도 알아봤다. 특성 중요도에 대한 결정나무를 통해 레드 와인과 화이트 와인을 화학 성분으로 구별하는 데 이산화황과 염화물이 중요한 역할을 하며, 행성의 공전주기를 결정하는 데는 긴반지름이 중요한 역할을 한다는 것을 알 수 있었다.

이후 확률숲, 경사부스팅, 투표 분류기를 살펴보고 앙상블 방법과 배깅, 부스팅, 투표 전략을 통해 편향-분산 절충점을 해결하는 방법을 설명했다. 또한 코헨의 카파 점수로 분류기 간의 일치를 측정하는 방법도 살펴봤다. 이로 인해 `white_or_red` 와인 분류기의 정확한 예측과 부정확한 예측의 신뢰도를 조사할 수 있었다. 모델 성능의 내막을 알고 나면 모델 성능의 장점을 활용하고 약점을 완화하고자 적절한 앙상블 방법을 사용해 모델의 성능을 개선할 수 있다.

그런 다음, 데이터에 계급불균형이 있을 때 과소표본추출과 과대표본추출 전략을 구현하고자 `imblearn` 패키지를 사용하는 방법을 배웠다. 레드 와인 품질 점수 예측 능력을 개선하려고 이 방법을 사용했다. 이 예에서 k-NN 알고리듬과 작은 데이터셋으로 모델링할 때 발생하는 문제도 살펴봤다. 마지막으로, 능선(L2 노름)과 LASSO(L1 노름), 그리고 탄력망 벌점을 사용하는 정칙화를 사용해 회귀에서 높은 계수에 벌점을 주고 과대적합을 줄이는 방법도 배웠다. LASSO는 계수를 0으로 만들기 때문에 특성을 선택하는 방법으로도 자주 사용된다.

11장에서는 시뮬레이션한 로그인 데이터에 머신러닝을 사용해 이상을 탐지한다. 또한 비지도학습과 지도학습을 실제로 적용하는 방법도 알아본다.

⫶ 연습 문제

지금까지 이 책에서 배운 내용을 사용해 다음 연습 문제를 풀어 본다. 모델 구축 과정에 대한 복습으로 부록의 '머신러닝 작업흐름' 절을 참고한다.

1. 다음과 같이 탄성망선형회귀를 사용해 별의 온도를 예측한다.

   a) `data/stars.csv` 파일을 사용해 `MinMaxScaler` 객체로 데이터를 정규화하는 파이프라인을 만든 다음, 모든 숫자 데이터 열을 사용해 탄성망선형회귀를 실행해 별의 온도를 예측한다.

   b) 파이프라인에 대한 격자검색을 통해 선택한 검색공간에서 가장 좋은 탄성망의 `alpha`와 `l1_ratio`, 그리고 `fit_intercept`를 찾는다.

   c) 초기 데이터의 75%에 대해 모델을 학습한다.

d) 모델의 R^2를 계산한다.

e) 각 회귀자와 절편에 대한 계수를 찾는다.

f) ml_utils.regression 모듈의 plot_residuals() 함수를 사용해 잔차를 시각화한다.

2. 다음과 같이 서포트 벡터 머신과 특성 합집합을 사용해 화이트 와인 품질을 다계급 분류를 한다.

a) data/winequality-white.csv 파일을 사용해 데이터를 표준화하는 파이프라인을 만든 다음, sklearn.feature_selection 모듈에서 선택한 특성 선택과 상호작용 항 간의 특성 합집합을 만들고 (SVC 클래스를 사용해) SVM을 만든다.

b) 파이프라인에 대해 데이터의 85%로 격자검색을 실행하고 선택한 검색공간에서 scoring='f1_macro'로 가장 좋은 include_bias 매개변수(PolynomialFeatures)와 C 매개변수SVC를 찾는다.

c) 모델의 분류 보고서를 확인한다.

d) ml_utils.classification 모듈의 confusion_matrix_visual() 함수를 사용해 혼동 행렬을 만든다.

e) ml_utils.classification 모듈의 plot_multiclass_pr_curve() 함수를 사용해 다계급 데이터에 대한 정밀도-재현율 곡선을 그린다.

3. 다음과 같이 k-NN과 과대표본추출을 사용해 화이트 와인 품질을 다계급 분류를 한다.

a) data/winequality-white.csv 파일을 사용해 학습 데이터의 85%로 평가 데이터와 학습 데이터를 만든다. quality 열에 대해 층화표집을 한다.

b) 소수 품질 점수minority quality score에 대해 imblearn의 RandomOverSampler 클래스를 사용해 과대표본추출한다.

c) 데이터를 표준화하고 k-NN을 실행하는 파이프라인을 만든다.

d) 선택한 검색공간에서 과대표본추출한 데이터을 사용해 scoring='f1_macro'로 가장 좋은 k-NN의 n_neighbors 매개변수를 찾는다.

e) 모델의 분류 보고서를 확인한다.

f) ml_utils.classification 모듈의 confusion_matrix_visual() 함수를 사용해 혼동 행렬을 만든다.

g) ml_utils.classification 모듈의 plot_multiclass_pr_curve() 함수를 사용해 다계급 데이터에 대한 정밀도-재현율 곡선을 그린다.

4. 와인 유형(레드나 화이트)가 품질 점수를 결정하는 데 도움이 될까?

a) data/winequality-white.csv와 data/winequality-red.csv 파일을 사용해 연결된 데이터concatenated data와 데이터 속한 와인 유형(레드나 화이트)을 나타내는 열로 DataFrame을 만든다.

b) 학습 데이터의 75%로 평가 데이터와 학습 데이터를 만든다. quality 열에 대해 층화표집을 한다.

c) ColumnTransformer 객체를 사용해 숫자 데이터를 표준화하고 와인 유형 열을 (is_red과 is_white와 같은 것에 대해 각각 이진값으로) 원-핫 인코딩한 다음, 확률숲을 학습한다.

d) 선택한 검색공간에서 파이프라인에 대해 격자검색을 실행해 scoring='f1_macro'로 가장 좋은 확률숲의 max_depth 매개변수를 찾는다.

e) 확률숲의 특성 중요도를 살펴본다.

f) 모델의 분류 보고서를 확인한다.

g) ml_utils.classification 모듈의 plot_multiclass_roc() 함수를 사용해 다계급 데이터에 대한 ROC 곡선을 그린다.

h) ml_utils.classification 모듈의 confusion_matrix_visual() 함수를 사용해 혼동 행렬을 만든다.

5. 다음과 같이 다수결 원칙 투표로 와인 품질을 예측하는 다계급 분류기를 만든다.

a) data/winequality-white.csv와 data/winequalityred.csv 파일을 사용해 연결된 데이터^concatenated data와 데이터 속한 와인 유형(레드나 화이트)을 나타내는 열로 DataFrame을 만든다.

b) 학습 데이터의 75%로 평가 데이터와 학습 데이터를 만든다. quality 열에 대해 층화표집을 한다.

c) 확률숲, 경사부스팅, *k*-NN, 로지스틱 회귀, 나이브 베이즈^Naive Bayes(GaussianNB) 각 모델에 대한 파이프라인을 만든다. 파이프라인은 ColumnTransformer 객체를 사용해 숫자 데이터를 표준화하고 와인 유형 열을 (is_red과 is_white와 같은 것에 대해 각각 이진값으로) 원-핫 인코딩한 다음, 모델을 만들어야 한다. 나이브 베이즈는 11장에서 설명한다.

d) 선택한 검색공간에서 나이브 베이즈를 제외한 모든 파이프라인에 대해 격자검색을 실행해 scoring='f1_macro'로 다음에 대해 가장 좋은 값을 찾는다.

   i) **확률숲**: max_depth

   ii) **경사부스팅**: max_depth

   iii) *k*-NN: n_neighbors

   iv) **로지스틱 회귀**: C

e) scikit-learn metrics 모듈의 cohen_kappa_score() 함수를 사용해 두 모델의 각 쌍 간의 일치 수준을 찾는다. 파이썬 표준 라이브러리 itertools 모듈의 combinations() 함수를 사용하면 두 모델의 모든 조합을 쉽게 만들 수 있다.

f) 다수결 원칙(voting='hard')을 사용해 5개의 모델로 투표 분류기를 만들고 나이브 베이즈의 가중값은 다른 모델의 절반으로 한다.

g) 모델의 분류 보고서를 확인한다.

h) ml_utils.classification 모듈의 confusion_matrix_visual() 함수를 사용해 혼동 행렬을 만든다.

참고 자료

10장에서 다룬 주제에 관한 더 많은 내용은 다음 자료를 참고한다.

- 머신러닝을 위한 경사부스팅 입문: https://machinelearningmastery.com/gentle-introduction-gradient-boosting-algorithm-machine-learning/

- 실제 모델 스태킹에 대한 캐글러[Kaggler] 가이드: https://datasciblog.github.io/2016/12/27/a-kagglers-guide-to-model-stacking-in-practice/

- 올바른 추정기 선택하기: https://scikit-learn.org/stable/tutorial/machine_learning_map/index.html

- 교차타당성입증: 추정기 성능 평가하기: https://scikit-learn.org/stable/modules/cross_validation.html

- 머신러닝에서의 결정나무: https://towardsdatascience.com/decision-trees-in-machine-learning-641b9c4e8052

- 머신러닝 결과 개선을 위한 앙상블 학습: https://medium.com/cube-dev/ensemble-learning-d1dcd548e936

- 앙상블 방법: https://scikit-learn.org/stable/modules/ensemble.html

- 『Feature Engineering Made Easy』(Packt, 2018), 디브야 수살라[Divya Susarla]와 시난 오즈데미르[Sinan Ozdemir]: https://www.packtpub.com/big-data-and-business-intelligence/feature-engineering-made-easy

- 특성 선택: https://scikit-learn.org/stable/modules/feature_selection.html#feature-selection

- 경사 부스팅 대 확률숲: https://medium.com/@aravanshad/gradient-boosting-versus-random-forest-cfa3fa8f0d80

- 머신러닝에서의 초매개변수 최적화: https://www.datacamp.com/community/tutorials/parameter-optimization-machine-learning-models

- **L1 노름 대 L2 노름**: https://www.kaggle.com/residentmario/l1-norms-versus-l2-norms

- **현대 머신러닝 알고리듬: 장단점**: https://elitedatascience.com/machine-learning-algorithms

- **주성분분석**: https://en.wikipedia.org/wiki/Principal_component_analysis(영어), https://bit.ly/3IWTJ2c(한국어)

- **머신러닝에서의 정칙화**: https://towardsdatascience.com/regularization-in-machine-learning-76441ddcf99a

- 『**통계학으로 배우는 머신러닝 2/e**』(에이콘, 2020), **제롬 프리드만**[Jerome H. Friedman], **로버트 팁시라니**[Robert Tibshirani], **드레버 헤이스티**[Trevor Hastie]: https://web.stanford.edu/~hastie/ElemStatLearn/

11

머신러닝 기반
비정상 행위 탐지

11장에서는 마지막 응용을 위해 로그인 시도에 대한 **비정상 행위 탐지**anomaly detection를 다시 살펴보도록 한다. 2018년 초 웹 응용 프로그램을 출시한 회사에서 일하고 있다고 생각해 보자. 이 웹 응용 프로그램은 출시한 이후로 모든 로그인 시도에 관한 로그를 수집하고 있다. 따라서 로그인을 시도한 IP 주소, 결과, 시간, 사용된 사용자 이름을 알고 있다. 모르는 것은 해당 로그인 시도가 유효한 사용자가 한 것인지 악의적인 사용자가 한 것인지 아닌지다.

우리 회사는 서비스를 확장하고 있으며, 매일 데이터 침해 관련 뉴스가 나오는 것 같아 서비스 트래픽을 모니터링하고자 정보보안 부서를 만들었다. CEO는 8장에서 해커를 식별하기 위한 규칙 기반 접근 방식을 알고 있어 우리의 계획에 흥미를 느꼈지만 이런 중요한 작업을 위해 규칙과 임계값을 사용하는 것 이상의 방법을 원하고 있다. 우리는 웹 응용 프로그램에 대한 로그인 시도에 대한 비정상 행위를 탐지하는 머신러닝 모델을 개발하는 임무를 맡게 됐다.

이를 위해서는 빅 데이터가 필요하므로 2018년 1월 1일부터 12월 31일까지의 모든 로그에 접근할 수 있게 됐다. 또한 새로 구성된 **보안운영센터**SOC, Security Operations Center는 이제 이 모든 트래픽을 감사^{audit}하고 조사를 기반으로 악의적인 사용자가 포함된 시간대^{time frame}를 알아내려고 한다. 보안운영센터 구성원은 이 분야의 전문가이므로 이 데이터는 매우 중요하다. 우리는 그들이 제공하는 레이블 데이터를 사용해 앞으로 사용할 수 있는 지도학습 모델을 만들어야 한다. 그러나 모든 트래픽을 조사하는 데 다소 시간이 걸리므로 작업이 끝날 때까지 몇 가지 비지도학습을 시작한다.

11장에서는 다음과 같은 내용을 다룬다.

- 시뮬레이션 로그인 시도 데이터 탐색

- 비지도학습 방식의 비정상 행위 탐지

- 지도학습 기반 비정상 행위 탐지 구현

- 피드백 되돌림과 온라인학습 통합

⁙ 11장 교재

11장의 자료는 이 URL(https://github.com/stefmolin/Hands-On-Data-Analysis-with-Pandas-2nd-edition/tree/master/ch_11)에 있다. 11장에서는 8장의 로그인 시도 데이터를 다시 살펴본다. 그러나 터미널 명령어 인수를 추가할 수 있도록 simulate.py 스크립트가 업데이트됐다. 이번에는 시뮬레이션하지 않지만 0-simulating_the_data.ipynb 노트북에서 스크립트를 살펴보고 데이터 파일을 생성하고 데이터베이스를 만드는 과정을 확인한다. user_data/ 디렉터리에는 이 시뮬레이션에 사용된 파일이 있지만 11장에서 직접 사용하지는 않는다.

11장에서 사용할 시뮬레이션 로그 데이터는 logs/ 디렉터리에 있다. logs_2018.csv와 hackers_2018.csv 파일은 각각 2018년 모든 로그인 시도 로그와 해커 활동의 기록이다. hackers 접두사가 붙은 파일은 보안운영센터로부터 받은 레이블 데이터로 취급할 것이므로 처음에는 이 데이터가 없는 것으로 한다. 파일 이름에 2018 대신 2019가 있는 파일은 1년 전체 데이터가 아닌 2019년 1분기를 시뮬레이션한 데이터다. 또한 CSV 파일은

logs.db SQLite 데이터베이스에 기록된 것이다. logs 테이블에는 logs_2018.csv와 logs_2019.csv의 데이터가 들어 있다. attacks 테이블에는 hackers_2018.csv와 hackers_2019.csv의 데이터가 들어 있다.

시뮬레이션 매개변수는 매월 다르며 대부분은 해커가 사용자 이름마다 IP 주소를 바꿔 가면서 로그인을 시도한다. 이로 인해 많은 시도와 높은 실패율이 있는 IP 주소를 찾는 8장의 방법은 쓸모없어졌다. 이제 해커가 IP 주소를 바꾸면 해당 IP 주소와 관련된 시도가 많지 않게 된다. 따라서 8장의 방법으로는 IP 주소를 표시할 수 없다. 그래서 우리는 다른 방법을 찾아야만 한다.

	Jan 2018	Feb 2018	Mar 2018	Apr 2018	May 2018	Jun 2018	Jul 2018	Aug 2018	Sep 2018	Oct 2018	Nov 2018	Dec 2018	Jan 2019	Feb 2019	Mar 2019
Probability of attack in a given hour	1.00%	0.50%	0.10%	1.00%	0.01%	0.05%	1.00%	0.50%	0.50%	0.20%	0.70%	1.00%	0.80%	0.20%	1.00%
Probability of trying entire user base	50%	25%	10%	65%	5%	5%	15%	10%	10%	12%	17%	88%	8%	18%	18%
Vary IP addresses?	Yes	Yes	Yes	Yes	Yes	Yes	Yes	Yes	No	No	Yes	Yes	Yes	Yes	Yes

그림 11.1 시뮬레이션 매개변수

NOTE

merge_logs.py 파일에는 개별 시뮬레이션 로그를 병합하는 파이썬 코드가 있으며 run_simulations.sh에는 전체 과정을 실행하기 위한 배시(Bash) 스크립트가 들어 있다. 해당 파일은 코드의 완전성을 위해 포함된 것이므로 사용할 필요는 없다. 배시에 대해서도 걱정할 필요가 없다.

11장의 작업은 여러 노트북으로 나뉘어 있으며 사용할 순서대로 번호가 매겨져 있다. 레이블 데이터를 얻기 전에 1-EDA_unlabeled_data.ipynb 노트북에서 몇 가지 탐색적 데이터 분석을 한 다음 2-unsupervised_anomaly_detection.ipynb 노트북에서 몇 가지 비지도학습 기반 비정상 행위 탐지 방법을 시도한다. 레이블 데이터를 얻은 다음에 3-EDA_labeled_data.ipynb 노트북에서 추가 탐색적 데이터 분석을 한 다음 4-supervised_anomaly_detection.ipynb에서 지도학습 기반 비정상 행위 탐지 방법을 시도한다. 마지막으로, 5-online_learning.ipynb 노트북에서 온라인학습을 설명한다.

📊 시뮬레이션 로그인 시도 데이터 탐색

데이터에 아직 레이블링하지 않았지만 데이터를 조사해 눈에 띄는 것이 있는지 확인할 수 있다. 이 데이터는 8장의 데이터와 다르다. 이 시뮬레이션에서 해커는 더 똑똑하다. 해커는 여러 사용자로 시도하거나 매번 같은 IP 주소를 사용하지 않는다. `1-EDA_unlabeled_data.ipynb` 노트북에서 몇 가지 탐색적 데이터 분석을 수행해 비정상 행위를 탐지하는 데 도움이 되는 몇 가지 특성이 있는지 알아본다.

지금까지 했던 것처럼 임포트로 시작한다. 이 과정은 모든 노트북에서 같으므로 이 절에서만 재현한다.

```
>>> %matplotlib inline
>>> import matplotlib.pyplot as plt
>>> import numpy as np
>>> import pandas as pd
>>> import seaborn as sns
```

다음으로, SQLite 데이터베이스 logs 테이블에서 2018년 로그를 읽는다.

```
>>> import sqlite3

>>> with sqlite3.connect('logs/logs.db') as conn:
...     logs_2018 = pd.read_sql(
...         """
...         SELECT *
...         FROM logs
...         WHERE
...             datetime BETWEEN "2018-01-01" AND "2019-01-01";
...         """,
...         conn, parse_dates=['datetime'],
...         index_col='datetime'
...     )
```

작업 중인 환경에 SQLAlchemy 패키지(https://www.sqlalchemy.org/)가 설치돼 있다면 `pd.read_sql()`을 호출할 때 연결에 데이터베이스 인터넷 식별자(URI, Uniform Resource Identifier)를 지정할 수 있는 옵션이 있어 with 문이 필요 없다. 이 경우 URI는 sqlite:///logs/logs.db이며, 여기서 sqlite는 방언(dialect)이며 `logs/logs.db`는 파일 경로다. 행에 / 문자가 3개라는 것에 유의한다.

데이터는 그림 11.2와 같다.

	source_ip	username	success	failure_reason
datetime				
2018-01-01 00:05:32.988414	223.178.55.3	djones	1	None
2018-01-01 00:08:00.343636	223.178.55.3	djones	0	error_wrong_password
2018-01-01 00:08:01.343636	223.178.55.3	djones	1	None
2018-01-01 01:06:59.640823	208.101.11.88	wbrown	1	None
2018-01-01 02:40:47.769630	11.76.99.35	tkim	1	None

그림 11.2 2018년 로그인 시도 로그

데이터는 success 열을 제외하고는 8장과 같다. SQLite는 부울 값을 지원하지 않으므로 이 열은 데이터베이스에 데이터를 저장할 때의 형식(정수로 저장됨)인 이진값으로 변환됐다.

```
>>> logs_2018.dtypes
source_ip object
username object
success int64
failure_reason object
dtype: object
```

파이썬 표준 라이브러리(sqlite3)가 이미 데이터베이스에 연결하는 수단을 제공하므로 여기서는 SQLite 데이터베이스를 사용한다. MySQL이나 PostgreSQL과 같은 데이터베이스를 사용하려면 SQLAlchemy(와 데이터베이스 방언에 따라 추가 패키지)를 설치해야 한다. 더 자세한 내용은 이 URL(https://pandas.pydata.org/pandas-docs/stable/user_guide/io.html#sql-queries)에서 확인할 수 있다. '참고 자료' 절에 소개한 SQLAlchemy 자습서를 참고한다.

info() 메서드를 사용하면 failure_reason에만 null 값이 있다는 것을 알 수 있다. 시도가 성공하면 값이 null이다. 모델을 만들 때는 데이터의 메모리 사용량에도 주의를 기울여야 한다. 일부 모델은 데이터의 차원을 높여야 하는데, 이로 인해 데이터가 메모리에 저장하기에는 너무 커질 수 있다.

```
>>> logs_2018.info()
<class 'pandas.core.frame.DataFrame'>
DatetimeIndex: 38700 entries,
2018-01-01 00:05:32.988414 to 2018-12-31 23:29:42.482166
Data columns (total 4 columns):
 #   Column          Non-Null Count   Dtype
---  ------          --------------   -----
 0   source_ip       38700 non-null   object
 1   username        38700 non-null   object
 2   success         38700 non-null   int64
 3   failure_reason  11368 non-null   object
dtypes: int64(1), object(3)
memory usage: 1.5+ MB
```

describe() 메서드를 실행하면 로그인 시도 실패의 가장 일반적인 원인이 잘못된 패스워드라는 것을 알 수 있다. 또한 시도된 사용자 이름의 수(1,797)가 사용자 기반의 수(133)를 훨씬 초과해 의심스러운 활동이 있다는 것을 알 수 있다. 가장 빈번한 IP 주소는 314번으로, 하루에 한 번 꼴도 되지 않아(2018년 전체를 보고 있다는 것을 명심하자) 어떤 가정도 해서는 안 된다.

```
>>> logs_2018.describe(include='all')
          source_ip username      success        failure_reason
count         38700    38700  38700.000000                 11368
unique         4956     1797           NaN                     3
top   168.123.156.81   wlopez           NaN  error_wrong_password
freq            314      387           NaN                  6646
mean            NaN      NaN      0.706253                   NaN
std             NaN      NaN      0.455483                   NaN
min             NaN      NaN      0.000000                   NaN
25%             NaN      NaN      0.000000                   NaN
50%             NaN      NaN      1.000000                   NaN
75%             NaN      NaN      1.000000                   NaN
max             NaN      NaN      1.000000                   NaN
```

8장에서와 같이 IP 주소별로 로그인을 시도한 고유한 사용자 이름을 확인할 수 있다. 여기서 IP 주소 대부분에는 몇 개의 사용자 이름이 있지만, 많은 사용자 이름을 사용한 IP 주소가 적어도 하나 있다.

```
>>> logs_2018.groupby('source_ip')\
...     .agg(dict(username='nunique'))\
...     .username.describe()
count    4956.000000
mean        1.146287
std         1.916782
min         1.000000
25%         1.000000
50%         1.000000
75%         1.000000
max       129.000000
Name: username, dtype: float64
```

IP 주소별로 측정 지표를 계산해 보자.

```
>>> pivot = logs_2018.pivot_table(
...     values='success', index='source_ip',
...     columns=logs_2018.failure_reason.fillna('success'),
...     aggfunc='count', fill_value=0
... )
>>> pivot.insert(0, 'attempts', pivot.sum(axis=1))
>>> pivot = pivot\
...     .sort_values('attempts', ascending=False)\
...     .assign(
...         success_rate=lambda x: x.success / x.attempts,
...         error_rate=lambda x: 1 - x.success_rate
...     )
>>> pivot.head()
```

가장 많은 시도가 있었던 상위 5개 IP 주소는 상대적으로 높은 성공률을 가지고 있어 유효한 사용자가 사용한 것으로 보인다.

failure_reason	attempts	error_account_locked	error_wrong_password	error_wrong_username	success	success_rate	error_rate
source_ip							
168.123.156.81	314	0	37	0	277	0.882166	0.117834
24.112.17.125	309	0	37	0	272	0.880259	0.119741
16.118.156.50	289	0	41	1	247	0.854671	0.145329
25.246.225.197	267	0	43	0	224	0.838951	0.161049
30.67.241.95	265	0	37	0	228	0.860377	0.139623

그림 11.3 IP 주소별 측정 지표

이 DataFrame을 사용해 IP 주소별 성공 대 시도 그림을 그려 유효한 활동과 악의적인 활동을 구분할 수 있는 패턴이 있는지 알아보자.

```
>>> pivot.plot(
...     kind='scatter',
...     x='attempts',
...     y='success',
...     alpha=0.25
... )

>>> plt.xlabel('시도 수')
>>> plt.ylabel('성공 횟수')
>>> plt.title('IP 주소별 성공 대 시도', fontsize=20)
```

그림 11.4의 아래쪽에는 속하지 않는 몇 개의 점이 있지만, 축의 눈금이 완벽하게 정렬되지 않았다. 점 대부분은 성공 대 시도의 1:1 관계보다 약간 작은 선을 따라 늘어서 있다. 11장의 시뮬레이션은 8장에서 사용했던 시뮬레이션보다 더 현실적이다. 따라서 그림 11.4와 그림 8.11을 비교하면 여기서는 유효한 활동과 악의적인 활동을 구분하는 것이 훨씬 더 어렵다는 것을 알 수 있다.

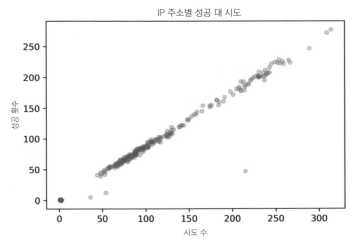

그림 11.4 IP 주소별 성공 대 시도 산점도

이는 유효한 사용자와 공격자 로그인 활동을 구별하는 이진분류 문제다. 유효한 사용자와 공격자를 구분하는 결정경계를 학습하는 모델을 만들어야 한다. 유효한 사용자는 패스워드를 올바르게 입력할 확률이 높아서 시도 대 성공 간의 관계가 공격자보다 1:1에 더 가깝다. 따라서 다음과 같은 분리경계^{separation boundary}를 생각할 수 있다.

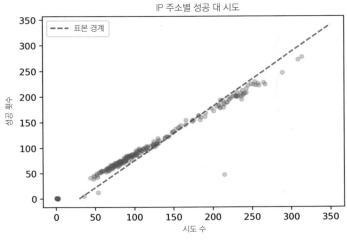

그림 11.5 가능한 결정경계

이제 문제는 이 두 그룹 중 어떤 그룹이 공격자인가 하는 것이다. 더 (공격자가 시도하는 각 사용자 이름에 대해 다른 IP 주소를 사용하므로) 많은 IP 주소가 공격자라면 유효한 사용자는 특이점으로 간주할 수 있어 공격자는 상자 그림 안의 '내부점inlier'으로 생각할 수 있다. 상자 그림을 그려 우리 생각이 맞는지 확인해 보자.

```python
>>> pivot[['attempts', 'success']].plot(
...     kind='box',
...     subplots=True,
...     figsize=(10, 3),
... )

>>> labels = ['시도 수', '성공 횟수']
>>> for i, axes in enumerate(ax):
...     axes.xaxis.set_major_locator(MultipleLocator(1))
...     axes.set(ylabel='빈도수')
...     axes.legend([labels[i]])
>>> plt.suptitle('IP 주소별 통계', fontsize=20)
```

그림 11.6을 보면 실제로 우리의 생각이 맞는 것처럼 보인다. 유효한 사용자는 1~3개의 다른 IP 주소만 사용하므로 공격자보다 성공률이 높다.

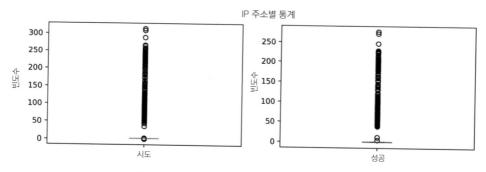

그림 11.6 IP 주소별 측정 지표를 사용해 특이점 찾기

확실히 이런 데이터를 보는 것은 크게 도움이 되지 않으므로 더 세분화한 그림이 도움이 될 수 있는지 살펴보자. 2018년 1월에 대해 분 단위로 IP 주소별 로그인 시도 분포, 사용자 이름 수, 실패 횟수를 시각화한다.

```
>>> from matplotlib.ticker import MultipleLocator
>>> ax = logs_2018.loc['2018-01'].assign(
...     failures=lambda x: 1 - x.success
... ).groupby('source_ip').resample('1min').agg({
...     'username': 'nunique',
...     'success': 'sum',
...     'failures': 'sum'
... }).assign(
...     attempts=lambda x: x.success + x.failures
... ).dropna().query('attempts > 0').reset_index().plot(
...     y=['attempts', 'username', 'failures'], kind='hist',
...     subplots=True, layout=(1, 3), figsize=(20, 3),
...     title='2018년 1월 IP 주소별 분 단위 통계'
... )

>>> labels = ['시도 수', '사용자 이름', '실패 횟수']
>>> for i, axes in enumerate(ax.flatten()):
...     axes.xaxis.set_major_locator(MultipleLocator(1))
...     axes.set(ylabel='빈도수')
...     axes.legend([labels[i]])
```

IP 주소 대부분에 연결된 사용자 이름은 1개뿐인 것 같다. 그러나 일부 IP 주소에서는 여러 번의 실패를 하기도 한다.

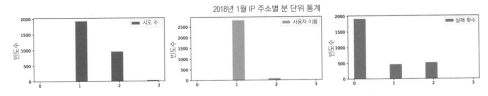

그림 11.7 IP 주소별 분당 측정 지표의 분포

아마도 고유한 사용자 이름과 실패의 조합이 IP 주소가 일정하다는 것에 의존하지 않는다는 것을 보여 줄 것 같다. 2018년 동안 분당 실패한 사용자 이름의 수를 시각화한다.

```
>>> logs_2018.loc['2018'].assign(
...     failures=lambda x: 1 - x.success
... ).query('failures > 0').resample('1min').agg(
```

```
...        {'username': 'nunique', 'failures': 'sum'}
... ).dropna().rename(
...        columns={'username': 'usernames_with_failures'}
... ).usernames_with _failures.plot(
...        figsize=(15, 4)
... ).set(xlabel='날짜', ylabel='실패한 사용자 이름 수')

>>> plt.title('2018년 분당 실패한 사용자 이름 수', fontsize=20)
```

그림 11.8은 가능성이 있다는 것을 보여 준다. 실패한 사용자 이름 수의 급증spike을 분명히 조사해봐야 한다. 우리 회사 웹사이트의 문제이거나 악의적인 활동일 수 있다.

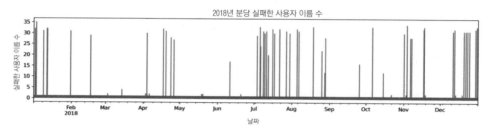

그림 11.8 시간에 따른 실패한 사용자 이름 수

우리가 작업할 데이터를 철저히 살펴보면 머신러닝 모델을 만들 때 사용할 수 있는 특성에 대한 아이디어를 얻을 수 있다. 아직 레이블 데이터가 없으므로 비지도학습 모델을 사용해 보자.

비정상 행위 탐지에 비지도학습 모델 활용

해커가 눈에 띄고 유효한 사용자와 구별된다면 비지도학습 방법은 꽤 효과적일 수 있다. 비지도학습은 데이터를 레이블링하기 전에 하거나 레이블 데이터를 수집하기 어렵거나 플래그하려는 전체 스펙트럼을 레이블 데이터가 대표할 수 없다는 것을 보장할 수 없을 때 해야 한다. 대부분은 데이터를 레이블링하지 않으므로 몇 가지 비지도학습 방법에 익숙해지는 것이 좋다.

초기 탐색적 데이터 분석에서 1분 안에 로그인 시도를 실패한 사용자 이름의 수를 비정상 행위 탐지를 위한 특성이라는 것을 알았다. 이제 이 특성을 출발점으로 삼아 몇 가지 비지도학습 비정상 행위 탐지 알고리듬을 평가한다. scikit-learn은 이런 알고리듬을 제공한다. 이 절에서는 고립숲[isolation forest]과 국소특이점인자를 살펴보고 일계급[one-class] **서포트 벡터 머신**[SVM]을 사용하는 세 번째 방법은 연습 문제로 남겨 둔다.

이런 방법을 시도하기 전에 학습 데이터를 준비해야 한다. 보안운영센터에서는 먼저 2018년 1월에 대한 레이블 데이터를 제공했으므로 비지도학습 모델에 2018년 1월 분 단위 데이터만 사용한다. 특성은 (원-핫 인코딩된) 요일과 (원-핫 인코딩된) 시간, 그리고 실패한 사용자 이름 수다. 필요하다면 9장의 '데이터 인코딩하기' 절을 참고한다.

2-unsupervised_anomaly_detection.ipynb 노트북에서 이 데이터를 쉽게 가져오는 유틸리티 함수를 만든다.

```
>>> def get_X(log, day):
...     """
...     X로 사용할 데이터 가져오기
...
...     매개변수:
...         - log: 로그 DataFrame
...         - day: datetime 인덱스 슬라이스로 사용할 일이나 단일 값
...
...     반환값:
...         `pandas.DataFrame` 객체
...     """
...     return pd.get_dummies(
...  log.loc[day].assign(
...         failures=lambda x: 1 - x.success
...     ).query('failures > 0').resample('1min').agg(
...         {'username': 'nunique', 'failures': 'sum'}
...     ).dropna().rename(
...         columns={'username': 'usernames_with_failures'}
...     ).assign(
...         day_of_week=lambda x: x.index.dayofweek,
...         hour=lambda x: x.index.hour
...     ).drop(columns=['failures']),
...     columns=['day_of_week', 'hour']
... )
```

이제 1월 데이터를 가져와 X에 저장할 수 있다.

```
>>> X = get_X(logs_2018, '2018-01')
>>> X.columns
Index(['usernames_with _failures', 'day_of_week_0',
       'day_of_week_1', 'day_of_week_2', 'day_of_week_3',
       'day_of_week_4', 'day_of_week_5', 'day_of_week_6',
       'hour_0', 'hour_1', ..., 'hour_22', 'hour_23'],
      dtype='object')
```

고립숲

고립숲isolation forest 알고리듬은 분할 기법을 사용해 나머지 데이터로부터 특이점을 고립시킨다. 따라서 고립숲 알고리듬을 이상행위 탐지에 사용할 수 있다. 이 알고리듬의 이면에는 임의로 선택된 특성을 나누는 확률숲 알고리듬이다. 해당 특성의 최대값과 최소값 사이에서 임의 값을 선택해 분할을 한다. 이 범위는 시작 데이터가 아니라 나무의 해당 마디에 있는 특성의 범위다.

고립숲에서의 단일 나무는 그림 11.9와 같다.

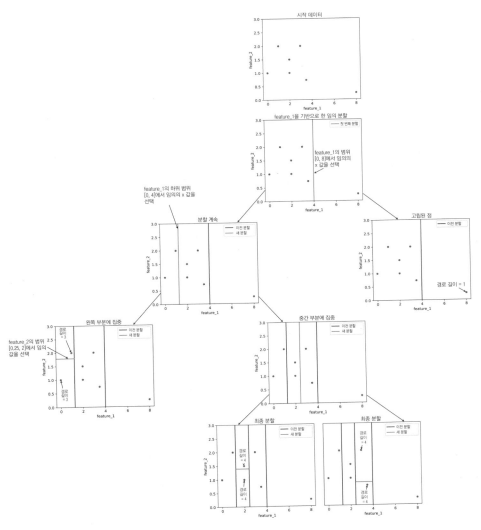

그림 11.9 고립숲에서 단일 숲의 예

숲에서의 각 나무 꼭대기에서 주어진 점을 포함하는 잎까지 이동해야 하는 경로의 평균 길이가 해당 점을 특이점이나 내부점으로 점수로 매기는 데 사용한다. 특이점은 주어진 분할의 측면에서 소수 중 하나가 되며 다른 점과의 공통점이 많지 않으므로 더 짧은 경로를 갖는다. 반대로 많은 차원을 공통으로 하는 점을 분리하려면 더 많은 분할이 필요하다.

> 고립숲에 관한 자세한 정보는 이 URL(https://scikit-learn.org/stable/modules/generated/
> sklearn.ensemble.IsolationForest.html)에서 확인할 수 있다.

먼저, 데이터를 표준화하는 파이프라인으로 고립숲을 구현한다.

```
>>> from sklearn.ensemble import IsolationForest
>>> from sklearn.pipeline import Pipeline
>>> from sklearn.preprocessing import StandardScaler

>>> iso_forest_pipeline = Pipeline([
...     ('scale', StandardScaler()),
...     ('iforest', IsolationForest(
...         random_state=0, contamination=0.05
...     ))
... ]).fit(X)
```

특이점(contamination)이 될 데이터의 양은 5%로 추정했다. 데이터를 레이블링하지 않았으므로 이 값을 선택하는 것이 어려울 것이다. 이 값을 결정하는 auto 옵션이 있기는 하지만, 이 경우 특이점을 제공하지 않으므로 해당 값은 우리가 원하는 값이 아니라는 것이 분명하다. 실제로는 데이터를 통계 분석해 초기값을 결정하거나 도메인 전문가에게 문의한다.

predict() 메서드를 사용해 각 데이터가 특이점인지 확인할 수 있다. scikit-learn으로 구현한 비정상 행위 탐지 알고리듬은 일반적으로 내부점이면 1, 특이점이면 -1을 반환한다.

```
>>> isolation_forest_preds = iso_forest_pipeline.predict(X)
>>> pd.Series(np.where(
...     isolation_forest_preds == -1, 'outlier', 'inlier'
... )).value_counts()
inlier     42556
outlier     2001
dtype: int64
```

레이블 데이터가 없으므로 뒤에서 이 모델을 평가한다. 지금은 11장에서 설명할 두 번째 비지도학습 알고리듬을 살펴본다.

국소특이점인자

내부점은 주로 데이터셋에서 밀도가 높은 영역(여기서는 32차원)에 있지만, 특이점은 이웃점이 거의 없이 희소하고 더 고립된 영역$^{isolated\ region}$에 있는 경향이 있다. **국소특이점인자**$^{LOF,\ Local\ Outlier\ Factor}$ 알고리듬은 이렇게 밀도가 낮은 영역을 찾아 특이점을 식별한다. 국소특이점인자는 각 점에 가장 가까운 이웃의 밀도 비율을 기반으로 모든 점에 점수를 매긴다. 정상^{normal}으로 간주하는 점은 이웃과 비슷한 밀도를 갖지만, 근처에 다른 점이 거의 없는 점은 비정상^{abnormal}으로 간주한다.

> **NOTE**
>
> 국소특이점인자 알고리듬에 관한 자세한 정보는 이 URL(https://scikit-learn.org/stable/modules/outlier_detection.html#local-outlier-factor)에서 확인할 수 있다.

다른 파이프라인을 만드는데, 이번에는 고립숲을 국소특이점인자로 바꾼다. GridSearchCV는 레이블 데이터가 없는 경우 모델의 점수를 계산할 수 없으므로 가장 좋은 n_neighbors 매개변수를 추측해야 한다. 이 매개변수의 기본값인 20을 사용한다.

```
>>> from sklearn.neighbors import LocalOutlierFactor
>>> from sklearn.pipeline import Pipeline
>>> from sklearn.preprocessing import StandardScaler

>>> lof_pipeline = Pipeline([
...     ('scale', StandardScaler()),
...     ('lof', LocalOutlierFactor())
... ]).fit(X)
```

이번에는 특이점이 얼마나 많은지 보자. 국소특이점인자에는 predict() 메서드가 없으므로 국소특이점인자를 적합하는 데 사용한 각 데이터의 점수를 보고자 국소특이점인자 객체의 negative_outlier_factor_ 속성을 확인해야 한다.

```
>>> lof_preds = lof_pipeline.named_steps['lof']\
...     .negative_outlier_factor_
>>> lof_preds
array([-1.33898756e+10, -1.00000000e+00, -1.00000000e+00, ...,
       -1.00000000e+00, -1.00000000e+00, -1.11582297e+10])
```

국소특이점인자와 고립숲 간에 또 다른 점이 있다. negative_outlier_factor_ 속성의 값은 확실히 -1이나 1이 아니다. 사실 속성값은 아무 숫자나 될 수 있다. 위 결과에서 첫 번째 값과 마지막 값을 보면 -1보다 훨씬 작다는 것을 알 수 있다. 즉 고립숲에서 사용한 방법으로는 내부점과 특이점을 계산할 수 없다. 대신 negative_outlier_factor_ 속성을 국소특이점인자 모델의 offset_ 속성과 비교해야 한다. offset_ 속성은 학습 중에 (contamination 매개변수를 사용해) 결정한 절사점을 알려 준다.

```
>>> pd.Series(np.where(
...     lof_preds < lof_pipeline.named_steps['lof'].offset_,
...     'outlier', 'inlier'
... )).value_counts()
inlier    44248
outlier     309
dtype: int64
```

이제 2개의 비지도학습 모델을 만들었으므로 어떤 모델이 이해관계자에게 더 유용한지 비교해보자.

모델 비교

국소특이점인자는 고립숲보다 특이점을 더 적게 표시하지만 두 모델은 서로 일치하지 않을 수도 있다. 10장에서 배웠던 대로 sklearn.metrics의 cohen_kappa_score() 함수를 사용해 두 모델의 일치도를 확인할 수 있다.

```
>>> from sklearn.metrics import cohen_kappa_score

>>> is_lof_outlier = np.where(
...     lof_preds < lof_pipeline.named_steps['lof'].offset_,
```

```
...        'outlier', 'inlier'
... )
>>> is_iso_outlier = np.where(
...        isolation_forest_preds == -1, 'outlier', 'inlier'
... )

>>> cohen_kappa_score(is_lof_outlier, is_iso_outlier)
0.25862517997335677
```

위 결과는 두 모델의 일치도^{level of agreement}가 낮다는 것을 보여 주며, 이는 어떤 데이터가 비정상인지 명확하게 나타내지 못한다. 그러나 레이블 데이터가 없으면 어떤 모델이 더 좋은지 알 수 없다. 어떤 모델이 가장 유용한 데이터를 제공하는지 결정하고자 결과를 소비자와 협력해야 한다. 고맙게도 보안운영센터는 2018년 1월분의 레이블 데이터를 제공했으므로 어떤 모델이 더 좋은지 결정하고 지도학습 모델이 준비될 때까지 보안운영센터가 모델을 사용하게 할 수 있다.

먼저 attack 테이블의 데이터베이스에 기록된 레이블 데이터를 읽어 분 단위 공격 시작 시간, 지속 시간, 공격 종료 시점을 나타내는 몇 가지 열을 추가한다.

```
>>> with sqlite3.connect('logs/logs.db') as conn:
...        hackers_jan_2018 = pd.read_sql(
...            """
...            SELECT *
...            FROM attacks
...            WHERE start BETWEEN "2018-01-01" AND "2018-02-01";
...            """, conn, parse_dates=['start', 'end']
...        ).assign(
...            duration=lambda x: x.end - x.start,
...            start_floor=lambda x: x.start.dt.floor('min'),
...            end_ceil=lambda x: x.end.dt.ceil('min')
...        )
>>> hackers_jan_2018.shape
(7, 6)
```

보안운영센터는 각 공격과 관련된 IP 주소가 하나만 있으므로 더는 IP 주소에 의존하지 않는 것이 좋다. 대신 보안운영센터는 더 조사할 수 있도록 의심스러운 활동이 있었던 분 단위 시간을 알고 싶어 한다. 또한 공격 지속 시간은 빠르지만 분 단위 데이터는 공격당 많은 경고를 할 수 있다는 것을 뜻한다.

	start	end	source_ip	duration	start_floor	end_ceil
0	2018-01-02 02:31:43.326264	2018-01-02 02:35:16.326264	102.139.159.128	0 days 00:03:33	2018-01-02 02:31:00	2018-01-02 02:36:00
1	2018-01-02 20:14:02.279476	2018-01-02 20:14:28.279476	119.218.239.234	0 days 00:00:26	2018-01-02 20:14:00	2018-01-02 20:15:00
2	2018-01-03 01:25:48.667114	2018-01-03 01:29:13.667114	151.93.164.203	0 days 00:03:25	2018-01-03 01:25:00	2018-01-03 01:30:00
3	2018-01-08 21:41:43.985324	2018-01-08 21:45:56.985324	226.98.192.152	0 days 00:04:13	2018-01-08 21:41:00	2018-01-08 21:46:00
4	2018-01-11 17:38:30.974748	2018-01-11 17:42:33.974748	23.81.78.129	0 days 00:04:03	2018-01-11 17:38:00	2018-01-11 17:43:00
5	2018-01-12 03:32:20.284167	2018-01-12 03:36:29.284167	74.90.28.4	0 days 00:04:09	2018-01-12 03:32:00	2018-01-12 03:37:00
6	2018-01-31 07:39:17.514901	2018-01-31 07:43:29.514901	236.174.156.247	0 days 00:04:12	2018-01-31 07:39:00	2018-01-31 07:44:00

그림 11.10 모델 검증을 위한 레이블 데이터

start_floor와 end_ceil 열을 사용하면 datetime의 범위를 만들고 특이점으로 표시한 데이터가 해당 범위 안에 속하는지 확인할 수 있다. 이를 위해 다음 함수를 사용한다.

```
>>> def get_y(datetimes, hackers, resolution='1min'):
...     """
...     y(해커가 해당 시간 동안 로그인을 시도했는지 여부)로
...     사용할 데이터를 가져온다.
...
...     매개변수:
...     - datetimes: 해커를 확인할 datetimes
...     - hackers: 공격 시작과 종료 시점을 나타내는 DataFrame
...     - resolution: datetime의 세밀한 정도.
...                   기본값은 1분
...
...     반환값: 부울 값의 `pandas.Series`
...     """
...     date_ranges = hackers.apply(
...         lambda x: pd.date_range(
...             x.start_floor, x.end_ceil, freq=resolution
...         ),
...         axis=1
...     )
...     dates = pd.Series(dtype='object')
...     for date_range in date_ranges:
...         dates = pd.concat([dates, date_range.to_series()])
...     return datetimes.isin(dates)
```

이제 X 데이터에서 해커가 활동한 datetime을 찾아보자.

```
>>> is_hacker = \
...     get_y(X.reset_index().datetime, hackers_jan_2018)
```

이제 분류 보고서와 혼동행렬을 만드는 데 필요한 모든 것을 갖췄다. is_hacker 시리즈를 많이 전달할 것이므로 타이핑을 줄이고자 partial 함수를 만든다.

```
>>> from functools import partial
>>> from sklearn.metrics import classification_report
>>> from ml_utils.classification import confusion_matrix_visual

>>> report = partial(classification_report, is_hacker)
>>> conf_matrix = partial(
...     confusion_matrix_visual, is_hacker,
...     class_labels=[False, True]
... )
```

재현율 측면에서 고립숲 알고리듬이 훨씬 좋다는 것을 나타내는 분류 보고서로 시작한다.

```
>>> iso_forest_predicts_hacker = isolation_forest_preds == - 1
>>> print(report(iso_forest_predicts_hacker)) # 고립숲
              precision    recall  f1-score   support

       False       1.00      0.96      0.98     44519
        True       0.02      0.82      0.03        38

    accuracy                           0.96     44557
   macro avg       0.51      0.89      0.50     44557
weighted avg       1.00      0.96      0.98     44557

>>> lof_predicts_hacker = \
...     lof_preds < lof_pipeline.named_steps['lof'].offset_
>>> print(report(lof_predicts_hacker)) # 국소특이점인자
              precision    recall  f1-score   support

       False       1.00      0.99      1.00     44519
        True       0.03      0.26      0.06        38

    accuracy                           0.99     44557
```

macro avg	0.52	0.63	0.53	44557
weighted avg	1.00	0.99	1.00	44557

분류 보고서의 결과를 제대로 이해하려면 비지도학습 모델에 대한 혼동행렬을 만들어 나란히 놓고 비교해야 한다.

```
>>> fig, axes = plt.subplots(1, 2, figsize=(15, 5))

>>> conf_matrix(
...     iso_forest_predicts_hacker,
...     ax=axes[0], title='고립숲'
... )
>>> conf_matrix(
...     lof_predicts_hacker,
...     ax=axes[1], title='국소특이점인자'
... )
```

그림 11.11을 보면 고립숲 알고리듬이 국소특이점인자보다 진양성과 위양성의 수가 훨씬 많지만 위음성은 훨씬 적다.

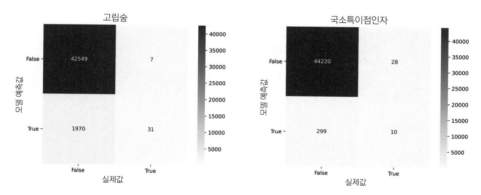

그림 11.11 비지도학습 모델에 대한 혼동행렬

보안운영센터는 위양성보다 위음성의 비용이 훨씬 더 많이 든다고 알려 왔다. 하지만 보안운영센터는 과도한 오경보false alarm로 팀을 혼란에 빠뜨리지 않도록 위양성을 억제하길 바란다. 이는 성능 측정 지표면에서 재현율(진양성률TPR)이 정밀도보다 더 중요하다는 것을 뜻한다. 보안운영센터는 최소 70%의 재현율을 원한다.

계급불균형이 매우 크기 때문에 **위양성률**FPR은 크게 도움이 되지 않는다. 위양성률은 위양성과 진음성의 합(음의 계급에 속하는 모든 것)에 대한 위양성의 비라는 것을 명심한다. 공격은 거의 없으므로 진음성이 매우 많아 위양성률은 매우 낮을 것이다. 결과적으로 보안운영센터가 결정한 두 번째 측정 지표는 정밀도가 85% 이상이 된다.

고립숲 모델은 재현율이 높지만 정밀도는 너무 낮다. 이제 레이블 데이터를 얻을 수 있으므로 비지도학습을 사용하면 의심스러운 활동이 있는 분 단위 시간을 찾을 수 있다(항상 이런 것은 아니다). 이 추가 정보를 사용해 관심 있는 분 단위 시간을 더 정확하게 찾을 수 있는지 살펴보자.

지도학습 비정상 행위 탐지 구현

보안운영센터가 2018년 데이터에 레이블링했으므로 탐색적 데이터 분석을 통해 분 단위의 실패한 사용자 이름의 수로 데이터를 분리할 수 있는지 확인해야 한다. 이 탐색적 데이터 분석은 3-EDA_labeled_data.ipynb 노트북에 있다. 데이터 랭글링을 조금 하면 그림 11.12와 같은 산점도를 그릴 수 있으며, 이 그림은 우리의 전략이 의심스러운 활동을 분리할 수 있을 것 같다는 것을 보여 준다.

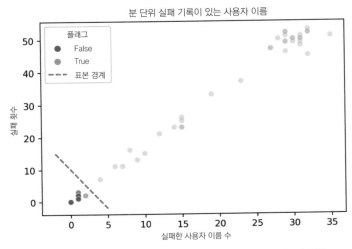

그림 11.12 특성이 결정경계를 만드는 데 도움이 될 수 있는지 확인

4-supervised_anomaly_detection.ipynb 노트북에서 몇 가지 지도학습 모델을 만든다. 이번에는 2018년의 모든 레이블 데이터를 읽어야 한다. 로그를 읽기 위한 코드는 이전 절과 같으므로 생략했다.

```
>>> with sqlite3.connect('logs/logs.db') as conn:
...     hackers_2018 = pd.read_sql(
...         """
...         SELECT *
...         FROM attacks
...         WHERE start BETWEEN "2018-01-01" AND "2019-01-01";
...         """, conn, parse_dates=['start', 'end']
...     ).assign(
...         duration=lambda x: x.end - x.start,
...         start_floor=lambda x: x.start.dt.floor('min'),
...         end_ceil=lambda x: x.end.dt.ceil('min')
...     )
```

그러나 모델을 만들기 전에 X와 y를 동시에 만드는 새로운 함수를 만들어야 한다. get_X_y() 함수는 이전에 만든 get_X()와 get_y() 함수를 사용해 X와 y를 모두 반환한다.

get_X_y() 함수는 이전에 만든 get_X() 및 get_y() 함수를 사용해 X와 y를 모두 반환한다.

```
>>> def get_X_y(log, day, hackers):
...     """
...     모델을 만드는 데 사용할 X, y 데이터를 가져온다.
...
...     매개변수:
...         - log: 로그 DataFrame
...         - day: datetime 인덱스 슬라이스로 사용할 일이나 단일 값
...         - hackers: 공격 시작과 종료 시점을 나타내는 DataFrame
...
...     반환값:
...         X, y 튜플, X는 `pandas.DataFrame` 객체와
...         y는 `pandas.Series` 객체
...     """
...     X = get_X(log, day)
...     y = get_y(X.reset_index().datetime, hackers)
...     return X, y
```

이제 새로운 함수를 사용해 2018년 1월 데이터로 학습 데이터셋을 만들고 2018년 2월 데이터로 평가 데이터셋을 만든다.

```
>>> X_train, y_train = \
...     get_X_y(logs_2018, '2018-01', hackers_2018)
>>> X_test, y_test = \
...     get_X_y(logs_2018, '2018-02', hackers_2018)
```

> **NOTE**
>
> 계급불균형이 크지만 바로 훈련 데이터셋의 균형을 맞추지는 않는다. 섣부른 최적화(premature optimization)를 하지 않고 모델을 시험해 보는 것이 중요하다. 만든 모델이 계급불균형에 영향을 받는다는 것을 알게 되면 몇몇 기법을 사용할 수 있다. 일부 기법은 항상 적용할 수 없거나 현실적이지 않은 데이터를 가정하므로 과대/과소표본추출 기법을 사용할 때는 매우 신중해야 한다. SMOTE에 대해 생각해 보면 미래의 모든 공격자가 데이터에 있는 공격자와 비슷할 것이라고 생각할 수 있을까?

이 데이터를 사용해 지도학습 비정상 행위 탐지 모델을 만들어 보자. 보안운영센터는 재현율(최소 70%)과 정밀도(85% 이상) 성능을 요구했으므로 이 측정 지표를 사용해 모델을 평가한다.

기준 설정

첫 번째 단계는 몇 가지 기준 모델^{baseline model}을 만드는 것으로 우리의 머신러닝 알고리듬이 몇 가지 간단한 모델보다 성능이 더 좋아 예측가치^{predictive value}가 있다는 것을 아는 것이다. 다음과 같은 두 가지 모델을 만든다.

- 층화 데이터를 기반으로 레이블을 예측한 가분류기
- 베이즈 정리^{Bayes' theorem}를 사용해 레이블을 예측하는 단순 베이즈 모델

가분류기

가분류기^{dummy classifier}는 ROC 곡선에 그렸던 기준선 역할을 하는 모델을 제공한다. 결과는 의도적으로 좋지 않게 만든 모델이다. 실제 예측에는 이 모델을 사용하지 않는다.

오히려 이 모델을 사용해 우리가 만들고 있는 모델이 임의추측 전략[random guessing strategy]보다 더 좋은지 여부를 확인한다. scikit-learn의 dummy 모듈은 이런 목적을 위해 DummyClassifier 클래스를 제공한다. strategy 매개변수를 사용하면 가분류기의 예측 방법을 지정할 수 있다. 몇 가지 흥미로운 옵션은 다음과 같다.

- uniform: 분류기는 관측값이 해킹 시도에 속하는지를 매번 추측[guess]한다.

- most_frequent: 분류기는 항상 가장 빈도수가 많은 레이블을 예측[predict]한다. 우리의 경우 이 레이블은 어떤 것도 악의적인 것으로 표시하지 않는다. 이 분류기의 정확도는 높지만 소수계급이 관심 계급이므로 쓸모가 없다.

- stratified: 분류기는 훈련 데이터의 계급 분포를 사용하고 이 비율을 추측으로 유지한다.

층화 전략을 사용하는 가분류기를 만들어 보자.

```
>>> from sklearn.dummy import DummyClassifier

>>> dummy_model = DummyClassifier(
...     strategy='stratified', random_state=0
... ).fit(X_train, y_train)
>>> dummy_preds = dummy_model.predict(X_test)
```

이제 첫 번째 기준 모델을 만들었으므로 비교를 위한 성능을 측정해 보자. ROC 곡선과 정밀도-재현율 곡선을 사용해 계급불균형이 ROC 곡선의 성능을 긍정적으로 만드는 방법을 보인다. 타이핑을 줄이고자 다시 partial 함수를 만든다.

```
>>> from functools import partial
>>> from sklearn.metrics import classification_report
>>> from ml_utils.classification import (
...     confusion_matrix_visual, plot_pr_curve, plot_roc
... )

>>> report = partial(classification_report, y_test)
>>> roc = partial(plot_roc, y_test)
```

```
>>> pr_curve = partial(plot_pr_curve, y_test)
>>> conf_matrix = partial(
...       confusion_matrix_visual, y_test,
...       class_labels=[False, True]
... )
```

9장에서 ROC 곡선을 처음 설명할 때 봤던 대각선은 가모델의 임의추측이었다. 성능이 이 대각보다 좋지 않다면 모델은 예측가치가 없다. 방금 만든 가모델은 이 대각선과 같다. 기준 ROC 곡선, 정밀도-재현율 곡선, 혼동행렬을 시각화해 보자.

```
>>> fig, axes = plt.subplots(1, 3, figsize=(20, 5))
>>> roc(dummy_model.predict_proba(X_test)[:,1], ax=axes[0])
>>> conf_matrix(dummy_preds, ax=axes[1])
>>> pr_curve(
...       dummy_model.predict_proba(X_test)[:,1], ax=axes[2]
... )
>>> plt.suptitle('층화 전략을 사용한 가분류기', fontsize=22)
```

가분류기는 공격자에 대해 어떤 플래그도 표시할 수 없었다. ROC 곡선(TPR 대 FPR)의 곡선 아래 면적(AUC)이 0.5이므로 가모델은 예측가치가 없다. 정밀도-재현율 곡선 아래 면적은 거의 0이다.

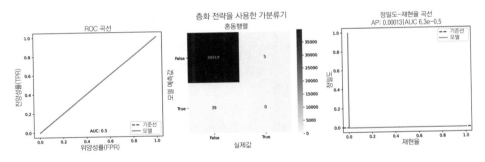

그림 11.13 가분류기를 기준으로 사용하기

계급불균형이 매우 크므로 층화임의추측stratified random guessing 전략은 소수계급에 대해서는 끔찍하게 다수계급에 대해서는 잘 동작해야 한다. 분류 보고서를 통해 이를 확인할 수 있다.

```
>>> print(report(dummy_preds))
              precision    recall  f1-score   support

       False       1.00      1.00      1.00     39958
        True       0.00      0.00      0.00         5

    accuracy                           1.00     39963
   macro avg       0.50      0.50      0.50     39963
weighted avg       1.00      1.00      1.00     39963
```

단순 베이즈

마지막 기준 모델은 단순 베이즈$^{Naive Bayes}$ 분류기다. 이 모델을 설명하기 전에 몇 가지 확률 개념을 알아야 한다. 첫 번째는 조건부확률이다. 두 사건^{event} A와 B를 다룰 때 사건 B가 일어났을 때 사건 A가 일어날 확률을 사건 B에 대한 사건 A의 **조건부확률**$^{conditional probability}$이라고 하며 $P(A|B)$로 표기한다. 사건 A와 B가 독립^{independent}이라는 것은 사건 B가 일어날 확률이 사건 A가 일어날 확률에 영향을 미치지 않는다는 것을 의미하며 그 반대의 경우도 마찬가지다. 즉 $P(A|B) = P(A)$다.

조건부확률은 사건 A와 B가 동시에 일어날 **결합확률**$^{joint probability}$ $P(A \cap B)$를 (0이 아닌) 사건 B가 일어날 확률 $P(B)$로 나눈 값으로 정의한다.

$$P(A|B) = \frac{P(A \cap B)}{P(B)}, if\ P(B) \neq 0$$

위 식은 다음과 같이 쓸 수 있다.

$$P(A \cap B) = P(A|B) \times P(B)$$

$A \cap B$의 결합확률은 $B \cap A$와 같으므로 다음과 같은 식을 얻을 수 있다.

$$P(A \cap B) = P(B \cap A) = P(B|A) \times P(A)$$

그런 다음 결합확률 대신 조건부확률을 사용하도록 첫 번째 식을 바꿀 수 있다. 이렇게 하면 **베이즈 정리**$^{Bayes' theorem}$를 얻을 수 있다.

$$P(A|B) = \frac{P(B|A) \times P(A)}{P(B)}$$

위 식에서 $P(A)$는 **사전확률**[prior probability]이라고 하며 사건 A가 일어날 초기 믿음의 정도다. 사건 B가 일어나는 것을 고려한 후 초기 믿음을 설정한 결과를 $P(A|B)$로 나타내며 이를 **사후확률**[posterior probability]이라고 한다. 사건 A가 일어났을 때 사건 B의 **가능도**[likelihood]는 $P(B|A)$다. 사건 B가 일어나는 것이 사건 A를 관찰하는 것에 대한 지지[support]는 다음 식과 같다.

$$\frac{P(B|A)}{P(B)}$$

예를 들어 스팸 필터[spam filter]를 만들고 있다고 해보자. 이메일의 10%가 스팸이라는 것을 알게 됐다면 이 10%는 사전확률이다. 즉 $P(spam) = 10\%$다. 방금 받은 이메일에 $free$(무료) 단어가 포함돼 있을 때 해당 이메일이 스팸일 확률 $P(spam|free)$를 계산해 보자. 이 확률을 계산하려면 주어진 스팸 이메일에 $free$ 단어가 포함돼 있을 확률 $P(free|spam)$와 이메일에 $free$ 단어가 포함돼 있을 확률 $P(free)$를 알아야 한다.

이메일의 12%가 $free$ 단어를 포함하고 있으며 스팸으로 분류한 이메일의 20%가 $free$ 단어를 포함하고 있다고 해보자. 이 내용을 위 식에 대입하면 이메일에 $free$ 단어를 포함돼 있다는 것을 알게 되면 해당 이메일이 스팸이라는 믿음이 10%에서 16.7%로 증가한다. 이것이 사후확률이다.

$$P(spam|free) = \frac{P(free|spam) \times P(spam)}{P(free)} = \frac{0.20 \times 0.10}{0.12} \approx 16.7\%$$

베이즈 정리는 **단순 베이즈**라고 하는 유형의 분류기 유형에 사용할 수 있다. 데이터에 관한 가정에 따라 단순 베이즈 계열의 여러 분류기를 만들 수 있다. 이 모델은 주어진 y 변수에 대해 특성 x의 각 쌍의 조건부독립[conditional independence]을 단순화하는 가정(즉, $P(x_i|y, x_1, ..., x_n) = P(x_i|y)$)을 하므로 매우 빠르게 학습할 수 있다. 이 가정은 자주 틀리기 때문에 단순[naive]하다고 한다. 그러나 이런 분류기는 전통적으로 스팸 필터에서 잘 작동했다.

이제 이메일에서 다수의 $ 기호와 *prescription*(처방전) 단어를 추가로 발견했다면 해당 이메일이 스팸일 확률을 계산해 보자. 이런 특성은 서로 종속일 수 있지만 단순 베이즈 모델은 조건부독립이라고 간주한다. 따라서 사후확률은 다음과 같다.

$$P(spam|free, \$\$\$, prescription) = \frac{P(free|spam) \times P(\$\$\$|spam) \times P(prescription|spam) \times P(spam)}{P(free) \times P(\$\$\$) \times P(prescription)}$$

스팸 메일의 5%가 다수의 $ 기호를, 55%는 *prescription* 단어를, 일반 이메일의 25%가 다수의 $ 기호를, 2%는 *prescription* 단어를 포함하고 있다고 가정해 보자. 즉 단어 *free* 와 *prescription*, 다수의 $가 포함되면 해당 이메일이 스팸이라고 믿을 확률은 10%에서 91.7%로 증가한다.

$$P(spam|free, \$\$\$, prescription) = \frac{0.20 \times 0.05 \times 0.55 \times 0.10}{0.12 \times 0.25 \times 0.02} \approx 91.7\%$$

이제 알고리듬의 기본 사항을 이해했으므로 단순 베이즈 분류기를 만들어 보자. scikit-learn은 $P(x_i|y, x_1,...,x_n)$로 정의한 특성 가능도 분포에 대한 가정에 따라 다양한 단순 분류기를 제공한다. 여기서는 특성 가능도 분포가 정규분포를 따른다고 가정하는 GaussianNB를 사용한다.

```
>>> from sklearn.naive_bayes import GaussianNB
>>> from sklearn.pipeline import Pipeline
>>> from sklearn.preprocessing import StandardScaler

>>> nb_pipeline = Pipeline([
...     ('scale', StandardScaler()),
...     ('nb', GaussianNB())
... ]).fit(X_train, y_train)
>>> nb_preds = nb_pipeline.predict(X_test)
```

모델에서 사전확률을 검색할 수 있으며, 이 경우 정상 활동을 포함하는 분 단위 시간에 대한 사전확률은 99.91%이며, 비정상 활동에 대한 사전확률은 0.09%다.

```
>>> nb_pipeline.named_steps['nb'].class_prior_
array([9.99147160e-01, 8.52840182e-04])
```

단순 베이즈 모델은 초매개변수를 튜닝할 필요가 없어 빠르게 학습할 수 있으므로 좋은
기준 모델이 된다. 2018년 2월분 평가 데이터로 성능을 평가해 보자.

```
>>> fig, axes = plt.subplots(1, 3, figsize=(20, 5))
>>> roc(nb_pipeline.predict_proba(X_test)[:,1], ax=axes[0])
>>> conf_matrix(nb_preds, ax=axes[1])
>>> pr_curve(
...     nb_pipeline.predict_proba(X_test)[:,1], ax=axes[2]
... )
>>> plt.suptitle('단순 베이즈 분류기')
```

단순 베이즈 분류기는 그림 11.14와 같이 5명의 공격자를 찾았으며 ROC 곡선과 정밀
도-재현율 곡선 모두 기준선보다 위에 있다. 즉 이 모델은 약간의 예측 가치가 있다.

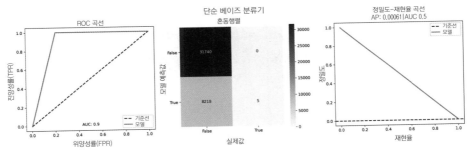

그림 11.14 단순 베이즈 분류기의 성능

안타깝게도 위양성(8,218)이 너무 많다. 2월 한 달 동안 공격으로 분류한 1,644건으로
중 실제 공격은 1건이었다. 이렇게 되면 이런 분류를 사용하는 사용자는 오경보에게 둔
감해지게 된다. 위양성은 사용자를 귀찮게 만들어 사용자가 분류 결과를 항상 무시할
수 있으므로 실제 문제를 놓칠 수 있다. 분류 보고서의 측정 지표를 통해 이 절충점을 선
택할 수 있다.

```
>>> print(report(nb_preds))
              precision    recall  f1-score   support

       False       1.00      0.79      0.89     39958
        True       0.00      1.00      0.00         5
```

```
      accuracy                        0.79      39963
     macro avg      0.50      0.90      0.44      39963
  weighted avg      1.00      0.79      0.89      39963
```

단순 베이즈 분류기는 가분류기보다 성능이 더 좋지만 이해관계자의 요구 사항을 충족시키지 못한다. 위양성이 너무 많아 목표 계급에 대한 정밀도가 0이다. 모델은 (식별력이 거의 없으므로) 위양성보다 위음성이 더 좋아 재현율이 정밀도보다 높다. 이로 인해 F_1 점수는 0이 된다. 이제 이 기준 모델을 이겨 보도록 하자.

로지스틱 회귀

로지스틱 회귀는 또 다른 단순 모델이므로 바로 시도해 보자. 9장에서 분류 문제에 로지스틱 회귀를 사용했으므로 이미 로지스틱 회귀의 작동 방식은 알고 있다. 10장에서 배운 대로 격자검색을 사용해 원하는 검색공간에서 정칙화 초매개변수의 좋은 값을 찾고 `recall_macro`를 사용해 점수를 매긴다. 위음성에는 큰 비용이 들어가므로 우리는 재현율에 초점을 맞추고 있다. 여기서 `_macro` 접미사는 (계급불균형으로 인해) 전체 데이터에 대한 재현율 대신 양의 계급과 음의 계급 간의 재현율 평균을 뜻한다.

TIP

> 정밀도보다 재현율이 우리에게 얼마나 더 중요한지 정확히 알고 있다면 sklearn.metrics의 make_scorer() 함수를 사용해 사용자 정의 점수 함수로 대체할 수 있다. 예제는 노트북에서 확인할 수 있다.

격자검색을 사용하면 검색을 반복할 때마다 scikit-learn의 경고가 나타날 수도 있다. 따라서 모든 내용을 스크롤할 필요가 없도록 %%capture 매직 명령어를 사용해 인쇄됐을 모든 것을 캡처해 노트북을 깨끗하게 만든다.

```
>>> %%capture
>>> from sklearn.linear_model import LogisticRegression
>>> from sklearn.model_selection import GridSearchCV
>>> from sklearn.pipeline import Pipeline
>>> from sklearn.preprocessing import StandardScaler
```

```
>>> lr_pipeline = Pipeline([
...     ('scale', StandardScaler()),
...     ('lr', LogisticRegression(random_state=0))
... ])

>>> search_space = {'lr__C': [0.1, 0.5, 1, 2]}

>>> lr_grid = GridSearchCV(
...     lr_pipeline, search_space, scoring='recall_macro', cv=5
... ).fit(X_train, y_train)

>>> lr_preds = lr_grid.predict(X_test)
```

> **TIP**
>
> %%capture 명령어를 사용하면 기본값으로 모든 에러와 출력을 캡처한다. 에러만 숨기려면 --no-stderr 옵션을 사용하고, 출력만 표시하려면 --no-stdout 옵션을 사용하면 된다. %%capture --no-stderr와 같이 이 옵션은 %%capture 명령어 다음에 써야 한다.
> warnings 모듈을 사용하면 특정 에러만 숨길 수 있다. 예를 들어 warnings 모듈에서 filterwarnings를 임포트하고 아래 명령어를 실행하면 향후 사용 중단에 대한 경고(deprecation)를 무시할 수 있다.
> filterwarnings('ignore', category=DeprecationWarning)

이제 로지스틱 회귀 모델을 학습하고 성능을 확인한다.

```
>>> fig, axes = plt.subplots(1, 3, figsize=(20, 5))
>>> roc(lr_grid.predict_proba(X_test)[:,1], ax=axes[0])
>>> conf_matrix(lr_preds, ax=axes[1])
>>> pr_curve(lr_grid.predict_proba(X_test)[:,1], ax=axes[2])
>>> plt.suptitle('Logistic Regression Classifier')
```

이 모델은 위양성이 없으며 기준 모델보다 성능이 더 뛰어나다. ROC 곡선은 왼쪽 윗부분에 가까우며, 정밀도-재현율 곡선도 오른쪽 윗부분에 가깝다. ROC 곡선의 성능이 더 긍정적이다.

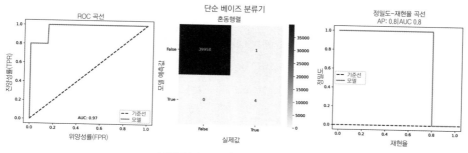

그림 11.15 로지스틱 회귀의 성능

이 모델은 보안운영센터의 요구 사항을 만족한다. 재현율은 최소 70%이며 정밀도는 최소 85%다.

```
>>> print(report(lr_preds))
              precision    recall  f1-score   support

       False       1.00      1.00      1.00     39958
        True       1.00      0.80      0.89         5

    accuracy                           1.00     39963
   macro avg       1.00      0.90      0.94     39963
weighted avg       1.00      1.00      1.00     39963
```

보안운영센터가 2019년 1월과 2월 데이터를 제공하면서 모델을 업데이트해달라고 부탁했다. 불행히도 우리 모델은 이미 학습된 모델이므로 처음부터 다시 만들거나 새로운 데이터를 무시할 수 있다. 이상적으로는 이 새로운 데이터와 미래의 새로운 데이터를 통합하고자 피드백 되돌림feedback loop을 사용하는 모델을 만들어야 한다. 다음 절에서 이 방법을 설명한다.

⠿ 피드백 되돌림과 온라인학습 통합

지금까지 만들었던 모델에는 몇 가지 큰 문제가 있다. 9장과 10장에서 다뤘던 데이터와는 달리 공격자의 행동이 시간이 지나도 정적일 것으로 생각하지 않는다. 또한 메모리에 저장할 수 있는 데이터의 양에도 한계가 있으며, 이는 모델을 훈련할 수 있는 데이터의 양을 제한한다. 따라서 분 단위 시간에 대해 로그인 시도 실패가 있는 사용자 이름에 이상행동을 플래그하는 **온라인학습**online learning 모델을 만들어 보자. 온라인학습 모델은 (스트리밍을 통해 거의 실시간으로 또는 배치batch를 통해) 계속 업데이트된다. 이렇게 하면 새로운 데이터가 올 때마다 새로운 데이터로 학습한 다음, (메모리 공간 확보를 위해) 해당 데이터를 삭제할 수 있다.

또한 이 모델은 시간이 지남에 따라 진화하며 데이터의 기본 분포 변화에 적응할 수 있다. 게다가 모델이 학습할 때마다 피드백을 제공해 시간이 지남에 따라 해커 행동의 변화에도 강건하게 만들 수 있다. 이 방법을 **능동학습**active learning이라고 한다. scikit-learn의 모든 모델이 이런 유형의 학습을 지원하지 않으므로 partial_fit() 메서드를 제공하는 모델만 사용할 수 있다. 이 메서드가 없는 함수는 새로운 데이터로 처음부터 학습해야 한다.

> **TIP**
> scikit-learn에서 partial_fit() 메서드를 구현하는 모델을 증분학습기(incremental learner)라고 한다. 증분학습을 지원하는 모델에 관한 정보는 이 URL(https://scikit-learn.org/stable/computing/ scaling_strategies.html#incremental-learning)에서 확인할 수 있다.

우리 데이터는 현재 분 단위로 모델에 전달하고 있으므로 스트리밍이 아니라 배치학습이다. 그러나 이 모델을 제품으로 만든다면 모델을 분 단위로 업데이트할 수 있다.

PartialFitPipeline 하위 클래스 만들기

9장에서 Pipeline 클래스를 사용하면 머신러닝 과정을 효율적으로 만들 수 있다는 것을 배웠지만, 불행하게도 partial_fit() 메서드에서는 Pipeline 클래스를 사용할 수 없다. 이 문제를 해결하기 위해 Pipeline 클래스의 하위 클래스이지만 partial_fit() 호출을 지원하는 자체 PartialFitPipeline 클래스를 만든다. PartialFitPipeline 클래스는 ml_utils.partial_fit_pipeline 모듈에 있다.

sklearn.pipeline.Pipeline에서 상속받아 마지막 단계를 제외한 모든 단계에서 `fit_transform()`을 호출하는 새로운 `partial_fit()` 메서드를 정의한다.

```python
from sklearn.pipeline import Pipeline

class PartialFitPipeline(Pipeline):
    """
    `partial_fit()` 메서드를 지원하는
    sklearn.pipeline.Pipeline의 하위 클래스
    """

    def partial_fit(self, X, y):
        """
        파이프라인에서 사용될 때 온라인학습 추정기를 위한
        `partial_fit()`를 실행한다.
        """
        # 마지막 단계를 제외한 모든 단계에 대해 반복한다.
        for _, step in self.steps[:-1]: # (name, object) 튜플
            X = step.fit_transform(X)

        # partial_fit()에 대한 튜플 위치 1의 객체를 선택한다.
        self.steps[-1][1].partial_fit(X, y)

        return self
```

PartialFitPipeline 클래스를 만들었으므로 남아 있는 마지막 부분은 온라인 학습이 가능한 모델을 선택하는 것이다.

확률적 경사하강 분류기

로지스틱 회귀 모델의 성능은 좋았으며 재현율과 정밀도 요구 사항도 충족했다. 그러나 LogisticRegression 클래스는 계수 계산 방식이 폐쇄형 솔루션이므로 온라인학습을 지원하지 않는다. 대신 계수를 결정하고자 경사하강법과 같은 최적화 알고리듬을 사용할 수 있다. 이렇게 하면 온라인학습이 가능하다.

다른 증분학습기를 사용하지 않고 SGDClassifier 클래스를 사용해 새로운 로지스틱 회귀 모델을 학습할 수 있다. 이 클래스는 모델에 대한 손실 함수 최적화에 **확률적 경사하**

강법SGD, Stochastic Gradient Descent을 사용한다. 이 예에서는 경사하강법을 사용해 계수를 찾을 수 있는 로지스틱 회귀를 제공하는 로그 손실log loss을 사용한다.

표준 경사하강 최적화는 모든 표본이나 배치를 사용해 경사gradient를 추정하지만 확률적 경사하강법은 임의로(확률적으로) 표본을 선택해 계산 비용을 줄인다. 모델이 각 표본에 대한 학습량은 **학습률**learning rate에 따라 결정되며 이전 업데이트가 이후 업데이트보다 더 많은 영향을 미친다. 확률적 경사하강법의 각 반복 과정은 다음과 같다.

1. 학습 데이터를 섞는다.

2. 학습 데이터의 각 표본에서 경사를 추정하고 학습률에 따라 결정된 대로 강도를 감소시키면서 모델을 업데이트한다.

3. 모든 표본이 사용될 때까지 2단계를 반복한다.

머신러닝에서 전체 학습 데이터셋을 사용하는 횟수를 **세대**rate. epoch라고 한다. 방금 설명한 확률적 경사하강법 과정은 한 세대에 해당한다. 여러 세대에 대해 학습하는 경우 원하는 횟수만큼의 에포크에 대해 위 단계를 반복하며 매번 중단한 지점부터 계속한다.

이제 확률적 경사하강법을 이해했으므로 모델을 만들 준비가 됐다. 그림 11.16은 보안 운영센터에 제출하기 전에 따라야 할 과정의 개요다.

그림 11.16 온라인학습 모델을 준비하는 과정

이제 5-online_learning.ipynb 노트북을 사용해 온라인학습 모델을 만든다.

초기 모델 만들기

먼저, 2018년 데이터를 사용해 get_X_y() 함수로 X와 y 학습 데이터를 가져온다.

```
>>> X_2018, y_2018 = get_X_y(logs_2018, '2018', hackers_2018)
```

이 모델을 배치로 업데이트하고 있으므로 항상 현재 예측에 사용하고 있는 데이터가 평가 데이터셋이 된다. 평가가 끝나면 해당 데이터는 모델을 업데이트하기 위한 학습 데이터셋이 된다. 초기 모델을 만들어 2018년 레이블 데이터로 학습한다. PartialFitPipeline 객체는 Pipeline 객체를 만드는 방식으로 만들어진다.

```
>>> from sklearn.linear_model import SGDClassifier
>>> from sklearn.preprocessing import StandardScaler
>>> from ml_utils.partial_fit_pipeline import \
...     PartialFitPipeline

>>> model = PartialFitPipeline([
...     ('scale', StandardScaler()),
...     ('sgd', SGDClassifier(
...         random_state=10, max_iter=1000,
...         tol=1e-3, loss='log', average=1000,
...         learning_rate='adaptive', eta0=0.01
...     ))
... ]).fit(X_2018, y_2018)
```

파이프라인은 먼저 데이터를 표준화한 다음 모델에 전달한다. fit() 메서드를 사용해 모델을 만들면 나중에 partial_fit()으로 업데이트할 수 있는 좋은 시작점을 가질 수 있다. max_iter 매개변수는 학습을 반복할 세대 수를 정의한다. tol 매개변수(tolerance허용값)는 반복을 중단할 시점을 지정하며, 현재 반복에서의 손실이 이전 손실에서 허용값을 뺀 값보다 클 때 (또는 max_iter에 도달했을 때) 반복이 중단된다. 로지스틱 회귀를 사용하고자 loss='log'를 지정했다. 그러나 선형 SVM에 대한 'hinge' 기본값을 포함해 손실함수에 대한 다른 많은 옵션이 있다.

여기서 average 매개변수에 대한 값을 지정해 SGDClassifier 객체가 1,000개의 표본마다 결과의 평균을 계수로 저장하도록 했다. 이 매개변수는 선택사항으로 기본적으로 계산하지 않는다. 이런 계수는 다음과 같이 조사할 수 있다.

```
>>> [(col, coef) for col, coef in
... zip(X_2018.columns, model.named_steps['sgd'].coef_[0])]
[('usernames_with _failures', 0.9415581997027198),
 ('day_of_week_0', 0.05040751530926895),
```

```
    ...,
    ('hour_23', -0.02176726532333003)]
```

마지막으로, 시작 학습률을 eta0=0.01로 지정했으며 주어진 연속 학습 세대 수에 대해 정의된 허용값으로 손실을 개선하지 못했을 때만 학습률을 조정하도록 했다(learning_rate='adaptive'). 학습 세대 수는 n_iter_no_change 매개변수로 정의되며 명시적으로 설정하지 않았으므로 기본값인 5가 된다.

모델 검증

이제 2019년 1월과 2월 데이터에 레이블링했으므로 매달 모델의 성능을 평가할 수 있다. 먼저 데이터베이스에서 2019년 데이터를 읽는다.

```
>>> with sqlite3.connect('logs/logs.db') as conn:
...     logs_2019 = pd.read_sql(
...         """
...         SELECT *
...         FROM logs
...         WHERE
...             datetime BETWEEN "2019-01-01" AND "2020-01-01";
...         """,
...         conn, parse_dates=['datetime'],
...         index_col='datetime'
...     )
...     hackers_2019 = pd.read_sql(
...         """
...         SELECT *
...         FROM attacks
...         WHERE start BETWEEN "2019-01-01" AND "2020-01-01";
...         """,
...         conn, parse_dates=['start', 'end']
...     ).assign(
...         start_floor=lambda x: x.start.dt.floor('min'),
...         end_ceil=lambda x: x.end.dt.ceil('min')
...     )
```

다음으로, 2019년 1월 데이터를 분리한다.

```
>>> X_jan, y_jan = get_X_y(logs_2019, '2019-01', hackers_2019)
```

분류 보고서에 따르면 이 모델의 성능은 좋지만 양의 계급에 대한 재현율이 목표보다 낮다.

```
>>> from sklearn.metrics import classification_report
>>> print(classification_report(y_jan, model.predict(X_jan)))
              precision    recall  f1-score   support

       False       1.00      1.00      1.00     44559
        True       1.00      0.64      0.78        44

    accuracy                           1.00     44603
   macro avg       1.00      0.82      0.89     44603
weighted avg       1.00      1.00      1.00     44603
```

이해관계자는 재현율^{TPR}을 최소 70%, 정밀도를 최소 85%를 달성하도록 요구했었다. ROC 곡선, 혼동행렬, 정밀도-재현율 곡선을 그리고 우리가 현재 있어야 할 영역과 현재 위치를 나타내는 함수를 만들어 보자.

```
>>> from ml_utils.classification import (
...     confusion_matrix_visual, plot_pr_curve, plot_roc
... )

>>> def plot_performance(model, X, y, threshold=None,
...                 title=None, show_target=True):
...     """
...     ROC 곡선, 혼동행렬, 정밀도-재현율 곡선을 그린다.
...
...     매개변수:
...         - model: 예측에 사용할 모델 객체
...         - X: 예측에 사용할 특성
...         - y: 예측 검증에 사용할 실제 값
...         - threshold: 확률을 예측할 때 사용할 값
...         - title: 그림 제목
...         - show_target: 대상 영역을 표시할지 여부
...
...     반환값:
...         matplotlib `Axes` 객체
```

```
...      """
...         fig, axes = plt.subplots(1, 3, figsize=(20, 7))
...         # 각 시각화를 표시한다.
...         plot_roc(y, model.predict_proba(X)[:,1], ax=axes[0])
...         confusion_matrix_visual(
...             y,
...             model.predict_proba(X)[:,1] >= (threshold or 0.5),
...             class_labels=[False, True], ax=axes[1]
...         )
...         plot_pr_curve(
...             y, model.predict_proba(X)[:,1], ax=axes[2]
...         )
...
...         # 필요할 때 목표 영역을 표시한다
...         if show_target:
...             axes[0]\
...                 .axvspan(0, 0.1, color='lightgreen', alpha=0.5)
...             axes[0]\
...                 axhspan(0.7, 1, color='lightgreen', alpha=0.5)
...             axes[0].annotate(
...                 허용 가능한\n위양성률과 진양성률 영역,
...                 xy=(0.1, 0.7), xytext=(0.17, 0.65),
...                 arrowprops=dict(arrowstyle='->')
...             )
...
...             axes[2]\
...                 .axvspan(0.7, 1, color='lightgreen', alpha=0.5)
...             axes[2].axhspan(
...                 0.85, 1, color='lightgreen', alpha=0.5
...             )
...             axes[2].annotate(
...                 허용 가능한\n 정밀도와 재현율 영역,
...                 xy=(0.7, 0.85), xytext=(0.3, 0.6),
...                 arrowprops=dict(arrowstyle='->')
...             )
...
...             # 현재 성능을 표시한다.
...             tn, fn, fp, tp = \
...                 [int(x.get_text()) for x in axes[1].texts]
...             precision, recall = tp / (tp + fp), tp / (tp + fn)
...             fpr = fp / (fp + tn)
...
...             prefix = '현재 성능' if not threshold \
...                 else f'선택된 임계값: {threshold:.2%}'
```

```
...            axes[0].annotate(
...                f'{prefix}\n- 위양성률={fpr:.2%}'
...                f'\n- 진양성률={recall:.2%}',
...                xy=(fpr, recall), xytext=(0.05, 0.45),
...                arrowprops=dict(arrowstyle='->')
...            )
...            axes[2].annotate(
...                f'{prefix}\n- 정밀도={precision:.2%}'
...                f'\n- 재현율={recall:.2%}',
...                xy=(recall, precision), xytext=(0.2, 0.85),
...                arrowprops=dict(arrowstyle='->')
...            )
...
...        if title: # 제목을 지정하면 제목을 표시한다.
...            plt.suptitle(title, fontsize=26)
...
...        return axes
```

이제 함수를 호출해 우리가 어떻게 하고 있는지 알아보자.

```
>>> axes = plot_performance(
...     model, X_jan, y_jan,
...     title='확률적 경사하강 분류기 '
...     '(2019년 1월 데이터로 평가함)'
... )
```

우리는 현재 이해관계자의 요구 사항을 충족시키지 못하고 있다. 성능이 아직 목표 영역에 있지 않다.

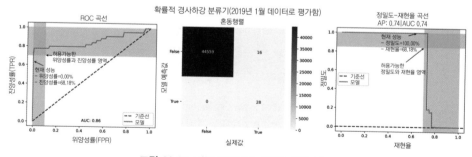

그림 11.17 기본 임계값을 사용한 모델 성능

위 결과에서 재현율^{TPR}은 63.64%로 목표인 70% 이상을 달성하지 못했다. 기본적으로 predict() 메서드를 사용했을 때 확률 임계값은 50%다. 특정 정밀도/재현율 또는 TPR/FPR 영역을 목표로 한다면 임계값을 바꾸고 predict_proba()를 사용해 원하는 성능을 얻어야 한다.

ml_utils.classification 모듈에는 find_threshold_roc()와 find_threshold_pr() 함수가 있으며, 이들 함수는 각각 ROC 곡선이나 정밀도–재현율 곡선을 따라 임계값을 선택하는 데 도움이 된다. 특정 정밀도/재현율을 목표로 하고 있으므로 후자를 사용한다. 이 함수는 scikit-learn의 precision_recall_curve() 함수를 사용하지만 결과 정밀도와 재현율 데이터를 그림으로 그리는 대신, 이 함수를 사용해 기준을 충족하는 임계값을 선택한다.

```python
from sklearn.metrics import precision_recall_curve

def find_threshold_pr(y_test, y_preds, *, min_precision,
                      min_recall):
    """
    최소 허용 정밀도와 최소 허용 재현율을 기반으로
    분류를 위해 `predict_proba()`에 사용할 임계값을 찾는다.

    매개변수:
        - y_test: 실제 레이블
        - y_preds: 예측한 레이블
        - min_precision: 최소 허용 정밀도
        - min_recall: 최소 허용 재현율

    반환값: 기준을 충족하는 임계값
    """
    precision, recall, thresholds = \
        precision_recall_curve(y_test, y_preds)

    # 그림을 그리기 위해 정밀도와 재현율은 마지막에 추가 값을 갖고 있으므로
    # 마스크를 만들어 제거한다.
    return thresholds[
        (precision[:-1] >= min_precision) &
        (recall[:-1] >= min_recall)
    ]
```

> 노트북에 TPR/FPR 목표에 대한 임계값을 찾는 예제가 있다. 현재 목표의 정밀도/재현율은 최소 50%의 TPR(재현율)과 최대 10%의 FPR을 목표로 하는 임계값을 제공한다.

이 함수를 사용해 이해관계자의 요구 사항을 충족하는 임계값을 찾아보자. 원하는 영역에 들어가는 최대 확률로 가장 민감하지 않은 후보 임계값을 찾는다.

```
>>> from ml_utils.classification import find_threshold_pr
>>> threshold = find_threshold_pr(
...     y_jan, model.predict_proba(X_jan)[:,1],
...     min_precision=0.85, min_recall=0.7
... ).max()
>>> threshold
0.0051533333839830974
```

이 결과는 양의 계급에 있을 확률이 0.52%인 결과를 표시하면 우리가 원하는 정밀도와 재현율에 도달할 수 있다는 것을 보여 준다. 의심할 여지없이 이 값은 매우 작은 확률처럼 보이거나 모델 자체가 확실하지는 않지만, 다음과 같이 생각할 수 있다. 모델이 로그인 활동이 의심스러울 가능성이 조금이라도 있다고 생각한다면 그것을 알아야 한다. 이 임계값을 사용해 성능이 어느 정도인지 확인해 보자.

```
>>> axes = plot_performance(
...     model, X_jan, y_jan, threshold=threshold,
...     title='확률적 경사하강 분류기 '
...           '(2019년 1월 데이터로 평가함)'
... )
```

이 임계값은 재현율이 70.45%로 이해관계자를 만족시킨다. 정밀도는 허용 가능한 범위 안에 있다.

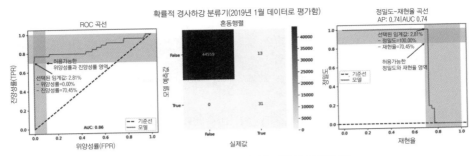

그림 11.18 사용자 정의 임계값을 사용한 모델의 성능

사용자 정의 임계값을 사용해 다른 세 가지 사례를 정확하게 식별했으며 보안운영센터에 비용 부담이 큰 위음성도 줄였다. 여기서 이런 개선은 추가로 위양성을 희생시키지 않았으며, 종종 위음성(제2종 오류)을 줄이는 것과 위양성(제1종 오류)을 줄이는 것 사이에는 절충점이 있다는 것을 명심해야 한다. 어떤 경우에는 제1종 오류에 대한 허용이 매우 낮지만(FPR이 매우 작아야 한다), 모든 양의 사례를 찾아야 할 수도 있다(TPR이 매우 커야 한다). 정보보호 측면에서 위음성은 비용이 많이 들기 때문에 위음성의 허용을 매우 낮춰야 한다. 그러므로 사용자 정의 임계값을 사용한다.

> **NOTE**
>
> 때로는 모델 성능의 요구 사항을 맞추지 못할 수 있다. 이해관계자와 열린 소통을 유지하면서 문제를 설명하고 필요에 따라 완화된 기준을 논의하는 것이 중요하다.

모델 업데이트

지속적인 업데이트는 시간이 지남에 따라 모델이 해커의 행동 변화에 적응하는 데 도움이 된다. 이제 1월 예측을 검증했으므로 이를 토대로 모델을 업데이트할 수 있다. 모델 업데이트를 위해 partial_fit() 메서드와 1월 레이블 데이터를 사용하며, 1월 데이터에 대해 1세대만 학습한다.

```
>>> model.partial_fit(X_jan, y_jan)
```

이제 모델이 업데이트됐으므로 2월 데이터로 성능을 평가할 수 있다. 먼저, 2월 데이터를 가져온다.

```
>>> X_feb, y_feb = get_X_y(logs_2019, '2019-02', hackers_2019)
```

2월에는 공격이 더 없었지만, 공격을 더 높은 비율(80%)로 포착했다.

```
>>> print(classification_report(
...     y_feb, model.predict_proba(X_feb)[:,1] >= threshold
... ))
              precision    recall  f1-score   support

       False       1.00      1.00      1.00     40248
        True       1.00      0.80      0.99        10

    accuracy                           1.00     40248
   macro avg       1.00      0.90      0.94     40248
weighted avg       1.00      1.00      1.00     40248
```

성능이 얼마나 변했는지 보고자 2월 데이터로 그림을 그린다.

```
>>> axes = plot_performance(
...     model, X_feb, y_feb, threshold=threshold,
...     title='확률적 경사하강 분류기 '
...          '(2019년 2월 데이터로 평가함)'
... )
```

정밀도-재현율 곡선 아래 면적이 증가하고 곡선의 더 많은 부분이 목표 영역에 있다.

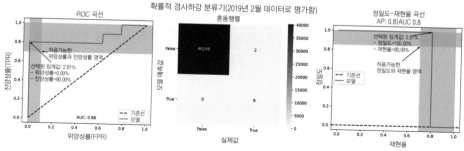

그림 11.19 한 번의 업데이트 후 모델의 성능

결과 발표

보안운영센터는 3월 데이터를 완성했다. 보안운영센터는 2월 예측에 대한 피드백을 모델에 구현한 다음, 3월 데이터에 대한 예측을 검토할 수 있기를 바란다. 보안운영센터는 분류 보고서, ROC 곡선, 혼동행렬, 정밀도-재현율 곡선을 사용해 3월 분 단위로 성능을 검증할 것이다. 이제 모델을 평가한다.

먼저, 2월 데이터로 모델을 업데이트한다.

```
>>> model.partial_fit(X_feb, y_feb)
```

다음으로, 3월 데이터를 가져와 0.52%의 임계값으로 예측한다.

```
>>> X_march, y_march = \
...     get_X_y(logs_2019, '2019-03', hackers_2019)
>>> march_2019_preds = \
...     model.predict_proba(X_march)[:,1] >= threshold
```

분류 보고서는 좋아 보인다. 재현율은 76%이며, 정밀도는 88%이며, F1 점수도 확실하다.

```
>>> from sklearn.metrics import classification_report
>>> print(classification_report(y_march, march_2019_preds))
              precision    recall  f1-score   support

       False       1.00      1.00      1.00     44154
        True       0.88      0.76      0.81        29

    accuracy                           1.00     44183
   macro avg       0.94      0.88      0.91     44183
weighted avg       1.00      1.00      1.00     44183
```

성능이 얼마나 변했는지 보고자 3월 데이터로 그림을 그린다.

```
>>> axes = plot_performance(
...     model, X_march, y_march, threshold=threshold,
...     title='확률적 경사하강 분류기 '
```

```
    ...         '(2019년 3월 데이터로 평가함)'
    ... )
```

ROC 곡선 아래 면적이 조금 더 넓어졌지만, 정밀도-재현율 곡선 아래 면적은 작아졌다.

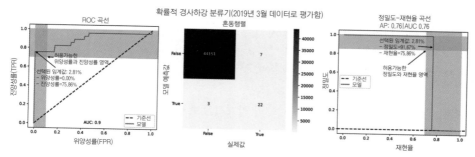

그림 11.20 두 번의 업데이트 후 모델의 성능

추가 개선 사항

보안운영센터는 우리의 결과에 만족하고 있으며, 이제 분 단위로 예측 결과를 제공해주길 바란다. 보안운영센터는 한 시간 안에 피드백을 제공하겠다고 약속했다. 여기서는 이 요청을 구현하지 않지만, 이 문제를 해결하는 방법을 간략히 설명한다.

매달 모델을 업데이트하고자 배치 방식을 사용했다. 그러나 이해관계자가 원하는 것을 제공하기 위해서는 다음과 같은 작업을 통해 피드백 되돌림 시간을 줄여야 한다.

- 분 단위로 모델에 predict_proba()를 실행하고, 예측 결과를 이해관계자에게 제공한다. 이를 위해서는 한 번에 1분씩 로그를 전처리 함수에 전달한 다음 모델 자체에 전달하는 과정을 만들어야 한다.

- 합의된 매체를 통해 이해관계자에게 결과를 전달한다.

- 이해관계자가 제공한 피드백을 사용해 매시간 partial_fit()로 모델을 업데이트한다.

위에서 언급한 작업을 구현한 후에 남은 것은 모델을 제품에 적용하고 모든 사람이 지킬 수 있는 업데이트 빈도와 예측 빈도를 결정하는 것이다.

⁝⁝ 요약

실제로 공격자를 탐지하는 것은 쉬운 일이 아니다. 실제 해커는 이 시뮬레이션의 해커보다 훨씬 더 능숙하다. 공격 빈도도 훨씬 낮아 계급 불균형이 발생한다. 모든 것을 잡아내는 머신러닝 모델을 만드는 것은 불가능하다. 그렇기 때문에 해당 분야 지식을 가진 사람들과 협업하는 것이 매우 중요하다. 이 사람들은 데이터와 데이터의 특성을 실제로 이해하고 있어 우리 모델의 추가적인 성능을 이끌어 내는 데 도움을 줄 수 있다. 머신러닝에 관한 경험이 아무리 많더라도 문제의 데이터를 자주 사용하는 사람의 도움을 거절해서는 안 된다.

이상행위 탐지를 위한 초기 시도는 우리 주제의 전문가로부터 레이블 데이터를 받기 전까지 비지도학습이었다. scikit-learn의 국소특이점인자와 고립숲 모델을 만들었다. 이해관계자가 레이블 데이터와 성능 요구 사항을 제공했을 때 우리 데이터에는 고립숲 모델이 더 좋았다고 결정했다.

그러나 우리는 여기서 멈추지 않았다. 전달받은 레이블 데이터로 지도학습 방법을 시도했다. 우리는 가분류기와 단순 베이즈를 사용해 기준 모델을 만드는 방법을 배웠다. 그런 다음 로지스틱 회귀가 도움이 되는지 다시 살펴봤다. 로지스틱 회귀 모델을 잘 동작했다. 그러나 폐쇄형 솔루션을 사용해 계수를 찾았으므로 처음부터 모델을 재학습하지 않고 피드백 되돌림을 통합할 수 없었다.

이런 한계로 인해 우리는 지속적으로 업데이트되는 온라인학습 모델을 만들었다. 먼저, 파이프라인이 partial_fit() 메서드를 사용할 수 있도록 하위 클래스를 만들어야 했다. 그런 다음, 로그 손실을 이용하는 확률적 경사하강 분류기를 만들었다. 우리는 한 번에 1년 치 데이터를 학습할 수 있었으며, 새로운 레이블 데이터를 받았을 때 모델을 업데이트할 수 있었다. 이를 통해 모델은 시간 경과에 따른 특성 분포의 변화 적응할 수 있었다.

12장에서는 지금까지 이 책에서 배운 내용을 요약하고 파이썬에서 데이터 검색을 위한 추가 자료를 소개한다.

:::: 연습 문제

머신러닝 작업흐름과 몇 가지 추가 비정상 행위 탐지 전략을 익힐 수 있도록 다음 연습 문제를 풀어 본다.

1. 일계급 SVM은 비지도학습 특이점 탐지에 사용할 수 있는 또 다른 모델이다. StandardScaler 객체 다음에 OneClassSVM 객체가 있는 파이프라인을 사용해 기본값으로 일계급 SVM을 만든다. 고립숲에서 했던 것처럼 2018년 1월 데이터로 모델을 학습한다. 같은 데이터에 대해 예측을 한다. 이 모델이 식별한 내부점과 특이점의 수를 계산한다.

2. 2018년 분 단위 데이터에 대해 StandardScaler 객체로 데이터를 표준화한 다음에 2개의 군집이 있는 k-평균 모델을 만든다. 레이블 데이터는 SQLite 데이터베이스의 attacks 테이블(logs/logs.db)에 있으며 (sklearn.metrics의 fowlkes_mallows_score() 함수를 사용해) 폴크스-멜로우 점수가 좋은지 확인한다.

3. 지도학습 비정상 행위 탐지를 위한 확률숲 분류기의 성능을 검증한다. n_estimators를 100으로 설정하고 예측 임계값을 포함한 나머지는 기본값을 사용한다. 2018년 1월 데이터로 학습하고 2018년 2월 데이터로 평가한다.

4. partial_fit() 메서드는 GridSearchCV 클래스에 사용할 수 없다. 대신 partial_fit() 메서드(또는 PartialFitPipeline 객체)가 있는 모델과 함께 fit() 메서드를 사용해 검색 공간에서 가장 좋은 초매개변수를 찾을 수 있다. 그런 다음 격자검색을 통해 가장 좋은 모델(best_estimator_)을 찾아 GridSearchCV 클래스에 partial_fit()을 사용할 수 있다. sklearn.linear_model 모듈의 PassiveAggressiveClassifier 클래스와 PartialFitPipeline 객체를 사용한다. 이 온라인학습 분류기는 올바른 예측을 할 때는 수동적passive이지만, 잘못된 예측을 할 때는 적극적으로 모델 자체를 수정한다.

사용자 정의 임계값을 선택하는 것에 대해 걱정하지 않아도 된다. 다음 단계를 따른다.

a) 초기 학습을 위해 2018년 1월 데이터로 격자검색을 한다.

b) best_estimator_ 속성으로 튜닝한 모델을 가져온다.

c) 2018년 2월 데이터로 가장 좋은 추정기를 검증한다.

d) 2018년 2월 데이터로 업데이트한다.

e) 2018년 3월부터 6월까지의 데이터로 최종 모델을 검증한다.

⁙ 참고 자료

11장에서 다룬 주제에 관한 더 많은 내용은 다음 자료를 참고한다.

- **규모에 맞게 scikit-learn 모델 배포하기**: https://towardsdatascience.com/deploying-scikit-learn-models-at-scale-f632f86477b8

- **비정상 탐지를 위한 국소특이점인자**: https://towardsdatascience.com/local-outlier-factor-for-anomaly-detection-cc0c770d2ebe

- **모델 지속성(scikit-learn 사용자 가이드)**: https://scikit-learn.org/stable/modules/model_persistence.html

- **새로운 데이터 탐지**Novelty Detection**와 특이점 탐지**: https://scikit-learn.org/stable/modules/outlier_detection.html

- **단순 베이즈(scikit-learn 사용자 가이드)**: https://scikit-learn.org/stable/modules/naive_bayes.html

- **고립숲 특이점 탐지**: https://towardsdatascience.com/outlier-detection-with-isolation-forest-3d190448d45e

- 수동적-적극적^{Passive Aggressive} 알고리듬(동영상 강의): https://www.youtube.com/watch?v=uxGDwyPWNkU

- 파이썬 문맥 관리자와 'with' 문: https://blog.ramosly.com/python-context-managers-and-the-with-statement-8f53d4d9f87

- 이론 보기-5장, 베이즈 추론: https://seeing-theory.brown.edu/index.html#secondPage/chapter5

- SQLAlchemy-파이썬 튜토리얼: https://towardsdatascience.com/sqlalchemy-python-tutorial-79a577141a91

- 확률적 경사하강법(scikit-learn 사용자 가이드): https://scikit-learn.org/stable/modules/sgd.html

- 계산적으로 규모를 확장하는 전략: 더 큰 데이터(scikit-learn 사용자 가이드): https://scikit-learn.org/stable/computing/scaling_strategies.html

- 불공정한 동전 던지기 베이즈 시뮬레이션: https://github.com/xofbd/unfair-coin-bayes

5 부

추가 자료

결론을 맺는 이 절에서는 이 책에서 다룬 모든 내용을 요약하며, 다양한 데이터 과학 주제와 기술을 연마하는 데 도움이 되는 몇 가지 책, 웹 자료, 문서를 소개한다.

5부는 다음과 같은 장으로 구성된다.

- 12장, 나아갈 길

12

나아갈 길

지금까지 많은 내용을 다뤘다. 이제 여러분은 파이썬으로 데이터 분석과 머신러닝 업무를 제대로 수행할 수 있게 됐다. 이 책에서는 몇 가지 기초 통계학과 데이터 과학을 위해 파이썬 환경을 설정하는 방법을 배우는 것으로 출발했다. 그런 다음 pandas 기초와 파이썬으로 데이터를 가져오는 방법을 배웠다. 이런 지식을 토대로 API를 사용하고, 파일에서 데이터를 읽고, 분석을 위해 데이터베이스에 질의해 데이터를 가져올 수 있었다.

데이터를 수집한 다음 데이터 정제와 사용할 수 있는 형식으로 변환하고자 데이터를 랭글링하는 방법을 배웠다. 그리고 시계열 데이터로 작업하고 다른 출처의 데이터를 결합하고 집계하는 방법도 배웠다. 데이터 랭글링에 대한 지식을 갖춘 후 다양한 유형의 데이터 시각화를 위해 pandas, matplotlib, seaborn을 사용하고 사용자 정의하는 방법을 배웠다.

이 지식을 갖춘 후, 우리는 비트코인과 FAANG 주식의 금융 데이터를 살펴보고, 웹 응용 프로그램에 인증하려는 해커를 탐지하는 실제 분석을 할 수 있었다. 또한 우리만의 파이썬 패키지를 만들고, 클래스를 작성하고, 데이터를 시뮬레이션하는 방법도 배웠다.

마지막으로, scikit-learn을 사용해 머신러닝 기초 지식도 습득했다. 데이터 전처리부터 모델을 적합에 이르기까지 모델 파이프라인을 만드는 방법도 설명했다. 그 후, 모델의 성능을 검증하는 방법과 성능 개선 방법도 설명했다. 머신러닝을 사용하면 무작위 대입 공격을 통해 웹 응용 프로그램에 접근하려는 해커를 탐지할 수 있다는 것도 알게 됐다.

이제 이 모든 지식을 갖췄으며, 이 지식을 갈고 닦아 실력을 갖추는 것이 중요하다. 이는 기회가 있을 때마다 연습해야 한다는 것을 의미한다. 12장에서는 데이터 과학에 관한 지식을 더 갖출 수 있도록 다음과 같은 내용을 다룬다.

- 다양한 주제의 데이터를 검색할 수 있는 출처

- 데이터 작업을 연습할 수 있는 웹사이트와 서비스

- 파이썬 기술을 배양하기 위한 코딩 과제 및 학습 자료

데이터 출처

다른 기술과 마찬가지로 더 나아지려면 연습이 필요하며 이는 연습할 데이터를 찾아야 한다는 것을 의미한다. 연습을 위한 최적의 데이터는 존재하지 않는다. 오히려 탐색하고 싶은 데이터를 찾아야 한다. 이 절에서는 포괄적이지는 않지만 모든 사람이 사용하고 싶어하는 데이터를 찾을 수 있기를 바라면서 다양한 주제의 데이터 출처를 소개한다.

TIP

> 어떤 종류의 데이터를 찾아야 할지 모르는가? 여러분이 흥미롭게 생각한 주제와 관련해 궁금했던 것이 있는가? 이 주제와 관련된 데이터가 수집돼 있으며 접근할 수 있는가? 여러분의 호기심에 따라 데이터를 선택하길 바란다.

파이썬 패키지

seaborn과 scikit-learn 모두 이 책에서 다뤘던 자료로 더 연습하고 새로운 기술을 시도하고자 실험할 수 있는 내장 샘플 데이터셋을 제공한다. 이런 데이터셋은 주로 정제돼 있으므로 작업하기 쉽다. 기술에 익숙해지면 다음 절에서 소개하는 다른 출처에서 데이터를 찾을 수 있다. 이런 출처의 데이터는 실제 데이터를 더 잘 나타낸다.

seaborn

seaborn은 seaborn 데이터를 위한 작은 깃허브 저장소에 있는 CSV 파일의 데이터를 읽는 load_dataset() 함수를 제공한다. 이런 데이터셋은 seaborn 문서에 사용되는 데이터셋이므로 바뀔 수 있다는 것을 기억해야 한다. 데이터는 이 URL(https://github.com/mwaskom/seaborn-data) 저장소에서 직접 얻을 수 있다.

scikit-learn

scikit-learn에는 알고리듬을 평가하거나 머신러닝 커뮤니티에서 널리 사용되는 데이터셋을 임포트하고자 임의의 데이터셋random dataset을 만드는 데 사용되는 datasets 모듈이 있다. 자세한 내용은 문서를 확인한다.

- **머신러닝 작업을 위해 임의의 데이터셋 만들기**: https://scikit-learn.org/stable/modules/classes.html#samples-generator

- **지원하는 데이터셋 가져오기**: https://scikit-learn.org/stable/modules/classes.html#loaders

sklearn.datasets 모듈에는 머신러닝을 위한 많은 무료 데이터셋을 포함하는 OpenML(https://www.openml.org/)에서 이름으로 데이터셋을 가져오는 fetch_openml() 함수도 있다.

데이터 검색

다음은 다양한 주제의 데이터를 검색할 수 있는 곳이다.

- **DataHub**: https://datahub.io/search

- **구글 데이터셋 검색**: https://datasetsearch.research.google.com/

- **아마존 웹 서비스의 공개 데이터**: https://registry.opendata.aws/

- **OpenML**: https://www.openml.org

- **스탠퍼드 대학교에서 수집한 데이터셋의 SNAP 도서관**: https://snap.stanford.edu/data/index.html

- **UCI 머신러닝 저장소**: http://archive.ics.uci.edu/ml/index.php

API

API를 사용하면 데이터를 쉽게 수집할 수 있다는 것을 알았다. 관심 있는 데이터를 수집할 수 있는 몇 가지 API는 다음과 같다.

- **페이스북 API**: https://developers.facebook.com/docs/graph-api

- **NOAA 기상 데이터 API**: https://www.ncdc.noaa.gov/cdo-web/webservices/v2

- **뉴욕타임스 API**: https://developer.nytimes.com/

- **OpenWeatherMap API**: https://openweathermap.org/api

- **트위터 API**: https://developer.twitter.com/en/docs

- **USGS 지구 지진 API**: https://earthquake.usgs.gov/fdsnws/event/1/

웹사이트

이 절에서는 웹사이트를 통해 접근할 수 있는 다양한 주제에 걸쳐 선택된 데이터 출처를 소개한다. 분석을 위한 데이터 수집은 CSV 파일을 다운로드하는 것만큼 간단할 수도 있고 pandas로 HTML을 구문분석해야 할 수도 있다. (이 책에서 설명한 방법을 먼저 시도해본 다음에도) 페이지를 스크래핑해야 할 때는 웹사이트의 사용 조건을 위반하는 것은 아닌지 확인해야 한다.

금융

금융 데이터도 여러 번 다뤘다. 금융 분석에 관심이 있다면 7장에서 설명한 pandas_datareader 패키지 외에 다음과 같은 출처를 참조한다.

- **구글 금융**: https://google.com/finance

- **나스닥 과거 주가**: https://www.nasdaq.com/market-activity/quotes/historical

- **나스닥 데이터 링크**: https://data.quandl.com

- **야후! 금융**: https://finance.yahoo.com

정부 데이터

정부 데이터는 일반적으로 대중에게 공개돼 있다. 일부 정부 기관이 제공하는 데이터 출처는 다음과 같다.

- **유럽연합 공개 데이터**: http://data.europa.eu/euodp/en/data

- **NASA**: https://nasa.github.io/data-nasa-gov-frontpage/

- **뉴욕시 데이터**: https://opendata.cityofnewyork.us/data/

- **영국 정부 데이터**: https://data.gov.uk/

- **UN 데이터**: http://data.un.org/

- 미국 인구조사 데이터: https://census.gov/data.html

- 미국 정부 데이터: https://www.data.gov/

건강과 경제

전 세계 경제와 의료, 사회 데이터는 다음 웹사이트에서 얻을 수 있다.

- **Gapminder**: https://www.gapminder.org/data/

- **건강 데이터**: https://healthdata.gov/

- **세계보건기구**: https://www.who.int/data/gho

코로나바이러스[COVID-19] 대유행에 관한 자료는 다음 웹사이트에서 얻을 수 있다.

- **미국 코로나바이러스(뉴욕타임스)**: https://github.com/nytimes/covid-19-data

- **존스 홉킨스 대학교 시스템과학공학센터[CSSE]의 코로나바이러스 데이터 저장소**: https://github.com/CSSEGISandData/COVID-19

- **코로나바이러스 대유행[ECDC]**: https://www.ecdc.europa.eu/en/covid-19-pandemic

- **코로나바이러스 공개 데이터셋**: https://researchdata.wisc.edu/open-covid-19-datasets/

소셜 네트워크

텍스트 기반 데이터나 그래프 데이터에 관심이 있는 사람은 소셜 네트워크에서 다음 출처를 확인한다.

- **트위터 데이터 출처 목록**: https://github.com/shaypal5/awesome-twitter-data

- **소셜 네트워크 데이터**: https://snap.stanford.edu/data/ego-Facebook.html

스포츠

스포츠 애호가라면 여러분이 좋아하는 선수에 대한 통계 데이터베이스와 웹 페이지를 제공하는 다음 웹사이트를 확인한다.

- **야구 데이터베이스 (DB로 작업하는 연습)**: http://www.seanlahman.com/baseball-archive/statistics/

- **야구선수 통계**: https://www.baseball-reference.com/players/

- **농구선수 통계**: https://www.basketball-reference.com/players/

- **미식축구 선수 통계**: https://www.pro-football-reference.com/players/

- **축구 통계**: https://www.whoscored.com/Statistics

- **하키선수 통계**: https://www.hockey-reference.com/players/

기타

지금까지 관심을 끌만 한 주제가 없었다면 여러 주제가 있는 다음 출처를 확인한다.

- **아마존 리뷰 데이터**: https://snap.stanford.edu/data/web-Amazon.html

- **위키피디아에서 추출한 데이터**: https://wiki.dbpedia.org/develop/datasets

- **구글 검색어 동향**: https://trends.google.com/trends/

- **MovieLens의 영화**: https://grouplens.org/datasets/movielens/

- **야후 웹스코프(데이터셋 참조 라이브러리)**: https://webscope.sandbox.yahoo.com/

⠿ 데이터 작업 연습

이 책 전반에 걸쳐 여러 출처의 다양한 데이터셋을 단계별로 사용했다. 하지만 여기서 멈출 필요는 없다. 이 절에서는 미리 정의된 문제에 대한 모델을 만드는 데 사용할 수 있는 몇 가지 출처를 소개한다.

캐글^{Kaggle}(https://www.kaggle.com/)은 데이터 과학을 배울 수 있는 내용과 커뮤니티 구성원들이 탐색을 위해 공유하는 데이터셋 그리고 (넷플릭스 추천 대회(https://www.kaggle.com/netflix-inc/netflix-prize-data)와 같이) 기업이 게시하는 대회를 제공한다. 이런 대회는 머신러닝 기술을 연습하고 커뮤니티(특히 잠재적인 고용주)에서 여러분을 드러낼 수 있다.

> **NOTE**
>
> 캐글에서만 데이터 과학 대회에 참가할 수 있는 것은 아니다. 대회에 참가할 방법은 이 URL(https://towardsdatascience.com/top-competitive-data-science-platforms-otherthan-kaggle-2995e9dad93c)를 참고한다.

데이터캠프^{DataCamp}(https://www.datacamp.com/)는 완전 무료는 아니지만 다양한 파이썬 기반 데이터 과학 학습 과정을 제공한다. 강의 동영상과 빈칸 채우기 코딩 연습 문제를 제공해 주제에 관한 이해를 높일 수 있다.

⁙ 파이썬 연습

이 책을 통해 파이썬의 pandas, matplotlib, numpy만 사용해 데이터 작업을 할 수 없다는 것을 알았다. 데이터 분석 작업에 많은 도움이 될 수 있도록 파이썬 프로그래밍에 능숙하게 되는 방법이 많이 있다. 강력한 파이썬 기술을 통해 Flask로 웹 응용 프로그램을 만들고, API로 요청하고, 조합이나 순열에 대해 효율적으로 반복하고 코드의 실행 속도를 높이는 방법을 찾을 수 있다. 이 책은 이런 기술을 직접 연마하는 데 초점을 맞추지 않았지만 파이썬으로 연습하고 프로그래머처럼 생각하기 위한 몇 가지 무료 출처가 있다.

- **HackerRank**: https://www.hackerrank.com
- **Codewars**: https://www.codewars.com

- **LeetCode**: https://www.leetcode.com

- **CodinGame**: https://www.codingame.com

무료는 아니지만 **Python Morsels**(https://www.pythonmorsels.com/)은 매주 파이썬 연습 문제를 제공하는데, 이를 통해 더 파이썬다운 코드를 작성하고 표준 라이브러리에 익숙해질 수 있다. 연습 문제의 난이도는 다양하지만, 필요에 따라 난이도를 조절할 수 있다.

또 다른 출처로는 **Pramp**(https://www.pramp.com)로 임의로 배정된 사용자^{peer}와 프로그래밍 인터뷰를 연습할 수 있다. 무작위 질문으로 여러분을 인터뷰하고 여러분의 인터뷰하는 방법과 여러분 자신을 얼마나 잘 드러낼 수 있는지 평가한다. 30분 뒤에는 여러분이 다른 사람을 평가하게 된다.

칸 아카데미^{Khan Academy}(https://www.khanacademy.org/)는 주제와 관련해 더 많은 것을 배울 수 있는 내용을 제공한다. 컴퓨터 과학 알고리듬이나 머신러닝 알고리듬의 배경이 되는 수학(선형대수학과 미적분학)에 관한 입문서 역할을 한다. 신규 가입자는 한 달간 무료로 수강할 수 있다.

마지막으로, **링크드인 온라인클래스**^{LinkedIn Learning}(https://www.linkedin.com/learning/)로 파이썬, 데이터 과학, 머신러닝을 포함한 다양한 주제의 강좌를 제공한다. 파이썬 3 표준 라이브러리 학습(https://www.linkedin.com/learning/learning-the-python-3-standard-library) 과정을 수강해 파이썬 기술을 습득하길 바란다. 이 책에서 배운 대로 표준 라이브러리의 강력한 명령어는 더 간결하고 효율적인 코드를 작성하는 데 도움이 된다.

⁞⁝ 요약

12장에서는 다양한 주제와 관련된 데이터셋을 찾을 수 있는 많은 출처를 소개했다. 이 외에도 강좌를 수강하고 튜토리얼을 통해 작업할 수 있는 다양한 웹사이트와 파이썬 기술을 습득할 수 있는 곳도 알아봤다. 기술을 능숙하게 사용할 수 있도록 연마하고 호기심을 유지하는 것이 중요하므로 관심사가 어떤 것이든 간에 데이터를 찾고 분석을 해봐야 한다. 이런 내용을 여러분의 데이터 분석 포트폴리오로 여러분의 깃허브 계정에 올릴 수 있다.

이 책을 읽어 줘서 감사하다. 데이터 분석을 하고 있는 위 두 마리의 판다만큼 많은 것을 얻었기를 바란다.

⠿ 연습 문제

12장의 연습 문제는 끝이 없다. 답도 제공되지 않는다. 이 연습 문제는 여러분이 스스로 시작할 수 있도록 몇 가지 아이디어를 제공하기 위한 것이다.

1. 이 URL(https://www.kaggle.com/c/titanic)에서 캐글의 타이타닉 챌린지에 참여해 머신러닝 분류를 연습한다.

2. 이 URL(https://www.kaggle.com/c/house-prices-advanced-regression-techniques)에서 캐글의 주택가격 챌린지에 참여해 머신러닝 회귀 기법을 연습한다.

3. 관심이 있는 내용을 분석한다. 몇 가지 흥미로운 아이디어는 다음과 같다.

   a) 인스타그램의 좋아요 예측하기: https://towardsdatascience.com/predict-thenumber-of-likes-on-instagram-a7ec5c020203

b) 뉴저지 대중교통 열차의 지연 시간 분석: https://medium.com/@pranavbadami/how-data-can-help-fix-nj-transit-c0d15c0660fe

c) 데이터 과학 문제를 해결하고자 시각화 사용하기: https://towardsdatascience.com/solving-a-data-science-challengethe-visual-way-355cfabcb1c5

4. 12장의 파이썬 연습 절에 있는 사이트 중 한 사이트에서 5개의 문제를 푼다. 예를 들어 다음과 같은 문제에 도전할 수 있다.

a) 더해서 특정 합이 되는 2개의 숫자 찾기: https://leetcode.com/problems/two-sum/

b) 신용카드 번호 검증하기: https://www.hackerrank.com/challenges/validating-credit-card-number/problem

⫶ 참고 자료

파이썬과 데이터 과학에 관한 최신 정보를 얻으려면 다음 블로그와 기사를 참고한다.

- 아민 로나허$^{Armin\ Ronacher}$의 블로그(Flask 개발자): http://lucumr.pocoo.org/

- 데이터 과학 센터: http://www.datasciencecentral.com/

- 미디엄의 데이터 과학 주제: https://medium.com/topic/data-science

- 캐글 블로그: https://medium.com/kaggle-blog

- KD 너겟: http://www.kdnuggets.com/websites/blogs.html

- 미디엄의 머신러닝 주제: https://medium.com/topic/machine-learning

- Planet Python: https://planetpython.org/

- 미디엄의 프로그래밍 주제: https://medium.com/topic/programming

- 파이썬 팁: http://book.pythontips.com/en/latest/index.html

- 금주의 파이썬 3 모듈: https://pymotw.com/3/

- 데이터 과학을 향해: https://towardsdatascience.com/

- 트레이 헌너^{Trey Hunner}의 블로그(Python Morsels 개발자): https://treyhunner.com/blog/archives/

사용자 정의 scikit-learn 클래스를 만드는 방법에 관한 정보는 다음과 같다

- scikit-learn 변환기 만들기: https://dreisbach.us/articles/building-scikit-learn-compatible-transformers/

- scikit-learn에서 자신만의 추정기 만들기 http://danielhnyk.cz/creating-your-own-estimator-scikit-learn/

- scikit-learn BaseEstimator: https://scikit-learn.org/stable/modules/generated/sklearn.base.BaseEstimator.html

- scikit-learn 추정기 만들기: https://scikit-learn.org/stable/developers/develop.html#developing-scikit-learnestimators

- scikit-learn TransformerMixin: https://scikit-learn.org/stable/modules/generated/sklearn.base.TransformerMixin.html#sklearn.base.TransformerMixin

파이썬의 데이터 과학 스택으로 코딩하기 위한 치트 시트^{cheat sheet}는 다음과 같다

- 주피터 노트북 치트 시트: https://s3.amazonaws.com/assets.datacamp.com/blog_assets/Jupyter_Notebook_Cheat_Sheet.pdf

- 주피터 노트북 키보드 단축기: https://www.cheatography.com/weidadeyue/cheat-sheets/jupyter-notebook/pdf_bw/

- matplotlib 치트 시트: https://s3.amazonaws.com/assets.datacamp.com/blog_

assets/Python_matplotlib_Cheat_Sheet.pdf

- NumPy 치트 시트: https://s3.amazonaws.com/assets.datacamp.com/blog_assets/ Numpy_Python_Cheat_Sheet.pdf

- pandas 치트 시트: http://pandas.pydata.org/Pandas_Cheat_Sheet.pdf

- scikit-learn 치트 시트: https://s3.amazonaws.com/assets.datacamp.com/blog_ assets/Scikit_Learn_Cheat_Sheet_Python.pdf

머신러닝 알고리듬, 수학, 확률론, 통계학에 관한 치트 시트는 다음과 같다.

- 미적분학 치트 시트: https://ml-cheatsheet.readthedocs.io/en/latest/calculus.html

- 4쪽 선형대수학: https://minireference.com/static/tutorials/linear_algebra_in_4_ pages.pdf

- 확률론과 통계학 치트 시트: http://web.mit.edu/~csvoss/Public/usabo/stats_ handout.pdf

- 파이썬에서의 17가지 통계 가설검정(치트 시트): https://machinelearningmastery. com/statistical-hypothesis-tests-in-python-cheat-sheet/

머신러닝 알고리듬, 선형대수학, 미적분학, 확률론, 통계학에 관한 추가 출처는 다음과 같다.

- 푸리에 변환에 관한 대화형 입문: https://betterexplained.com/articles/an- interactive-guide-to-the-fourier-transform/

- 확률론 입문, 조셉 블리츠스타인[Joseph Blitzstein]과 제시카 황[Jessica Hwang]: https:// www.amazon.com/Introduction-Probability-Chapman-Statistical-Science/ dp/1138369918

- 가볍게 시작하는 통계학습: R로 실습하는, 가레스 제임스[Gareth James], 다니엘라 위튼 [Daniela Witten], 트레버 헤이스티[Trevor Hastie], 로버트 티브시라니[Robert Tibshirani]: https://

www.aladin.co.kr/shop/wproduct.aspx?ItemId=81859233

- 푸리에 변환(scipy.fft): https://docs.scipy.org/doc/scipy/tutorial/fft.html

- NumPy의 푸리에 변환으로 시계열에 가장 적합한 주기를 찾을 수 있을까? (Stack Overflow 질문): https://stackoverflow.com/questions/44803225/find-likeliest-periodicity-for-timeseries-with-numpys-fourier-transform

- 재미있는 수치 컴퓨팅(GitHub): https://github.com/eka-foundation/numerical-computing-is-fun

- 해커를 위한 확률적 프로그래밍과 베이즈 방법(GitHub): https://github.com/CamDavidsonPilon/Probabilistic-Programming-and-Bayesian-Methods-for-Hackers

- 이론 보기(확률론과 통계학 시각적 입문): https://seeing-theory.brown.edu/index.html

- 통계적 사고: 파이썬으로 탐색적 데이터 분석하기: http://greenteapress.com/thinkstats2/html/index.html

파이썬과 일반적인 프로그래밍에 관한 기타 정보는 다음과 같다

- 사용자 정의 매직 정의하기(IPython): https://ipython.readthedocs.io/en/stable/config/custommagics.html

- Flask 튜토리얼(파이썬으로 웹 응용 프로그램 만들기): https://flask.palletsprojects.com/en/2.0.x/tutorial/

- IPython 튜토리얼: https://ipython.readthedocs.io/en/stable/interactive/

- 프로그래밍 모범 사례: https://thefullstack.xyz/dry-yagni-kiss-tdd-soc-bdfu

관련 무크MOOC와 영상은 다음과 같다

- 고급 최적화(하버드): https://online-learning.harvard.edu/course/advanced-optimization

- 선형대수학 – 기초부터 고급까지(edX): https://www.edx.org/course/linear-algebra-foundations-to-frontiers

- 기계 학습(앤드류 응Andrew Ng 코세라Coursera 강의): https://www.coursera.org/learn/machine-learning

- 머신러닝 수학 특화 과정(코세라): https://www.coursera.org/specializations/mathematics-machine-learning

- 통계학 110(하버드) 유튜98브 강의: https://www.youtube.com/playlist?list=PL2SOU6wwxB0uwwH80KTQ6ht66KWxbzTIo

- 통계적 학습(스탠포드): https://online.stanford.edu/courses/sohs-ystatslearning-statistical-learning

파이썬 언어의 다양한 측면을 경험하는 데 도움이 되는 책은 다음과 같다.

- 『파이썬으로 지루한 작업 자동화하기』(스포트라잇북, 2017): https://www.aladin.co.kr/shop/wproduct.aspx?ItemId=102727886

- 『깐깐하게 배우는 파이썬 3』(프로그래밍인사이트, 2019): http://ebook.insightbook.co.kr/book/82

파이썬 머신러닝 책과 학습 자료는 다음과 같다.

- 『핸즈온 머신러닝(2판)』(한빛미디어, 2020): https://hanbit.co.kr/store/books/look.php?p_code=B7033438574

- 『파이썬 라이브러리를 활용한 머신러닝(번역개정판)』(한빛미디어, 2019): https://www.hanbit.co.kr/store/books/look.php?p_code=B5750278775

- scikit-learn 핵심 개발자 안드레아스 뮐러의 ML 학습 저장소(컨퍼런스에서 제공한 학습): https://github.com/amueller?tab=repositories&q=ml-training&type=&language=&sort=

- 『Python 머신러닝 3판』(Packt, 2019): https://www.packtpub.com/product/python-machine-learning-third-edition/9781789955750

머신러닝 모델의 편향과 공정성 개념과 편향 완화를 위한 도구는 다음과 같다.

- AI 공정성 360(IBM): https://developer.ibm.com/technologies/artificial-intelligence/projects/ai-fairness-360/
- 『대량살상수학무기』(흐름출판, 2017): https://www.aladin.co.kr/shop/wproduct.aspx?ItemId=118337430
- What-If 도구(구글): https://pair-code.github.io/what-if-tool/

대화형 및 애니메이션 시각화를 제공하는 출처는 다음과 같다.

- Holoviews로 시작하기: https://coderzcolumn.com/tutorials/data-science/getting-started-with-holoviews-basic-plotting
- 파이썬으로 애니메이션 그래프 그리기: https://towardsdatascience.com/how-to-create-animated-graphs-in-python-bb619cc2dec1
- 파이썬에서 Bokeh로 대화형 데이터 시각화하기: https://realpython.com/python-data-visualization-bokeh/
- PyViz 튜토리얼: https://pyviz.org/tutorials/index.html
- 파이썬에서 Plotly로 시작하기: https://plotly.com/python/getting-started/

해답

각 장 연습 문제의 해답은 이 URL(https://github.com/stefmolin/Hands-On-Data-Analysis-with-Pandas-2nd-edition/tree/master/solutions)의 각 장에 해당하는 폴더에서 확인할 수 있다.

부록

⁞⋮ 데이터 분석 작업흐름

그림 1 다이어그램은 데이터 수집과 처리부터 결론을 도출하고 다음 단계를 결정하는
것에 이르기까지 일반화된 데이터 분석 작업흐름을 보여 준다.

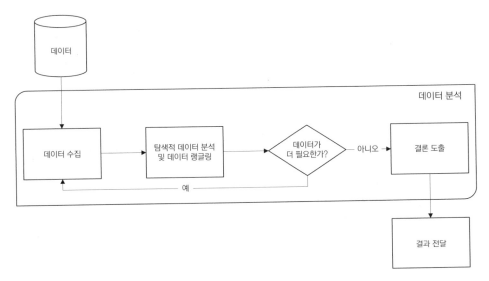

그림 1 일반화된 데이터 분석 작업흐름

적절한 시각화 방법 선택

데이터를 시각화할 때 적절한 그림 유형을 선택하는 것이 가장 중요하다. 그림 2 다이어그램을 사용하면 적절한 시각화 방법을 선택할 수 있다.

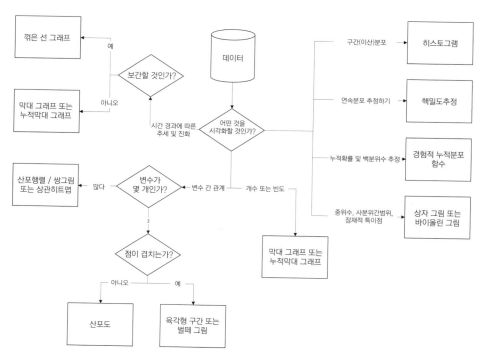

그림 2 적절한 시각화 방법을 선택하기 위한 순서도

⁝⋅ 머신러닝 작업흐름

그림 3 다이어그램은 데이터 수집해 머신러닝 모델을 만들고, 모델 학습과 검증을 통해 데이터를 분석하는 작업흐름을 요약해 보여 준다.

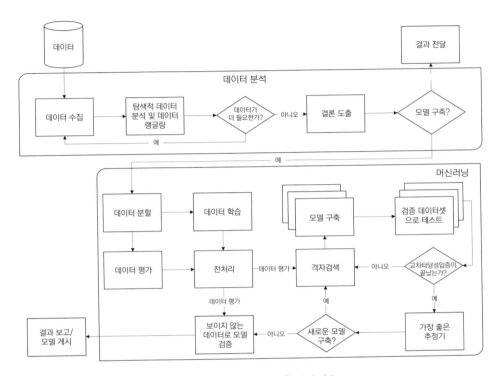

그림 3 머신러닝 모델 구축 과정 개요

찾아보기

T

U

V

W

Pandas를 이용한 데이터 분석 실습 2/e

라이브러리로 다양한 실제 데이터 분석

발 행 | 2023년 1월 3일

옮긴이 | 장 기 식 · 김 경 환 · 노 용 환
지은이 | 스테파니 몰린

펴낸이 | 권 성 준
편집장 | 황 영 주
편 집 | 김 진 아
　　　　임 지 원
디자인 | 윤 서 빈

에이콘출판주식회사
서울특별시 양천구 국회대로 287 (목동)
전화 02-2653-7600, 팩스 02-2653-0433
www.acornpub.co.kr / editor@acornpub.co.kr

책값은 뒤표지에 있습니다.